海外中国研究丛书
刘东 主编

[美] 萧公权 著
汪荣祖 译

近代中国与新世界
康有为变法与大同思想研究

A MODERN CHINA AND A NEW WORLD
K'ang Yu-wei, Reformer and Utopian, 1858—1927

江苏人民出版社

图书在版编目(CIP)数据

近代中国与新世界:康有为变法与大同思想研究/[美]萧公权著;汪荣祖译. --南京:江苏人民出版社,2007.3(2021.9重印)

(海外中国研究丛书/刘东主编)

书名原文:A Modern China and a New World:K'ang Yu-wei, Reformer and Utopian,1858-1927

ISBN 978-7-214-04542-3

Ⅰ.①近… Ⅱ.①萧…②汪… Ⅲ.①康有为(1858~1927)-思想研究 Ⅳ.①B258.5

中国版本图书馆 CIP 数据核字(2006)第 164950 号

A Modern China and a New World: K'ang Yu-wei, Reformer and Utopian, 1858—1927 by Kung-Chuan Hsiao.
Copyright © 1975 by the University of Washington Press.
Simplified Chinese edition copyright © 2021 by Jiangsu People's Publishing House.
All rights reserved.
江苏省版权局著作权合同登记号:图字 10-2006-222 号

书　　　名	近代中国与新世界:康有为变法与大同思想研究
著　　　者	[美]萧公权
译　　　者	汪荣祖
责 任 编 辑	王　田
特 约 编 辑	刘沁秋
装 帧 设 计	陈　婕
责 任 监 制	王　娟
出 版 发 行	江苏人民出版社
地　　　址	南京市湖南路 1 号 A 楼,邮编:210009
照　　　排	江苏凤凰制版有限公司
印　　　刷	南京新洲印刷有限公司
开　　　本	652 毫米×960 毫米　1/16
印　　　张	34.75　插页 4
字　　　数	449 千字
版　　　次	2007 年 3 月第 1 版
印　　　次	2021 年 9 月第 3 次印刷
标 准 书 号	ISBN 978-7-214-04542-3
定　　　价	128.00 元

(江苏人民出版社图书凡印装错误可向承印厂调换)

序"海外中国研究丛书"

中国曾经遗忘过世界,但世界却并未因此而遗忘中国。令人嗟讶的是,20世纪60年代以后,就在中国越来越闭锁的同时,世界各国的中国研究却得到了越来越富于成果的发展。而到了中国门户重开的今天,这种发展就把国内学界逼到了如此的窘境:我们不仅必须放眼海外去认识世界,还必须放眼海外来重新认识中国;不仅必须向国内读者迻译海外的西学,还必须向他们系统地介绍海外的中学。

这个系列不可避免地会加深我们150年以来一直怀有的危机感和失落感,因为单是它的学术水准也足以提醒我们,中国文明在现时代所面对的绝不再是某个粗蛮不文的、很快就将被自己同化的、马背上的战胜者,而是一个高度发展了的、必将对自己的根本价值取向大大触动的文明。可正因为这样,借别人的眼光去获得自知之明,又正是摆在我们面前的紧迫历史使命,因为只要不跳出自家的文化圈子去透过强烈的反差反观自身,中华文明就找不到进入其现代形态的入口。

当然,既是本着这样的目的,我们就不能只从各家学说中筛选那些我们可以或者乐于接受的东西,否则我们的"筛子"本身就可能使读者失去选择、挑剔和批判的广阔天地。我们的译介毕竟还只是初步的尝试,而我们所努力去做的,毕竟也只是和读者一起去反复思索这些奉献给大家的东西。

刘 东

目　录

序言　1

第一编　家世与生平

第一章　家世　3

第二章　生平　14

第二编　哲学思想

第三章　儒学新诂　33

第四章　以儒变法与以儒为教　77

第五章　哲学的整合　108

第三编　变法蓝图

第六章　政治改革　153

第七章　行政改革　206

第八章　经济改革　237

第九章　教育改革　*296*

第四编　大同理想

第十章　到大同之路　*323*

第十一章　到工业社会的迂回路　*404*

跋：现代中国与新世界　*470*

引用书目　*475*

附录：萧公权先生学术次第／汪荣祖　*517*

译后记　*541*

序　言

当我完成《中国乡村》一书，另找研究题目时，担任华盛顿大学远东与俄国学院助理主任的梅谷教授（Franz Michael）交给我一批康有为著作的微卷照片，那是由已故赖特女士（Mary Wright）在40年代末，得自康同璧（康有为之女）的家藏。我发现此四大卷微片的内容，极为丰富，有的已经出版，有的仍是稿本，大部分为我前所未见。由于梅谷教授以及院中其他同仁的鼓励，我开始对康有为的思想作深入的研究。恰在此时，康有为的外孙罗荣邦来我们的学院做访问教授，他不但给我极有价值的建议，而且提供了更多的原始资料，我因而在特殊有利的条件下，从事此一研究计划。早年当我写《中国政治思想史》有关戊戌变法一章时，我只看到一小部分的康氏著作。对他思想了解得不够，使我那时无法写出有深度的文章。我现在有机会改正一些从前的误解。

我的研究结果曾以论文形式，在《华裔学志》（Monumenta Serica）、《清华学报》《崇基学报》上发表。我现在重印这些论文合为一书，以符合近代中国研究会同事们的期望。除了一些小改动外，文字内容如旧。第三至第六，以及第八章曾载《华裔学志》；第七章曾载《清华学报》；第十与第十一章曾载《崇基学报》。只有第一、第二和第九章是新写的。由于写作期间前后长达十年,并以单篇论文发表,不是前后相呼应的章节,因此书中重复与不一致之处难免。我已尽力免除这些弊病,但不可能尽除。这是我要向读者致歉的。

我写作此书的目标并不高,只想较为详细地检视康有为变法和大同思想的主要论点,并尽我所能将康氏思想与其所涉及所发展的历史环境相联系。希望这本书不至于是罗荣邦教授所编《康有为:传记和综论》(K'ang Yu-wei: A Biography and a Symposium)巨著的毫无价值的附篇。

我要在此感谢学院中同仁,在我研究期间给予的鼓励和批评。我特别要谢谢梅谷教授首先建议这一题目,以及罗荣邦教授的慷慨相助。我很感激三家学报的编者,允许我重新发表他们已刊载过的文字。我也要向郎玛格丽女士(Margery Lang)申谢,她精湛的编校技术,使有错误的原稿,转化成可资印行的文章。最后我要向戴德华(George E. Taylor)致个人的敬意,由于他的领导,远东学院充满和谐而具启发的学术气氛。在这一气氛中从事学术研究,使我深感愉快而极有收获。

萧公权
1973 年 9 月于华州西雅图市

第一编
家世与生平

第一章 家 世

康有为曾颇为得意地说,康家13世都是"士人"出身,未尝有一人执过其他的行业。① 这一说法并不很实在。从他家世看,19世纪前并未出过著名的学者,而且有些族人绝不是士人。② 康氏大约在南宋时自南雄迁至南海,住在西樵山北麓的银塘乡(又称苏村)。首先择居于此的康氏祖先康建元,身世未明。康惟卿(建元后第九代)始读书。康涵沧(第十三代)曾在湖南任幕友职,时约在清初,有为认为他是康家"创业传绪之祖"。③

康家的地位在18世纪以及19世纪初时,逐渐上升。康世尧(第十五代)"为儒为吏"。直到康辉(字文耀,第十七代)才于嘉庆九年(1804)通过乡试,稍有文名,后来成为极具声望的教师,前后有生徒千人。他尊

---

① 康有为,《自编年谱》(以下引作《年谱》),页1;Jung-pang Lo, *K'ang Yu-wei: A Biography and a Symposium*, p. 23; Richard C. Howard, "K'ang Yu-wei (1858—1927): His Intellectual Background and Early Thought", pp. 296~300 简略地说明了康有为的家庭背景。
② 康同璧,《南海康先生自编年谱补遗》(以下引作《补遗》),页75; Lo, *K'ang*, p. 144, n. 2。另见康有为撰,"涌芬集序",载《康南海先生文钞》(以下引作《文钞》),第五册,页33;又见《康南海文集》(以下引作《文集》),卷八,页1。
③ 康有为,"康氏家庙碑"。译者按:此文已收入蒋贵麟编,《万木草堂遗稿外编》,下册,页502。

崇程朱学派,并建立第一个祖庙,纪念惟卿公(康家第一个学者)。有为曾说:"吾宗以孝弟为礼学,昌自公始。"①

康式鹏(文耀之幼子、有为之曾祖)承继了家学,然他不再固守程朱学派,亦尊崇极受陆王影响的刘宗周。式鹏有子四人,除第三子自修生平未详②外,余子曾任小官。学修候选知府;道修"高行而笃学",佐治耒阳县(湖南省);赞修(有为之祖)笃守程朱,中道光丙午(1846)举人,历合浦、灵山、连州训导(在广东省)。③ 赞修长子达初,即有为之父,受业于朱次琦(以朱九江闻于世),后有为亦游于九江之门。达初曾任江西知县。④

有为的祖上并非都是学者出身。达迁(赞修之次子)曾统兵数千于蓝山(湖南省)平乱,既而入知县,从冯子材入安南定乱。⑤ 达守(达迁之幼弟)则营实业而不仕,虽然他亦颇通经史。⑥ 式鹏两位长兄(有为之曾伯祖)之一亦经营商业。事实上,据有为自谓,文耀的70个后裔中,仅有11人是"士人"。70人中之14人系文官或武官,由军职而入仕,9人在政府机构任职,但无科名。因此,自文耀至有为历五世(自17世至21世),学者仅占康氏家族的少数。康有为所提及的13世族人(自第9至第21)中,学者所占的比例,也不见得比从事其他行业的来得高。⑦

有为对他祖先从事学问之估计虽不确实,但未尝没有意义,对其家族作学者式之尊重,反映了他自身的志愿,以及自我激励。

他并不是认为非学者身份的族人对他没有好处,他特别感激其中二

---

① 康有为,"康氏家庙碑"。关于康辉的进一步资料可看"留芬集序",载《文钞》,第五册,页35;又见《文集》,卷八,页3。
② 康有为,"康氏家庙碑"。关于康辉的进一步资料可看"留芬集序",载《文钞》,第五册,页35;又见《文集》,卷八,页3。
③ 同上。有关有为祖父的进一步资料可看"连州遗集序",载《文钞》,第五册,页36;又见《文集》,卷八,页12。
④ 同上。
⑤ 同上。
⑥ 同上。
⑦ 同上。

人。一是懿修（又名国熹），为其叔祖之一，以布衣募集壮士，与红巾战，平定南海及邻近三县，以军功而受知于左宗棠。懿修虽非学者，然亦好学，他藏书万卷，有为自小涉猎，自谓"得博群籍，赖公书"。① 另一人是国器，即懿修之幼弟，在道光季年从军。当太平军于咸丰初入侵江西时，"募兵拒贼"。不久转战于江、浙、闽、粤间，所向有功。咸丰七年（1857）累迁至广西布政使，十年（1860），护理巡抚。② 他是有为族人中唯一得此显荣者，有为曾说，"吾宗光大自公为之"。③ 懿修藏书以供有为阅读，国器则提供了较为优越的境遇让他俯读和仰思。同治四年（1865）国器新授福建按察使，衣锦回里。④ 他建筑了华丽的庭园和房舍，使乡里生色。所建两万卷书楼与澹如楼乃有为常到之地。光绪十年（1884）有为即在澹如楼首次获得哲学上的启悟。⑤

同治四年（1865），有为8岁，在欢乐中过其童年。他的聪慧赢得长辈们的喜爱，使他能分享许多乐趣，如宴会、音乐、游戏，以及于同治五年亲见新楼之起。⑥ 他生平首次体会到豪奢的生活。不过这种生活并没有断了他追求学问之路，反而更加提醒他，犹如一种"伊壁鸠鲁式的制力"（Epicurean urge）始终出现在他的一生中，平添了他的思想和行为的色彩。

他童年的快乐岁月并不很长。同治七年（1868），他仅11岁，父亲便已去世。⑦ 一家生计的担子都落在他的寡母身上⑧，外家原是七世素

---

① 康有为，"康氏家庙碑"。有关有为祖父的进一步资料可看"连州遗集序"，载《文钞》，第五册，页36；又见《文集》，卷八，页12。
② 柯劭忞，《清史稿列传》，卷二二〇，页3～4；《清史列传》，卷六二，页21～28；缪荃孙编，《续碑传集》，卷三九。
③ 康有为，"康氏家庙碑"。
④ 同上。并参看《年谱》，页2；Lo, *K'ang*, p. 25。
⑤ 《年谱》，页5,6～7；Lo, *K'ang*, pp. 39～42。
⑥ 同上，页2；Lo, *K'ang*, p. 25。
⑦ 同上，页3；Lo, *K'ang*, p. 26。
⑧ 同上。

封。① 他与他的母亲及幼弟在很不宽裕的情况下，共住了几年。光绪六年(1880)时，穷得"不能出游，不能购书，乃至无笔墨"。②

有为对他母亲的敬爱，自不待言。他长久感恩于她，特别是他幼年多病而得到她的照顾，以及她对他的支持和严格的管教，即使他成年后亦如此。她用她的私房钱作家庭开支，事事不让他操心，使他能全力读书。她对他早年的引导和鼓励，对他一生的事业尤其有助。民国二年(1913)，他母亲逝世后，有为曾回忆道：

> 为少读书无宦情，不欲就科举。母强之曰："汝祖以科第望汝，汝不可违。"及光绪乙未成进士，则曰："宦途多危，吾欲常见汝，不可仕也。"③

她不是一位溺爱孩子的母亲。有为在民国二年回忆道："为年虽五十，举动起居，少失礼，必面谴，不少宽。"④我们可以说，他的母亲以及姊妹的性格和才智使有为敬佩，以至使他相信，女人的人格和智慧不下于男人，终于得到他的结论：传统对女人的看法必须修正。⑤ 他爱他的母亲，使他在逃亡期间常以母为念，一有机会，即往侍母。⑥

有为很少提及他的父亲。之所以如此可能是其父短暂的一生中，游宦福建和江西两省，大部分时间不在家。有为的祖父以及叔伯们负起他早年读书的责任。他尤与其祖父亲近，像其他传统式的中国祖父们一

---

① 康有为，"先妣劳太夫人行状"，载《哀烈录》，卷一，页3。
② 《年谱》，页5；Lo, *K'ang*, p. 36。
③ 《哀烈录》，卷一，页2~6。
④ 同上，页5。
⑤ 同上，页18~22，"仲姊罗宜人墓志"。参阅《年谱》，页3,8；Lo, *K'ang*, p. 28。据赵丰田（"康长素先生年谱稿"，页174），康有三姊妹，两个年长于他。大姊最聪明，但三岁即夭亡。二姊逸红和三妹琼琚都是很了不起的女性。
⑥ 《年谱》，页27,28,29；Lo, *K'ang*, pp. 138~139。另见《补遗》，页23,24,42,44,50。参看 Lo, *K'ang*, pp. 103(未提到有为回到香港看母亲),195(未提及他的母亲),211(赴澳洲前回香港看母亲),214(康带他母亲到槟城),217(他从新加坡到香港探视母亲)。

样,对于长孙特别垂爱①,事实上是有为的老师和伴侣。同治七年(1868)的春天,他父亲刚去世不久,有为就开始积极地读书。如有为所说,他的求知欲和进度都使他自己感到满足:

> 公(祖父)日夜摩导以儒先高义、文学条理,始览《纲鉴》而知古今,次观《大清会典》《东华录》而知掌故,遂读《明史》《三国志》。(是年)六月为诗文,皆成篇。于时,神锋开豁;好学敏锐。日昃室暗,执卷倚檐柱,就光而读,夜或申旦务尽卷帙。先祖闻之,戒令就寝,犹篝灯如豆于帐中,隐而读书焉。频阅邸报,知朝事,知曾文正、骆文忠、左文襄之业,而慷慨有远志矣。②

一年后,当他12岁时,祖父开始教他写作制艺文,他援笔辄成,但并不好之。③

他的祖父既是风趣的友伴,也是认真的老师。这位年老的连州公常带他到附近风景区散步,并告诉他先贤的生平和学问,诸如两庑之贤哲、寺观之祖师,以及碑帖诗文中才名之士。有为深受这些故事的启示,而自比某些先贤。有为说:

> 于时,动希古人,某事辄自以为南轩,某文辄自以为东坡,某志辄自以为六祖、邱长春矣。俛接州中诸生,大有霸视之气。④

有为由其祖父引导,初知理学,得窥史事,植下综合论的种籽,奠下好学之基,并形成他终生不移的自信心。不过,他有一事与乃祖不合,即不愿写八股文以应试。同治九年(1870)祖父发觉他不好八股文,于是专督责他为此业。⑤

---

① 康赞修,"闻长孙有为生",载《文集》,卷八。
②《年谱》,页3(同治七年);Lo, *K'ang*, p. 28。
③《年谱》,页3(同治八年);Lo, *K'ang*, p. 28。
④ 同上。
⑤ 同上,页3(同治九年);Lo, *K'ang*, p. 28(1870)。

有为的两位叔父也曾教他读书。知他早熟,他们在他祖父教他之前,已开始教读。由于他们的教导,他5岁时已能背诵几百首唐诗。① 达棻(他父亲的堂弟)开始教他为文和读《书经》。难懂之处读几遍就可以记得,那时他只有8岁。② 达节(国器之子)教他作文,从同治十年(1871)至同治十三年(1874)时教时辍。③ 有为对他二人都甚感念。

　　有为对他的唯一弟弟有溥(以广仁名世)亦敬爱有加。他比有溥大9岁,光绪六年(1880)一度曾教乃弟读书,堂弟有铭和有需也参加,教的是经史,并引导他们读旁的书。④ 有溥和有需后来积极参加变法。有需曾负笈美国多年,并曾于20世纪初参与宪政党。有溥则在北京加入变法运动,帮有为提建议、作顾问,并创办女校,以及其他改良活动,包括上海的反缠足会⑤。有溥于戊戌(1898)死难后,有为哀恸逾恒。两年后,当他流亡新加坡时,特请友人到北京找回有溥的遗骨埋葬。⑥

　　有为于光绪二年(1876)与张妙华结婚。⑦ 他19岁,她22岁。⑧ 他大都不在家,因此他们并没有一个完整的婚姻生活。从戊戌年他出亡外国到宣统元年(1909)她与他在槟城(Penang,旧译钵赊)重聚,其间十余年她一人照顾他的母亲和全家。民国四年(1915),她抵押香港住宅以资助康梁的反袁运动。⑨ 她受他的敬重可见之于民国十一年(1922)她去世后,他"执绋送丧,悉如古礼",并铭其墓。⑩

---

① 《年谱》,页1(同治元年);Lo, *K'ang*, p. 24。
② 同上,页1(同治四年);Lo, *K'ang*, p. 25。
③ 同上,页3(同治十年),4(同治十三年);Lo, *K'ang*, p. 28(1871), p. 29(1874)。
④ 同上,页5(光绪六年);Lo, *K'ang*, p. 36(1880)。
⑤ 康有为,"康氏家庙碑"。
⑥ 《补遗》,页3; Lo, *K'ang*, p. 184。
⑦ 《年谱》,页4;Lo, *K'ang*, p. 32。据赵撰"康长素先生年谱稿",页180,引康撰墓志铭,她的名字是云珠,妙华是她的字,她与有为订婚时,有为年仅8岁。
⑧ 《补遗》,页85。Lo, *K'ang*, p. 240。提及她死年为68岁,但略过了此处引用之资料。
⑨ 同上,页64; Lo, *K'ang*, p. 229。
⑩ 同上,页85; Lo, *K'ang*, p. 240,未提及此。

有为于光绪廿三年(1897)纳妾①，因他已40岁而尚无子嗣。② 十年后，他在美国时又纳一妾：何旃理系一粤籍留美女生，因见到他的相片而仰慕他，自愿为妾。她陪他旅行，做他的舌人(通译)和秘书。③ 当她于7年后(1914)24岁时死去，有为写了"金光梦"以资悼念。④ 他纳妾显未符合他在《大同书》和《孔子改制考》中所阐述男女平等的原则。⑤ 不过，他并未违反当时被接受的传统。身处社会的理想国未来到之时，他觉得不妨从当时一般士大夫之俗。

　　他经常提到他的孩子，尤其是两个女儿——同薇和同璧——先后出生于光绪四年(1878)和光绪六年(1880)。⑥ 他甚是爱护她们，让她们受现代教育。她们常伴他在国内外旅行。⑦ 同薇翻译他所收藏的日文书，帮助他于光绪廿二年(1896)完成写作十年之久的《日本变政考》。⑧ 她嫁给麦仲华，麦氏曾编纂《皇朝经世文新编》，收了80余位作者的变法文章，包括有为之作品在内。⑨ 有为说他的妻子选了这个女婿⑩，但很可能是他介绍这准新郎给丈母娘。同璧嫁给罗昌，罗是梁启超的学生，在庚子年(1900)曾参与反慈禧太后的阴谋。她于光绪卅年(1904)赴美途中，

---

① 《年谱》，页15；Lo，*K'ang* p. 78。据赵撰"康长素先生年谱稿"(页193)，她娘家姓梁，她是有为长子之母。
② 他的长子名同籛，生于槟城。有为时年50岁，高兴之余，作了一首诗，载《不忍杂志》，六期，"文艺栏"，页54。另见张伯桢，《南海康先生传》，页51，74。
③ 《补遗》，页41；Lo，*K'ang*，p. 210。
④ 同上，页62；Lo，*K'ang*，p. 227。
⑤ 康有为，《大同书》，页193～253。另参看康有为撰，《孔子改制考》，卷九，页15。
⑥ 《年谱》，页5。"(光绪四年)冬十二月廿一日，长女同薇生"，"(光绪六年)冬十二月廿二日，次女同璧生"(Lo，*K'ang*，pp. 34，36)。罗氏于页145注⑧中指出有为所示同璧生日不确。事实上，她生于1887年，即光绪十三年(1887)，并非光绪六年(1880)。有为及其妻妾一共生了九个孩子，三个早夭，见《补遗》，页15，44，51；张伯桢，《南海康先生传》，页74；赵丰田，"康长素先生年谱稿"，页174～175。
⑦ 《补遗》，页23，64；Lo，*K'ang*，pp. 193，227。
⑧ 《年谱》，页14；Lo，*K'ang*，p. 76。
⑨ 麦仲华辑《皇朝经世文新编》计廿一卷。戊戌年(1898)由上海大同书局出版。
⑩ 《补遗》，页3。Lo，*K'ang*，p. 183未及此。

在日本与他相遇。①

同璧于光绪廿七年(1901)的春天与她的父亲在槟城会面,然后陪伴他到印度、欧洲和美国旅游。光绪廿八年岁暮,当他在印度时,他要她到香港探望她的祖母,然后再往欧美"演说国事"。② 在她离开大吉岭时,有为写了十首诗送勉,其中两首是:

美欧几万里,幼女独长征。岂不怜孤弱?其如哀众生!流涕言故国,□□□□□。女权新发轫,大事汝经营!

民权乃公理,宪法实良图。此是因时药,真为救国谟。光明布宗旨,感激为驰驱。圣主犹无恙,苍苍意岂无?③

从这些诗句可见有为对她此行之重视,以及对她能力之估价。五年后,当他抵纽约时,她每上完哥伦比亚大学的课后,即去见他。④

有为与他孩子(以及孙子)之间的亲密关系,亦可见之于他晚年继续与他们一起做伴⑤,以及他从未忘记某子或某女的生日或忌辰。⑥ 一首写于民国六年(1917)阴历除夕的诗——"开岁忽六十"——最可看出他对子女们的感情:

除夕饮团栾,群儿闹鼓吹。……严服事上帝,酒醴祀祖妣。灯烛烂廊槛,儿女欢衮馐。⑦

有为在言行上都遵从传统的家庭伦理观。例如光绪三年(1877),当他惊悉祖父逝世后,十分哀痛:

---

① "罗文仲讳昌先生行状"(稿本),页1,3,4,20。另见《补遗》,页30;Lo, *K'ang*, p. 196。
② 《补遗》,页23。Lo, *K'ang*, p. 193说是她赴美"读书并演说"。
③ 同上。Lo, *K'ang* 未引这些诗。
④ 同上,页40~41。参看 Lo, *K'ang*, p. 205。
⑤ 《补遗》,页64,101。参看 Lo, *K'ang*, pp. 227, 248。
⑥ 如见《年谱》,页6(1883):"五月,三女同节生数月殇。"此段见稿本,但不见于油印本,Lo, *K'ang*, p. 38 亦未引。油印本《年谱》页7(1886):"四女同完生数月殇。"页10(1890):"八月生子殇。"(见 Lo, *K'ang*, pp. 43, 53。另看《补遗》,页15, 44, 50。)
⑦ 《补遗》,页73。Lo, *K'ang*, p. 232 未译这几句,但译了结尾十联。

> 吾少孤,自八岁依于大父,饮食教诲,耳提面命,皆大父为之,亲侍十余年。闻而哀毁,三日水浆不入口,百日内食盐菜。及从父扶柩还……与诸父结苫庐,棺前缞绖,白衣不去,身不肉食,终是岁。于时读丧礼,因考三礼之学,造次皆守礼法古,严肃俨恪,一步不逾。①

民国二年(1913)他母亲去世时,同样遵从古礼,一丝不苟。② 翌年,流亡外国15年后,他重返故里,即到宗祠和祖坟祭扫,完全遵照儒家的传统。③

他在许多文章里也拥护古礼,如在《春秋董氏学》中说,家和家庭伦理乃人生之最根本因素。仁固然是儒家道德的中心,但家乃是发扬以及执行道德的首要所在。孟子曰:"尧舜之道,孝弟而已。"④有为特别提醒大家,儒家制定三年丧并作《孝经》。⑤

并不是只有儒家重视家庭。墨子兼爱,"号称尚同,而必施由亲始"。⑥ "佛教号称冤亲,平等众生",而亦先度其父、其妻、其子,后度他人。⑦ 有为认为孔子学说不仅与他教相通,而且顺天理之自然。⑧ 所以说"事父孝,故事天明"。三纲实是天所制定。⑨ 有为的家庭背景及其早年教育无疑决定了他的纯粹旧伦理观。

有为甚至用旧道德来攻击慈禧太后。戊戌政变后不久,他致友人一函中辩称皇上无论在道德上或法律上,都没有对慈禧尽孝道的义务,因她实非他的生母。有为的原文是:

---

① 《年谱》,页4;Lo, *K'ang*, p. 32。
② 《补遗》,页62;Lo, *K'ang*, p. 226。
③ "久亡还乡祭先庙告祖文",页16和"久亡还乡祭告先墓文",页26~27,俱载《哀烈录》,卷二。
④ 《孟子》"告子下",第二章。
⑤ 康有为,《春秋董氏学》,卷六下,页1;卷六上,页24。
⑥ 很显然的,有为指的是墨子之徒夷之所说,爱虽无差等,然必自父母始。
⑦ 《春秋董氏学》,卷一,页7~8。
⑧ 同上。
⑨ 同上,卷六下,页18~19。

  按六经诸说、朱子《纲目》《大清通礼律例》，天子无以庶母为母者。皇上既继文宗，孝显嫡后乃得为母，除此皆无母名，皇上亦无子义，则那拉后者，只能为先帝之遗妾……故不知那拉之非母，皇上之非子者，则不敢声其罪而讨之。①

  庚子事变起，有为致湖广总督张之洞和两江总督刘坤一函中，亦数太后之罪，欲张、刘勤皇。② 有人说太后自称是"保守派"，并声言"反对任何人焚毁祖宗牌位"。③ 她也被说成是靠儒家伦理来维护她的权威，以国母和摄政的身份，她自可要皇帝服从。④ 她确受到当时许多官僚和士大夫的拥护。⑤ 因此，有为想打破她的立脚点，并不奇怪。他于变法失败后，指责她违反儒家伦理，也不奇怪。戊戌年（1898）九月二十九日的上谕，斥康"纠约乱党，谋围颐和园，劫制皇太后"，因而有害礼教立国之旨。⑥ 很明显的，有为及其政敌都以儒家传统作为思想战的武器。

  接着的问题是为什么有为后来抛弃了此一保守立场，而以家庭为人类痛苦之渊，且预测家庭终将消失于乌托邦呢？⑦

  有几样东西影响了他。佛教的出家思想，有为自光绪五年（1879）研究佛理时，即已熟悉⑧，从中他可能得到家庭阻碍快乐的启示。一些亲戚和朋友的不幸遭遇更加强了这一想法。例如，他甚以两位姊妹——逸红和琼琚——的苦命而难过。逸红与一不健康的年轻人订婚，然后于同治十年（1871）嫁给病危的未婚夫，新郎于婚后19天即病逝。逸红守寡43年，眼见其故夫兄弟的挥霍，亲历一个大家庭的衰败后，于民国三年

---

① 康有为，"致莲珊书"，《万木草堂遗稿》，卷三，页40。
② 《补遗》，页4,9。Lo, *K'ang*, p. 188 提及这些信，但未引述内容。
③ Der Ling, *Two Years in the Forbidden City*, p. 175.
④ Li Chien-nung, *The Political History of China*, 1840—1928, p. 99. cf. pp. 187~190.
⑤ 例如看叶德辉，"与许恪士观察书"，载苏舆，《翼教丛编》，卷六，页36。
⑥ 陈宝琛等，《德宗实录》，卷四二七，页6（光绪二十四年八月十四日）。
⑦ 康有为，《大同书》，页255~289。
⑧ 《年谱》，页5；Lo, *K'ang*, p. 34.

(1914)死亡。① 琼琚亦于婚后不久守寡,并于光绪十四年(1888)穷困而死。② 有为甚以她们的不幸而痛苦,自惭未能对她们有所帮助。有为的一个学生孔昭焱在一封信里也诉说所遭遇的家庭问题,他希望做一个学者,但他的父母强迫他放弃学业以谋生计。③ 谭嗣同从小丧母,而被他父亲的妾虐待。④ 光绪皇帝也遭他"母亲"慈禧的虐待,当时许多写文章的人常提到。⑤ 这些都使有为感到:虽然他自己的经验并非如此,虽然他信奉儒家伦理,但家庭毕竟不是纯粹幸福的。

---

① 康有为,"仲姊罗宜人墓志",载《哀烈录》,卷一,页18～22。另见《年谱》,页3;《补遗》,页62; Lo, *K'ang*, pp. 28, 227。
② 《年谱》,页9;Lo, *K'ang*, p. 50。
③ 此信收入苏舆,《翼教丛编》,卷四,页22～23。
④ 梁启超,"谭嗣同传"(《戊戌政变记》第五章),《饮冰室全集》,册一,页106。
⑤ 梁启超,《戊戌政变记》,页57;Reginald F. Johnston, *Twilight in the Forbidden City*, p. 73; Der Ling, *Two Years in the Forbidden City*, p. 68。

第二章 生 平

康有为誉满天下,谤亦随至,为最具争论性的人物之一。那惊世震俗的思想使他引人注目(他似乎并不在意),也使他成名(此显然使他陶醉)。他特殊的脾性和行为几令他常在公众注目之下,或颂赞,或唾骂。① 我以为要了解他的思想,应从其性格着手,下文将简略地检视一些突出之点。

一

强烈的自信心,几近乎自夸,是康有为性格最显著的特征。此一特征,一些当时人以及后来的作者们都曾注意到。② 他很早就自以为有才。12 岁时看龙舟竞赛,即席写出一首四十句的长诗,马上得到"神童"的赞誉。他承受表面的称赞,遂自以为较其他同学高一等,"大有霸视之气"。③ 此并非一时的。多年后,他仍然如此。当他 31 岁(1888)访问北

---

① 对康氏行为谴责最厉的,可见之于叶德辉,"长兴学记驳议",载苏舆,《春秋繁露义证》,卷四,页 40。另参阅许应骙奏折,载同书,卷二,页 3~5。叶氏显对康加以毁谤,因所据并非事实。
② 例如柯劭忞,《清史稿列传》,卷二六〇,页 4。
③ 《年谱》,页 1~3(1862~1869 条)。Lo, *K'ang*, pp. 24~27 曾译此段。

京时,与京里的学者们斗智。他回忆道:"是时,学有所得。超然物表而游于人中。倜傥自喜。"①谦虚显非他的美德。

康有为很难自认有错误。当别人不同意他一些事时,他总认为是别人的错。他曾在一封可能写于戊戌年后的信中说:"道之不行久矣,孤鹤之难鸣甚矣……哥伯尼创言地之绕日,乃至下狱,而今古天学者,莫不尊于哥伯尼。凡义之至正确者,未有不得胜者也。"②

征服真理可以说是康有为信仰的要义。生而自信给予他道德的勇气和学问上的坚持。他在认知上毫无疑惑③,故很少注意旁人不同的意见。他甚爱明朝宰相张居正的名言:"吾平生学在师心,不但一时之毁誉有所不顾,虽万世之是非,有所不计也。"④此一不屈之自信使康氏无惧地与他认为的恶势力作战,几如一传教士,不顾成规不计后果,向世界宣布他所相信的真理。

康有为因而常受制于教条主义,如他的门人梁启超于光绪廿七年(1901)曾说:

> 先生最富于自信力之人也,其所执主义,无论何人,不能动摇之。于学术亦然,于治事亦然,不肯迁就主义,以徇事物,而每镕取事物以佐其主义……故短先生者,谓其武断,谓其执拗,谓其专制。⑤

二十年后,梁仍未改变此一看法,并回顾助其师写《新学伪经考》的经验:

> 乃至谓《史记》《楚辞》经刘歆羼入者数十条,出土之钟鼎彝器皆刘歆私铸埋藏以欺后世,此实为事理之万不可通者,而有为必力持之……而有为以好博好异之故,往往不惜抹杀证据,或曲解证

---

① 《年谱》,页8。
② 康有为,"致高丽某君书",微卷一。见《万木草堂遗稿》,卷五,页458。
③ 罗文仲(即罗昌)于康逝世十周年演说,原稿藏罗荣邦处。
④ 康有为,"与沈子培刑部书",此函可能写于1889年,时康约31岁。
⑤ 梁启超,《南海康先生传》,《饮冰室合集》,《文集》六,页87~88。

据……有为之为人也,万事纯任主观,自信力极强而持之极毅,其对于客观的事实,或竟蔑视,或必欲强之以说我。①

这种教条式的心态使他有时看不见现实。例如,戊戌年(1898)当皇帝下诏变法明定国事时(6月11日),许多保守的官僚士大夫加强抵制康有为的活动,他却说:"举国欢欣!"②不过,反对的声浪大得使他不能不承认大事不好,他说:"于是岁科试均废八股而改策论矣,时八股士骤失业,恨我甚。直隶士人至欲行刺。"③再举一例,庚子那年(1900),他宣称筹有巨款和相当数目的军队勤王,事实并没有这回事。梁启超就极力反对这种不符事实的做法,在致康函中说:"常作大言,与中山无异,徒使人见轻耳。"④自信心固然为一领袖所不可无,但若过于自信,则必损害信用,流于幻想,以至于自欺。

自信心有时也令康油然而生与实况不符的乐观,无怪乎康广仁于政变前不久向一友人抱怨道:"伯兄规模太广,志气太锐,包揽太多,同志太孤,举行太大。"⑤广仁感觉到环境日恶,一再劝他的伯兄离京回里。⑥但有为不听,奋战到底。广仁自己未离开,以至因参加变法而就戮。

康有为过分自信还使他作出欠考虑的判断。梁启超就说过:"先生脑筋最敏,读一书,过目成诵,一事片言而决,凡事物之达于前者,立剖析之。"但可惜的是,这样的判断常常"不悉当者"。⑦陆乃翔和陆敦骏合写的《康南海先生传》亦说,康遇到问题时可以马上作出决定,可以用几句话打发很复杂、很困难的事务。因此,不喜欢他的人就说他武断、执拗和

---

① 梁启超,《清代学术概论》,页128~129。
② 《年谱》,页18。
③ 同上,页20。
④ 丁文江,《梁任公先生年谱长编初稿》,页105~106。
⑤ 康广仁,"致(何)易一书";页58。此段并可见之于陈恭禄,"甲午战后庚子乱前中国变法运动之研究",页189。
⑥ 《年谱》,页22。
⑦ 梁启超,《南海康先生传》,页88。

专制。① 康有为在晚年亦自认,过去的一些看法由于未能深思熟虑而欠周。民国二年(1913),他在一篇跋中后悔当年奏请皇上易服一事,他说人有时感情用事,设想不能周到。②

许多历史因素导致戊戌变法的惨败,但我们不能不设想,康有为的性格使变法成功的希望更加渺茫。不过,还有一个问题:假如康有为不那样莽撞,不那样感情用事,不那样自信,他能够发动这一变法运动吗?

二

康氏相信自己具有非凡的德智能力,故必须带头为人类服务。他12岁时,就"岐嶷能指挥人事"。③ 有一度,他连孔夫子亦不稍让。民国六年(1917)他写道:

> 吾少尝欲自为教主矣,欲立乎孔子之外矣,日读孔氏之遗书,而吹毛求疵,力欲攻之。④

他虽终究拜服孔圣,但他未尝放弃自身在圣贤之列的想法。⑤

他知道要跻身圣贤之列,必须尽己为人。这是他在感情上要求自己的,在理智上督促自己的。他对其他人的热心——仁和不忍——是他心智的主要成分。思苍生困苦,则闷然而哭⑥;并不止一次,口述他的人道胸怀。例如,他在解释光绪廿年间(19世纪90年代)家乡发生的一件麻烦事说:

> 既以大小无殊,但推恻隐之心,以行吾仁,不计祸患……不计

---

① 陆乃翔、陆敦骙,《康南海先生传》,页47~48。
② 《不忍杂志》,第一期(1913),页15。
③ 《年谱》,页3。
④ 《参政院提议立国精神议书后》,《不忍杂志》,第九、十期(1917),"教说",页9。
⑤ 《年谱》,页4(时1876年乡试落第)。《补遗》,页75(诗作于1917年)。
⑥ 同上,页5(见光绪四年条)。

成败。①

这一原则在《大同书》里说得更明白:"大地万国之人类皆吾同胞……致其亲爱矣。"②不管打什么折扣,康有为可能是那个时代最讲原则之一人。

康有为的言行既由其信念所支配,故不理会别人的感觉和社会成规,以至于成为批评和弹劾的目标。他结婚时(1876),为了"原则",拒绝闹新房的风俗,不理会亲友们的不高兴。③ 光绪十九年(1893),他又为了原则,不遵从行之已久的习惯,称选拔他为举人的考官为"师",当然引起一般士大夫的谴责。④ 他连为了自己的"伟大理想",也不作学术上和人格上的让步。光绪廿一年(1895)之秋,他到南京去找张之洞,要求赞助强学会的南方分会。时任两江的张总督有意变法,待康氏以上宾,但很不赞成《孔子改制考》中的论点。康有为拒绝修改或放弃他的任何意见,说他的意见来自大原则,不能因两江总督的礼遇而改变。可预料到的,张之洞终于没有支持他已答应赞助的强学分会。⑤ 戊戌年(1898)之春,康有为接受皇帝历史性的召见后,刚毅建议让他在总理衙门供职;但他认为此职有辱于他,乃拒绝赴任。⑥ 他自认清高,故不能在衙门里行走。

有人或指责他自夸、高傲或争权。辜鸿铭是一受过牛津大学教育的保守派,且曾在张之洞的幕府当英文秘书,称康有为和他的信徒们为"极端派","自私自利而具野心,但又缺乏经验、判断力和方向"。⑦ 仆兰德(J. O. P. Bland)和班克豪斯(Sir Edmund T. Backhouse)也觉得"很难

---

① 《年谱》,页 12。
② 《大同书》,页 4。
③ 《年谱》,页 4。
④ 同上,页 11。
⑤ 同上,页 14。
⑥ 同上,页 19~20。
⑦ Ku Hungming, *Papers from a Viceroy's Yamen: A Chinese Plea for the Cause of Good Government and True Civilization in China*, pp. 5~6.

宽宥康有为的个人动机,以及夺权的欲望"。① 当代作者钱穆亦形容康有为是一"领袖欲至高"之人。②

有一些与康氏接触过的同时代人抱怨道,他待人迹近傲慢和专横。陈少白曾报道他于戊戌年(1898)在日本与康氏会晤的经过:

> 不久康有为果然出来了,同时厅内还有二个人,由梁启超介绍,一个是直隶人王照……我们一共七个人,围着一张大圆桌坐下。王照——他是坐在我的左边——就对我说:"请你先生评评理,我们住在这里,言语举动不能自由,甚至来往的信,也要他们检查过,这种情形实在受不惯。"话还未了,康有为觉得不妙,就忿忿的对梁铁君说:"你给我领他到外边去,不要在这里罗嗦罢!"梁铁君起来强拉着王照出去。③

王照曾被认为是一脾气强烈的人④,此事也许不能全怪康。但梁启超于光绪廿八年(1902)致康函中所说应不能说是诽谤康。梁曾在《新民丛报》中发表了一篇反满的革命文章。康大为生气,写了一封骂梁的信。梁在回信中说了这样一段:

> 来示谓此报为党报,必全党人同意,然(后)可以发言。无论党人分处四方,万无作成一文,遍请画诺,然后发刻之理。即以党人之意论之,苟属立宪政休,必以多数决议,恐亦画诺者十之七八也。⑤

梁未遵照党魁所制定的政策,应该受劾责;但康借全党人同意为口实,实属独裁。英哲罗素曾说:"进步党原要努力创造一座乐园,然经他

---

① J. O. P. Bland and Edmund Backhouse, *China under the Empress Dowager: Being the History of the Life and Times of Tz'u-hsi*, p. 189.
② 钱穆,《中国近三百年学术史》,页709。
③ 素痴(张荫麟),"康有为戊戌政变之新史料",《大公报》"史地周刊",民国二十五年7月24日。另可见之于翦伯赞等编,《戊戌变法》,第四册,页333~334。
④ 胡思敬,《戊戌履霜录》,卷四。另可见之于翦伯赞等编,《戊戌变法》,第四册,页85。
⑤ 丁文江编,《梁任公先生年谱长编初稿》,页158。梁致康另一函,不接受康责梁"专擅行事",见同书页190。

们自我陶醉地运用他们的智慧和仁心后,却创造出一个新的暴政。"① 康显未如此自我陶醉,并无意要制造暴政。不过,由于他过度的自信,难免不会掉进王安石曾经坠入的陷阱。最近一位史家曾指出:"安石全心服膺不合正统的思想,以至于使他愈来愈专断,而不能容忍旁人的意见。经常将旁人的意见认为太寻常、太无价值,甚至于认为是捣蛋。"②

三

康有为的道德勇气尚得之于一种信念,认为上天曾给予他一种历史性的使命。这一点,他与孔夫子没有什么不同。孔子相信,他的一生赋有天命。③ 康在民国六年(1917)写的一首诗里,透露了此一信念,其中两句曰:

> 吾生信天命,自得大无畏。

在同一首诗里,他提到自己出生时的异兆:

> 维吾揽揆辰,五日月维二;
> 大火赤流屋,子夜吾生始。④

戊戌年抵日本后三月,他细述上天赋予的使命。在讲完十一次死里逃生后,他说:

> 而曲线巧奇,曲曲生之,留吾身以有待,其兹中国不亡,而大道未绝耶?……顺天俟命,但行吾不忍之心,以救此万民耳!⑤

---

① Bertrand Russell, *The Impact of Science on Society*, pp. 44~45.
② James T. C. Liu, *Reform in Sung China: Wang An-shih (1021—1068) and His New Policies*, p. 68.
③《论语》"八佾",第四章;"述而",第廿二章;"泰伯",第八章;"子罕",第五章;"宪问",第卅八章。
④《补遗》,页 73,75。参阅赵丰田,"康长素先生年谱稿",页 175。
⑤《年谱》,页 29。

信有天命,使他在好几个场合中,克服恐惧和犹豫。光绪十四年(1888),他正要经御史上清帝第一书,由旅邸到目的地途中,受阻于菜市口,原来正有人被杀头。此一不祥的巧合不禁令他三思:

> 为之动思念:吾上书而遇杀人,兆大不吉,家有老母,岂可遽死。既而思:吾既为救天下矣,生死有命,岂可中道畏缩?慷慨登车,从南绕道行。①

十年后,当他的弟弟广仁鉴于形势险恶,促他离京时,他回答道:

> 生死命也,我昔经华德里,飞砖掠面,若逾寸中脑死矣!假中风痰,顷刻可死。有圣主在上,吾以救中国,岂忍心去哉?②

到民国十三年(1924),天命仍然给他心理上的力量来复辟,虽然此种行动早已不行了。他曾说特殊的吉兆,能促成非人力或奔走所能之事。③

天命与迷信之间,差别殊小。戊戌政变前二日离京时,他的居室之墙,忽然倾覆,"心窃怪之矣",不久事变作。④ 在此一个月前,他替谭嗣同和林旭看相,私下告诉梁启超,二人"形法皆轻",将来变法成功后,不足以当大任。他预测大难之将临。他提到曹魏时管辂(208—255)的术筮,能从看相预卜当时两个官员的灾难。⑤ 康说:"吾今惧矣!"但又说,"卓如福气过人",或可消弭谭、林之祸。⑥ 有二事可见,康不仅相信看相,还信风水。光绪三年(1877),他接受风水先生所说,而延迟埋葬他的祖父。⑦ 他自己也曾于民国十二年(1923)看风水——他到山东济南城外的千佛

---

① 《年谱》,页4。参阅陆乃翔、陆敦骙,《康南海先生传》,上编,页14。
② 同上,页22。参阅丁文江编,《梁任公先生年谱长编初稿》,页58。
③ "请庄士敦(Johnston)代奏游说经过",载康有为,《康南海先生墨迹》,卷四。
④ 《年谱》,页26。
⑤ 管辂事见《魏书》,卷二九,"管辂传",注引"管辂别传"。
⑥ 《年谱》,页25。
⑦ 《年谱》,页4。

山游览,检视该地地形,特别是济南城、黄河,以及邻近丘陵的相对位置,他建议济南城必须迁移,因它的现址不合符风水的基本原则。①

他的信仰大致与中国传统相合。孔子相信天是众所周知的。②《易经》基本上是一本占卜之书。《中庸》亦谈鬼神之德,强调"祸福将至,善必先知之,不善必先知"。③ 据说孔子曾得一噩梦,一周前即预知自己的死亡。④ 董仲舒以及其他公羊家学者,演绎古时的天神之说,并渲染预卜之重要。⑤ 固然,孔子有时不谈鬼神,以加强人与人之间的义务。⑥ 荀子进而完全拒斥鬼神,以及一切迷信。⑦ 但当公羊学崛起于汉代时,荀子之说尽置诸脑后。康有为既承继公羊学以及董仲舒之说,任意恢复兆示、地势与风水诸玩意,固不足为怪。

四

康有为尚表现出另一种性格:对生命的一种欢乐感。读《大同书》者大都能注意到,他对人性所作之坦率的享乐主义式解释,即他所说:"人道无求苦去乐者也。"⑧这并不是一种空想的哲学创作,只是他个人经验和信念的表达。他的强烈欲望和感情,使他认为肉体之享乐与舒服,是良好生活的当然因素。他早年即已养成一种奢侈的习惯。他13岁时,跟祖父到广州城里去玩,"睹繁丽,日与友邀游,不暇学也"(而两年前他全心力学,曾一夜不眠读毕全书)。⑨ 后来,他流亡在外国,也维持高水准

---

① 《补遗》,页 94。风水事可阅 Joseph Needham, *Science and Civilisation in China*,2:259～264。
② 如见 Fung Yu-lan, *A History of Chinese Philosophy*,1:57～58。
③ 《中庸》第十六章,第廿四章。
④ 《礼记》"檀弓上"。
⑤ Fung Yu-lan, *A History of Chinese Philosophy*, vol. 2,Chaps. 2 and 3。
⑥ 《论语》"先进"第十一章。
⑦ 《荀子》"非相"(见首句)、"天论"(略看)。
⑧ 《大同书》,页 9。
⑨ 《年谱》,页 3。

生活。1904年旅行于意大利时,他雇用了一个译员,以及奥国籍的厨师。他的高贵时装,使挽有女伴的罗马绅士,坐在马车里,向他脱帽敬礼,把他当作来自中国的贵族。① 他显然喜欢这种赞赏。好像是,他将长期流亡当作快乐的旅游,满足他的游癖,而无因挫败尝得苦果。②

他甚是欣赏西方的物质文明,经常赞美其所表现的华美生活。当他于己卯(1879)和壬午(1882)赴香港和上海时,该地的繁荣引起他对西学的浓厚兴趣。③ 后来,在光绪卅二、卅三年(1906、1907)间,花城蒙特卡洛(Monte-Carlo,旧译满的加罗)使他着了迷:

> 一英人语我以欧游日曾至满的加罗乎?不可不一游满的加罗……满的加罗宫室第一。满的加罗服饰第一。饮食第一,戏乐第一,女亦第一。吾向仅闻巴黎之丽华而未知满的加罗……及此亲游,虽以告者过,然其妙丽几几有以甲欧土者焉。

他除尽情详述在那儿所见畅快之事外,更将赞美入其诗,称之为:"大地异境。"④

他对雅典的失望与对蒙特卡洛的兴奋,正好是强烈的对比。他抱怨雅典"山陵枯索,飞尘满天,烈日炎熇,蒸人如甑,盖失气运久矣。感喟欷歔,不能自已"。⑤ 他对黄石公园也同样感到乏味,于1905年9月游罢,数说那儿的山没有树,"石色枯黄,尘沙如山,蒸人若甑"。于是对此游的定论是:"游凡六日,意兴索然。"⑥ 对于人造奢华与自然景物之间,他的选择是很显然的。

他的享乐主义哲学可见不止一端,说得最明畅的是1908年在希腊

---

① 康有为,"意大利游记",载《欧洲十一国游记》,第一编,页2~27。
② 《补遗》,页75,载康氏长诗,有句云:"一生不入官,好游有癖嗜。"康将其漫游投射于其理想世界,详见《大同书》,癸部,第二章,第一、二节。
③ 《年谱》,页5,6。
④ "满的加罗游记",《不忍杂志》,第九、十期,"瀛谈",页1~6。
⑤ 《补遗》,页43。
⑥ 《补遗》,页34。

时所述的一段：

> 农业之国，务尚节俭；而工商之国，势必享乐。……人类进步有其文化之指标，而文化由享乐之程度量之。圣人戒富豪特权淫逸以至覆灭……然若人人享乐，莫不富乐而能鉴赏美好，则不能谓之淫逸，而是进义理于至高之域。①

此一乐观之哲学犹如"平民享乐主义"，自与康氏兼爱哲学有关，他于1918年指出：

> 吾既为人身，则惟爱吾身及吾同类……凡数千年圣哲之制作，大地之品物，吾皆宜享受之，而不必矫俭也。②

他既信人之欲望不宜压制，更进而对宗教史作享乐的解释。他于1904年写道，凡强制禁欲之宗教都不能兴旺，而宣扬欲念的先知最为成功。康氏认为马丁路德能创立新教，因其敢于无视独身的誓言，娶尼姑为妻。亲鸾成为日本本愿宗的教主，因他敢于娶亲和食肉。③ 的确，康氏更进一步认为，随着大同的到来，一切加诸于人欲的限制将被除去，甚至性欲也可自由：

> 人之生而有生殖之器，则不能无交合色欲之事者，天也；以天之故则必不能绝，必不能绝则必有奸淫之事……虽有万亿婆罗门、佛、耶稣欲救之而欲绝其欲，而必不能使全世界人类绝交合之欲也……故大同之世，交合之事，人人各适其欲而给其求……固又有好男色者，虽索格拉底已有之矣……人情既许自由，苟非由强合者则无由禁之。④

---

① "雅典游记"，《不忍杂志》，第六期(1913)，"瀛谈"，页42。
② "戊戌轮舟中绝笔及戊午跋后"，载翦伯赞等编，《戊戌变法》，第一册，页411。
③ "意大利游记"，页30。本愿宗事可参阅 George Sansom, *A History of Japan to 1334*, 1: 425~426。
④ 《大同书》，页420。

此简直像1960年代放纵的美国。不过,康氏只允许无限制的性欲自由在乌托邦的时代发生,那时人们的思想与行动将不受坏制度的引诱,将超越善恶,将不再受寻常规范的约束。在这种幸福时代到临之前,限制人欲的道德与法律仍须尊重。① 因此,他尽管雅不欲节奢,事实上却过着与放任主义相左的规律生活。② 他虽欣赏声色,然其行为仍不失为一彬彬儒者。③

五

为康有为写传的某些作者认为康氏一生中理论与实际常不一致,例如其中一位作者说:

> 他每天戒杀生,而日日食肉;每天谈一夫一妇,而自己却因无子而娶妾;每天讲男女平等,而其本家之女子未尝独立;每天说人类平等,而自己却用男仆女奴。④

康氏本人未尝没有觉察到这些不一致,但他有一解释。盖理论乃是将来的缩影,而实际必须符合目前的境遇。此一点在其论"杀生"一节,最为明显:

> 吾好仁者也,尝戒杀一月矣,以今世必未能行也……大同之世,至仁之世也,可以戒杀矣。⑤

总之,人无须因有乌托邦之远景而漠视传统规范。或如康氏所说:"凡法律务适宜于其地与其时,苟其适宜,必能使其人日以发达,愈发达,

---

① 《春秋董氏学》,卷六下,页16,曾论"有欲"。
② 丁文江,编《梁任公先生年谱长编初稿》,页276,见徐苏佛致梁启超函。
③ 梁启超,《南海康先生传》,页60:"常严重,不苟言笑。成童之时,便有志于圣贤之学。乡里俗子,笑之,戏号之曰'圣人为',盖以其开口辄曰圣人、圣人也。"徐苏佛于1908年夏致梁启超书,亦以康之健康由于其生活有规律(见丁文江编,《梁任公先生年谱长编初稿》,页276)。
④ 陆乃翔、陆敦骙,《康南海先生传》,页48。
⑤ 《大同书》,页434。

愈改良,遂至止于至善,故不可以大同之法为是,小康之法为非也。"① 康是否已满意解释其言行的不一致,并不重要。也许他就是孟子所谓的"狂者",亦为孔子所略赞许。孟子曰:"何以是嘐嘐也,言不顾行,行不顾言。"②

有人怀疑康氏在冷静理智上提倡变法维新,但在感情上仍然缅怀旧事物,他的弟弟广仁说他"规模太广,志气太锐"。③ 梁启超在1901年说得更明确:

> 先生为进步主义之人,夫人而知之。虽然彼又富于保守性质之人也。爱质最重,恋旧最切,故于古金石好之,古书籍好之,古器物好之。笃于故旧,厚于乡情,其于中国思想界也,谆谆以保存国粹为言。④

康氏的"两极"观点还可以追溯一下他早年的纯传统教育,以及后来信奉公羊学与热烈研读西学的因缘。⑤

不论康氏既进步又保守的立脚点是什么,二者都随时间和境遇而改变。我们可以说梁启超说康是"先时之人物也"⑥,并不太正确(事实上他自我矛盾)。康氏凭借理想、热情和勇气,成为替传统中国开拓进步之路的先锋。⑦ 康氏当然具有这些优点,而且确是一拓荒者。但梁氏忽视了康氏心态的另一面,即保守主义,也是梁氏已经指出的。不管如何说,如我已在上文所示,这位南海圣人在个人操守上,大致是尊重礼俗的。⑧

---

① 梁启超,《南海康先生传》,页84~85对此说得甚明。
② 《孟子》"尽心下"等三十七章。
③ 丁文江编,《梁任公先生年谱长编初稿》,页58。
④ 梁启超,《南海康先生传》,页88。
⑤ 参阅本书第三章。
⑥ 梁启超,《南海康先生传》,页87。
⑦ 同上,页59。
⑧ 陆乃翔、陆敦骙,《康南海先生传》,页47。

六

上述一些康氏性格的特点可从他大半生中观察得到。不过在少年时代一段时间,他似乎感到茫然。他于1918年回忆道:

> 至14岁(1871),觉吾身柔脆,有遗世思。16岁(1873)于象冈新乡楼边拾《红楼梦》残本,竟夕读之毕,如黄粱熟后,人世富贵声色,比阅还而弃之,惘然无出世意。①

此毕竟是暂时性的一面。随后不久他就立定志向,勤读中外书籍,以达"平天下"的目标。② 他变成一有自信、乐观而自豪的人。这也是他亲朋们所稔知的。

他对人生的看法后来又有改变。他的充分自信与乐观卒归于哲学式的宁静,犹如他早年般的退缩。他于1879年后拒斥的道家观点,重又好之。他虽从未明白承认此一转变,但他于1904年在意大利访古墟时所说的一段话中,透露了一些端倪。

> 在昔沉灭,则为奇灾大祸;在今发现,则为考古巨观。微火山,吾安得见罗马古民?微秦政,吾安得有万里长城?天下之得失,固有反正两例而各相成者。故言道者,不可离阴阳也……仅知偏至之论者,其所见几何耶?抑何足与论道哉?③

换言之,康氏不再如早年以真伪善恶为绝对,而必须抑制伪恶以扬真善。这一立场颇似老子的相对观:"故有无相生,难易相成,长短相较,高下相倾"④;"故物或损之而益,或益之而损"。⑤

---

① "跋戊戌与门人书",载《康南海先生墨迹》,卷二。
② 《年谱》,页5~6。
③ "意大利游记",页11。
④ 《道德经》,二章。
⑤ 同上,四十二章。

此一变化至康氏晚年得到了结论。他不再要革新中国,拯救世界,而尽情于他所说的"天游"。他的《诸天讲》就是他神游太虚的收获。① 在1923年,他自跋1898年致李提摩太函时,明白道出他所以作此"游"的来由。

老夫既负衣带,不能救,无补于国,埋恨无地,且作天游。②

然则,康氏到晚年又重有少年时的"遗世意",虽然在形式和理由上,并不完全相同。少年时乃童稚的迷惘,而老年时则是挫折后的无奈。

康氏曾透露他新看法的哲学含义。他写道:因人生而有欲以及不免劳累受苦,不同的教主倡说"乐园""净土",以及"轮回"以欲导人于快乐。不幸这些说法都不足以达到其所望的目的。因此,他自己提出解决痛苦的办法:他神游满天星星的世界,自由自在,忘却世俗的烦恼。他说:

历劫无恙,日为天游。吾身在此地星之人间,吾心游诸天之无量。陶陶然、浩浩然,俛视吾地星也,不及沧海之一滴也。俛视此人间世也,何止南柯之蚁国也。③

他说不再关心与人变法图强,遂谓在宇宙的浩陶中,尘世之事何值一顾。人唯想象其为万物之灵,实亦隶属于天。他的遗世之心使他得到超脱之福。

康氏抑制痛苦的灵丹只显示他自认沮丧,承认他一度奋斗的伟大使命,将永远不能实现。④《楚辞》中的几行诗句很可表达他的心情:

---

① 此书内容之讨论可阅拙文"K'ang Yu-wei's Excursion into Science: The Lectures on the Heavens,"(Lo, *K'ang*, pp. 375~409)。
② "跋戊戌致李提摩太书",载《康南海先生墨迹》,卷三。
③ 《诸天讲》,序",页2。此书约于民国十九年私印,作者之序作于民国十五年。
④ 民国十一年当他受邀观剧,看到戊戌时光绪皇帝与他的演出,不禁泪下。他写了好几首诗以志感。见赵炳麟,《柏严感旧诗话》,卷三,页8,载《赵柏严集》。录此事与康之四首诗。康同璧,《补遗》,页85,仅提及此事,未详。Lo, *K'ang*, p. 240则完全没有提到这件有趣的事。

> 形穆穆以侵远兮,
> 离人群而遁逸……
> 朝发轫于太仪兮,
> 夕始临乎于微闾…
> 涉青云以泛滥游兮
> 忽临睨夫旧乡……
> 历玄冥以邪径兮,
> 乘间维以反顾。①

此时康氏已近生命的黄昏,写《诸天讲》后不到一年就与世长辞。他一生失望,但并不唉声叹气。

作为一个"不设防"的人,康氏自有其缺点与错误,他并不是圣人。他的努力失败,不能说是英雄。虽一度颇受人注目②,但情况迅即转变。历史总是以现实的社会和政治标准衡量人。一个先知的预见不能成为事实,便得不到掌声。但是在思想的领域内,现实的裁判并不很相关。康有为的改革与乌托邦思想毕竟对中国思想史有重要贡献。因为此一贡献,他将长受学界的重视。

---

① 见《楚辞》"远游"。
② 梁启超,《南海康先生传》,页 88。即在当时反对者的眼中,康也是一外表堂堂之人。Tse Tsan-tai（Hsieh Tsan-t'ai）（谢赞泰）, *The Chinese Republic: Secret History of the Revolution*, p. 11。对康（时 43 岁）有如下的描述:"他看来是极聪明之人。他的才学与经验俱丰……他举止高傲而独立。猛见之,不似一普通人。"胡思敬,《戊戌履霜录》(收入翦伯赞编,《戊戌变法》,第一册,页 374),也提到康之长须和锐利的目光,神采不凡。当客人来访,每慎问来客本乡的出产和名人,并用西式笔记于纸上,收入袋内。沈云龙,《康南海评传》,页 69 也记道:章士钊于民国十五年七月在天津时,往访有为。"而有为年六十九矣!口辩悬河,声若洪钟,精神矍铄,见者辟易。"章退语人曰:"二十年前,闻之服南海者曰,天下之丑诋南海者,其人直未尝见之耳!见之,未有不易侮为敬者也……而今见之,仍信异人。"

第二编
哲学思想

第三章 儒学新诂

二十年前,一位美国历史学者曾说:康有为是一有能力而能独创的学人,在清帝国末叶,试图将儒学与专制政体分离,以求儒学的复苏。① 十年后,另一美国学者又谓康系一伟大的改革者,重建儒学,作为近代中国的宗教。② 这两种说法都说得不错。但我们必须补充说,康氏之重建或重新诠释儒学,事实上带动了影响深远的思想维新。我们可推想到他之目的,乃是要为革新制度立下一哲学基础。我们也可说,在重建中产生的哲学立场使他深信:现有制度必须要大幅度地革新。检视一下他重建儒学的内容和含义,不仅可使我们明了他的言行,而且更有助于判断他在中国思想传统中的地位。

第一节 尊儒还是叛儒

一个不可避免的问题(其实在当时已经提出):康氏既拒斥儒学的正统解释,是否仍可视为一忠实的儒者?康氏对创立儒学的圣人景仰备

---

① H. G. Creel, *Confucius and the Chinese Way* (published in 1949 *as Confucius: The Man and the Myth*), p. 279, pp. 101~102,128,144,308 亦曾提到康氏。
② Arthur F. Wright, *Buddhism in Chinese History*, p. 111.

至,但是我们是否能排除这样一个可能性,即尊重其人,而事实上并不尊重其人之说?换句话说,康氏到底是一忠实的信徒呢,还是一伪装的叛徒?

很多与康氏同时代的人,特别是反对变法者,都不认他是儒教圈内人。最维护传统的叶德辉斥康为"其貌则孔也,其心则夷也"。① 有一些近代学者也同意这一说法。② 自宋以降,斥人为异端,逐人于儒教正统之外,是打击反对者最方便的法门。例如,变法的王安石(1021—1086)被保守派指为法家。③ 几百年后的康有为被其敌人斥为"非儒",自不奇怪。

其他的一些学者对此一问题的答案,则很不相同。梁启超辩称,康氏对儒家经典异常的解释,并不是要在假冒的儒家招牌下,设计自己的思想,而是要重现真正的儒学。④ 若干现代学者同意梁的说法,以康确是真正的儒者——虽非正宗,还是孔子的门徒。⑤

解答康氏到底是不是儒者的问题,并不困难。主要取决于如何了解儒学。假如把儒学等之于理雅各所说的"帝国儒教"(Imperial Confucianism)——即帝国政府以及士大夫们所认可的标准伦理道统,则我们可以说康氏实乃违背孔子的叛徒。假如儒学是指孔子本人所创的学说,且一个真正的儒者必须接纳这些学说,则康仍不能被视为儒者。康氏说他排斥伪经伪说,以显扬真正的孔夫子学说。这种说法很难成立。康所根据的主要是真实的孔子学说,其存在于"微言大义"之中,⑥历

---

① 叶德辉,"与刘先端黄郁文两生书",载苏舆辑,《翼教丛编》,卷六,页17。
② 钱穆,《中国近三百年学术史》,页704~708。
③ 萧公权,《中国政治思想史》,下册,页457。
④ 梁启超,"论中国学术思想变迁之大势",《饮冰室合集》,《文集》,卷七,页101。
⑤ 例如 K. S. Latourette, *A History of Modern China*, p. 92; Li Chien-nung, *The Political History of China, 1840—1928*, p. 146; Lin Mousheng, *Men and Ideas*, p. 215; Franz Michael and George E. Taylor, *The Far East in the Modern World*, p. 197; Dai Shen-yu, "Mao Tse-tung and Confucianism", p. 4; Wolfgang Franke, *Die staatspolitischen Reformsversuche K'ang Yu-weis und seiner Schule*, p. 17。
⑥ 简略之解释可见之于皮锡瑞,"春秋通论",《经学通论》,页1。

代多由今文家(特别是公羊家)口传,是以与口传不合的一切经义,皆属虚伪。康氏唯有证实"微言大义"确由古之圣贤口口相传,其说才站得住脚。但是不幸得很,孔子的口述传统实在难以确定。① 儒学自孔子死后经过不少蜕变,所谓儒分为八②,此八儒的内容如何,吾人所知甚少,但我们知道,儒学的两大支孟子和荀子给儒家思想以相当不同的说法。其他不同的说法可见之于二千年的历史中。儒学渊流里渣滓之多,使任何人投入中国思想史巨流中,都难以探得底下的岩石。因此,凡是说能掌握孔子原来学说的全部知识,均不值一顾。

我们也许可把儒学作第三种说法:不把它当作任何学派,或任何学者的复杂学说,而当作自公元前 6 世纪以来的一支广泛的思潮。据此一看法,康有为像他许多前辈和同辈一样,可自称是一儒者。他的确是一修正者,而非一泥古者。其实儒家名贤如孟子、荀子、董仲舒、朱熹、陆九渊和王守仁等都是修正派。这些人在解释经典时也许不及康有为之大胆,但他们毕竟予儒家传统以新内容。康氏怀疑一些经书之伪;孟子就怀疑过《尚书》的可靠性③,却仍在孔庙中据要津。康氏喜好怪异之公羊派学说,但别人也喜好,包括《皇清经解续编》中的许多清代学者。④ 康氏把外来的(西洋)思想注入儒学;一些最重要的宋儒也吸收外来思想,虽然它们来自印度,而非西洋。⑤ 康氏被其门人比为马丁路德(此点下文将再讨论),我们似乎不能因康氏反对古文而说他不是儒者,就像不能因马丁路德反对罗马教会而说他不是基督徒一样。

另有一点可令康氏确为儒家之一员。他一生不断呼吁政府和同时的学者尊孔。不论时代的剧变,他坚持孔子是最伟大的圣人,他的学说

---

① 萧公权,《中国政治思想史》,页 67～73;及"评吴康春秋三世说",《清华学报》,八卷,一期(民国廿一年十二月),页 1～6。
② 《韩非子》"显学第五十"。
③ 《孟子》"尽心下"第三章。
④ 《皇清经解续编》,出版于 1880 年代,计一四三〇卷。
⑤ Carsun Chang(张君劢), *The Development of Neo-Confucian Thought*, chap. 6.

可为人们社会和道德生活的最佳指针。事实上,民国之后,他因感到保存中国最好的国粹比社会和经济的现代化更要紧,故对孔子也愈为景仰。早在1895年,他就建议清廷予治经者以鼓励,并遍设孔庙,以救道德的沦亡。① 他于1898年作了同样的建议,且更加强调。在是年7月的奏折里,他建议以儒为国教,以孔子为教主,以孔子的生年(公元前551)为国史纪元之始,以及在全国各地遍建孔教会。② 自1912～1927年,他推行孔教会并重欲以孔教为国教。③ 他听说教育部禁止小学读经很愤慨,试图要求收回成命。④ 因此,康氏虽于戊戌前后拒斥伪经,批驳官定儒学,而今却赞赏儒学之全部,赞同经中之每一字。若按丘吉尔所谓,"一个狂热者不会改变他的想法和目标",则康无疑是一尊孔的狂热者。若谓康氏尊孔是为了西化中国,吾人不能接受这种说法。⑤ 这种说法绝对不合20世纪的康有为,就是指戊戌时代的康有为亦不中肯。

  有人说,康之大同思想主取消家庭,足证他不够格作儒学大家庭之一员,因家庭为儒家道德生活和社会体制的基石。此说诚然,但也许我们可作如下的解释:首先,康氏虽指出家庭的缺点以及最后必将消失,但他从未说在人类进步到不需要家庭之前,家庭可以取消。只要人类尚未臻道德的十全十美(虽然人类有发展十全十美道德的能耐),家庭以及其他的社会制度仍须继续存在,发挥作用。再者,当人发展到可以取消家庭制度时,并不是说那时人已无爱心,而是说到那时爱心大得使有家与无家已无明显的分别。到那时,人将爱所有的人,就像爱家人一样。很显然的,此一人类之爱基于儒家仁学,特别是有名的"礼运篇"所说的"老

---

① 翦伯赞等编,《戊戌变法》,第二册,页150。
② 康有为"奏议",载《康南海先生文钞》(以下引作《文钞》),第五册,页10～13。
③ 《文钞》,第五册,页12～17;第六册,页63～67;另阅《康南海文集》(以下引作《文集》),卷五,页2～9。
④ 康有为,"与教育部总长范寿生劝改禁读经令书"。
⑤ 钱穆,《中国近三百年学术史》,页702～709。

吾老以及人之老,幼吾幼以及人之幼"。① 康氏可能超越传统所谓"仁"的范围,但他毕竟没有违反仁学。

康氏坚决不出版主张无家庭社会的《大同书》,也值得注意。他在他学生们屡次请求后,最后于民国二年只准发表一小部分,即只谈到一般性原则和政治理想的甲、乙二部。② 其他部分,也就是他最激烈的社会理想,直到民国廿四年(1935),他死后八年才出版。他告诉他的学生们,社会结构不同理论的宣扬和实践应配合人类进步的不同阶段。19世纪的中国尚不能免除儒家的伦理和社会责任。他的乌托邦理想(超越儒家伦理)如果让大众知道,将会引起危险的后果,所以暂时不能发表。因此,我们可以这样说,当康氏作为一乌托邦哲学家,他是超越儒家的;但作为一实际的改革家,他仍然在儒家的范围之内。

第二节　作为儒者的康有为

前已述及,康氏不接受当时的儒家传统。他坚持要回到原来的、真正的儒家,在当时已经式微的儒家③,真正的儒家可经由对经籍的考证与清理错误的解释而重现。最需清除的是荀子学说这一学统,其次是刘歆(公元前53—公元23)的伪经,再次是朱子(1130—1200)所建立而影响深远的理学传统。④ 康氏大胆地向这些儒家传统挑战,难怪反对变法的文悌要斥责他,"欲将中国数千年相承大经大法,一扫刮绝"。⑤

文悌的指责并非完全无据。因康氏正要打倒皇家的儒学传统——

---

① 《礼记》,卷九。
② 卫德明(Hellmut Wilhelm)告诉我卫理贤(Richard Wilhelm)私人藏书目录,其中第497种为《大同书》(Die grosse Gemeinschaft, 1919)。据卫教授说,此为私人间流传之本,由作者赠其父。此显然是载于《不忍杂志》(从民国二年二月至十一月)之复印本。
③ 钱穆,《中国近三百年学术史》,页634引陈千秋,"长兴学记跋"。
④ 陆乃翔、陆敦骙,《康南海先生传》,上编,页27～29。
⑤ 文悌,"严参康有为折",载翦伯赞等编,《戊戌变法》,第二册,页464;亦见苏舆,《翼教丛编》,卷二;以及朱寿朋,《东华续录》(光绪朝),卷一四五,页14～18。

此一传统根植于朱熹的理学,而成为朱熹所不能预见的统治者的思想工具。康氏所要用来取代此一传统的是,如梁启超所说的"进步"儒学,而不是"保守"儒学;是尊崇博爱,而非个人修身的儒家;是平等的而非专制的儒教。① 康氏应用了儒家经典,但他对这些经典的看法确非传统学者所有。②

康氏对他的看法很坚持,但并不具持久的一致性。他对不同经典的评价与时有异。③ 这些转变可说是康氏思想发展的不同面貌。下引文字大约写于1901~1902年间,就可看出他从少年到成年的重要历程:

> 予小子六岁而受经,十二岁而尽读周世孔氏之遗文。乃受经说及宋儒先之言。二十七岁而尽读汉魏六朝唐宋明及国朝人传注考据义理之说……始循宋人之途辙……既悟孔子不如是之拘且隘也;继遵汉人之门径……既悟其不如是之碎且乱也;……乃离经之繁而求之史……既乃去古学之伪而求之今文学……而得《易》之阴阳之变,《春秋》三世之义。曰:孔子之道大,虽不可尽见,而庶几窥其藩矣……乃尽舍传说,而求之经文。读至"礼运",乃浩然而叹曰:孔子三世之变,大道之真,在是矣。大同、小康之道,发之明而别之精!④

此大致可谓忠实的自述。康氏虽未明指自20岁后,何时转变他的看法,但他在《自编年谱》中提供了一些线索。他指出当他23岁时(1880),他曾撰写《何氏纠缪》,显然是攻击何休(129—182)。何氏是《春秋公解诂》的作者以及今文学的大师。康氏自称很快就发觉攻击何氏的错误,立即销毁原稿。⑤ 很显然的,他在光绪六年(1880)仍然师法宋儒。

---

① 梁启超,《南海康先生传》,载《饮冰室合集》,《文集》,卷六,页67。
② 陈恭禄,"甲午战后庚子乱前中国变法运动之研究",页103。
③ 钱穆,《中国近三百年学术史》,页690~698亦指出一些模棱的观点。
④ 康有为,"礼运注序",页1~2。
⑤ 康有为,《自编年谱》(以下引作《年谱》),光绪六年(1880);Jungpang Lo(罗荣邦),*K'ang Yu-wei: A Biography and Symposium*, p. 36。梁启超,《清代学术概论》,页126曾很有启示地写道:"有为早年,酷好《周礼》,尝贯穴之著《政学通议》,后见廖平所著书,乃尽弃其旧说。"

在光绪九年(1883),他勤读各种有关历史、制度、音乐、声韵以及地理等书籍。这些书籍都是当时汉学家所致力的。① 这似乎是他师法汉学家的时期,不过很快他又转变了。

五年之后(1888),康氏"发古文经之伪,明今学之正"。② 当时他 31 岁,也就是他讲学长兴里以及完成《新学伪经考》的前三年。③ 光绪十七年(1891),他公开与理学决裂,不久之后即从事写作第二本主要著作——《孔子改制考》。此书至光绪二十二年(1896)才完成。④ 到光绪十八年(1892)之后的若干年中,康氏才如他自述的"得《易》之阴阳之变,《春秋》三世之义"。

在上引文中,康氏指出当他"复求之经文",发现了"礼运"中的大同小康之说;意指在他发现三世说之后,他才发现这一重要的理论。换言之,在光绪十八年之前,大同小康之说不可能是他社会哲学的指导原则。

不过,康氏本人不止一次暗示他早于光绪十、十一年(1884、1885)间就已演成大同哲学。他在《礼运注》自序中,署光绪十年甲申冬至日,也即是 1884 年 12 月 21 日。⑤ 他又在民国八年(1919)首次发表的《大同书》前二部序中,说他是在光绪甲申年(1884)写的,时年 27 岁。⑥ 但是他在《年谱》中则写道,光绪十一年三月演成大同之说。⑦ 因此,康氏对其乌托邦思想建立的日期,自己也有点不一致。

钱穆甚疑康自定成书的日期。钱氏指出,康在"礼运注序"中所取的立场与其 1890 年代早期讲学长兴里时的立场,并不相同。康并不曾在

---

① 康有为,《年谱》,光绪九年(1883);Lo, *K'ang Yu-wei*, p. 38。
② 同上,光绪十四年(1888);Lo, *K'ang Yu-wei*, p. 47。
③ 同上,光绪十七年(1891);Lo, *K'ang Yu-wei*, p. 53。
④ 康有为,《年谱》,光绪十八、廿、廿二年(1892、1894、1896),Lo, *K'ang Yu-wei*, pp. 54, 63, 76。
⑤ 康有为,"礼运注序",《文钞》,第八册,页 19。*Ta T'ung Shu*, trans. Laurence G. Thompson, p. 13,采信康所定之日期,即认定康氏于光绪十年与十一年间撰成《礼运注》。
⑥ 康亲笔影本载钱定安编《大同书》(民国廿四年)。
⑦ 康有为,《年谱》,光绪十一年(1885)。

其讲学大纲——《长兴学记》中,提及大同与小康。① 钱氏更指出,当时为康氏得意弟子的梁启超说,康要他研读历史、宋儒(陆王哲学)和西学。梁并没有提到"礼运"或大同与小康学说。② 钱氏认为,如康已于光绪十、十一年就已发现此一重要学说而不列入讲学的课程中,是不可思议的事。钱氏作结论道,《礼运注》不可能写于1890年代前期,可能晚至光绪廿八年(1902)左右才写成。③

钱氏对《大同书》的日期也有疑问。他提醒大家:当光绪十一年至十三年(1885—1887)康氏写作《人类公理》——很可能是《大同书》的初稿——时,他已开始用公羊三世说;他不曾在这一著作中涉及大同和小康。后来,在光绪十一年(1885)和十六年(1890)当他完成《新学伪经考》与《孔子改制考》时,他才注意分辨经今古文,但仍未及大同小康之说。因此,他不太可能早在1880年代就已完成《大同书》。有资格知道此事的梁启超完全不认为康于光绪十年(1884)写成此书。梁说:"彼时尚未成书也。至辛丑壬寅(1901—1902)之间,先生避地印度时,始著成之。"④

钱穆的推论大体不误,不过他不知上文(见第36页注①)所说光绪十四年(1888)以前康不可能已发明大同之说的证据。

还有进一步的证据可支持钱说。钱氏提到的《人类公理》一书,虽有稿本,却从未发表。⑤ 另一稿本《康子内外篇》,大约写于同时,康氏《年谱》中曾提到⑥,也未遗失。⑦ 检视这些稿本,可知此乃《大同书》的蓝本。

---

① 《长兴学记》今收入《康南海先生遗著汇刊》。钱穆,《中国近三百年学术史》,页634~641曾综述此文要点。
② 梁启超,"三十自述",载"饮冰室文集",卷四,第十一,页16~17。钱穆,《中国近三百年学术史》,页638~639引此文,但未注意梁亦提及在光绪十七年(1891)康有为正撰写《公理通》、《大同学》以及其他诸书,见第41页注③。
③ 钱穆,《中国近三百年学术史》,页698~699。
④ 钱穆,《中国近三百年学术史》,页700注。
⑤ 《实理公法》之稿本极可能是《人类公理》之一底本,此文今收入《万本草堂遗稿》外编上册。
⑥ 康有为,《年谱》,光绪十一、十二年(1885、1886); Lo, *K'ang Yu-wei*, pp. 42~43。
⑦ 《康子内外篇》,今收入《万木草堂遗稿》外编上册。

虽然对儒教价值的态度在稿本中不及在书中那样激烈,但一般思想取向仍是很相同的。有一些在《大同书》中详述的观点,在稿本中已具雏形。①假如他的大同思想在光绪十年(1884)就已完成,而在光绪十一年到十三年(1885—1887)写的稿本中尚未成熟,自是不可能的事。②

若干"内证"还可更进一步证明《大同书》不可能成于光绪十年(1884)。在该书庚部第三章中,康氏提倡应用大同于商务时,提到天演学说。③康既不通英文,他所依据的最可能是严复于光绪廿二年(1896)译就的汤麦士·赫胥黎(Thomas H. Huxley)的《演化与伦理》(*Evolution and Ethics*),光绪廿四年(1898)出版,中译本称《天演论》。④梁启超曾有缘先读付梓前的严氏译稿,并也让康氏先读为快。⑤若康氏果然从严译中得到演化这一概念,《大同书》当然不可能于光绪廿二年(1896)之前撰成。

当我们赞同钱穆所说:《礼运注》和《大同书》在光绪廿八年(1902)左右才完成时,应该指出前书虽可能是一新著,但后书却是根据许多可追溯到1880年代初稿的最后定稿。在近年辑成的康氏《年谱续编》中,有一段提到《大同书》。编者康同璧在指出《礼运注》完成于光绪廿八年三月(1902年4月)后,有云:

> 同时演礼运大同之义……自甲申(一八八四,先君时年二十七岁)属稿,初以几何原理著《人身公法》,旋改为《万年公法》,又改为《实理公法》。十余年来……数易其稿,而卒成《大同书》十部。⑥

---

① 这些著作将于本书第十章析论之。
② 钱穆,《中国近三百年学术史》,页699很正确地指出《大同书》成于光绪廿七至廿八年(1901—1902),但未注意这些早期著作以不同的方式为康氏的"主菜"作了准备。
③ 《大同书》,页357。译者汤普逊(L. Thompson)译此词为"天择"(natural selection)。
④ 严复,《赫胥黎天演论》。
⑤ 丁文江,《梁任公先生年谱长编初稿》,上册,页33。另见梁启超,"与严又陵先生书",载《饮冰室文集》,卷一,页110。此函写于光绪廿二年(1896)。
⑥ 康同璧,《补康南海先生自编年谱》,页6;《南海康先生自编年谱补遗》,页17~18。参阅Lo, *K'ang Yu-wei*, pp. 192~193。

她继说《大学注》完成于是年7月。因此,《大同书》似于光绪廿八年的四月至八月间定稿。

康氏于民国八年(1919)在一篇序言中提到他的《大同书》:

> 光绪甲申(1884—1885)年廿七岁。法军侵羊城,避居西樵山北之银塘乡。痛国难民困而作《大同书》,初意大同百年难见实行,而不意三十五年后国联成立,遂亲见大同。《大同书》计十部,甲乙两部今始印行,余部则犹须待之异日。①

这一段话予人一错觉,即康氏在光绪十、十一年(1884、1885)间完成《大同书》。此一错觉印象更由他自述的"至乙酉之年而学大定,不复有进"一语加深。② 他应该说,他于光绪十、十一年(1884、1885)间写成《大同书》的初稿,表达他社会哲学的主要思想。

康氏在《年谱》中所记更加混淆视听。他说甲申十二月(1884年12月至1885年1月)读了佛书和西书之后,突然醒悟,洞悉了宇宙与人生的奥秘。他因而觉得世上各国家、种族和宗教都应统一,男女应该平等③——大家都知道这一观点后来在《大同书》中充分发挥。早在光绪十一年(1885),他说他致力研究数学并依几何学演成《人类公理》,开大同之制的先河。④ 接着他叙述光绪十二年(1886)他的思想活动:

> 是岁作《康子内外篇》,"内篇"言天地人物之理,"外篇"言政教艺乐之事,又作《公理书》,依几何为之者。⑤

下面一段述及他光绪十三年(1887)的著作,也值得注意:

> 是岁编《人类公理》,游思诸天之故则,书之而无穷也。作《内外

---

① "南海先生遗墨之三",载《大同书》(民国廿四年本),页8～11。
② 康有为,"与沈子培刑部书",约写于光绪十五年(1889)。见《万木草堂遗稿》,页269。
③ 康有为,《年谱》,光绪十一年(1885); Lo, *K'ang Yu-wei*, pp. 40～42。
④ 同上,光绪十一年(1885); Lo, *K'ang Yu-wei*, pp. 42。
⑤ 同上,光绪十二年(1886); Lo, *K'ang Yu-wei*, p. 43。

篇》兼涉西学，以经与诸子推明太古洪水……中国始于禹夏之理……推孔子据乱、升平、太平之理，以论地球。以为养兵学言语皆于人智人力大损，欲立地球万音院之说，以考语言文字。创地球公议院，合公士以谈合国之公理，养公兵以去不会之国，以为合地球之计。其日所覃思，大率类是，不可胜数也。①

是则，康氏于光绪十年至十三年（1884—1887）间似乎写了不止一篇，可说是《大同书》的初稿。《人身公法》《人类公理》《公理书》和《实理公法》很可能都是同一著作的不同名称。② 不过，《康子内外篇》似是另一著作，代表与《实理公法》一书不同的见解。检视此二书，可知前书对传统道德和社会价值的尊重胜于后书③，我们不能说《内外篇》是《大同书》的先驱。

问题是：为什么康氏在同时写两本见解不相同的书？也许可作这样的推测，在光绪十年到十三年间（1884—1887），康氏虽已新获大同之见，但尚未能摆脱儒家传统的影响，他对他的理论尚未完全自信。他知道自己徘徊在两种见解之间，不如把两者都写成书。后来，他思想较为成熟，遂抛弃了《内外篇》中较平和的见解，而继续发挥《实理公法》中较激烈的思想，他自称于光绪十年（1884）"写成"《大同书》，并非完全无据；事实上，在那几年，他确已谱成这一著作的中心概念，并完成初稿。

值得重视的是，康氏在《实理公法》与《康子内外篇》中，都未用《公羊》和"礼运"中的名词。因光绪十四年（1888）后，他才信奉公羊学说，切断与经古文的任何关系。光绪十四年前康氏所表达的大同思想，如他自述的，是来自大乘佛教和西学。不要忘记，他在光绪四年（1878）经历一

---

① 康有为，《年谱》，光绪十三年（1887）；Lo, *K'ang Yu-wei*, pp. 44~45。
② Thompson, *Ta T'ung Shu*, pp. 13~14。认为《人类公理》乃《大同书》之初稿，并相信撰成于光绪十至十一年（1884~1885），修正于光绪十三年（1887）。此说乃根据赵丰田，"康长素先生年谱稿"，载《史学年报》，二卷一期（1934），页184。
③ 尤可见之于《实理公法》第三至六节，以及《康子内外篇》中的"理学篇"与"性学篇"。

次精神上的刺激后,把全部时间放在研读佛道典籍上。光绪十年,他重新研读佛经,同时涉及自光绪五年(1879)开始阅读的西书。大约在光绪十年冬(1884年的12月或1885年的元月),他已获得在光绪十年到十三年著作中提到的主要论点,以至终于完成他的大同体制。① 这些论点使他在光绪十四年重读儒家经典时,得到新启示。他虽早知公羊学说,但以前并无深刻印象,而今始见及新意义。不久,他开始引导一些学生进入他的大同哲学。梁启超回忆道,在光绪十七年(1891)初作康氏学生时,他有幸与陈千秋共同听到康氏讲解《公理通》和《大同书》二书的详细内容。② 梁氏听到大同说后,十分着迷,希望能够传播出去,康氏阻止,但并不完全成功。③ 几年后,可能是光绪廿一年(1895),康氏开始用大同一词来说明他的社会哲学。④

在1880年代早期,佛教与西方思想使康氏超越儒学传统,并以新的眼光来看待经学,但他并不愿放弃儒学。由于在光绪十四年(1888)所得的公羊学之助,使他对孔子的学说起了新的信心。他觉察到,如果把伪经清除掉,儒学仍是世界上最好的学说,包含了欧洲和印度圣哲的真理。这一觉察给予他研治经典的新灵感。

此一研治的重要结果是《孔子改制考》和《春秋董氏学》,分别写于光绪十八至廿二年(1892—1896)和光绪廿至廿二年(1894—1896)。⑤ 康氏明白地指出,他写前书是依据公羊春秋学,特别是董仲舒的《春秋繁露》,以及《礼记》《论语》《孟子》和《荀子》中所说的"王制",以重建孔子所见的

---

① 康有为,《年谱》,光绪五、九及十年(1879、1883及1884);Lo, *K'ang Yu-wei*, pp. 34, 38, 40。小野川秀美,"康有为的变法论",页112~113(英文摘要见页6~7)得到相同的结论。
② 梁启超,"三十自述",页17。
③ 梁启超,《清代学术概论》,页138。
④ 丁文江,《梁任公先生年谱长编初稿》,页29有云,康党曾于光绪廿三年(1897)之秋成立一出版公司,名之曰"大同译书局"。此可见"大同"一词此时已广为康之门人所接受。
⑤ 康有为,《年谱》,光绪十八、十九、廿及廿二年(1892、1893、1804及1896);Lo, *K'ang Yu-wei*, pp. 54, 63, 76。

制度。① 他未提及受到"礼运"——大同思想的渊源——的启发。另一主要著作——《春秋董氏学》——于光绪廿四年(1898)在上海出版,仍以三世说和其他公羊学说为主旨,然亦特别引述大同和小康,以及"礼运"中的名句。那是儒家著述中首次出现的概念②,也是康氏首次将"礼运"学说和公羊理论相结合。

我们可想及,康氏于1890年代搜寻资料重建儒家王制时,重阅《礼记》而发现前所未注意到的重要性,而今他哲学思想发展到一新阶段,自然使他能够将"礼运"与《春秋》连在一起。此为康氏以大气魄治经的开始。他的重点虽暂时仍放在《春秋》上,但没几年之后,他对所有可靠的经书作全面性的商榷,他后来一些儒学著作的基础就此奠立:如《中庸注》(1901)、《礼运注》(1901—1902)、《大学注》(1902)、《论语注》(1902),以及《孟子微》(1902)。③ 南海圣人因而终于成为名正言顺而独立的儒家学者。

总而言之,康氏的儒学历程有三阶段。第一阶段自他幼年开始到大约光绪九年(1883)当他从古典转治汉学止,他大致顺从传统。第二阶段大约始于光绪十四年(1888),他叛离传统,重返古典,歧视古文经以为伪,以公羊《春秋》作重心的今文经为真。第三阶段大约始于光绪十八年(1892),到光绪廿八年(1902)结合《春秋》三世说与《礼运》大同升平说为其社会哲学指标止,他从事全面性的研治儒家经典。

第三节 康氏对他前辈和同辈的态度

康氏对许多重要的儒家学者作或褒或贬的评价。唯一使他无条件

---

① 康有为,《年谱》,光绪十八年(1892);Lo, *K'ang Yu-wei*, p. 54。
② 康有为,《春秋董氏学》,卷二,页4。
③ 康同璧,《补康南海先生自编年谱》,页4,6~7;《南海康先生自编年谱补遗》,页9,15,18,21;Lo, *K'ang Yu-wei*, pp. 189,192。

信服的只有孔子本人——不是一般人所认可的孔子,而是他自己所认识的孔子。康氏的评论常带教主口吻,难免没有偏见。但不管他对别人的内在估价如何不可靠,至少反映了他自己的信念。我们由此可略见他的哲学立场。

孔子的门徒中以颜子、曾子、子思和孟子最有名。康氏很少提到颜子,可能因"回圣"没有留下什么著作。康氏显然偏爱子思和孟子,但对曾子较轻视。他接受程颐(1033—1107)所说子思是《中庸》的作者,并认为是孔学中最好的一篇。① 他对孟子更热心,可从下面一段引文中得知:

> 子游受孔子大同之道,传之子思,而孟子受业于子思之门,深得孔子春秋之学而神明之……孟子乎,真孔门之龙树、保罗乎?!②

不过,康氏景慕孟子并不是毫无保留的。有一次他不以孟子有名的性善说为然,而甚以荀子的性恶说具有价值。康氏写道:

> 荀子之与孟子辨者,盖深恐人之任性而废学……是荀子言,未见有悖于圣言者也……然正惟从孟子之说,恐人皆任性。③

曾子及其《大学》和《孝经》在康有为看来低于子思与孟子。康称曾子只是"守约"之徒,诚如宋人叶适所说,未尝闻孔子大道。④ 他甚轻曾子,认为朱熹以《大学》为曾子所作不确。他的理由很简单:像曾子这样的人写不出如此重要的儒家经典;再者,全书仅提及曾子一次,没有证据显示他撰写此书的任何一部分。⑤

在人性问题上,康氏站在荀子立场反对孟子,但整个说,他是反对荀子哲学的。他的谴责是相当彻底的:

---

① 康有为,"中庸注叙"(演孔丛书本,未注出版日期)。
② 康有为,"孟子微序",《文钞》,第八册,页1～2。
③ 康有为,"拟答朱蓉生先生书",微卷一,今收入《万木草堂遗稿》外编下,页830～831。
④ 康有为,"论语注序"(万木草堂本)。
⑤ 康有为,"大学注序",《文钞》,第五册,页8～9;《文集》,卷五,页21。

> 浩乎孔子之道，荡荡则天，六通四辟……始误于荀学之拘陋，中乱于刘歆之伪谬，末割于朱子之偏安，于是素王之大道，暗而不明，郁而不发。①

康氏继谓：

> 中国二千年来，凡汉、唐、宋、明，不别其治乱兴衰，总总皆小康之世也。凡中国二千年儒先所言，自荀卿、刘歆、朱子之说，所言不别其真伪、精粗、美恶，总总皆小康之道也。②

换言之，荀子像曾子一样，忽略了孔子的大道，以至首先导致伪经流传，最后产生了理学。③

汉儒中唯董仲舒受到康氏无保留的赞赏。董氏在公羊学中占重要地位，曾撰《春秋繁露》，书中述及公羊学中许多最具代表性的论点。④ 康氏对董氏的态度，最可见之于《春秋董氏学》中的一段话。他引了一些前人赞董的话，然后说：

> 其传师说最详，其去先秦不远，然则欲学公羊者，舍董生安归？……大贤如孟、荀，为孔门龙、象，求得孔子立制之本，如《繁露》之微言、粤义，不可得焉！董生道不高于孟、荀，何以得此？然则是皆孔子口说之所传，而非董子自为之也……故所发言，轶荀超孟，实为儒学群书之所无，若微董生，安从复窥孔子之大道哉！？⑤

康氏曾称孟子为"孔门之保罗"；但据此引文，则董仲舒较孟子尤为光辉，而《春秋繁露》较《大学》与《中庸》更具真理。可注意的是，康氏赞

---

① 康有为，"礼运注叙"，引见 Fung Yu-lan, *A History of Chinese Philosophy*, 2:678。
② 康有为，"礼运注叙"，《文钞》，第八册，页2。
③ 梁启超，《清代学术概论》，页138～139。
④ 董仲舒哲学思想可参阅 Fung Yu-lan, *A History of Chinese Philosophy*, vol. 2, chap. 2; Lin Mousheng, *Men and Ideas*, chap. 9；萧公权，《中国政治思想史》，第二册，页293～300。
⑤ 康有为，《春秋董氏学》，"自序"，页1～2。

董时在光绪廿三年（1897），那时他的主要兴趣在《春秋》；而他评诂《孟子》和《大学》在光绪廿七至廿八年（1901—1902）间，那时他的兴趣已经超越《春秋》。此乃他从一个时期到另一个时期思想转变和发展的佳例。

康氏大致对经古文有微词，尤其是宋明理学，但并不一概抹杀。有时他对朱熹表示一定的尊敬。他承认像朱熹、张载、王守仁，甚至老子，对人类有重要的影响，即在不同之世值得敬重。① 诚如梁启超曾经指出的，康氏喜好陆九渊与王守仁。②

值得强调的是，宋明理学家对康氏思想形成的影响，要比他自己承认的多。检视他的著作，特别是《大同书》，可见到康氏与张载（1020—1077）在哲学思想上近似之处。康氏博览理学群籍，不可能不细读张载的《西铭》——书中深具儒家博爱感③，以及"礼运"中的大同观。康氏虽承认张子的重要，但难以想象何以在这一点上，没有声明张载对他的启发。也许他亟欲摆脱与理学的关系，特别是程朱一系，因而他觉得不宜将他的学术渊源归之于董仲舒以后的儒家学者。张载可能与程朱太接近而使他不敢承认。不过，梁启超毫不顾忌地明言康氏与陆王理学的思想关系。据梁氏说，康氏由朱次琦引导而窥陆王哲学。④ 朱氏是康氏光绪二至四年（1876—1878）间的老师，后来，光绪十六年（1890）康氏在长兴里讲学时，又引导梁启超进入理学。⑤

康氏深受陆九渊和王守仁的影响并不奇怪。陆王自己叛离理学中的程朱传统——帝国儒教的基础。两人亦与康有相同之处。陆氏早在幼年听人诵读程颐之语，心中即感不快。他问："伊川之言，奚为与孔子、孟子之言不类？"另一次，他研读古籍时，忽大省曰："宇宙内事，乃己分内

---

① 康有为，《大同书》，页417。
② 梁启超，《南海康先生传》，页61。
③ 张载《西铭》之英译参见 Fung Yu-lan, *A History of Chinese Philosophy*, 2: 493~495。Carsun Chang, *Development of Neo-Confucian Thought*, pp. 178~180。
④ 梁启超，"论中国学术思想变迁之大势"，页98~99。
⑤ 梁启超，"三十自述"，页16。

事；己分内事，乃宇宙内事。"陆九渊的哲学见解是：

> 宇宙即吾心，吾心即宇宙。东海有圣人出焉，此心同也，此理同也；西海有圣人出焉，此心同也，此理同也……千百世之下有圣人出焉，此心同也，此理同也。①

此说与康说极似。

陆氏吸引康氏者尚有一端。在语录中，陆氏要"决破罗网，焚烧荆棘，荡夷污泽"。下引一段韵文最可见其高昂之气：

> 仰首攀南斗，翻身依北辰；
> 举头天外望，无我这般人。②

陆氏甚具独立与自信的知识勇气，也正是康有为的性格。

象山在致朱熹一函中早已先显康氏抨击儒经的无畏气概，有云：

> 古之圣贤，惟理是视……孟子曰："尽信书，不如无书。吾于武成，取二三策而已矣。"或乖理致，虽出古书，不敢尽信也。③

王守仁与康有为相似之处，也甚明显。守仁在《大学问》中回答的一段，很可放在康氏的《大同书》中：

> 大人者，以天地万物为一体者也。其视天下犹一家，中国犹一人焉。若夫间形骸而分尔我者小人矣。大人之能以天地万物为一体也，非意之也，其心之仁本若是。其与天地万物而为一也。④

康氏之赞同陆王之学并不奇怪，他认为陆王"直捷、明诚、活泼、有用"，因此，"自修及教育后进者，皆以此为鹄焉"。⑤ 康氏不仅反对程朱理

---

① 黄宗羲，《宋元学案》(《宋元明清四朝学案》本)，卷五八，页1066。
② 同上，页1069～1070。
③ 黄宗羲，《宋元学案》(《宋元明清四朝学案》本)，卷五八，页1073。
④ 引见 Fung Yu-lan, *A History of Chinese Philosophy*, 2:599。参阅王守仁，《王文成公全书》，卷二，《传习录》，"答顾东桥书"。
⑤ 梁启超，"南海康先生传"，页61。

学,而且反对王守仁,确难令人相信。① 很明显的,陆王哲学事实上提供他反对程朱的灵感,并引导他恢复所谓"纯"儒学。②

但是,康氏对陆王哲学决非照单全收。此一哲学中有些思想对他毫无吸引力。如陆王的"心学"过分强调个人的道德,而忽略社会制度的探讨。再者,陆王俱未分辨真实的今文经和伪造的古文经,他们对公羊学也无特别兴趣。

与康氏同时的儒者,有两人必须一提,即朱次琦(1807—1881)和廖平(1853—1932)。康氏20岁后曾是朱氏的学生,约三年之久(光绪二年秋天到四年冬天)。康后来超越他的老师,但他一直尊敬这位老师,并在许多地方表示他的感激。朱氏似对康氏的早期思想有影响,其影响可见之于康在光绪十六年(1890)的讲学中③,他也很可能帮助康氏决定其思想发展的一般趋向。朱氏对儒家不同学派的兼容态度④,足为康氏后来折中各种哲学和社会思想作好准备工作。康自认朱氏引导他直向孔子追寻最后的真理。康氏在朱氏文集(康于朱死后编辑)序中,提到他所了解的朱氏之学:

> 厉节行于后汉,探义理于宋人,既则舍(郑)康成,释(朱)紫阳,一一以孔子为归。⑤

"舍康成"以及"释紫阳"正是康氏所谓的拒斥古文经与程朱学派。此正

---

① Chan Wing-tsit(陈荣捷),"Trends in Contemporary Philosophy", in MacNair, *China*, pp. 312～313.
② 朱陆之争可见黄宗义,《宗兀学案》,卷五八,页1067; Chang, *Development of Neo-Confucian Thought*, pp. 286～307。康氏在倾向陆王哲学前,曾仰慕朱熹;此由光绪十五年(1889),康氏访朱氏授徒之庐山紫阳书院时,所作的两首诗,可以清楚地看出。其中有句曰:"江右争朱陆,晦菴(朱)宴太上。"另有句云:"实为新教主,后圣范一世。"诗见《南海先生诗集》(梁启超手写影本),卷二,页26。据《年谱》,页9(Lo, *K'ang Yu-wei*, p. 51),康曾于光绪十五年秋至十六年春间,游历庐山以及江西与江苏其他各地。
③ 梁启超,《南海康先生传》,页61。
④ 柯劭忞,"儒林传",《清史稿》,卷一一四,页36～37。
⑤ 康有为,"朱九江先生佚文序",载《不忍杂志》,第三册(1913年4月),页9～12;以及《不忍杂志汇编》,初集(1914)卷五,页14～15。参阅钱穆,《中国近三百年学术史》,页639。

是康氏于乃师死后不久所取的立场。

据康氏自谓,朱氏对康氏在学问与人格上的影响,具有决定性。他在光绪二年(1876)曾对他的老师热情恭维:

> 其学……主济人经世……扫去汉、宋之门户,而归宗于孔子。于是捧手受教,乃如旅人之得宿,盲者之亲明。乃洗心绝欲,一意归依,以圣贤为必可期,以群书为三十岁前必可尽读,以一身为必能有立,以天下为必可为……超然立于群伦之表,与古贤豪君子为群。信乎!大贤之能起人也。①

朱次琦不仅给予康氏以高度的自信,并且教以批判的精神。康氏曾述及一有启发性之事。在他离开朱氏前不久,他感到韩愈(768～824)几百年来所享的声名,有点名不副实。韩氏所关心的道,极为肤浅,而所撰述的文章很少与道有关。韩氏一直是被公认为极受尊重的学者,以及理学的先驱,康的批评当然是近乎不恭。朱氏向以严厉著称,但对康的大胆说辞仅"笑责其狂",康并未受到他意料中的责骂。②

康氏于光绪四年(1878)所受到的心智上的危机,使他与朱氏的关系告一段落。

> 至秋冬时,四库要书大义,略知其概,以日埋故纸堆中,汩其灵明,渐厌之……忽绝学、捐书,闭户谢朋友,静坐养心,同学大怪之。……静坐时忽见天地万物,皆我一体,大放光明。自以为圣人则欣喜而笑;忽思苍生困苦,则闷然而哭。……至冬辞九江,决归静坐焉。③

此一"危机"乃康氏思想历程中的一个转捩点,他脱离经书而推向几

---

① 康有为,《年谱》,光绪二年(1876);Lo,*K'ang Yu-wei*, pp. 30～31。
② 康有为,《年谱》,光绪四年(1878);Lo,*K'ang Yu-wei*, p. 33。
③ 同上,光绪四年(1878),秋、冬;Lo,*K'ang Yu-wei*, pp. 33～34。

个方面的兴趣：大乘佛教、政制与实际政治，以及西学。① 不过，他不曾放弃儒学，亦未谢绝朱次琦。他拓展了他的思想境界，奠立了以儒学为根本的折中哲学基础。他仍然感激朱氏，例如他于光绪五年(1879)写道："吾自师九江先生而得闻圣贤大道之绪。"② 即使他的佛学，似亦来自儒家——王阳明的哲学。阳明不止一次用过"天地万物皆我一体"之语。

康氏离开朱次琦后的几年里，又回到经书，但用一种新眼光来读他所谓的故纸堆。至此，他全心致力于公羊学。

康氏与廖平的关系是另一回事。他俩虽同是公羊学家，但奇怪的是康对廖一直沉默。康氏对今文经和公羊学的大量著作中，完全没有提到廖平，以至于被人认为有抄袭之嫌。廖氏本人即指控康氏偷他的见解，并说在光绪十四、十五年(1888、1889)间，康曾取得其书一册，并曾与康在广州作过长谈。两人聚谈可能是在光绪十五、十六年间。光绪十七年，康氏撰成《新学伪经考》③，而廖氏更加强调他的指控。④

廖氏受到好几个学者的支持。反对公羊学和变法的叶德辉，在光绪廿四年(1898)说，"康有为之学得自廖平"。⑤ 梁启超于光绪廿八年(1902)写道，康见廖书后乃弃旧说，"有为之思想，受其影响，不可诬也"。梁氏认为廖学乃几十年来公羊学发展的高峰，此乃无可否认的事实。⑥ 侯堮对康、廖俱表同情，在民国廿一年(廖平逝世之年)有言：假如康氏有关"伪经"与"孔子改制"之书犹如闷雷轰击中国思想界，则廖平之书可说是提供了"庞大的电力"。⑦ 钱穆大约在同时查考此事，所得的结论是，康

---

① 康有为，《年谱》，光绪五年(1879)；Lo, *K'ang Yu-wei*, pp. 34～36。
② 同上，光绪五年(1879)；Lo, *K'ang Yu-wei*, p. 35。
③ 钱穆，《中国近三百年学术史》，页645～646，引廖平文。
④ 钱穆，《中国近三百年学术史》，页645～646，引廖平文。参阅张西堂，"廖平古学考序"，此序为民国廿四年重印廖平作。
⑤ 叶德辉，"答友人书"，载苏舆，《翼教丛编》，卷六，页31。
⑥ 梁启超，"论中国学术思想变迁之大势"，页98～99。参阅《清代学术概论》，页126。
⑦ 侯堮，"廖季平先生评传"。

确有抄袭之罪。①

两个事实很清楚。第一，康氏如要盗取廖平的见解，他是有机会的。他在廖平发表"今古学考""辟刘篇"和"知圣篇"等文后一年，才出版他的《新学伪经考》(1891)和《孔子改制考》(1897)。当康仍在揭发何休的"错误"时，廖已经完成他有关"伪经"的著作。

第二，两人的见解显然很相似。当廖从事第三阶段（始于1888）的"尊今文、贬古文"经研究时，他已深信古文经源自"刘歆及其门徒的发挥"，而独今文经源自孔子。据此，廖氏乃撰"知圣篇"以赞扬今文学，撰"辟刘篇"以驳古文经。② 廖氏又谓，孔子晚年有改制思想，不再接受周制，乃加入春秋时代决心改变周代典制者的行列。③ 廖平并强调，孔子在今文经中提出他改制的学说，故此"经"乃是真正的圣人之言，并不是记录古制古事的"史"。④ 这些见解基本上与康氏在《伪经考》与《改制考》中所论相同。

另外还有一重要的相同之点。廖平在他治经的"第四阶段"（始自1898），泛论孔子所见的政治制度不仅适用于中国，而且适用于全世界；因孔子之计划原可推至全球，六经所言有普遍性的价值，自可应用于中国以及外国。⑤ 而康氏给予儒学以相同的广泛解释。

相同处确甚醒目，康氏很容易袭用廖平的见解。不过，公平地说，我们不能完全否定康有独自发现同一真理的可能性。康读书之多不下于

---

① 钱穆，《中国近三百年学术史》，页642～652。
② Fung Yu-lan, *A History of Chinese Philosophy*, 2:708.
③ Ibid., pp. 706～707.
④ 钱穆，《中国近三百年学术史》，页652～653，引廖文。在页652～653，钱氏引廖氏民国二年所写颇为露骨的一段："海外法政学说昌明，因时立法。三王且不同礼，五帝且不袭乐，果系古史……今日已万不能见之实行，更何能推之万世以后？此必须改为至圣立言，师表万世，决非以往陈迹，而径乃可以自立。"（引自廖之"世界哲理进化退化"演说辞）
⑤ Fung Yu-lan, *A History of Chinese Philosophy*, 2:713. 参阅钱穆，《中国近三百年学术史》，页643～662；Ojima Sukema, "Six Stages in the Development of Liao P'ing's Theories", *Shinagaku*, 2, no. 9 (May 1922): 70～72。

廖,自能得到相同的结论。① 毕竟,古文经的真实性问题早已有人提出,公羊学的研究也远早于廖平推演他的说法。康氏可能在见到廖平著作前,已受到较早的公羊家,如龚自珍(1792—1841)和魏源(1794—1856)的启示。② 康氏自己的业师朱次琦,在舍郑康成之说时,可能已引导康对古文经传统采取批评的态度。我们甚至可猜想,康氏于光绪五年(1879)初识西学时,虽是一鳞半爪,但可能使康较廖更易于对群经作不寻常的解释。

必须指出,他们两人尚有重要的不同之处。康在民国六年(1917)重版《伪经考》时,在后序中说:

> 今世亦有好学深思之士,谈今古之变,或暗有相合。惜其一面尊今文而攻古文,一面尊信伪《周官》……矛盾自限,界畛自乱……观其尊伪《周礼》一事,而知其道不相谋。③

康氏所指之士,就是廖平。康可能是在驳抄袭之讥。他的理由虽未说得充分,却有些道理。廖平也举出他们的不相同处,但声言此乃康在盗取他的"知圣篇"与"辟刘篇"时,没有抓住要点。④

对康、廖之异,说得较确切的是梁启超(康之学生)和蒙文通(廖之学生)。梁氏指出:廖之公羊学研究有功于康,但康之受益于廖仅限于《春秋》公羊说此一主题上。康氏的哲学目标大不同于廖。廖的兴趣仅止于学术,而康则主要在实际变法。梁氏以为此乃康之创获。⑤ 蒙文通则分

---

① 康有为,《年谱》,光绪二、五、八、九、十年(1876、1879、1882、1883、1884);Lo, *K'ang Yu-wei*, pp. 30~40。
② 康有为民国六年重印《新学伪经考》时,有序誉刘逢禄、龚自珍和魏源,曾疑刘歆伪作。不过康氏强调,伪经乃其发现。康致廖函中否认受廖平启示。此函写于民国二年,收入康同璧辑之《南海康先生年谱续编》,页79。关于早期学者怀疑古文经,以及清代公羊学者诸事,可看梁启超,《清代学术概论》,页23~29;118~121。
③ 康有为,《年谱》,页6~7。引自钱穆,《中国近三百年学术史》,页648。
④ 《经语甲编》,卷一。引见钱穆,《中国近三百年学术史》,页645。
⑤ 梁启超,"论中国学术思想变迁之大势",页99。

辨两种不同的今文经学:其一源自汉代的鲁学,以《穀梁传》为起点①,主要依赖《周礼》来解释今文经,廖平属这一支。另一支源自齐学,以《公羊传》为起点,依赖纬书解经②,康有为属此派。因此,康虽可能袭用廖平之说,但毕竟属于不同的儒家学派。③

在此可有两种结论。其一,康独自得出与廖相似的见解;其二,康袭用廖说,但用之于极不相同的目的。假如后说为是,康应该受到采用别人之说而不申明的批评。但前已述及,康氏在书中提及的仅少数人,如孔子、董仲舒和朱次琦——这些人的见解他几可完全接受。他很少提及其他的人,虽用他们之说,但仅赞同一部分,如张载、王守仁,以及一些清代的公羊学者,特别是龚自珍和魏源二人。据梁启超说,龚、魏实开以儒说论政的先河。④ 康拒绝提廖平,因他不以廖为他的先驱,虽接受廖的一些见解,但不以他为"真理"的共同发现者。假如这是抄袭,则康不仅冒犯了廖平,而且冒犯了所有他未提及的学者。

第四节　对群经之解释

(一) 见解的转变

梁启超觉察到:坚持己见是康有为的特性之一,所以当他于光绪十三年(1887)哲学思想成熟时,便不再求进。⑤ 梁氏在此不过重述康在1880年代的自述⑥,如我前已指出的,此不够信实。康虽顽固、武断,但他的见解仍随时而变。他处理思想问题的哲学观点和方法虽终身无大变,但他思考的重心和方向有重要的变化。

---

① 蒙文通,"井研廖季平师与近代今文学"。
② Fung Yu-lan, *A History of Chinese Philosophy*,第三章对讳书之渊源和性质略作解释。
③ 蒙文通,"井研廖季平师与近代今文学"。
④ 梁启超,《清代学术概论》,页126。
⑤ 梁启超,《清代学术概论》,页149。
⑥ 康有为,"与沈子培刑部书",见《万木草堂遗稿》,页269。

此可见之于他对经书的解释与评价。他对孔子的景仰有他自己的特点,但他欣赏不同的经说。在光绪十四年之前,他似乎接受所有的经说,对可靠的圣人之言都一视同仁。就在光绪十四年,他开始歧视古文经,认是伪说,而以今文为"真"。因此,在光绪十七年(1891)出版的《新学伪经考》中①,他把所有的古文经,如《周礼》《春秋左氏传》,以及《毛诗》,都说成是刘歆的伪作。② 他一再强调此一看法,在下文中说得尤其明白:

> 始作伪,乱圣制者,自刘歆;布行伪经,篡孔统者,成于郑玄(120—200)。阅二千年岁月……(学者)咸奉伪经为圣法……凡后世所指目为"汉学"者,皆贾、马、许、郑之学,乃新学,非汉学也;即宋人所尊述之经,乃多伪经,非孔子之经也。③

1912年民国成立时,康氏放弃此一态度,而回到早年的尊经。他一再强调,凡儒家经典,不论今文或古文,都是中国优良传统的宝库,应该珍藏和广泛地阅读。当民国的教育部下令学生不必修习儒经,康氏写了一长信给教育部长,强烈抗议,并要求收回成命。④

我们不难知道康氏何以转变。前已述及,他于1880年代放弃毫不批判的态度,一部分由于他博览中外典籍,而开阔了他的思想境界。在光绪十一到十三年(1885—1887)所形成的大同说新观点自与古文经不合,重诂经书乃事不容缓,而他的修正观点亦由此而产生。

康氏之转变也可能一部分由于在光绪十四到十五年间接触到廖平的思想。廖之思想很可能肯定了他自己对古文经的怀疑。同时,清帝国情况日坏使他深信唯有及时改革才能免于被西方列强瓜分;若不排除传统内的思想阻碍,有效的改革是不可能的。此应是康氏两部主要著

---

① 康有为,《年谱》,光绪十七年(1891);Lo, *K'ang Yu-wei*, p. 53。
② 梁启超,《清代学术概论》,页127~129综述此书主旨。
③ 康有为,"叙录",《新学伪经考》(民国廿年重印),页2~3。
④ 康有为,"与教育部总长范寿生劝改禁读经令书"。

作——《新学伪经考》(1891)和《孔子改制考》(1897)的思想和政治背景。

辛亥年(1911)情势大变,康氏亟思以变法来保存的帝国以及儒家教条,已被民国所取代。康氏在情感上以及理智上都难以接受新政体。因此,他不再致力于变法,而努力复古——试图恢复君主立宪以及以儒家为主的中国传统。对他来说,问题已不再是分辨真经或伪经,而是重新建立古典的权威作为同胞们的道德模范。所以,他又回到对儒家不批判的态度。

尚可注意的是,康有为在不同的时候对他认为可靠的某一经书,有不同的价值判断。有时候,他对某一经书的估价,可从他对该书的重视看出。例如,他写了两本关于《春秋》的主要著作,注了《论语》和《孟子》,因为他认为这些书具有巨大重要性。① 相反的,他对《尚书》(今文本)、《易经》和《孝经》用力至少。他没有注评《礼记》的全部,只注了一部分②,将他的三种注本,分别成书。③ 他曾致力于今文的《诗经》,但他没有写出他自己认为可以发表的文章。④ 他视《尚书》不及《春秋》重要,因后者最得孔子大义,而前者只不过是往事的记录。他于《易经》,少有作品,因觉此书对实际事务仅间接涉及,而实际事务乃是他最关心的。他之于《诗经》亦如此。他忽略《孝经》,可能是因为它代表曾子的哲学。据康氏之见,曾子未闻大义,在孔门中微不足道。

因此,在五经之中,康氏极为重视的仅有《春秋》,以及《周礼》的一部分。他偶尔引用其他经书以驳斥之,或每每引之以实其己说⑤,但只以此二经作为他重建儒学的媒介。然就此二经而言,他并非给予相等的重

---

① 即《春秋董氏学》,写于光绪廿至廿二年(1895—1896),发表于光绪廿四年;《春秋笔削大义微言考》和《孟子微》撰于光绪廿七年(1901);《论语注》撰于光绪廿八年。
② 陆乃翔、陆敦骙,《康南海先生传》,页51~65;《康南海先生墨迹》,第四册,"附录"中列举康之已刊以及未刊篇目。微卷第二含"论游学",微卷四含"毛诗礼征""学记第四跋""少仪"以及"大戴礼记补注"。凡此皆康注《礼记》之残文。
③ 即《大学注》和《礼运注》。
④ 微卷一含未成之《诗经注》手稿,以及一约四十章拟纠《毛诗》之误的"毛诗礼征"。
⑤ 钱穆,《中国近三百年学术史》,页691~697言及康对群经之见解。

视。从光绪六年(1880)到光绪廿八年(1902),他从事于有关儒经的主要著述时,他先偏好《春秋》。到光绪廿四年(1898)之后,才转向《周礼》。综观他对此二经的解释,可知他一些重要的转变,并可从而得知他由儒学中获得政治和社会哲学的经纬。

(二) 对《公羊传》的解释

康氏于1880年代之末以及1890年代之初,认为《春秋公羊传》是最完备和最可靠的儒家真理。例如,他于光绪廿年(1894)曾说,"孔子虽有六经,而大道萃于《春秋》"。① 三年后,对此一观点说得更加彻底:

> 孔子之道何在? 在六经……浩然繁博,将何统乎? 统一于《春秋》。②

接着,康氏引用孟子之说来"证明"自己所言不虚。他说孟子提及孔子学说,只谈《春秋》,不及其他。孟子特别重视《春秋》,因其最得孔氏之义。《春秋》有三传。《左传》仅载历史,所以不明《春秋》要义,实与孔子学说无关,《穀梁传》虽载孔氏学说,未及详言。唯有《公羊传》畅明《春秋》大义。

不过,康氏并不全依公羊之说,秉承其家法。他似仅取他认为真实的公羊说(或适合他自己说法的),而无视那些他所不赞同、不需要的。例如,在评估汉代公羊学二大家时,他极赞扬董仲舒而贬何休于次要地位。③ 不仅一次,康氏违离何休之说。最明显的例子是,何氏在《春秋公羊解诂》的前言中,引孔子之言,说是"吾志在《春秋》,行在《孝经》"。何氏接着评述道,二书皆是圣人的创获。④ 康氏盛称《春秋》,而漠视《孝

---

① 钱穆,《中国近三百年学术史》,页692,引自康之《桂学答问》。
② 康有为,《春秋董氏学》序,页1。
③ 康有为,《春秋董氏学》,卷八,页2。康并不是总是一致的,有时他把何休和董仲舒等量齐观,如卷四,页1和页9。
④ 何休,《春秋公羊解诂》(《十三经注疏》本),序,页1。

经》。事实上,他的大同思想中隐不见《孝经》的踪影,传统的人际关系在大同世界里自毫无意义可言。

尽管康氏以董仲舒为独得儒家真言①,但并不全取董氏之说。如他取其他公羊家之说一样,仅取一部分。他随意取用公羊学说,时常被人指为污损了公羊学。朱一新是康氏所敬重的儒者,且二人常有来往,曾谓康氏欲以董仲舒来抗衡理学,竟能说出连董氏自己都不敢说的话。②叶德辉是康有为的死敌,曾说康氏利用公羊说来达到自己的私见,足令西汉儒士痛哭。③ 的确,康氏对公羊学派有兴趣并非纯学术的,而是其中所含有的社会和政治意义。他认为公羊学的最大价值在于"今学口说,三统大义",对实际事务有效,如他在光绪廿年(1894)所说的,可扫霾噎,顿释宿滞。④ 梁启超也说,康氏是用公羊学来变法的第一人。⑤ 梁氏也许言过其实,但他明言康氏所关心的并不是公羊学的学术研究。

不过,必须指出:公羊学本身易使康氏自由应用。首先,公羊学派一开始,学者就倾向于借实际政治来解释儒学。康氏最尊敬的董仲舒就是一个好例子。当君权日见高张时,董氏乃重新解释公羊学使其能中和一下皇帝的权威。⑥ 他的想法被后来的学者套用,甚至是为了正好与董氏相反的目的;如在何休手中,公羊学就是增强而非减弱君权。⑦ 公羊学在清代复兴时,学者如孔广森(1752—1786)一时之间研究学术性的《春秋》之学,号称18世纪的"汉学"。⑧ 但此派的其他学者如庄存舆(1719—

---

① 康有为,《春秋董氏学》,卷二,页2。
② 朱一新,"答康有为第一书",见苏舆,《翼教丛编》,卷一,页1。
③ 叶德辉,"辑轩今语评",载苏舆,《翼教丛编》,卷四,页3。
④ 康有为,"祭朱鼎甫侍御文",《文钞》,第四册,祭文,页1。
⑤ 梁启超,《清代学术概论》,页130。
⑥ 萧公权,《中国政治思想史》,页296~297。钱穆曾于其"孔子与春秋"一文中详论公羊学之政治意义。
⑦ 萧公权,《中国政治思想史》,页300~307。
⑧ 梁启超,《清代学术概论》,页121。孔广森之见可阅其《春秋公羊通义》(《皇清经解》本),特别是序文。柯劭忞,"儒林传二",《清史稿》,卷一一五,页25~26有孔之略传。

1788)、刘逢禄(1776—1829)、魏源与龚自珍等,又把注意力移向实际政治。① 假如像朱一新和叶德辉所说的,用公羊学应用于实际政治问题是不对的,则康有为显非第一个冒犯者。朱、叶二氏的批评唯有针对公羊学的传统才算中肯。康氏的确说了董仲舒没有说过的话,但此乃因他生活在不同的时代以及遭遇到不同的政治问题。可以想象到,假如董仲舒和何休生于19世纪,他们不会反对孔子改制以及用三统来肯定制度的变更。

公羊学启发康氏的第二个特征是此派在学术致知上不甚求史实之确切,说是孔子作《春秋》要在微言大义,而不在记录史实。② 康氏屡次在他所著有关《春秋》的文字中引用此一理论③,显然因为他认为此可开启自由解释儒学的大门,不必顾及历史和传统。此一理论由公羊学说得更加任意:孔子传其学说不仅是记录在经书中,而且师徒口头传述,而"口述"乃是圣人最及时的言论。我们可以理解到何以康氏极重视公羊学理论。他不难坚持说,即使是《春秋》和《公羊传》所载,也未披露儒学真理的全貌。董仲舒的成名即因其超越《春秋》和《公羊传》,以弘扬孔子未载的学说。而不幸的是过去二千年学者仅限于经书的研究,这种情形依康氏看来如"南辕而北其辙"一样的愚蠢。④ 经书所载当然不是毫无价值,

---

① 庄存舆,《春秋正解》,卷三七五～三八七。梁启超,《清代学术概论》,页121 认为庄乃清代今文学的启蒙大师。刘逢禄,《公羊春秋何氏释例》为此派主要著作之一。柯绍志,《清史稿》,卷一一六,"儒林传三",页16～18 有略传。钱穆,《中国近三百年学术史》,页526～528 曾估量刘氏在公羊学中之位置。魏源,《公羊古微》,十卷;《春秋繁露注》,十二卷;《诗古微》,十四卷;《书古微》,十二卷;皆载《皇清经解续编》。李慈铭,《荀学斋日记》,二集下,页67 驳斥魏氏见解。参阅钱穆,《中国近三百年学术史》,页529～532。龚自珍,《定盦文集》《续集》与《文集补》,收入四部丛刊。龚氏见解之略述可看梁启超,《清代学术概论》,页122;朱杰勤,《龚定盦研究》;侯外庐,《近代中国思想学术史》,第二册,第十二章。
② 例见刘逢禄,《公羊春秋》,卷六,页10;陈澧,《公羊遗书》卷一,页9。另参阅龚自珍,《续集》,卷二,页54～56。
③ 例如康有为,《春秋董氏学》,卷一,页2;卷二,页3。
④ 康有为,《春秋董氏学》,卷四,页1;"春秋笔削大义微言发凡",《文钞》,第五册,页5～6;亦见《文集》,卷五,页18。

但其价值不过是有形的符号,其意义唯有在口述的圣人之言中才能理解。① 康氏更谓朱熹曾怨《春秋》不可解。此因朱子未能一问孔子未形诸文字的学说,特别是改制之义。他不知圣人之口述无须证明,所口述者即真理。②

然则,在康之心目中客观并无了不起的学术价值,历史也并无学术研究的实质意义。他认定"汉学"杂芜繁冗,与他的思想观点全不相符。因康氏作为公羊学派的信徒,并不计较史事之是否正确,历史的意义只是在阐明孔子所发明的大义。神话与传说只要能够用之于此一原则,其价值并不下于可靠的历史事实。康氏曾评论董仲舒著作中有关九皇事说,孔子不仅提到九皇,实有一百七十二君,均在中国历史上闻名的五帝之前。康氏以为先皇之数并不重要,因孔子之意原在说明皇天辅德,但天命无常的大义,并不在给予正确的中国悠久历史。康氏总结道,圣人"拟议之大,岂陋儒所能知哉"。③

很自然的,康氏的学术立场深受反对者的批判。④ 但是他的公羊学玄想虽然缺少历史证据且没有条理的分析⑤,却深刻地影响了他的反传统社会哲学。

公羊学统对康氏的思想尚有别的贡献。公羊学中的两个学说最为显著。一是说孔子乃是所有经书的制作之人,并不是述而不作之人。二是三世说,即人类历史的发展是经由"据乱世"、"升平世"和"太平世"的过程,而人类的制度即按此改进。是则到最后阶段时,天下之人都生活

---

① 康有为,《春秋董氏学》,卷二,页 12 评论"诡名诡实"。阅梁启超,《清代学术概论》,页 129～130。
② 同上,卷五,《辨言》,页 1。
③ 同上,卷五,页 12～13 评论"九皇五帝"。康并未一直坚持此说。在可能撰于早年的"民功篇"短文中,他以传说里的帝王自庖牺(伏羲)以下均为历史人物。
④ 特别是叶德辉,阅其"与石醉六书"及"与段伯猷茂才书"。
⑤ 萧公权,"吴康,《春秋政治学说》"(书评),页 1～6。

在和谐的大一统之下，绝无前阶段的斗争和歧视。① 三统之说有同样的重要性。据此说计有三种制度形式，以红、白、黑三色代表，每一色根据不同的原则而适用于某一朝代。一个新朝代每采一新统来代替旧统，因此无一统可以永远不被替代。② 康氏不断地根据这些学说立论，很少不将此与他的变法思想建立关系。③ 毫无可疑的，他深受公羊派解《春秋》的影响，自1880年代开始即努力致知于此。

（三）对其他经书的解释

康氏对待其他的经书，与《春秋》有异；他不把这些经书作为他哲学思想的泉源，而视作其他用途。他治这些经时，他的思想已定型，他的改革哲学已明确。他不再从这些经书中求灵感，而把自己的观点加诸这些经书，使其与《春秋》相呼应。

光绪廿七年到廿八年（1901—1902）之间，康氏完成了五部经书的研究：《礼运注》（1901—1902）、《中庸注》（1901）、《孟子微》（1901）、《大学注》（1902），以及《论语注》（1902）。另一种著作——《春秋笔削大义微言考》是由未完成的旧稿重写的，属于其早期作品，故在此不论。

此五书显然是康氏经由研治古经、佛学、西学，以及改革与流亡之余而想重建儒学的一个结果。此一成果代表了他思想发展过程中的一个转捩点——为从公羊学建立儒学到他独创自己哲学的中间阶段，也就是反映了他从"儒家的马丁路德"到成为社会哲学家的"南海圣人"之间的转变。在此容我简述此一内容的全貌。

---

① 三世说之述论可阅何休，《春秋公羊解诂》，隐公元年十二月，论及"所见异辞"等。董仲舒，"楚庄王"，《春秋繁露》，卷一，起句为"春秋分十二时亦为三等"；孔广森，《春秋公羊通义》，卷一一，页12；刘逢禄，"张三世例"，《公羊春秋何氏释例》，卷一，页1论及同句；同书，页4；龚自珍，"五经大义终始问答"，《续集》，卷二，页61～62。
② 董仲舒，"三代改制质文"，《春秋繁露》，卷七。
③ 康有为，《春秋董氏学》，卷二，页4；卷三，页6；卷五，页3，10～11，12。康氏在民国十三年的一封信中重申此义，"答朴君大提学论孔学"，微卷一。

《礼运注》据康自谓成于光绪十年(1884),但实际上成于光绪廿七年至廿八年间,可能是他政变后最主要的有关经典之作。在此一小书中,他正式将大同与小康之说(取之于"礼运")与三世说(取之于《春秋公羊传》)挂了钩。① 此书之前,他仅偶然提到大同,但此后则视为自己社会哲学的基石。

检视此书可知康氏对其早期的儒学观点已有所修正。最主要的修正之一是对荀子和朱熹的评论。在他早期的著作中,他对这两人的评价甚是宽容,他仅抨击刘歆之伪造孔子学说并阻碍了中国走向较高层次的社会发展。现在他同样抨击这三人。康氏说孔子之道先受损于荀子的武断哲学,继受感于刘歆的伪造,最后败坏于朱熹的偏见。结果,中国未能得到孔子之道的好处,终久停留在"小康"之世。② 他继谓:

> 康有为……正言曰:吾中国二千年来,凡汉、唐、宋、明,不别其治、乱、兴、衰,总总皆小康之世也。凡中国二千年儒先所言,自荀卿、刘歆、朱子之说,所言不别其真、伪、精、粗、美、恶,总总皆小康之道也。③

我们记得在他早期著作论及《春秋》时,大同与小康受到同等的注意,并不歧视小康,因他认为那是一正当的社会阶段。但现在他全力贯注于大同,而感到中国停留在小康阶段的遗憾。这一点在他一本论《春秋》的著作的自序中说得最透彻,此书草于若干年前,但与《礼运注》一书同时完成:

> 汉世家行孔学……若推行至于隋唐,应进化至升平之世,至今千载,中国可先大地而太平矣。不幸当秦汉时……老子、韩非所传……君尊臣卑之说,既大行于历朝。民贼得……愚制吾民……新

---

① 康有为,《礼运注》。
② 同上,序言,页1;"礼运注叙",《文钞》,第八册,页1。
③ 同上,页2。

莽之时,刘歆创造伪经……大攻公、穀……于是三世之说不诵于人间,太平之种永绝于中国……昧昧二千年,瞀焉惟笃守据乱世之法,以治天下……使我大地先开化之中国……蒙然、茶然、耗矣!衰落守旧不进等诮野蛮,岂不哀哉?①

上引两文显有差异,一面康谓自汉至清为据乱世,一面则谓升平世。尽管如此,他所要说明者是一致的:中国失去进入大同世的机会,只因孔子的真学说为假学说所掩盖。康说得很清楚,这些假学说与假制度不是别的,就是专制政制的本身,它是完完全全地反对大同世界的理想和实践。康氏对荀子和朱熹看法的转变也就是他对专制制度看法的改变。在戊戌变法时,他大致对既有的政治秩序采取妥协的态度。他并不如反对者所说,要实施新制度,而是要在帝制结构内完成制度上以及其他方面的改革。他强调一点一滴进步的必要,以及企望越过升平而入太平的愚蠢。但戊戌政变的挫败使他感到帝制不足以导致改革,于是在光绪廿八年(1902)他反对此一制度,乃具有思想上和制度上的分歧,他成了社会哲学家。

的确,康在《礼运注》中所提出的社会理想是十分反对帝制的:

> 孔子之道,其本在仁,其理在公,其法在平,其制在文,其体在各明名分,用在与时进化。②

他更具体的说法是:

> 天下为公,一切皆本公理而已。公者人人如一之谓,无贵贱之分,无贫富之等,无人种之殊,无男女之异……人人皆教养于公产,而不恃私产。③

---

① "春秋笔削大义微言考自序",《文钞》,第五册,页1～2;亦见《文集》,卷五,页11～12。
② 同上,页1;亦见《文集》,卷五,页11。
③ 康有为,《礼运注》,页4。

据此，康氏显已拒斥社会等级、家庭与私产，凡此都是王政帝制的基石。换言之，他否定了存在于中国二千年之久以及他原先承认的"儒教国"。

康氏对其他四部经书的处理，大致相同——他解释经文完全依据他认可的孔子真理，并藉之而表达他自己的意见，但仍有一相异之点。这些经书的内容较难与《春秋》和"礼运"相配合，因此康氏的解释常常不得不曲意申说。他重新解释这些"顽梗"的经文，也许是觉得如果不限于一二种儒家经书，他的论点可以更加突出和可信。结果是，他虽于早年认为《春秋》乃儒家真理之所寄，而今则承认"真经"亦见诸其他的经书。因此，他乃说《大学》是儒家的宝典，为孔子微言大义的渠道。① 他赞扬《中庸》最能表达孔子学说。② 他歌颂《论语》包含了大同学说最好的精意。③ 他重视《孟子》，因其指引了到孔子之路的捷径。④

我们可举一些例子来说明康氏的取向。在《中庸注》里，他评论"君子之中庸也，君子而时中"说：

> 孔子之道有三统三世焉。其统异，其世异，则其道亦异。故君子当因其所处之时，观其会通，以行其典礼，上下无常，惟变所适……然适当其时，则为此时之中庸，故谓之时中。⑤

在此可注意的是，康氏按照朱熹"时中"一词的解释，显然是因为此说与他所说孔子乃变法先知相符合。

不过，康氏也经常不按传统的解释以适合他自己的主张。《中庸》另有一段说，"得天下者有三重（去声）"。朱熹按照另一宋儒的说法，以"三

---

① 康有为，"大学注序"，《文钞》，第五册，页8～9；亦见《文集》，卷五，页21。
② 康有为，"中庸注叙"，《文钞》，第五册，页9～10；亦见《文集》，卷五，页21～22。
③ 康有为，"论语注序"，《文钞》，第五册，页10～11；亦见《文集》，卷五，页19～20。在其《长兴学记》，页6，康氏表示了不同的见解。
④ 康有为，"孟子微序"，《文钞》，第八册，页1～2。
⑤ 康有为，《中庸注》，页3。

重"为"议礼、制度、考文"。① 康氏不之顾而以重为重（阳平声），乃以三重实即公羊改制的三统。

有时候，康氏觉得难以曲为申说以符己意，干脆认为是伪文——此为他对待古文经的故技。在《论语注》里提供了许多类此的实例。② 例如在《论语》"述而第七"的第一章有云："子曰，述而不作，信而好古，窃比于我老彭。"康氏的评论是：

> 按此窜改之伪古文也。虽非全行窜入，则孔子以不作好古称老彭，而刘歆增改窃字原文，或是莫比二字。③

康氏接着说，按照公羊派的纬书《春秋纬》，孔子制作新法以开来世，为新王教主。康氏强调，圣人绝不自以为述而不作。

因此，康氏解释（或误解）此一经书的若干章节以适应他的公羊派学说。在此我们看到康氏重建儒学的最大努力，也可以说是他对儒家思想的最后贡献。在下一个阶段，他不再致力于儒家学说的解释，而从事他自己哲学的建立。他对儒家经典的认识以及他增删取舍儒家学说而纳入他自己的哲学著作中，大致可归纳为四部分：（甲）进化，（乙）政制，（丙）人伦，（丁）经济。

（甲）康氏的进化观是大家都知道的。他在《论语注》中写道："春秋之义，有据乱世，升平世，太平世。"④不过他不再如他早年以为三世乃一简单的时间组合，而认为是一复杂的组合群，每一组合可再无限止的细分。下引一段虽难知其精确的意思，但似指不断进化之意：

> 一世之中可分三世，三世可推为九世，九世可推为八十一世，八

---

① 康有为，《中庸注》，页 36。"三重"语出《中庸》第十九章。
② 值得注意的是，康氏并不认为《论语》是孔子言行的完全或必然无误的记录。
③ 康有为，《论语注》，卷七，页 1。同书卷八，页 7 提供另一例证。康氏论及《论语》"泰伯"第九章（子曰："民可使由之，不可使知之。"）时有云："《论语》、六经多古文窜乱……或为刘歆倾孔子伪窜之言，当削附伪古文中。"
④ 同上，卷二，页 10。

十一世可推为千万世、为无量世……有乱世中之升平、太平;有太平中之升平、据乱。①

(乙)康氏对政治制度的看法值得明察。他认为三世的每一世都有它相应的政治制度:绝对王政适于据乱世,君主立宪适于升平世,共和制度适于太平世。当人类从较低的社会层次发展到高层次,政府的形式也要相应改变。在《论语》中,孔子有言:"天下有道,礼乐征伐自天子出。"大夫不能控制政府,百姓亦不议论政治。② 康氏批评此屡见的"不"字乃系误植,误植之人盖不明孔子的真正意思,因此必须删去。康氏改正正文后说:

> 一统之君主专制,百世希不失。盖由乱世而至升平,则君主或为民主矣……"政在大夫",盖君主立宪。……君主不负责任,故大夫任其政。大同天下为公,则政由国民公议,盖太平制,有道之至也。③

康之解释显然是武断的,但却透露了他自己的政府主张。这一主张经略微修正后,即是他在《大同书》中政治哲学的要旨。

康氏以绝对王政为最低级的政府,只适合于最低等的文明。它可存在,唯因人民尚未开化。这一点他在评论《论语》中的另一段时说得最为明显,此段说:"子曰:夷狄之有君,不如诸夏之亡也。"④康氏说:

> 此论君主民主进化之理……盖孔子之言夷狄中国,即今野蛮文明之谓。野蛮团体太散,当立君主专制以聚之,据乱世所宜有也。文明世人权昌明,同受治于公法之下,但有公议民主,而无君主。⑤

---

① 康有为,《论语注》,卷二,页11。
② 同上,卷一六,页3~4。
③ 同上,卷一六,页3~4。
④ 《论语》"八佾",第五章。
⑤ 《论语注》,卷三,页3。

为了加强他的政府理论,康氏不惜对中国古史作大胆的新解释。他说绝对王政不存在于先秦。舜时(前2255—前2205)的政府为共和。①然则,古代中国已臻"文明"。再者,受到公元前7世纪以来孔子学说熏陶的中国,实不能视作"野蛮"。然而中国的老百姓确在专制下生活了二千年。他的结论很明显:无论在理论上或实际内容上,帝制并非适合中国的政府形式。

不过,康氏并不主张中国立即推翻帝制。共和政体虽然优越,并不适合19世纪的中国国情。民主仅适合大同之世——是人类未来所要达到的阶段。从实际情况来考虑,君主立宪是当时中国唯一应当并且能够采用的。康氏相信,当孟子说一个君主须与大夫及国人商讨国事,已显指此一政体。② 孟子所见乃一适合升平世的优异体制,且已为若干近代国家所采用。③ 当然,共和政治并不是一种梦想,一些国家如美国和法国已经实施。康氏评论孟子所说"民为贵"④时有云:

> 此孟子立民主之制,太平法也……众民所归乃举为民主,如美、法之总统然……近于大同之世。⑤

社会发展既不应抑阻也不应助长。当一个国家从据乱世进入升平世,若仍然抓住旧的政治制度不放,与试从据乱世蹿到大同世一样有大害。康氏将此一理论应用到中国而得到结论说:人民应能在政府中发言的时候到了,即是应该从传统的专制王政转化到君主立宪。下面一段话值得一引:

> 今当升平之时,应发自主自立之义,公议立宪之事,若不改法,

---

① 同上,卷一五,页3。
②《孟子》"梁惠王下",第七章。
③ 康有为,《孟子微》,"总论";亦见《文钞》,第八册,页10。
④《孟子》"尽心下",第十四章。
⑤ 康有为,《孟子微》,页10。

则大乱生。①

此文写于光绪廿七年（1901），时康氏深信，就义和团事件的悲剧看来，专制的帝政已不适合近代世界。不过，采用君主立宪使中国现代化的想法并非一时的权宜；那是康氏政治思想的一部分。

（丙）康氏有时用经典来表达他对人生价值与人际关系的看法。值得注意的，这些看法经常较接近被接受的儒家传统，而非他自己对政治制度的看法。

康氏为了配合他之拒斥专制，乃修正传统的忠的观念——被统治者不论任何情况下，都应完全且永久忠心于他们的君主。康氏曾长篇议论《论语》上微子遭殷王驱逐，箕子为奴，比干冒犯国君而死②，有言：

> 三人之行不同，而同出于至诚恻怛之意，以拨乱救民……孔子同许其仁。……微子奔周为客，箕子陈畴武王，皆不忠矣。而孔子以与比干同称，未尝责微、箕之死节。盖孔子立君臣，不过同以治民。(《左传》有云)"若君为社稷死，则死之；为民亡，则亡之。若君无道而死亡，则非其私昵，谁敢任之？"宋贤不明此义，若一君之亡，当胥天下之民而为之死者，则无义甚矣，非孔子之道也。③

可注意者，康氏忠的观念实与孔子一致。④ 康之自由观显示了西方思想对他的影响，但他决不允许儒家的社会责任感被取代。此最可见之他对下面一段的解释："子赣曰：我不欲人之加诸我也，吾亦欲无加诸人。子曰：赐也，非尔所及也。"⑤康氏说：

---

① 康有为，《中庸注》，页 36。
②《论语》"微子"。
③ 康有为，《论语注》，卷一八，页 1。"若君为社稷死……"一段，引自《左传》襄公廿五年，"春，齐崔抒弑其君光"，而康氏略加润饰。
④ 孔子主张之略述，阅萧公权，《中国政治思想史》，页 76。此点康见与孟子同(见同上页 91)并与黄宗羲之见近似(见《明夷待访录》之"原君"和"原臣")。龚自珍，《续集》，卷二，"古史钩沉论""京师乐籍说""撰四等十仪"，隐含反专制政府之意，可为康之先驱。
⑤《论语》"公冶长"，第十一章。

> 子贛不欲人之加诸我，自立自由也。无加诸人，不侵犯人之自立自由也。人为天之生，人人直隶于天，人人自立自由……人各有界，若侵犯人之界，是压人之自由自立，悖天定之公理，尤不可也。子贛尝闻天道自立自由之学，以完人道之公理，急欲推行于天下。孔子以生当据乱世，尚幼稚，道虽极美，而行之太早……至升平太平乃能行之。①

因此，作为儒家学者的康有为，尚未能立即解除人对旁人的责任，而给予人以完全的个人自由。康氏强调说，根据孔子学说，所有的道德规范和社会关系都来自人性之根本。② 这种关系既不可避免，更不可缺少。他解释道：

> 人生而有父母，同生而有兄弟，事业则有君臣，交游则有朋友，皆人之不能离者。

康氏继谓，与人共处之道是尊重别人的感觉、权利和利益：

> 惟君子责己而不责人，先自尽其子臣弟友之道焉。

同时，为人父者、为人君者，以及为人兄者，都要尽与他们地位相合适的义务。③ 这些都与传统的儒家道德观极近似。

同样也可说明康氏对人与自然间关系的看法。他评论《中庸》首章说：

> 人非人能为，天所生也。性者，生之质也。禀于天气以为神明，非传于父母以为体魄者……循人人共禀受之性，则可公共互行。④

康氏并不是说禀受公共之性可以不顾与别人的关系。相反地，欲能

---

① 康有为，《论语注》，卷五，页 6。
② 康有为，《中庸注》，页 8～9。
③ 同上，页 10～11。
④ 同上，页 1。

公共互行必先要充分满足对家人的社会和道德义务。康述之如下：

> 天地者，生之本；父母者，类之本。自生之本言之，则乾父坤母，众生同胞，故孔子以仁体之。自类之本言之，则父母生养，兄弟同气，故孔子以孝弟事之。……孔子立教在仁，而行之先起孝弟。①

但是社会责任仅是仁的起步而非终点。康氏借孟子所示而说道，仁爱既是生命不可缺少的原则，人们不仅要爱自己的亲属，还要爱其他人类，以至爱整个生物。人之爱要渐渐开拓，从较低的层次进入较高的层次。因此，在据乱世重点放在家族，而在太平世则一切人都须同样看待。最后人们将推爱及于一切有生命者，以至于不再杀生与肉食。② 种族歧视将完全消灭，华夷之间的界线不再存在。康氏对孟子所谓舜与文王乃东西夷之人的评论③，值得在此一引：

> 舜为太平世民主之圣，文王为拨乱世君主之圣……孔子祖述宪章，以为后世法程，其生自东西夷，不必其为中国也……后世有华盛顿其人，虽生不必中国，而苟合符舜文，固圣人所心许也。④

文中提及华盛顿，可见康氏自光绪五年(1879)追求西学的影响。不过他的宇宙观像孟子、张载和王守仁，并未突破孔子学说。

（丁）此四部经书也表达了康氏的一些经济思想。孔子曾说过"均无贫"⑤，孟子有井田的理想。⑥ 这些使康氏作出以下的议论：

> 盖均无贫，安无倾。近美国大唱均贫富产业之说，百年后必行

---

① 康有为，《论语注》，卷一，页 3。《中庸注》，页 3 有相似之叙述。参阅张载，《西铭》："乾称父，坤称母……民吾同胞物吾与也。"见 Fung Yu-lan, *A History of Chinese Philosophy*, 2:493. Carsun Chang, *Development of Neo-Confucian Thought*, pp. 178~179。
② 康有为，《孟子微》，"总论"；亦见《文钞》，第八册，页 4~5。
③《孟子》"离娄下"，第一章。
④《孟子微》，"总论"，卷一，页 7~8。
⑤《论语》"季氏"，第一章。
⑥《孟子》"尽心上"，第廿二章。

孔子均义,此为太平之基哉!但据乱世人少,专于农田;升平世人繁,兼于工商。然均平之义则无论农、工、商而必行者也。①

此为康氏取孔子旧义以与近代观念相结合的佳例。康氏认为中国像其他所有的近代社会一样,农业经济必定趋向工商经济,使他认为,一味重视土地分配的传统观念,未能充分掌握近代的经济趋向。因此,他将平均观从农界扩大到工商界。康氏在此又受到西方思想的启示。他简直将孔子的平均之义与社会主义等量齐观。他说道:

> 太平大同之治亦不过均而已,均则无贫,今各国人群会党宗旨不出于此。②

西方的影响尚可见之于另一端。康氏一反中国历朝的看法,认为经济生产的主要目的在满足人民的欲望,节衣缩食并不是什么品德。康氏在评《论语》中的一章时③,作了这样的观察:

> 财者泉也,以流转为道。若尚俭,则财泉滞而不流,器用窳而不精,智慧窒而不开,人生苦而不乐,官府坏而不饰,民气偷而不振,国家痿而不强。孔子尚文,非尚俭也。尚俭则为墨学矣。后儒不善读此章,误以孔子恶奢为恶文。于是文美之物,皆恶之。历史所美,皆贵俭德,中国文物遂等野蛮。④

道德价值是随社会进步而改变的。尚俭乃是据乱世君主之事,不应见之于较进步之世。康氏于评论《论语》中另一章有关孔子赞美大禹俭德时⑤,承认征用劳工以遂其欲的独裁君主是应该俭省的。他继谓:

> 若后世已用雇役,而君主已行立宪,则国体所关,文明所在,以

---

① 康有为,《孟子微》,"总论",页9。
② 康有为,《论语注》,卷一六,页2。
③《论语》"八佾",第四章。
④《论语注》,卷七,页16。
⑤《论语》"泰伯",第廿一章。

工代施,愈能峻宇雕墙,愈益穷民,愈壮国体……卑官但据乱世之一统耳,文明世则改之。①

我们应记得当光绪五年(1879)冬康氏初访香港时,对辉煌的物质文明印象深刻,自此开始对西学发生强烈的兴趣。这一实地经验加上后来在上海所见,必然影响了他对俭德的看法。②

"文"并非仅是物质的享受,乃指较好生活的享受。音乐尤其是"君子"所必需。孔子即欣赏音乐,他能弹乐器以及歌唱。康氏于评论《论语》中一章有关孔子的音乐活动时③,强调生活享受的重要,并断然谴责程朱理学:

> 墨子非乐,不合人心……宋贤执礼甚严,尊古太甚,以古音既不可考,乃并歌而废之……遂令中国废歌,失人道养生之宜,悖圣人乐生之道。日尊孔子而暗从墨氏……此程朱之过也。④

古典儒学能给康氏充分的支援以强调"文"。孔子本人并不过很俭约的生活⑤,孟子也并不回避舒适和气派。⑥ 荀子明言治国的经济政策应创造巨富以满足所有人所需,并力斥墨子尚俭之说。⑦ 康氏极可能受到这些早期儒家见解的启示。他与西方的接触肯定了这种见解,并促使他与程朱传统决裂。

(四)康氏对儒学新解释的意义

上文显示,儒家经典既是康氏哲学的泉源,也是他表达自己思想的

---

① 康有为,《论语注》,卷八,页14。
② 康有为,《年谱》,光绪五年、八年(1879、1882);Lo, *K'ang Yu-wei*, pp. 36~38。
③《论语》"述而",第三十一章。
④《论语注》,卷七,页15。
⑤《论语》"乡党",第八章。
⑥《孟子》"滕文公下",第四章。
⑦《荀子》"王制""富国"。荀子思想综述可阅萧公权,《中国政治思想史》,页100。

媒介。大体言之，公羊《春秋》学配之以佛学与西学，使康氏放弃早年的传统学问和思想见解，变成解经诸贤中的"野狐禅"。[1] 其他的儒家经典，如《大学》《中庸》《论语》《孟子》以及《礼记》中的"礼运篇"，主要作为他二十年间借自《春秋》以及大乘佛教和西学所得哲学的工具。

康氏解释诸经的成绩相当可观。他对经书的分析，不论对错，产生了一些他自己的思想，其中几点最为重要：(甲)进步是人类社会的法则；(乙)仁乃是生活的法则；(丙)人们的一切欲望都是正当的，因此不应压制；(丁)人人平等，并给予自由；(戊)民主是政治发展的最后形式，君主立宪乃是专制和共和政体间的过渡；(己)真正的孔子学说实在既有儒家体制之外。这些是康氏社会哲学的要素，也是他在《孔子改制考》和《大同书》中所提出改革哲学的要点。

康氏将其所有的思想归之于孔子。有时儒家经典可支持他，但他的解释有时十分牵强，使帮助他写《伪经考》的梁启超都觉得他的老师过于武断，为了作结论不惜漠视不利的证据，或者故意曲解。[2]

我们必须承认，康氏对经书的处理并不客观。[3] 但是这并不使他的努力毫无价值。因不客观虽是史家所最忌，并不影响一个哲学家的成就。康氏从来未以史家自居。他依从公羊学的传统，对事实并不重视，而认为追寻真理乃是最正当的学术目的。[4] 因此，批评康氏漠视或曲解证据不过是显示他并未给孔子学说以正确的说明；但并不减少他"武断"解释的理论意义，因为我们不以"客观"为标准来估量它，而是从历史环境的逻辑来衡量。

康氏所处之世，正值社会与政治的大变化，并迫使彻底重估儒家传统，以及极力欲使大清帝国在思想和制度上适应新的情况。他的解释群

---

[1] 翁同龢，《翁文恭公日记》，卷三三，页43（光绪廿年五月二日）。
[2] 梁启超，《清代学术概论》，页437。
[3] 章炳麟，《太炎文录初编》，卷一，页36。
[4] 见第57页注⑤至第58页注④。

经乃是当时为适应时代而作的最严肃的努力。武断与牵强乃因儒家并不能预先知道近代的问题。康氏为了弥补漏洞,经常不得不违背已被大家所接受的解释,乃引申经文以便将平等、自由、共和和宪政诸义注入儒学。他的做法乃是善意地使中国的道德遗产现代化以保存之,使清廷的思想基础合时以挽救它的危亡。假如康氏依据家法,他不过是另一个可敬的公羊家,与他之所为完全不一样。

康氏的武断解经虽使传统派大为吃惊,但对孔孟学说的破坏极微。他的解释常超越了字面,但那是对儒家经典意义的延伸而非否定。西方的影响使他的经解绝对的"非正统",但并不是"非儒"。再者,他并不是将外来因素引入儒学的第一人。宋明的理学家早已用佛家观点来增饰儒学。这些理学家不能无视从印度传入中国的思想。同理,康氏必须利用欧洲思想。但在19世纪的中国,康氏面临综合中西思想的紧要任务,此为他的理学家先驱们所不及见的。因此,康氏所扮演的角色并不是像理学家一般的书斋中哲学家,而是努力救世的圣人。

康氏实施了对儒家的修正而未成叛徒;尚可见之于另一面。康氏对群经的不寻常处理是折中式的,不过偏向于儒家而已。在他心目中,儒学仍是根本,西方思想只作为扩充、修正,或取代传统观点之用。他的制度观常常违背了西方的影响,他的道德价值基本上是儒家的。

说康氏利用儒家之名以息反对变法者之口,忽略了他的诚心。说他自认为儒家乃是因为需要而非信服,同样是不公平的。最近有位学者说,"当古典学问的旧瓶尚未破裂之前,任何一个人想要表达他的新见解,仍然有义务在古典学问的范围内表达"。[1] 但是这一"义务",从儒学观点来说,乃是根植于康氏自己的思想配制,而非由环境压迫所致。他自小耽于儒学,虽欲摆脱理学,仍然影响了他的一生。他一直敬仰孔子,

---

[1] Fung, *A History of Chinese Philosophy*, 2: 674. Richard Wilhelm, *Confucius and Confucianism*. p. 97 所说大致相同。

他深信真正儒学的道德效力并未被几百年来的伪经损坏殆尽,仍然可以恢复,不仅可为中国人,而且可为整个人类服务。他的这一信念与时俱增。他呼吁国人尊孔,不仅是因为许多儒者仍然誓守"古典学问的旧瓶",而且是因为他对孔子有极深的敬慕。他可能自知,他用儒学来表达的一些思想非源自儒家。但是他认为这些思想和孔子学说并不是不一致,因他相信孔子是一共同的圣人,他的学说包容了所有的真理。因此,他不难用儒家之"经线"与西方之"纬线"来编织一综合的哲学织品。此一哲学并未产生康氏所要的结果。但是说康氏仅以孔子作为虚饰则过分低估了康氏的心智,对要使儒学现代化的他也太不公平了。

第四章　以儒变法与以儒为教

第一节　以儒学为变法之哲学

康氏治经给他提供了社会哲学的基础,同时为他的变法运动提供了理论支柱。他于1891年刚完成《伪经考》一书后,立即开始写作《孔子改制考》,于1896年完成,正好是戊戌变法前二年,而出版时正是短命的"百日维新"前几个月。①

此书的主题是在显示:作为学术与道德主宰的孔子,不是历史传统的传承者,而是一位掌握一切永恒真理的教主。康氏旁征博引之余,辩称三代教化之美事实上乃是孔子的制作,并说中国远古发生的事实绝对无法探知。②

---

① 康有为,《孔子改制考》,光绪廿三年(1897)上海大同书局出版,光绪廿四年与廿六年两度遭清廷禁毁。民国九至十一年在北京重刊。见康有为,《自订年谱》(以下称《年谱》),光绪廿三年。据梁启超说,康之学生助其完成此书以及《新学伪经考》与《春秋董氏学》("南海先生七十寿言",见丁文江编,《梁任公先生年谱长编初稿》,上册,页17)。
② 康有为,《孔子改制考》(民国九至十一年版),页1。Wolfgang Franke, "Die Lehre von den drei Dynastien in ihrer Vollkommenheir ist das von Konfuzius geschaffene Altertum", *Die staatspolitischen Reformsversuche K'ang Yu-weis und seiner Schule*, p. 15; William F. Hummel, "K'ang Yu-wei, Historical Critic and Social Philosopher, 1858—1927", pp. 347~348。梁启超,《清代学术概论》,页129~130中也综论康氏的见解。

因此,孔子无从承受以转授给后来的学者,他必须自起炉灶,根据理智来完成他的学说。伟大的人如孔子用不着学术权威或历史证据来证实他的学说,因他够资格创教,以及演成新的制度来代替旧制度,即所谓"改制"。①

康氏说:创教之权并不独属于孔子。康氏用了大量的篇幅来说明晚周诸子都可说是创教的教主。下面一段话特具兴味:

> 洪水者,大地所共也。人类之生皆在洪水之后,故大地民众皆苴萌于夏禹之时,积人积智二千年而事理咸备,于是才智之尤秀杰者,蜂出挺立,不可遏靡,各因其受天之质,生人之遇,树论语,聚徒众,改制立度,思易天下。

孔子是诸子之中的最圣者。人们向他求教诲、求指点。最后到汉代,儒学独尊,完成思想上的大一统。② 康氏又说汉朝为以后的其他朝代所不及,就是因为尊儒。③

康氏于辩说孔子创教,由后人口述而为万世教主之余④,又谓公羊家解释的孔子学说乃是圣人改制变法的哲学。⑤ 以康之见,孔子演成这些学说之后,事实上他已具王者的地位,以制作改制。但因其并非实际上的统治者,他没有权力执行他的制作。他之为"素王"并未降低他在历史上的重要性。他在《春秋》以及其他经书中提供了相当丰硕的王制,以为后世的引导。⑥

孔子改制的主要学说,即三世说前已述及。现将着眼于康氏于《孔子改制考》中论及的其他思想,这些思想在他的其他著作中亦甚显著。

---

① 康有为:《孔子改制考》(民国九至十一年版),《孔子改制》,《孔子改制考》,卷一一,页1。
② 康有为,《孔子改制考》,卷二,页1。
③ 同上,卷二一,页1,并参阅其余。
④ 同上,卷七,页1。另参卷一〇,页1,康驳章学诚之见。
⑤ 同上,卷九,浏览。
⑥ 同上,卷八,页4~10;卷一一,页3。

康氏主张上古尧、舜、文王的制作并不是孔子所遵行的模式,而是孔子所归诸圣王的理想制作。事实上,圣王本身并非真实的历史人物,而是孔子所造以象征理想的政治制度。文王所立为"君主之仁政",而尧舜所立乃"民主之太平"。①

康氏深信统一乃是良好政治不可或缺的条件,一分裂而混乱随之。中国历史显示唯有大一统的帝国才有和平与进步。他并不赞同一般儒者美化上古封建,以秦始皇为不合王道;他完全赞同始皇的政制,认为完全合乎"《春秋》大义"。他说"封建诚非圣人之意"。② 不喜欢政治的分裂与地方的分权,一直是康氏政治思想中的重要因素,而且对他的变法思想有相当的影响。

康氏相信帝制是有严重缺点的,它虽有功于政治的统一,但其专制原则毕竟产生许多流弊。时间一久,其缺失益加明显,最后必然过多于功。中国维持了二千年的专制,以至停滞在较低的社会发展阶段上,不能到达大同之世的美境。中国必须要像其他进步国家一样,放弃专制,渐渐进入君主立宪的仁政,然后迈向民治。从中国的政治和思想背景衡之,康有为在《孔子改制考》中所透露的政治思想确是相当激烈的。

在《改制考》中未见他在《大同书》中所提出的激烈社会转变,而所见仍是对人际关系与传统道德的尊重,对基本家庭关系亦表依从。下引一段乃康氏论及孔子赞同新郎伴新娘自娘家于归,所谓"亲迎"有云:

> 孔子最重父子,然夫妇不从,则父子不亲,故特制亲迎之礼,以重其事。③

康氏用同一语调评述父丧子守制三年之事。④ 凡此都与他在《大同书》中所预见的相去甚远——家庭加诸个人的许多苦楚将随大同世界的

---

① 康有为,《孔子改制考》,卷一二,页1。
② 《孔子改制考》,卷九,页20。
③ 同上,卷九,页14~15。
④ 同上,卷一五,页8。

来临而消失。

这种不相同的见解并非不一致,而仅仅显示康氏如何在他一生中的不同阶段,扮演两种不同的任务:在儒家原则上形成一改制哲学,以及建立一超乎儒家的广泛哲学体系。关于后者,他经常超越今文经的范畴,超越既存制度与价值观。关于前者,他遵从既被接受的社会与道德价值,以及注视制度改革的理论基础。《改制考》与《大同书》并不相互抵消,而代表思想的两个层次。

康氏大受惠于公羊学的前驱,但他比最勇于在经中求政治改革的人更前进。① 我们不问康是否真诚,他写《孔子改制考》是确有实际目的:劝导清廷改制,以及使其他学者相信——作为一个好儒者,他们不应该反对变法。② 他于1898年6月将此书与奏章一齐进呈光绪皇帝,是有意义的。③

因此,康氏致力于转儒学为变法哲学,不应该视为一经学研究的学术贡献,而应重视它对当时以及后来中国近代史发展上的实际影响。毫无疑问的,康氏在使年轻的皇帝从事变法,以及在他周围聚集一些愿为变法献身的才俊,获致某种成功。但他的成功是极有限的。他的异端经解导致许多学者与官员的痛恨,而戊戌变法运动也只是昙花一现。

康氏大胆不经的观点对他的变法来说,功过参半。这些观点,不说敌人,即他的一些赞助人也不能接受。他的书出版以后,一直可闻大声抗议,特别是那些贬抑古文经的著作。④《伪经考》一书(1891年出版)在

---

① 梁启超,《清代学术概论》,页130。Li Chien-nung, *The Political History of China, 1840—1928*, p. 150 有谓康有为乃以《春秋》来解释变法思想之第一人,李氏与梁之见相同。
② Ssu-yü Teng and John K. Fairbank, *China's Response to the West*, pp. 148~149。
③ 康有为,《年谱》,光绪廿四年(1898)。
④ 翁同龢,《翁文恭公日记》,卷三三,页43(光绪廿年条);刘坤一,"复欧阳润生",载《刘忠诚公遗集》,"书牍"(另载翦伯赞等编,《戊戌变法》,第二册,页633);朱一新,"答康有为第二书",载苏舆,《翼教丛编》,卷一,页2~6;安维峻,"请毁新学伪经考片",载苏舆,《翼教丛编》,卷二,页1~2。据苏舆说,上奏者为余晋珊。

1894年被禁,即为抗议的结果。① 在《孔子改制考》中的见解更加激怒传统派人士,也使一些进步分子皱眉。张之洞曾对康氏的活动感兴趣,但至此他不再支持康。② 朱一新是康氏敬重的朋友,强烈反对康氏对儒学的解释,而且感到强调不实的素王来推进变法运动,犹如丑闻。③ 文悌是一极端保守派且为康氏的恶敌,猛烈攻击康氏。当康氏进呈此书给皇帝后不久,文悌上奏指康为思想上的叛逆④,《孔子改制考》引起广泛的争论,即使参与变法的陈宝箴和孙家鼐也不得不表示不同意此书的观点。⑤ 孙氏向清廷提议,像这样的书必须严禁,政府需要准备适当的教科书,为将入新式学堂的学子们学习之用。⑥ 在变法积极展开的湖南也引起强烈的反响。⑦

我们应问,康氏是否有重释儒学以推进变法的必要?康氏和他的徒弟们当然认为必要。例如欧榘甲曾说:

> 中国之衰实由人心之衰,人之无知乃因学术之式微,学术之式微乃因六经真谛之不明。若六经不明,则变法无以有成。⑧

此说大似康氏本人信念的忠实反映,有其道理。因传统中国的思想和制度是不可分割的,很难使其一变而另一不变。⑨ 最近一位西方学者曾

---

① 陈宝琛等编,《德宗景皇帝实录》,卷三四四,页5载此上谕,时为光绪廿年七月四日(公元1894年8月4日)。康有为,《年谱》,光绪廿年提及安维峻与余晋珊二奏折。
② 张伯桢,《南海康先生传》,页20~21。
③ 朱一新,"与康有为第四书",载苏舆,《翼教丛编》,卷一,页11~12。
④ 文悌,"严参康有为为折"(光绪廿四年五月廿八日),载朱寿朋,《东华续录》,卷一四五,页14~18;苏舆,《翼教丛编》,卷二;翦伯赞等编,《戊戌变法》,第二册,页82~89。
⑤ 陈宝箴等,"奏请厘正学术造就人才折"(光绪廿四年六月),载叶德辉,《觉迷要录》,卷一,页16;陈宝箴与孙家鼐奏评康书,载朱寿朋,《东华续录》,卷一四五,页29。
⑥ 孙之奏折载于宝轩编,《皇朝蓄艾文编》,卷七二,页5。另一折报告京师大学堂情况,载苏舆,《翼教丛编》,卷二,页15~18。萧公权,《翁同龢与戊戌维新》(台北:联经出版公司,1983年),页109~110,指出对康书的反响。
⑦ 叶德辉,"与南学会皮鹿门孝廉书",载苏舆,《翼教丛编》,卷六,页22~23;曾廉,"应诏上封事",载翦伯赞等编,《戊戌变法》,第二册,页491~493。
⑧ 欧榘甲,"论中国变法必自发明经学始"。
⑨ Kenneth S. Latourette, *A History of Modern China*, pp. 221~222.

指出：

> 正统儒学早已成为停滞而腐败政权的支持，若不从思想解放入手，中国人民将成现代世界里的中古人。①

的确，我们甚至可说：康氏作为变法运动的思想领袖，必须要革新儒学。② 他重建孔子的学说可以加强他对变法的见解，使其他学者可以拒斥或谴责，但不能忽视，包世臣（1775—1855）和冯桂芬（1809～1874）提议变法时，不曾怀疑正统儒家传统的有效性。他们的见解也因而引起极少的注意。③ 假如他们像康氏一样地革新儒学，他们或也会引起官僚士大夫们的震动，即使最后拒斥改革，亦会注意他们的提议。

把康氏的以儒改制视作变法的权宜之计是不正确的。保全中国的文化认同（儒学）和维持中国的政治独立（帝国），在康的心目中是同等重要的，两者都不能被"西潮"所吞没。他的变法目的已明确地载于保国会的章程中，该会第一次会议在1898年的春天举行。章程第二条规定此会的目标是"保全国土、国民、国教"；第九条规定"讲求保国、保种、保教之事"。④ 康氏虽然心仪西学，但他从不认为中国在道德价值和伦理原则上不如欧洲，即使在科技和政府方面的确落后。他相信儒学比世界上任何其他学说优越。这是中国的传统，其优越更加要保全；事实上，这个传统才使得中国和中国民族值得保存。康氏按照公羊说法华夷之别端在文化⑤，更谓如果失去中国的传统，中国民族便无可认同。保全儒教与保全帝国一样重要。为了保全帝国的目的，中国的法律、行政和经济制度

---

① Norman D. Palmer, "Makers of Modern China. I. The Reformers: K'ang Yu-wei", p. 90.
② Li, Chien-nung, *Political History of China*, pp. 175～176.
③ 包世臣，《说储》(1801)；节述于钱穆，《中国近三百年学术史》，页537～558；冯桂芬，《校邠庐抗议》（撰于1860），节述于萧公权，《翁同龢与戊戌维新》，页73～74。
④ 康有为，"保国会章程"，载《国闻报》，光绪廿四年三月十七日；《知新报》，卷五四（光绪廿五年二月廿一日）；叶德辉，"与南学会皮鹿门孝廉书"，载苏舆，《翼教丛编》，卷四，页1～4；丁文江编，《梁任公先生年谱长编初稿》，上册，页50。翦伯赞，《戊戌变法》，第四册，页396～398。
⑤ 此见之略释可看萧公权，《翁同龢与戊戌维新》，页85。

都必须按照西方的模式改变;但如果放弃儒学,企图对整个道德生活西化,则将是文化自杀。因此,康氏在《孔子改制考》一书中所取的立场,可说是一种"文化民族主义",与《大同书》中的"文化大同主义",显然有异。

康氏认为儒家传统的保存有赖于清除其中的过时货,以及将其从过时的制度中脱颖出来。而且,思想革新虽在儒学的范畴之内,无论思想和制度都有必要变更。外国的文化因素可以借鉴,但仅是增饰而不是取代儒学。据此可知,在康氏改制之前,他已致力于重建儒学,不仅为改制提供哲学基础,而且是要保全中国最好的道德传统。康氏热心保全此一传统更可见之于他以儒为教的企图。

第二节 以儒学为宗教

梁启超于 1901 年写道:康有为是一宗教家,在宗教方面对中国有大贡献,他"以孔教复原为第一着手",乃是"孔教之马丁路德也"。① 此一看法为后来的一些学者们所赞同,他们认康氏乃将儒学从道德哲学转化为宗教之人。② 我们或可略微检视康氏如何转化儒学,并估计他尝试的一些后果。

梁启超对宗教家的康氏有更进一步的说明:

> 吾中国非宗教之国,故数千年来,无一宗教家。先生幼受孔学,及屏居西樵(时为一八七九),潜心佛藏,大彻大悟。出游后,又读耶氏之书,故宗教思想特盛。常毅然以绍述诸圣、普度众生为己任。……常

---

① 梁启超,《南海康先生传》,页 67。
② 例如 Alfred Forke, *Geschichte der neuren chinesischen Philosophie*, p. 580; Franke, *Die staatspolitischen Reformsversuche K'ang Yu-weis und seiner Schule*, pp. 52~58; Arthur F. Wright, *Buddhism in Chinese History*, p. 111。D. Howard Smith, "The Significance of Confucius for Religion", *History of Religions*, 3, no. 2(1963):242~255。辩称孔子学说主要是伦理的和人道的,但却有宗教之意义。若吾人予宗教以广泛的定义,如"人对超人与超自然界的信念和态度",则吾人自可视孔子为一"宗教人物"。参阅市古宙三,"保教と变法",页 118~120。

持三圣(孔、佛、耶)一体、诸教平等之论。然以为生于中国,当先救中国。欲救中国,不可不因中国人之历史、习惯而利导之。①

此段首先指出,康氏的热心宗教是由佛教与耶教启迪;其次,由于此一热心,康氏乃致力将儒学转化为宗教;其三,各教具有共同的真理;其四,儒教最适合中国人。

梁氏的看法并不完全正确。他虽确切指出康受到佛教和耶教的影响,但未同时提及康氏也受到公羊学的影响。应该记得,早在孟子时代,孔门弟子已对神灵感兴趣,使得最讲究实证的荀子强烈抗议,坚持知识的追求必须在人事的范围之内。②但此一趋向仍然继续。在汉朝时,今文学家亟愿神化孔子,可见之于一些纬书之中。③康氏赞佩的董仲舒,虽不如其他人一般的兴趣大,但他的"天人之说"仍与此同流。④汉代的另一主要公羊学者——何休,确切地取用纬书所说,把孔子说得几成弥赛亚。⑤孔子预言的佳例,可见之于下列一段纬书中:

> 孔子母怔在游于大冢之陂,睡梦黑帝使请己。已往梦交,语曰:"女乳必于空桑之中"。觉在若感,生邱于空桑之中,故曰元圣。……孔子之胸有文曰:"制作定,世符运。"……得麟之后,天下血书鲁端门,曰:"趋作法,孔圣没。周姬亡,彗东出。秦政起,胡破术。书纪散,孔不绝。"子夏明日往视之,血书飞为赤乌,化为白书,署曰演孔图。中有作图制法之状。孔子论经,有乌化为书……赤爵书上,化为黄玉。刻曰:"孔提命作,应法为制……"⑥

---

① 梁启超,《南海康先生传》,页67。
②《荀子》"天论"。
③ Fung Yu-lan, *A History of Chinese Philosophy*, vol. 2, Chap. 3.
④ 班固,《汉书》卷五六,"董仲舒传"。
⑤ 何休,《春秋公羊解诂》(江西书局,1872年版),卷二八,页10。
⑥ Fung Yu-lan, *A History of Chinese Philosophy*, 2:129~130. 所谓"黑圣"(Black Sage)乃"元圣"之误译(见译注页129)。实则原名实系"玄圣"。玄者黑也,与《道德经》第一章结句相同。玄既是康熙皇帝之名(玄烨),故玄改为元,译者之注谓:"以纪念孔子不凡之诞生",实未得要领。

素王孔子的权威因而得到具有领袖威望的基础(charismatic basis)①，他原是为万世制作的圣人。

康氏接受素王之说，即将孔子视为受到天命的教主，以及制作的圣人。下引一段戊戌年所说的话可见康氏的思想趋向：

> 天既哀大地生人之多艰，黑帝乃降精而救民患。为神明，为圣王，为万世作师，为万民作保，为大地教主。生于乱世，乃据乱世而立三世之法，而垂精太平；乃因其所生之国而立三世之义，而注意于大地远近大小若一之大一统。②

康氏受公羊纬书的影响，固不待言者也。

现可一述佛学与基督对康氏的影响：康氏半入佛教必在1879年，当时他正全力研读佛道之书。不久他决心献身俗世，抛弃老祖淡泊哲学，但仍然保留一些佛家的天人观念。③ 他对佛教的兴趣仅是选择性的，不过是学者用功的途径之一。此可见之于他早年所说的一段话：

> 仆尝谓词章如酒能醉人，汉学如饾饤能饱人，宋学如饭能养人，佛学如药能医人。④

康氏经由理学而至大乘佛学。⑤ 据梁启超说，他由研究阳明哲学而入佛学之门。阳明既深受禅学的影响，康氏亦因而服于禅，安身于华严⑥ 至少有一段时间，禅学对康氏的大影响可见之于他在1878年所经历的

---

① Max Weber, *The Theory of Social and Economic Organization*, p. 328.
② 康有为，"孔子改制考序"，载《不忍》，一期(1913)。
③ 康有为，《年谱》，光绪五年(1879)。康对老子与墨子哲学的驳议可见《中庸注》，页6；《礼运注》，卷一四，页13；卷九，页8。
④ 康有为，"致黄仲强编修书"，载《万木草堂遗稿》，页418。黄仲弢即黄绍箕(1854～1908)。
⑤ Carsun Chang(张君劢), *The Development of Neo-Confucian Thought*, pp. 127～135. 扼要指出佛学对理学的影响。另见 Chan Wing-tsit(陈荣捷), "Neo-Confucianism", in MacNair, *China*, pp. 254～258. 其影响实早见之于宋代以前。阅 Hellmut Wilhelm(卫德明), "A Note on Sun Ch'o and His *Yü-tao-lun*", *Liebenthal Festschrift*, Sino-Indian Studies, 5, nos. 3～4(1957)：1～11.
⑥ 梁启超，《南海康先生传》，页70。

顿悟①,大似禅道。但他对小乘佛学毫无兴趣,对于任意取舍佛学经典,亦从不犹豫。②

康氏强调人生之苦,以及预言未来的极乐的乌托邦,显然是受到佛学的启示。③ 他能洞悉大千苦难也很可能来自佛中"五苦"之说。④ 但有一不同之处,康氏并不如佛家将苦难之源归之于人欲,以及寻求去人欲、得解救之途,而将苦源全归之于错误的制度,故求改制以求人类解放,满足人欲。⑤ 因此,康氏并不拒斥俗世,而求革新,使成为人们安居之地。完完全全的极乐固见之"法界"(dharma),但康氏检视佛家乐境之后,认为放弃俗世追求法界,并不能达到。因此,他致力于另建世上的法界。⑥ 他并不渴望净土(Sukhā vatī),不怕地狱。实际上,他一直在"地狱"中努力求世人的解脱。⑦ 康氏相信凡此都是华严宗(Avatamsa)的要旨,但他并不全从大乘。例如,他认为由于天资、环境,以及教育程度的不同,不可能所有的人都能成佛。解脱的工作唯有提供人人在转世过程中均等的境遇与教育,天资的不同乃可逐渐消除,人人才能成佛。梁启超指出,此一想法引导康氏走向大同。⑧

康氏哲学与佛教理论相似之处,常极惊人。例如,"大同"使人想到"一真法界"——华严宗所认为的宇宙四界的最高层次——为一由"十玄门"所形成的和谐妙境,谓各物共存而统一,一切生命交通无碍,各自认

---

① 康有为,《年谱》,光绪四年(1878)。
② 梁启超,《清代学术概论》,页165。
③ 康有为,《大同书》,甲部。
④ 即(一)生老病死苦,(二)爱别离苦,(三)怨憎会苦,(四)求不得苦,(五)五阴盛苦。见 Soothill and Hodous, *Dictionary of Chinese Buddhist Terms*, p. 126. 参见丁福保编,《佛学大辞典》(台北:佛教出版社,1980年影印),页537上,1564下。
⑤ Thompson, *Ta T'ung Shu*, pp. 51~53.
⑥ 梁启超,《南海康先生传》,页83。法界之意义可查 Soothill and Hodous, *Dictionary of Chinese Buddhist Terms*, p. 271.
⑦ 同上,页70。Soothill and Hodous, *Dictionary of Chinese Buddhist Terms*, p. 357 释"净土"一词。
⑧ 同上,页84。参考康有为,《年谱》,光绪十一年(1885)。

同,因而完成一综合的认同。① 前已述及,康氏预言在大同世界人不肉食,显然源自佛家多于儒家。②

康之受惠于佛学并未阻止他一再声明为孔门之徒。他并未弃儒从佛,而是接受他喜欢的佛说,并融之于儒学。因此,他予儒学以宗教的气味。他有一次说:"孔教者佛法之华严宗也。"因像华严一样,引导人们在其所居住的世界中求法界。他说毕竟"庄严世界,即所以庄严法界也"。③因此,孔子为人人万世制作,人类因而能脱无穷之苦,得到获致极乐的必要条件。他不仅为宇宙制法,而且是一先知,指出解救之路。④

康氏虽得之于佛学者甚多,但他对佛教的知识止于爱好式的欣赏而已,并不深入。他偏好大乘并不是彻底研治佛经后的结果,拒斥小乘也未经过思辨分析。据梁启超说,他并不知道他的"太平"与"大同"之说,不容于佛。⑤ 梁氏所说是否正确可置勿论,但有趣的是梁氏无忌地提醒康氏对佛经认知的不足。

康氏对基督教的理解更是零碎。他初次接触到基督思想必在1879年的香港,当时他正在搜阅西书。⑥ 没有资料可证实他曾细读教会史和基督神学。他对基督教的印象必然是浮浅的。但基督教对他思想的冲击却是强烈的。他坚持以儒为国教极可能是因他听到西方宗教活动之故。⑦ 他自不会无视基督之爱和儒家之仁的近似。但他无视(或无知)基督教的神学和社会意义,故将两者对等看待。是以基督教和佛教共同加

---

① Junjirō Takakusu, *The Essentials of Buddhist Philosophy*, ed. W. T. Chan and Charles A. Moore (2nd ed. South Pasadena: Perkins, 1949), pp. 119~124.
② 康有为,《大同书》(1935年版),页431~439,445~446。另参阅 John Blofeld, *The Jewel in the Lotus* (London: Sidgwick and Jackson, 1948), p. 190。
③ 梁启超,《南海康先生传》,页84。
④ 因此可说佛学对康氏之哲学,与对张载之哲学一样,具有宇宙观的重要性(Chang, *Developmen of Neo-Confucian Thought*, p. 180)。
⑤ 丁文江,《梁任公先生年谱长编初稿》,上册,页34,梁致康函(1896)。
⑥ 康有为,《年谱》,光绪五年(1879)。
⑦ 此为康氏同时人所认为的。如见陈宝箴之奏折(光绪廿四年五月),载叶德辉,《觉迷要录》,卷一,页16。

强了康对儒家的信念,并要把儒家作为宗教。

康信佛既不完全,他接受基督教义也有保留。他觉得儒、佛、基督三教虽讲基本上相同的真理,但以基督教最不如人意。他的立场曾由梁启超于1901年扼要说明如下:

> 先生于耶教,亦独有所见,以为耶教言灵魂界之事,其圆满不如佛。言人间世之事,其精备不如孔子。然其所长者,在直捷,在专纯。单标一义,深切著明。曰人类同胞也,曰人类平等也,皆上原于真理,而下切于实用。①

康于1904年欧游之后亦说基督教不如佛教:

> 吾于二十五年前读佛书与耶氏书,窃审耶教全出于佛。其言灵魂,言爱人,言异术,言忏悔,言赎罪,言地狱、天堂,直指本心,无一不与佛同。其言一神创造,三位一体,上帝万能,皆印度外道之所有。但耶教为末日审判……不如说轮回者之易耸动矣。其言养魂甚粗浅,在佛教中仅登斯陀含果(sakradāgami phala),尚未到罗汉(arhatphala)地位。②

他说古代希腊与波斯人的灵魂之说源自印度,因96种外道之盛远早于希腊智识的发达,而印度之教士必早已于亚历山大东征之后到达希腊与波斯,并传播其宗教于巴勒斯坦与旧地亚(Judia)。康氏指出基督教与佛教相似的教仪与施教,诸如独身、出世与崇拜,意在证明基督教根源于印度宗教。③

康氏认为基督教劣于儒教至少有两点,其一是强调神权,其二不适合中国国情。他反对中国采用基督教的理由很简单:

---

① 梁启超,《南海康先生传》,页70。
② 康有为,"意大利游记"(1904),页131～132。有关佛学名词可查 Soothill and Hodous, *Dictionary of Chinese Buddhist Terms*, pp. 172,177,374。
③ 同上,页133～134。

> 耶教以天为父,令人人有四海兄弟之爱心。此其于欧美及非亚之间,其补益于人心不鲜。但施之中国,则一切之说,皆我旧教之所有。孔教言天至详,言迁善改过魂明,无不备矣。又有佛教补之。民情不顺,岂能强施?①

康氏对基督教的态度似极不友善,但与当时一般士大夫有别。康氏因实际原因拒绝基督教,但承认其理论上的价值,而一般士大夫则认为是不文明的迷信。

康氏未明言儒教与佛教的相对价值,但自以前者为拥有一切真理之教,为佛、耶所不逮,其价值自不为二教所拥有。孔教②乃为中国所仅需,康氏亦全心全力以倡导之。他指责国人未能敬奉孔子为中国之倡教教主。他说欧美有基督教,即使未开化之民也有他们的宗教。他问难道四万万中国人愿像禽兽一样地没有宗教?③

是以康氏的宗教观为一倾向儒教的折中主义。他并不将儒、佛、耶三教对等看待,融合为一④,而是引用外来的佛、耶以张本土的儒教。结果是创造综合为一新教者少,而将儒教自道德哲学移作宗教信仰者多。

在此有一要点可说。康氏热情畅论宗教,但他的宗教观却是世俗的。他看佛、耶二教的价值不在其精神与超脱之处,而在其社会或道德的有效力量。他于1904年在"意大利游记"中的一些话,可见康氏对宗教的精神与灵性价值,甚少赞许。他针对批评者所说孔子不言神道不为宗教,有言:

> 夫教之道多矣!有以神道为教者,有以人道为教者,有合人神为教者。要教之为义,皆在使人去恶而为善而已……古者民愚,阴冥之中事事物物,皆以为鬼神,圣者因其所明而怵之,则有所畏而不

---

① 康有为,"意大利游记"(1904),页132~133。
② 梁启超,《南海康先生传》,页70。
③ 《康南海梁任公两先生文集合刊》,卷二,页2。
④ J. J. M. de Groot, *Religion in China*, pp. 2~3.

为恶，有所慕而易向善。故太古之教，必多明鬼。而佛耶回乃因旧说，为天堂地狱以诱民……孔子恶神权之太昌而扫除之……治古民用神道，渐进则用人道，乃文明之进者。故孔子之为教主，已加进一层矣。……人智已渐开，神权亦渐失，孔子乃真适合于今之世者。①

毋庸指出康氏愿见神权渐失，自不能接受一切超自然以及超世俗的教义。而其赞孔子扫除神权之余，不自觉地又将儒教自宗教领域带回到道德哲学的领域。

康氏非神的宗教观事实上源自儒家。他所说"有以神道为教者"来自《易经》——"圣人以神道设教，而天下服矣"。② 他的无神论观点亦可见之于其他典籍。《论语》有云："子不语怪、力、乱神。"③康氏曾于1902年论及此语而作结道：狂热相信神怪有碍人与社会。他引印度以牛、象、猴等动物为神圣而说道：孔子扫除神权实大有功于人类。康氏在评论中说：

> 盖怪、力、乱、神者，皆乱世之事。至太平之世，则不独怪力乱无，即神亦不神也。孔子不语，盖为人道预入太平。④

换言之，宗教信仰的存在像政治统治一样，是因人类社会尚不完善之故。太平世一到，两者都将功成身退。以康之见，祈祷乃人性缺陷以及软弱的自白，亦终将消失。⑤

康氏论及灵魂亦复如此说，他的灵魂观亦一部分源自儒家。据他

---

① 康有为，"意大利游记"，页66～68。显然康氏之论点基于教字的双重意义。
② Richard Wilhelm, *The I Ching*, 2:125～126. "观卦"象辞。
③ 《论语》"述而"第二十章。康氏可能也得自荀子反神怪之说。看《荀子》"天论""非相"等篇。萧公权，《中国政治思想史》（台北联经版），页107～109，讨论荀子之见。Wright, *Buddhism in Chinese History*, p. 81谓："中国人属理性型故不动宗教感情的说法，并无根据，而常干扰对宗教问题之讨论。"不过，他继谓委婉折中乃"华化"之动力，并注意宗教思想与启示的转化（如将弥勒、无量光，以及其他神明转化为各种世俗之守护：如典当业、地方事业、产妇等）(Ibid., p. 99)。吾人不得不觉得该作者实际上肯定了中国人的"理性"倾向。
④ 康有为，《论语注》，卷七，页9～10。
⑤ 同上，页16，评《论语》"述而"第三十四章。

说,人有魂与魄,魂为人性之清,魄为人性之浊。他认为魂可自然地变成"道德",而魄可引发肉欲。人之行为即取决于魂与魄的争胜。康氏借此说明人们喜爱感性之美:

> 受光而见色,色与目宜者,目则好之。电自相吸,魂不能主,则从之矣……然易其目色,则爱好顿无,皆魄为之也……故魂清自主者,好德;魄浊用事者,好色。①

因此,康氏作结道:培养灵魂之清至为紧要,然则其魂如镜,反映所有的形象而不受任何形象之影响。② 此一魂魄观与传统儒家所见相呼应③,也与朱熹的天理与人欲二元说相似。④

康氏所见及之灵魂乃属伦理而非宗教的范畴。他所说的灵魂与肉身的关系也非宗教性的。佛教与基督教的神学家们都弃肉身重精神,而康氏则认为两者都是人生所应有。下引一段可见他的立场:

> 盖人之生也,有神魂、体魄。专重神魂者,以身为传舍,不爱其身,若佛、耶、回皆是也。专重魄者,载魄抱一以求长生,若老学、道学家是也。专重体者,战兢守身……孔子则性命交修,魂魄并养。⑤

在此,康氏道出他以儒在佛、耶之上的另一理由。

康氏论"命",即理雅各所译述的"天命",也显示儒家的影响。康氏论孔子所说"不知命,无以为君子也"⑥道:

> 命者,人受于天者,人生富贵、贫贱、寿夭、穷通皆有定命,非人力所能为。⑦

---

① 《论语注》,卷九,页 12,评《论语》"子罕"第十七章(参阅"先进"第十二章)。
② 同上,卷六,页 2,评《论语》"雍也"第二章。
③ 如见"礼记正义""檀弓下",页 59;"祭义",页 24~27。
④ Fung Yu-lan, *A History of Chinese Philosophy*, 2:558~562. 综论朱子之见。
⑤ 康有为,《论语注》,卷六,页 2。
⑥ 《论语》"尧曰"第三章。
⑦ 康有为,《论语注》,卷二〇,页 5(译者案:原注作卷二,误)。

康氏本人相信此一"命"论。他于1902年曾说：

> 鄙人孤生，未尝货殖，而未尝无财，又时遭大难，而未尝中绝累。①

不过康氏并不是一个定命论者，他相信：人固不能违背天命，仍可且仍应尽其力以图改进后半生或者子孙的命运。他于1901年曾写道：

> 富贵、贫贱、夷狄、患难之因，有造之者。《孝经纬》曰：善恶报也……宿世造恶之因，而今世受报……"系辞"曰："积善之家，必有余庆；积不善之家，必有余殃。"祖宗善恶之因，而子孙受报……报者，无之顺理，不能不顺以受之，故当慎作。②

《孝经纬》与《孝经》有关，为儒家经典中的纬书之一。"系辞"乃《易经》的注解之一。③ 因此，康氏对"报应"的看法实来自今文经，也可能受到佛教中因果报应说的启示。④

康氏接受佛教中轮回说，可在此一述。康氏论及《论语》中有关鬼神一段⑤，引《易经》所说："通乎昼夜之道"⑥，而作如下之评论：

> 通乎昼夜，言轮回也。死于此者，复生于彼。人死为鬼，复生为人，皆轮回为之……孔子之道无不有……后人以佛言即避去，必大割孔地而后止。⑦

综论之，康氏拟从几个途径将儒学转化成宗教：（一）应用儒家中可用的思想，并借用佛教和基督教中可借用者；（二）承认各教平等，但坚持

---

① 康有为，《论语注》，卷一一，页8。
② 康有为，《中庸注》，页12。
③ 《孝经纬》为公羊家所用的纬书之一。康氏引自《易经》之一段为"坤卦"文言之一部分，而非康氏所称之"系辞"。见 Wilhelm, *The I Ching*, 2:26～27。
④ Soothill and Hodous, *Dictionary of Chinese Buddhist Terms*, p. 264.
⑤ 《论语》"先进"第十一章。
⑥ 阅 Wilhelm, *The I Ching*, 2:318～319。
⑦ 康有为，《论语注》，卷一一，页4。

儒教在学说上与实用上的优异性;(三)辩称由于在实质上的优异性,儒教在理论上适宜于全人类,是在目前的情况下唯一适合中国的宗教。

结果并不符康氏的目标。在一方面,他既以宗教为道德,并且尽量减低"神权"的精神价值,他未能成功地将儒学自伦理转成宗教。在另一方面,他虽加佛教与基督教教义于儒教之中,在一定程度上拓宽了儒教的视野,但并未能真正地综合三教。他的成就不过如此,并不奇怪。尽管他斥责理学,但在思想上他毕竟仍是个儒者。这无疑限制了他综合三教的努力,并导致如此的结果。

在此可提出两个问题:(一)他提倡儒教对他的变法运动是否有影响?(二)此一"宗教"对他同时代人的影响是什么?

先解答第一个问题。孔教运动对变法的影响,大致与宣称孔子改制所得的后果相同。康氏一提出宗教主张,士大夫们立即群起反对。湖南的保守儒者曾廉在戊戌年夏天上奏说,康将孔子提升为"教主",将孔子视作摩西,而自以为耶稣,而成教皇。换言之,康氏借孔子之名而遂其个人的野心。① 陈宝箴曾大有功于湖南的变法,也对康氏的宗教观点感到不安。在曾廉抗议前两个月,陈氏在奏折中说:

> 逮康有为当海禁大开之时。见欧洲各国尊敬教皇、执持国政,以为外国强盛之效,实由于此。……是以……推崇孔子以为教主,欲与天主耶稣比权量力……而不知……欧洲教皇之徒,其后以横行各国,激成兵祸战争至数十年,而其势已替,及政学兴、格致盛而其教益衰。②

另一同情变法的大官孙家鼐亦约于同时上奏反对康氏以孔为教。③事实上,除了一小撮康氏最忠诚的拥戴者外,其他人听到此说都表反对。

---

① 曾廉,"应诏上封事",载翦伯赞等编,《戊戌变法》,第二册,页492。
② 陈宝箴,"奏请厘正学术造求人才折",载翦伯赞等编,《戊戌变法》,第二册,页358。
③ 孙家鼐,"奏……请严禁悖书疏",载于宝轩编,《皇朝蓄艾文编》,卷七二,页5。

假如康氏认为他的孔教运动会得到更广大的支持,他必将失望。

　　康氏发展孔教的努力除有反效果外,其本身也极不成功。他与绝大的阻力相抗。中国的文化背景颇不利宗教的发展。与欧洲各国、印度甚至日本相比,中国几千年来的文化主要是非宗教的。诚如一西方学者所说,"中国人主要关心此生,所以他们的伦理强调人对人的责任,而不是人对神的责任"。① 康氏说孔子是教主,对大多数的中国学者来说,若非邪门,必然觉得荒谬和过时,至少也是对下一代知识分子有坏影响。

　　康氏也遭遇到来自他本身思想立场的困难。儒家观点既然主要不是宗教性的,要建立孔教而不抛弃那主要观点是不可能的。儒教可能并不完全免于宗教色彩②,但它基本上是世俗之教,与基督教和伊斯兰教之强调原罪以及无上之神,是风马牛不相及的。③ 康氏从未放弃儒家观点,又声言儒教优于基督教即因孔子能扫除神权,事实上肯定了儒家学说的世俗性。因此,他可说在提倡孔教一事上有不一致处。梁启超似已觉察到此不一致处,所以反对康氏以孔为教,并指出孔子只是古之圣者,不是神祇,以及孔子学说乃属教育性,而非宗教性。④

　　显而易见的,康氏未能使众多的人信服,部分即是由于他提倡孔教的方式。不论是在清朝末年或是民国初年,他不从劝说、信仰与热情着手,却争取政府的认可。因此,他在 1895 年建议清廷在全国传播孔子学说,把一切未经许可的庙宇都改为孔庙,并派遣孔教牧师到海外向华侨

---

① Latourette, *The Development of China*, pp. 86～87. 一些中国作者有同样的看法, Chiang Monlin, *Tides from the West*, p. 252: "中国人的道德源于自然,西方人的道德来自神权。"并见 Cheng T'ien-hsi(郑天锡), *China Molded by Confucius*, p. 47。
② E. T. Williams, "The State Religion of China", *Journal of the North China Branch of the Royal Asiastic Society*, 44(1913): 11; Herrlee Glessner Creel, "Was Confucius Agnostic?" *T'oung Pao*, series 2, 29(1932): 54～99.
③ James W. Bashford, *China, an Interpretation*, p. 238.
④ 梁启超,《饮冰室文集》(广智书局本),卷一,页 19。

传教。① 1898年夏天,他正式提议以儒教为国教并建立孔教会。② 到民国时,他又重新作此一提议。他于1913年建议国会将儒教认作国教,并在全国各地孔庙作每周性的宗教仪式。③ 他的请求未被理睬。清政府虽以儒家思想为立国思想,但不愿视作国教,不能够接受康氏所说的儒教,因其与立国思想很不相同。民国政府则忙于内争与财政,无暇注意康的请求。而那时的知识分子甚为分歧,彷徨而难以对儒教在近代中国的位置有任何一致的意见。天主教、基督教、伊斯兰教、佛教与道教机构对康氏的行动很反感。在天主教的马相伯(马良)和雍剑秋的领导下,组织了一个宗教自由社来抵制康氏的国教运动。④

不过,假如康氏不求政府之力而求知识分子的支持,能有多大成功也值得怀疑。反对他的国教运动的主要阻力毕竟是学者和知识分子。他们反对并不是由于康之求助于政府,而是由于与真正的儒家传统不相称,或不适合近代中国。

康民的个人作风也可能导致他的失败。他的一生并无宗教领袖的榜样,而是一文化人,并讲究感官上的快乐和舒适。⑤ 他虽反对理学,但他的私生活却极不像世界上任何虔诚的宗教家。他虽愿在大同世界时破除家庭,他仍是一十分顾家的人,并因妻子没生儿子而娶妾。这些在儒家伦理上都说得过去,但很难说是得自宗教的启示。假如他死于戊戌

---

① 康有为,"上清帝第二书"(光绪廿一年四月八日),载翦伯赞等编,《戊戌变法》,第二册,页150。
② 康有为,"请尊孔圣为国教立教部教会以孔子纪年折",《戊戌奏稿》,页26。康有为,《康南海先生文钞》(以下引作《文钞》),第五册,页10。
③ 康有为,"以孔教为国教配天议",见《文钞》,第四册,页63~67。《康南海文集》(以下引作《文集》),卷五,页2~6。康之孔教运动简史可阅 Reginald I. Johnston, *Confucianism and Modern China*, pp. 152~153, 157~158。潘树藩,《中华民国宪法史》,页42~43。
④ 张若谷,《马相伯先生年谱》(1939),页222。近代古文大家章炳麟强烈反对康之孔教运动,见其"驳建立孔教议",载《太炎文录》,卷二,页38~41。顾颉刚,"自叙",页24,《古史辨》,第一册。另一可能更重要的反康之孔教运动为20年代勃兴的反宗教运动,参阅 Tse-tsung Chow, *The May Fourth Movement*, pp. 320~327。连梁启超都反对康氏,见其"保教非所以尊孔论",《饮冰室文集》之九,页50~59。
⑤ 康氏的享乐主义哲学明见之于其《大同书》,页7,9,441~451。

政变,也许可给他的孔教一种精神上的推动力。就政治而言,康不死于戊戌之难是精明的,因他可继续为清帝和清廷奋斗。但从宗教而言,他的孔教运动绝未因他流亡海外以及并不节省的生活而有所帮助。因此,整个孔教运动缺少情感上以及精神上的吸引力,并不关涉其理论如何。实在说,我们很难称之为一宗教运动。

第三节 康有为在儒家传统中的位置

由上述可知康有为乃一"爱国的"儒者,努力使儒家传统以及帝政适应19世纪末与20世纪初的新形势,以保国、保种、保教。他与主张"中学为体,西学为用"的张之洞并无很大的不同①,所不同者仅程度而已:张之洞要保存传统中的中学(儒学),而借自西学的不过是技器;康有为则予儒学以非传统的解释,而且除西方的科技外更建议变法。因此,康氏远较张氏激进,然两人一样热心使儒学的权威与影响绵延下去。②康氏与张氏一样坚信尊孔与保教必须与富强维新齐头并进。③康有为作为儒家的卫护者可说是与张之洞一样"保守",特别是民国成立后不久,他对中国传统的态度。④"中国保守主义的殿军"⑤并不是1860与1870年代的同治中兴领导人,而是康有为以及19世纪最后十年以及20世纪之初一些其他儒家学者。

有趣的是,直到20世纪的50年代,不同思想背景的作者仍然认为

---

① Teng and Fairbank, *China's Response to the West*, pp. 164~166. 勾勒出张氏变法思想之大要,页166~174译载《劝学篇》之一部分。中学为体西学为用的模式,此一办法可追溯到冯桂芬之"采西学"。
② Hummel, "K'ang Yu-wei, Historical Critic and Social Philosopher", p. 345.
③ 康有为,"保国会章程",载叶德辉,《觉迷要录》,卷四,页1。
④ 康氏之立场最可见之于其"孔教会序",见《文钞》,第五册,页12~13。以下一段尤值得注意:"中国能晏然一统,致治二千年者,何哉? 诚以半部《论语》治之也。"半部《论语》治天下一语,一般认为是赵普(921~991)所说。
⑤ Mary Clabaueh Wright, *The Last Stand of Chinese Conservatism: The T'ung-Chih Restoration*, 1862~1874.

儒学在近代世界有光明的前途。坚决维护中国文化的梁漱溟深信儒学在未来的世界文明中具有重要的地位。① 蒋孟麟不能说是一位儒者,他也不反对西方文化,但认为孔子的伦常以及世界和平学说、孟子的民主思想,可适合近代的民主中国。② 一些西方学者也有相同的说法。丁韪良(W. A. P. Martin)说没有另外一个国家承受像孔子学说一样宝贵的文化遗产。③ 卫理贤(Richard Wilhelm)相信儒学有一些基本素质可应用在任何时代、任何地方,其"确具足够适应近代情况的内在弹性④"。再者,应记得儒学曾在18世纪赢得一些欧洲第一流思想家的注意。⑤ 然则康有为对孔子的信心并不是毫无道理可言的偏见。

不过,康氏最主要的工作是致力使儒学适应现代的需要。帝制及其相关思想与制度是当中华帝国与世孤立之时发展出来的。儒学始自中国封建时代的晚期,自汉代以后日渐与帝制相结合。尽管朱熹曾说几百年来孔子之道未尝一日得行⑥,事实上儒学作为帝王的思想工具,足使其成为王政的另一名称。因此,说孔子的制度蓝本表现东方专制之一基本性格,是有些道理的⑦,或者干脆说,"孔子学说是专制的"。⑧ 帝国的一再挫败使康有为相信,不论行政或思想面的帝政都到了山穷水尽的境地。因那种制度只适合过去闭关时期的中国,而不适合今日与西方交通之世。西方国家的强盛,以及模仿西方的日本,是迫使中国接受近代世界挑战的有力证据——不仅仅接受西方技器(清廷在过去三十年已进行

---

① O. Brière, *Fifty Years of Chinese Philosophy, 1898—1950*, p. 28,引梁氏言,谓未来的世界文明将是复兴之中华文化,并指梁氏为"儒教之维护者"(页27)。
② Chiang, *Tide from the West*, p. 271.
③ W. A. P. Martin, *A Cycle of Cathay*, p. 59.
④ Richard Wilhelm, *Confucius and Confucianism*, pp. 154~155.
⑤ Adolf Reichwein, *China and Europe*, pp. 73~98.
⑥ 朱熹,"答陈同甫书",《朱文公文集》,卷三六,页579。
⑦ Karl August Wittfogel, "Chinese Society: An Historical Survey", *Journal of Asian Studies*, 16(1957): 350.
⑧ Léon Wieger, *La Chine moderne*, 7: 67,引见 Wright, *The Last Stand of Chinese Conservatism*, p. 304。

但成效甚微),而且要作适当的制度与思想上的改革。康有为可能是当时清楚见及此种需要并努力促进改革的第一人。他又独能理解到,儒学若不与过时的帝制分开,则将与那腐朽的制度同归于尽。他表现了驳斥理学传统——即理雅各所说的帝国儒教的勇气,他因此而向中国的正统学问与政治哲学的基石挑战。① 是则,如一位日本学者所说:康氏见及儒学的"不朽因素",而犯了要"把那些只有一时价值的部分应用到现代"的错误②,是不正确的。相反的,康氏极力拒斥与过去某一制度相关的任何部分。如果说康氏所见及的思想与制度的改革仅是在"传统中的改变",有点不中肯。③ 我们不能太强调说,他寻求改革的思想架构不是为当时一般士大夫所接受的传统(即决定帝制时代基本社会和道德价值的儒学),而是基于公羊的经学(其经解几百年来认为非正统者)以及一些非源自中国的思想。

换言之,康有为可说是一儒家修正主义者。他对儒家思想内容的修订与充实,可说有功于儒学。儒学自其创始人死后二千年曾经过多次理论发展的阶段。第一阶段成立于秦始皇统一中国后不久,当时由孟子和荀子所建的相对立的学派正将儒学带向两个不同的方向。第二阶段至汉代董仲舒及其他公羊学者之时达到高潮。④ 第三阶段因宋代理学而起,道家与佛家的思想给予儒学前所未有哲学上的充实。⑤ 康有为则直接从19世纪公羊学者获得线索,并用西方以及佛家思想给予儒学以一普及的意义,因此扩大了它的伦理与政治学说。然则他可能是开导了第四阶段的儒学发展,所以可说是在儒学史上占有极重要的地位。⑥

---

① Ping-ti Ho, "Weng T'ung-ho and the One Hundred Days of Refrom", p. 131.
② Kyoson Tsuchida, *Contemporary Thought of Japan and China*, p. 200.
③ John K. Fairbank, *The United States and China*, p. 148.
④ 萧公权,《翁同龢与戊戌维新》,第二章,第九章第一节。
⑤ Fung Yu-lan, *A History of Chinese Philosophy*, vol. 2, Chaps. 10~14; Carsun Chang, *The Development of Neo-Confucian Thought*, Chaps. 6~12.
⑥ Wright(*Buddhism in Chinese History*, p. 281)说,康氏之重诂是恢复"早期儒学"的纯素,也许并不正确。

但是他未能吸引许多信徒，因他在19世纪时走在知识界之前，而在20世纪时远落后于当时的知识界。当19世纪的最后十年，绝大多数的士大夫和官僚们仍然沉醉于旧传统，对国家所遭遇的政治和思想问题并不清楚，而且他们本身的既得利益不允许赞同康有为的主张。结果是，他在思想上的努力在一般士大夫心目中，不过是一些惊世骇俗之论罢了。辛亥以后的情况虽不同，但对康氏所追求的并不较为顺利。愈来愈多的人把孔子视作过去帝王时代的圣人，他的学说对民国没有重要性。更坏的是，康氏为了挽救固有传统，不惜一反过去对伪儒（帝国儒教）与真儒（重建儒教）的区分，因而推翻他自己昔日在思想上所作的改革努力。在近代中国，不论那一种儒教，愈来愈少人理睬。年轻一代的中国知识分子，不是与康氏所倡导的孔教辩难，而是嘲笑与漠视。他所写有关儒学与古典的文章，一度曾启迪、震惊以及激动了许多士大夫，而今却少有人阅读。1930年代初期，一个外国学者观察到，辛亥革命后儒教地位之低落，为1800年来所仅见。① 然则，南海圣人在1927年逝世时未使民国信奉儒教，并不令人感到奇怪。

康氏自己或许在不知不觉中，不断地造成儒学的式微。在戊戌前夕，他勇敢地将儒学与专制分离；然而在政变之后，他以保皇会首领自居，自戊戌至辛亥，反对共和而主君主立宪②；复于民国六年（1917）以及十二年（1923）两度参与复辟③，使他的形象与帝制认同，因而被许多人视为民国之敌。同时，他首倡儒教运动无意间使儒术复与王政结合，而有碍于此一运动。因此，在主张共和者的眼中，儒学的信誉全失。我们可以理解到，何以儒学被斥为政治民主与社会进步的障碍。

---

① Johnston, *Confucianism and Modern China*, p. 125.
② 丁文江,《梁任公先生年谱长编初稿》,上册,页88,99~145,载保皇会之活动。康氏对帝制与共和的看法在其1911年所写的《共和政体论》小册子中,有系统地叙述。
③ 康有为,"覆大隈侯爵书"以及"与徐太传书",均载《不忍》,第九、十期"政论",页1~15,以及页15~18。康氏曾简述1917年与1923年复辟事于"丁巳美森馆幽居诗卷",与"请庄士敦代奏游说经过",载《康南海先生墨迹》,第四册。

民国的第一任总统袁世凯在民初就职演说中宣称毋忘儒学的不朽传统与言论,以及几个月后复以总统之尊谆谆教诲国人尊仰孔子,于此事也毫无裨益。同时,在不稳定的国会中提出以儒为教的提案,隶属国民党的议员大力反对,而倾向袁氏的进步党则赞助之。最后在民国宪法草案中列了一项顾及颜面的妥协条款,以孔子之道为全国教育中个人修养的基础。① 此一条款从未施行,而起草的国会不久为袁氏解散,故无异废纸。当民四袁氏窃国,儒教又与短命的洪宪帝国搭上线,更得恶名。康氏虽然反对袁氏称帝,但他不能消除一般认为儒学与帝制一体的看法——而他本人在当时又曾助长此一看法。

假如康氏放弃亡清而以共和的拥护者来提倡近代儒学,也许有更多的成功希望。换言之,假如他于辛亥以后倡"太平之说",即以民治为适当的政治结构,不依恋"小康之说"而认同王政,儒教的命运可能要好得多,即使中华民国不可能受到他努力的益处。可惜他对清朝太重感情而不能改变政治信仰,又太迷于王政而不能改变思想立场。他对民主的热情描述,对自由、平等与民权的乐观看法,仍然是他大同乌托邦中的理论,而不拟实际运用。王政一直是他认为唯一适当的政府,特别是要光绪皇帝或其合法继承人坐上皇位。他不自知他的忠诚与他分割儒学与帝制的理论相冲突。他在行动上表现出二者似乎不可分割。这样做,他使儒学运动受损,又无补于已倾覆的朝廷。

康氏可能还在另一事上不利于儒学。他在怀疑古文经非真之余,无意间洞开了怀疑整个儒学传统的大门。此乃梁启超的论断。梁氏于1920年论及康氏《伪经考》时说:

> 诸所主张,是否悉当,且勿论。要之此说一出,而所生影响有二:第一,清学正统派之立脚点根本摇动;第二,一切古书皆须从新

---

① Johnston, *Confucianism and Modern China*, pp. 152~153, 159. 潘树藩,《中华民国宪法史》,页31,42~43。

检查估价。此实思想界之一大飓风也。①

梁氏接着评论康之《孔子改制考》:

> 《伪经考》既以诸经中一大部分为刘歆所伪造,《改制考》复以真经之全部分为孔子托古之作,则数千年来公认为神圣不可侵犯之经典,根本发生疑问,引起学者怀疑批评的态度。

梁氏又说:

> (康氏)虽极力推挹孔子,然既谓孔子之创学派与诸子之创学派,同一动机,同一目的,同一手段,则已夷孔子于诸子之列,所谓"别黑白定一尊"之观念,全然解放,导人以比较的研究。②

朱一新赞同梁氏所见,而忧尤过之,在戊戌变法前致康函中有云:

> 自伪古文之说行……人心中有一六经不可尽信之意。好奇而寡识者,遂欲黜孔学而专立今文。夫人心何厌之有。六经更二千年忽以古文为不足信,更历千百年,又能必今文之可信耶?③

朱氏之忧固不必历千百年而证实之。朱氏之信写后不出几年,梁启超即公开怀疑康氏孔学运动的价值。梁于1902年致函康氏,毫不隐饰地说保教一事的无谓,他认为今日救中国最紧要的是以新学来代替旧思想,儒学中有许多不适合新世界处。他告诉康氏,他将与其他康门弟子撰一揭发和纠正儒学缺失之书。④ 大约同时,梁氏好友黄遵宪也对升孔子为"教主"是否明智,表示怀疑。⑤

---

① 梁启超,《清代学术概论》,页128。
② 梁启超,《清代学术概论》,页132。
③ 朱一新,"答康有为第三书",苏舆,《翼教丛编》,卷一,页7。
④ 丁文江,《梁任公先生年谱长编初稿》,上册,页152~154。梁氏在1920年代重申此意,见《清代学术概论》,页143~144。
⑤ 丁文江,《梁任公先生年谱长编初稿》,上册,页154~155。

梁、黄二氏带动反古与订孔的潮流，至1920、1930年代而蓬勃。康氏本人有关古典的著作也成为疑古派的主要启示。钱玄同于1931年出版了康氏《新学伪经考》的新版本，并于前言中说，今文经的大部分既出孔子之手，圣人因而托古改制，学者仅能用作研究儒学史的资料，不能视作真实的古史。① 顾颉刚早于1926年自认，读了康氏的《孔子改制考》之后，得到推翻古史——那为古人所写并信以为真的古史——的灵感。② 近人以为康氏带动疑古运动，确有充分的理由。③

怀疑古史与拒斥儒学，间不容发。吴虞与陈独秀为打倒孔家店的二员大将，在1915～1921年间在《新青年》上发动反传统的言论。此一对儒学的歼灭战乃不仅限于理学，包括今文经在内的所有儒学宗派。陈独秀直接责问康：

> 你说礼运大同说是真孔教，又有人说四教、四绝、三慎是真孔教，何以那种种吃人的礼教制度都偏爱挂孔老先生的招牌？④

对此一问题的解答实甚容易：正因为孔家店的牌子代表了二千年来的吃人的礼教，"无论是老店，还是冒牌，都必须拿下捶碎，烧去"。⑤ 因此，当民国政府于1927年取消正式的孔子仪礼，不再令人感到有何

---

① 钱玄同曾说，1911年去跟崔述问学时，曾向康氏借阅《新学伪经考》，始读此书。此后钱即甚信古文经为刘歆假造之说。见"重印新学伪经考序"，载康有为，《新学伪经考》（1931年重印本），第一册，页16。
② 顾颉刚，"自叙"，《古史辨》，第一册，页43。
③ 钱穆，"孔子与春秋"，《东方文化》，第一卷，页20。侯外庐，《近代中国思想学说史》，页703～704，所见相同。
④ 郭湛波，《近五十年中国思想史》，页305～306。Wolfgang Franke, "Der Kampf der chinesischen Revolution gegen den Konfuzianismus," p. 60 另阅 Chow, *The May Fourth Movement*, pp. 300～313. "The Anti-Con-fucian Movement in Early Republican China," in Wright, *The Confucian Persuasion*, pp. 288～375. 参阅 Andrew T. Roy, "Modern Confucian Social Theory", Chap. 4, "The Attack upon Confucianism from the Left: Chen Tu-hsiu," pp. 152～158; Chap. 5, "The Attack upon Confucianism from the Taoist and Legalist Position: Wu Yü," pp. 186～234。
⑤ 胡适，"吴虞文录序"，写于1927年10月6日，载《吴虞文录》。

新鲜：

> 孔子学说是专制的，二千年来压制人民以及奴役思想……中国现为民国，此种专制余孽须从国民脑海中除去。①

一左派学者于1950年说，儒学乃是工农、妇女、社会与国家以及自由主义之敌；而有利于富人、男人、家族与帝制。② 此一学者除了增加一点"阶级意识"外，并未超越1920年代的反孔情绪。少有人像陈汉章与梁漱溟一样继续护孔。③ 但他们的声音在大多数漠然以及一些仇视的知识分子之间，显得特别微弱。在康氏逝世前几年，儒学的前景实在显得暗淡。④ 因此，如果说康氏启人以怀疑传统，则其自有助于儒学的式微。⑤ 他之攻击古文经与理学可说是"文化上的捣乱"，而因此导致民国时代"文化的流失"，他也许确为共产思想⑥与组织⑦的来临铺了路。

此话并不是说康氏有意帮共产主义的忙。有时会使人想到，中国共产党大可利用康氏在《大同书》中提到的家庭与财产等"共产"思想，但是他们尚未以康氏为革命之前的先知。此因康氏的哲学立脚点与共产党正相反，而其消灭家庭与财产的思想是基于博爱，而非马克思阶级斗争的理论。要中国共产党人赞同康有为，比要欧洲或俄国的共产党人推誉

---

① Wieger, *La Chine moderne*, p. 67 引国民政府令。
② 蔡尚思，《中国传统思想总批判》，页70~72。参阅 Lin Yu-tang, "Some Hard Words about Confucius", *Harpers*, May 1935, p. 721, quoted by Hummel in "K'ang Yu-wei, Historical Critic and Social Philosopher, 1858~1927", p. 353。
③ 梁漱溟，《东西文化及其哲学》，特别是"自序"。
④ Johnston, *Confucianism and Modern China*, pp. 171~172.
⑤ Joseph R. Levenson, "History and Value", in Wright, *Studies in Chinese Thought*, p. 168.
⑥ Joseph R. Levenson, *Confucian China and Its Modern Fate* (Berkeley: University of California Press), p. 163.
⑦ Huang Yen-yu, "Mao's People Communes", *New York Times*, Jan. 11, 1959. 作者认为毛氏的公社思想大都来自康氏之《大同书》。

欧文(Owen)与傅立叶(Fourier),更无理由。①

康氏歌颂儒学而终使其受损。当然,康氏决不独负此疚。在那几十年间,中国的情况使儒学无法生存与滋长。

西方的冲击打乱了本土的思想与道德价值,其总结果可说是一文化大地震。有两群人想要挽救朝廷与传统。一群人是保守主义分子,维护传统的政治与思想系统,反对变革。另一群是变法维新派,思将传统适应于变动的帝国。康氏是后一群人的领袖,致力于"旧瓶新酒"的尝试(冯友兰语)。② 但他的努力只是蜉蝣撼树。③ 在1920年代后期,另有些人试图"使革命成为传统的继承者"④,也并不比康氏成功。因此,要康有为担负近代中国儒学价值式微之主要责任,确是不公平的。

必须指出:儒学在中国独尊乃于帝制稳固之后的事,并且是因为受到帝王的赞助。⑤ 自汉代到明清,皇帝们鲜不认为儒家的道德教条乃加强其统治的有利工具。他们尊敬孔子,即使他们不实践孔子之道,或不

---

① 毛泽东至少在一处承认康氏变法运动的历史意义。在其"新民主主义"(1940年1月)一文中,他认为戊戌变法为中国反封建反帝国主义革命运动的前驱。见"On New Democracy", in *Selected Works*, 3:111。但大约十年之后,毛在"论人民民主专政"(1949年6月)说,洪秀全、康有为、严复、孙中山都是在中国共产党诞生前向西方学习者的代表。毛认为他们都不幸地找错了方向。帝国主义惊破了以西方为师者的好梦:这些中国人向西方学了很多,但永远无法实现他们的理想。毛又说,康有为写了《大同书》,但他不曾也不能找到实行大同之路。见"On the People's Democratic Dictatorship", *Selected Works*, 4:412~414。冯友兰的文章"康有为的思想",页110~127,及李泽厚之书《康有为谭嗣同思想》,页1~102,代表中共对康氏的最近看法。
② Fung Yu-lan *A History of Chinese Philosophy*, 2:720.
③ Amaury de Riencourt, *The Soul of China*, p. 203.
④ Wright, *The Last Stand of Chinese Conservatism*, p. 300.
⑤ 汉武帝置五经博士(公元前136)并召集儒者至京应试(前134),为此一政策的正式施行。董仲舒与公孙弘以优等中试(班固,《汉书》,卷六,页3)。理学可说是于1382年之秋明太祖重开科举以程朱经解为主时,得到政府之赞助(《明史》,卷七〇,页1)。稍早,1381年,太祖通令全国士子诵读五经四书(同上,卷二,页10)。

用之于他们的政府。① 他们用这些教条作为社会和道德价值的基础,提供了高度的政治稳定。因此,二千年来,儒学与帝政亲密结合,并未被视作永恒的原则,而是视作教条的侍女。从这一点来看,朱熹所谓孔子之道未尝一日得行,似有真理在焉。②

帝国时期中国儒学的独尊地位,得之于政府之力多,得之于其本身之力少。孔子及其门徒,不论如何聪明而努力,并未能使儒学在帝国勃兴之前得势。孔圣本人几乎处处遭遇到挫折、嘲笑和迫害。③ 在他当时的执政者一心要振武,无暇顾及学说和教条,对他的说教充耳不闻。当中国统一以后,军事已较不重要,而政治的安定益见紧要,帝王的注意力自然地会集中到思想控制的问题——想尽方法来确保臣民对政权的效忠,以及剪除可能危及政权的思想和情绪。秦始皇用极端消极的办法来对待此一问题,他用峻法来维持大帝国的秩序,禁言论自由使其子民绝对臣服。④ 汉朝的皇帝(以及后来朝代的统治者)采取较积极的办法。他们不使其子民思想真空,而注入使他们忠诚服从的教条。他们接受儒家学者的建议,使儒学为国教,并尊崇孔子为道德与政治价值的绝对权威。这些儒者能使统治者垂听,并不是因为他们比孔子或孟子更有学问,更能言善道——一般而言,他们绝不会比孔孟高明——而是因为孔子学说至此使统治者感到受用。

当帝国崩溃,儒学自亦失败。康氏挽救努力无效,也正因一切可能

---

① 最显著的例子是汉武帝与唐太宗,他们对儒学的知识实甚肤浅(司马迁,《史记》,卷一二〇,页 2;以及欧阳修,《新唐书》卷一,页 9~10,参阅刘昫,《旧唐书》,卷一,页 9)。不取儒教之帝王有秦始皇、汉文帝(司马迁《史记》,卷六,页 18;卷二三,页 2;另见卷四九,页 5;卷一〇七,页 3;卷一二一,页 6 载道教对汉廷之影响)。欧阳修,《新唐书》,卷四四,页 3 与卷四八,页 8~9,以及刘昫,《旧唐书》,卷二四,页 6 指出唐朝时道教之影响。《史记》《汉书》曾提供非儒者得朝廷重用之例。须知理学大家朱熹曾一度受到朝廷之谴责(在 1196 年)为"伪学"(《宋史》,卷三七,页 5 与卷四七四,页 3)。另阅 Kung-chuan Hsiao, "Legalism and Autocracy in Traditional China", pp. 108~122 曾简论儒教对皇帝制影响之限度。
② 朱熹,《朱文公文集》,卷三六,页 579。
③ 司马迁,《史记》,卷四七,页 8~22。
④ 司马迁,《史记》,卷六,页 17~20。

尊崇孔子的因素已经消失。他之不能使儒学于帝国倒后显扬，正如孔子本人不能于帝国勃兴之前成功一样。

这并不是说，儒学在先秦时已命定为帝国服务。专制制度至孔子死后才产生，与他的思想并不契合。他强调道德于人际关系中的重要性，但并不认为效忠君主与服从国家乃是绝对的道德责任。总之，道德乃是人类的最高目标。① 孟子和荀子都追随孔子所定的最高原则，但演成两种不同的趋向。荀子视法制与王权为达成人类目的之工具，因而紧接专制政府的理论。② 相反的，孟子重民。他宣称君王乃国中最轻者，"得乎丘民而为天子"，统治不过是一种信托，去暴君不仅在道德上可行，而且政治上有必要。③ 此种学说很容易导向近代的人权观念和民主政治。不过，此一学说的潜在发展因帝政勃兴而终止。皇帝们利用儒学来控制思想，当然会故意强调有利专制的一面。如康氏及其门人所说，此乃孔门的荀派。康氏大力重诂儒学至少一部分是由于要重寻那中断的一段，然后借助外来思想，从孟子的立脚点来发展儒学。但是康氏不能完全解除几百年来受到帝政权威支持的、古文经学者的片面解释。康氏既未说服那些深信儒学若与王政分离即无儒学之人，也未能说服晚辈的知识分子，他们觉得尊仰孔子就等于默许专制。

孔夫子的同时代人说他"知其不可而为之"。④ 康也是如此。或许他比孔子所遭遇的困难更艰巨。康氏想于民国之后恢复儒学，但儒学已被攻击得无以挽救。在1920年代，论及儒学的人，很少能不存偏见，而仅取其内在的价值。结果康氏比孔子成就更少。孔圣的影响延及几千年，

---

① 《论语》"先进"第二十三章。对此阐述请阅萧公权，《中国政治思想史》（台北：联经版），页61～71。
② 萧公权，《中国政治思想史》，页105～114。
③ 《孟子》"尽心下"第十四章（民为贵），"梁惠王上"第六章（政府信托），"梁惠王上"第七章（公论），以及"梁惠王上"第八章（弑君）。
④ 《论语》"宪问"第四章。

而"南海圣人"的影响似乎既为时甚暂而又多负面。"最后儒者"①于1927年亡故,象征中国思想史上一时代的结束。

  要为儒学史写下最后一章,也许仍然言之过早。将儒家学说中的最精彩部分融合于新文化中的希望也许仍然存在。② 要说"中国文明已死"也许更是言之过早。③ 毕竟,儒学不过是先秦思想之一,从未包含一切的中国文化。此一文化的重要部分将会保存,即使儒学不能重新获得影响力。可以确定的是:只要中国近代思想史有人研究,康有为对孔子与儒家经典的见解就值得我们注意。

---

① Lin Mousheng, *Men and Ideas: An Informal History of Chinese Political Thought*, p. 215 对康氏的描述。
② Liu Wu-chi(柳无忌), *A Short History of Confucian Philosophy*, pp. 190~193. 参阅张其昀,《孔子学说与现代文化》,页2,有谓当代国民党中国的新文化运动是复兴儒教。Hung Yeh(洪业), *As It Looks to Young China* (New York, 1932)在结论中论及"把儒教放在一边"有云:以孔子为中心的旧文化已中断;唯有人仍闻孔子在墓中哭泣,但少有人会像曾国藩一样,重建其在中国思想的中心位置。但洪氏似并未排除一个包含若干儒学要素的新整合之可能性。
③ Robert Guillain, *600 Million Chinese*, pp. 257~269. 参阅 de Riencourt, *Soul of China*, pp. 185~200,论"中国文明之崩溃"。

第五章　哲学的整合

　　近代中国的"近代性格"至少一部分得自有思想之士人,介绍他们认为有用的西方文明,以使固有的思想与制度系统,适应变动的世界。从1860年代到1910或1920年代,西方的技器、自然科学、政府原理以及哲学,成为尚未完成的西化过程中的主要因素。在此适应过程中,有一感受上的程序。首先是技器影响到物质生活,然后影响到政府和社会的原则,最后触及思想生活的核心。同治年间的自强运动、戊戌变法以及五四运动为此三个阶段的高潮。

　　康有为一直被尊为戊戌变法之领袖,他所提倡的政制思想,经其门徒与赞助者之推波助澜,导致古老的专制政体式微,有人赞赏,有人诅咒,但很少人强调一个事实,即除了戊戌变法之外,康氏在思想上对中国近代化的一些贡献,实为民国初年接受西方科学与哲学者的先导。追寻康氏将西方哲学加诸中国思想的拓荒工作,虽然比较微小,却深具兴味。

　　至少一部分由于17、18两世纪清政府的高压政策,中国学者们日渐避开政治与哲学理论上的探讨,而转向较无政治性的知识追求,如习作时文,以及钻入汉学的牛角尖。戴震(1723—1777)可说是当时称得上有独立哲学思想的最后一位学者。① 此后一直要待今文经学者，特别是龚自珍(1792—1841)②，他走了汉学的曲折道路，重新发现通向伦理与政治问题思考的大道。同时，不附和汉学之人大致接受或模仿程朱理学中的信条，那些信条成为道德规范和政治教条，与形上哲学少有关联。

此一情况为康氏青少年时所处身者。直到他 18 岁时，他所受的教育仍然是符合当时崇尚的模式：吸收由宋儒经解的儒学，以及习作时文。③ 到 1876 年他从学于朱次琦（康氏认为朱氏之学养相当于顾炎武与王夫之）时，才有机会认真地运用他的智能。朱氏虽未给康有为任何哲学训练，但引导他超越理学的传统。④

若干影响很快导致康氏对世界之本质与生命之意义作认真的思考。他离开朱氏（1878 之冬）后不久，转而从佛、道二家之书中求启发。⑤ 大约在 1883 年，他从传教士编写、江南制造局出版的西书中，获得一些西学的知识。这些对他的影响至大。深思使他自觉对真理的微义有奇妙的领悟。他很快于翌年的夏天，形成了他一生哲学思想的根基。⑥

第二个主要的影响来自公羊学。康氏一面自己探索，一面研读 19 世纪公羊家之说⑦，发现他所谓的真经。⑧ 他将此一影响与佛学以及西学的影响相结合，更加充实了他几年前所建造的一个系统。⑨

---

① 戴震哲学的大要可看 Fung Yu-lan, *A History of Chinese Philosophy*，2：651～572，以及钱穆，《中国近三百年学术史》，上册，页 306～379。
② 钱穆，《中国近三百年学术史》，页 523～568 约述龚氏以及同派学者之见。
③ 康有为，《自编年谱》（以下简称《年谱》），页 2～4。
④ 康有为，《年谱》，页 4。
⑤ 同上，页 5。
⑥ 同上，页 6～7。
⑦ 特别是廖平，参阅 Kung-Chuan Hsiao, "K'ang Yu-wei and Confucianism", pp. 126～131，及本书第三章第三节所论。
⑧ 《新学伪经考》（出版于 1891）、《孔子改制考》（撰于 1802，出版于 1897），为康有为有关此一题目的主要著作。
⑨ 康氏称之为"大同之制"，《年谱》，页 9～10。另参阅页 6～7。

历史背景是导致康氏无法成为真正哲学家的一部分原因。① 生长在多难的时代,中国遭遇到的威胁不仅仅是政治的毁灭,且是文化的消逝,康氏很难专心致志纯理论的研究。早在1888年,他就深为安南的沦亡而难过。② 甲午之败尤使他要极力拯救国家。此后他全力放在变法运动上,至戊戌达到高潮。接着是多年的流亡。民国二年(1913)回到国内又马不停蹄地从事君主立宪运动,反对共和。在四分之一世纪中,他少有做哲学静思的时间。唯有在他的晚年,特别是1920年代,悠闲的生活使他有暇照顾到较财经政务远为抽象之事。康氏像许多在他之前的中国思想家,没有完成精致的哲学系统,并不令人感到奇怪。③

　　康氏本人武断与教条性的倾向,难以导致哲学上的丰收。他经常显示不愿考虑不同的见解以及不喜欢的事实。④ 他常常像一转变信仰的教士,而不像追求真理的哲学家或科学家。此一倾向在他的经学研究中触目皆是⑤,因此很难造就一个称得上有创见的思想家。但此并未阻碍康氏成为近代中国第一个试图建立哲学系统的思想家、第一个用西学来扩大与充实中国哲学思想者。康氏虽非第一流的哲学家,但他在重振中国哲学思想上具有重要的贡献。假如环境许可而且晚年不从事徒劳无功的复辟,他可以成为聚结中西思想因素创建新哲学整合的开路先锋,可比拟宋明理学结合中印思想的历史意义。

---

① 无论如何,康氏不能像 Alfred Forke, *Geschichte der neuren chinesischen Philosophie*, p. 579 所述,被称为形上学家。
② 康有为,《年谱》,页8。
③ Homer H. Dubs, "The Failure of the Chinese to Produce Philosophical Systems", pp. 96~109,认为中国思想家未发展出精致的哲学系统,是因为对理论科学,特别是数学,缺少兴趣,以及提倡儒学。不过,必须指出,正如李约瑟(Joseph Needham)在《中国科技与文明》(*Science and Civilisation in China*)第三册中所示,中国人对数学的兴趣并非完全没有。康氏曾花了大气力学习数学,但在1885年大病之后,他不敢再治数学。见康有为,《年谱》,页7。
④ 梁启超,《清代学术概论》,页128~129。
⑤ 参阅 K'ung-chuan Hsiao, "K'ang Yu-wei and Confucianism", pp. 136~141,及本书第三章第四节。

康氏的哲学思想可区分为两期。第一期大约从 1880 年代到 1910 或 1920 年代初,儒学和大乘佛学仍为其主要的灵感泉源①,虽说西方的科学与史学已对他有了影响。② 他于 1884 年底形成的世界观③可证实这一点。在此一时期中,康氏一直取一道德的世界观,认为人定胜天是生命的基本律。康氏多年保持无神论的看法,像孔子一样,关心生,不谈死,宗教不过是改善社会的工具。④ 此一时期有大量的代表作,从早年的《康子内外篇》(作于 1886 年)到著名的《大同书》(完成于 1902 年)。

第二期包含康氏的晚年,从较超然的立脚点来观察人与宇宙,以及对西方哲学思想较亲切的认识。至此他放弃了人定胜天以及人本主义的趋向,相信人类的幸福得自超越世界,而非重建世界。他也放弃了无神论,承认了上帝的存在,呈现一种在他早年著作中见不到的虚怀。此一时期的代表作是《诸天讲》中不科学的部分,特别是十一和十二两章。

此一剧烈的转变一部分是得之于实际经验的教训。重建中国雄心的屡经挫折,流亡国外时对西方社会的广泛观察,以及从暇时阅读渐渐普遍的西方译著,认识西方哲学⑤,都是使他转变的因素。他对西方哲学的知识固然是间接的、片断的,但比他早年所能得到的要深入得多。此一知识,加上他所知的天文学(他研究天文为时甚久),开阔了他思想的视野,事实上改变了他哲学思考的方向。

康氏的哲学历程似可说是近代中国思想转变的缩影——从 19 世纪末的拓荒者(包括康氏在内)试图以欧洲模式作技器与制度上的改进,到 20 世纪初新一代的知识分子公开地大声宣扬西方哲学思想。康氏的哲

---

① 康有为,《年谱》,页 5,提到他于 1879 年大治佛道文献。
② 同上,页 6~7。
③ 同上。
④ 本书第四章第二节综述康之宗教观。
⑤ 例如《东方杂志》,为商务印书馆所出之月刊,1916 年,十三卷,五月、六月、七月号连载梁漱溟的长文"究源决疑论"。梁氏提到西方著名哲学家康德、叔本华、史宾塞、柏格森等人之观点。北京新知学社 1919 年出的半月刊《解放与改造》(1920 年改为《改造》),以及北京哲学会 1921 年出的《哲学》,都刊载讨论西方哲学的文章。

111

学立场与宣扬康德、黑格尔、杜威、柏格森、德士鉴或罗素的中国学者,颇异其趣①,尽管没有系统并且近于肤浅,但他实际上启导了1910年代和1920年代的思想界,在那个时代中,许多近代中国的思想家转向西方寻求哲学上的启蒙。西潮达到高潮,而康氏是最早开启水闸,引发潮水者之一。

第一节 早期:道德之世界

(一) 对宇宙的看法

康氏于1884年27岁时达成其生平第一个"世界观"。以下是他自述如何达成的大纲:

> 早岁读宋、元、明学案②、《朱子语类》。③ 于海幢华林④读佛典甚多……旁收四教。⑤ 兼为算学,涉猎西学书。秋冬独居一楼,万缘澄绝,俛读仰思。至十二月,所悟日深。因显微镜之万数千倍者⑥,视虱如轮,见蚁如象,而悟大小齐同之理。因电机光线一秒数十万里,而悟久速齐同之理。⑦ 知至大之外尚有大者,至小之内尚包小者,剖一而无尽,吹万而不同。根元气之混仑,推太平之世宙……其道以元为体,以阴阳为用。理皆有阴阳,则气之有冷热,力之有拒吸,质之有凝流,形之有方圆,光之有白黑,声之有清浊,体之有雌雄,神之有魂魄……合经子之奥言,探儒佛之微旨,参中西之新理,穷天人之

---

① O. Brière, *Fifty Years of Chinese Philosophy, 1898—1950*,简述此一情况。
② 即《宋元学案》和《明儒学案》,皆为黄宗羲所作。
③ 即朱熹门人所辑之《朱子语类》。
④ 康氏可能指的是他在1879年初的遭遇,见康有为,《年谱》页5。
⑤ 康氏可能意指包括以华严宗为代表的"一乘圆教"在内的"四天台"。参阅望月信亨,《佛教大辞典》,第二册,页1130上,1749下,1751上;W. E. Soothill and L. Hodous, *Dictionary of Chinese Buddhist Terms*, pp. 176,397。
⑥ 原文为万数千倍,显属夸张。译按:英译作"of tremendous power of magnification"。
⑦ 原文有齐、同二字。译按:英译作"large and small are relative"。

颐变……人群之合,诸天之界,众星之世。①

然则康氏哲学之基石似乎就是"元"的概念。有人说他思想中的"元"就是理学中"太极"(阴阳之本)的别名。② 我不否认康氏在别处与理学之渊源,但在此他的"元"乃直接来自《易经》③与董仲舒的《春秋繁露》④,因康曾一再引及此二书。例如,康氏研究董氏之书⑤中有一处说,元乃万象之本。天人之本于元,就像波浪因海而起⑥,此处接着与董书有相似之见:

> 谓一元者,大始也。……元犹原也,其义以随天地终始也。……故元者为万物之本,而人之元在焉。⑦

康氏以"元"为"气"时,乃近乎理学之说,他说:"元者气也,无形以起,有形以分,造起天地。"⑧但遗憾的是,康氏未能对气之一词作明确的界定。有时他几近物质主义。例如:

> 天地之间若虚而实。气之渐人若鱼之渐水,气之于水,如水之于泥,故无往而不实也。人比蠛蠓硕大极矣,不能见纤小之物。若自至精之物推见,则气点之联接极粗。⑨

有时康又似追随理学家,如周敦颐、张载和朱熹之流,也许还有汉代的董仲舒。所有这些人都把气作为不同的"以太"和"力量"来理解。⑩ 但

---

① 康有为,《年谱》,页 6~7。
② 陆乃翔、陆敦骙,《康南海先生传》,页 46。
③ 《周易》"乾卦":"大哉乾元,万物资始,乃统天。"康氏屡引此语。
④ 董仲舒,《春秋繁露》(抱经堂本)。苏舆,《春秋繁露义证》,颇可用。
⑤ 康有为,《春秋董氏学》。
⑥ 同上,卷六上,页 7。
⑦ 引见 Fung Yu-lan, *A History of Chinese Philosophy*, 2:19~20。
⑧ 康有为,《春秋董氏学》,卷四,页 11。
⑨ 同上,卷六上,页 9。
⑩ Fung Yu-lan, *A History of Chinese Philosophy*, 2:20~21(董仲舒);p. 444(周敦颐);p. 479(张载);P. 534(朱熹)。

康与朱熹大异,朱谓:

> 理在气先。无是气,则是理亦无挂搭处。万物皆如是,大若天地,小若虫蚁。①

而康说正相反:

> 凡物皆始于气,既有气,然后有理。生人生物者气也。有气即有阴阳,其热者为阳,冻者为阴,朱子以理在气之前,其说非。②

此重"气"之信念导致康得到一有趣的结论,即自然或物质世界在太初之时不能说含有道德性,仍是纯粹的原始野蛮动力。康坚持说,此一事实为制作制度的圣人所认可:

> 孔子创制皆本权势,明善至美不本为制以权势者天也。圣人受形于气,受理于天……吾故曰:势生道,道生理。③

欲明此"道"、此"理"的意义并不容易。前者康氏也许指的是自然秩序,而后者则是人对此秩序之理解。但是十分明显的是,康氏再一次在时间或逻辑的层次上把"气"置于"理"之上。

一位中国大陆学者追溯康氏的"唯物主义"至中国的气之一元论和西方的自然科学。④ 他说康氏将古代中国气的唯物观与近代科学概念如"以太"、如"电"相合,而给予其哲学以科学的内容。⑤ 不过,并非所有在大陆的中国学者都以康具"唯物主义"。例如一篇由中国科学院历史研究所六位年轻学者共同执笔的文章,谴责康氏与谭嗣同一样,尽管他们很浮浅地引用到自然科学,在强调仁爱之说时,都不免沉湎于"理想主

---

① Fung Yu-lan, *A History of Chinese Philosophy*, pp. 539,544;引自《朱子语类》,58～71与1～1。
② 李泽厚,"论康有为的哲学思想",《哲学研究》,一卷一期,页75。引自《万木草堂口说》(北京图书馆藏未刊手稿)。
③ 康有为,《春秋董氏学》,卷六下,页13。
④ 李泽厚,《康有为谭嗣同思想研究》,页77。
⑤ 同上,页75。

义"之中。①

以上两种说法都失之于简单化。事实是,康氏既对他所用之词汇并不精确,吾人便难以标准的哲学名词,如唯物论和唯心论、一元论和多元论来恰当地论述他的思想内容。假如他的气之概念指的是唯物论,他的仁之概念就同时是唯心论了;假如"元"指的是宇宙的一元论,则阴阳之概念又不得不使人认此为多元论。下引康氏在1890年代所陈述的一段,与此问题特别相关:

> 孔子原本天道,知物必有两,故以阴阳括天下之物理……就一身言之,面背为阴阳;一木言之,枝干为阴阳;就光言之,明暗为阴阳;就色言之,黑白为阴阳……天下之物,无一不具阴阳……孔子穷极物理,以为创教之本,故系易立卦不始太极,而始乾坤阴阳之义也。元与太极、太乙不可得而见也,其可见可论者必为二矣,故言阴阳,而不言太极。周子谓:"太极动而生阳,动极而静,静而生阴,……"不知生物之始一形一滋,阴阳并时而著……波斯古教之圣祚乐阿士对亦以物物有阴阳,其与孔子暗合者乎?②

康氏对两极观颇为认真,可见之于他推演此一观点于人性说,藉此解决千古以来性善与性恶的争论。③

对于天人之说,康氏大致追随儒家传统,仅有少许的修正,就像他对待他的宇宙论一样。他深信天与人出自同源,且在同样的情况下形成:

> 夫浩浩元气,造起天地。天者,一物之魂质也;人者,亦一物之

---

① 张岂之等,"谭嗣同哲学思想的几个问题",载侯外庐,《戊戌变法六十周年纪念集》,页48~56。
② 康有为,《春秋董氏学》,卷六上,页8。Fung Yu-lan, *A History of Chinese Philosophy*, 2: 434ff 综述周敦颐(1017~1073)的哲学。此段引文来源见周之"太极图说"。
③ 李泽厚,《康有为谭嗣同思想研究》一书中说,康氏以阴阳为最原始之存在,乃承认矛盾之存在。但他未见"矛盾中的斗争",因此减少了"辩证法的光辉",此乃康氏思想"阶级性"的结果。

魂质也。虽形有大小，而其分浩气于太元，挹涓滴于大海，无以异也。孔子曰："地载神气，神气风霆；风霆流形，庶物露生。"①神者有知之电也，光电能无所不传，神气能无所不感……无物无电，无物无神。②

在此一含义不十分清楚的文字中，吾人很难知悉康氏的确切所指。他以天地皆属浩浩元气，显指两者皆由元气而来，虽说人出现于天地造起之后。他说人之魂质形成于天地造起之前，但人之性命"虽变化于天道，实不知几经百年千万变化而来"。③ 此乃董仲舒之言曰，人性得之于天④，康氏并未澄清人类开始的过程与形式。在 1890 年，当他教一个学生基本的哲学时，曾说到人从猿猴变化而来之说。⑤ 因此，康氏似乎并不反对用进化论来解释天道，而略微将西方的科学思想介绍到中国哲学来。

(二) 关于人性的思考

康氏步武儒家先贤，寻思人性问题，并拟解决孟子与荀子之争论，时而尚孟，时而尊荀。他于 1892 年写的《长兴学记》中表达了他的立场。他在此书中大略说明其讲学的目标以及课程要目。其中之看法展示他伦理以及社会思想的大部，值得在此细引：

> 夫性者受天命之自然……不独人有之，禽兽有之，草木亦有之……若名之曰人，性必不远。故孔子曰："性相近也。"⑥夫相近则平等之谓，故有性无学，人人相等，同是食味别声被色，无所谓小人，

---

① 《礼记正义》，卷五〇，"孔子闲居"，页389。
② 康有为，《大同书》上海1935年版，页4；北京1956年版及台北1958年版，页3。
③ 康有为，《春秋董氏学》，卷六上，页7。
④ 董仲舒，"为人者天"，《春秋繁露》，卷一一，页18。
⑤ 康有为，《年谱》，页10。
⑥ 《论语》"阳货"第二章。

> 无所谓大人也……学也者,由人为之勉强,至逆者也……顺而率性者愚,逆而强学者智……故人所以异于人者,在勉强学问而已。夫勉强为学,务在逆乎常纬。顺人之常,有耳目身体则有声色起居之欲,非逆不能制也;顺人之常,有心思识想则有私利隘近之患,非逆不能扩也。①

此一看法显与荀子人性之善得自后天之说相似。② 不过,康氏并不取荀子性恶之说,而贵告子伦理中立之说。他于上引一段文字中有注曰:

> 孟子性善之说,有为而言;荀子性恶之说,有激而发。告子生之谓性③,自是确论,与孔子说合……程子、张子、朱子分性为二:有气质、有义理④……盖附会孟子。实则性全是气质,所谓义理自气质出,不得强分也。⑤

康氏所说"性全是气质"导致中国大陆一作者指出康具唯物论的倾向。⑥ 康氏思想中形上观到底是什么,实在难以确定。但若以儒家传统来理解他的思想或有益处。传统派学者朱一新⑦素为康所敬重,曾与康辩难其遵从荀子与董仲舒的人性论。⑧ 康氏在答辩中重申:人性之善,非得之于天,而得之于后天的努力。他强调:没有礼的约束,无人可以为善。他接着说⑨:

> 盖礼者孔子所立者也。如备六礼以娶妇⑩,当礼矣,善矣。逾东

---

① 康有为,《长兴学记》,页 1～2。另见苏舆,《翼教丛编》,卷九四,页 36。
② Homer H. Dubs, *The Works of Hsüntze*, p. 301.《荀子》"性恶篇":"人之性恶,其善者伪也。"
③ 《孟子》"告子上"第三章。参阅"告子上"第四章:"食色,性也。"
④ Fung Yu-lan, *A History of Chinese Philosophy*, 2:543～545.
⑤ 康有为,《长兴学记》,页 1。
⑥ 李泽厚,"论康有为的哲学思想",《哲学研究》,一卷一期,页 86。
⑦ 钱穆,《中国近三百年学术史》,页 622～632,附论朱一新之生平与思想。
⑧ 朱氏引《中庸》首章来支持其说:"天命之谓性,率性之谓道,修道之谓教。"
⑨ 朱一新,"答康有为第五书",载苏舆,《翼教丛编》,卷一,页 14～17。
⑩ "六礼"为纳采、问名、纳吉、纳征(纳币)、请期、亲迎,见《仪礼注疏》,卷四,"士昏礼"。

117

家墙而搂其处子①,非礼矣,不善矣!若以为一者出自性,一者不出自性,为问伏羲②以俪皮制嫁娶之前,人尽元性欤?③ 谓范其血气心知,以至于当然则可,谓渐复乎天命之本然,殆不可通也。④

因此,康氏以"性全是气质"以及善德尽得之于后天之努力,不免与张载、程颐以及朱子所代表的正统儒家相抵触⑤,虽说偶然间康氏与朱子之异并不显著。⑥

理解康氏之困难,实由其用词之不够严密。如性之一词在不同处有不同之含义。有时他指的是本性,如谓:"性者,生之质也,未有善恶。"⑦ 有时他以"性"为心,由道德培养而成,就如他于1901年毫不含糊地说:"人性本善。"⑧ 更使人糊涂的是,他对人性初生时无所谓道德之说,如下引1903年所言,并不一直坚持:

> 性无善恶,而生有气质。既有毗阴毗阳之偏,即有过中失和之害。⑨ 甚者纵欲任气,其害仁甚矣。⑩

---

① 《孟子》"告子下"第一章。
② 伏羲为太古三皇之一。
③ 《仪礼注疏》,卷四,页18。
④ 康有为,"答朱蓉生书",页30。
⑤ 阅 Carsun Chang(张君劢), *The Development of Neo-Confucian Thought*, pp. 178,214~217,246~269,以及 Fung Yu-lan, *A History of Chinese Philosophy*, 2:488~491,514~518,551~558。
⑥ 康氏可能赞同下引朱熹之语:"饥欲食,渴欲饮者,人心也。得饮食之正者,道心也。须是一心只在道上。少闲,那人心自降伏得不见了,人心与道心为一,恰似无了那人心相似,只是要得道心纯一,道心都发现在那人心上。"引自黄宗羲,《宋元学案》,第一册,页862。
⑦ 《万木草堂口说》,引见李泽厚,《康有为谭嗣同思想研究》,页85。参阅康有为,《论语注》,卷一七,页1,引《孝经纬》:"性者,生之质也。……受于天生而不关于治教者。"李泽厚责康氏持此看法是错误的。见《康有为谭嗣同思想研究》,页85~86。
⑧ 康有为,《孟子微》(1901),载《新民丛报》,第十期(1902),页38~39。参阅十九期,页58。此书有两种版本,一见《万木草堂丛书》,有序(1901),另种由广智书局出版,未注作者写作年代。康同璧,《南海康先生年谱续编》,页31以此书作于光绪二十八年之冬(1902),可能不确。
⑨ 显然是暗指《中庸》第一章。
⑩ 《论语注》,卷一二,页1。

基本上相同之见若干年前当他追究人性善贪二面至阴阳原理时,即已曾表达过。①

康氏有时暗指人性两面之争,较好的一面并不一定决胜。

> 盖魂气之灵则仁,体魄之气则贪。……魂魄常相争……使魂能制魄,则君子;使魄强挟魂,则小人。②

也许二元观点使康氏兼说性之善恶,端视他说的那一面之性。康谓人有夺取相争之心即因性故。③ 而人之慈爱则因"有不忍之心",或谓人人有"气"或"电"。④ 很显然的,康氏并不自觉此说与他在别处所说人性本身是中立的,有何差异。

有点奇怪的是:尽管康氏拒斥孟子之说,但其最终实调和孟子、告子、荀子以及董仲舒。告子名言,"以人性为仁义,犹以杞柳为桮棬"⑤,此说与董仲舒所见之含义略同,即董所谓"茧有丝,而茧非丝也;卵有雏,而卵非雏也",人性需教导而后能善。⑥ 再者,康氏认为荀子所说人性初朴直,经后天的培养而精美,与告子之说相符。⑦ 最后,孟子所说,"乃若其情,则可以为善矣"⑧,基本上与告子所谓"以杞柳为桮棬"相合。因此,康氏作结道,诸家之说略同,他们虽用不同的辞句,却指向同一真理⑨——

---

① 康有为,《春秋董氏学》,卷六上,页 28。康在此可能转述董仲舒之意。参董仲舒,《春秋繁露》,卷一〇,页 7～9。引自 Fung Yu-lan, *A History of Chinese Philosophy*, 2:33。
② 《孟子微》,载《新民丛报》,第十九期,页 58。
③ 康有为,"意大利游记",页 45。
④ 《孟子微》之"通论",见《康南海先生文钞》(以下引作《文钞》),页 3;并载《新民丛报》,十期,页 38～39。
⑤ 《孟子》"告子上"第一章。
⑥ 董仲舒,《春秋繁露》,卷三五,"深察名号",页 17。参阅 Fung Yu-lan, *A History of Chinese Philosophy*, 2:517。
⑦ Dubs, "The Nature of Man is Evil", in *The Works of Hsüntze*, BK. 26, pp. 301～304(译者按:原文见《荀子》"性恶")。
⑧ 《孟子》"告子上"第五章。
⑨ 《孟子微》,见《新民丛报》,廿期,页 1～2。

即人可善可贪,端视其修养之正当与否。①

此乃我所能洞悉康氏对人性的看法。人性在道德上可以驯良,甚至完美的信念,乃康氏伦理与社会思想的基础。但他并不一直持此说不变。偶尔受到禅宗的影响,一时兴起,他又飘向浪漫的孟子观点。他于1901年写道:

> 人之灵明包含万有,山河大地全显于法身。世界微尘,皆生灭于性海……但常人不识自性,不能自信、自证、自得。舍却自家无尽藏,沿门托钵,效贫儿耳。如信得自性,毫无疑惑,则一念证圣,不假修行自在……禅者,养其灵魂,秘为自得,后儒不知,斥为异氏之说,岂知孟子特发秘密之藏,神明之妙,以告天下学子……今特发明之,以恢复旧地,与天下有性善种者,共证此乐焉。②

类此向佛学进军虽从纯哲学观点而言令人困惑,但并未掩遮康氏的基本信条:人生而有善之本质,可经道德培养而臻完善。

此一信念与康之另一信念相联系,即个人由幼至长具有增进道德之能力。

> 一岁婴儿无推让之心,见食号欲食之,见好啼欲玩之。长大之后禁情割欲,勉励为善矣。③

康氏解释人之所以有德性之进展,乃因有(善)性之故:

> 盖惟人人有此性而后得,同好仁而恶暴,同好文明而恶野蛮,同好进化而恶退化……若无好懿德之性,则世界只有退化,人道将为禽兽相吞食而立尽,岂复有今之文明乎?④

---

① 《孟子微》,见《新民丛报》,十九期,页57;另见康有为,《文钞》,卷八,页20。
② 《孟子微》,《新民丛报》,十七期,页54。
③ 《孟子微》,见《文钞》,卷八,页18。
④ 同上,见《文钞》,卷八,页16。

正如个人能有德性之进展,社会亦能日进以至完善。康氏相信个人的进步和社会的发展紧密相关。个人致力于社会之改善,而理想之社会环境使个人得到德行的完美。① 最后,在大同太平之世,所有的人都良善,在民主之下共享自由与平等。②

不过,总而言之,社会之进步随个人的道德与知识的进展而定。因此社会要为有思想、有勇气之人,祛除错误习惯之缠绊,使人类走向进步的大路。康氏于1892年写道:

> 人之常俗,自贵相贱;人之常境,自善相高。造作论说,制成事业,与接为拘,而目惑荧,而心冶就。其为是俗,非一人也,积千万人,积亿兆人,积京陔秭壤沟人,于是党类立矣;其为是俗,非一时也,积日月年,积百十年,积千万年,于是积习深矣。欲矫然易之,非至逆安能哉;故其逆弥深者,其学愈至,其远于人愈甚,故所贵勉强行道也。③

康氏必定认为据此一人性之说,大易于宣扬思想上与制度上的变革。即使在1910年代与1920年代被人视作顽固派时,他仍然要离群而"逆",不是过去的常俗、常境,而是当时的常俗、常境。

(三) 伦理思想

康氏大致倾向用唯物观来看待人的动机与情感,此尤著于他的早期作品,特别是《实理公法》与《康子内外篇》。二书均撰于1880年代。④ 在前书中介绍物质有云:

> 人之始生,便具爱恶二质。及其长也,与人相接时发其爱质,则

---

① 同上,见《新民丛报》,十九期,页49。
② 同上,见《文钞》,卷八,页2~3。
③ 康有为,《长兴学记》,页2~3。
④ 原为未刊稿,现已印入蒋贵麟辑,《万木草堂遗稿外编》,上册。

121

必有益于人。发其恶质,则必有损于人之始生。①

下述一段引自康之后一书,可见其心中所想之一斑:

> 夫天之始,吾不得而知也。若积气而成为天,摩励之久,热重之力生矣,光电生矣,原质变化而成焉,于是生日,日生地,地生物。物质有相生之性,在于人则曰仁,充其力所能至,有限制矣!在于人则曰义。人道争则不能相处,欺则不能相行,于是有信形,为仁之后,有礼与信矣。②而所以有此四者,皆由于智。人之有大脑、小脑也,脑气筋之有灵也,……合万亿人之脑而智日生……于是理出焉。……自羲、轩、神农以来。③中国于是有智;欧洲自亚当、衣非(夏娃)以来,于是有智。④

总而言之,道德价值与伦理原则,乃人类心理反应之结晶,而此又显示人体发展之过程。价值与原则可说是由人制定者,指人们经由经验以及经由思想发展的长期过程,共同确认为评定个人与社会行为的不可或缺标准。

然则,势(即环境)在康氏思想中为人类道德演化之决定性因素。康氏强调说:

> 故曰:势生理,理生道,道生义,义生礼。势者,人事之祖,而礼最其曾玄也。⑤

当然道德涉及主观情绪与感情。康氏指出,仁义分别表达为爱与恨或喜好与嫌恶,这一切都根植于人。⑥但间接的,以及最终的,主观情绪

---

① "总论人类门",见《实理公法》,收入《万木草堂遗稿外编》,上册,页41。
② 此原文为"形为人之后有礼与信",似有误。
③ 即伏羲、黄帝、神农,为远古中国神话中的统治者。
④ "理气篇",见《康子内外篇》,页21。
⑤ "势祖篇",《康子内外篇》,页18。
⑥ "爱恶篇",《康子内外篇》,页6。

根植于天行,非任何个人的知觉可及。

> 阳为湿热,阴为干冷。湿热则生发,干冷则枯槁,二者循环相乘,无有终极也。……无无极之始,有湿热之气郁蒸而为天。……近天得湿热之气,乃生诸日,日得湿热之气,乃生诸地,地得湿热之气,蒸郁而草木生焉,而禽兽生矣,已而人类生矣。人得湿热之气,上养其脑,下养其心。湿则仁爱生,热则智勇出。积仁爱智勇而有宫室饮食衣服以养其身,积仁爱智勇而有礼乐政教伦理以成其治。①

湿热的原理并不总是得出有利之结果,人类必自我补救其性质上之缺陷。当湿为恶,即成贪婪、欺诈和怯懦;当热为恶,即成压迫、残酷和贪欲……而后有斗争。为了对抗湿热之气的不良影响,圣人修养干冷之德,如温和、谦让、节俭。禁欲主义代表干冷之极致,且为对温热之害最有效的补偿。②

康氏对道德之自然律解释有时倾向对人类行为作唯物解释,并不奇怪。他综论道,任何东西都来自气质。③ 人之整个心态可化约为物,虽然唯人拥有智慧使其别于禽兽。下面一段讨论爱与恨最可道出康氏之见:

> 或谓曰:针芥磁石,无知之物也,而能相引,是有爱恶之质,无智之质也,智固与爱恶异也。答之曰:智无形也,见之于爱恶。其爱恶大者,见其智之大;其爱恶少者,验其智之少;皆气质为之也,何别焉?彼昧于理者,以仁智为理,以物为气质,谓理气有异,④不知天下

----

① "湿热篇",《康子内外篇》,页12。
② "湿热篇",《康子内外篇》,页12。
③ 美国人 Derk Bodde 曾英译此与朱熹哲学有关之词作"the physical element"(物质),见 Fung, *A History of Chinese Philosophy*, 2:554。冯友兰于其解释某些道教名词的近作中,几全视之为"气"(《北京大学学报》(人文科学),四期(1959),页 22~23)。同样的,张东荪于其论中国古典哲学的一些特征的文章中说,中国古典物质主义用"气"作为代表物质现象的概念,为此他引了老子、王充、张载以及戴震,作为例子(同上,三期(1957),页 62~63)。
④ 此很可能在暗攻朱熹。

舍气质,岂有异物哉?①

康氏在下述一段有趣的文字里,对人类心理的物质解释,更为清楚:

> 人禀阴阳之气而生也。能食味、别声、被色,质为之也。于其质宜者则爱之,其质不宜者则恶之……故人之生也,惟有爱恶而已。欲者,爱之征也;喜者,爱之至也;乐者,又其极至也。哀者爱之极至而不得,即所谓仁也②,皆阳气之发也。怒者恶之征也,惧者恶之极至而不得,即所谓义也,皆阴气之发也。婴孩沌沌,有爱恶而无哀惧,故人生惟有爱恶而已。哀惧之生也,自人之智出也,魂魄足矣,脑髓备矣,知觉于是多焉,知刀锯水火之足以伤生也,于是谨避之。婴儿不知刀锯水火之足以伤生而不避也……圣人之知更多,故防害于未至,虑患于未然……故其知愈多者,其哀惧愈多。③

此一立足点实与康氏所拒斥的朱子天理人欲学说,相去不远。④ 康氏不以朱熹反对人欲,呼吁克制以进于德为然⑤,肯定人欲之合法,与戴震之见十分相似。⑥ 康谓理性原则由人所制,而欲望在人性之中。他指出,新生婴儿不具道德自觉,但即使无鼓励与教导,已有欲望。他因而作结道,"天欲人理"。⑦ 在另一处,他用更强的语气表达同一观点。

> 凡有血气之伦必有欲,有欲则莫不纵之,若无欲则唯死耳。最无欲者佛,纵其保守灵魂之欲;最无欲者圣人,从其仁义之欲。⑧

---

① "爱恶篇",《康子内外篇》,页 7。
② 参阅《中庸注》(1901),页 21:"仁从二人,人道相偶,有吸引之意,即爱力也,实电力也。"
③ "爱恶篇",《康子内外篇》,页 6。
④ Fung Yu-lan, A History of Chinese Philosophy, 2:558~562 综述朱子学说。
⑤ 朱熹,《朱子语类》有下面一段:"禀气之浊者为愚,为不肖,如珠在浊水中,所谓明明德者,是就浊水中揩拭此珠也。"见 Fung Yu-lan, A History of Chinese Philosophy, 2:560。
⑥ 钱穆,《中国近三百年学术史》,页 339~355 综论戴震之见。
⑦ "理气篇",《康子内外篇》,页 21。
⑧ "不忍篇",《康子内外篇》,页 10。吾人不禁将此与戴震一名言相比较:"凡事为皆有于欲,无欲则无为矣。有欲而后有为,有为而归于至当不可易之谓理。无欲无为,又焉有理?"《孟子字义疏证》,卷下,页 84,引见钱穆,《中国近三百年学术史》,页 347~348。

换言之，德行并非不能与有欲相提并论。依康氏之见，不如此则与圣人学说相抵触。康氏于 1877 年写道，"本天人性命之故"，因此，圣人之道唯引导人们符合其本性，是故并不拒斥声色。①

以下一段写于 1901 年，对此说得更清楚：

> 孔子之道，因于人性，有男女、饮食、伦常、日用，而修治品节之，虽有高深之理，卓绝之行，如禁肉、去妻、苦行、练神……然远于人道，人情不堪，只可一二畸行为之，不能为人人共行者，即不可以为人人共行之道，孔子不以为教也。②

康氏于是得到欢乐式伦理的结论。他说，"普天之下，有生之徒皆以求乐免苦而已"。③ 他对此说的解释很简单，与他解释道德感之渊源近似：

> 夫生物之有知者，脑筋含灵，其与物非物之触遇也，即有宜，有不宜；有适，有不适。其与脑筋适且宜者，则神魂为之乐；其与脑筋不适不宜者，则神魂为之苦。况于人乎？脑筋尤灵，神魂尤清，明其物非物之感入于身者尤繁伙、精微、急捷，而适不适尤著明焉。适宜者受之，不适宜者拒之，故夫人道只有宜不宜……为人谋者，去苦以求乐而已，无他道矣。④

康氏于此颇近边沁（Jeremy Bentham），其乐利主义是为改革的理论基础。⑤ 康氏似未曾读到边沁的译著。但可肯定的是，康氏的欢乐心理自然感染其伦理与社会思想。由改革得来的人类进步正针对去除人类

---

① 康有为，《春秋董氏学》，卷六上，页 31。
② 《中庸注》，页 9。
③ 康有为，《大同书》，上海版，页 9；北京版及台北版，页 6。
④ 同上，页 7～9；北京版及台北版，页 5～6。
⑤ 陆乃翔、陆敦骙，《康南海先生传》，页 33。

的苦难,以得在理想国中的最大快乐——感情上与思想上的无尽欢悦。①

康氏赋予得自儒家伦理学说之概念以新意义。儒家至要之仁,归结于人们帮助其他人共同追求欢乐。行仁并不仅是主观,而需要至高的智慧与知识。是故,康氏说,"孔子多言仁知",因为:

> 知而不仁,则不肯下手,如老氏之取巧。仁而不知,则慈悲舍身,如佛氏之众生平等。②

据此可理解康氏何以不喜殉身——苦虐自身而不乐利于人。此也许可以解释戊戌之后,康氏不与六君子同尽,因此可继续拯救亿万人。③

除此一重要修正以外,康氏大致信守孔子仁学,特别是人之道德由爱之幅度来衡量。康氏响应传统所说不道德者只爱自己,而圣人普爱众生。④ 爱及夷狄可谓德者的至高成就。康氏认为主张攘夷之人,并不懂得爱之真理。⑤

康氏主张的博爱并不妨碍政治上之不同,也与儒家思想一致。要执行此理,有德有知之人必须主政,其他人必须服从。康氏指出,先知者教人,后知者教于人。⑥ 先进者引导后进者乃是一种道德上的职责。他引用其师朱次琦之说而赞同之:

> 天生我聪明才力过于常人,岂天之私我哉! 令我为斯民计耳。故圣人吉凶与民同患。若自私其才力聪明,则是负天生我之厚恩。⑦

不过,康氏说得很清楚,为"斯民计"的程度,须视人之才力,但此不同估

---

① 康有为,《大同书》,上海版,页441;北京版及台北版,页292。此书最后之第十节全在讨论"最终幸福"的各面,包括舒适的居住、华美的衣服和美味的食物等。
② 康有为,《春秋董氏学》,卷六下,页8。
③ 康有为,《年谱》,页29。
④ 康有为,《春秋董氏学》,卷六下,页2。
⑤ 同上,页27。
⑥ 很明显的,康意指《孟子》"万章上"第七章:"天之生此民也,使先知觉后知,使先觉觉后觉也。"
⑦ 《孟子微》,载《新民丛报》,十三期,页45~47。

计不会永久,而是将不同除去。

> 虽天之生人,智、愚、强、弱之殊,质类不齐,竞争自出,强胜弱败,物争而天自择之,安能得平。然不平者,天造之,平均者,圣人调之,故凡百制度礼义,皆以趋于平而后止。①

(四) 宗教思想

前文已提及康氏将儒家伦理转化为儒教的尝试,其中指出康氏的宗教观基本上是入世的,而且倾向于不信神权,认为不值得高度文明之人的注意。② 在此,笔者仅能提出康氏关于灵魂与肉体的一些看法,以及他对世界上主要宗教的评价。

魂质显然是康氏主要概念之一,虽然其所言颇为含混,确切之性质难以断定。他于1902年写道:

> 夫浩浩元气,造起天地。天者一物之魂质也,人者亦一物之魂质也。虽形有大小,而其分浩气于太元……孔子曰:"地载神气,神气风霆,风霆流形,庶物露生。"③神者有知之电也,光电能无所不传,神气能无所不感……无物无电,无物无神。……夫神者知气也,魂知也,精爽也,灵明也,明德也。④ 数者异名而同实。⑤

康氏所说的"魂质"似乎说得并不清楚,像是介乎"全体"与"现象"之间的一种东西。事实上,康氏所见的宇宙之性质难以确定。康氏的立脚点似彷徨于泛神论、拜兽论与唯物论之间。

---

① 《孟子微》,载《新民丛报》,十三期,页53。同样的思想更可见之于方孝孺的《逊志斋集》,卷二,"宗仪第九,体仁",以及卷三,"民政篇"。
② 见 Kung-Chuan Hsiao, "K'ang Yu-wei and Confucianism", pp. 175～196;及本书第四章第二节。
③ 引自《礼记》,第二九,"孔子闲居"。
④ "明德"一词语出《大学》首章。
⑤ 康有为,《大同书》,上海版,页14;北京版,页14;台北版,页3。

康氏仅给予超自然界有限度的承认,他只认可神秘能由感触而知。他曾言圣人展示可见之物以示未可触见者,掌握可计算者以示未可计算者。宇宙之各部既由同一"灵质"所组成,其中之一部自可与另一部交通无碍,而"圣人所以通昼夜,知鬼神,合天人至诚"。①

人类由"灵质"组成,心体一致。② 心与体同样重要,由康氏看来,培养其一而忽略另一是错误的。③

不过,康氏承认从伦理的观点而言,人之灵性面要高于肉体面。他所提供的理由很简单:

> 心有知者也,体无知者也,物无知而人有知,故人贵于物,知人贵于物,则知心贵于体矣。④

康氏继谓,人之心乃道德之所钟,但心与体并无不可跨越的界线。两者毕竟密切处于同一心理程序之中。不忍之心不过是心灵经由感官对外界刺激的反应。⑤

人之心体至死而始分。依康氏之见,人的生命结束时,所死亡的是动物性及其身体,所分离的"魂质"仍然有感觉地存在,离地飘浮,并不死亡。⑥ 因此,体在人生存时须珍视,至死时全无价值。康氏说:人死之后肉腐骨枯,可保存或火化,与魂质无涉,其价值无过于脓疽。⑦

康氏有时道出颇怪异之见:人人与天子平等,然其平等仅限于生

---

① 康有为,《春秋董氏学》,卷六下,页40。比较《中庸》,卷二四(译按:应为第二十四章)有关前知的现代理论,见 Louisa E. Rhine, *ESP in Life and Lab: Tracing Hidden Channels* (New York: Macmillan, 1967)。据此书作者及其丈夫所作灵学实验之结果,"心灵交通""心灵之眼",以及"心灵之知"乃心魂之三种不同表现方式。
② 《礼运注》(1884?),页18。
③ 《论语注》,卷八,页2。
④ 康有为,《春秋董氏学》,卷六下,页6。
⑤ 康有为,《大同书》,上海版,页3;北京版及台北版,页2。
⑥ 《礼运注》,页10。
⑦ 康有为,《大同书》,上海版,页350;北京版及台北版,页232。

时。① 有些人的离体之魂存在久于其他人,端视个人的素质,以及其生时或死时之情况。有德之人的灵魂于死后继续长久存在,不受无限变迁之苦。② 生时冤郁凝结之人,死后灵魂亦能存在一段较长的时间。寻常人的灵魂,虽不于死时息灭,也于一月或一年内消逝。③ 再者,离体之魂或久或暂会转世。康氏接受佛教轮回之说,但他归此于孔子。④

康氏也接受佛教报应之说。下引一段写于1901年之文最清楚地表达他的此一见解。于说明有德之人并不一定得到善行的酬报之后,他接着说:

> 虽大德而造因不同,或因凤生之人伦有憾,或因宿世之杀气未除,或修行闻道而救济未广,或博施济众而寡过未能,故虽在受命,而受报亦随之。其理虽玄冥,而电气魂知相引相感,其来极远,皆有所因,虽迟速有时错综不同,而为善必报,大德必受命。不于一世、二世、三世、四世、五世、六世而报之,亦必于十百、千、万世而受之。⑤

不过,康氏并不赞成对超自然界作迷信的崇拜。依康之见,神灵须尊尚并不是因其有布施恩惠之权,而仅是因其生时有恩惠于世人,后人须祭祀先人仅表示敬爱。向神只要求恩惠在道德上是说不过去的。⑥

人生人死,神魂不息。但随着人知的增加,超自然物的数量必定减

---

① 康有为,《春秋董氏学》,卷六上,页9。
② 《孟子微》,《新民丛报》,十七期,页55。参阅"礼运"第四节,以及《礼记》"郊特牲"第二十七节。
③ 康有为,"致某君书",《万木草堂遗稿》,卷五,页17。康氏在此信中引述子产有关伯有之鬼魂的谈话,见《左传》昭公七年。康氏相信死后鬼魂尚存,使中国大陆的一些学者责备他放弃物质,以及"彷徨在唯心的迷宫中"。见李泽厚,"论康有为的哲学思想",载《哲学研究》,一卷一期,页78~80。此一批评实未悉康氏思想的立脚点。此一立脚点就抽象思索而言,十分含混,以至于不能正确判定其为唯物或唯心。
④ 《礼运注》,卷一一,页4有云,人死后为鬼,鬼再重生为人,此为轮回,而孔子之道无所不包。另见"为亡媵谢啫致沈乙老书",《万木草堂遗稿》,卷五,页16,在此康氏谢其友人啫其父何梅理之丧,康氏有言:"吾既笃信轮回,只有自为超度,会谢人事,更学无生耳。"
⑤ 《中庸注》,页16。康氏有关果报与转世的看法,详见本书第四章。
⑥ 看康有为,"为亡媵谢啫致沈乙老书"。

少。康氏未说明亦未举证说,太古之时,灵魂最多,中古时渐少。人愈聪明,神灵愈少。① 因此之故,神道对控制原始人有用。人进步之后必用人道。康氏深信,最后由于人的智慧日益发达,神权将失去对人们的束缚。②

然则,一种"反宗教怀疑主义"③可从康氏思想中测知,此或乃其理性人道立场的自然结果。在此他基本上与孔子一致。④ 两人都很不欲从宗教中取得慰藉,而选择由人类自身能力来应付存在的事实。

此一理性态度最可见之于康氏对世界上包括儒教在内的主要宗教的评价。康氏首先拟将各宗教置于大致同一的层次。他于1886年所说的一段最可代表此一观点:

> 今天下之教多矣,于中国有孔教……于印度有佛教……于欧洲有耶稣,于回部有马哈麻。自余旁通异教,不可悉数。然余谓教有二而已。其立国家,治人民,皆有君臣父子夫妇兄弟之伦,士农工商之业,鬼神巫祝之俗,诗书礼乐之教,蔬果鱼肉之食,皆孔氏之教也……其戒肉不食,戒妻不娶,朝夕膜拜其教主,绝四民之业,拒四术之学⑤,去鬼神之治,出乎人情者,皆佛氏之教也。耶稣、马哈麻一切杂教,皆从此出也……然则此二教者,谁是谁非,谁胜谁负也?曰……孔子之伦学民俗,天理自然者也,其始作也;佛教之去伦绝欲,人学之极致者也。……无孔教之开物成务于始,则佛教无所成名也……佛以仁柔教民,民将复愚,愚则圣人出矣,孔教复起矣……

---

① 《中庸注》,页 14。
② "意大利游记",页 66～68。
③ 参见 Sidney Hook, *The Quest for Being* (New York: St. Martin's Press, 1991)。其所谓"实践自然主义"(pragmatic naturalism)可与康氏之观点相比较。
④ 《论语》"先进"第十一章。
⑤ 原文"四卫",可能指的是四种错误的信条,亦称"四执""四邪"或"四迷"。参 Soothill and Hodous, *Dictionary of Chinese Buddhist Terms*, p. 172。

是二教者终始相乘……迭相为经也。①

日久，康氏虽仍重视其他宗教，但日渐偏好孔教。有时他将大乘佛教与孔教相提并论。他说孔子之教即佛之华严宗之说。② 孔教一如华严在此世中寻求真理，而不外求。此显然是康氏意欲减低佛教中出世的倾向。他对佛教的其他宗派不予重视。直至民国时代，他仍抱怨国人谈论非华严宗的佛教，并轻视孔教。③

按康氏后期的看法，耶稣教要比孔教和佛教差。他曾并不很有理地辩称，基督新教全从佛教而来，甚至是一种不良的抄袭，因其所说灵魂慰藉全是粗浅之谈，只能及佛教中较低等的学说。④ 基督新教劣于孔教不仅仅是因为与中国的社会状况不合，而且更重要的是，太过强调"神权"。⑤ 康氏并未否认基督新教与伊斯兰教对他的有利影响，其所以强调孔教在学理上的优越性，正是因为其重视人际关系和道德责任。"孔子恶神权之太昌而大扫除之，孔子乃真适合于今之世者"。⑥ 由于此一信念，康氏大力呼吁把孔教立为国教。⑦

然则，康氏只取宗教对人与社会有利影响极为明显。此一论断并不根据信念或虔诚，而是纯实用的考虑。事实上，他坚持消除神权使他濒临无神论的边缘，虽说他不曾在任何一处否认神的存在。

康氏的功利主义宗教观导致一有趣的结论。他认为人们道德未臻完美之前，制度未臻理想之前，则有宗教的需要。到大同之世，包括孔教在内的一切宗教，都将功成身退。他说：

---

① 康有为，"性学篇"，载《康子内外篇》。约略同时，康氏在致友人函中曾谓，宋学如米饭养人，而佛学如药石医人。此函见微卷三，未收入康同璧辑遗稿中。
② 梁启超，《南海康先生传》，《饮冰室合集》，《文集》四，页84。
③ "致朱师晦书"，《万木草堂遗稿》，卷四，页35。
④ "意大利游记"，页131～132。
⑤ 同上，页132～133。
⑥ 同上，页66～68。
⑦ 本书第四章曾详论康氏的宗教观。

> 耶教以尊天爱人为诲善,以悔罪未断为悚恶。太平之世,自能爱人,自能无罪;知天演之自然,则天不尊;知无量众魂之难立待于空虚,则不信末日之断;耶稣之教,至大同则灭矣。回教言国,言君臣、夫妇之纲统,一入大同即灭。虽有魂学,皆称天而行,粗浅不足征信,其灭更先。大同太平则孔子之志也,至于是时,孔子三世之说已尽行(然则孔教亦可灭)……盖病已除矣,无所用药;岸已登矣,筏亦当舍。①

人们摆脱烦乱俗务而登于极乐之后,只有一个愿望。康氏谓,人类到达宁静喜乐的最后境界时,除了想长寿外,别无所求。两个完全不同性质的宗教将得风气之先。

> 故大同之世,惟神仙与佛学二者大行。盖大同者世间法之极。而仙学者长生不死,尤世间法之极也。佛学者不生不灭,不离乎世而出乎世间,尤出乎大同之外也。

康氏继谓尚有超乎佛法而上之的天游之学,为此他另有专书论述。②此为其《大同书》的结语,显示他第一期哲学思想的结束,而转向第二期。

在此第一期思想中,康氏基本上视世界为一道德系统,而以人为中心。其用语遣辞常失之于欠清晰与不一致,更由于驰骋词藻,使意义更加含混。他转变立场常不自觉,或不屑解释,更增加确切了解其著作的困难。不过,不论这些困难,他的一般立场还是够明白的。他大致遵从儒家传统,用伦理来解释宇宙与人生。同时,他也从儒学以外找概念和理论,主要是佛学,偶尔亦采基督教,将之融入基本上是儒教的思想结构。因此,他所造的一个世界观,可说是德性充足,神性不足。

---

① 《大同书》,上海版,页 452~453;北京版及台北版,页 301。
② 《大同书》,上海版,页 452~453。康氏在文末提及之书即《诸天讲》,书中谈及天文学与宇宙的部分笔者已有专文讨论,见"K'ang Yu-wei's Excursion into Science", in Lo, *K'ang Yu-wei*, pp. 375~407。

第二期：超乎人世之外

康氏思想的第二期，也就是最后一期，在《诸天讲》一书中，表达得最确实。此书讲天文学与太空，成于 1926 年之夏，距其逝世仅九个月。①这也可能就是他于 1902 年所提到的超乎佛法外的天游之学。

至此康氏思想的内容和气氛大异。在第一期的著作大致而言是严肃的，对人类的痛苦抱绝大的同情，亟欲改变苦状，而此一时期则可探悉一种庄严的喜悦，从此可得一种印象，即康氏早先关心人世之苦，已被喜乐可从一正确的心态立即获得的信念所取代。此无须大力的改革，以重造外在世界。换言之，得救不在佛祖龙树下的苦功，而在迦叶（Kāśyapa）的拈花微笑。吾人尚可从中感到一种虔诚——承认人的智慧不足以理解一切。此一态度为康氏前所未有，他一直是"没有疑难"之人。② 不论是作为变法运动的领袖，或是新儒家的先知，他总是十分自信，甚至自傲的。③ 与自信相连的一个信念是，他认为人乃上天所钟，具有理解宇宙中一切值得理解的东西，包括对未来事件的先知。再者，鬼神在世间有其一席之地，然人乃居最重要的位置。此一态度大半为理解到人以及世界不过是有限宇宙的一叶而遭取代，人类的智识经验极有限，故不能否认仍有无法直接知晓的事物存在。

因此，吾人可说康氏晚年的思想已变得"出世"了，指向超乎人与物的现象世界的境域。一方面，他超脱地球的限制，从事他所谓的天游之学。另一方面，他的眼光从人事投向超自然物，悄悄地放弃了他早期的不可知论和无神论。

---

① 此为该书作者序文所言。此一著作有十四卷，死后由其学生出版，根据唐修的跋，出版时间可能在 1930 年春天之后。Thompson 英译《大同书》，页 67 注云，此书木板刻于 1926 年，并由中华书局出版，似乎不确。此出版时间与上引唐修之跋所述不一致，亦与伍庄之序有出入，伍庄之序撰于 1929。大意说有些康门弟子争议出版亡师遗著是否适当。
② 罗文仲（众昌，康有为次女康同璧之夫）于康氏逝世 10 周年之演说。罗荣邦藏手稿。
③ 见《年谱》，页 3(1869 年，12 岁；1873 年，16 岁)，页 4(1876 年，19 岁)。在 19 岁时，他即肯定自己将成为圣人，并于 30 岁之前毕读群书，重建世界。参看本书第一章。

(一) 天游

康氏神游太空的想法来自好几个源头。首先,他可能受到理学中陆王学派的启示。① 康氏的宇宙观与陆九渊极相似。他极可能受到常被引用的陆氏之语的影响:

> 仰首攀南斗,翻身依北辰;
> 举头天外望,无我这般人。②

但最主要的灵感还是来自康氏的天文学研究,他从 1880 年代初开始,终生未歇。③ 望远镜中的奇景异象对他有绝大的冲击。此一令人兴奋的经验不仅加强他对天文的兴趣,而且给陆九渊的孤高之言以实质内容。康氏借望远镜以及天文书籍之助,大大扩张了他的知识领域,较陆氏的南斗与北辰更遥远。广大无垠的境界在他眼前展开,可穷他的无穷之思。他还可能进一步受到井上氏所著《星界想游记》的影响,那是一本于 1886～1896 年之间引起他注意的科幻小说。④

康氏至此在知识以及心理上已有漫游太空的准备。不过心理上的完全成熟以及最后新立场之达到,却经历了很长一段时间。1894 年的国事中断了他对天文的思考,将精力专注到要紧的世俗事务。直到戊戌政变之后,他才有重拾旧日研究的可能性。旧兴趣的重现初见之于 20 世纪之初,当他流亡印度将完成《大同书》之时。⑤ 康氏在此书中至少二次提及"天游"。他在一处写道:

---

① 此一学派对康氏之影响可阅本书第二章。
② 引见黄宗羲,《宋元学案》,卷五八,页 1069～1070。
③ 《年谱》,页 6～7 言及 1884 年 (27 岁),刚形成其宇宙观的轮廓时,即已有无垠太空之想,并在其研究中使用显微镜。在《诸天讲》一书之序文中,康氏谈及他 1885 年 (28 岁) 始用望远镜。
④ 《星界想游记》为日人井上圆了所写的科幻小说,此书书目列入康之《日本书目志》,卷十四,"小说门",页 41。收入蒋辑,《康南海先生遗著汇刊》,第十一集,页 734。
⑤ 康同璧,《康南海先生年谱续编》(以下引作《年谱续编》),页 22。

> 吾为天游,想象诸极乐之世界,想象诸极苦之世界,乐者吾乐之,苦者吾救之。吾为诸天之物,吾宁能舍世界天界绝类逃伦而独乐哉!吾别有书名《诸天》。①

在该书之尾,他又一次提到"天游":

> 大同之后,始为仙学,后为佛学……仙、佛之后,则为天游之学矣。吾别有书。②

康氏于同时撰就的另一著作中,也写下一段影射"天游"思想的文字:

> 六经垂教……皆区区从权立法之末事;非孔子神明之意。尚有诸天元元,无尽无方,无色无香,无音无尘,别有天造之世,不可思议,不可言说者。此神圣所游而欲群生同化于天天,此乃孔子之至道也。③

必须指出早在1900年,康氏视天游之举唯有对社会已尽其职责者为之。④ 唯他本人自认已天游,但仍保持其救世之心。换言之,他仍然一半系于世俗。

此一两歧立场,眼望着天,而心仍系于世,持续了好多年。20世纪的前20年中,他的许多著作可以为证。例如,大约于1904～1905年,当他乘气球于巴黎上空时,所写的一首诗有云:

> 诸天世界多乐土,一星一界何殷繁;……
> 诸天亿劫曾历尽,无欣无厌随所便;
> 不忍之心发难灭,再入地狱救斯民;

---

① 《大同书》,上海版,页5～6;北京版及台北版,页4。
② 《大同书》,上海版,页453;北京版及台北版,页301。
③ 《中庸注》,页46。
④ 《大同书》,上海版,页452;北京版及台北版,页300。

> 特来世间寻烦恼,不愿天上作神仙。①

此一立场的理由曾在1912年末《不忍杂志》前言中有所解释。地球既为无限宇宙中之一粒,其中星球不断地新生与消灭,人事之得失与此相比实渺不足道。但他接着说,他既生斯世而有情,不能不同情其同类而思解脱其痛苦。②

他救世努力之屡遭挫折,不免使他失望。他参与民国六年(1917)复辟失败后,大大削减了他进一步参政的兴趣。事实上,这几乎可以说是他"不忍之心"的最后表现。③ 约当此时,他虽与外界仍有些接触,实已退休。他在杭州西湖边建了精致的"一天园",在小丘之上造一楼房名之曰"天游堂",时时在此消遣。④ 凡此皆可见康氏对俗世态度的转变。

他自己明言此一转变。在1923年2月26日"跋戊戌致李提摩太函"中,他说他年纪已大,已无用于世,无处可埋葬他的悲哀,只欲作天游。⑤ 稍后,他又对家人说,"吾日为天游,而不为人间烦恼所困,则无往而不乐矣"。⑥

是则天游似是一种逃避,觉得面对广大无垠的宇宙,世上实无物值得一顾。康氏对此于1923年在陕西的演说中说得很清楚:

> 庄子谓:人之生也与忧俱来。孔子《春秋》改制,专为除民所忧。佛之全藏经,不过为解除烦恼。吾一生在患难中,而以不忧不惧,欣喜欢乐为主。自哥伯尼出,知地为日之游星,而自古一天地之说破……诸星如此之多,如此之大,而地球渺乎小矣,况一国一家

---

① "巴黎登气球歌",载《康南海先生诗集》,卷七,页72~73。
② "不忍杂志序",载《不忍》,一期。
③ "续撰不忍杂志序",《不忍》,九、十期合订本(1917年),此为最后二期。此处说"几乎",是因为康氏又参与另一次没有结果的复辟,这在康氏1923年致庄士敦函中说得很清楚("请庄士敦代奏游说经过")。
④ 康同璧,《年谱续编》,页121~124录康氏1922年之秋所作的"一天园记"。
⑤ 《康南海先生墨迹》,第三册。甚至到此时,康犹未尽忘俗世之事。参阅1922年为宣统皇帝婚礼所作之诗,见《康南海先生诗集》,卷一五,页32~33。另一诗作于其70生日,见同上,页97~98。
⑥ 康同璧,《年谱续编》,页146。

乎?……故一通天文而诸教皆破。穷理格物之极,有无限之权,无限之乐……一家一身之忧患,何足言哉!?①

此非一时之言,可见之于若干年后他的一个学生跋《诸天讲》中一段:

尝忆岁某夕,先生召天游学院诸生,集于所居天游堂庭阶之西偏,时将夜半……皓月东升,清光流辉,园中四顾寂静,林木疏影泻地,先生曰美哉斯境可矣!乃出远镜,相率矫首引望……先生……莞尔而言曰,人生天地间,智愚、贤不肖,虽各有其差,而终身役役,内摇其心,外铄其精,忧乐相寻,小者则忧其身,忧其家,大者则忧其国以及天下,常苦忧多而乐少,然见大则心泰,吾诚能心游物表,乘云气而驾飞龙,逍遥乎诸天之上,翱翔乎寥廓之间,则将反视吾身吾家吾国吾大地,是不啻泰山之与蚊虻也,奚足以撄吾心哉!②

"乘云气而驾飞龙",可能只是说辞中的姿态,如天游一样,不能单从字面看。不过,有时康氏使人觉得,他真以遨游乎寥廓之间为其生活的方式。他借佛家理想主义来表达人们命运由其自身思想所决定的信念。在1923年(春夏之间)他给青岛的万国道德会演讲,有云:

今夫电,一抄时行三十万里,人之电力可上达于诸星、诸无量天。知电通之理,则人世之富贵贫贱,不足介意;而地球之微渺,不足婴吾念虑矣。明德之方……全在于人心之思想,思善则善,思恶则恶……《楞严经》曰,纯想即飞升于天上,纯情即累入于人间,纯欲即坠落于禽兽。此理甚鉴,吾好想天游,辄梦飞行,云生足底,能去

---

① 康同璧,《年谱续编》,页139。
② 唐修,《诸天讲》跋,作于1930年。据康同璧,《年谱续编》,页146,天游学院于1926年春在上海成立。康氏于是年8月离沪赴北京(康同璧,《年谱续编》,页149)。唐修所提及之事,必发生在创院之后,康氏离沪之前。

地不过数尺,高仅二三丈,盖吾世念不能去故也。①

此一段似极诚恳的话透露了康氏的新立场。他于放弃救世之希望后,致力帮助其他人获得像他一样的快乐。换言之,他现以天游先知的角色来取代往昔社会改革家的角色。他的改弦易辙可见之于1923年,当他听到一已婚甥女的不幸遭遇。他在一长信中教她如何以天游来解除痛苦。他"请吾甥试行之,与吾为天人,为天游"。② 他的说教并不限于亲人。1926年成立天游学院后,他经常传布此一道理。③

康氏以天游为教可见之于他对院中一学生所说:

> 耶氏有徒十二人,尚有一卖主之犹太。然能行其教,传其道,则发扬布濩,遍于天下。吾在沪同学不满二十人,吾不以为少,果能信吾言,传吾道,若龙树、保罗者,则亦泽流于万世矣。④

康氏教学的中心旨趣乃助人解除与生俱来的痛苦。这一点在他讲稿前言中说得很清楚:

> 惟天生人有欲,不能无求;求之不给,不能无争,争则不能无乱。⑤ 一战之惨死人百万。生存竞争,弱肉强食。⑥ 故诸教主哀而拯救之,矫托上天神道设教,怵以末日地狱,引以极乐天国,导以六

---

① 康同璧,《年谱续编》,页136~139录康氏演说辞。此处所引见于138页之末。万国道德会原称孔教会。我未能找出孔教会与"孔学会"(亦称"尊孔社")之关系,后者由卫礼贤以及若干在青岛德国租界的前清官吏于1913年所创,见 Hellmut Wilhelm, "Lao Nai-hsuan", in Boorman, *Biographical Dictionary of Republican China*, 2: 282. 康氏之梦想令人忆及佛洛伊德所说的 "dreams of convenience", *The Interpretation of Dreams*, trans. A. A. Brill (New York: Modern Library, 1950), pp. 34~35。
② "与甥女谭达印书",康同璧,《年谱续编》,页133~134;另见《万木草堂遗稿》,第四册,页126~127。但作1923年,疑误。
③ 此学院建于1926年4月,址设上海愚园路,以龙泽厚为教务长。康同璧,《年谱续编》,页146。
④ 康同璧,《年谱续编》,页146~147。龙树为大乘佛教禅宗二十八宿之第十四宿。
⑤ 此乃《荀子》"礼论篇"之转述。
⑥ 此为康氏著作中少数明白提及达尔文主义者之一。

道轮回①,诱以净土天堂。② 皆以抚慰众生之心,振拔群荫之魂……以去其烦恼,除其苦患,以至极乐而已。然裹饭以待饿夫,施药以救病者,终未得当焉,以诸教主未知吾地为天上之星,吾人为天上之人,则所发之药未必对症也。

康氏所论不仅显示其不解宗教的性质,且对人生意义的了解也不够。但凡此皆不足以阻止他对他自己所开药方的信心。

> 生二十八岁③……因读《历象考成》而夕夕观天文焉④,因得远镜,见火星之火山冰海而悟他星之有人物焉。因推诸天之无量,即亦有无量之人物、政教、风俗、礼乐、文章焉。乃作"诸天书",于今四十二年矣。历劫无恙,日为天游,吾心在此地星之人间,吾心游诸天之无量。陶陶然,浩浩然,俛视此人间世也,何止南柯之蚁国也⑤……吾之谈天也,欲为吾同胞天人发聋振聩,俾人人自知为天上人……则天人之电道与天上之极乐,自有在矣。⑥

康氏所说不出学堂中少数景慕他的学生之外,但他显然从天游中得到许多慰藉,甚至使他无意中给予其大作一种意气飞扬的快乐情调。他早期著作中的悲天悯人情怀已经消逝,而处处显示快乐。他歌颂每一天体——银河、太阳、星球以及卫星。⑦ 他高兴地球有一个月亮;假如无月,

---

① 六道或六趣,即众生轮回之六途(gati):(一)地狱道,(二)饿鬼道,(三)畜生道,(四)阿修罗道,(五)人道,(六)天道。见 Soothill and Hodous, *Dictionary of Chinese Buddhist Terms*, p. 139。
② 净土或西方极乐世界为阿弥陀佛的居处。天堂在地上与 Brah-malokas 之间。Ibid., pp. 145,256,278,357,403。
③ 即1885年。但据《年谱》,页6~7,康氏之天文观已见于1884年。《四库全书总目提要》,卷一〇六,"子部",页16。
④《历象考成》,四十二卷,1713年康熙帝敕编,综合中西历法而成。
⑤ 典出唐人李公佐小说《南柯记》。
⑥《诸天讲》之作者序撰于1929年夏,署名"天游化人康有为"。
⑦《诸天讲》,卷八,页1~2;卷四,页4;卷五,页5,7~8;卷三,页9~10。

则吾人将无月夜的情趣。他不禁赞叹美丽的月亮。①

即使在平庸的地上,无数人间悲剧的舞台,从天体观视之,仍是一光辉的星球:

> 吾人夕而仰望天河恒星,其光烂烂,然又仰瞻土、木、火、金、水与月之清光,灿灿然,谓之天上,瞻仰羡慕。若彼诸星有生人者,则为天上人……岂知生诸星之人物,仰视吾地星,亦见其光棱照耀……犹吾地之仰视诸星也……故吾人生于地星上,为星中之物,即为天上之人,吾十六万万人,皆为天人。吾人既自知为天上之人……终日欢喜极乐。②

再者,尽管灾难降祸于人,地球仍是一可居之地。除了自然景观之美以外,并提供居民生活所需,较其他星球适宜。天上之人的乐趣因此更由生为地上之人的欢喜而增加。③

此一喜乐的观点充满《诸天讲》一书④,为康氏思想的主要转变。我们可以假定此乃来自他的享乐主义,寻乐避苦乃是人生的唯一目的。因此,就像他以前思由社会改革与人快乐,他现在要人们超脱社会,进入没有挣扎、斗争和失望的想象世界,以达到同一目的。康氏似于听尽人间悲苦之余,最后决定将令人心碎的不协转变为太虚乐境。此亦可说是自认失败,他不足以将粗鄙之人生升格到大同乐境,尽管自白在言词之间可以隐示胜利。他声言天游超脱人世,但事实上他是逃避。事实是,他入世近70年,无意再走那崎岖的世俗之路。完全可能的是,在他走到人生尽头时,也就是完成《诸天讲》不久之后,他没有

---

① 《诸天讲》,卷三,页1。
② 《诸天讲》,卷二,页1~2。
③ 同上,卷二,页1。
④ 阴沉心情不时重现,如《诸天讲》,卷七,页4之"流星歌":"成住坏空理之常,星终堕裂况神仙,乾坤有毁天难长,吾人肉体何足研,宵宵望流星,俯仰天地感无言。"

遗憾。①

(二) 神之存在

康氏对天文长期的兴趣产生另一重要的后果：即放弃了他对宗教的怀疑态度。当然，仅仅是天文学尚不足导致此一发展。他对西方哲学的认识，尽管片断且浮浅，仍有实质上的贡献。事实上，哲学使他相信由科学观点来看非物质世界是不足的。

康氏以拉布拉斯(Laplace)的说法来否定上帝之存在。他说天上有神乃各国宗教所共有的信念。天字在中文意指主宰，与神同义。依康氏所知，拉布拉斯氏乃推崇牛顿之机械论，公开说无神②——一个引起近代唯物论者回响的错误观点。拉布拉斯错了，因在宇宙之中有完全不可思

---

① 康同璧，《年谱续编》，页149。
② 康氏以拉布拉斯(Pierre Simon de Laplace, 1749—1827)为大无神论者，恐怕不实。赫士堤(William Hastie)在 Kant's Cosmology 一书之前言有云："有一个关于拉布拉斯的闻名的故事说，当他以其所著 Exposition du Système du Monde 初版赠送第一执政拿破仑时，颇擅数学的拿氏对他说：'牛顿在他书中说到上帝，我已读完你的书，未见一处提到上帝。'拉布拉斯回答说：'第一执政，我不需要这种假设。'此说一般被认为是拉氏以上帝的存在为'假设'。白兰谢(M. Blanchet)在他翻译卢克瑞修斯(Lucretius)著作序文中提及此故事，以拉布拉斯自认为无神论者。圣海里尔(M. Barthèlemy Saint Hilaire)在译亚里士多德之《诸天论》(Treatise on the Heavens)的译序中，亦持同样的看法……但是范氏(M. Faye)予此说以不同的解释，完全不以拉布拉斯为无神论者。他认为那句话只表示拉布拉斯不接受牛顿所提出上帝时时介入(特别是在混乱时)以改变世界各种运动的假设，而'他(拉布拉斯)不需要此种假设'。他并未以上帝为假设，而是以上帝在决定性时刻的直接干预为假设……范氏称'拉布拉斯不自认为无神论者'。而且……在其死前，他要求将此一故事除去。他的最后遗言：'我们知道的很少，不知道的很多。'('ce que nous connaissons est peu et ce que nous ig-norons est immense')也非无神论者的论调。"参阅 Clement C. Webb, Kant's Philosophy of Religion, p. 14。Peter Doig, A Concise History of Astronomy, p. 91 综述拉氏的看法。牛顿之上帝观可阅 "General Scholium", in Fundamental Principles of Natural Philosophy (Motte trans.), reprinted in Theories of the Universe from Babylonian Myth to Modern Science, Milton K. Munitz, ed. (Glen-coe, 111. The Free Press, 1957), p. 208 有云："此一最美妙之太阳、星球、彗星的体系，唯有在聪明有力的主宰下才能运作。"又谓："上帝乃永恒无尽而完美的存有，但尽管完美，若没有领域，即不能说是'上帝'；……精神领域包括上帝……而从此领域而得知上帝存在，且为聪明而有力之存在。上帝并非永恒物与无穷物，而是永恒的，无穷的。他并不是空间，但他在空间中延续……"

议之物，而在世上的渺小人类所知极为有限。康氏问道，吾人何以能只靠自身的智能以尽盖天底下一切的知识和道理，一如自然科学家们所告诉我们的？① 所谓"吾人所知极少，而吾人所不知者无限"②，康氏将立即赞同拉布拉斯此语。另有两位西方思想家吸引康氏的注意。他提到亚里士多德所说神乃宇宙的主力而未加评论③；在说明托勒密（Ptolemy）的轨道运转论④（说得并不十分明白）后，他评论道：今日看这些理论大都显得可笑。⑤

那么，正确的看法是什么呢？康氏提及五种上帝存在的"证据"，即全体论的、心理学上的、宇宙论上的、神学上的以及伦理上的。他并且认为五者皆有所不逮。他于综论有神论的无稽之余，分别简述此五项证据。他说：持全体论者由神之全能来证明神之存在；持心理论者，如狄卡尔（笛卡儿），认为神现于人心，正由神之存在而来；持宇宙论者说宇宙之存在必有其故，而神即此故；持神学论者谓宇宙为一艺术品，其所具有之美妙秩序可预想其制作者，若非造主，即系神匠；最后，道德哲学家相信神此一不能目睹的力量使人舍小我以成全大我。⑥ 这些论点无一能确切证明上帝的存在。如康德所谓，神之存在系一存在之

---

① 《诸天讲》，卷十一，页3。卷十一称"上帝篇"，全论此一题目。
② 引见 Hastie, *Kant's Cosmology*, p. xcii。
③ 《诸天讲》，卷十一，页1。有关亚里士多德天体与主力之说，可阅 W. K. C. Guthrie, *On the Heavens* (London: Heinemann, 1939), lines 268b 11 to 269a 32, 270a 15 to 270b 25, 271b 1~10, 271b 28 to 272a 20, 276a 16 to 276b 22, 278b 5 to 279a 18, 286b 10 to 287a 22, and 296a 24 to 298b 20. 参阅 Aristotle, *Metaphysics*, trans. John Warrington (London: Dent, Everyman's Library, 1956), Book A, Chap. 8. 节要可看 J. L. E. Dreyer, *A History of Astronomy, from Thales to Kepler*, 2nd ed. (New York: Dover Publication, 1935), pp. 108~122。
④ 托勒密（Ptolemy）之系统，可看 Doig, *Concise History of Astronomy* pp. 37~39; Rudolf Thiel, *And There was Light*, trans. Richard and Clara Winston (New York: Knopf, 1927), PP. 49~51; Dreyer, *A History of Astronomy*, pp. 191~206。
⑤ 《诸天讲》，卷十一，页1。
⑥ 此等论点之综述，阅 T. W. Crafer 论"Apologetics"之文，载 James Hastings, *Encyclopaedia of Religion and Ethics*, 1: 611~622; V. Ferm, *Encyclopedia of Religion*, pp. 301~302。后书虽简但不善。

判断,是后验的。按照个人的经验,吾人既不能说有神,也不能说无神。①

康氏既不能阅读西文书,也无西方哲学之训练,自不能期望他对这些熟知的证据提出充分正确的说法。② 他对康德宗教哲学的了解似乎是很不完善的。他所引的观点,可能间接根据康德的《纯粹理性批判》(1781)。在此书中,康德在解释"纯粹理性的理想"时曾说明,企图藉用感性,把唯有对感性方可应用的知性范畴运用到超乎可能经验的领域中去,会导致各种虚幻的推理,康德对这类虚幻的推理有所交代。③ 康氏显然不知在康德未经批判的宗教观中④,并未将知性范畴运用到超乎感性经验的领域⑤,康氏也不知在康德的批判哲学中,神之存在正确定于道德的立脚点(即伦理证据)。如康德所强调的,用理性来论神学,不管如何想象,完全是毫无结果而且是虚无的,然"理性之神学"仍然是可能的,那是扎根于道德律上的,或是由道德律所指导的。⑥ 因此,有人说,康德借

---

① 《诸天讲》,卷十一,页1~2。
② Hastings, *Encyclopaedia of Religion and Ethics*, 1: 588ff. W. T. Jones, *A History of Western Philosophy*, pp. 433~434 对圣安士兰(St. Anselm)之"全体论证"(Ontological Proof)有较确切之说明。其他论证可阅 Aquinas, *Summa Theologica*, Pt. 1, Quest 2, art. 3 (4th and 5th proofs) in *Basic Writings*; *The Philosophical Works of Descartes*, 1: 162~167; Hastings, *Encyclopaedia of Religion and Ethics*, 4: 646; Elwes, *The Ethics of Spinoza*, Pt. 1, Prop, xi, "Another Proof"。
③ Webb, *Kant's Philosophy*, p. 46。有关康德本人之说明以及他对空想理论论据之批判,包括全体论、宇宙论,以及心理神学论之论据在内,可阅 *The Critique of Pure Reason*, BK. 2, Chap. 3, secs. 3~7。
④ Webb, *Kant's Philosophy*, pp. 37~38。
⑤ 例如,Kant, *Universal Natural History and the Theory of the Heavens* (1755)有云:"在此有神,因自然即在乱中不易原有秩序。"(Hastie, *Kant's Cosmology*, "Translations", p. 26。Webb, *Kant's Philosophy*, pp. 25~26)
⑥ "现在我认为用理性来思考神学的任何努力都是没有结果的,而这些努力本身也都是无效的。用之以研究自然的原则,得不出任何神学的结论。结果,唯一有可能性的理性神学,乃是根据道德律或由道德律所指导者。"*Critique of Pure Reason*, p. 528。此段见于 Wilhelm Weischedel 所编的 *Worke* (Weisbaden: Insel-Verlag, 1956~1964, 6vols.), 2: 559。另参阅 *The Critique of Practical Reason*, vol. 2, chap. 2, sec. 5, "The Existence of God as a Postulate of Pure Practical Reason", Webb 在 *Kant's Philosophy* 中,曾简论此一观点。

实践理性之魔杖,使被纯理性残害的自然神论复活。①

若谓康氏对康德观点之理解不免混乱,他对其他欧洲哲学家观点之介绍不见得更为确切。他于谴责二元论难以确断上帝之存在后②,指出关于物质有两种见解:一神论以神为"最高之境界",泛神论以神之精魂充沛宇宙间,为持续不断的宇宙创新过程。他发挥泛神论曰:

> 吾人所用泛神论之义与斯宾挪沙、歌德辈稍异。彼辈之意,以为神无往而不在,故谓泛神。吾人之意,重在其无本体,而日在变迁,是为柏格森之言。柏格森以自由作绝对之非定命解,以其谓上帝自身亦在变迁中也。③

康氏本人的一元论可从下文得知:

> 一神论分流发说与创造说,流发之一神论者,谓上帝与此世之

---

① Heinrich Heine 对康德的论评,见 *Zur Geschichte und Philosophie in Deutschland*。引见 Webb, *Kant's Philosophy*, pp. 48~49。有关康德不同阶段宗教思想的评述,参阅 F. E. England, *Kant's Conception of God*。
② 《诸天讲》,卷十一,页 2。康氏提到三种二元理论:(一) 完善与不完善都来自上帝;(二) 上帝是完善的,非完善之物不来自上帝;(三) 上帝与魔鬼俱存,前者代表光明,后者代表黑暗。阅 Ferm, *Encyclopedia of Religion*, pp. 573, 842~843; Hastings, *Encyclopaedia of Religion and Ethics*, 5:109。
③ 《诸天讲》,卷十一,页 2。关于歌德,阅 Hastings, *Encyclopaedia of Religion and Ethics*, 6:307; Ferm, *Encyclopedia of Religion*, p. 306。关于斯宾诺沙,阅 *Ethis* 收入 A. Boyle, *Chief Works of Benedict de Spinoza* (London: Dent, Everyman's Library, 1951), Proposition XVIII, "God is the indwelling and not the transient cause of all things". Proposition XXV, "God is not only the effecting cause of the existence of things, but also of their essence". "Corollary. Particular things are nothing else than modifications of attributes of God, or modes by which attributes of God are expressed in a certain and determined manner". A. E. Garvie 论泛神论之序文,见 Hastings, *Encyclopaedia of Religion and Ethics*, 9:609。为一有用之一般性说明。关于柏格森,阅 *Creative Evaluation* (Mitchelltrans.), pp. 43~45, 54~58, 99, 215; *The Two Sources of Morality and Religion* (Audra and Brereton trans), pp. 22~24, 48~50, 255~257。柏格森哲学之综论,可阅 Jones, *A History of Western Philosophy*, pp. 929~958; Ferm, *Encyclopedia of Religion*, pp. 66~67。

所表现者为同物,并同具此后发展之能力。新伯剌图主义、印度哲学、斯宾挪沙、雪林、黑格尔之说皆属之。创造之一神论者,现世界有一超于其外者,为之造物主。既造以后,则上帝与此世同存,犹太教、耶稣教、摩诃末教,皆宗之。①

康氏对一元论提出三个问题:

> 如曰此宇宙出于上帝之创造,则创造自何时? 一也。若以人类自由,则上帝全知全能之性受其影响,以二者不相容故也,二也。依流发说,则人类解脱之日,亦即上帝解脱之日;若依创造之说,上帝处于世界外,即人类能尽赎罪,是不过所造物之赎罪而已,而上帝之地位何如? 三也。②

康氏就以这些预料不会没有解答的问题,结束"欧洲哲学家之言上帝"一节。很少哲学家会把这些因不够了解而发出的反对论调,视为对一元论的不利批评。康氏虽未明言倾向泛神论,但显然倾向归之于柏格森的那种泛神论。康氏对柏格森哲学的掌握虽远不能与张东荪辈相比③,但他与民国后若干学者同样喜好柏格森。④

知道康氏坚持进步思想,便不难晓得他何以喜欢柏格森哲学。不过他的改良态度有重要的转变,从变法期间特别明显的"激烈之目的论"

---

① 《诸天讲》,卷十一,页2。关于新柏拉图主义,参阅 Ferm, *Encyclopedia of Religion*, p. 525; W. R. Inge, "Neoplatonism", in Hastings, *Encyclopaedia of Religion and Ethics*, 9:307~319。关于斯宾诺沙,参阅 *Ethics*（Boyle trans.）, Pt. 1, "Concerning God", especially "Definitions"; England, *Kant's Conception of God*, p. 25（"God is *causa sui* in the sense that he is a Self-complete being whose essence involves existence"）; Ferm, *Encyclopedia of Religion*, p. 731。关于雪林,参阅 ibid., p. 692。关于黑格尔,参阅 ibid., pp. 327~329。
② 《诸天讲》,卷十一,页2~3。
③ 阅 Brière, *Fifty Years of Chinese Philosophy*, pp. 22, 48, 67, 105。
④ 张东荪译柏格森的 *Creative Evolution* 为中文,作《创化论》,译 *Matter and Memory* 作《物质与记忆》。

(即柏格森之"radical finalism")①,到愿将事情由人"自由行动",以及交给不断变化之神。②

很明显的,康氏与柏格森一样反对神之不变观,仅仅综揽一切赐予于自身之神不是有效的。③ 同样可见的是,用柏格森的话说,康氏有意与"生命本身所呈示的创造力"建立关系——此一力量"若非神本身,则是属于神的"——藉此超脱物性所加诸物种的限制,以继续并扩张"神行"(the divine action)④,如天游之类。最后,康氏可能赞同柏格森之分辨"开放社会",即全人类之社会,与"关闭社会",即某一群人的社会⑤,并认为"开放社会"乃道德之最终基础。可惜的是,康氏在对西方哲学家的简短讨论中,未就这些具有兴味的论点表示意见。但有一点是清楚的,1926年的康有为不再是教条式的改良派,要按照既定模式来塑造中国。换句话说,他放弃了儒家理性主义,而倾向柏格森的神秘主义。⑥

说康氏接受柏氏哲学的全面,跟说他正确了解柏氏学说一样,皆非持平之论。因为康氏有时也说些不为柏格森所接受的话。最有启示性的例子可见之于《诸天讲》中论"上帝之必有"的那一小节,在声称必定有

---

① Bergson, *Creative Evolution*, p. 45 有云:"极端决定论与极端机械论一样不能接受,道理相同。目的论之学说认为事物与生物不过是实现前已安排者……像机械式的假说一样,在此假定一切都是先定的。"同书,页50:"极端决定论之错误,一如极端机械论,乃对某些与吾人智慧俱来的概念,运用过度。起先,吾人为了行动而思想……现在,为了行动,吾人一开始就预定一个结果。吾人作成一个计划,接着是使此计划进行之细节。后者运作之可能,由于吾人知道可以计算。因此吾人必须从性质中提出同类,以使吾人预见未来。然则吾人有意无意用到因果律。"同书,页58:"欲使生命有目的,徒劳无功;说到目的乃涉及预存之模式,只使其实现而已。因此,可以假设,一切都是赐予的,未来可由现今得知。"
② Bergson, *Creative Evolution*, p. 54 云:"真正吾人自身的行动……是一种不拟冒称智慧的意志,逐渐成熟为行动,在此行动中,智能将成为可理解之因素,而不必要达到最后目的。自由行动乃与此一思想不相称,而此'道理'必须由此不相称来界定,因此一不相称可发现所要的最多'理解性'。此乃吾人自身演化之性格,而此,毋庸置疑,也是生命之演化。"
③ Ibid., p. 215.
④ Ibid., p. 209.
⑤ Bergson, *Two Sources of Morality and Riligion*, pp. 22~24, 48~50, 255~257. 节要见 Jones, *History of Western Philosophy*, pp. 945~948.
⑥ 柏格森对神秘主义的定义,见 *Creative Evolution*, p. 209。

一上帝之后,他接着阐明命定论:

> 即如前定之命运,在亚理士多图、来布尼兹①,皆以为天皆有前定,与吾国前定录、定命录相合。吾国看相、算命、占筮,多有奇验者。《中庸》曰:"至诚之道,可以前知。"②

康氏显然不知此说不仅与柏格森主义相左,而且与他在同书中强力谴责将迷信与天文相混之论相矛盾。③

值得指出的是,康氏并未提供理性依据以证上帝之存在。他仅说所有的宗教都肯定上帝之存在,而自古以来中国人也有同样信念。但科学家如牛顿、拉布拉斯和达尔文,采机械观点,否认或怀疑超自然物之存在,因他们在研究有形的世界中无法找到此一存在的证据。康氏觉得他们都错了。

> 天下之物至不可测,吾人至渺小,吾人之知识至有限,岂能以肉身之所见闻而尽天下之事理乎?……诚问奈端(牛顿)、拉伯拉室(拉布拉斯)、达尔文等能推有形之物质矣,其能预推无形之事物乎?庄子曰:"人之生也有涯,其知也无涯",以奈端、拉伯拉室、达尔文之知至少,而欲尽知天乎?而可决无上帝乎?多见其不知量也。④

据此可知,康氏与柏格森共同谴责"激烈之机械主义",此与"激烈之目的论"有关,且同样不可信。值得注意的是,柏格森对于拉布拉斯之相信科学知识的完备无缺,也不表苟同。⑤ 不过,康氏并未完全跟随柏格森对哲学力量的信任,即使是柏格森的哲学。康氏由天文学而非生物学来

---

① 康氏可能有莱布尼兹的"先有和谐"(pre-established harmony)在胸,阅 *The Monadology* (Latta trans.),pp. 262~263. sec. 78 以及 Latta 之导论,pp. 41~42。
② 《诸天讲》,卷十一,页 3。引句见《中庸》廿三章(译按:应作廿四章)。
③ 《诸天讲》,卷一,页 6~7。
④ 同上,卷十一,页 3~4。此为论上帝一章之结论。此段之最后一句引自《论语》"子张"第廿四章。
⑤ Bergson, *Creative Evolution*, pp. 43~45。

看宗教与哲学问题,乃与一些同样为无垠宇宙慑服的西方思想家同一胸怀。康氏在《诸天讲》卷十二之结论中,清楚地表现出此一感觉:

> 盖元元天①为无量天中之一微尘,涡云天②为诸天中之一微尘……地为日中之一微尘,诸劫主生于此微尘地球上,称尊不过比众生蠢蠢稍有智慧耳。诸教主亦一生物,智慧即有限。诸天之教主称尊于其球内者百千万亿……其智慧之高于吾地教主者,亦不可思议,然极智慧终亦有限……故孔子曰:"吾有知乎哉?无知也。"③斯为圣乎!④

大约在说这段话的 50 年前,当康氏 19 岁时,他肯定自己能获得大量的知识,在 30 岁前读尽所有的书。⑤ 此时的谦虚已取代少年时的自信,此乃他对宇宙与人类较为成熟估价的结果。

康氏并非由观看星象而变得谦卑的唯一例子。远在康氏之前,康德在一不同情形下亦复如是。⑥ 近代天文家谢丕雷(Harlow Shapley)谓,有鉴于天体之浩大,人不应把自己看得太严重。⑦ 许多不同行业的人都有相同的经验,并对天的思考获致同样的看法。⑧ 尽管康氏在知识上有所不足,至少在这一方面他有不少同道。

康氏对上帝之存在不提理性证据,似追踪康德,以信仰上帝为道德或心理之必要,而非思辨理性之事。因此,康氏未信从任何形式化的教

---

① 康氏以此为"元天"中之最高者,故亦为其所能指名之诸天中最高者。元天之上,尚存无数天。见《诸天讲》,卷十,页 10。
② 此为"银河天"之上之天,见《诸天讲》,卷十,页 1;卷十一,页 1。
③ 《论语》"子罕"第七章。
④ 《诸天讲》,卷十二,页 11。
⑤ 《年谱》,页 4。
⑥ Kant, *Critique of Fratical Reason*, p. 260; Hastie, *Kant's Cosmology* 导论中此段译文略有不同(p. xcvii)。
⑦ Harlow Shapley, *Of Star and Men*, pp. 142~143, 149。
⑧ 例如 Theodore Roosevelt and Harry Golden. Harold E. Kohn, *Thoughts Afield* (Grand Rapids, Mich., 1959), p. 98。

义,亦未皈依任何特别的宗教,却与超越有形世界的无形力量和平相处。至此,对他来说,一切经由社会改革以求完美人生的努力,以及一切经由天游以求个人快乐的企图,都是多余的了。

前文已述及康氏对西方哲学的了解并不健全,然此非对他致命的抨击。在许多方面与乃师意见相左的梁启超,曾对作为哲学家的康有为有合理的评估:

> 先生者,天禀之哲学者也。不通西文,不解西说,不读西书,而惟以其聪明思想之所及,出乎天天,入乎人人,无所凭藉,无所袭取,以自成一家之哲学,而往往与泰西诸哲相暗合,得不谓理想之人杰哉![1]

当然,若认为梁以康为伟大的哲学家,并不真实。梁氏真正指出的是,康氏虽缺少训练,然由于本能之强,具有识力,值得称为真正的思想家。

梁氏在另一处也论及康氏的哲学心得。依梁之见,康氏乃近代中国第一个以严肃的态度,试图进行哲学整合,以建立一"不中不西即中即西"之新学说的思想家。[2] 此一尝试,并不完全成功。但是,能够进行这样的尝试,本身已具有相当的历史意义。

---

[1] 康氏死于 1927 年 3 月 31 日,《诸天讲》序文撰毕不到一年。康同璧,《年谱续编》,页 149。
[2] 梁启超,《清代学术概论》,页 161。

第三编
变法蓝图

第六章 政治改革

导　言

　　康有为在历史上占一席之地,部分(也可能主要)是因他在戊戌变法中扮演了主导的角色。他之公开反对辛亥革命,抨击民国,以及极力呼吁"保存国粹",使许多1910年代与1920年代的年轻知识分子认为他是一个不可救药的反对派。不过仔细检视他在民国时代的言论,可以发现即使在此一时期,虽然历史环境已大非戊戌时代可比,他基本上仍然是一个改革者。① 在1880年代和1890年代,他致力于重整帝国体制及其过时的思想和社会部分;而民国之后,他试图纠正他所认为愚蠢错误之处。然时代的改观使他晚年不再公开地过问国家事务。② 但毕竟由于他对中国前途的深切关怀,他仍然不断地严厉批评当时人的办事方法,热

---

① *Webster's New International Dictionary*, 3rd ed. (Springfied, Mass: G. C. Merriam, 1961) 释改革派曰:"致力或倡导改革者"。"改革"之一义为:"修正损害者、恶劣者、腐败者,以及堕落者。"另一义为:"去除或改正滥用、错误的或不对的。"
② 杨复礼,《康梁年谱稿本》,卷三,页46中有云:康先生此后常住上海,偶访杭州,遨游湖溪,不问世事。但此与杨氏自己所记对照即知不确,如见同书,页72指出,在1923年康氏又一次图谋复辟。

心祈望思想上改弦更张,以及政治上的补过求善,一直到1926年,他死前一年为止。

在四十年中,康氏努力改革的中心目标,未尝稍变。简言之,其目标乃以西方为主要模式以求中国政治、经济以及学术思想的改变。他要达到目标的方法也未尝稍变,即按照近代西方的样板,以缓进的步调,使古老的中国传统进入共同的近代世界的价值系统——他认为近代西方的样板适合同一时期发展中的所有国家。

中国的专制必须结束;但考虑到政治发展的阶段,她必须先经过君主立宪的中间阶段,然后才能达到完全的民主。她的落后农业经济必须改为工业经济;私有资本主义,而非社会主义化,才是其原动力。在近代生活方式到来之前,必须先有社会与思想上的准备;但本土文化中的有效因子不能一概扫除。①

因此,重点在于渐进。不过,可以指出的是康氏变法的目标超过中国的近代化。把中国置于列强以及明治日本并驾齐驱的地位,只不过是构成世界社会的第一步。世界社会完成后,人类的关切不再是为国家生存的富强,而是全人类同享自由与平等的永久和平。因此,在康氏变政的大计划中,使中国近代化不仅仅是给众多的国家之间增加一强国,而是要使一落后的国家参与通向世界和睦与人类幸福的大道。在此,渐进的原则仍需维持。"大同",不是摧毁不完善的,而是努力以求完善;不是去攫取遥远的目标,而是尽量使现有的做得最好。简言之,必须一直留心现在与未来。我们知道,康氏曾阐明其乌托邦思想的特征,以及达到此目标的每一阶段。② 在同一精神下,他在1891年把他的灵感告诉他的一些得意门生:

养我神明,救我氓蒙;

---

① 见本书第十一章。
②《大同书》乙部至癸部。

> 推极识界,诸天无穷;
>
> 区区大地,岂有西东;
>
> 先爱同类,无忘族邦。①

然则,在康氏的想法中,就像君主立宪应是自专制到民主的过渡,爱国主义或民族主义乃是世界主义的先声。果真如此,则中国的改革不应止于君主立宪的完成,而通向人类完善之路也不止于中国的近代化。在共和主义于一个国家中实施,以及全人类统一之前,变革仍须继续进行。② 此一最终信念使康不仅与同、光时期的自强派有别,也与戊戌变法时他的合作者不同。因为,他们对中国近代化的见解尽管不同,却都同意一点,即他们都是国家主义者,他们的唯一目标是帮助中国获得"西方文明中的浮士德性格"。③

正因为康有为是一个富于想象的理想主义者,在思想上敢于无所顾忌;同时又是一个不可救药的渐进主义者,在行动上拒绝冒进;他因而成为保守派(反对变革)和激进派及革命派(主张快变)共同鄙视的恶徒。他曾在1925年评估他作为这样一个改革派所付出的代价:

> 自戊戌以来,旧则攻吾太新;新则攻吾太旧。革党又攻吾保皇。④

这些攻击大部分可追根于对康氏理论的误解,他既不冒进,也不保守,而

---

① 与梁启超及另二人之诗,见康有为,《南海先生诗集》(梁手写本),卷三,页3。
② 1919年重印的《大同书》前二部有康氏之跋,亦见1935年上海印行之全本第一版。
③ Benjamin Schwartz, *In Search of Wealth and Power*: *Yen Fu and the West*, pp. 238~239。在此可指出,康氏也与其他1890年代倡近代化者有别(康氏可能见到此辈著作,引用之而未加声明)。于一主要论点:此辈以民主化为中国唯一的出路,而康氏则超越他们并以世界社会的理想为归宿。可参阅汤震,"议院",载《危言》(1890),卷一;陈炽,"议院",载《庸书》(1896),外编,卷下;郑观应,"议院",载《盛世危言》,卷一;以及何启与胡礼垣,"新政论议",载《新政真诠》。
④ "告国人书",载康有为,《万木草堂遗稿》(以下简称《遗稿》),卷四,"书牍上",页130。梁启超在1901年有云:"先生为进步主义之人……其外貌似急进派,其精神实渐进派也。吾知自今以往,新学小生必益笑先生为守旧矣。"

是持续不断的改革派,相信可以逐渐进步到完善的可能性。

以下将叙述几点:(一)康氏虽然反对辛亥革命,他仍然致力于经由制度的逐渐民主化而使中国政治近代化;(二)从历史上看,他的变法思想可理解为解救中国的另一种可行方案;(三)虽然他的变法努力未达预期的效果,仍对近代中国史有重要的影响。关于康有为的经济和思想改革将另有专章讨论①,此处只谈政治改革。戊戌变法的史事,论者已多②,因此有关戊戌前后事件,本文仅就讨论所及加以引述。

第一节 理论立场

随便浏览康氏的著作即可知,改良古老中国的政体在他的变法思想中占很大的地位。他深信,通向富强之路(不仅指中国,也指其他国家),必须要有一基于民权的政府,以及适合近代生活需要的有效行政系统。他不断强调这一点,特别是在1880年代与1890年代。例如,他在1888年上皇帝的奏折中说,适当地改变几百年的古老政府结构,可在十年内

---

① 见本书第三、四、五、十、十一章。
② 相关的外文著作有 Maribeth E. Cameron,*The Reform Movement in China*,1898—1912,pp. 23~55;Techih Ma,"Le mouvement rèformiste et les événements de la cour de Pékin en 1898";Wolfgang Franke,*Die staatspolitischen Reformsversuche K'ang Yu-weis und seiner Schule*;and S. L. Tikhvinsky,*Dvizhenie zareformy v Kitae v kontse XIX veka i Kan Iuzvei*,especially chaps. 7~12,中文资料可阅康有为,《自编年谱》(以下简称《年谱》)页15~29;梁启超,《戊戌政变记》;康同家,《康有为与戊戌变法》;杨复礼《康梁年谱稿本》,卷一,页79~101;汤志钧,《戊戌变法简史》。最后一书有一方便的简表含康氏一生大事及戊戌运动大事(始1884年迄1898年9月28日六君子死难),并有一有用索引含100篇以上中文有关戊戌变法各方面的著作,出版于1949年10月至1959年12月之间。矢野仁一,"戊戌の变法及び政变",页54~67,30~44,81~100有大事记。汤志钧,"康有为的新政建议和光绪帝的新政上谕",页154~221。小野川秀美,"康有为の变法论",页101~199综述康氏之见解与建议。Jérôme Tobar,*Koangsiu et Ts'e hi*,*Empéreur de Chine et Impératrice douairière Décrets impériaux* 1898。总计在1898年6月10日与1899年2月23日之间共颁布178道上谕。

致富强。① 他在1880年代末期的著作中,大部分致意于此—改变的细节。

宫崎寅藏在1899年与康有为的两个门生谈话,提到康氏与孙逸仙二人的不同在于教养与脾性,二人相同的是共同赞扬共和民权的原则。② 此一观察特别引人注意,一个对康氏渐进主张并不十分同情之人,竟能正确道出他的基本信条之一。

康有为的许多著作都显示他相信广义的民主。他接触到近代民主的思想与制度,早在1870年代末和1880年代初读到"西书"之时③,并将这些思想与"真正的儒学"搭上关系。④ 康氏肯定孔子对天下和平与平等的理想特别关注,如他称颂尧、舜的政府为"民主"的实际表现。⑤ 康氏所谓"民主"为共和政府,为民主政治的最高与最完美的形式,君主立宪,他有时称作"君主之仁政",有时称作"君民共主"⑥,是较不完善的政体,但适合政治发展中较低阶段的国家。专制是最低最坏的政府,只存在于政

---

① "上清帝第一书",见翦伯赞等编,《戊戌变法》,第二册,页129。麦仲华《戊戌奏稿》系于1911年辑印之较小版本。根据俄人 Tikhvinsky, *Dvizhenie za reformy*, p. 203。康氏在1898年6月16日与9月20日之间,共上了五十余折,有一些由他人具名。在此可指出,其他人士在此时也觉政治和行政改革之必要,但他们的改革要求不如康之直截了当。参阅曾国藩,《求阙斋日记》,"治道",见《曾文正公全集》。陶模,《覆陈自强大计疏》,见于宝轩,《皇朝蓄艾文编》,卷三,页4。何启、胡礼垣,"劝学篇书后",卷七,页29。有趣的是,当美国前总统格兰(U. S. Grant)于1879年访华时,他建议中国须重组政府,以日本为成功的范例。Tseng Yu-hao, *Modern Chinese Legal and Political Philosophy* 一书中页41及注③引格兰与恭亲王书,录自 *John Rusell Young Papers*, vol. 33, "Ulysses S. Grant World Tour"。
② 宫崎寅藏,《三十三年之梦》,页126。
③ 康自1879年起阅读此种资料(《年谱》,页5),包括《西国近事汇编》(江南制造局印),先后由 Young J. Allen 等人编辑的《万国公报》,李提摩太所译 Robert Mackenzie, *The Nineteenth Century, a History* (4th ed., Chicago, 1882),中国书名为《泰西新史览要》。尤以最后一书,对于19世纪欧洲朝向自由的政治进步及专制的相对衰退明显地抱持着乐观的态度。王树槐,《外人与戊戌变法》,第一章,简述李提摩太及其他外人介绍到中国的思想。
④ 见本书第三章。
⑤ 《孔子改制考》,卷一二,页1。值得注意者,康氏于戊戌之夏曾呈此书给皇帝。
⑥ 同上,页2,康以此为周文王之制。

治落后的国家。专制政府最好也只能达到"小康"。① 君主只求控制其子民,而不为他们的利益着想。最坏的专制遂成为暴政,人民饱受迫害,在中国历史上可看到许多的见证。再者,君主专制可导致社会和思想上的停滞:

> 昧昧二千年,瞀焉,惟笃守据乱世之法,以治天下……使我大地先开化之中国……衰落守旧不进,等诮野蛮,岂不哀哉?②

康氏毫不保留地接受"自由"和"平等"等基本的民主价值。他于1901—1902年自道其政治理想如下:

> 天下为公,一切皆本公理而已。公者,人人如一之谓。③

既如此,一个君王如按真正的儒家(民主)原则行事,将永不会自以为高出老百姓一等。他将自视为众人之一员,高居皇位,不是自炫,而是为大众服务。④ 康氏曾解释道,"人为天之生,人人直隶于天,人人自立自由"。⑤ 每一个人既然都具有人类的共性,他自有合理行事的本能。他的行为将与任何另一人相应⑥,用不着外力的强制。因此,在理论上没有专制存在的余地,因那是一个拒绝给自由独立的人自治权利的制度。国家实是人民的公产。唯一正义而可靠的政府是民权的政府。⑦

---

① "礼运注序",见《康南海先生文钞》(以下引作《文钞》),第八册,页1。序撰于1884年,而书可能迟至1901～1902始成。
② "春秋笔削大义微言考发凡",《文钞》,第五册,页1。此书成于1901年,时康在槟榔屿(Penang),于1913年出版。参阅"裁行省议",《文钞》,第四册,页31,其中斥责专制使中国文明仍像原始部落般落后,而极赞西方物质文明,认为超越汉唐盛世。
③《礼运注》,页3。
④《春秋董氏学》,卷六下,页24。康氏屡言皇帝之孤立乃因过分尊崇之故,如阅"上清帝第七书",见翦伯赞等编,《戊戌变法》,第二册,页203～204。
⑤《论语注》,卷五,页6。康氏继谓,"孔子以生当据乱世,尚幼稚,道虽极美……须待进化至升平太平乃能行之。"
⑥《中庸注》,页1。
⑦《文钞》,第十二册,页20。康氏在保国会成立(1898年4月12日)后不久的一首诗中系统化地陈述他的理论。诗云:"八表离披割痛伤,群贤保国走彷徨,从知天下为公产,迎合民权救我置。"有关保国会事略见康有为,《年谱》,页17～18;丁文江辑,《梁任公先生年谱长编初稿》,页50～53。参阅 Tikhvinsky, *Dvizhenie za reformy*, pp. 185～189。

依康氏的看法,专制乃是造成自西力东渐以来中国挫败局面的原因。因此,中国的解救之道在于将专制政府改为民主政府。① 但是专制不能一蹴而几于民主。中国受专制之毒已深,但尚未有行民主的资格。政治以及其他方面的进步,必须是渐进有序的。在情况成熟前急求进入较高的政府形式,与维持失去效用的过时制度一样危险。② 既存势力与环境必须加以考虑,痼疾不能一扫而光。政治改革的最终结果是激烈的,但改变的过程必须缓慢平和。③ 总之,在实施全民共和之前,中国必须经过君主立宪的过渡时期。

第二节 戊戌君主立宪之议

康有为在戊戌那年所作的各种改革建议中,以君主立宪之议最关紧要。④ 他显然很自傲地认为(并非无据),国为公有的主张以及君主立宪的建议,始于他戊戌言论。⑤

康氏以君主立宪为民主初阶有两层理由。一方面他诉诸孔子学说。康氏评论《论语》"八佾"第五章所谓:"夷狄之有君,不如诸夏之亡也。"有

---

① 康氏之立场极明显,连中国大陆学者亦以此为"要求改良封建专制"的代表。见李泽厚,《康有为谭嗣同思想研究》,页30。
② 康有为的社会进步学说及他对公羊三世说之解释,请阅本书第三、四章。另阅萧公权,《中国政治思想史》(台北联经版)页731~736。Fung Yu-lan, *A History of Chinese Philosophy*, 2:180~181。
③ Woodbridge Bingham, Hilary Conroy, and Frank W Iklé, *A History of Asia*, 2:337。Franklin W. Houn (Hou Fu-wu), *Central Government of China, 1912—1928: An Institutional Study*, p. 6 有谓:"此一改革运动由开明的光绪皇帝允准,而所谓'百日维新'乃欲修补政府结构而无须根本变更。"此一结论实基于误解。
④ 学者们大致赞同此点。如 Cheng-fu Lung, "The Evolution of Chinese Social Thought", p. 314指康为主张在中国实行君主立宪的政治改革者;Tikhvinsky, *Dvizhenie za reformy*, p. 193谓采用宪法乃康氏及其同志的主要政治要求;汤志钧,《戊戌变法人物传稿》,第一册,页15,描述变法运动为一资产阶级要求民权的运动。
⑤ 康同璧,《南海康先生年谱续编》(下引作《年谱续编》),页106。梁启超为支持此一说法之人(见《南海康先生传》载《饮冰室合集》,《文集》六,页85)。如在第149页注②所指出,此一概念大致为当时许多人所共见。康氏可说是第一个提出此说并试图付诸实施者。

云，落后的国家必须维持君主政体，高举人权的文明国家人民不需要绝对王政，而可以安于法治。① 另一方面，康氏以近代西方国家实施民主与立宪政府来说明人类进步的成功例子。西方国家以行政、立法、司法三权来实现民主政府，而在中国仅有这样的理论存在。② 中国在民主实施上落后于西方，不是因为孔子的学说有缺点，而只是他的许多门徒误解了他。③

康氏深信议院在立宪制度中极为重要。因议院乃是君民交通的管道，并将他们联系起来，成为健康的政体。议院除便利征税之外（显然指的是英国经验），还使人民能够经由代议士发表政见与诉愿，并在达成对公众政策上扮演舆论的力量。④ 康氏在戊戌初夏的一个奏折里（代拟），曾指出议院的主要性质与优点：

> 东西各国之强，皆以立宪法、开国会之故。国会者，君与国民共议一国之政法也。盖自三权鼎立之说出，以国会立法，以法官司法，以政府行政，而人主总之，立定宪法，同受治焉。人主尊为神圣，不受责任，而政府代之。东西各国皆行此政体，故人君与千百万之国民，合为一体，国安得不强？⑤

康氏接着指出君主专制的基本缺点：

> 吾国行专制政体，一君与大臣数人共治其国，国安得不弱？盖千百万之人，胜于数人者，自然之数矣。

康氏为了加强其说法，警告中国若不及时作政治改革，将步法国与波兰的后尘，不免革命流血。法国的情形特别有教训意义。康在戊戌年写

---

① 《论语注》，卷三，页3。主张君宪的同样论据可见同书中，他对《论语》"宪问"第四章的评注，及《孟子微》，页12,15～16，对《孟子》"梁惠王下"第七章及"离娄上"第九章的评注。
② "上清帝第六书"（1898年1月29日），载翦伯赞等编，《戊戌变法》，第二册，页199。
③ "论语注序"，《文钞》，第八册，页2。此说在《新学伪经考》中更充分发挥。
④ "上清帝第四书"（1895年6月30日），载翦伯赞等编，《戊戌变法》，第二册，页176。
⑤ "请定立宪法开国会折"，页236。

道,法国人民受到美国革命的启示,以及英国查理一世与詹姆士二世倒台的鼓励,决心推翻长期压迫人民的波旁王朝,不久即成功。此理不求自明:

> 民情大动,民心大变矣。昔之名分,不足以定之,适足以激之;向之权势,不足以压之,适足以怒之。①

独裁的法国就此败亡。假如路易十六知道局势危险,而决心立宪,确定统治者与被统治者间的权利,他不但可免于一死,还可保全王朝。不幸的是,他未能理解此一放诸四海而皆准的真理:

> 且夫寡不敌众,私不敌公。

波兰的悲剧为同一性质的教训,虽然其历史境况不同。康氏特别指出,波兰之王受制于保守派大臣以及作威作福的母后,不能自己做主。如他能在局势尚未完全绝望前,还政于民,该有多好?②

康氏继谓,法国革命加速了民主的步调。一个近代国家接着另一个近代国家快速取代寡头,而成立宪政府——祛专制,兴民权:

> 时势所趋,民风所动,大波翻澜,回易大地,深可畏也。③

结论是显而易见的。违背时势必然无效,中国唯有趋时,当情况仍有可为时,准备迎接君主立宪。因此,在戊戌变法前五个月,康氏向皇帝上了如下的奏折:

> 伏愿皇上……集群材咨问,以广圣听。求天下上书,以通下情。明定国是,与海内更始。自兹国事付国会议行。④

---

① "进呈法国革命记序",翦伯赞等编,《戊戌变法》,第三册,页 8～9。亦见《文钞》,第五册,页 20～21。
② "进呈波兰覆灭记序",翦伯赞等编,《戊戌变法》,第三册,页 10;《文钞》,第五册,页 24。康氏于 1912 年底或 1913 年初所写之跋有云:皇帝读此书后不禁流涕。不久就采取决断,包括让平民上奏,以及免除整批反对变法的礼部官员。后一举发生于 9 月 4 日,离政变不到 20 天。
③ 翦伯赞等编,《戊戌变法》,第三册,页 9;《文钞》,第五册,页 21。
④ "上清帝第五书"(上于 1897 年 2 月 25 日到 1898 年 1 月 21 日之间),翦伯赞等编,《戊戌变法》,第二册,页 194。

在开国会行宪之前,有几个准备步骤。在 1888 年与 1895 年之间,康在好几个场合向皇帝建议设立询议官①,或议郎。② 然后,在戊戌之夏,正当保守派与维新派争斗白热化的时候,康氏催促皇上开一雏形国会,选派无行政责任的臣工任之。③ 稍后,康氏又提出两项建议:

> 今欧、日之强,皆以开国会行立宪之故。皇上禽受嘉谟,毅然断行,此中国之福也,生民之幸也。请即定立宪为国体,预定国会之期……今未开国会之先,请采用国会之意:一日集一国人才而与之议定政制;一日听天下人民而许其上书言事。④

这些建议——在立宪政府成立之前先做准备,特别值得注意。康氏此举不仅是符合他的渐进主张,而且也是为照顾到当时情势的一种慎重。他说到朝廷上到处是保守派。立即召开国会将引起过多的反对,以至危及整个计划。⑤ 他建议皇帝暂时只与一些选拔的议官商事,作为国会的先声。⑥

值得指出的是,康氏在戊戌年的建议,竟然先预示了 1906~1908 年清廷的立宪运动计划——宣布立宪,预定召开国会的日期。⑦ 不过,二者

---

① "上清帝第一书"(1888 年),翦伯赞等编,《戊戌变法》,第二册,页 129。
② "上清帝第二书"(1895 年),翦伯赞等编,《戊戌变法》,第二册,页 152~153。
③ 《年谱》,页 24,有康氏之见曰,一个政府仅有行政机构而无"议官",实不可思议。他遂上奏请设此等官吏,由徐致靖在戊戌仲夏代递。
④ 请定期开国会折上于戊戌仲夏,翦伯赞等编,《戊戌变法》,第二册,页 241。康氏继谓日皇在组织宪法政府前,延请有才之人商讨政务。于是,大久保利通(1831—1878)、木户孝火(1833—1877)等进用。参阅 Hugh Borton, *Japan's Modern Century* pt. 2 略述大久与木户在明治维新中扮演的角色。
⑤ 《年谱》,页 24。同书页 25 有云:在 7 月之末,康氏劝谭嗣同与林旭勿重提国会事。
⑥ 同上,页 22 指出,此一要求实际上由李端棻代奏,该折由梁启超执笔。据赵丰田,"康长素先生年谱稿",页 206,康本人亦曾一奏,由宋伯鲁代呈,其中提出同样要求,并推荐黄遵宪和梁启超为将来议事局副职。康氏提到的"边厅",金梁认为是懋勤殿(《光宣小记》,页 52~53)。
⑦ 阅 Cameron, *Reform Movement in China*, pp. 103~104。1906 年 9 月 1 日上谕见页 114~115,及附录一,页 205~206(九年开国会议)。这一切的基本原则由出洋考察宪政的大员呈述于光绪卅二年元月的奏折中,要求清廷宣布立宪决心。载泽于同年 7 月在另一折中呈述同样意见。折文均见沈桐生,《光绪政要》,卷三二,页 1~2 以及页 28~30。同日有关准备立宪事的另一上谕载页 30。

相似处只是表面的。康氏想要以其初步计划导致中国政治制度的基本改变①,而清廷的立宪不过是为延长专制和阻扼民主的策略。当时的一个法国记者就说过,"她(慈禧太后)表示接受君主立宪只是她愚弄人民的把戏"。②

在康氏的想法中,渐进改革并不意味只改一半。他一再要求成立制度局以草拟新法,制作新的制度,制定新的政策,简言之,即照顾到政治改革的全面。③ 他解释此制度局的重要性道:

> 方今累经外患之来,天下亦知旧法之敝,思变计图存矣。然……枝枝节节而为之,逐末偏端而举之……必至无功……臣以为不变则已,若决欲变法,势当全变。④

再者,为了象征皇上决心与旧传统断绝的决心,康氏建议改元,迁国都至南方,并断发与易服。⑤

这些建议被保守分子斥为西化与抛弃传统,自不足怪。⑥ 不过,由此可见,康氏的方法虽是渐进的,但目标却是激烈的。在他看来,变法要有成果,必须彻底。

---

① Pierre Renouvin, *La questiond'Extrême-Orient*, 1840—1940, p. 189 有云:"这些大规模的行政与技术上的改革,无一意指帝国政治结构的改进。"此话显然是不正确的。
② 引自 Li Chien-nung(李剑农), *The Political History of China*, 1840—1928, p. 209。李氏未提此记者之名。载泽自认宣布立宪的好处之一,乃排除革命党所谓中国仍处半文明的专制之说。
③ 此一建议至少提过三次,即在"上清帝第六书"(1898年1月29日),在"敬谢天恩并请统筹全局折"(6月21日),在"请开制度局以行新政折"(8月17日与9月15日之间),此三折均见翦伯赞等编,《戊戌变法》,第二册,页 197~202,214~217,251~253。
④ "敬谢天恩并请统筹全局折",翦伯赞等编,《戊戌变法》,页215。
⑤ "请设新京折"与"请断发易服改元折"(均上于戊戌初夏),载翦伯赞等编,《戊戌变法》,第二册,页 263~265;259~262。康氏可能受《万国公报》中一文(九〇:三)的影响。该文由姜叔子所撰,述同一事。此文重印于《戊戌变法》,第三册,页 200~201。多年后,康氏表示后悔易服。他说此与断发、改元都是为了心理上的理由:为清帝全力革新的决心打气。不过,他说作此建议造成技术上的错误,因为他使保守派更加反对变法。见其第二折的跋文,载麦仲华,《戊戌奏稿》。
⑥ 文悌,"严参康有为折",翦伯赞等编,《戊戌变法》,第二册,页485。

第三节　政治转变的因素

大家都知道,康氏深赖光绪之力以行变法。换言之,他借寡头制度中最具决定性者来推行中国的民主化。梁启超在1901年对康氏的立场,作了这样的解释:

> 中国创民权者以先生为首(知之者多,而创之者殆首先生)。然其言实施政策,则注重君权,以为中国积数千年之习惯,且民智未开,骤予以权,固自不易,况以君权积久,如许之势力,苟得贤君相,因而用之……故先生之议,谓当以君主之法,行民权之意。①

以君主之法来实行政治的现代化,此一构想不单单来自中国历史,可能亦来自英、俄、日等国的历史。当时中国局势的发展无疑更予他以鼓励。光绪皇帝终于在1889年起亲政。② 康氏自知慈禧太后仍拥有相当的权力与影响。但皇帝是年轻人,易于接受甚至尝试新观念。因此,在1895年甲午惨败后不久,康氏首次公开建议皇上运用其权力,使中国祛除旧法,改造旧制。③ 必须指出者,康氏所说并非基于王政神圣的信念④,事实上,他所建议的乃是取消王政的第一步。康氏要以王权来执行政治改革之主要论点须在此作一简述。在1898年6月21日,康氏所上的一个重要奏折中有云:

---

① 《南海康先生传》,《饮冰室合集》,《文集》四,页85;另见翦伯赞等编,《戊戌变法》,第四册,页34。
② 中国史和英国史可能为康氏由君权发动政治改革的理论提供支柱。刘子健在评论11世纪王安石变法时说:"王安石为了大事改革以及克服强烈的反对派,必须依仗皇帝的支持。"(*Reform in Sung China*, p.21)孟特福(Simmon de Montfort)之1265年"大巴力门"(Great Parliament),始于战胜亨利第三之后,也指出借用王权来发动宪政的可能性。
③ "殿试策",系《南海先生四上书记》之附录,见页49。
④ Ch'ien Tuan-Sheng(钱端升), *The Government and Politics of China*, p.51有谓:"康有为乃一儒者,相信皇权至上,就此而言,他与曾国藩和李鸿章无异处。"很明显,钱教授没有抓住康氏立场的要害。

> 人主有雷霆万钧之力,所施无不披靡,就皇上所有之权,行方今可为之事,举本握要,则亦可一转移间而天下移风,振作人心矣。①

康氏显然要给年轻的统治者信心与鼓励,更举俄皇彼得与日皇明治的成功例子来说明以王权维新图强之值得效法。彼得与明治之所以有大成就,正因其有切断千年自夸自欺积习的勇气,并采用宪法。② 因而,中国皇帝所应效法之路,正如康氏所谓:

> 以俄国大彼得之心为心法,以日本明治之政为政法而已。③

康氏认为在中国政治转化的最初阶段,俄国与日本的经验比起欧美的高度民主思想与制度,是更为适当的指标。俄国的经验尤与中国的情况相似。康氏于1898年2月说:

> 职窃考之地球,富乐莫如美,而民主之制与中国不同。强盛莫如英、德,而君民共治之制,仍与中国少异。惟俄国其君权最尊,体制崇严,与中国同。其始为瑞典削弱,为泰西摈鄙,亦与中国同。然其以君权变法,转弱为强,化衰为盛……故中国变法,莫如法俄,以君权变法,莫如采法彼得。④

光绪皇帝甚以为然。在6月11日著名的上谕中⑤,他正式下诏变法,并愿以取法彼得自任。自此,康氏转移其重点加强取法日本,即将专制政体改为君主立宪。⑥

---

① "敬谢天恩并请统筹全局折",翦伯赞等编,《戊戌变法》,第二册,页216。
② "进呈俄罗斯大彼得变政记序",翦伯赞等编,《戊戌变法》,第三册,页2。"进呈日本明治变政考序",翦伯赞等编,《戊戌变法》,第二册,页3。另见"上清帝第六书",《戊戌变法》,第二册,页189。三折均撰于戊戌年。
③ "上清帝第五书"(上于1897年12月24日与1898年2月21日之间),翦伯赞等编,《戊戌变法》,第二册,页195。
④ "上清帝第七书"(上于1898年2月),翦伯赞等编,《戊戌变法》,第二册,页203。康又谓彼得成功之秘在于他之不耻下问探求西方的近代道路。
⑤ 此谕见《德宗实录》,卷四一八,页115。另见翦伯赞等编,《戊戌变法》,第二册,页17。
⑥ 如见"请定立宪法开国会折"。

据康氏所说,皇帝也赞同君主立宪。康氏在建议开国会一折的跋文中说,皇帝的确有意施行,只因太后坚决反对而不果行。当孙家鼐规劝皇帝说国会一开民有权而君将无权,据谓光绪皇帝说,目的在救中国,若人民也因而得救,即无权也无关系。康氏乃谓,唯人主诚心公天下,才能说这种话。① 当时康氏必定这样想:既得皇帝毫无保留的决心,中国的政治近代化指日可待。②

但康氏的计划有致命性的缺失。光绪皇帝虽有至上的决心,却无权使决心化作实际行动。日人宫崎氏在1899年观察到,欲用上谕(最多不过是略胜废纸)来扫除中国的积弊,根本是笨拙的,而康之失败根本是因他单单依靠皇上的权威。③ 当然,康氏本人未尝不知皇帝并非可靠。光绪曾对康说,如此多的阻碍,他能做什么?然康氏毕竟觉得皇帝可以做一些事。他的建议是:

> 就皇上现在之权。行可变之事,虽不能尽变,而扼要以图,亦足以救中国矣。④

偶尔,康氏似乎相信圣王魔力。例如1904年在意大利时,他赞美恺撒,以为其天才与成就凌驾于亚历山大与拿破仑之上,唯有中国的唐太宗差可与他媲美。历史上其他的帝王大都是"粗才"。⑤ 康氏未将光绪与恺撒相比,不过,康氏一直敬慕光绪,即使戊戌之后多少年都未稍变⑥,使

---

① 麦仲华,《戊戌奏稿》,页34。另见《不忍》,五期(1913年6月),页2。另见《文钞》,页10。
② 康氏不断重申帝之决心。如阅"祭德宗皇帝文",引见赵丰田,"康长素先生年谱稿",页271;"告全国民众书"《遗稿》,"书牍上",页130。历史学者不疑康说,如阅汤志钧,《戊戌变法人物传稿》,第一册,页12。张柏桢,《南海康先生传》,页36。
③ 宫崎藏,《三十三年の梦》,页144。宫崎偏袒孙中山,故谓除革命外别无可行之路。他说假如帝果如康所说那么贤明,他应退位为平民,使人民自由选举统治者以及变中国为共和,或者康可在民间组革命军以待清帝,如此则可令查理第一与路易十六羞愧。"欲一举打倒腐败而不流血"绝无可能(页145)。
④《年谱》,页19。康与清帝于1898年6月16日召见时之谈话。早在1895年翁同龢已告诉康氏,皇帝并无实权,见《年谱》,页13。
⑤ "意大利游记",见《欧洲十一国游记》,页40~41。
⑥ 例如,他有时指清帝为圣。赵丰田,"康长素先生年谱稿",页271。

我们猜想,康氏可能不会犹疑地认为,光绪之潜能可与恺撒和唐太宗并驾齐驱。不幸的是,光绪在戊戌那年证明他比康氏所想象的要差。他纵有权力,能否有执行艰巨政治改革的能力,实在值得怀疑。①

不过,值得指出的是,康氏并未完全依靠皇帝。他曾寻求改革的其他可能力量——如政府官员、有学问的士人,以至寻常百姓。可理解的,他对第一类人最为注意。他在1895年说,政治改革必须始于京城,以及与高级官吏合作。② 他在1888年极力想赢得翁同龢、潘祖阴以及徐桐(极端保守派)等大官的注意。③ 结果,他只能说服翁同龢同意变法的重要性,而此已是甲午惨败之后。④

康氏的劝说对象并不限于大官。他曾努力寻求士人以及中下官吏的赞助。他在他们之间进行了一种教育性和宣传性的活动,使他们熟悉世界事务以及中国的问题,呼吁他们变法救国。他与他的门徒们出版通讯与报纸,并在京城以及其他地方创立学会。⑤ 他相信集合同志于学会,不仅将促使新思想的传播与近代观点的形成,而且可加强这些人的影响力。⑥ 学会的活动将是多种多样的,包括收集译书,选译西文书籍,传阅译书,翻译外国的报纸分到各省阅读,提供实验设备与建立博物馆以发扬科学研究,使每一学员致力于某一研究以鼓励实用之学,保送有成就的学员到中国以及外国去旅行,以使他们有进一步的机会获得更多的知识以及贡献知识。所要接触的人包括著名的官吏、同情的华侨、住在中

---

① 关于光绪的性格与处境,可参阅萧公权,《翁同龢与戊戌维新》(台北,联经版),页44～48。李鸿章对光绪之估量并非无据。他于1895年告李提摩太曰,帝无决心,一凭他人顾问。阅 Timothy Richard, *Fifty-five Years in China* p. 207。
② 《年谱》,页13。
③ 同上。此系1888年,康始倡变法肇因于1884～1885年的中法之役。
④ 同上。关于康氏与翁之关系,阅萧公权,《翁同龢与戊戌维新》,页71～116。
⑤ 汤志钧正确指出,上皇帝折、组织学会和出版期刊乃改革派的主要工作。见"戊戌变法时的学会与报刊",《戊戌变法史论丛》,页222。
⑥ 《年谱》,页13。康于1895年8月说此。

国的西方人,以及其他国家的学会。①

学会的构想到 1895 年 8 月 22 日在北京设立的强学会后,有了最初以及特别的形态。② 有一些京官积极参加此会,李提摩太给予赞助。③ 美国驻华使节邓比(Charles Denby)、英国使节奥康诺(Nicholas O'Connor)协助提供西书以及科技设备。在地方上的大官,不论文武,包括刘坤一、张之洞、王文韶、宋庆与聂士成在内,都捐了钱。④ 强学会似乎有了一个好的开始。

保守势力很快地使政府禁止了此一学会。但集合同志追求共同目标的想法持续而且散播开来,在京城中有小群组织,而在地方上则有较具气魄之学会的出现,较著名的如湖南的湘学会与南学会、湖北的质学会、广西的圣学会以及江苏的苏学会。此外,还有为了某一特定目标而组成的学会,如上海的译书公会以及湖南的法律学会。⑤ 上海强学会在 1895 年秋成立于上海,一部分归功于康氏本人的努力。⑥ 在京城,被查禁后的强学会一度由保国会承续,那时已是 1898 年之春,百日维新的前夕。此学会也像早期之学会一样成为各省自保组织的先驱。⑦ 这些会都延续不久,它们的实际影响难以估计,它们对当时的冲击似乎是有限而表面的。不过,它们之存在显示康氏除了皇帝外,已看出寻求其他改革力量支持的可能性。

---

① 梁启超,"论学会",此系《变法通义》之第五部分,见《饮冰室合集》,《文集》一,页 33~34。另见翦伯赞等编,《戊戌变法》,第四册,页 376。
② 《年谱》,页 13~14 有康本人对此会的记载。康之"强学会序",载《康南海文集》,卷八,页 20。另见翦伯赞等编,《戊戌变法》,第四册,页 384~385。
③ Thimothy Richard, *Fifty-five Years in China*, pp. 254~255. William E. Soothill, *Timothy Richard of China*, p. 235 记述李提摩太有云:"李氏著作与人品对许多改革派人士有绝大的影响,所以他自然是戊戌时极感兴趣的旁观者。"
④ 《年谱》,页 13~14。据康谓李鸿章"自愿捐金二千入会,与会诸子摈之,议论纷纭"。"会事甫盛,而衰败即萌马"。
⑤ 王其榘,"学会等组织",载翦伯赞等编,《戊戌变法》,第四册,页 373~478 述此会及其他诸会。
⑥ 《年谱》,页 14。王其榘,"学会等组织",页 385~386,389~394,含张之洞为此学会以及学会章程所撰之文,所说颇与梁启超"论学会"一文相呼应。
⑦ 《年谱》,页 17~18。翦伯赞等编,《戊戌变法》,第四册,页 399~417 载学会章程、参与人士姓名、康氏演说词、梁氏演说节录,以及梁氏所记此学会之影响。

康氏及其同志除寻求政府官员合作外,觉得有必要在年轻人之间传播变法消息,使他们接触西式教育,阅读"西书"、报纸以及其他设备来面对近代知识。他们实际上推动了一项思想改革以与政治改革齐头并进,两者可相互支援。有关思想改革部分将在另章讨论,此处仅需指出康于戊戌年较其门徒们更注意政治改革,也更相信可借皇权来推动改革。①事实乃是:整个讲起来,在那段时间,他在思想和政治的改革上几乎花了同样多的力气。

康氏变法运动的最终目标既是把中国变成一"联邦"(Commonwealth),即使在戊戌那年,他已开始尝试使平民,至少在心理上,作好变的准备。因此,他要求皇帝分发他的肖像,发出爱民的上谕,并将变法的诏谕传布到帝国的每一角落,以使一般百姓熟悉皇帝及其计划。②

更重要的是,康氏坚持平民必须也作好迎接民主到来的准备。他强调地方自治政府乃民主政府的基石。他于1898年必已知道皇帝与上层人士可发动政治近代化的最初动力,一般平民才能提供民主的实质。因此,在宪政到来之前,不论君宪或共和,平民必要有参政的准备,而学习自治的最好途径是从地方上开始。

康氏在1898年初说,所有的地方政治都须源自人民。当然人民尚未准备好自治。但正因尚未准备好,故必须马上采取步骤使他们熟悉政治的原理、结构与运作。首先,必须征召地方上的士绅。他们在民政局的官员协助下,负起有关地方政府的开端事务。当地方自治有了满意的成果,一般人民便可以参与全国性的宪政了。③

---

① 例如,当1898年6月23日取消八股文后而引起紧张情势之际,康弟广仁屡次建议暂缓政治活动而专事教育。有一次说道:"上既无权,必不能举行新政,不如归去,选通中、西文学者,教以大道,三年必当有成,然后议变政。"见《年谱》,页22。但康氏仍继续政治活动,直到9月间政变爆发为止。然后他转为保皇,特别是在海外华人间进行。见康同璧,《年谱续编》,页4;另见丁文江,《梁任公先生年谱长编初稿》,页88。据伍宪子(伍庄)著,《中国民主宪政党党史》,页25说,保皇会的正式英文名称应是"Chinese Reform Association"。
② 《年谱》,页23。议案成于戊戌之夏。康谓光绪同意扩大传布变法的上谕,但似并未实行。
③ 翦伯赞等编,《戊戌变法》,第二册,页202。

当1905年清廷宣布考虑立宪时,康氏重述他对地方自治的要求。他认为现实环境虽仍不能召开国会,但召开乡、区、县、省级的议会的时间已经到来。他说此乃唯一表达民权的实际办法,并替民众作好迎接完全宪政的到来。① 他相当详细地叙述了德国、英国、美国以及其他国家的地方政府,并建议中国须采行一套集其优点之大成的体系。② 他指出"野塞之国"的人民散居村落,而"文明之国"的人民则集中于都市。在近代西方,人口集中之地曰"邑",当它发展出较高层次的工商活动时,就称为"市"。中国为跻身文明国家之列,必须发展工商业。换言之,她必须与西方国家一同朝都市化迈进。然后,都市与乡村以及都会各成为地方自治政府的单位。当地方自治政府遍布帝国每一角落时,中国宪政的稳固基础便告确立了。因此,一切莫如地方自治之重要。③ 康氏在回答一从事近代化省级官员的问题时,有这样的建议:教导每一区中的乡民选出自己的代表,组成自己的议会,选举自己的领导人,以便妥善处理诸如户口调查、道路、公共卫生、学校、灌溉等事务。④

梁启超又一次正确地指出乃师康氏的立场:他给由地方议会制度操作的地方自治政府以最大的重视。因为依康氏之见,这些机构将给平民得到问政的机会,因而奠定民主的基础。⑤ 这样,一般人民本身将成为政治转化的动力。

---

① "论省府县乡议院以亟开为百事之本",《文钞》,第四册,页67。
② "论自治",《遗稿》,卷一,页40~43。康还提到柏林、纽约、伯明翰、马赛、米兰以及其他城市的自治制度。
③ "论自治",《遗稿》,卷一,页44,47,48。
④ "复刘观察士骥书",《遗稿》,卷四,页47。刘时任贵州工商主管,1908年巡抚张鸣岐任命他主管地方自治局。
⑤ 《南海康先生传》,页86。陆乃翔、陆敦骙,《康南海先生传》,上编,页19~20所说有异,谓乃师认宪政虽未建立,人民自治之权必须认可。因此乃积极主张地方自治,且为此主张之第一人,深信国民自治政府乃是民主基石,偶尔,康氏认为中国乡间已存的许多自助性组织,可以比拟近代西方的自治政府。在他叙述其叔祖于1854年所建的一个组织,他称之为地方自治政府(《年谱》,页11),此乃言之过甚。阅 K. C. Hsiao, *Rural China; Imperial Control in the Nineteenth Century*, pp. 261~322。

第四节　君主立宪之议

康氏君主立宪的希望,到辛亥(1911)年完全破灭。实在说来,至此他为中国政治转化的一切努力,化为乌有。但失败并不一定没有历史意义。不管如何,康氏的努力值得作一些不以现实标准来衡量的深入探讨。

就当时政治生活的事实而论,康氏为中国所设计的道路并非无理。中国专制政体之过时,除了顽固保守派与完全无知者外,都会承认。像康有为这样的人,在努力探求西方成功的秘密之后,自会得到一种结论,即民主乃唯一可以替代的政体。同时他得到另一种合理的结论:中国人民在专制统治下几千年,既无能力也无欲望取得政权。因此,在他们有资格运用权力之前,给予他们政权是愚蠢的。最安全的方法是尽量利用现存的设施作大转变的准备。简言之,此乃君主立宪的缘起。

说中国人民政治准备不足绝非夸大其词。康氏忠实门人麦孟华在1898年夏天,在京师内外传闻民权之说,有这样的观感:

> 中国之民未能自事其事,即不能自有其权,未能事事而畀以权,则权不在秀民,而在莠民。①

臣民对1898年8月2日求言上谕②(改革派宣传家所倡议,认为可鼓舞臣民关切公众事务的举措)③的立即反应,为麦氏的疑虑提供了一些事实的佐证。来自各方的奏折如雪片飞至朝廷。每日至少有成打的奏折送

---

① 麦孟华,"论中国宜尊君权抑民权",翦伯赞等编,《戊戌变法》,第三册,页13。此文原刊载于《昌言报》,由汪康年创刊于上海,自1898年8月17日至11月19日,共出十期。阅汤志钧,"戊戌变法时的学会和报刊",页255。
② 此一上谕见《德宗实录》,卷四二一,页15~16。
③ 在"敬谢天恩并请统筹全局折"的结论部分,康(于戊戌之夏)要求光绪帝允许一般人民上书。翦伯赞等编,《戊戌变法》,第一册,页242。

到皇帝手中,而他根本无暇竟阅。① 有许多奏折不论内容或形式简直无关痛痒,甚或荒唐。只有少数真正提出相关的建议。② 其中最荒谬的论调想是出自反对变法者之手,他们大肆抨击尊重民意之论。此种事情发生已足见中国人民在戊戌之时对运用民权的准备还差得太远。康氏及其党徒并不太悲观,因为他们觉得开明的君主乃是发动中国民主转变的最重要的动因。③

为免于太过强调明显的论点,笔者拟列举若干当时未参与变法者的观察。一位政府官员评论《时务报》(1898年6月11日)的编者主张开议会乃是政治改革的第一步时,指出议会在西方行得通,除了有良好教育的士人,尚有一富裕而有才智并了解什么对国家有利的绅民阶级,此种士人与富绅阶级在中国还没出现:

> 中国之绅,多科目、捐纳、门荫出身,好发大言空议,贫而嗜利之人,即富绅亦多贪黩成性,视国家利害,不若一身一家之切……故知民权议院之说,乃大谬之论也。④

如此评价中国传统士人的质地似乎过于悲观。⑤ 但所说中国没有一个使西方民主政治成功运作的富裕而具才智的中产阶级却是很有根据的。不止一位作者指出,缺少此一阶级乃是限制中国(即使辛亥革命以后)发展民主政府的因素。⑥

---

① 阅转载自《国闻报》1898年9月20日名曰"光怪陆离"之文,翦伯赞等编,《戊戌变法》,第三册,页412。梁启超对这些文献有同样的看法。阅其《戊戌政变记》,页44~45。另阅张伯桢,《南海康先生传》,页35。光绪帝曾透露一云南举人所上较不荒谬之折。见《德宗实录》,卷四二三,页2。
② 翦伯赞等编,《戊戌变法》,第二册,页362~374收录现存的四件中之三。
③ Franke, *Die staatspolitischen Reformsversuche Kang Yu-weis und seiner Schule*, p. 39 解释康氏之立场。
④ 袁昶,"议复寄论事件条陈"(撰于1898年9月8日),载翦伯赞等编,《戊戌变法》,第一册,页452。袁继谓:地方官选任有名乡绅为顾问团。他说如此可得到西方议院中下院之利。
⑤ 阅 Chang Chung-li, *The Chinese Gentry* 及 *The Income of Chinese Gentry*.
⑥ Houn, *Central Government of China*, p. 175 有云:"近几百年来中国最主要的社会问题皆源自经济与技术的落后,以至于构成西方世界民主宪政骨干的中产阶级,至今未在中国出现。"

一位在1914年亲历北京近郊地方议会的县长,他的议论值得一引:

> 每一区都有地方议会……和地方市政会议……按照成规,议会成员皆须是正派士绅出身。不过,事实上,议员经常由贿赂和威迫而得其位。他们系地方人民,然非真正之代表。如地方官诚实……此辈议员全力攻讦,大加阻挠。如地方官一如彼辈贪枉,立即结党营私,有步骤地压榨百姓。①

一般老百姓也未能走上民主之途。乡村重建运动的领导人梁漱溟,也是一个道地的改革派②,在1930年代早期曾说,如仅给予投票权而不先加以训练,北方的老百姓将投票反对禁止缠足。③ 当时任教清华大学的蒋廷黻在1935年也说:假如人民不愿参与政府宪法不能给予他们任何政治权力。④ 留美社会学家杨庆堃(C. K. Yang)在1940年代后期发现,大多数的农民,包括住在南京附近者,对政治事务仍然漠不关心。⑤ 中国人民,不论士绅和农民,都未有民主准备的事实,支持了康氏用现存君主权威并争取士人赞助来推动宪政起步的论点。

康氏之坚持渐进主义使他成为革命和共和的坚决反对者。他反对激烈政治改革的一些议论,可在此略微一述。他的论点有时根据理论,即政治改革必须与当时的历史环境相应。他经常援用公羊三世说——每一世都有其特定的政府形式。⑥ 由于中国是要由"据乱世"转向"升平世",因而必须以君主立宪来取代君主专制。民主只适合"太平世",虽然

---

① *Letters from a Chinese Magistrate*, reprinted from the *Peking and Tientsin Times* (Tientsin 1920),p. 51.
② 详阅 Harry J. Lamley, "Liang Shu-ming: The Thought and Action of a Reformer".
③ 引见朱经农,"结束训政的时间问题",页18。
④ "国民党与国民党员",《独立评论》,一七六号(1935年11月),页14。
⑤ 参阅 C. K, Yang, *A Chinese Village in Early Communist Transition* (Cambridge, Mass.: MIT; dist. Harvard University Press, 1959)。参阅萧公权,"低调谈选举:地方民意机构的初步检讨",页104~109,110~133。后一文乃根据作者1940年代初期在川西之实地调查。
⑥ 萧公权,《中国政治思想史》,页687~691以及702~703,综述康氏对此学说的解释。

美好,一时之间,中国尚不能达到。他在1900年说:

> 伸民权平等自由之风,协乎公理,顺乎人心……将来全世界推行之,乃必然之事也……须有所待,乃可为也……中国果服革命之药,则死矣。①

康氏拒绝动摇其所持渐进立场。即当1902年,他的一些门人因对清廷失望,且受到革命派不流血事无成的刺激②,向他建议走华盛顿之路,乃是拯救中国的唯一途径时③,他也无动于衷。事实上,当革命浪潮高涨之时,康氏更力谋加以遏阻,并发表了一系列反革命的文字,其中"救亡论"作于辛亥革命爆发后不久。④ 在这些文字中,他指出革命若进行到底,将给中国带来绝大的灾祸。他重弹旧调认为共和不适合中国情况。他辩称(并无说服力)汉人与满人同出一源,因此民族主义并不足以构成革命的理由。他强调最重要的还是基本的民主原则,即国家乃一联邦,为一些不必要的问题,如政府形式和种族之异,而相争战,致使国家残破,实在是愚不可及的。最后,他力言君主立宪如何美好而提出虚君共和的论调。为了怀柔坚持反满人士,他提出以孔子的后裔为虚君,而不握实权。康氏此一安排的理由是,中国需要一个政治统一和稳固的象征,不必像其他共和国为选元首而发生争斗。⑤

此一建议显示康氏愿意放弃清室,也表达了他的基本立场。在戊戌

---

① "告同胞印(度)事书后",《遗稿》,卷二,页28。
② 阅孙文,"驳保皇报",撰于1904年,收入《国父全集》,第六册,页226~232。参阅任卓宣,"国父的革命思想",《革命思想》,一卷一期(1955年7月25日),页7。简述赞成"民族"、"民权"与"民生"革命同时进行之论,以及非破坏现存次序无以变革之论。
③《年谱续编》,页20。当南北美洲国家的华商之函寄达时,康正在印度旅行。
④《年谱续编》,页73~74。另阅杨复礼,《康梁年谱稿本》,第二册,页62~63。"救亡论"共十篇,初刊于《不忍》,七期(1913年8月),页1~55。重刊于《不忍杂志汇编》,初集(上海,1914),第一册,页22~39。因革命而中国遭到列强瓜分非康氏一己的想象,根据日人 Masaru lkei(池川胜),"Japan's Response to the Chinese Revolution of 1911", pp. 215~216。实际上已有利用现况来促进日本的大陆政策,以及有日本军人呼吁分割中国。
⑤ "救亡论",页36~37。

变法的时代,他曾被指为保中国不保大清。① 此一怀疑并非完全无据。检视他的著作可知,他的主要关注是经变法以救中国。他保清是为了变法之需。他并不反对因保中国也保了清廷。但是,假如保清成了现代化的阻碍——即不可能和平而有序地由专制转变到君宪,他是情愿不保清的。再者,吾人须知,在康氏政治转变的大计划中,即使君主立宪制本身,最终将归结于"民治"。换言之,康氏并不是一般所认为的单纯忠君或主张君治之人。

康氏在辛亥革命前若干年,做了另一件希望阻止革命之事。在1905年(即同盟会在东京成立的那一年),清廷派五大臣出洋考察宪政,并宣称将在翌年立宪。康氏为新成立的中华宪政会②海外会员上书,请求清廷立即立宪。他收回前不久所持的中国人民尚不能参政的说法,而申说中国人民已准备好参政。他说宪政

> 在明诏已许行之矣。所以迟迟者,或疑于民智未开,资格未至耳。夫以中国之大,四万万人之众,学校之盛,当讲求新学之殷,通于中外之彦,殆不可数计,而谓区区数百议员,竟无此资格之人才,此不独厚诬中国,自贬人才……诸臣多未游历各国,未遍阅行省郡县边徼,以亲贵清流之故,多不解民俗,农、工、商、矿之百业……夫以中国之奇大,危险之极势,而付之寥寥数聋昧者之手……其事可谓出奇。何乃于以全国才人公谋国政,而独责以才不足与……故商民等以为真欲救国,必先立宪,真欲立宪,必先开国会,欲定宪法之宜否,与其派一二不通语文之大臣,游历考察,不如全国会之民献千

---

① 《年谱》,页20记有文悌的弹劾。文悌原折见朱寿朋,《东华续录》,卷一四五,页14~18。另见翦伯赞等编,《戊戌变法》,第二册,页482~489。文悌指康只保四万万中国人,而不顾及大清。
② 1907年2月13日,保皇会改名为中华宪政会,时康正自欧赴美。《年谱续编》,页59。伍宪子,《中国民主宪政党党史》,页47~48,以"国民宪政会"及"国民宪政党"为该会名称。

数百英彦之才,而公定之。①

说中国老百姓在1898年无能力有议会政府,到1907年忽说具有此一能力,当然令人觉得不可思议。不过,康氏此一突然改变是可以解释的。他此时要力促清廷从速立宪以祛革命浪潮。一个具有信念的人似也不能免于用宣传来推进他追求的目标。无论如何,他所说中国不能再付诸寥寥聋昧者之手,却是十分中肯的。

民国成立后的可悲局势证实了康氏对于未成熟政治改革的诸多忧虑。他立即回到他早期的看法,而且更加强调。例如,他在1913年说②,共和并未给予百姓自由与平等,只因他们还不配享有民主。唯有当每一个国民行止如士君子,才配享有民主。另一方面,当不配享有民主的民众流为暴民时,则:

> 所谓民权者,徒资暴民之横暴恣睢,堕实桀颉而已。所谓平等者,纪纲扫尽,礼法荡弃而已。所谓自由者,纵欲败道,荡廉扫耻,灭尽天理,以穷人欲而已。

此言似对共和之愤怒谴责多,而冷静分析其问题少。然而却反映了康氏的信念,即强加而不成熟的改变必会造成灾难。③

我们再继续讨论康氏反对革命的活动:为强调其君主立宪,康氏认为推翻清朝是错误的,因为如此一来便剥夺了中国从专制顺利进入初步民主的机会,除了在其"求亡论"第十篇中所说,他更谓夷夏的唯一区别是文化,而非种族。满洲人尊重并维护中国传统,并未夷化中国,因此不

---

① "海外亚美欧非澳五洲二百埠中华宪政会侨民公上请愿书",《不忍》,四期(1913年5月),页3~4。
② "问吾四万万国民得民权平等自由乎",页3。
③ 康氏评俄国大革命有云:"黎宁(列宁)与其党人,行其社会均产义……此大同之高义,今岂能实行。"见《共和平议》,第三卷,《不忍》,九、十期(1917),页5。T. Pokora 在评论 Tikhvinsky 论戊戌变法一书时(页144),误译最后一句作:"此为大一统的伟大理想,可于今日照样实行。"

能视之为异族。革命派所倡导的满汉之争,必将使中国遭不尊重中国文化的西方人征服。这样中国便真正会亡掉。①

在清朝末年,康氏也同样想说服满洲人,为了他们自己的利益,应消除满汉之别。他说满洲皇帝应效北魏孝文帝拓跋宏,采用汉名。② 康氏并建议皇上在外交文书中将清国改为中华。如能忘怀种族之异而共同祛除专制重担,对满汉双方都有利。③ 在君主立宪体制下(政治现代化的第一步),占大多数的汉人便没有理由要排除或消灭满人。④ 简言之,也就是没有民族革命的必要。

我希望此一对康氏君主立宪主张的散漫陈述,能厘清戊戌变法政治方面的真正目标。他对近代化的渐进主张,以及他反对用革命方式立即取得民主,不应埋没他坚持君主立宪仅仅是彻底民主的第一步的事实。换言之,君主立宪并不是民主以外的一个选择,而是中国的第一个民主设施。康本人在1911年说,建议采用宪法无乃建议一大革命,此一革命将结束君主拥有国家的体制。⑤ 我认为这是戊戌变法最重要的政治含义。

---

① "君与国不相干……论",页30～33。康氏所论要点可阅萧公权,《中国政治思想史》,页701～702。据 Masaru Ikei,"Japan's Response to the Chinese Revolution of 1911",pp. 217～224 所述,包括日、英、俄、美等国在内的外国政府,因其本国利益不同而对中国局势的看法亦异,但他们都同意一点,即君主立宪较共和更适合中国。他们都采不干涉态度。
② 魏收,《魏书》,卷七下,页11。
③ "请君民合治满汉不分折",载翦伯赞等编,《戊戌变法》,第二册,页239～240;Tikhvinsky, Dvizhenie za reformy, p. 200 以为康是中国的资产阶级思想家,有意与农民作对,故不可能仇视清廷,因清廷与他具有同样的利益,即地主的利益。此乃齐赫文斯基运用马列公式解页释中国历史之一例。在此,并无意义。
④ 梁启超,《南海康先生传》,页85。
⑤ "新世界争国为公有……说",页29。Joe Chon Huang,"The Political Theories of K'ang Liang School and Their Application to the Reform Movement in China,1895—1911",称许梁启超在推动变法运动第二阶段的贡献,而康氏一直推动政治和制度的改革。作者显然未认知康氏"政治改革"的真正意义。

第五节　康有为与孙逸仙比较观

吾人可谓:改革派与革命派同具一基本上相同之目标,即途径虽有和平与暴力之别,却都要将中国民主化。① 可以想见的,此一共同目标使一些有心人设法使康党和孙逸仙一派人合作,结果因手段不同而使合作流产。②

仔细地观察可发觉,即使在手段上双方亦有共同处。前文已指出,康氏对地方自治极为重视,认为是发展民主政府不可或缺的第一步。大家都知道,孙逸仙也认为地方自治为民主的基石。③ 例如,孙氏在1916年,在好几个场合中,不自觉地重复一些康氏在大约十年前的议论——政治秩序之根在地方自治,地方政府乃国家的基石,以及户口、道路、学校等乃地方自治政府所应关注。④ 当他于1920年详述发展中国地方政府的步骤时,也大致与康氏相应。⑤ 1924年之春,孙氏提出作为中国政治建设指南的"建国大纲"时,他再度指出,以县为基本单位的地方自治政府,在"军政"转变到"宪政"过程中的重要性。⑥ 孙氏此一想法使人想起康氏在1898年的一个建议⑦,孙氏的指示是:

> 在训政时期,政府当派曾经训练考试合格之员,到各县协助人

---

① 康氏在1898年曾警告革命的威胁。"进呈法国革命纪序",载翦伯赞等编,《戊戌变法》,第三册,页7～10。Tikhvinsky, *Dvizhenie za reformy*, pp. 6～7。指出:"康氏及其跟从者所见的实际措施包括限制清朝治权,但由和平方式出之,以遏阻革命的爆发。"
② 宫崎寅藏,《三十三年の梦》,页146。犬养毅也图谋不成,阅鹫尾义直,《犬养木堂传》,第二册,页626～627。张朋园,《梁启超与清季革命》,页131。谓康、孙之所以不能合作,因相互鄙视,页207～221。综述《民报》与《新民丛报》之间的主要争执。李守孔,"光绪戊戌前后革命保皇两派之关系",页10～15,52～56可参考。
③ 张其昀,《三民主义概论》,(台北,1950),页46～47。
④ 《国父全集》,第三册,页40～41,140,144,149～150。
⑤ "地方自治开始实行法",《国父全集》,第六册,页160～165。
⑥ "国民政府建国大纲",《国父全集》,第二册,页366～369。
⑦ 翦伯赞等编,《戊戌变法》,第二册,页202。

民筹备自治。①

另一更重要的相似点可以一提。康、孙二人都承认，中国人民实际上还停留在需要引领，才能走上民主政治的地步，尽管他们有时候认为并非如此。康氏高估中国人民的政治能力，前已述及。孙为了策略上的缘故，也作了过高的估计。因此，在1898年之秋，孙氏与宫崎寅藏以及其他日本朋友谈天时，声言中国人民已作好实施民主的准备。他对他们说：

> 人或云共和政体不适支那之野蛮国，此不谅情势之言耳。共和者，我国治世之神髓，先哲之遗业也……不知三代之治，实能得共和之神髓而行之者也……试观僻地荒村，举无有浴清房之恶德……皆自治之民也。②

不过，后来当孙不需再像着手革命时之强调革命（或鼓动革命热情），他便像康氏一样，不再如此乐观，而希望在专制结束后与民主登台前，有一过渡时期。在此期间中，人民可学习民主政府的理论与实际。

孙氏之精英领导下的政治过渡想法最早见之于1905年。汪精卫在《民报》上发表的一篇文章中，颇引用孙氏之说：

> 革命之志在获民权，而革命之际必重兵权……察君权、民权之转捩，其枢机所在，为革命之际先定兵权与民权之关系……使不相

---

① "国民政府建国大纲"第八条，《国父全集》，第二册，页366～367。一些西方学者也指出地方自治的教育作用，如 Alexis de Tocqueville, *Democracy in America*, trans. Henry Reeve (London: Oxford University Press, 1952), p. 57 云："城镇集会之于自由犹如小学教育之于科学，皆教育人们如何运用以及如何享用。一个国家可建立自由政府，但若无市政制度则不能有自由精神。"James Bryce, *Modern Democracies* 1: 131 云："民主政治的最好学校，及其成功的最佳保证，是实行地方自治。"Hardd J. Laski, *A Grammar of Politics* (New Haven: Yale University Press, 1931), p. 413："地方政府……可能，(至少有时候是如此)比政府的其他部门更具教育性。"

② "中国必先革命而后能达共和主义"，《国父全集》，第四册，页451～452。孙中山于1897年8月2日自加拿大抵横滨，宫崎寅藏与平山周与他会面。10月间两日人介绍梁启超给孙，但未能使孙梁合作。

侵,而务相维……逮乎事定,解兵权以授民权,天下宴如矣。定此关系厥为约法。①

很明显的,结束专制的"兵权"正与康有为所期望的"君宪"之权,想达到同一目的。所不同的只是导致改变的形式……革命对渐进,暴力对和平。汪氏继续阐发孙氏之见:

> 革命之始必立军政府,此军政府既有兵事专权,复秉政权。譬如既定一县,则军政府与人民相约,凡军政府对人民之权利义务,人民对于军政府之权利义务,其荦荦大者悉规定之。军政府发命令组织地方行政官厅,遣吏治之;而人民组织地方议会,其议会非遽若今共和国之议会也,第监视军政府之果循约法与否,是其重职。

当上述程序在十八省的每一县中完成,则全国之省宪即将有效,以保证顺利转化到彻底的民主。孙氏解释道:

> 发难以来,国民瘁力于地方自治,其缮性操心之日已久,有以陶冶其成共和国民之资格,一旦根本约法,以为宪法,民权立宪政体有磐石之安,无漂摇之处矣。

我们无须再指出孙氏所见在约法下的政府与康氏所主张的君主立宪,大致是为了产生基本上相同的初步作用。

在此隐约提到的"精英领导"一概念,孙氏后来曾加以说明。最清楚的说明之一是他在1916年7月17日对国会议员的演说:

> 欲图实行,当由先知先觉者之负责。……兄弟前日谓吾人当为人民之叔孙通,使其皆知民权之可贵。今更请诸公皆为伊尹、周公,辅迪人民,使将民权立稳……苟内省良知,实无不可对人之处,即稍

---

① 汪精卫,"民族的国民",页20~22。

用严厉手段,亦如伊尹之废太甲耳。①

此乃孙氏有名的训政之说。两年后在另一主要著作中,更加发挥,正因中国人民缺乏民主政治的知识与经验,故应受训,甚至就像儿童在学校接受老师的教导一样。他继谓:

中国人民今日初进共和之治,亦当有先知先觉之革命政府以教之。此训政之时期,所以为专制入共和之过渡所必要也。②

孙氏坚持精英领导的理由,不待远寻。像康氏以及其他的立宪派一样,孙氏及其信徒知道中国人民昧于民主,无法支援政治变革运动——不论是变法或革命,只有依赖少数精英分子来加以启迪。③

可以理解的,孙氏到晚年仍然坚信精英领导。例如在1924年他说到许多人责备临时约法乃导致民国失败之由。④ 他们指出辛亥革命只是建立了名义上的民国,而实际上危机更重。不过想以新宪法来补过却是错误的。他们不曾知道问题的根本在于:我们越过军政和训政而直接走向宪政。之后孙氏又作"建国大纲"来指导他的党,其中重新提出他的三阶段说(见第五条),并细述经由地方自治来达成民主建设的计划(见第八至十八条)。⑤

对已经习惯以民主方式论事的西方人而言,民主(不论君宪或民宪)可经由"开明专制"⑥或训政的过渡来达成的想法,不免令人觉得奇怪。他们有时会忘记近代西方民主传统是经由缓慢、有时甚为曲折的演变而

---

① "地方自治为建国之础石",《国父全集》,第四册,页43~44。教汉高祖政术的叔孙通,《史记》有传,见卷三三。伊尹放太甲,事见同书卷三。
② "孙文学说",《国父全集》,第二册,页59~60。
③ 如阅思黄(陈天华),"论中国宜改创共和政体",页49。
④ 潘树藩,《中华民国宪法史》,页11~29,有此文献。
⑤ "制定建国大纲宣言",《建国方略》,页363。
⑥ 开明专制乃梁氏之辞,阅其"开明专制论",《新民丛报》,七四期(1906年2月),页11;重印于《饮冰室合集》,《文集》十七,页39。此文乃梁氏答思黄(陈天华),前文而作。参阅《新民丛报》,七三期,页1(《饮冰室合集》,《文集》十七,页13)。张朋园,《梁启超与清季革命》,页232~241指出梁氏开明专制或孙氏约法和训政思想相似之处。

来，而忽视中国在几千年专制政体下停滞不进，仍是一落后国家，必须从头建立起民主的习惯与制度。① 在中国少数知道一些西方政治史并见到政治近代化在自己国家急需的人（如康、孙等），已不能期待，或寄望慢慢演变。不可避免地，他们有了难题：要在既无需求也无能力自治的人民中建立"民治"。他们对此"中国的困惑"唯一解决之道乃是由精英分子来训练人民如何民主。因此，这一看似奇怪的方式从历史上来看是可以理解的。

的确，他们的解决办法也适用于20世纪中叶亚非诸"开发中"国家。最近有一位英国作家指出，这些国家的重要课题是，"产生一群新的改革分子，来担负起近代化的重任"，又说：由于这群人"将发现不能够在自由民主中施展所有的建置"，他们会组成一"权威性的（如非集权的）的国家"，以便将一般百姓"震出常规"。② 换言之，他们会用"开明专制"或"训政"来达成近代化。一位美国政治学者在分析他所谓的亚、非、拉"前民主"（predemocratic）近代化社会时，指出同一趋向。他强调检视"前民主"政府形式之必要，此一形式政府包含了"前民主"以及"不民主"的制度。③ 康氏与孙氏所遭遇的中国情况当然与当代正在近代化的国家大不相同。然吾人仍可称此二人的方案由"前民主"政制来达成政治近代化，是有智慧的。

即使是康氏及其门徒所用的"开明专制"的观念在当代也别具意义。"近代化专制"的实例可见之于泰国、摩洛哥和埃塞俄比亚（旧译衣索匹亚）。在这些国家中，虽说有许多机构如委员会、议会、政党等分享权力，但权威仍集中于高层。这种安排有好处：有完好组织的近代专制政权可以试验各种目

---

① Houn, *Central Government of China*, pp. 161~163 重申一明显的事实：革命与民主宪法本身并不足以保证民主政府。中国无法建立民主政府的症结所在，乃是中国人民毫无控制政府的实际经验，他们也从未尝试研究达到此一目的之方法。
② I. R. Sinai, *The Challenge of Modernization*, pp. 217~219.
③ David E. Apter, *The Politics of Modernization*, p. 3.

标,而不必付出不稳定的代价。① 康氏想必会全心赞同此一看法。

不幸的是,一个可行的方案不一定保证成功。由"前民主"制度来作政治近代化的可行性必先要有近代化的精英分子。② 康氏仰赖清帝以及士大夫官僚来医治他所诊断出的中国政治病,他必然要失望。他所争取到的一些人无能施展他的理想,而有权之人又拒绝接受。就某一意义而言,不能完全责怪包括慈禧在内的满洲人。因康氏方案的最终目标是要结束清朝在中国的统治。③ 执行这些方案不啻政治自杀,要清朝放弃专制,无异"与虎谋皮"。

中国统治阶层,特别是满洲人,不愿用和平的方式来近代化,而使主张革命的论调得势。即使是梁启超也觉得失望与不耐。在1902年致康函中,他与反对君宪的人一起预言不经革命不可能有政治革新。许多康党的海外党员也开始反对清廷。④

革命果然到来。但革命结束了专制,却未使中国适于民主。康氏未能给中国带来君主立宪,似乎部分由于君主虽愿意而不能行之;而孙氏未能给中国带来民主,则因他未能统率相当的先知先觉之士来完成训政。环境实在不利。他的党必须与敌人常年作战,而所面临的国际形势也极不利。国民政府在南京成立后,必须把注意力集中到国家的安定,无暇教导人民行使民权。从1898~1948年,中国政治中一个不愉快的事实未尝稍变:大部分的人民仍未习于民主。陈独秀在"驳康有为共和平议"中,承认此一事实,而怀疑可由共和主义或宪政主义来实施民主。他在1918年写道:如果一般老百姓不足以救国,则无论君主宪政或民主宪政,都无法使国家生存。

---

① David E. Apter, *The Politics of Modernization*, pp. 37,360,397,402~405.
② Ibid., pp. 138~144.
③ Tikhvinsky, *Dvizhenie za reformy*, p. 5 有云:"若谓满洲人读了皇上的变法诏书,就马上自愿取消特权与权位,那真太天真了。"参阅 Mu Fu-sheng, *The Wilting of the Hundred Flowers*, p. 111. 有谓"民族主义与满洲人的短视为变法之阻碍"。
④ 丁文江,《梁任公先生年谱长编初稿》,页157。梁继续倾向革命可见之于其致徐勤函(同书,页181~182)。但梁氏不久即回到宪政之主张,见其致蒋观云(智由)函(1903年7月,同书,页186),另见梁启超,《清代学术概论》,页142。

就本国老百姓的素质而言,的确可以怀疑是否可以实行民主共和制度。但是谁能保证他们就有足够的素质来实施虚君共和,或者是君主立宪呢?①

陈氏不久即对"德先生"与"赛先生"(在他认为是近代西方文明的两根支柱)失去信心,而向马克思主义中寻求"真理"。事实上,时代背景为共产主义的胜利铺了路。国家分裂,军阀乱政,财政困难,外国侵略②,再加上一般民众政治水准的落后。由西方促使的近代化努力之失败,造成失望与不安,遂使一些年轻知识分子认为共产主义,虽非唯一的解决方式,仍是一值得一试的办法。③ 如毛氏所说,向西方追求真理既不成,现在只有向苏俄学习。④

毛氏崛起的原因与环境并非吾人在此所要陈述者,但可能可以藉此说明:中国民众的政治迟钝有助于共产主义的兴起。我们的确可以这样说:毛氏利用了此一情况。不像孙氏与康氏一样想先使民众转变作为政治变革的准备,毛氏只是以人民为历史的物质力量,为强有力的自然资源,以达成他个人的目标⑤,即是建立"新民主"。独裁像专制一样,得益于大众的漠然与顺从,漠然与顺从乃是民主化的障碍。

一位苏联学者在其讨论戊戌变法的书中,称这种认为大众尚未能从事自觉的、有组织的活动,因而必须把创造历史的工作留给精英分子的看法是"不切实际的"。⑥ 与毛泽东相比,康有为的确很不切实际,他竟相信可以引导长久生活在专制下的人民,一步步走向民主的道路。不过康氏并不是一个愚蠢之人。他很可能是在他那一代人中最先见及政治落后乃中国的主要问题,没有强烈的政治变革,近代化不可能有效。他

---

① 陈独秀,"驳康有为共和平议",页192。
② 参阅 Chalmers A. Johnson, *Peasant Nationalism and Communist Power* (Stanford: Stanford University Press, 1962)。
③ Mu Fu-sheng, *Wilting of the Hundred Flowers*, p. 113.
④ "On the People's Democratic Dictatorship", *Selected Works*, 4 (Peking, 1961): 412~413.
⑤ 参阅 Suzanne Pepper, "Rural Government in Communist China: The Party-state Relationship at the Local Level", pp. 33~34。
⑥ Tikhvinsky, *Dvizhenie za reformy*, p. 219.

是极少数之人,若非真正的第一个人理解到广义的民主政治实是近代西方强大的基础。据此,他戊戌年奏议中有关政治改革的要点,不仅仅针对行政结构的重整,而且使人民具备参政的条件。简言之,他希望同时由上而下以及由下而上来推进民主制度。他拒斥革命为变革的可靠手段,但他的目标实在与革命无异——他要消灭古老的专制政体。梁启超在1901年忆述戊戌变法的政治含义时,有云:

> 以国民公利公益为主,务在养一国之才,更一国之政,采一国之意,办一国之事。①

第六节 保皇与君主立宪(1899～1910)

康有为之反对辛亥革命与民国,以及参与民六复辟,已被普遍地认为:若非叛国,至少是反动行为。不过,我们若仔细审查戊戌后十年间他的言行,将会有不同的判断。就其继续提倡君宪,不断反对他认为不适宜当时中国的政府形式,以及力谋改善民国建立以来种种令人沮丧的情况而言,他一直是个像戊戌年一样的改革派,虽然他改革的目标不再针对衰败的皇朝,而是动乱的民国。

从1899～1925年之间,虽然康氏想从制度的逐步民主化来推动中国政治近代化的主要目标未变,但随着历史情势的转变,他曾好几次改变他的立场。首先,在1899～1905年之间,他仍把中国实施君宪的希望寄托在光绪皇帝身上,因而,他最关切的是皇帝重掌大政的问题。然后,在1906与1910年间,他致力于使清廷立宪意愿的付诸实施,同时阻挠革命的发展。当1911～1912年革命与民国已成事实,他揭发新政权的缺点,并建议如何使它较为健全。最后,在一切努力失败之后,他与一些人从事反革命活动,以至发展为民六复辟,以及此后不断的地下活动,直至1920年代。

---

① 《南海康先生传》,页64。

康氏早先为了恢复光绪政权,组成保皇会。康氏在日本、加拿大稍作逗留并访问英国之后,于1899年之春回到加拿大。他的保皇运动比孙中山的革命运动更受海外华人的支持①,他说服了一些他所认为的有义气之人,于7月初在温哥华组织了"保商会"。他认为保护皇帝免受太后毒害比保商来得要紧,乃促使此会改名为"保皇会"。到1903年之春,支会在美、加、日各大城中出现。大多数华埠人士都参加。② 在日本横滨的支部由梁启超直接领导,展开了积极的宣传活动,先是反对中国境内的保守派,接着是对付海外的革命派。这些宣传都经由学校教育与期刊来进行。③

　　康氏及其海外友人除使他们的活动不辍以及待机而动外,难有其他实际的结果。他们无须等待太久。1900年的"拳祸"④使保皇派与革命派都觉得直接行动的时机已经到来。⑤ 以康氏之见,利用动乱来推翻慈

---

① Li Chien-nung, *The Political History of China*, p. 179.
② 康同璧,《南海康先生自编年谱补遗》,(以下引作《年谱补遗》),页2;康同璧,《年谱续编》,页4;伍宪子,《中国民主宪政党党史》,页24~27;杨复礼,《康梁年谱稿本》,第二册,页2以及丁文江,《梁任公先生年谱长编初稿》,页88。
③ 伍宪子,《中国民主宪政党党史》,页29~30。保皇会宣称在日本创办了三所学校:大同学校(横滨)、同文学校(神户)以及高等大同学校(东京),均设于1899年。该会会员坚持反对保守主义与革命主义,言论多见于《清议报》(1898~1901)与《新民丛报》(1902~1905)。
④ 1900年之春事变在北京爆发,是年6月义和团已据有直隶全省。清廷于7月逃离京城。Chester C. Tan(谭春霖), *The Boxer Catastrophe* (New York: Columbia University Press, 1955)仍是最详赡之作。Li, *The Political History of China*, pp. 173~183约略记载此事件。Teng and Fairbank, *China's Response to the West*, Chap. 19收有若干重要文件。黄大受,《中国近代史》,第三册,十五至十六章提供一些可资参阅之事实。
⑤ 孙逸仙致函港督柏雷克(Sir Henry Arthur Blake)要求支援革命。《国父全集》,第五册,页17~19。宪政党与革命党之间的相争自不可免。丁文江,《梁任公先生年谱长编初稿》,页103指出,中山无日不谋求发展,若吾人不努力,广东一旦入其手,则吾人如何重振? 阅 Tse Tsan Tai (Hsieh Tsan-t'ai), *The Chinese Republic: Secret History of the Revolution*, pp. 16,20,25记道:"1899年11月4日,我写信给康有为,严谴其保皇会。""1900年8月26日,康有为及其党徒先后计划革命于安徽大东与湖北汉口,容闳博士及其在与此事有关,仅以身免。"冯自由,《中华民国开国前革命史》,第一册,页57有谓:唐才常初与梁启超等在湖南从事改革。戊戌变法失败后,他乃要用武力来推翻清廷,遂赴日与康梁计划。其友毕永年乃中山信徒,介绍与中山见面,中山要求他协助巩固长江以南之革命力量,唐氏想用保皇会之经费来从事起义,觉得不便与兴中会积极合作。不过经毕氏与平山周之协调,同意双方以不同的手段来达到同一目的。Li, *The Political History of China*, p. 182叙此一情况有谓:"毕永年很想把唐才常拉到中山的旗帜下面,而康梁把唐当作他们的徐敬业,唐左右为难。"

禧太后的统治不仅仅在战略上可行,而且道德上有必要。就在前一年,在徐桐以及其他反变法分子的建议下,慈禧太后决定要废掉光绪帝,只因各方强烈的反对,阴谋未成。① 康氏相信皇上已甚危急,乃决定采取断然措施。

虽然广泛动员了在新加坡、檀香山、横滨以及其他各地的支会领导人积极准备,1900年的起义并未配合得好。② 汉口起义因款项未到,一直延期,而卒于8月21日为张之洞所发觉。唐才常以及其他一些人于此日就戮③,悲剧收场。同时,孙中山在惠州的起义也很快被扑灭。④

据说唐才常与革命党有默契,两方面可殊途同归。⑤ 但事实上,康与孙所见之目标大不相同。孙要完全消灭满洲统治,而康仅要推翻慈禧太后及其支持者以便让光绪重握政权。康氏此点在1900年起义时以及汉口起义失败后的一些著作中,表明得很清楚。他说:除非不道德的慈禧被迫退位,无事可成。唐才常亲自领导起义也是为了勤王,他并非一些报纸上所指的乱匪。⑥ 在较早的一文中,康氏认为义和团起义的结果,以及外国军队破坏北京,可能对中国有利:

> 旧党必尽歼,而圣上必无恙,盖天特以启中国维新之基,而为圣主复辟之地者也。⑦

8月中旬北京陷落后,康氏觉得应将他的见解让有关的外国知道。

---

① 1899年2月11日上谕宣布为同治立后,载朱寿朋,《东华续录》,卷一五七,页13。王照,《方家园杂咏记事》,页8～9,谓徐桐等高官曾建议慈禧太后废光绪帝,然荣禄反对,卒以为同治立嗣为折中办法。张謇,《啬翁自订年谱》,页10,谓刘坤一有功于阻止慈禧废立。
② 丁文江,《梁任公先生年谱长编初稿》,页101～103 详记此事,并提及若干问题。
③ 冯自由,《中华民国开国前革命史》,第一册,页58～80 述起事始末。丁文江,《梁任公先生年谱长编初稿》,页143～145,载梁致康函(1901年8月17日)提及筹款之难。
④ 孙文,《自传》,《国父全集》,第一册,页36～38。Li, *The Political History of China*, pp. 182～183 约略提及此事。
⑤ 冯自由,《中华民国开国前革命史》,页57。
⑥ "勤王乱匪辨",《遗稿》,卷一,页19～21。
⑦ "拳匪之乱为复圣主而存中国说",《万木草堂遗稿外编》,上册,页272。参阅"与友人论鄂败及伤伯忠之死",《遗稿》,卷三,页287～289。

在一篇为此目的所写的文章中,他力辩帝党与后党之别,此一重要的分别应让处理拳乱之后中国的外国人知道。

> 帝党者,即新党也。后党者,即贼党也。帝党深通交涉,忠于皇上,亲好各国,喜西方之文明……后党骄愚横悍,不通公法,深恶外国,而日欲杀逐之。

康氏继谓,外国已知后党之丑恶。但是如果在处理乱后中国,他们不知道支援帝党,则一切努力都将白费。①

康氏的劝告并未见听。清廷于1902年回到北京,慈禧太后仍然掌权。不过康氏并未放弃除掉她的想法。② 他思图暗杀,以她为主要对象。在1900～1906年之间,大笔的钱花在征求"侠士"之用。康氏信任的朋友梁铁君到北京亲自指挥。除了梁氏本人遭逮捕以及处死外,没有发生任何案件。③ 此为康氏保皇努力的又一悲剧性失败。诚如他的一位门徒在几年之后所说的,1900年起事是极危险的,而成功的希望又极少。④

康氏本人并非不知危险性。不过他已决定将他的全部组织及资源投下,以图皇上的复辟,仅仅因为他以为除了"圣王"重握政权外,别无政

---

① "新党贼党辨",《遗稿》,卷一,页21～22。"查中国事当辨党派说",《遗稿》,卷一,页17～18,明白表示庆亲王、荣禄和李鸿章系后党,而张之洞与刘坤一则在帝后之间彷徨。关于此一主题,康氏另有一文,作于北京陷落两个月后,题作"各国今日之目的",《万木草堂遗稿外编》,上册,页280～282。

② 根据康氏的说法,慈禧太后必将导致中国之分割。见其"中国必分割",《万木草堂遗稿外编》,上册,页275～280。

③ 丁文江,《梁任公先生年谱长编初稿》,页198。早于1903年之秋梁启超致康函中,说到俄国虚无党的领袖都是亲自行刺,像康氏这样雇用杀手是不智的。康氏雇用以执行暗杀计划的"死士"林某即以康所给款项尽情玩乐,而把任务摆在一旁(同上,页190)。Marius B. Johnson, *The Japanese and Sun Yat-sen*, p. 77 引述宫崎寅藏(见《三十三年の梦》,页164),述及康于1898年戊戌政变稍后在香港与宫崎碰面的情形:"他(康)告诉宫崎,慈禧乃变法的唯一阻碍,表示愿雇日本志士刺之。宫崎以此为康党之本色,其中竟无一有决心可行刺之人,康氏显然铭记此事于心。"次日即有一神情紧张的年轻人来向宫崎垂泪道别。宫崎也许对康党未尽公平,梁铁君岂非亲赴北京执行此一任务而败身死?不过必须承认,体力之勇显非康氏所长。

④ 伍宪子,《中国民主宪政党党史》,页37。

治改革的可能性。此乃值得冒之险。因此,可以理解的,1900年的惨败并未使康放弃保皇以求君主立宪的意图。他仍然觉得拳祸乃一暗中之福。在一篇大约写于1900年末或1901年初较不为人知的未刊稿中,他又颇为乐观,因许多新党顽敌或死或逐,政府的旧记录被毁,保守主义的骨干已折,而改革之路终于澄清。太后及其忠仆仍在,但命运的奇妙安排使他们为维新铺了路。康氏在结语中,要求改革派的同志振作起来,重新献身。①

事情的发展并不乐观。1901年初,太后尚在西安时,即以皇帝之名发布一道上谕,声言改革,但同时谴责康氏的叛逆行为。② 翌年初,她在北京重握大权,皇上只是她的橡皮图章。此一情况使康氏忧虑但仍抱希望,于是他在1903年上了一长奏,请求太后:(一)归政于皇上,(二)赐荣禄与李莲英死,(三)采用宪法以及承认人民的政治权利。③ 不用深入分析即可知,最后一点是康氏的主要目的。他的这些话很重要:

> 近者举国纷纷皆言变法。庚辛累诏,皆以采用西法为言。盖危弱既形,上下恐惧。虽昔者守旧之人,力翻新政者,今亦不得不变计矣。然方今中国本病之由……并非开学堂、铁路、矿务,一二枝叶所能挽也。

康氏指出,真正重要的措施,乃是把中国自专制转化成君宪,扎根于民权。④

在大体复述其1890年代的论点后,康氏指出"以民权为国"乃是近代西方强盛的秘密。他解释道,民主意指采用宪法,开民选的国会,建立

---

① "中国布新除旧论",《遗稿》,卷一,页23~25。
② 朱寿朋,《东华续录》,卷一六四,页2~3及沈桐生,《光绪政要》,卷二六,页28~29,均载有1901年元月29日(光绪二十六年十二月十日)上谕。Cameron, *Reform Movement in China*, Chaps, 3~8;Li, *The Political History of China*, pp. 194~198载拳乱后的改革措施。
③ 此一文献见《万木草堂遗稿》,卷三,页9~20。
④ 同上,页16。

地方自治政府。这样的安排远胜于由一、二昏墨之人控制千万人命运的制度。①

　　康氏警告太后,若执迷旧法,将召大祸,不仅是国家遭殃,她本人亦不能免。中外历史昭示,长期恶政必致独裁者覆败。民权已经成为不可抗拒的历史潮流。② 中国人民早已不满她的统治,他们尚未采取行动,乃因传闻她将还政皇上。而皇上曾冒险救民,并表现了他藉维新强国的能力。人民等了整年,但她仍然大权独揽。他们会坐视他们的国家被荣禄、李莲英毁灭,以称她的心意吗?③

　　康氏的奏折像是最后通牒而非恳求。我们不知此奏是否上达太后。即使上达,她也不会有心情听康氏之言。他似乎是在试图以暴力来推翻"不道德的皇太后"失败后,而改采劝导的方式!

　　未久,康氏即发觉反对共和革命的刻不容缓,因革命党在孙中山及其他年轻知识分子的领导下,声势日壮。在清廷派五大臣出洋考察宪政的那年夏天,同盟会在东京成立,其目标在"驱逐鞑虏"和"创立民国"。④《民报》出刊后,立宪派加紧宣传。梁启超担此重任,而成为两党笔战中最健之笔。⑤ 康氏一定也著文卫护他的主张,但不知何故,我们在他此一时期著作中,发现很少与此事有直接关联者。⑥ 不过,至少在一处,他表明反对尚未成熟的共和主义。他在 1905 年写道,与欧美社会政治思想接触过之人,都感目眩,而误以为这些思想乃医治中国所有毛病的万灵

---

① 《万木草堂遗稿》,卷三,页 17。
② 同上,页 10～11,17～18。
③ 同上,页 11。
④ 引自同盟会誓文,包括孙中山、黄兴、陈天华在内的七十余人,在同盟会成立时宣誓的誓词。阅 Shelley H. Cheng, "The T'ung-meng-hui: Its Organization, Leadership, and Finances, 1905～1912", p. 102.
⑤ 杨复礼,《康梁年谱稿本》,第二册,页 36,42。丁文江,《梁任公先生年谱长编初稿》,页 221。
⑥ 一个可能的解释是:在这些年中他从事各种论儒学、论乌托邦(《大同书》)、论改订官制(《官制议》)之书的写作或修订;此外他写了欧游游记(《欧洲十一国游记》)。康同璧,《年谱续编》,页 12～50。另见《年谱补遗》,页 9～33。

药。他抱怨道:"于是辛丑以来,自由革命之潮弥漫卷拍……三尺之童,以为口头禅矣。"①

荣禄于1903年4月11日去世后,康氏认为已无保皇之必要。他立即离开印度到南洋一带积极从事立宪运动。②清廷于1906年8月31日下诏有云,许多国家因立宪而致富强,中国应即效法。但因民众尚无此智慧与知识,必须设法使绅民先熟悉国家事务,以奠定宪政之基。③康氏以此诏为行动的信号。他与同志们商议之后,于1906年10月10日宣布"保皇会"自丁未年的第一天(1907年2月13日)④起改称"国民宪政会",就此他开始了宪政运动的新阶段。

康氏的主要论点于此会(又名立宪党)章程中更加确定。第一条曰:"本党宗旨,务使中国完成一宪政国家。"⑤康氏的志趣更可见之于应美洲会员而作的会歌四章之中。部分歌词如下:

> 惟天生民兮,赋才与权。俾自营卫兮,群族乃存。合群之道,众议是尊。舍私从公,宪政攸传。

> 惟诸圣之救民兮,除苦患而求乐利。虽君长之爱民兮,岂如吾民之自治。虽一人之仁圣兮,未若合众之智。好恶从之众兮,自大

---

① 《物质救国论》"自序"。此文另见《世界评论》,第十年,一八、一九期(1963年2月16日、3月10日),页6～15,有徐高阮引言。
② 康同璧,《年谱续编》,页33以及《年谱补遗》,页24。康同璧说乃父于此时易"保皇会"作"宪政会",显然有误。改名还在较后时间。
③ 全文见朱寿朋,《东华续录》,卷二〇二,页2～3。
④ 伍宪子,《中国民主宪政党党史》,页46～48。据伍氏谓,康氏草此宣言。丁文江,《梁任公先生年谱长编初稿》,页215～218,以及伍宪子,《中国民主宪政党党史》,页48,所说名称有异,可以参阅。
⑤ "宪政党章程"共六章(译按:当作五章)十八条,见于微卷三,今载《万木草堂遗稿外编》,上册,页470。康氏于第二条提出十二条政纲,包括"调剂政权分配,促进府制自治"以及"注重政治教育"。梁启超以康氏难被人接受而不能领导宪政运动,遂在1907年10月17日在东京自组政党"政闻社",梁氏所撰章程与康所提基本观念相应和。1908年8月13日上谕查禁梁氏之组织。参见丁文江,《梁任公先生年谱长编初稿》,页215～220,284～288;伍宪子,《中国民主宪政党党史》,页50～55;以及 Li, *The Political History of China*, pp. 216～218。

公而无偏毗。①

为了加速政治变革的步调,康有为及其同志寻求各种方法以动员海内外的舆论,对清廷施加压力。② 康氏本人在1907年代表海外会员,写了长篇请愿书,请求立刻召开国会,作为宪政之实体;请求废除满、汉之界;以及请求改"清国"为"中华国"。③

他首先指出海外华人深切关注中国的危险局势,而清廷宣布将进行及自1901年来已执行的改革措施,实不足以应付情势之需。他直率地说:

> 乃者朝廷非不略微变法矣,比之畴昔守旧之政,岂不大异,而天下滋扰,士民怀疑者,诚以举大事在实心而不在空文也……今屡言立宪,期诸必行,庶政公诸舆论……而朝廷必抑舆论而行之,岂不与立宪之政大反哉?此天下所以不信朝廷也。④

刚才提到的第一个要求,即立即开议院,显然最为重要。康氏重弹旧调,认为人类以及孔氏真经都指示,宪政乃是适合近代的政治制度。过去几百年中国因无议院制度,使孔子的"宪政意念"成为无实的空话。因此之故,中国的政府仍然落后于采用宪政的西方国家,因而衰弱危殆。因此,议院乃是解决中国问题之钥。康氏作结道:

> 夫立宪不过空文耳,苟无国会守之……真欲救国,必先立宪;真欲立宪,必先开国会。欲定宪法之宜否,与其派一二不通语文之大

---

① "中华帝国宪政会歌",《南海先生诗集》(梁氏手写本),卷一,页9。
② 行动大致由梁氏"政闻社"会员执行,一部分会员回到中国鼓动宪政,在华中筹办学校与报刊。该社总部也由东京移至上海以便配合行动。见丁文江,《梁任公先生年谱长编初稿》,页258~284。
③ 现有资料未能尽同此说。阅伍宪子,《中国民主宪政党党史》,页55~56;丁文江,《梁任公先生年谱长编初稿》,页287;另见康同璧,《年谱续编》,页59;《年谱补遗》,页41。要求之原文见于《不忍》,四期(1913年5月),"文艺"栏,页1~26;六期(1913年7月),"文艺"栏,页27~33;《文钞》,"奏议",页13~25。要求慈禧太后归政未能包括在《不忍》及《文钞》所刊文字内。
④ "海外亚美欧非澳五洲中华宪政会侨民公上请愿书",页2。

臣,游历考查,不如合国会之民献千数百英彦之才,而公定之。①

不出意料之外,清廷感到愤怒,更加压抑立宪派。康氏所言实不必如此尖锐。他的某些要求,实非太后以及满洲统治阶层所能接受,特别是他要在名义上取消"清国",而代之以"中华国"。取消满汉之别,在满洲人听起来也似是要取消他们的特殊地位。康氏满汉合一的论点虽以为是保护满洲本身安全,以及破除孙逸仙种族革命理由的最好办法,但不足以减少满洲人根深蒂固的疑惧。② 其中一些人断未忘怀戊戌变法时攻康之言:"保中国不保大清。"③即使是立刻召开国会的请愿,有些满洲人会解释为剥夺他们权利的手法。作为广大中国人口中的少数民族,满洲人很清楚地知道,一切事务取决公议,他们将永远是失败者。

康氏并不气馁,继续呼吁召开国会。迟至1909年,他仍上奏请求明秋召开国会。他辩称情势已很紧迫,若按原定计划再迟几年召开,是十分愚蠢的。④ 同时,康氏公开反对革命,反对自由与平等的滥调。他说自由若无自修,非政治之福。他称赞德国无可匹敌的行政与军事系统、文学及科技,他认为此优越之源乃在其宪法,其中民权与君权配当得十分得宜。法国与美国都不能与其相比,因为这两国有过分的自由。此一缺点即宪政先进的英国,也不能完全免除。中国应记取教训,不入西方国家已入的陷阱。⑤ 康氏并非反对民主政府,而是主张君权与民权的适当制衡,君与民都不至于有过度的权力。康氏深信制衡原则也可应用到国

---

① "海外亚美欧非澳五洲中华宪政会侨民公上请愿书",页4。
② "海外亚美欧非澳五洲中华宪政会侨民公上请愿书",页6～9。参阅"请君民合治满汉不分折"(1898年夏),见第123页注③。
③ 《同谱》,页20。
④ "奏请开国会折"。清廷于1908年9月22日宣布预备宪法以及选举与组织国会之大纲(由制宪局草拟),以九年为期,完成宪政。见Li, *The Political History of China*, pp. 218～220。
⑤ "补德国游记序",《文钞》,第二册,页43～44。据康谓,美国麦金莱(William McKinley)与老罗斯福(Theodore Roosevelt)总统在宪政政府中运用前所未见的行政权力。参阅"突厥游记序",《文钞》,第一册,页1(《文集》卷六,页1),其中康有云,土耳其如要求平等自由,将面临毁灭。

会制度,因此二权制较一权制为好。①

我们可以这样说,在戊戌变法后十年中,康氏一直致力于中国政治的近代化——使专制和平转化为君宪。这说明了他的矛盾立场:着眼于民权,却同时要保皇帝。②

第七节 从事反对不成熟的共和主义(1911～1925)

"虚君共和"

辛亥革命的爆发与民国的成立,呈现了一个全新的局面。康氏继续追求一有节制的民主,但因环境已经改变,他觉得有调整战略的必要。

在辛亥年末,他作了阻止共和的最后努力。他致函黎元洪及其他革命领袖,要他们把他的主张转达各省的领导者。③ 他首先承认革命的迅速成功,清朝统治结束,可谓"天与人助"之举。他接着警告采用从未在中国试行过的共和政府总统制的危险。他指出拉丁美洲一些国家试行此一制度而造成的混乱局面。他说民主在美国行得不错,仅是因为特殊环境所致。美洲殖民者早自英国带来民主传统。再者,当美国革命时,人口很少。而中国既无民主传统,又有庞大人口,不可能成功地实施共和政府。

他本人虽认可"民治"政府的原则。但未成熟而应用之,将是绝大的错误。当务之急是给中国一个基本上是民主的政府。法国与美国式的"总统共和"与英国式的"君主共和"只是形式上的不同,二者皆在取代绝对专制。像中国之习于专制而缺少民主经验,"君主共和"有"总统共和"所无的好处。前者的虚君可置身于政治竞争之外,可作为国家团结与安定的象征。君主统而不治,固无须具有杰出的个人才能。如此说不误,

---

① "欧东阿连五国游记",《不忍》,五期,页20。
② 陆乃翔、陆敦骙,《康南海先生传》,页19。
③ "致黎元洪等书",《遗稿》,卷四,页61~69。

则清之废帝与衍圣公(孔子之后裔)都可胜任此位。

康氏于同时所作的二文中详论其"虚君共和"的观念，一篇是"救亡论"，另一篇是"共和政体论"。① 在论述共和政体理论之余(他道及雅典的贵族制和罗马的三头马车制)他作结道，每一历史上及现存的制度都有缺点，而英国的"君主共和"则较少弊端。"总统共和"既为较劣之民主政府形式，冒政治斗争与混乱之险而在中国试行，实在是得不偿失。②

紧接着几年，康氏继续在他的论著中申述此一见解，如"中国善后议"(1916)③、"与徐(世昌)太傅书"(1917)④及"告国人书"(1925)⑤，他坚决认为"虚君共和"乃解决中国政治困局之唯一办法。

然须指出，康氏虽一直反对所谓不成熟的共和主义，他对那一种民主政府形式适合中国的看法有修正。如他在1917年自谓："仆戊戌以来，主持君主立宪；自辛亥以来，主持虚君共和。"⑥两种制度的主要不同是，君宪乃君主虽受制于宪法仍有实权，而虚君则无任何权力。因此，有一些学者认为康氏的思想是在进步的。⑦

---

① "救亡论"(1911年秋)，《不忍》，七期"政论"，页1～55。"共和政体论"，微卷二。
② 至此康氏不再赞成选衍圣公为虚君，因其不一定受到非汉族的中国少数民族所拥戴。最好还是由"旧朝"复位(同上，页14～15)。这显示此文可能写于"致黎元洪等书"之前。参阅梁启超，"新中国建设问题"，页27～47，其中梁述及各种民主政府的相对优点，但不推介君宪(这是他认为既有政体中最佳者)，因他怀疑满洲人有执行此一政体的能力。
③ "中国善后议"，《遗稿》，卷一，页97～100。此文写于袁氏称帝失败之后。1916年初，康氏致函"洪宪皇帝"，劝其退位。有云："吾向以为共和、立宪、帝制，皆药方也。药方无美恶，以能愈病为良方；治体无美恶，以能强国为善治。""致袁世凯书"，《年谱续编》，页94；《年谱补遗》，页65。
④ "与徐太傅书"，作于民六复辟失败之后，《不忍》，九至十期，页1～5。康氏特别指出，有一些国家，用外国人为王，如英国亨利第二来自法国，威廉来自荷兰，乔治第一来自哈诺佛。
⑤ "告国人书"，《遗稿》，卷四，"书牍上"，页128～131。
⑥ 见康致冯国璋电，时冯为临时总统，复辟失败后，命令捕康。康同璧，《年谱续编》，页107；《年谱补遗》，页77。这些资料所示电报日期为1917年7月4日，可能不确。复辟宣布于7月1日，段祺瑞马厂誓师于7月5日，一周后张勋遁入荷使馆，2日后段率兵入京。见Li, *The Political History of China*, pp. 370～371。故康氏不可能于4日发电。
⑦ 赵丰田，"清末维新人物之一——康有为"，《大公报》，引见杨复礼，《康梁年谱稿本》，第二册，页76。

企图改良民国

康氏对1912年建立的民国十分悲观①,但并未阻止他提供建议以促使民国成功运作,特别是在民国肇造的最初两年。在致宪政党海外会员的一封公开信中(作于1912年初),他事实上已表示接受了新的政治秩序。他一开始回忆宪政党的历史:

> 顷闻旧朝禅让……民权是张,政党攸赖……吾党肇开阅十四载……初期望之舍身救民之君主,故己亥至乙巳年,吾会以保皇为名者,以反对虐民之后党也。中期进行确为立宪之政体,故丙午年,吾会改去保皇名义,而以国民宪政会为名……自丙丁至辛亥前后六年,书电纷纭,纠合国民皆以力争立宪为事……若使摄政以来,当国者不全黩货犯奸,扫荡廉耻,摧灭纲维,嫉弃忠良,凌暴人民,粉饰伪宪,则吾党之志,早可见行……君主让权,同于英国,人民议政,可保中华,不待今者流血之惨,日忧分裂之危矣。

接着,他要求他的同志,重新为民国献身:

> 今既时运迁移,新旧代谢,合五族而大一统,存帝号而行共和……今际破坏,虽吾党所不预,而他时建设,岂吾党所能辞?……在鄙人等用是兢兢,望同志等益加黾勉。惟今国体已非君主立宪,今特复丙午前旧名,定吾党名为国民党……中国图强,后事至大,努力奋励,同奏新勋。②

有一事更可证明康氏决定以其党赞同共和。1912年底,他最信任的学生徐勤为海外康党选任为中国国会议员。惟徐对回国仍有顾忌。康

---

① 除已指出外,可另引一未刊文稿曰"汉族宜忧外分勿内争论"。作于孙中山于1917年设军政府于广州之后。南北二政府显示汉人内争以及政治混乱的延续。Li, *The Political History of China*, p. 377.

② "壬于致各埠书",《遗稿》,卷四,页70。一有趣的巧合是,康党的新名与孙之党名完全一样。

氏给他保证与鼓励,并谓以徐之勤奋与能力,必可克服困难。①

是则,康氏一度愿为民国效力。他仍然抨击民国之未成熟,但他的抨击经常是建设性的,并非要破坏新秩序,而是要改良它,使它有生气。

改良民国的准则可简述如下:依康氏之见,中国的新政制应是结合近代民主政府的精华,和本国传统中的有效因素。② 在1912～1913所写的一些作品中,他对当前的许多困惑问题,提供了解答。其中一文——"中华救国论"(作于1912年之夏),提到中国应取内阁政体和两党制。他反对由各省自治而组成联邦,而赞成强有力的中央政府。③ 翌年初,他完成"拟中华民国宪法草案",时北京政府正着手草拟新宪以替代临时约法。④ 稍早(1912年4月)他草拟指导国会选举及另一有关议员选举的法规。⑤ 在这些以及另外一些著作中,康氏重视个人品质在选举权运作中的重要性,并认为政令的统一高于个人权利。他说,如果只数人头,则将导致大多数人的专制,民主政治甚至会流于暴民政治。⑥ 流行欧美多年的民权说,现已被国权说所代替,许多西方领袖,包括老罗斯福(Theodore Roosevelt)在内,都取此说。在近代竞争激烈之世,一个国家若让无限制的民权所困弱,则将毁灭。⑦

---

① 康同璧,《年谱续编》,页77～78。《年谱补遗》,页53,有较简短的记载。
② "共和建设讨论会杂志发刊辞",微卷一。
③ "中华救国论"。
④ "拟中华民国宪法草案",《不忍》,三期(1913年4月),页1～54;《不忍杂志汇编》,初集,卷二,页1;《文钞》,第六册,页1～58。康氏在序中谓文成于1908～1909之间。制效英国宪法。其门人建议修订,以适合民国情况,故另取法国宪法为模式。康氏似于此有一系列之研究。如他引布鲁斯(James Bryce)氏在 *The American Commonwealth* (1888)一书中之见,以论联邦政府。见潘树藩,《中华民国宪法史》,页30～39。略述所谓"天坛宪法"。
⑤ "拟中华民国国会代议院议员选举法案""拟中华民国国会元老院选举法案",微卷之三。在前一法案中,康氏提议选举要有财产、职业和教育的规定。在后一法案中,他要使参议员代表"特别利益"、"特别阶级"和"地方区域"。
⑥ "中国以何方救危论",页16～18。
⑦ 同上,页19。

康氏此一感觉巧与十年后孙中山用不同言辞所说的相呼应。① 康氏在民国五年袁世凯放弃帝制(3月23日)后不久,作了他为拯救动荡民国的最后努力,康氏为当时未定的局势,提出了三个方案。其一是承认黎元洪为民国的合法总统,但像法国总统一样并无实权,而且让其后代承继,以废除足以导致明争暗斗的总统选举。其二是创立元老院,其成员由22省以及蒙古、青海、西藏等地居民推举,再由其中选出10人委员会,一如瑞士之制。若上述两个方案都不可行,则虚君共和必须要取代现行共和。② 他的建议没有得到任何反应,并不意外。他遂决定参与帝制复辟的工作。

此处不拟评论康氏改革共和建议的价值。在民国初年不可救药的情势下,康氏建议一如来自其他各方的建议,并无有效实施之可能。不过,康氏既作此建议,康氏无意而确切地反驳了一种谴责,即康氏自始至终为民国之敌,一直想颠覆民国。

复辟:君宪的最后一击

民国六年(1917)的复辟乃是由清帝逊位以来,一直酝酿着的帝制运动累积而成。③ 康氏自称到民国二年之春,始参与复辟。④ 而民国六年,

---

① 孙文,《三民主义》,页212~213。见"民权主义"第二讲,讲于1924年3月16日,意味个人自由太多,便成一盘散沙,故须为国家争自由。迟至1916年,康氏在致冯国璋等七督军书中,真心恳求这些军阀停止内战,恢复和平,然后才能致力于诸如草拟宪法、召开国会等建设性事业。见《遗稿》,卷四,页80。
② "中国善后三策",《年谱续编》,页70~71。
③ 爱新觉罗·溥仪,《我的前半生》,第一册,页81~82。当南北议和期间,袁世凯接受《伦敦时报》记者莫里逊(G. E. Morrison)访谈时有谓,其深信70%的中国人是保守的,若推翻清廷,不久将有复辟。Li, *The Political History of China*, pp. 304~305。访问全文见 *Far Eastern Review*, 12(1915):105。
④ 《覆大隈侯爵书》,页17谓:"张上将勋义冠时,乃心皇室,昔在癸丑三月,曾与之密联诸镇,欲复中朝,不幸事泄,中道而废。"

他则积极参加了张勋的军事政变。①

袁世凯的帝制给予复辟运动新的冲力。② 康氏以袁氏之举为共和在中国已无望的明证,虽然他同时以为袁氏所开的药方更糟。他与梁启超等共同倒袁③,不过康、梁的目的有异。康氏除洪宪帝制,要为清帝复辟和虚君开路,而梁氏仅在恢复民国,并明白反对康氏之企图。④

在此无须赘述民六复辟事件之经过。⑤ 所可一述者,康氏虽非决定性的参与者,却是扮演了重要的角色。在6月之前,他屡次写信给张勋,促其必须以武力取京师。⑥ 6月27日,复辟前四天,他与另外三人到达北京。7月17日——复辟失败后五日,他在美国使馆中避难后九日,民国政府下令通缉康氏。⑦

《中国新闻》(*The China Press*)在1927年报道康氏逝世有谓,康氏

---

① 沈云龙,《康有为评传》,页59~65,于复辟有简明之叙述。另阅溥仪,《我的前半生》,页156~167,331。这些记载显示康氏的行动在清室遗老中有其独特性。事实上,有些忠清者甚不喜康氏,甚至反对废帝给康谥号。很巧的,著名的学者劳乃宣(1843~1921)与康氏同样谴责民国。见劳氏,"韧叟自编年谱",《桐乡劳先生遗稿》,"卷首",页20。甲寅(1914)年条说他于1911年撰"共和正解",此时又撰"续共和正解"及"君主民主平议"两文。
② Li, *The Political History of China*, p. 305。以袁氏帝制运动始于1913年底及1914年初增修临时约法("约法会议组织条例"于1914年元月26日颁布,约法会议于2月18日开幕)。1915年8月,杨度与另五人组成筹安会后,帝制运动正式展开。1916年3月23日,袁氏宣布取消"洪宪"帝制。参阅高劳,"帝制运动始末记",《东方杂志》,一三卷八期(1916年8月),页6~28;九期(1916年9月),页9~32;十期(1916年10月),页9~22。
③ 见康致蔡锷函,载《遗稿》,卷四,页76。梁启超于1915年12月12日离北京南下,亲自参与反袁军事行动。见丁文江,《梁任公先生年谱长编初稿》,页444,460~461。
④ 梁氏于复辟宣布之日(1917年7月1日)发一通电,载于天津《大公报》(7月3日)。电文见丁文江,《梁任公先生年谱长编初稿》,页519~520。稍早,梁写一文驳复辟之议,见"辟复辟论",页117~119。杨复礼记道,当康知梁之立场后,曾大声重述他之所见,并谓若梁及其他人反对他,他将视之为敌。参阅吴相湘,"康梁与复辟运动",页59~67。梁氏反袁文章可见《饮冰室合集》,《全集》三三,页85~117。
⑤ Li, *The Political History of China*, pp. 370~371,简述此事。下列诸书也可参考:溥仪,《我的前半生》,第一册,页90~101;丁文江,《梁任公先生年谱长编初稿》,页519~520;徐树铮,《徐树铮先生文集年谱合刊》,"年谱",页197~199。
⑥ 此函件之一见微卷一。
⑦ 康同璧,《补امنا南海先生自编年谱》,页26。当时美国驻华公使芮恩施(Paul S. Reinsch)为康保镖自京至沪,时在1917年11月25日。康在美使馆避难时,曾在若干首诗中流露其思想与情感,载"丁巳美森馆幽居诗卷"。

"倾向帝制"从未"确切证实"。① 所谓"倾向帝制"若指专制，则康氏的罪名实无可加。但若指"虚君"，则可确指康氏图谋取消1912年建立的民国。康氏自己不止一次承认此点。例如，他在"中国善后议"(作于民国五年)中，明言清帝复辟、虚君共和乃是中国政治的唯一出路。晚至1925年，他仍执着此议，仅略有不同而已。至此他辩说，以退位之清帝为虚君，不与任何权力，不足以称作"复辟"。② 吾人实不能无视他积极卷入民六复辟之事实。

就因康氏并无真正保皇企图，以虚君代绝对王权，以至使他的建议不为张勋以及其他复辟领袖所重视。康氏为即将复辟的清帝草拟了一些诏书，但无一被采用。③ 康氏于失败后曾言，假如采用他的建议，复辟将可成功。只因包括张勋在内的"无知莽夫"，毫无西方宪政知识，不谙世务，力主恢复清廷的绝对王政，以至招祸。④ 吾人不能不回想到，最初鼓励张勋者乃康氏本人，并与"无知莽夫"协商，幻想利用"北军"，依靠"义勇冠时，乃心皇室"的张上将来达成任务。⑤ 结果，张氏及其他诸人对康氏而言，毫无用处，他也对他们无用。⑥ 更有进者，在当时的情况下，将退位的清帝复辟作为虚君，即使得到"莽夫"的全心支持，也是无法成功的。

康氏说张勋以及其他忠清人士不知国外事务，是正确的。他本人对西方历史的知识，相当丰富。在1917年，他曾多次提到，虽然英国在

---

① *The China Press*, April 2, 1927, "The Passing of K'ang Yu-wei".
② "告国人书"，《遗稿》，卷四，"书牍上"，页129。
③ "与徐世昌书"，《不忍》，九至十期，"政论"，页13~14；康同家，《康有为与戊戌变法》，页11~12；张伯桢，《南海康先生传》，页69；胡应汉，《伍宪子先生传记》，页67。溥仪，《我的前半生》，第一册，页90~101，述1917年复辟事件未提及康氏，虽然康氏的名字列在"官吏"的名单上。
④ "告国人书"，页13。
⑤ "复大隈侯爵书"，《不忍》，九至十期，页17。必须指出：由于北洋军阀内部派系之争相当严重，即使张勋以及其他支持复辟军人接受康之意见，"北军"亦无能达到成康之目标。
⑥ 康氏本人迅即知道事之不成。康同璧《年谱续编》，页106记道："吾到京三日，挺即不税驾而行，惟仆谬忝人望，恐人谓仆亦行矣，则人心震动，事益难成。"胡应汉，《伍宪子先生传记》，页68所述略有异，谓康党伍宪子说康即行，因其所有建议皆为张勋等人所阻。据谓康曰：虽知复辟必败，但无可摆脱云云。

1647年处死查理一世后成为共和国，但1660年查理二世复位后即变成君主立宪。因此，康氏说"欧人号英为共和国"。① 他认为西方各国的历史，并没有认为一旦成为共和国就不能改为君主立宪。② 此种"改回"并不是政治的退步，而是在某种情况下为走向进步所必须。查理二世的复位就是很好的例证。③

康氏认为反对君主立宪之论乃源于无知与偏见，他驳斥道：

> 盖辛亥革命之前，举国不知有共和之事，及辛亥革命之后，举国不容人议共和之非……仆诚不忍，著《共和平议》一书大发明之。富冀国民必有大明政体之一日，则国体变，然后国治可期。④

康氏的知识再丰富，实际上仍无以展其所长。民六复辟甚至在未举事前即已注定其必败。康氏所仰仗的军阀们对君宪既无知亦乏同情，康氏所期望的17世纪英国史事，无以在20世纪初的中国重演。张勋即非乔治·孟克（George Monck）。而英国虽排除清教徒革命的政治结果，以倾向王政⑤，却已有几百年的议会政治传统（此仅重要因素之一），来促使国家的政治制度走向康氏所钦羡而想施之中国的民主形式。17世纪英国所有的民主潜能，中国都未具备。在上引康氏论说中，他希望能使国民明政体而变国体。简言之，政治觉悟须先于政治改革。若然，则可试问：民六之举岂不是躁进，实际上违反了他本人政治渐进的主张？助成复辟，即使他的基本主张仍然可嘉，岂不是采用了错误的策略？不知清

---

① 致冯国璋电文，见康同璧，《年谱续编》，页105；另见《年谱补遗》，页76。
② "复大隈侯爵书"，《不忍》，九至十期，"政论"，页18。墨西哥独裁者帝亚士（Porfirio Diaz，1830—1915）在1911年被推翻。
③ 此复辟由孟克（George Monck, 1608—1670）将军主使，他先忠于克伦威尔（Cromwell），但后来觉得只有让斯图亚特王室（Stuarts）复位才能恢复秩序。Godfrey Davies, *The Early Stuarts, 1603—1660*, pp. 256~258, 略述孟克在复辟中的地位。
④ "复大隈侯爵书"，页18。
⑤ 孙逸仙对1660年英国复辟的看法与康极相似。见孙氏于1924年所讲的《三民主义》，页171~172。另见《国父全集》，第一册，页82。

廷立宪的最后机会已于辛亥之前丧失，他岂不是犯了认不清历史环境的错误？

平心而论，康氏迅即理解到自己的错误，而决心恢复其1912～1913年间即已尝试的和平改革的努力，不再对未成熟的共和主义多作抨击。在北京美国使馆避难时所撰之《共和平议》，为此一论点最重要的著作。①此文所言者，大都是发挥从前的议论，当然也有些由于局势发展而得到的新意见。例如，他强调俄国革命必将引发该国的灾难，而共产主义虽在思想上有崇高的一面，但在理想来到之前不宜试用。② 为使他的读者知道他并不反对民主，他重印了《大同书》中说明人类最后将进入全世界民主的部分。③

他相信使共和行得通的一个办法是召开全国会议讨论立宪政府。此乃答复在1922年直奉战争后当选总统的曹锟所提问题的要旨。康氏说，不论何种政体，无论王政与共和，宪法断不可少。全国会议乃是给民国新生的唯一途径。若循民元以来的毁灭性的覆辙，将是令人悲痛的错误。④ 换言之，他建议以民权来救民国。

他再次命定失望。时局仍然无望如昔。他再次想中止共和，于1923年着手发动另一次复辟。⑤ 在致庄士敦（Reginald F. Johnston）的信中⑥，他要求转告废帝他行动的结果。康氏在无据的乐观中认为，经与地

---

① 《共和平议》计三卷，初见于《不忍》，九至十期，"政论"，页1～48,1～80,1～73。后于1918年在上海出版单行本。此书受到赞成共和者的重视，如陈独秀在《新青年》，四卷三期（1918年3月15日），页190～211。详加批驳。
② 《共和平议》，第三卷，《不忍》，九至十期，页3～5。
③ 同上，页13～42。
④ 杨复礼，《康梁年谱稿本》，第二册，页61～62，引康致曹电。康似在1917年曾对各省军政长官暨各报馆作同样建议，但目的与情况均异。他暗示赞成黎元洪解散旧国会之举，因为，国会不散，约法不废，则"中国不救"。他似以为如此做法可开启法律途径达到君宪之门，或给予即将发生的复辟一些法律根据。见《请开国民大会公议立宪书》，《遗稿》，卷四，"书牍上"，页92。
⑤ 丁文江，《梁任公先生年谱长编初稿》，页654，谓南海先生于1924年元月又图谋复辟不成。事实上，康氏本人的记载显示，这是前一年的事。
⑥ 庄士敦与清廷的关系可阅溥仪，《我的前半生》，页118～125。

方军事领袖协商一年之后,另一次复辟的时机已经成熟。陕西、湖北、湖南、江苏、江西、安徽以及贵州诸省,据他说都已同意行动。① 很显然的,他以没有约束的允诺作为信誓。总之毫无结果。② 从他努力灌输废帝溥仪君宪的理论和运作,可以看出康氏对此事的认真。③

1923年可说是康氏要把民国变成"虚君共和"的最后努力。此后直到1927年康氏逝世。他多半从事非政治性的活动,包括在国内各地旅行、谈论真正的孔教,以及演讲"天游"哲学。④ 他并非已经否定了他久持的主张——以清帝为虚君乃民国危局的唯一出路。晚至1925年他仍然坚持此乃"最佳的方案"。⑤ 但对他而言,此已成纯粹的理论问题。溥仪于前一年被逐出紫禁城,可能终于使他相信复辟已成为他的另一不成功的使命。

由上述可得一结论,即康有为乃是一个不可救药的改革派,他相信中国政治的终站——民主,只能于逐渐演进中达到。因此,他坚决反对以革命为政治转变的方法,但并不全盘反对共和。共和之不可行乃因无充分的准备。

一位中国历史学者近谓,康氏于辛亥革命后继续提倡君宪,乃是依恋旧时的妄想而无视进步。⑥ 此似是不了解康氏的立场而导致的浮浅论断。就康氏未能使中国经由逐步进步而达成政治近代化而言,就他误认

---

① "请庄士敦代奏游说经过",《南海先生墨迹》,第四册(无页数)。发信之日期为甲子元月18日,即1924年2月16日。
② 证据显示康氏曾参与另一复辟阴谋,"甲子清室密谋复辟文证",《故宫丛刊》(北平故宫博物院,1929)。此为影印原件"奏折"与函件(1923~1924),其中一函系康函。徐树铮在致段祺瑞(时为第一执政)函中(写于1925),建议段不要参与复辟运动(金梁为两个涉入者之一),谓复辟一如总统制、联邦制,皆为政治情况未定而生的问题。而参与者皆无权书生,不会有结果。"上段执政书",《视昔轩遗稿》,"文艺",页47~48。载徐树铮,《徐树铮先生文集年谱合刊》。
③ "奏谢御赐福寿字折"(民六),见《万木草堂遗稿外编》,下册,页566~567。
④ 康同璧,《年谱续编》,页134~149。另见 Kung-chuan Hsiao, "K'ang Yu-wei's Excursion into Science", in Lo, *K'ang Yu-wei*, pp. 375~409。
⑤ 杨复礼,《康梁年谱稿本》,第二册,页76。
⑥ 吴相湘,《民国政治人物》,页67。

为在当时可行而政治上所需者而言,他确有妄想。仅就此而论,这位历史学者是对的。但若说康氏因取渐进改革而不取突进革命,就认为他是无可救药的保守主义者,则毫不正确。再者,我们不应忽视,尽管他对未成熟的共和表示疑虑不安,他曾诚恳地想帮助民国成功——"妄想"可以助其成功!

并非康氏一人助之无效,即使是全心主张共和的梁启超与孙中山也弄不出结果。民国一成立,梁氏即毫无保留地赞助。他积极的组织政党,且于1913年认真充任司法总长。当袁世凯于民四着手帝制,梁氏冒生命危险维护民国。他坚决反对民六复辟。当袁氏覆败后,他再次充任内阁职务——财政总长。不过,他终于失望,完全地憎恶,而退出政坛,从事教育与学术工作。① 他献身民国政治并没有比康有为"依恋旧时妄想"产生更积极的结果。

同样的,孙氏最初对共和的热望也被后来的事实所沮丧。1917年他兴护法之师以抗北方军阀。1924年他兴师北伐,最后终于有国民革命军的胜利②,此实为十二年前他所参与建立的多难共和的结束。中国的第二共和始于1928年南京政府的建立。民国政府重新肯定他的训政之说,以为国民行宪的准备。③ 共和立宪于1932年再度提出④,但逆境如共产党的威胁和日本人的侵略致使长期未能施行。最后,国民大会于1946年11月15日在南京召开,中华民国宪法于1947年元旦颁布。⑤但时已不我予,毛泽东不久就在中国大陆试行他的"新民主",而台湾则成为基于孙氏《三民主义》而建立的民主共和国的基地。⑥ 1947年的宪

---

① 丁文江,《梁任公先生年谱长编初稿》,页379～569,随处。
② Li, *The Political History of China*, pp. 376～377,462～505简述此事。胜利并不彻底,军阀仍不听命于中央政府,有些军阀于1930年公开反叛。翌年日本攻打沈阳,此后不断侵华,导致第二次中日战争。
③ 储玉坤,《中国宪法大纲》,页72载1928年2月3日颁布的"训政纲领"原文。
④ 同上,页264～265。
⑤ 同上,页138～165。宪法原文载页261～270。
⑥ "中华民国宪法"(1946年12月25日)第一条,储玉坤,《中国宪法大纲》,页261。

法对在大陆的中国人而言,是否为另一引人的希望呢?

  目前,还很少有人能给予肯定的答案。不过有一自明的结论,民主不可能随叫随到,即使最有决心的改革派与革命派也难立致。如历史可提供线索,建立民主的捷径,除了良好的环境与领袖外,要有许多像1775年在美国殖民地争取自治的、普利斯顿队长(Captain Preston)一样的农民,虽然他们从未听到哈林顿、薛地尼、洛克等人所倡导的"自由的真谛"。①

---

① Samuel E. Morrison, *The Oxford History of the American People*, pp. 202～233 述及此事。对 Judge Mellen Chamberlain 在 1842 年所提出的问题:"什么因素促使农夫在 1775 年起而作战?"康科特(Concord)91 岁的老兵普利斯顿(Preston)队长回答说:"我们自治,一向如此,他们没有告诉我们必须如此。"他们对抗英军,既非由于反对的感觉,也非"读了哈林顿、薛地尼、洛克等人关于自由真谛的著作"。张朋园,《立宪派与辛亥革命》有结论曰,立宪运动注定要失败,因西方"人权运动"经一段漫长时期才逐渐获得成果,因此中国不可能在几年中采用西方民主制度(见页 239)。他未估计辛亥革命的结果(除了推翻清朝之外),亦未提到明显的一个问题:革命党是否有可能在推翻专制以后就能移植西方民主。

第七章　行政改革

第一节　重整行政效能与民主(1888—1898)

康有为政治革新的最终目的,是逐渐而彻底地将中国的专制政治转变为立宪民主。在达到这个目的(非短期间可达成)之前,康有为认为对现行行政机构的大幅改革乃是刻不容缓的事,因当时的行政机构,由于组织之腐朽,功能之退化,早已成为无用的时代废物,不先整顿这个行政机构,任何政治革新的努力都将徒劳而无功。

康有为在1888年秋的"上清帝第一书"中,表示出他对现行制度之不满。他说,"今天下法弊极矣!"其缺点,多而且严重。

> 六官万务所集也,卿贰多而无所责成,司员繁而不分任委,每日到堂,拱立画诺……卿贰既非专官,又兼差,未能视其事由……故虽贤智亦皆束手。

州、县级的地方政府,情形也没有多好。

兵刑教养合责于一人,一盗佚,一狱误,一钱用而被议矣。①

然则,地方官吏自然以保身为先,而以服务政府人民为次要,更坏的是地方官职的买卖,使贪污贿赂成了司空见惯之事。②

当时并非只有康有为一人注意到行政上的腐败与缺陷,某些与他同代的忧时之士,也像他一样公开批判政府的失德。③ 康氏也不是第一个提出行政改革之人,例如英人赫德(Robert Hart)即在1865年已经提出。他在"局外旁观论"中指出,中国制度在制定时虽非常谨慎,但由于年代长久,已失去效能,外任的官吏少有奉公尽职的,多数放纵于贪污腐败;而在京的官吏则兼职太多,公务繁重,即使有心做事者,也不能一一做到。学者为官,虽有文才,却无实务的知识。赫德认为,除非这许多缺点能适时改正,帝国政府将难以对付新局面的挑战。④

但康有为超过他同时代人的一点是,他也许是当时唯一将困难的根源追溯到专制统治之人。他在1895年6月30日"上清帝第四书"中说:

> 中国自古一统,环列皆小蛮夷,故于外无争雄竞长之心,但于下有防乱弭患之意。至于明世,治法尤密,以八股取士,以年劳累

---

① "上清帝第一书"(光绪十四年九月),收入翦伯赞编,《戊戌变法》,第二册,页128。
② 行政腐化的速度在慈禧太后专政下更加快。赵尔巽等,《清史稿》,沈阳版(1927),卷一〇七,页5;香港重印本(1960),第二册,页1377。这种现象早就开始了,参见 H. B. Morse, *Trade and Administration of China*, 2:439～440。
③ 参见金梁,《光宣小记》,页55～56;张若谷,《马相伯先生年谱》,页119～120;黄濬,《花随人圣盦摭忆》,页55～56。这些著作中举出了徇私、贪污、无能、不负责等的实例。就连理应监督帝国行政的都察院,也不免腐败的侵蚀。李慈铭,《桃花圣解盦日记》《荀学斋日记》(收入《越缦堂日记》,第二八至五一册),提供了进一步的资料。亦见翁同龢,《翁文恭公日记》,卷三五,页44,光绪廿二年(1896)五月十七日。
④ 此文题作"局外旁观论",见文庆等编,《筹办夷务始末》(同治朝)(北平,1929～1930),卷40,页14～15。它于1865年10月27日送交总理衙门,与英使 Sir John Rutherford Alcock 的另一备忘录(由威妥玛 Thomas Wade 捉刀),一同被转发给封疆大吏,包括官文、曾国藩、左宗棠、李鸿章及其他人,以征求他们的意见。

> 官……一职而有数人，一人而兼数职，务为分权掣肘之法，不能尽其才。①

这种"分权掣肘"的办法，确实达到其设想的目的。明朝一代没有发生任何重大的"不敬事件"。在过去中国孤立的时代，为了政治安全的目的，行政的无能并不算太高的代价。但是，现在情况已大为转变。中国过时的行政制度，已经无法应付与西方列强接触而产生的各种问题。另一方面，由于西方国家的"尊贤""尚功"以及以人民利益为本的政治制度，使它们都发展成为强大的国家。② 中国应学习西洋，一改其统治之道，才是正理。行政的基本原则不再是为王朝安全而牺牲效率，而应该是讲求实效来为全国服务。

康有为认为，加强效率能经由合理化获得。关于这方面，他在"上清帝第二书"（1895年5月2日）中提出数项建议。他要求改革官僚组织，使每一个官吏都有特定的责任与行使适当职权。闲散的衙门与冗员应加裁汰。让"重要"官吏同时兼数职的习惯也得废止。由于地方衙门是地方行政的中心，派任的官吏应是有"爱民之心"的人，他应该有一份适当的薪俸，授予配合其地位的官职，并免于受藩臬、道府等不必要的"监察"。行省范围太大，不适于有效的行政，应该缩小到"道"的面积。③ 康有为在"上清帝第四书"（1895年6月30日）重复同样的建议，并以强硬的语调谴责现行制度中阻碍办事的作风。④

这些建议是康有为在1890年初提出的，其主要目的是加强行政机

---

① "上清帝第四书"，收入翦伯赞编，《戊戌变法》，第二册，页177。现代学者都证实康有为的看法，如 Pao Chao Hsieh, *The Government of China 1644—1911*, pp. 390~397 指出一些"不良的结果"；T'ung-tsu Ch'ü（瞿同祖），*Local Government in China under the Ch'ing* 指出停滞不进是安定与唯命是从而无效率的代价。参阅 Kungchuan Hsiao, *Rural China：Imperial Contral in the Nineteenth Century*, pp. 3~5。
② 康有为，"上清帝第四书"，翦伯赞等编，《戊戌变法》，第二册，页175。
③ "上清帝第二书"（有时称"公车上书"），翦伯赞等编，《戊戌变法》，第二册，页150~151。
④ "上清帝第四书"，翦伯赞等编，《戊戌变法》，第二册，页182。

能的效率，排除现行制度中为皇室安全，而长年积弊不变的老朽做法。换句话说，他建议在官僚制度中修改其运作原则，而保留其大体结构。但是到1898年，他要求更多。这年年初，他促请全盘改组行政制度，以便逐步达成西方现代立宪制度。他关心的已不止是行政效能，而是剧烈的政治改革。

他在"上清帝第六书"中说道："近泰西政论，皆言'三权'。"中国政府中大致有相当于行使行政权与司法权的机构，但却缺少一个"议政"的机构。因此，中国政府没有一个机构来筹备大幅改革计划。为了弥补这个漏洞，康有为主张立刻设立"制度局"。① 这并不是真正的立法机构或议会，而是一个新的政府机关，康有为希望藉此超越现行政府衙门的干涉，而推行其革新计划。制度局由十二个部门组成，分别掌管法律、度支、学校、农、工、商、铁路、邮政、矿务、游会、陆军与海军等有关事务。② 因此，这可以说是一个雏形的内阁，下设十二部，共同体现一个现代政府的"议政"、执行与行政等功能。康有为认为制度局的设立，对于从传统制度转变到现代内阁制上，将收启导之效。

在1898年关于地方政府的建议中，康有为更清楚地表达了他改革现有体系以迈向民主与提高行政效率的意图。除了强调地方政府的重要性以外，他更强调"地方之治，皆起于民"。因此，他建议设立"民政局"，以为地方自治的初步机构。③ 此时，他并未要求建立宪政或民主的政府，他只想将帝政结构的最低层略作修正，藉以立下"民治政府"的第一块基石。

此后，康有为提出更多的要求。1898年仲春时，他确信中国政府已到大翻修的时候了。不彻底的做法只是自欺而已。他在5月22日上奏

---

① "上清帝第六书"（原题"应诏统筹全局折"），翦伯赞等编，《戊戌变法》，第二册，页199～200。
② 同上，页200～201。
③ 同上，页201～202。*Contemporary Review*, 76（July—Septemher, 1899）：191～195 摘录此一奏折的内容。其中"民政局"译作"People's Council"。

说道：

> 方今累经外患之来，天下亦知旧法之敝，思变计图存矣，然变其甲不变其乙，举其一而遗其二，枝枝节节而为之，逐末偏端而举之，无其本原……必至无功……故臣以为……若决欲变法，势当全变。①

康有为坚持全盘的行政革新，使他与当时主张有限度革新的人士截然有别。

以下简述康有为对行政革新的具体建议——改变人才进用的方法与采取裁汰冗员的措施。对于人员进用他有两个主要建议：与当时的许多人一样，康有为相信，作"八股文"的技巧，并无关乎一个人的行政才能，康有为一再要求光绪改革考试制度，俾能选取真能任官的人才。例如，他在1898年6月16日，一次长达三小时的召见中告诉光绪皇帝，"今日之患，在吾民智不开……而民智不开之故，皆以八股试士为之"。② 在约一个月前所上的奏折中，他更痛责现行的考试制度：

> 盖以功令所垂，解义只尊朱子……故令诸生荒弃群经，惟读四书；谢绝学问，惟事八股。于是二千年之文学，扫地无用，东阁不读矣。……翰苑清才，而竟有不知司马迁、范仲淹为何代人；汉祖、唐宗为何朝帝者！若问以亚非之舆地、欧美之政学，张口瞪目，不知何语矣。③

补救办法很明显，入试者要用散文体而非八股文表达他们对儒家经

---

① "敬谢天恩并统筹全局折"，翦伯赞等编，《戊戌变法》，第二册，页215。康有为在9月政变后重述其立场表示："政府是一非常复杂的机器，其部分各不相同……因此我们尽其所能的改变整个系统，我们的努力将永不会成功，只会加深罪恶。" *Contemporary Review*, 76: 187~188。
② 《自编年谱》，页19。康有为奏折全文参见沈桐生，《光绪政要》，卷三四，页17。
③ "请废八股试帖楷法试士改用策论折"，翦伯赞等编，《戊戌变法》，第二册，页209~210。

典的学识,除此之外,对国内外时事的知识也是必要的。如有创著一书,发明新义,确实有用者,可奉准入翰林院,不需通过考试。①

革新行政组织的第二个办法是注入新血——即是吸引年纪轻且阶级较低,而有特殊才干的人,来为政府服务。对已行之数世纪的用人与升迁的习惯——按资历升迁②,以抽签来任官③——康有为提出严厉的批评。他指出这两种办法都不合"尊贤使能"的原则或"孔子之道"④,两者都应立即废除,以便树立按考绩升迁的原则。他在"上清帝第三书"(1895年6月30日)中促请光绪帝"举天下有能之士,不次拔擢",并撤换那些年老怕事、在危机情况下颟顸无用的大臣。⑤ 以后他在另一封奏折中⑥及光绪帝召见时⑦,都在强调这一点。

提拔人才是康有为的建议中立即被光绪帝采用的一个,光绪在1898年1月17日给大学士的上谕中,令各省长官推荐"人才"以备任用。⑧ 包

---

① "上清帝第二书",翦伯赞等编,《戊戌变法》,第二册,页149。康有为之强调实学,当时人亦有同调者,特别是严修,曾上奏建议设立"实务特科"。见"奏请设经济专科折"(1898年元月27日),收入翦伯赞等编,《戊戌变法》,第二册,页329~332。亦见朱寿朋,《东华续录》(光绪朝),卷一四二,页6~7。设立"特科"的诏书,见朱寿朋,前引书,页7~8。根据梁启超,《戊戌政变记》,第四篇,页148,光绪帝的行动成为戊戌变法的前奏。变法失败后不久,10月9日,经济特科停办。
② 崔亮设计的办法,称为"停年格制",创于公元519年,当时崔亮任北魏吏部尚书,由于求官者众多,难以取舍,而创此办法。结果并未获好评;"庸才下品"常较资浅而有才能者获得优先考虑。见魏收,《魏书》(中华版),卷六六,"崔亮传",页9。
③ "掣签法"于1594年由吏部尚书孙丕扬首创,以阻遏明代宦官的影响。见张廷玉等,《明史》(中华版),卷二二四,"孙丕扬传",页8~9。
④ 康有为,《春秋董氏学》,卷六下,页31。
⑤ "上清帝第三书"(1895年6月3日),收入翦伯赞等编,《戊戌变法》,第二册,页171~173。
⑥ "上清帝第四书",翦伯赞等编,《戊戌变法》,第二册,页186。
⑦ 《自编年谱》,页19。
⑧ 诏书全文见《德宗实录》,卷四一三,页16~17;并收入翦伯赞等编,《戊戌变法》,第二册,页7~8。在1898年6月11日的另一诏书中,皇帝要求推荐适合从事外交事务的人才。见《德宗实录》,卷四一八,页15~16。

括康有为与梁启超及其他改革运动中的活跃分子都列名其中,以供采择。①

为了确保新的行政人才的来源,康有为非常重视发展现代西式学校的制度。② 1898年夏光绪帝下诏废止八股文后。康有为在所上的"请开学校折"中,论到西方国家早在18世纪就有现代化学校。普鲁士的斐特烈大帝首创普及初等教育体制,开欧洲近代学校的先河。随着高等教育发达,便有大批"人才"为国所用。近代西方的强盛即基于此。日本也是如此。

> 近者日本胜我,亦非其将相兵士能胜我也。其国遍设各学,才艺足用,实能胜我也。

现在正是中国模仿西方与日本榜样的好时候。全国各村、镇都应设立小学与初中,高等学校则应在任何条件容许的省县设立。几年前就有设立京师大学的建议,现在是实现的时候了。③ 为了减轻初创时另建新

---

① 值得注意的是,"人才"的推荐包括徐致靖于1898年6月9日上奏(推荐康有为、黄遵宪、谭嗣同、张元济与梁启超),见《知新报》,六三期,页8~9;收入翦伯赞等编,《戊戌变法》,第二册,页7~8。王锡蕃于1898年8月29日上奏(推荐林旭、严复及另外两人),见翦伯赞等编,《戊戌变法》,第二册,页374~375;及叶德辉,《觉迷要录》,卷一,页18。胡思敬,《戊戌履霜录》卷四表列由张之洞(推荐梁启超、杨锐、汤寿潜等)、陈宝箴(推荐刘光第、杨锐及另外13人)所推荐的200余人的姓名。至于谁向光绪推荐康有为,参见萧公权,《翁同龢与戊戌维新》(联经),页97~116。黄濬,《花随人圣盦摭忆》,采信了张荫桓的"密奏"建立康有为与皇帝的关系的说法。何炳棣,"张荫桓事迹"(收入包遵彭等编,《中国近代史论丛》,第一辑,第七册,页108~109),明白指出确由张荫桓之推介。这个问题似乎尚未定案。
② 见"上清帝第二书"(1895年5月2日)、"上清帝第三书"(1898年6月3日)、"上清帝第四书"(1898年6月30日),及"请开学校折"(1898年6月19日至7月18日之间呈上),均收入翦伯赞等编,《戊戌变法》,第二册,页147~148,170~171,180~181,217~219。
③ "请开学校折",翦伯赞等编,《戊戌变法》,第二册,页217~219。康有为提到斐特烈大帝邀请伏尔泰到无忧宫(Sans Souci)的事,他也许是在暗示启蒙运动。他请开学校的主张得到支持变法的大臣李端棻的回应,李在1898年6月20日上奏表示赞同。见翦伯赞等编,《戊戌变法》,第二册,页297~300。

校舍的沉重负担,康有为建议利用传统的"书院"与私人的"淫祠"设施。①关于适当的教材,他建议设立译书局,以提供学者一些译自日文有关现代政府、文学与军事科学等方面的书。

优秀的学生应该送往日本与德国深造,以期获得那些不能光靠书本得到或国内尚不熟悉的科学技术的知识。② 这样,中国也就能培养出一批训练有素的人才,可为政府机构所用。

藉这些措施,康有为希望更新整个官僚组织,对于行政系统,就算维持其现行结构,也要改变其作风。值得注意的一点是,在1898年康有为并没有主张更迭高阶层官吏的人事,虽然他将乐见低阶层能够有所改变。这一点他在觐见时向光绪表示得很明白:

> 勿去旧衙门而惟增置新衙门,勿黜革旧大臣而惟渐擢小臣。……则彼守旧大臣既无办事之劳,复无失位之惧,怨谤自息。③

我们记得康氏在1895年曾主张罢黜年老及无用之官。此一转变可能是为了减少高官的反对。

尽管康有为如此缜密周到,但事态一发迅即不可收拾。狂热的改革派分子在1898年初夏即放言裁撤某些机构,罢黜某些大臣。建议裁撤

---

① "请饬各省改书院淫祠为学堂折"(1898年6月底或7月初),见翦伯赞等编,《戊戌变法》,第二册,页219~222。胡聘之等"请变通书院章程折"(1898年6月19日至8月16日之间呈上),要求将"有用之学"如数学、天文、地理等学科,导入书院,成为课程的一部分,亦不废止儒家经典及中国历史的修习,谋以此保留书院制。见翦伯赞等编,《戊戌变法》,第二册,页297~300。
② "请广译日本书大派游学折"(1898年6月底或7月初),见翦伯赞等编,《戊戌变法》,第二册,页222~225。
③ 朱寿朋,《东华续录》(光绪朝),卷一四四,页18~19。比较《自编年谱》,页19,"存冗官以容旧人"。

各个衙门的奏折雪片般飞来。① 不顾康有为的劝阻及其他大臣的反对，光绪帝在8月30日下诏裁撤詹事府、通政司、光禄寺、太仆寺以及其他机构，与总督同驻一城的巡抚、东河总督以及其他重叠的职位。② 此一行动虽然中止了当时京中盛传的谣言③，却不能抚平"保守党"。相反地，这无异在保守派人士的激烈反对中火上加油，并为变法制造了新的敌人。据说单是京城之中，裁撤了六个政府机构，使数千人失业。④ 怀恨的人破坏了一个被裁撤机构的建筑物。⑤ 一位美国学者认为，这项"对闲散职位的全力攻击"致使"许多原本对光绪皇帝的变法泰然处之的官吏"突然改变其态度。⑥ 康有为在9月21日政变后承认"当前的危机"是由光绪在行政改革中操之过急所致，虽然这项改革是现代化不可或缺的一步。⑦ 这也

---

① 其中包括张元济（请废翰林院、都察院）、岑春煊（请废卿寺、裁员局）、杨深秀（罢斥老朽无能的官吏）、袁昶（裁汰冗局与冗员，包括詹事府、漕运总督、督抚同城而治即湖北、广东、云南以及所有的道台）、蔡镇藩（大幅改革官制）等人的奏折。见《自编年谱》，页22～24。有关杨深秀，见赵尔巽等编，《清史稿》，卷二五一，页3～4。蔡镇藩与袁昶的奏折，收入翦伯赞等编，《戊戌变法》，第二册，页381～392及449～454。

② 免职的诏令，见《德宗实录》，卷二四二，页6～8。Pao Chao Hsieh, *The Government of China, 1644—1911*, p. 345 提到此诏所撤废的"闲散冗署"。H. B. Morse, *The International Relations of the Chinese Empire*, 3: 141 指出"在职者一般都未受到影响"。

③ 谣言说："六部与九卿将被废除，而设立鬼子衙门。"见苏继祖，《戊戌清廷朝变记》，部分收入翦伯赞等编，《戊戌变法》，第一册，页337。

④ *North China Herald*, 61, no. 1634(Sept. 19,1898):521. 陈夔龙，《梦蕉亭杂记》，指出10多个衙署被裁，直接或间接使约1万人丢掉差使或无法任用。见翦伯赞等编，《戊戌变法》，第一册，页485。

⑤ 陈夔龙，《梦蕉亭杂记》，引述一个目击者的报告。

⑥ Meribeth E. Cameron, *The Reform Movement in China, 1898—1912*, pp. 44～45.

⑦ 康有为的说辞载在1898年10月7日的《中国邮报》（香港），标题是："中国的危机"，收入翦伯赞等编，《戊戌变法》，第三册，页503。康似乎面对了王安石所遭遇的问题。王安石在8世纪前推动改革计划，曾提醒神宗在未成熟时勿贸然行动，但是无效。见萧公权，《中国政治思想史》，第四册，页458～460（联经版，页491）。

许不能全怪光绪,康有为先前(1895年)即曾建议采取此一措施①,尽管他后来(1898年)主张应慎重行事。

第二节 义和团乱后的行政改革(1901—1910)

1898年的维新失败之后,光绪所作的政府组织改革项目都立刻被取消了。康有为对行政革新所做的努力,在慈禧太后的"反改革"下归于乌有。② 虽然太后并不热心也非真心想改革,但是义和团之乱所致的灾难,使人感到老办法非加以某种改变不可。结果,慈禧下诏变法,从1901~1910年间,似有几样重要的行政改革得以实现。③ 一位中国政治史的学者总结1906年左右的变迁,说道:"几百年来传统的六部组织改为十部,相当于欧洲的内阁。"④到1910年又增设海军部成为十一部。⑤

1901年1月29日,慈禧以光绪帝的名义所下的变法之诏颇值得注意。诏书开题宣称,三纲五常的道德律是不变的,而政府的治术并不是

---

① 除了倡导重整行政结构外,康有为也主张革除百年来相沿已久的繁琐规定与先例,简化并加速行政流程,见"上清帝第四书"(翦伯赞等编,《戊戌变法》,第二册,页182)。光绪帝于1898年7月29日下诏,令政府各部门全盘检讨现行法规与先例,作适当的改革(《德宗实录》,卷四二一,页11~12)。根据苏继祖,《清廷戊戌朝变记》,页338,皇帝的命令普遍未受重视。不过,吏部与礼部分别在1898年9月1日上奏,则表示已采取适当的行动(朱寿朋,《东华续录》,卷一二七,页10~11)。康有为也建议改定法律。在"请开制度局以行新政折"(1898年8月17日以后上奏)中,他说:"若夫吾国法律,与万国异,故治外法权,不能收复。且吾旧律,民法与刑法不分,商律与海律未备,尤非所以与万国交通也。"因此,他建议设法律局附属于制度局(翦伯赞等编,《戊戌变法》,第二册,页252~253)。《戊戌奏稿》(麦孟华辑,1911年出版)收录了康氏未注日期的"请定法律折",但在注中指出其内容"在目前办不到"。必须指出的是:由他1917年发表的一篇文章中可看出,康有为并不赞成将中国法律不由分说地西化。见"参政院提议立国精神议事后",《不忍》,九至十期(1917年12月),"教说",页1~2。
② H. B. Morse 的用语,见所著 *The International Relations of Chinese Empire*,3:149。宣布"反改革"的诏书在1898年9月26日颁布,见《德宗实录》,卷四二七,页1~2。
③ Meribeth Elliot Cameron, *The Reform Movement in China*,1898~1912,pp. 105~111;Pao Chao Hsieh. *The Government of China*,1644—1911,Chap. 13 有简略的记述。
④ Pao Chao Hsieh, *The Government of China*,1644—1911,p. 348。
⑤ 钱实甫,《清季重要职官表》(上海,1959),页114;张其昀等,《清史》(台北,1961),第四册,页2833~2836,列出官职姓名。

一成不变的。鉴于时代情况改变,现行的政治结构也有修改的必要。但这不是戊戌变法的重演:因"康逆之祸,殆更甚于红巾"。诏书继续说:

> 中国之弱在于习气太深,文法太密,庸俗之吏多,豪杰之士少。文法者庸人藉为藏身之固,而胥吏恃为牟利之符。公私以文牍相往来而毫无实际,人才以资格相限制,而日见消磨。

这种情况不能再继续下去。因此,诏令京内外的大臣官吏在两个月内提出"全面维新"的各种建议。①

但是反应显然并不热烈。两个月的期限已过而仅有少数人上条陈,提出建议。约三个月以后(4月21日),朝廷再度下诏,促请未提意见的大臣上条陈提供意见,并下令设一新机构来筹办新法,称为"督办政务处",由六位大臣组成:庆王奕劻,大学士李鸿章、荣禄、昆冈、王文韶与户部尚书鹿传霖。此外,两江总督刘坤一、湖广总督张之洞也"遥相参与"筹划。②

山东巡抚袁世凯后来升为直隶总督,是慈禧变法中很重要的人。③但张之洞似是更具决定性的角色,他与刘坤一在1901年春联名所上的三折受到广泛的注意,被视为这次变法的基础。最初,张之洞建议各省联合上奏,刘坤一表示赞同并请张之洞起草,于是张之洞邀请曾在1890年代鼓吹变法的张謇、沈曾植、汤震④,各自提出建议。张之洞在总督府

---

① 朱寿朋,《东华续录》,卷一六四,页2~3及沈桐生等,《光绪政要》,卷二六,页28~29,收录光绪廿六年十二月十日颁布的诏令全文。Cameron, *The Reform Movement in China, 1898—1912*, pp. 57~58引述此一诏令,采用J. O. P. Bland and E. Backhouse, *China under the Empress Dowager* (lst ed. philadelphia, 1910), pp. 419~424的译文,日期误作一月八日,译文也不正确。
② 光绪二十七年三月三日的诏令,见朱寿朋,《东华续录》,卷一六六,页11。
③ Cameron, *The Reform Movement in China, 1898—1912*, pp. 61~64。指出袁世凯在变法中的地位,但未提及张之洞。
④ 沈曾植与张謇都曾活跃于1895年的强学会。汤震著有《危言》(上海,1890)一书,主张大幅改革。汤志钧,《戊戌变法人物传稿》,第一册,页156~157,有沈曾植与张謇传。参阅《自编年谱》,页13。

官吏的协助下,费了一个多月时间完成这三通奏折。袁世凯虽曾告知他们,圣上希望各省分别条议,刘坤一仍决定与张之洞联名上奏①,据荣禄说,慈禧很中意他们的建议。②

主笔起草这三通奏折的张之洞,很可能是这次义和团之后新法的主要设计者。③ 清廷采用的主要原则与许多重要的措施,都相当接近他的建议。每一奏折都是讨论不同的主题,第一折论教育,第二折论行政,第三折论经济与军事。④ 只有第二折与本文有关。

上奏者指出,如非先改革行政,试图在经济与军事方面求现代化,将毫无结果。他们说道:

> 立国之道,大要有三:一曰治,二曰富,三曰强。国既治,则贫弱者可以力求富强;国不治,则富强者亦必转为贫弱。整顿中法者,所以为治之具也。采用西法者,所以为富强之谋也。

接着他们提出12项具体的建议,如加以实现,将会产生"优良的政府"。大部分建议是着眼于增进行政效率,其中较重要的有:任官不拘泥于成规(破常格),中止买卖官职的恶习(停捐纳),训练行政人员,给予足够的薪俸(课官重禄),简化行政法规(简文法),授予相当其职位的责任与表现机会。这些建议,不用说,在本质上仍不脱康有为在1890年代所主张的范畴。

他们提出建议改变官吏任用与升迁办法的理由。他们的见解与康有为亦无重大的差别。

---

① 许同莘,《张文襄公年谱》(1939年版),卷七,页20,编者按。
② 同上。引荣禄的话说:"建议是好的,但没有人来实行。"
③ 慈禧下诏(1901年10月2日)表示同意刘坤一与张之洞有关"复兴中国制度以采行西法"的建议,只要实际可行,应予实施。见朱寿朋,《东华续录》,卷一六九,页41~42。关于张之洞的其他建议,及他从1901~1908年间在任所内推行的计划,见许同莘,《张文襄公年谱》,卷7~10。
④ 张之洞说,其目的是"用西法以至富强"。这些条陈的原文见朱寿朋,《东华续录》,卷一六九,页7~41。

> 承平用人,多计资格……时危用人,必取英俊……而依流平进者多骑墙,精力渐衰者惮改作,资序已深者耻下问。

因此,现行的办法必须放弃,而完全依据考绩来提拔优秀的人才。以抽签任官的过时办法也应废除。①

对于省级官吏,应给予特别的训练,理由如下:

> 方今事变日多,京外各衙门,断非仅通时文编查成例者,所能胜任,欲济世用,非学无由。

因此每一省都应设立校吏馆(京城则为仕学院)训练官吏,举凡中外舆图、公法条约、学制、武备、天算、地理、农、工、商、矿各学之略,皆须教授。公职候补者必须修满其课程,才能获正式的任命。同时薪俸也应予调整,俾使官吏不至因经济的需要,而接受贿赂或挪用公款。②

张之洞与刘坤一联名上的条陈,令人回想起戊戌变法,不过康有为的建议更为高瞻远瞩。的确,我们甚至可以辨出1898年与1901年之间的一些连续性。如前所述,张之洞和刘坤一联名提出的改革考试制度的计划,乃基于光绪帝1898年所揭示的变法原则。③ 但因慈禧深恨康有为以及戊戌变法,张刘可能为了让慈禧接受他们的意见(也可能他们的立场与康氏显然不同),乃公开谴责"康有为的邪说与谬误",并宣称他们的建议是"全然不同"的④,我们禁不住要怀疑,他们有意或无意地采用了康氏的概念,却拒绝承认他是改革的先知。这并不是说康有为在改革观念上有独占权。当时中国所面临的问题极其显然,而解决之道也是如此一

---

① 原文见朱寿朋,《东华续录》,页15~27;特别是页16~17,22~23。
② 朱寿朋,《东华续录》,卷一六九,页40。
③ 许同莘,《张文襄公年谱》,页21。
④ 朱寿朋,《东华续录》,卷一六九,页40。

目了然，因而，他们不可能忽略任何曾经关注这些问题的人。①

义和团乱后的行政改革虽然指向同一方向，但结果却远超过张之洞和刘坤一所建议的程度。1906年9月1日，清廷下诏进行大幅度行政改革，作为迈向立宪政府的第一步骤。② 这再度使我们想起1898年的观点，因而值得引述于下：

> 我国政令，积久相仍，日处阽危，受患迫切，非广求智识，更订法制，上无以承祖宗缔告之心，下无以慰臣庶平治之望，是以前简派大臣分赴各国，考查政治。
>
> 现载泽等回国陈奏，深以国势不振，实由于上下相揆，内外隔阂，官不知所以保民，民不知所以卫国，而各国之所以富强者，实由于实行宪法取决公论……时处今日，惟有详晰甄核，仿行宪政……
>
> 但目前规制未备，民智未开，若操切从事，徒饰空文……故廓清积弊，明定责成，必从官制入手……并将各项法律详慎厘订，而又广兴教育，清厘财政，整顿武备，普设巡警，使绅民明悉国政，以预备立宪基础。

不消说，这正是康有为以革新行政组织，为立宪之前提的说法，只是换了不同的字句而已。这也许不是单纯的巧合，因为帮助张之洞起草奏稿的人之中，便有戊戌维新中的活跃分子，甚至有与康有为合作过的人。

第二天（9月2日），清廷任命十四名大臣（满人八人，汉人六人），来起草改定官制的计划，并命张之洞及其他总督随同参议。奕劻（庆王）、孙家鼐、瞿鸿机三人总司核定，并向慈禧报告。③ 他们在两个月后上

---

① Gilbert Chinard, *The Correspondence of Jefferson and Du Pont de Nemour*, p. xi 说："我们必须承认，有些时代里，观念'弥漫四布'，似乎尽人皆知，而欲将其中任一观念归源于任何一人，都近乎不可能。18世纪即是这种时代，殆无可疑。"就"改革"观念而言，中国史上的1890年代与1900年代亦属此种时代，唯程度稍逊而已。
② 朱寿朋，《东华续录》，卷二〇二，页2～3。
③ 诏令全文见朱寿朋，《东华续录》，卷二〇二，页3。八名满人是载泽、世续、那桐、荣庆、载振、奎俊、铁良、寿者；六名汉人是张百熙、戴鸿慈、葛宝华、徐世昌、陆润庠及袁世凯。

219

奏道：

> 窃维此次改定官制，既为预备立宪之基，自以所定官制与宪政相近为要义，按立宪国官制，立法、行政、司法三权并峙，各有专属，相辅而行，其意美法良。①

他们接着分析中国制度的缺点。他们说，所有的行政困难均可溯源于三大缺陷：一则权限之不分，二则职任之不明，三则名实之不符。他们举出实例来说明这些现象。行政官吏同时有权制定法律，制定的法规既不公正，也不得民意支持。数名官吏共占一个机关，其中显然有些是冗员。又有一人占数部之职，则他必不能专精任何一部的事务。一名官吏同时任以数项任务，则他必然没有时间去做好任何一项。更糟的是，许多重要的行政机关，都没有能力行使其应行的职权：吏部除了抽签任官以外（所谓签掣之事），没有权力决定任官的人选；户部只不过是银钱出纳的机关，而兵部既不能控制，亦不能统率军队。②

因此草拟一新官制，以期"廓清积弊，明定责成，为预备立宪"。划清职权是拟议中改定官制的主要特性。③ 在正式召开国会之前，立法权部分授予资政院，弹劾权归都察院，审计院以查滥费。而司法权归大理院，新设法部代替旧有的刑部，作为监察机关。行政权则全归内阁，由总理与各部大臣组成。各部设尚书一人，下设侍郎两人，以下设各级官吏，每一部各负责其相应的责任，各部总合起来即组成"政府"，中央集权即由此达成。兼官兼职也明确地加以排除，这意味着满汉任官人数相等的旧习惯也不再通用。④

这个计划与康有为1898年的行政改革计划之间，有不止一点相通：政府改组是为了最后立宪的准备，分权制是新官制的主要特色，经由结

---

① 奏折（1906年11月1日）全文见朱寿朋，《东华续录》，卷二〇二，页11～13。
② 朱寿朋，《东华续录》，卷二〇二，页11～12。
③ Pao Chao Hsieh, *The Government of China, 1644—1911*, p. 361.
④ 朱寿朋，《东华续录》，卷二〇二，页12～13。

构与功能的合理化,才能提高行政效率。事实上,康氏已很难就此计划再作任何增益,因为这个计划将中国传统的六部制,改为西方的内阁制。①

然而,这项计划的主持者,在实行其理想方面,并未比康有为更成功。史料显示,清廷只采行其计划的一部分,它所愿做的只不过是一点表面功夫。11月1日的诏令②中,清廷不提分权制,只答应筹设资政院(后来也成立了)。各部内的两尚书制是废止了,但兼职仍然准许。满汉之间担任高官的差别也正式废除了,但是,可笑的是,新的帝国政府的部长级大臣中,满人远多于汉人。③

1906～1907年所提出的地方行政变革,也可略微一说。基于1906年11月1日的诏令④,载泽等便着手草拟改组计划,并听取地方官吏的意见。奕劻、孙家鼐、瞿鸿机检讨其计划,并在1907年7月7日向清廷提出报告。他们首先引述诏令说,由于人民尚未能胜任地方自治,因此重要的是重组地方州、县组织,以为预备措施。他们接着所建议的改革,范围相当有限。省级政府的组织,特别是司道以上,完全没有变动。他们着重于改革低层组织,预计要达到两个目标,即创建"司法独立"以及为"地方自治"奠立基础。

为达到第一项目标,他们建议设立地方法庭,来接掌地方衙门的司法权。地方官卸下为人民听讼的重担,当可集中精力于照顾地方人民的需要,如农业、工业、教育与地方治安等。他们同时又建议增加下级官吏,并提高其素质,有了较多、较优秀的属下,地方官应可采取主动步骤

---

① "上清帝第六书"及"请定立宪法开国会折"(以润普武通之名呈上),见翦伯赞等编,《戊戌变法》,第二册,页199～200,236～237。
② 朱寿朋,《东华续录》,页13～14。
③ Pao Chao Hsieh, The Government of China, 1644—1911, pp. 351～352; Cameron, The Reform Movement in China, 1898—1912, p. 107. 张其昀等,《清史》,第四册,2833～2836,列举1906年改组后11位部长的姓名。
④ 朱寿朋,《东华续录》,卷二○二,页14。

来趋向"地方自治",特别是组织地方上的议事董事。他们又主张地方改革可先在东三省(奉天、吉林与黑龙江)实施,因为东三省地位重要;改组也应迅速在直隶与江苏实现,因为这两处传播工具最为发达,民智较其他各省开通得多。①

清廷同意了这个改革计划,并以 15 年为期,令全国各省在期限内完成改革。诏令上说,这是为"立宪之预备"。② 值得注意的是,"地方自治"的观念在 1907 年地方行政改革的蓝图中占有重要地位。这不也正是康有为计划中的一个主要特色吗?③

第三节 《官制议》

康有为行政改革的构想并没有随着百日维新的结束而扫除殆尽,却也不足以使他感到欣慰。1901 年以后,所鼓吹与进行的改革,完全没有触及旧制度中的主要缺陷。更糟的是,清廷采行的改革在本质上装点政治门面的成分多,而实现立宪政府的诚意少。康有为在 1903 年上慈禧的奏折中,表达了他的不满。他说,1900～1901 年间的改革"无关治要",不足以救中国,因为这些措施没有深入问题的根本——以改组官制作为迈向立宪的一步。④

康有为是个锲而不舍的改革者,并不因此气馁。他继续对这个问题

---

① 朱寿朋,《东华续录》,卷二〇六,页 17～19。Cameron,*The Reform Movement in China*,*1898—1912*,pp. 107～110 简述此一文献的内容。
② 同上,页 19,载有光绪三十三年五月廿七日(1907 年 7 月 7 日)所颁诏书的全文。
③ 民政部于 1907 年 3 月 20 日上奏指出:"未有不注意民治而能奏富强之效者也……虽刻下各省民间智慧未开,局于风气,地方自治一时未能骤行……欲议振兴民政,自以考求各省乡社情形为入手办法。"当时民政部长是徐世昌,稍后(4 月 20 日)调任东三省总督。奏折全文见朱寿朋,《东华续录》,卷二〇五,页 1～2。
④ "奏为国势危急……合请……归政皇上立定宪法……折",《万木草堂遗稿》,卷三,页 16。康有为接着指出应召开民选的国会。此折是否真的达到慈禧手中,颇值得怀疑。

提出意见。1903年初,当他还在印度时,著成《官制议》一书①,这是他对政府官制的系统性著作。② 康有为以"明夷"③的笔名印行第一版,表示他仍希望终有一日能将其理想实行于现实环境中。

《官制议》可说是当时中国讨论政府官制的论著中,最有系统的一部。书中首先列举出政府的基本原则(第一篇),接着根据这些原则,评价西方政治制度及中国从古代到宋朝制度(第二至四篇),然后对现行中国制度,加以严格地批评(第五篇)。书的后半部(第六至十四篇),提出改进与革新建议。书中揭述各点多半已在前面提过,这里只讨论若干重点。

康有为认为,一个政府的良否,应由其服务人民之能力来判断,因为"国以民为本,则以治民事为先"。生计、教育、"身命、财产、权利"的保护,以及其他关系于人民物质与精神福利的事,都属于政府服务的范围,提供这些服务的官吏,可以称为"民官"。④

政府的其他功能,虽非直接或完全与人民福利相关,但也是必要且有用的。国家必须健全其财政,保卫其国土以对抗外来侵略,与其他国家维持友好关系。行使这些功能的官吏称为"国官"。第三类功能,如邮政、铁路、电报、银行,是同时为国家与人民服务。因此,也应有第三种官吏(康有为没有给予名称),来执行这有用(如非必要)的功能。在君主国家,还有第四种官吏,是照顾君主及王室之需要者,称为"供奉之官",他

---

① 《官制议》1904年在上海初版,此后至少在1905、1906、1907年重印三次。作者序撰于1902年2月4日,序与14篇本文中的8篇曾以明夷的笔名,发表于梁启超的《新民丛报》三五〜五〇期。康有为将此书重印了好几次,可见他对此书的重视。《不忍》第九至十期(合刊一册,上海,1918)上刊登此书的广告,表示它在初版14年以后还在发信中。
② 1922年夏,康有为复电湖南省长赵恒惕的电文中,称这本书为《官制考》。康同璧,《南海康先生年谱续编》,页88收录此电全文。陆乃翔、陆敦骙,《康南海先生传》,页20〜25,摘述本书大要。
③ 明夷指《易经》36卦,特别是指:"晦其明,内难而能正其志。"见 Richard Wilhelm, *The I Ching*, 1:150; 2:210. 参阅 James Legge, *The I Ching*, p. 134:"明夷指(在它指涉的环境中)认清(处境的困难)并择善固执是有利的。"
④ "官制原理",《新民丛报》,三五期,页21〜23。

们在民主国家是没有用的,因而不能视之为不可或缺者。①

"议官"也是每个政府都有的,因为行政之本,必先资议论,用康有为的话说,"有立法而后有行政,乃理之自然也"。② 地方官吏对国家也非常重要,因为"政则自国张,治则从民起",地方政府的设立,是每一个国家的必行之务。③

由于政府的基本责任是服务人民,因此,政府尽其责任的能力愈强愈好。换言之,行政效率是不可或缺的。照康有为的看法提高效率的一个办法是明确划分职能,清楚地界定责任。古代的生活较简单,没有必要多设政府机构。但是现代的"文明之世",政与治都变得复杂,政府机能的繁杂与官吏的增多是不可避免的。明确的功能分工制度,才能确保政府的健全运作。④

促进效率的第二个办法是,由中央有效地控制整个行政系统。地方政府自然应给予适当的权威来行使其职务。但是如果中央政府的权威,受地方政府牵制太大,则于行政效率有害。从前(就像中国的情形),当政治上还没有统一,而传播工具又非常原始的时候,不得不听"外藩之分权"。但是在现代情况下,行政的中央集权不但是可行的,而且是必要的。那些不能真正有效控制其国家经济与军事的政府,像19世纪的清政府,在一个达尔文式的政治世界里,必然难以经得起挑战。⑤

政府权威范围不应受过分的限制,它应有足够广泛的权力来有效地服务人民。过去中国处于孤立状态,用不着担忧外来的侵略与竞争,中国政府一向都很明智地不干涉人民的生活。政府的无为之治,给予人民一种自由。但是不干涉的政府并不适合于现代,因国与国之间经常处于

---

① "官制原理",《新民丛报》,三五期,页25。
② 同上,页24。
③ 同上,页26。
④ "官制议序",《新民丛报》,三五期,页33。
⑤ 同上,页33。

竞争状态中,国家的命运系于其人民的政治训练所达成的团结程度。要传统政治下的中国人民,来对抗秩序井然的现代国家,就好比"驱市人乌合之众而当百炼节制之师",失败乃是必然的。① 政府给人民最好的服务,不是给予人民无限制的自由,而是以有能的政府来引领他们。不论君主立宪或民主宪政国家,人民的利益都是最重要的,并且受到法律的保障,尽管政府对人民行使政治权威,也少有形成专制暴政的危险。换句话说,政治民主与行政效率并不相抵触,前者必依赖后者才能成功地运作。

政府的基本原则这样确立以后,康有为接着以这个标准来评价他所知的中国与西方政府。我们仅从他的长篇讨论中摘出几个重点来,以指出他的思想方向。

康有为推崇古代传说中的帝尧的政府,各部门均为服务人民而设,功能均详细划分,每部门仅设大臣一人,所有地方官均在中央控制之下。他的八个大臣中没有一个是"国官",重点全放在非军事性事务上。"真太平一统之制也","虽今欧美之制",也不能凌驾其上。②

康有为追溯帝制中国行政制度的不健全,认为始于《周礼》。③《周礼》最偏离古代健全制度之处,是它将大部分的政府官吏变成专制统治者的臣仆。因此,汉朝大部分的官吏"真皆为奴隶而已,于民事无预也"。④ 这也是以后各朝代的一般情形。

《周礼》的另一坏影响是六部制,中央政府分为六部,一直沿用至1907年。这种安排的结果是,行政功能无法精确合理分开,责任也不能

---

① "官制议序",《新民丛报》,三五期,页34。
② "中国古官制篇",《新民丛报》,三七期,页27～30。康氏追溯夏商时代发生的变迁,描述变化后的制度,并与他所知的现代西方制度比较(同上,页31～33)。
③ 同上,三八、三九期(合刊),页73～76。根据康有为的看法,《周礼》是刘歆所伪造的,它是秦汉时代专制政治发达后的产物(同上,页76)。但他也承认,《周礼》中某些观念亦非全无道理(同上,四〇、四一期合刊,页31～39)。
④ "中国古官制篇",《新民丛报》,三七期,页78。

清楚地界定。①

康有为承认,大体错谬的中国君主政府结构,也并非全然乏善可陈。例如,汉代制度便颇值称道,它能经由制度化的荐举制度,甄选有才能之士,因而避免政府纯任资历的不良后果(这正是清政府的致命弱点)。②宋代制度也有某些优点,它在行政、财政与军事方面都达到相当有效的中央集权,将地方行政的主要区划——州,缩小到约当汉朝州的1/4。遗憾的是,这个"最优良"的办法,以后竟被元朝大而无当的行省制所取代。③

鉴于西方值得学习之处颇多,康有为在书中用了一整章的篇幅,来分析十几个大小不等的欧美国家的政治制度。他发现这些国家一般都将大部分重点放在政府的四个主要功能上,即有关经济、军事、内政与外交的方面。现代的政治生活的事实,说明了一个最主要的原则,在组织政府时,"民虽为重,而当以国为先"。④ 康有为认为这是中国应该学习的一点。

另一个值得注意的优点是,欧洲的政府一般都是由"事务之官"组成,每一个人只执行一项功能。在这方面英国制度与宋朝可相对照,因为它的特征也是视实际需要,以时时设立政府机构,以及拥有多数的部门与行政单位。这些都对行政效率有所助益,"盖分职多,则分明而易举"。⑤

康有为接着谈到现行的中国制度。他发现简直一无是处,不论基本目标或运作的成法都有问题。⑥ 他的批评前文已经提到,这里只略述他

---

① "中国古官制篇",《新民丛报》,三七期,页42～43。
② "中国汉后官制篇",《新民丛报》,四二、四三期合刊,页37。
③ "宋官制最善篇",《新民丛报》,四六、四八期合刊,页89～98。康氏还提及其他几种"善"处(同上,页98～103)。
④ "各国官制篇",《新民丛报》,五〇期,页17～18。
⑤ "各国官制篇",《新民丛报》,五〇期,页18～23。
⑥ "中国今日官制大弊宜改篇",《新民丛报》,五一期,页59～67。

认为改革所应采取的方向。

他指出单纯的"西化"和"复古"都是不可能的,由于物质与历史条件大不相同,西方制度不论多么优良,也难为中国之范本。同时由于中国正处于全面政治变革的过程中,过去的经验也不再是有用的指南。① 中国目前的行政病况——缺乏对民情的关切,没有效率——源于不健全的组织、不合理的程序、过度的离心力。这些都需要给予特殊的治疗。②

康有为认为,行政组织的形式应由行政职能的性质来决定。前文曾提及,政府的主要功能有三大类:服务人民、服务国家及两者兼顾。在当时环境下,推进一个真正有效率、服务人民的制度的最好办法是"公民自治"。改善两元服务官制品质的最好办法是,缩小地方单位的范围,同时增加地方官的人数。促进服务国家机构的效率的最好办法是,实行中央集权。"自治"与中央集权是三者中最重要的两点。③ 为使人民具备"自治"的条件,可以展开一项政治事务的研究讨论计划,通过地方性组织的"学会"来实施。同时要建设铁路、电报、邮政等现代化的交通、通信系统,以便利于中央政府的控制。④

我们只需检视康有为的若干主要论点,而不必讨论其具体建议。首先,关于中央政府的结构。由于行政革新只是迈向终极立宪政府的第一步,康有为并不希望将现有制度完全扫除。有些机关,像六部,虽基本上是一个错误的配置,仍应保留并加以改革,直到有新的机体来取代。⑤ 其余如都察院、翰林院与大理寺等都应维持,而改革其功能与组织,以适合现代需要。都察院,相当于"中国之议院",应该继续维持,就是在国会召开以后,也可作为行政裁判所。翰林院更名为"学士院",加以改组之后,

---

① "中国今日官制大弊宜改篇",《新民丛报》,五一期,页61。
② 同上,页61~65。
③ 同上,页60~61。
④ 同上,页60~61,67。
⑤ "存旧官论",《新民丛报》,五二期,页44~47。

作为顾问团体。大理寺可"升为法部"。此外,其他机关,即各院寺及冗职,都应转变成名誉职位,不再包括到实际行政组织中。① 最后,照料皇帝与皇室的供奉之官应大量削减,特别是宦官应全部遣散,他们的职务由士人代替。②

照康有为的拟议而重组的行政组织是相当复杂的。它由33部组成,再依其功能集合成六组。这些加上法部、外部(即外交部)以及侍奉皇室的供奉部组成"政府",再加上行政裁判所(前都察院)与审计院,就是中央政府的全部。③ 康氏认为,这样的安排较切合精确划分职能与清楚界定责任的原则。

在《官制议》的第六篇与第七篇中④,康有为要求就地方政府作大幅的改革,企图在地方层次注入立宪政府的要素,并废除他认为是中央集权障碍的行省。他在这两篇中所说的,大多见于他鼓吹君主立宪的篇幅中。⑤ 不外乎人民之自治胜于治于人,"以民为国"造成西方国家富强。缺乏自治是目前中国停顿不前的原因,因此,"地方自治"是行政改革中主要的部分。⑥ 他以西方思想配合中国情况,提出地方政府组织的三个层次:乡、县与市。每一层次设局,由民选的市长、判官、警察官、税官和

---

① "存旧官论",《新民丛报》,五二期,页47~48。
② "供奉省置论",《新民丛报》,五五期,页33~37。参阅"海外……中华宪政会……请愿书"(1907),《康南海先生文钞》,第五册,"奏议",页15。
③ "分增行政部",摘要见陆乃翔、陆敦骙,《康南海先生传》,页20~22。康有为建议设下列各部,第一组,内政方面:1. 北方部(辖直隶、山东、山西、陕西);2. 东方部(江苏、浙江、江西、安徽);3. 中央部(湖南、湖北、河南);4. 南方部(广东、福建、广西);5. 西方部(甘肃、云南、贵州、四川);6. 辽部(东三省);7. 蒙部(内外蒙古);8. 回部(新疆);9. 藏部(西藏)。第二组,财经方面:1. 财政;2. 货币;3. 银行;4. 海关;5. 盐政;6. 国债。第三组,民政方面:1. 农业;2. 工业;3. 商业;4. 林业;5. 矿业;6. 耕作;7. 丝茶;8. 土地开垦。第四组,交通与通信方面:1. 邮政;2. 电报;3. 铁路;4. 海港。第五组,文化方面:1. 文学;2. 教育;3. 美术。第六组,军事方面:1. 参谋部;2. 陆军;3. 海军。除了这33部外,尚有司法部、外交部与供奉部,总数为36。
④ "公民自治",《新民丛报汇编》,第二辑(1902),页103~115;"析疆增吏",同上,页138~155。
⑤ 见本书第六章前三节。
⑥ "公民自治",页103~107。

邮官任职。另外尚需议事会,每一议事员代表三四百公民。由地方士绅组成的"绅议院"参加"议事会"议事,讨论地方公益事宜如户政、道路、学校、卫生、税收以及警政等。① 此乃"地方自治"的第一步。

幅员"千余里",辖民数千万的行省,行政区划过于庞大,无法产生有效率的政府。故省不能再作为行政单位,必须再加划分,以不大于现行的道为宜。现存介于省与县之间的道和府,除了传递上下级的公文外,别无用处,所以也必须废止,而组成新的道、县、乡三级制。作为地方行政重要环节的县,一直未能有效运作,乃因县长权力过小,地位与薪俸都无足轻重,以及帮助他执行任务的属员太少。这一切都必须改变。②

康氏认为过渡的办法是,以省或府为"监督"机构,而非行政机构,由总督领之。新的道由"督办民政大臣为首",权力与巡抚相等。各道公民选举代议士组成"民议会",由总办大臣领之。③

"县领事"的官俸要较现有县长级为高,其属官人数要大大扩张。为了提高效率,县政府须设四个曹,下再细分,以分别主管有关农业、贸易、警政、教育以及其他事务。原属县长的司法权须交给法院,法院由若干判官组成,独立执行于县级行政单位之外。各乡公民每年选派代议士至县级的"民议会"。县领事作民议会的长官,按照多数决的原则行事。此一议事机构将决定政策,县领事据以执行。旧有的地方官回避本籍制最有碍于行政效率,因为地方行政往往交到一个外乡人手中,其对于地方的情况与需要所知既少,甚至当地的方言也不懂。这个旧规,如果不能

---

① "公民自治",页108~115。康有为相信拥有相当财产应该是公民权的资格之一,而那些没有投票权的人,在缴交一定数目的金钱后,可以取得投票权。后面这种构想,可能是从传统卖官鬻爵的习惯得到灵感,而康有为自己便曾对这种习惯加以抨击(同上,页106~107)。梁启超在编者注中强烈反对这种构想(同上,页103~104)。康有为在以后几年中继续为文主张地方自治,如"论省府县乡议院以亟开为百事之本"(1905),《康南海先生文钞》,第四册,页67;"论自治"(约1908),《万木草堂遗稿》,卷一,页40~43。
② "析疆增吏",《新民丛报汇编》,第二辑,页138~144。附带一提的是,道台在一省之内管辖两个以上的府,府的数目各省有异,江西十三,陕西只有七府,平均数目是十。
③ 同上,页144~149。

直接废止,也要大幅放宽。①

第四节 集权制对联邦制(1902—1922)

如上所述,康有为在1903年的《官制议》中,特别强调行政上的中央集权与地方上的自治,前者为促进政府的效率,后者则为立宪政府铺路。强调地方自治使康有为的建议有别于拳乱之后其他人所提及采行的改革办法。1906—1907年间清廷的行政改革,除了嘴巴上讲立宪外,实质上少有变化,对于现行制度,只换了名目形式,内容还是一样。而康有为主张在地方上设立"议事会"、"民议会"等机构,则是迈向彻底改变帝制的决定性步骤。

康有为坚持行政集中制。在1902—1922年间,他关于这个问题的论著与讨论地方自治方面的一样多。震于19世纪末和20世纪初中国离心力的急速增长②,他坚信应该维持中国的政治统一,强调只有强大的中央政府才能面对中国当前的困难。他相信中央集权与地方自治并非不能相容,一如民主政治并不排斥政治统一。两者在事实上是互补的,人民得从下自乡村,上至国家各阶层来参与政府,专制政权才不致构成威胁;处在一个竞争激烈的世界,唯有中央政府不受强有力的地方政府分裂压力的牵制,才能处理国家所面对的许多严重问题。③

提高中央政府的权威,事实上便是不让行省继续作为一个完全自主的政治实体。不过,康有为直到1898年以后才有这种看法。在1897—1898年间,他还愿意把改革的工作托付给各省来执行。他曾说:"目前无

---

① "析疆增吏",《新民丛报汇编》,第二辑,页149~155。康有为非常重视这个习惯的负面影响,他用了一整篇来加以讨论并力主废除这个习惯。即"选近地人为官",书中的第十四篇。
② 见陆乃翔、陆敦骙,《康南海先生传》,页20;康同璧,《南海康先生自编年谱补遗》,页24。Mary C. Wright, *The Last Stand of Chinese Conservatism*, pp. 57~59 简略地提及在19世纪末日趋恶化的"中央与地方政府间的裂隙"。
③ 如上所述,作者的目标是使人民作立宪的准备。见陆乃翔、陆敦骙,《康南海先生传》,页20;康同璧,《南海康先生自编年谱补遗》,页24;梁启超,《南海康先生传》,页85。

妨略异,三年要可大同。"①事实上,他在此前两年曾寻求省级大员如刘坤一、张之洞对强学会的支持。② 他必定曾为若干省份推行新政(不论是否受到他的鼓励)而感到兴奋。③ 当然,他必定也为地方官吏拒不执行或敷衍皇帝颁行的改革措施而感到痛心疾首。④ 这些抗命的官吏,也许使他认识到,省可能是一个好政府的障碍。

康有为对行省自主权的反对,有时也以反对"联邦制"的形式出之。梁启超似乎是首先提出这个引起争议论点的人,时间是1900年秋天,当时康有为正流亡在槟榔屿。显然是受美国经验的影响,梁启超认为中国采行联邦制可能会好些,即将十八行省改为独立的州,然后组成联邦。康有为激烈而坚决地反对这种主张。⑤ 几年以后,当他旅行于意大利时,曾就他坚决反对"联邦制"的立场,提出相当详尽的解释。他说,人的天性就是互相竞争的,特别是他们组成政治团体时。为了避免小团体之间的战争,唯一办法是将小单位集合成大团体——这一事实,欧洲历史与中国历史都可为见证。因此,将一个统一帝国——如中国——割裂成多少个政治体,是倒行逆施,等于是回到二千年前的分裂状态。⑥ 总之,"联

---

① "上清帝第五书"(光绪廿三年十二月),翦伯赞等编,《戊戌变法》,第二册,页196,康氏提到其所谓"第三策",即"听任疆臣各自变法"。
② 《年谱》,页13~14。
③ 其中最重要的是在巡抚陈宝箴的领导与梁启超的积极参与下,在湖南所推行的计划。Charles M. Lewis, "*The Reform Movement in Hunan, 1896—1898*", pp. 62~90的记述颇有用。参阅郑潭洲,"19世纪末湖南的维新运动",《历史研究》,1959年元月号;陈熊,"戊戌变法前后湖南维新运动的社会基础和思潮的演变",《历史教学》,1959年元月号。其他各省亦有较小规模的维新计划。Tikhvinsky, *Dvizhenie za reformy v Kitae v kontse XIX i Kan lu-wei*,第六章,描述1895~1898年间各省的情况。
④ 在康有为的鼓动下,杨深秀奏请皇帝嘉奖湖南维新运动的领导者陈宝箴;宋伯鲁也受到康有为的激励,奏请皇帝处罚未能在广东推动改革措施的谭钟麟。《年谱》,页23;张伯桢,《南海康先生传》,页33;赵丰田,"康长素先生年谱稿"页204。朱寿朋,《东华续录》,卷一四七,页25,收录皇帝切责谭钟麟的诏书。诏书全文亦见《德宗实录》,卷四二三,页14~15。
⑤ 如康有为在1922年夏致赵恒惕电中所述。见康同璧,《南海康先生自编年谱补遗》,页88。梁启超的灵感很可能来自卢梭,见其"卢梭学案",《饮冰室合集》,《文集》六,页110,末段。
⑥ "意大利游记",《欧洲十一国游记》,页45~46。此篇亦见康同璧,《南海康先生年谱续编》,页36~38,题作"论罗马立国得失"。

231

邦制"是条错误的道路。

但是,他仍把大部分时间用在鼓吹取消行省作为行政单位。在1907年为海外中华宪政会会员所草拟的请愿书中,他开始公开攻击行省制。[①]此后数年中,他撰写了许多文章来阐述他的主张,其中最值得注意的是"裁行省议"。[②] 他一再指出,行省的面积太广、督抚的权力太大,已衍发了许多严重的行政问题。他相信,如果行省继续存在,就算中国变成立宪国家,仍会遭到这些问题的困扰。因此,如果行省继续支配诸如财政、军队及司法等大事,中国便不可能拥有运作自如的行政系统。缺乏强大的中央政府,中国将不可能致富强而进为"文明"之国。[③]

康有为的忧虑很快便由民国初年"军阀"——他们实际上承继了督抚的权力并大加扩充——所造成的混乱局势得到印证。辛亥革命爆发前后,康有为完成"废省论",重新鼓起勇气为阻止政治分裂而奋斗。翌年夏天,又撰成"中华救国论",重申反对"联邦制"的立场。[④] 他指出中国的情况与美国不大相同,中国贸然采行有"九害"而无"一利"的美国政府形式,将是愚不可及的。[⑤] 而且,各省督军所造成的灾害,已远较清代督抚为烈。灾祸的根源在于行省——一个大到难以控制的行政区划。康

---

① "海外……中华宪政会……请愿书"(1907),《康南海先生文钞》,第五册,"奏议",页17～19。
② 此文发表于1910年,收入《康南海先生文钞》,第四册,页28～46。康在另一篇题作"外官制议"的文章中也表达同样的观点,《文钞》,第四册,页46～59。
③ "裁行省议",《文钞》,第四册,页32～35。
④ "废省论"收入《文钞》,第二册,页32～58;《康南海文集》(以下简称《文集》),卷二,页21～45;《不忍》,一期,页5～11。据康同璧,《南海康先生自编年谱补遗》,页21～22,1911年秋各省相继对清廷"宣布独立",促使康氏写作此文,希望使革命政府与都督们了解保持中国政治统一的重要性。Li Chien-nung, *The Political History of China*, 1840—1928, pp. 248～249简述此一情况。"中华救国论",见《文钞》,第一册,页1～22;《文集》,卷一,页1～21;《不忍》,一期(1913年2月)页1～58;《不忍杂志汇编》,第一辑,卷一,页1～18。约略同时,康氏撰另一文曰"论共和立宪",强调"无论立宪共和,无不中央集权",及中国不能效法美国而采联邦制。见《万木草堂遗稿》,卷一,页69～71。
⑤ "废省论",《不忍》,一期,页5～11。参阅"中国救国论",《不忍》,一期,页28～30。

氏认为,解决之道很简单:裁撤行省,而保留府作为最大的地方政府单位。①

在1910年代与1920年代早期,一群动机互异的人士,推动所谓"联省自治"运动。这个运动到1922年达到最高潮,湖南省公布其"省宪章",其他数省亦尝试采取同样行动。② 康有为认为,这不过是反映军阀把持权力的欲望,而藉此将它制度化。他毫不迟疑地对他们表达了他的看法。当湖南省长赵恒惕,试探他对联省制度的看法,他表示强烈的反对。康有为重弹旧调。他指出,中国与欧洲国家的历史经验都显示对政治统一的渴望以及分裂的祸害。西方国家采取联邦制,是由于特殊的历史条件;联邦制对于动荡不安的中国不是一剂良药。在中国消除军阀之前,贸然地谈论"自治",只会变成政治割裂的藉口。他在另外几个场合,也以同样坚决的口吻重述他的立场。③ 事实上,康有为坚信达成统一是绝对必要的,因此,他甚至促请吴佩孚(当时最强有力的军阀之一)以军事力量来"统一中国"。④

康有为反对联邦制(或联省自治),一方面是他的政府主张的必然结果,同时也基于对当前局势的反应。如前所述,康有为的基本信念是强大的中央集权政府与地方自治并行以赋予立宪政府实质的意义。下面这段话,是康有为在1912年所说的,很能突出他的立场。尽管他认为在

---

① "废省议"("废省论"第二部),《不忍》,二期,页21~29;"存府议"("废省论"第三部),《不忍》,二期,页43~47。
② Li Chien-nung, *The Political History of China, 1840—1928*, pp. 401~405 有简略的记述。此一运动的真正源头可追溯到1911年山东省宣布独立的宣言,其中指出共和国的宪法应规定为联邦制。1922年元月1日公布的湖南省宪,直到1926年仍然有效。它标示了1920年赵恒惕宣布的"自治政府"落幕后的一个插曲。
③ 康有为给赵恒惕的电报(1922年夏)全文,见康同璧,《南海康先生自编年谱补遗》,页85~91。杨复礼,《康梁年谱稿本》,第二编,页61,摘述此一文件的大要。在1921年间答复吴佩孚(1921年8月9日由北京政府任命为两湖巡阅使)与萧耀南(湖北督军)的信中,康有为重申他反对联省自治,而赞成在府级以下的层次实行自治。《万木草堂遗稿》,卷四,页104~110。同一年致吴佩孚讨论同一主题的电报,见微卷二。
④ 康同璧,《补康南海先生自编年谱》(罗荣邦藏手稿本),页28,提及康氏电报(3月5日、6日)的大意。

233

所有体系里,不曾有中央与地方政府之间"分权"的事实与欲望的看法,在政治理论上与历史上都不一定站得住脚:

> 举是大政,不能不望之强力之政府矣……故国无论君主民主,未有不中央集权也。所与专制异者,以国会立法以分其权,而未有以地方各立为分权者也。①

最后一句话可见康氏不能区别地方政府具有宪法授予的权力与地方政府由于分离主义而霸占的权力。他似有混淆"政治团结""单一政府",以及"行政集中"等概念之嫌。不知统一国家也可以采用行政分权,而联邦制不一定使国家无法统一。但是康氏以实际改革者的身份来谈论当时中国的情况,毫无保留地声言政治分歧必须阻止;强有力的中央政府必须建立。不过,我们可以指出:尽管他极力反对"联邦",但他并不像那些企求使中国早日摆脱落后的人一样,而主张"权威统治"、"现代式专制"。②

有点奇怪的是,在坚持须有强大的中央政府这一点上,康有为预示几年后孙中山的意见。康有为相信人民的意志藉国会来表明,而强大有力的中央政权,可以有效地将其付诸实行。这令人想起孙中山著名的"权能区分"的理论。人民有权,便不怕政府太有能。政府的权力只不过是"集合管理众人之事的大力量"。③ 事实上,政府愈有能力,就愈能为人民服务。因此,"一个万能政府,完全归人民使用",是政治中"最好的事"。④ 此外,他与康有为一样,相信大家渴望单一政府,同时认为地方自

---

① "中华救国论",《不忍》,一期,页 37~40。
② David E. Apter, *The Politics of Modernization*, pp. 396~397 及各处;Maurice F. Neufeld, *Poor Countries and Authoritarian Rule*, pp. 144~160。
③ 孙中山,"民权主义"第六讲,(1924 年 4 月 20 日讲),《三民主义》,收入《国父全集》(二版),第一册,页 165。
④ "民权主义"第五讲,(1924 年 4 月 20 日讲),《国父全集》,第一册,页 141。孙中山进一步推衍此一理论,见《国父全集》,页 141~154,及第六讲,页 165~175;由此一理论,又发展出由精英分子组成政府的学说来。

治政府是民主政治的基础。他也像康有为一样,毫不迟疑地宣称以军事力量作为达成政治统一的工具。

但相同之处仅止于此。虽然他们都赞成统一政府,但对其运作形式的看法却不一致。孙中山(尤其是晚年)倾向以一党专政为达成政治目的——他所拟想的民主中国——的手段。他的灵感大半来自俄国革命。他在1924年底说,"俄国革命的成果,远比美国和法国革命来得更伟大,也更完美。"并以列宁要求个人绝对服从于党而尊之为"革命圣人"。[①] 这种观点令人联想到他在1905年左右关于革命"军政时期"的宣示。[②] 在他看来,个人自由也许是革命的最后产物,但不是直接的目标,也非口号。相反的,康有为不认为专政(不论是个人或党)是达成政治统一和中央集权的合适手段。如前所述,他对立宪前政制的看法较近乎内阁政府,而非俄国"革命圣人"的遗制。

不论康氏与孙氏关于行政集权的观点有何异同,我们可以获致一个可靠的结论:孙氏的努力是成功了,而康氏的努力终归失败。孙氏的"北伐"始于1924年,在1927年国民政府奠都南京而达到高潮。统一既不完全也未持久,一些残存的军阀继续公开或在暗中反对中央政府。新成立的政府在1930年代与1940年代必须为维持它辛苦赢得的部分统一而战,既要对付日本的侵略,也要面对共产党的威胁——事实上是为维持它本身的生存而战。1937年,南京及中国大部分地区都落入日本占领军手中,1949年整个中国都为共产党所据。不过,只要它继续存在,总归比康氏所期望的要好些。康有为没有权力(政治的或军事的),又是不受清廷与民国领袖喜欢的人,除了强调统一和效率,除了深信中国在政府微弱无能、分崩离析的情况下不可能达成政治现代化之外,不可能对事件的实际发展发生任何影响。

[①] "革命成功个人不能有自由……"(1924年11月3日告别黄埔军校学生讲辞),《国父全集》,第三册,页475。
[②] 早期的规划见汪精卫,"民族的国民",《民报》,二期(1905年11月),页20~22。

不过,康氏此一信念并非没有获得同代人间接或暗示的支持。孙中山及其追随者的奋斗,从某一方面来说,即在无意间对此信念的赞同。清廷在1906削减督抚职权的政策①,事实上就是采用康氏"行政集权"的见解,虽然此一政策只是要延续满洲皇朝,而且也未曾有效实施。20世纪初叶的中国知识分子,为了尽快使中国富强,也强调团结,并且寄望国家作为民族新生的宝筏。② 最后,康氏还得到始料未及的支持者。一个日本记者于1906年的报道中说,中国组织的问题既在"总督制","总督制"如不废止,行政权的集中将不可能。③

---

① Li Chien-nung, *The Political History of China*, 1840—1928, pp. 209~212.
② Y. C. Wang, *Chinese Intellectuats and the West*, pp. 358~360.
③ 《顺天时报》,1906年11月12日,引见 Li Chien-nung, *The Political History of China*, 1840—1928, p. 211.

第八章 经济改革

中国需要经济改革乃是康有为及其同时代人的共同信念——中国若不能变停滞的农业经济为工商经济,则永将贫弱。本章所述乃康氏对经济现代化的建议及其内涵。我们将从当时经济思想的间架上来审察他的立脚点,他所思与历史环境的关系,以及说明何以他的经济改革思想未能实现。①

第一节 经济现代化的建议及其内涵

康氏在1888年访问北京时表达了他对清廷经济事务的看法。他说他曾研究中国的内政与外交;1884年马江之败使他觉悟到:中国除非觉醒而改制则无以自存。② 不过,直到1888年秋,经由御史屠仁守(亦甚关心国家命运),他所见始上达清廷。康氏替该御史上了好几道奏折,要求制银元以为初步的币制改革。同时,他赞成张之洞建筑芦汉铁路,并建

---

① 赵丰田,《晚清五十年经济思想史》,页301~305简述康氏在《大同书》中呈示的经济思想,但未及其经济改革。康于1905年又提到经济现代化问题,写了《物质救国论》,本书下一章将予讨论。
② Jung-pang Lo, *K'ang Yu-wei: A Biography and a Symposium*, pp. 45~47.

议屠仁守利用沿漕运的十八站，以减缩建筑费用。①

甲午辱败以及事后的和议促使康提出较全面的改革。在公车上书中，他与其他的赴试者要求大幅度的改革，包括军事、行政、教育和经济。②康氏不再像1888年那样只限于一两件特殊的问题，而提出经济发展的大计划。他筹划六点计划来保证国家未来的经济繁荣：健全的币制、发行银元、制造机械、开矿、铁路与汽船，以及一个现代化的邮政。他并建议四个政策以改进人民的经济：重视农业（采用新技术）、提倡工业（发展科技）、鼓励商业（由政府协助与保护）、解救穷困（适当资助无一技之长者、失业者，以及残障者）。③

这些建议都基于一个重要的设想，即经济改革的目的不仅仅要富国，也要裕民。换言之，康氏并不以"富"为获得"强"的手段（此乃1860年代自强派的企图）④，而视为目的之本身，特别是对中国一般老百姓而言。康氏在另一方面也超越自强派领袖。他认为现代化的过程必由私人企业来主持。不过因为一般大众之无知，政府尚须主动辅导经济成长的趋势。他希望在最初私营与国营能携手并进。因此，在1895年上疏中，他建议私人投资的现有银号须为经政府银行认可之发行纸币本金的一部分。经政府认可的私人企业家可附和政府的计划与规定，在18省筑铁路。有执照的私人投资者应可制作任何机械，以及从事任何形式的工业，包括国防工业在内。最后，为了顾全私人企业家的利益，政府必须授予现代矿业技术，并废止现有对开矿的种种限制。

政府在经济发展中扮演的角色主要是教导性的。政府要培养企业精神以及开创能力，诸如帮助企业家获致现代农学与工商业的管理与科

---

① Ibid, pp. 47～49。康氏同时谈及筹措海军经费的问题。
② 此一文件有时称作"公车上书"，或"上清帝第二书"，由康执笔，于1895年5月2日上奏。全文见翦伯赞等编，《戊戌变法》，第二册，页131～154。
③ 同上，页140～147。
④ 如阅Ssu-yü Teng and John K. Fairbank, *China's Response to the West*, Chaps. 5～9。参阅赵丰田，《晚清五十年经济思想史》，页41～181。

技能力。例如,在各地辅导设立"农会",提供耕种、渔业和林业新技术的传授予交换。用了这些知识才能增产,才能从勉强糊口提升到经济繁荣。政府为了发展工业,必须逐步输入现代工业技术,诸如发行教科书以及在全国各地设立学校。此外,还要建立专利制度以保护发明,并对新型工业设计和制作的发明者加以赞誉。但是康氏说得很清楚,政府虽要积极起领导作用以发动工业起飞,然不宜直接从事经济活动。过去的经验显示,国营事业的效率与生产终点偏低。此不仅中国如此,西方国家也如此。他说:"彼克虏伯炮、毛瑟枪,为万国所必需,皆民造也。"

政府领导乃是要刺激私营工业,而非取代私营工业。康氏对"惠商"的建议亦以此为准。政府的角色主要是启导、鼓励、协助以及保护私人企业,特别是大规模的合股公司,具有充足的资金,以及广泛的运作,使其能在外贸中有竞争力。

政府还可做一些事,诸如减轻一些人口的压力以减轻经济的负担;政府须采取行动给失业者工作,教育无业者一技之长,以及开拓农地殖民。这些做法除了有助于经济外,尚有利社会秩序的维持与人道感的提升。慈善事业如照顾穷困残障,最好由政府与私人机构合力来做。以康之见,仅愿及公众利益而忽略一般百姓的福祉是错误的。就经济生活而言,国家与人民的利益是分不开的。两者同时发展的最好办法是以人民的利益为先。他说:"百姓匮乏,国无以富也。"①

康氏在1895年所持的立场仍然是儒家的:"百姓足,君孰与不足。"② 康氏所述很可能就是此一看法的反映。他也可能受到近代思想的启发,如他所知的近代英国经验。③ 同样可能的是他在仿效明治日本,明治政府可在1860年代末期的有力领导,导致1880年代初期以来资本主义经

---

① 见"上清帝第二书",翦伯赞等编,《戊戌变法》,第二册,页143。
②《论语》"颜渊"第九章,有若答哀公问"年饥,用不足,如之何"的一部分。
③ 如 Lo, *K'ang Yu-wei*, p. 150, n. 27 所说,康对推进商务之见,似来自19世纪英国的商业志趣。

济的显著发展。① 更直接的,康氏一定受到他前一代人士以及当代人士或多或少的影响(康氏故很少提及他所受的影响),如薛福成、马建忠、郑观应等。② 他是否超过这些人的思想,他是否替前一辈的变法思想家所提出的议案作了总结③,都可在细察他确切的思想后,愈趋明朗。

(一) 农业

康氏反对传统轻视工商之见,然他与一些20世纪开发中国家的领袖有异,他并不过分强调非农业的其他企业。他明确希望一个各方面都均衡的经济。

他强调,中国要在现代世界生存,必须抛弃落伍的传统态度:

> 凡一统之世,必以农立国,可靖民心。并争之世,必以商立国,可侔敌利……古之灭国以兵,人皆知之;今之灭国以商,人皆忽之。④

此同一论点曾在别处重申。旧日重农而轻工商的政策,在经济是不妥的。政府不去开发国家资源(康氏认为中国资源丰富),而只知剥削乡村农民。这些旧政策实在亟须放弃,而努力针对"经济帝国主义"的威胁。⑤ 康氏并不曾说农业不必重视。农业成长与工业发展都是拓广商业所必须,道路与船舶便于贸易,农、工、矿业则为市场提供成品。⑥ 康氏也不曾说工业化必须牺牲农业(近人有此指责)。⑦

以康氏所见,农业不应仅追求维持生产者的"生计",而是大量生产,

---

① Richard C. Howard, "Japan's Role in the Reform Program of K'ang Yu-wei", in Lo, *K'ang*, pp. 280~312 论及日本对康之影响。
② 赵靖,"康有为的经济思想",页35。
③ 同上,页34。
④ 翦伯赞等编,《戊戌变法》,第二册,页145。
⑤ 《日本书目志》,农商部分之序文,卷七,页1。参阅 Lo, *K'ang*, pp. 150~151。
⑥ "条陈商务折",见翦伯赞等编,《戊戌变法》,第二册,页246。
⑦ So Kwan-wai, "Western Influence and the Chinese Reform Movement of 1898", pp. 183~185。

提供市场之需,以获得利润。因此,他的农业观近乎工业化社会,农业生产的形态应取决于消费者,而非生产者所需。

康氏没有发展农业的详细计划。在1890年代的著作中,他仅泛指政府应该注意的一些地方。为了转变对外贸易的逆差,他建议政府采取步骤,就对外贸易上占一席之地的土产品(如丝与茶),帮助其生产者改良品质并增加产量。他也建议要教导农人近代耕种技术,让他们具备西方土壤分析、肥料学、动植物学,以及机械化等知识。他还建议应鼓励在全国各地设立农会,以便传播这类知识。康氏并指出,同样措施要运用到林业与渔业,以及其他有关工业。① 后来在戊戌年,他建议在各州各县设立农业学校,有关农业的西文书籍要译为中文,要邀请西方化学家来中国研究各地不同性质的土壤。另外,在京城里要设置"农商局",各省置分局,以领导近代化措施。②

(二) 工业

康氏认为引进西方矿、工、商业知识同样重要。他指责同时代的人在未获得知识之前迫不及待地从事矿业,此即国家矿务局在云南、热河等地失败的原因。③ 他认为这样做犹如在未学习药理前就要把脉一样。他接着说:

> 今日欲开地中之矿,宜先开心中之矿,眼底之矿、心中之矿眼底之矿者何? 开矿学、译矿书是也。④

比利时在当时矿业技术既然最先进,政府应邀请比籍专家到中国矿校教

---

① "上清帝第二书",翦伯赞等编,《戊戌变法》,第二册,页143~144。
② "请开农学堂地质局折"(翦伯赞等编,《戊戌变法》,第二册,页250~251);另一折,"请劝农折",于同一年上奏,麦仲华,《戊戌奏稿》,有目无文。
③ "上清帝第二书""上清帝第三书"(翦伯赞等编,《戊戌变法》,第二册,页142~168)。
④ 《日本书目志》,"矿学"序,卷二,页11。

导,并调查地下富藏。同时要引进机械以替代人力,并建筑铁路,便于运输。①

康氏在不低估农业的重要性之余,大力倡导工业。他自1895年后二十余年中不断长篇大论讨论此事。他指出19世纪初叶以来欧美各国的许多发明,诸如轮船、铁路、电报、气球、电灯以及农业机械等,都增进了国家的力量与人民的财富。的确,自曾国藩倡导之后,中国一些省份已输入机械制造。但由于未能以近代工业知识教育民众,这些企业并无显著的成绩。② 换言之,依康氏之见,在工业化之前必先有技术教育。

康有为不仅止于要求赋予本国工业以近代科技,事实上他还要求改变国人对经济生活的态度,他追究中国一向少有经济上的进步,由于在一直孤立于世的情况下,中国的皇帝及其子民都安于现状,以"寡欲"为皇帝之德,而臣民以"不饥不寒"为无憾。他认为此种态度不适于近代世界,因其不能满足人性的需求。人因要满足其欲望而后有进步。"夫人之愿欲无穷,而治之进化尽无"。在西方人们不求节欲,以至有令人羡慕的技术进步。发明的快速出现导致工业化,使一般人民满足一再提升的消费欲望,使他们的国家获致前所未有的富强,而"改易数万千年之旧世界,而为新世界"。③

转化不仅是经济的。自农业转化成工商社会过程中,"守旧愚民"为"日新尚智"所替代。康氏观察到,西方国家在创建"工业世界"时,已为"日新尚智之宇宙";中国若继续坚持"农国与愚民之治",而要生存于新世界是完全不行的。欲使中国适存于新世界,一定要使它成为一个"工国",同时"移民易心",使他们"去愚尚智,弃守旧,尚日新"。④ 值得注意

---

① "上清帝第二书",翦伯赞等编,《戊戌变法》,第二册,页143。
② 同上,页144～145。康氏误以发明轮船的傅尔顿(Robert Fulton)为英国人。
③ "请厉工艺奖创新折"(6月25日或26日),翦伯赞等编,《戊戌变法》,第二册,页225～227。
④ 同上,页227。参阅赵丰田,《晚清五十年经济思想史》,页74～75,以及So Kwan-wai, "Western Influence and Chinese Reform Movement of 1898", pp. 184～185。

的,康氏认识到近代技术根植于物理科学,如谓:

> 夫工者因物质生化之自然。①

康氏所冀望实现改革的个别措施不必在此细表。简言之,与其建议光绪皇帝发展农业者略同:设"专门学以育人才",鼓励科学上著作新说与创造新器。② 他于较早前更明白提到③,私人企业应自由地对工业发展有所贡献;政府只须授予执照,提供原则性的指导即可。

上述可显示康氏在1890年代的建议触及三个项目。首先,他呼吁工农并进,坦白批评旧日的低水平农产。其次,他怀疑政府管理以及倡导经济事务的能力(此应是基于他对全国各地国营企业成绩的观察),然同时他承认民间尚未有从事近代企业的准备。因此,他要政府在经济近代化初创之时起带头作用,然由私人企业实际上维持此一过程。最后,他确认为旧日对经济生活的态度有碍进步——即儒家,或更确切地说理学之见,以为强调人欲不利于道德与政治的稳定。④ 因而要求改变民众的心态,使这些欲望成为正当。在此他找到了近代西方工业文明的源头。他确信先要有心理上的突破,然后才能有经济上的突破。

戊戌之后,康有为的注意力转向中国的政治问题,很少写经济改革的文章。直到1905年,他又关心工业化。他的《物质救国论》一书在别

---

① 翦伯赞等编,《戊戌变法》,第二册,页226。
② 同上。
③ 本章第一节所论。
④ 在1886年时,康氏似持一享乐主义人生观。在其《康子内外篇》"不忍篇"中有谓:"凡为血气之伦必有欲,有欲则莫不纵之,若无欲则惟死耳。"对这方面的简短讨论,请见本书第五章。此一享乐观又发挥于《大同书》中。吾人难以追索其渊源,或可猜测此乃康氏心态之所然。他是有大欲之人,不讳言声色之享受,为美好生活所必需(见本书第三章)。他虽拒绝荀子之说,但很可能受到"王霸篇"的启示,该章有云:"夫人之情,目欲綦色,耳欲綦声,口欲綦味,鼻欲綦臭,心欲綦佚……万乘之国,可谓广大富厚矣,加有治辨疆固之道焉,若是则恬愉无患难矣……故曰乐者,生于治国者也。"孔子至少在一处提示"禁欲主义":"君子食无求饱,居无求安"(《论语》"学而"第十四章)。朱熹言"天理"与"人欲"赋予儒教以清教徒之色彩。参阅 Fung Yu-lan, *A History of Chinese Philosophy*, 2:500~501。

处已讨论过。① 在此仅指出他思想的大方向。

由于时代已变,康氏在此文中强调了一些新问题,但保持了许多旧看法。康氏有鉴于在海外知识分子中,孙中山及其同志们所领导革命运动的高涨,乃认为任何破坏现有政治秩序,或损害固有文化的行动,不仅没有效果,而且极端危险。舶来的"自由""权利""宪法"等,在他认为"空谈的学校"中传播给年轻人,与"八股"一样,无补于解救中国的危亡。只有一事可以救中国:快速地且全面地工业化。也只有一事应该学自西方:即科技知识。②

至此康有为益加相信工业必经私人企业之路。中国的政府不适宜此道,因不仅政府不能统御足够的财经以及其他资源,而且国营企业不能养成竞争的精神,以及鼓励精致的欲求,而两者都为经济进步所必须。他又指出克虏伯与阿姆斯壮为私人企业的光辉典型,值得效法。他并不反对社会主义化,但警告不能操之过急。他不像孙中山一样主张"社会革命"和"政治革命"同时进行③,他以私人资本主义为经济发展中自然的中间过程,介于停滞的农业经济与社会主义的乌托邦之间。

尚有一点可述。他虽然大力反对用武力来推翻现存政权,然认识到彻底政治改革改良的必要。他在文末说:

> 夫成物质学者在理财,理财之本又在官制,官制之本在人民自治……然不行地方自治,省、府、县、乡开议院,吾出此无谓。

显然,康氏知道不能依恃无能的清廷来实现经济近代化。

---

① 赵丰田,《晚清经济思想史》,页77～88概括此文大意。对此历史意义和理论昭示见本书第十章。
② 康氏自己的用语是"物质之学"。康自加拿大抵美,1905年3月16日至洛杉矶,在该地停留两个月,该城的工业发展给他深刻的印象,促使他写了《物质救国论》。参阅康同璧,《南海康先生自编年谱》,页51～53。
③ 见1906年10月17日在东京演说"三民主义与中国民族之前途"(见《国父全集》,第三册,页11)。文中指出要将因工业化而产生的"社会问题",在一开始的时候即加以解决。孙氏的观点,本章"一个备取的途径"一节尚要谈及。

(三) 商业

康氏对商业的基本论点前已提及。与工农业一样,他认为政府的领导不可少,而私人企业才是经济发展的主力。他与同时代人一样,注重外贸。

长久不平衡的贸易使中国财源不断流出,以至于经济枯竭。为了反击外国的商战,康氏呼吁政府鼓励、开导,以及保护商人,以使其能以当地土产售于国际市场,平衡进口的外国货。他的议论使人想到"重商主义",虽说他的经济理论似乎主要得之于工业革命。

政府可在几处起作用。他自近代西方与明治日本的经验中,得知设置商业学校,发行商报,以及提倡商学比较场(译案:即博览会)的重要。这一些措施都可加速近代商业知识的流通,并培养发明与竞争的精神。在京城里还要设立商部,以处理全国商业事务。商会须在全国各地设立,以有利于企业人士。商税须轻,商法须立,还要有保险公司,在外国设领事、海军武官以保护本国商业利益。他认为这一切将给企业家们以便利与安全。如此,政府与商界可有顺利的合作,最后可产生富庶国家的富裕人民。官员蔑视商人,商人不信任官员的情形便不会发生。①

为了促进政府与商界的合作,康氏建议在各省设商务局。每一局由商人之间选出有才干的人来主持,具有设立商业学校、发刊商报,以及组织商会的义务。假如政府一时认为不宜设置商业部,总理衙门应有权来管理这些局。康氏参考明治日本的政策②,吾人可见两者相似之处。他一定会觉得不难与日本自由党人(在 1887 年组织了亚细亚贸易商会)共同宣称:"让我们成为东方的北佬(Yankees)。"③

---

① "条陈商务折"(1898 年 8 月 2 日),见翦伯赞等编,《戊戌变法》,第二册,页 244~246。
② 同上,页 248~249。
③ Marius Jansen, *The Japanese and Sun Yat-sen*, p. 239, no. 5. 引板垣退助,《自由党史》(东京,1910),第二册,页 289~406。

康氏可能还受到明治维新后经济发展（以及工业化西方）的启示，认为少数人经营的小企业在近代外贸中不易扮演有力的角色。中国必须要有大公司，由股票持有者支持，由政府协助，然后才能有足够的财力有效地在外国经商。① 这种商业巨无霸与旧时家庭式小公司大不相同。康氏之意乃在反对国营企业，以及"官督商办"的方式。②

（四）交通与传播

康有为并不特别留意经济学家所谓的交通事业的投资，但他对铁路、汽船，以及邮政事业有他的想法。他同意他同时代人所认为的，铁路在西方经济发展中扮演了决定性的角色，因此，中国必须立即从事有系统的铁路建设。其效果将不止于经济上的。铁路除了提供大量工业与农业产品的运输功能外，还可在战时迅速运送人员与物质，而在平时则可消解各地语言风俗的差异，使各地来往便捷。建筑铁路需要大量经费，缺少资金为最大阻碍。因此，他建议政府应鼓励并帮助私人铁路投资，给予他们可行的计划、合理的规定，以及可资依赖的保障。基于未经现实环境证实的乐观，他说："吾民集款，力自能举，无使外国，收我利权。"③

是以，外国资金并不宜于建筑中国铁路。康氏与一些当时的人有异，他完全排除外国投资或筹借外资来筑路的可能性。事实上，他要减少上海与天津两大商埠的重要性，故铁路无须经过这两座城市。此为他力主建筑北京——青江浦一线而反对天津——通州一线的主要论点。④ 在此康有为是一"民族主义者"，高估了中国的财力，也不知道工业发展地区

---

① "上清帝第二书"，翦伯赞等编，《戊戌变法》，第二册，页146。
② 康氏此时的著作中未提及此。
③ "上清帝第二书"，页141。
④ 1888—1898年间，清廷曾考虑李鸿章之议，延长矢津—塘沽路至通州，乃张之洞之议筑卢沟桥至汉口铁路。1888年，康曾撰"请开清江浦铁路折"（微卷三）。事实上，康赞助张之洞所说。见李国祁，《中国早期的铁路经营》，页74~85，述及此事。

可以累积资本,以发展不发达地区的经济。

康氏在一个奏折(1898年仲夏)中说,凋敝的漕运应该取消了,以便将款项用之于铁路的建设。他指出漕运在经济上一直不是成功的,现在已成"万国腾笑"奇谬之弊政。近代铁路可快速地运送谷物。事实上,政府不需介入食物的运输。现代货物交易系统成立后,"民食所重,商贾自趋",政府不须干涉。① 在此康氏似已接近自由经济的概念。

现代航运是同一情况。他说:"轮舟之利与铁路同,官民商贾,交收其益,亦宜纵民行之。"②

不过,政府需设立弁从事邮政。康氏借英国经验说,一个国营的现代化邮局可增加帝国收入,同时给予民众绝大的便利。它可有助铁路系统,增进其用途。③

(五) 财政

在19世纪80年代中到90年代中,康氏有时述及资本累积乃是发展现代企业的先决条件。他的方案不免有些简单化,甚至一厢情愿,但仍不无所见。

他认为理财为迅速累积资本之钥。一个合适的币制和全国性的银行制度为贫穷帝国积蓄的最好办法。

此乃他于戊戌年所取的主要立场,那时他简述明治日本的银行与货币制度,以应皇帝询问有关举财的办法。④ 若干年前他提出一个银行制度,有点像1864年成立的美国国家银行。以康氏之见,私营银行应将资

---

① "请废漕运改以漕款筑铁路折",翦伯赞等编,《戊戌变法》,第二册,页253。Harold C. Hinton, "The Grain Tribute System of the Ch'ing Dynasty", pp. 339~354; "The Grain Tribute System of China, 1845—1911", (doctoral dissertation, Harvard University, 1951)第三章有参考价值。
② "上清帝第二书",翦伯赞等编,《戊戌变法》,第二册,页141~142。
③ 同上,页143。
④ 此辩难发生于6月16日皇帝召见之时,康也提到印度之地税。见 Lo, *K'ang Yu-wei*, p. 98。

本(银子)存在户部或省级库存,作为由户部印发钞票的预备金。全部钞票的总值将是政府所存银价的 $1\frac{1}{2}$,在十八省流通的钱据康氏估计约 1 亿两。同时,为了抵制外国银钱流入中国,政府要自铸银元。他说,远西各国都有银钱,"如俄用卢布,德用马克,奥用福禄林,英用喜林"。没有一个西方国家允许外国钱在本国流通。①

戊戌之后,康氏继续谈论财政问题。他一直想运用他的方案:由准备金以及经由银行发行的钞票,以活络财政。他说,这是"以无为有"。②不过,他知道维持钞票价值的必要,并坚持足够的银子作准备金。③ 民国初年的财政紊乱促使他写了"理财救国论",除了重申以银行发行钞票的旧说外,他强调建立金本位和银本位的需要。④

假如我们认为康氏完全依赖币制和银行来积财,并不正确。他也见及政府公债以及合股股票为举财的方法,以为农、工、商业之用。⑤ 除了发行钞票外,包括中央银行、地方银行以及劝业银行的银行系统,将负责买卖股票与公债。⑥ 康氏也见及土地价值的升高为一般经济成长的原因和后果。他在1908年写道:

> 百业日兴,地价日涨,公债可日增,地方应兴之利可日举,银行可日多,数者互为因果,互为母子,同盛而并起,相扶而互成者。⑦

因此,他不同意孙中山所主张的,因经济发展而增值的地价应该归公。⑧

---

① "上清帝第二书",翦伯赞等编,《戊戌变法》,第二册,页140~143。
② 见"复刘观察士骥书"(写于1908年),《万木草堂遗稿》(以下简称《遗稿》),卷四上,页50。信中有谓:"银行以无为有者也,银钞者以虚为实者也。"
③ 《金主币救国议》,页26~28。在说明纸币极有用之余,康氏强调纸币不能滥发,必须以黄金为储备。此时他虽主金本位,但储备之意未变。
④ "理财救国论",《不忍》,二期,页8。此文第二节谈到税收,作者未见。可能没有写成。
⑤ "复刘观察士骥书",《遗稿》,卷四上,页50。
⑥ "理财救国论",页8以下。
⑦ "复刘观察士骥书",《遗稿》,卷四上,页48~51。康氏认为土地和不动产为国家的主要财富。
⑧ 此一观点之最后定稿见"民生主义"第二讲,见《国父全集》,第一册,页203~205;209~212。

康氏深信币制稳定的重要(特别是与外币有关者),因此他主张金本位,认为是改进财务紊乱的唯一途径。他于1904—1908年间所撰一系列文章中论及此事①,显示他对这一问题的历史与实际都是相当了解。他认为利用钱币为商业发展的必然结果。金子很早就被认为是最好的交易媒介。金币最早出现于古埃及。后来,银子也在币制中占重要地位。不过,近来因英国在1798年与1816年的法案中采用金本位,一般趋势不再金银并行。世界各地乃轻"银"而重"金"。他认为此一趋势早在中国出现,金银的比例由秦汉之时的1∶5到20世纪初的1∶30。如果中国这样继续保持银本位,无疑是财政的自毁。

他认为中国必须立即采用金本位,固定金银比例为1∶20,铸造不同价值的金币,附以银币及铜币。但是因中国没有足够的黄金储量以铸造大量金币,或可采用一过渡办法,采用"法定金主币",略如印度的办法,即政府保持金储备,规定金子与其他流通钱币的兑换率。②

康氏对外债与外资的看法并不一致。前已述及,他有时与当时人同样忧虑外资的侵入。截至1916年,他仍然认为"不必征引外人"来参与发展云南及四川的经济,不过他不反对向外国购买武器。③ 在1912年的仲夏,民国袁世凯政府议借外债,康氏强烈抗议。康氏说这种外债等于是把"中国分赠之与外国"。④

但在另一场合,康氏同意援用外资,只要能够有利于国家的经济发展。因此,他虽彻底谴责袁政府考虑上述外债,但却赞成在必要时,可借用外资来设置现代化的银行和币制。若干年前,在戊戌年之夏,他建议皇帝派遣容闳到美国商议巨额借款,相当于6亿两,以便储存于中央银

---

① 《金主币救国议》,手稿藏胡佛图书馆,有王觉任序,撰于宣统二年元月(1910年初),此书收23篇文字,附录5篇论纸币,可能是第277页注④所引之著作初稿。康同璧,《南海康先生年谱续编》,页64~65指出康氏于1908年撰写这些文字,时居槟榔屿。
② 《金主币救国议》,第十一篇。
③ "致蔡松坡书",《遗稿》,卷四上,页6。
④ "大借债驳议",《康南海文集》,卷三,页36~39。

行为纸币60％的储备,可作为10亿两的资金之用。他说此足可作为现代化计划以及刺激私人企业之用。他解释道,过去的外债未能产生好的效果,因未曾真正用到发展经济上。这种未能增产的外债更加消耗经济力,全不能发展经济。① 他在民国元年给袁世凯提了相同的建议,主张筹借外债10亿元以上。②

以上简述康氏大半发之于1890年代与1910年代对经济改革的想法,给我们留下一种印象:他将中国未来发展的希望寄托在基于市场经济的私人企业。他的思想似乎有重商主义和国家经济的色彩。③ 他也可能被指责为"资本主义和地主阶级"的代言人。④ 无论如何,作为一实际的改革者,在《大同书》中的理想主义社会设计对他全无用处,他亦不认为国家控制或国营经济有效。他要求政府发动经济改革,但他怀疑政府有能力推动农、工、商经济到较高度的阶段,这些他认为要让私人企业来进行。他的目标不仅在维持现存政权,他希望能变之为宪政以便导致中国走向光明的经济前程。⑤ 他不仅关心国家的富强,更主要的是要给他的同胞们富足的生活——一种西方人已享有的生活。

第二节 同时代人的见解

康有为经济改革思想的理论上之有效性与实际上之可行性,容后再

---

① "请计全局筹巨款以行新政筑铁路起海陆军折",翦伯赞等编,《戊戌变法》,第二册,页255~258。
② "致袁总统书",《遗稿》,卷四上,页72。
③ 侯外庐,《近代中国思想学术史》,第二册,页650~655,指出康之经济思想(包括其徒梁、谭)回应了西方之重商主义。
④ 阅 S. L. Tikhvinsky, *Dvizhenie za reformy v Vitae v kontse XIX veka i Kan Iu-wei* (Moscow, 1959), p.193 谓康氏提供资本主义和地主阶级改革者的最清楚彻底之见解。另参阅赵靖,"康有为的经济思想",页34。文中有谓1902年前,康之思想反映新兴资产阶级发展工商的需求。
⑤ 赵靖,"康有为的经济思想",页47 责康混淆真正的问题而欲挽救腐败的朝廷。此说殊非确论。

述,在此不妨将其与通行于1870年代至1890年代的经济思想相证验。下文所述将显示,康氏与其同时代人所想的,有很多相同之处,我们只须举出最具代表性的一些样本。

李鸿章与张之洞的亲信朱采似是最早重视科技教育之人,他在1873年写道,除非士大夫阶级从事器数之学,中国不可能自造轮船。政府须嘉赏新机械的发明者以及新科学原理的发现者以鼓励之,以至有才有志之人不再藐视科技知识与技能。① 翌年,他建议在京师以及沿海各省设置科技学校,教授造船、工程、数学、地理以及其他相关学科。学生在学期间给予薪俸,毕业后授予政府职位。②

御史李璠更主直接应经济帝国主义的挑战,"以商敌商"。他在1878年5月20日上疏中认为中国之患唯有一源,即与外国通商。他说在西方,政府与商人携手从事商业,如此则商人得到很大的力量,并反助其本国的富强。近代西方国家不似过去的侵略者,为了征战劳民伤财,而从商业扩张来达到领土扩张的目的。中国的情况与此完全不同,政府不支援商人,而国家日弱,日穷。

李璠主张政府拿出办法来鼓励沿海省份的爱国人士效法外国商人的榜样,组织股份公司,从事国际贸易。政府须帮助他们筹集必要资金组成合适公司,政府应给他们体恤,商人知道有所倚赖,无所顾忌从事"商战"。李氏估计二十年后,中国可遏制外国兵力,"是不战而屈人之兵也"。③

无工业则无商业可言。李氏认为外贸仍是进出口商,进口中国所需之物,出口国际市场所需货品。中国商人须进口洋货,中国的制造业者须制造商品,供销外国之用。政府必须帮助私人企业家获得科技,购买

---

① 朱采,《清芬阁集》,卷二,页20;收入中国史学会编,《洋务运动》,第一册,页331~332。朱氏浙籍,曾为山西汾州知县,后为广东琼雷道观察。
② 朱采,"海防议",页349。
③ 《洋务运动》,第一册,页165~167。李时为湖广道监察御史。

必须器械,以使中国的纺织业与其他工业现代化。①

李璠折上清廷一年后,贵州候补道罗应旒对工商业有相同的建议,罗氏说西方人以商业为国策的基础,而中国讲究礼乐教化,成为西方经济剥削的牺牲品,要改弦更张,中国必须追求富强——通过发展工商业的途径,换言之,

> 中国地土之利,西人之所垂涎者……中国所需于外洋者,吾自制造之,外国之所需于中国者,吾自运贩之。

质言之,中国须开矿,发展近代工业,筑路造船,开拓外贸。为了培养企业精神,政府须鼓励以及保护工商业的利益。对商业有特别成就者授予荣誉,采用保护关税,进口税重于出口税,特别是在中国制造的外国货,以及在外国设立领事馆,如新加坡、槟榔屿、旧金山,以及其他有相当数目中国侨民的商埠。很显然的,指导原则乃是政府对发展私人企业要起领导作用。②

郭嵩焘在1870年代后期驻节外国熟悉西国情事,响应李、罗二氏之说,倡导同一模式的经济发展:政府鼓励,私人营业。在致李鸿章一函中(大约写于1878年),郭氏说西方因民商而致富强,民商奠立国家经济的基础,而政府只给予他们安全与保障。是则政府与人民携手共同发展经济资源。在中国,官民之间太少共同的利益。郭氏以此为数十年来自强措施失败的原因。③

郭氏在约略同时致某友人的另一函中,提出另一值得注意的观点。他说富强要基于社会和政治的稳定,实难想象人民困穷而国家能达到富

---

① 《洋务运动》,第一册,页167~168。
② 罗氏时官贵州,疏上于1879年7月23日,载《洋务运动》,第一册,页170~181;见页177~180。罗氏除主经济现代化外,还促请政府作教育制度的改革,重振军事结构。其疏广受注目。直隶总督李鸿章,赞同他的经济提议(《洋务运动》,第一册,页205)。两江总督沈葆桢则怀疑中国之商人已能接受政府的领导(同上,页183~184)。
③ "致李傅相书",载《养知书屋遗集》,卷一三,页17。收入《洋务运动》,第一册,页315~316。

强之事。他继谓:

> 今言富强者,一视为国家本计,与百姓无与,抑不知西洋之富专在民不在国家也。①

当时另一著名的外交官薛福成更加赞成私人资本主义,他在1895年所上奏折中(他当时仍驻节欧洲),指出:

> 泰西诸国竞筹藏富于民之法,然后自治自强,措之裕如。

发展商业乃是致富的主要途径。为了致富,政府应让百姓投资筑路(不必投入公款),用现代化方法从事纺织及其他工业(此可由政府协助私人公司成之)。②

薛氏在1891年所撰一文中说明"导民生财"之道。西方国家人口较中国为密,而较中国富裕,此因他们能经由农、工、商的发展来开拓富源,中国再不赶紧效法西方,随着人口增多,经济上的苦难将日益加厉。③

翌年他又撰一文,指出西方经济政策的主要目标。西方国家的政府比中国政府所抽的税要重,但西洋人少觉税重,只因"取之于民,用之于民"之故。即使军事费用亦认为主要是为民谋利。再者,当军需制成、船舰造就、铁路通车,许多技工和非技工都有了生路。更重要的,西方政府都努力要求其经济事务将导致"藏富于商"的结果。④ 事实上,薛氏十分相信私营的想法,他甚至要私人继政府之后来筑铁路。他说铁路毕竟要以便民为主要方针。⑤

---

① "与友人论仿行西法书",约写于1870年代之末。见《养知书屋遗集》,卷一三,页36;《洋务运动》,第一册,页322。
② "强邻环伺谨陈愚计疏",《庸庵内外篇》(1898),《海外文编》,卷二,页6;收入《洋务运动》,第一册,页260~261。
③ "西洋诸国导民生财说",《海外文编》,卷三,页5~6。
④ 同上,页7。
⑤ "创开中国铁路议",《庸庵文编》(《庸庵全集》本),卷二,页12~13。在较早的一篇"代李伯相议请试办铁路疏",《庸庵文续编》(《庸庵全集》本),卷一,页6~7,薛谓邀集商股和外资筑路是可行的。

更具兴味的是,薛氏认识到谋利乃经济生活的原动力。他在"论商务"一文中说,为了解决中国贸易上长期的逆差,必须使国内工业现代化,特别是茶业、丝业和纺织业,以及发展现代化的交通。他认为这些都由私营。像招商局那样的官督必须废止。① 他论证他的看法说:

> 人之笃于私计者,情也。今夫市廛之内,商旅非无折阅,而挟赀而往者,何也?以人人之欲济其私也。惟人人欲济其私,则无损公家之帑项,而终为公家之大利。②

一位中国作者论薛氏之见,以为他虽对资本主义并不完全了解,他所谈的商政完全是资本主义式的发展。③ 此为一公正的评断。

薛福成知悉工商业之间的密切关系,以及工业化的重要性。在论述发展工业一文中,他批判传统轻视技工的偏见。他指出西方国家的勃兴乃是由于尊重工业(工为商之骨干),且为国家的支柱。士人提出原理,工人运用原理达到技术上的成就。是则,学者与工人发生密切合作。政府亦参与其事,给予科学家和技师在重大发明上的嘉赏与认可。显然的,中国必先解决古老的歧视工匠的传统——此一偏见因科举制度而益牢固,然后才能作技术现代化的起步。④ 他警告国人,除非中国向前进,从手工制造到机械制造,否则决不能与外国平等贸易。他不赞成现代化的工厂将剥夺手工业者的生计之说,他认为要穷苦的百姓停留在手工业上,事实上是要他们更加穷困,更加无助。⑤

薛福成像许多他同时代的人一样,以不开采中国的自然资源为贫穷

---

① "商政",《筹洋刍议》(撰于1880年),卷一,页10～12,见《庸庵全集》。
② 同上,页11。
③ 黄子通,"薛福成的思想",页51～56。
④ "振百工说",《海外文编》,卷三,页16～17。薛早已于1875年上疏中强调引入现代技器之重要,见"应诏陈言疏",《庸庵文编》,卷一,页12;收入《洋务运动》,第一册,页157。类似之观点可见其1890年5月17日日记。《出使英法意比四国日记》,卷二,页11～12,见《庸庵全集》。
⑤ "用机器殖财养民说",《海外文编》,卷三,页8～9。

之因。因此，他建议政府积极开矿。他认为政府与民间须共同参与。①另外，他也赞成当时人废止厘金的主张。②

马建忠由李鸿章派送到法国留学，他在1877年一函中报告他之所见。他说留学一年后，觉得欧洲国家保护商业的利益为致富之基，而求强必须先得人民的支持。③他在1890年春所写的"富民"一文中，更进一步指出，为使中国富裕必要增加出口减少进口。为了实现此一计划，必须使农工的生产方法现代化，然后中国货才能赢得外国市场，使煤、铁、银和金矿开发，以尽地利。④他也主张建筑铁路。为了筹集筑路资本，他建议向英、法的政府和私人银行借款。⑤

马氏对中国经济发展的讨论稍嫌简略。作为英商买办达三十年之久的郑观应较有详细的阐述。他藉个人的经验以及书本上的知识，在所著《盛世危言》中提出发展中国经济的远大计划。⑥他认为一个妥善的政治体制乃是求致富强所不可少的。显然不满古老的专制政府，他建议设立议院，统治者与老百姓能藉此相互了解，为国家福祉共同努力。专制给统治者太多的权力，而在共和国则人民权力太大。唯有君民共治，权力才算均衡。他在确定所期望的政制之后，提出发展经济的指导原则。

---

① "矿政"，《筹洋刍议》，卷一，页13～15。
② 他早于1865年即指出厘金之需裁，时太平军之战仍在进行。他于"上曾侯相书"（《庸庵文外编》，卷三，页11～13)中说，厘金虽有用，但于民生无助。征率须降低，而卒取消。数年后，他重申此说。见"应诏陈言疏"，《庸庵文编》，卷一，页6。
③ "上李伯相言出洋功课书"，《适可斋记言》，卷二，页5。
④ "富民说"，《适可斋记言》，卷一，页3～6。马氏误以为西方工业之勃兴由于在美洲发现黄金，显指加州的淘金潮（同上，页4)。
⑤ "铁道论"以及"借债以开铁道说"，俱见《适可斋记言》，卷一，页6～9,9～12。
⑥ Teng and Fairbank, *China's Response to the West*, p. 113述及郑氏生平。他于1882年参与李鸿章之实业，主管中国电报局、招商局、李氏棉织厂等职。又曾任汉阳铁工厂经理。在1890年代，他是《万国公报》的支援者和读者。他喜读麦氏（Robert Mackenzie)《十九世纪史》(*Nineteenth Century*)的中译本，以至购买该书百册分赠友人。他所撰有关各方面现代化的论著收入《盛世危言》，初出版于1893年，以后多次重印。1893年版实是修订本。《盛世危言》《盛世危言后编》十五卷收录他在各种实业工作独得的经验，包括纺织、铁路、轮船、铁厂、采矿及电报。

中国追随先进国家的先例，须致力于三事；"人尽其才，地尽其利，物畅其流。"①

郑氏此书的绝大部分涉及农、工、商，以及财政与交通等整个经济领域②。他对中国经济问题的讨论较任何同时代人要彻底且有系统，但他的见解与细节常与同时代人相呼应。试略举数则以见他的立场：郑氏见及农业的重要并建议使其现代化。他借鉴西方模式拟设农部来筹划农业政策，在各省设立永久性的展览馆，提高技术，设立农校来传播新知识。③ 为了促使工业化，他建议设立专门学校来教授科技。下面是一段值得引述的话：

> 夫泰西诸国富强之基，根于工艺……不先通算法，格致诸学，亦苦其深远而难穷……我国亟宜筹款，广开艺院，教育人才，以格致为基，以制造为用，庶制造日精，器物日备。④

当然，郑氏对商业更有话可说。在"商务"与"商战"两文中，他重申以彼之道来对付西方的经济侵略。他呼吁设立商部以给企业以指导与保护；他呼吁发展机器制造为发展商务的支柱。然他虽要政府提供经济发展的大纲，却坚持私营与私有企业。他本人的经验所示，政府干预只有阻碍经济成长。他举出官吏如何用不同方式侵夺商人的钱财，扰乱商业经营。他特别反对让毫无商业训练或经验的人来参与商事。这些人不仅是阻碍，而且多半会贪污作歹。由于这种干预，很少股东能获利，而许多人在过去几十年中蚀光了老本。一个补救的办法是像西方国家一样订定商律，保护私人企业，不受官吏侵夺。⑤ 为了进一步的商务发展，

---

① 《盛世危言》序，作于1892年（上海，1905年版）。在孙中山之前，冯桂芬已有相似意见，Teng and Fairbank, *China's Response to the West*, p. 53 略作比较。
② 即第二十三篇至四十六篇（五十五篇中之二十四篇）。再者，十篇中的六篇有附录讨论机器制造、纺织业、轮船、铁路、电机，以及电报。
③ 《盛世危言》，卷四，特别是第二十八篇"农工"，页39～40。
④ 同上，卷三，第二十六篇"技艺"。
⑤ 同上，第廿四、廿五两篇，"商务"和"商战"。

交通与资讯必须要发展①，一个现代化的银行与币制必须要建立。②

陈虬的《治平通议》曾列入梁启超的《西学书目》之中，对经济事务所述甚多③，涉及众多项目，诸如有关农业现代化、工业化、商业发展、开中国之商埠以与通商口岸相竞争，以及银行与纸币等等。陈氏与其同时人一样认为私利是正当的。企业家制造，商人贩运于市，各为其本身之利。但同时他们都对国家有贡献。因此，政府必须给私人企业以鼓励，如给予官阶等。更重要的，政府要让他们在铁路、邮电、矿业、纺织以及其他事业上尽展其才。④

在结束这一段论述之前，尚可一提另一更具代表性的作者——陈炽。陈氏为户部职员，曾积极参与康有为的戊戌变法⑤，他从阅读与旅行中熟悉时务。⑥陈氏强调农业现代化的重要性，与工业发展的迫切性不相上下。他至少含蓄地见及在经济成长中农业有余裕的价值。他指出在西方国家中发展工业并不忽视农业。事实上，由于应用新的耕种技术（由于科技的进步），产量增加十倍，解除不断的人口压力。中国应设立一特别的政府机构，用合适的方式促使国家农业现代化⑦。

陈氏于近代工业对西方社会的冲击有云：

> 自有机器之后，一人之工可当十人。而聚财后所建的工厂更可为成千穷人提供职业。富者虽取利之一二十，但穷人工资可以倍增。因此机器制造实在主要有利于穷人。⑧

---

① 《盛世危言》，卷四，第卅三篇"铁路"卅四篇"电报"，以及卅五至卅六篇"邮政"。
② 同上，卅七至卅八篇"银行"和四十篇"铸银"。
③ 《治平通议》（上海？1893），作者自序撰于1892年。
④ 阅《经世博议》四卷与《救时要议》一卷，俱见《治平通议》。
⑤ 康有为，《年谱》，页13。
⑥ 《庸书》与《续富国策》。
⑦ 《庸书》，卷二，"农政"与《续富国策》，卷一，"讲求农学说"，页13～14。另阅《庸书》，卷一，"水利"和卷二，"蚕桑"。
⑧ 《庸书》，卷八，"养民"。

因此,工业化之后不会夺取中国百姓的生计。相反地可以解除长久的人口压力,平息饥饿死亡与动乱。

他认为近代科学知识为工业的初基。他赞扬三百年来的西方科学。说西方科学家追根究源,从已知者求得未知者。并且运用这些知识来发展新的技术与机械,他们使国家与百姓都得到好处,结果产生了一个新世界。① 陈氏总结道,中国采用西方科技不仅可自立,且可在新世界中得到应得的位置,以最后达到"声教大同"。②

陈氏认为此一美好的目标可以获致,因明治日本提供了线索:

> 夫日本东瀛小国耳,通商卅载,乃举西人之所能者,而尽能之,举华人之所不能者,而皆能之。③

日本既已走向现代化文明之域,中国必即踵其迹而前进。④ 科技教育甚要。西方国家的工业成长植基于划时代的发明,如蒸汽机和电报,而这些东西又根植于自然科学。⑤ 他指出数学为科学之钥,而中国人不予重视,不知所有的科学原理和技术发明都有赖于数学。⑥ 当然,科学本身在学校中要认真教学。化学(包括生化)、机械、光学、电学和地质学,都对农、工、商有直接关系,都应纳入课程。⑦ 技术训练也应该实施。⑧

陈氏撰写有"工艺养民说"一文,以反驳机器制造将破坏手工业剥夺

---

① 《庸书》,卷七,"电学",页8。陈炽知保守派因科学为洋学而拒之,乃谓西洋科学来自古代中国,故采用现代科学不过是恢复旧书。见《庸书》,卷七,"格致",页9。
② 同上,卷五,"考工",页6。
③ 《庸书》,卷八,"自立",页4。
④ 同上,页4~5与《续富国策》,卷三,"劝工强国说"。文中陈氏追溯中国军事与经济之衰弱,乃由于轻工之故。并谓西方科学和工业的发达,由于政府提倡之故。他和康有为一样地赞赏德国的克虏伯工厂。
⑤ 《续富国策》,卷三,"艺成于学说",页3。
⑥ 同上,第三文,"算学天学说",页3~4。据此,他建议凡应文官考试者都要通算学。
⑦ 同上,第四文,"化学重学说",页4~5。以及第五文,"光学电学说",页5~6。
⑧ 同上,第六至十三文论及金属业、矿学、纺织和食品工业,以及制造器皿、机器制造,以及筑路等,页6~14。

人民生计之说。① 他责怪持此观点之人为导致中国贫弱的罪人。他引用英国的例子,说明手工业者在新建的工厂中工作来维生。他说没有工业化,中国将不能与西方国家在商业上竞争,结果反而将毁灭手工业经济,使无数的人民穷困。他继续歌颂机械,说是具有超人的智能,实为人类的福音。人类唯有拥有机械才足称天、地、人三位一体。② 这种对机器的膜拜态度使人想到陈独秀的"赛先生"。不管如何,这种看法为康有为1905年论工业之文作了先导。

以上所述八家之见都指向一个结论,即他们所强调的或有异,然对大问题都甚一致:改善农业生产为经济成长所必需;工业化极为迫切;为了工农的现代化,科技知识必须由西方输入,传播于国中,由国内学者研究;铁路、轮船、电报、邮政等为现代经济所必要;为了累积与流通资本,现代化的银行和币制必须建立;最后,政府须鼓励与帮助私人企业家在经济各领域中开拓,但政府必不应介入经济发展的实际过程。他们无一人赞成国家管制和经营企业。他们与1860年代的自强派不一样,他们更加重视人民的经济福祉,而不如是强调富为强国之本。③ 前已述及,康有为同意这些看法。事实上,他的立场正反映了当时经济思潮的大趋势。

---

① 《续富国策》,卷三,"工艺养民说",页14~15。
② 同上,页15。像当时其他人一样,他认为厘金为经济成长的阻碍,故呼吁废止。见《庸书》,卷二,"厘金",页3。
③ 赵丰田,《晚清经济思想史》,页315有谓咸同时期在追求强兵,而至光宣时期则重视富国。本书曾提及当时的另一些作者。我未论及张謇,因他是中国的早期的工业家,而不是经济改革论者。不过,可阅其1896年,所撰"农会议"和"商会议",文中建议设立全国性的农会和商会网以促进工商。他也主张私营企业,政府仅起鼓励和保护作用。《张季子九录》,"实业录",卷一。Samuel C. Chu, *Reformer in Modern China: Chang Chien, 1853—1926*, Chap. 3 述及张謇的实业。张之洞则依赖国营多于私营,如阅"札同局设局讲求洋各"(撰于1884年,时任山西巡抚),以及"札司道讲求洋务"(撰于1886年,时为湖广总督)。二文俱载《张文襄公全集》,卷八九,页22;卷九三,页22。《劝学篇》,第九文,"农工商学",论及农工商之重要,以及三者之间的关系,以及现代化的方式和办法。

第三节　西学与经济改革

不同背景和经历的人而有相同的看法,可见他们大致得之于同一灵感的来源——"西学",大都由传教士译介过来①,由日文转译而来②,由个人在通商口岸学习,或在外交接触中得来。③

广学会经由其出版品起了广泛的影响,销路在 1893 年与 1897 年之间,增加尤速。④ 积极的会员如林乐知(Young J. Allen)、艾约瑟(Joseph Edkins)、傅兰雅(John Fryer)、慕维廉(William Muirhead)、韦廉臣(Alexander Williamson)及李提摩太等在《万国公报》(特别是 1874 年后),及一些其他的出版品⑤上介绍了西方的科学、技器、经济。康有为在

---

① 阅 Teng and Fairbank, *China's Response to the West*, pp. 134~135 载传教士对变法思想的影响。菊池贵晴,"广学会と变法运动——广学会の设立について",《东洋史学论集》(东京,1953),页 305~317 可参阅。广学会(成立于 1888 年)中较活动分子,都对变法有影响。在《万国公报》投稿的"古吴困学居士"在第八八号(约 1896)上,赞誉该会出版了将近百种书刊,能融中西学术为一。此文"广学会大有造于中国说",可见翦伯赞等编,《戊戌变法》,第三册,页 214~217。康有为受此会出版品的影响,见于 Timothy Richard, *Forty-five Years in China*, p. 253: "康奏上一折……求皇帝变法……这些说词与广学会出版品极为相似。"李提摩太又指出,强学会的学报不仅用《万国公报》之名,而且起初"主要系转载本志之文"(页 254)。

② E. R. Hughes, *The Invasion of China by the Western World*, pp. 108~109,指出在 1870 年代之初,有三家译馆,一在北京,一在上海,第三家在广州。所译之书见 Tsuen-hsuin Tsien, "Western Impact on China Through Translation", pp. 305~327。So, "Western Influence and Chinese Reform"有一般性的概述,但并不特别有见解。

③ 上面提及诸人之中,马建忠、郑观应和薛福成最突出。康氏直接接触到西方是他在香港(1879)和上海(1882)时,促使他"大肆研究西学"(《年谱》,页 5,6)。日本则为康梁西学的来源。阅 Philip C. Huaug, "A Confucian Liberal, Liang Ch'i Ch'ao in Action and Thought", Chap. 4。

④ 此即从 817~21 146 元,据《知新报》(康氏维新运动的机关报,澳门发行),第一〇三号(1899 年 9 月 15 日),页 9 所载的报道。

⑤ 赵丰田,《晚清五十年经济思想史》,页 305~311 指出若干有关农、工、商的出版品。阅 Henri Bernard, "Notes on the Introduction of the Natural Sciences into the Chinese Empire", pp. 220~241 为一详尽的综述。另阅 Advian Arthur Bennett, *John Fryer: The Introduction of Western Science and Technology into Nineteenth-century China*, pp. 89~96 列举傅氏有关制造、工程、农业以及器械的译著。

1883年就已是此一公报的读者。① 他同时还阅读了一些有关经济事务的著作。②

李提摩太"可能是倡导变法而最具影响力的在华传教士"③,他一定给康有为留下深刻的印象。不管如何,康氏的许多想法似乎来自李提摩太,此可浏览李氏著作得知。④ "新政策"一文尤与此有关。⑤ 李提摩太于简短的序文中提出,应付人口压力挑战的唯一办法是发展商业,用武力来关闭商务往来是严重的错误。他界定了必须改革的四个领域:一为教民之法,二为养民之法,三为安民之法,四为新民之法。⑥ 养民之法一

---

① 《年谱》,页6。康谓他除注意历史等书籍外,还注意"声、光、化、电、数学"等。以下几种刊登在《万国公报》上的文章可能影响到康之经济思想:韦廉臣的"治国要务",第三章,载第四期(1889年5月),页16以下,讨论煤矿诸事;艾约瑟,"铁路宜扩充论",五至十一期(1889年6~12月),建议扩充现有铁路;局外旁观者(即Robert Hart),"论通商大局",十期(1889年11月),页3~5,谓外贸有利中国,铁路、电力、矿业、轮船以及银行,必须发展。花之安(Ernst Faber)"慎理国财",十四期(1890年3月),页190~191,介绍机器制造,发展交通事业,废止厘金,保证政府公债;花之安,"自西徂东",十五期(1890年4月),页189~291,307~309,以及316~317,着重现代农技、机器制造,以及保障发明与专利法。此刊尚登载其他有关科学之文。曾纪泽序韦廉臣论西方科学之文"西学略述",六期(1889年7月),页1~2,与陈炽一样热心科学。

② 如其《日本书目志》所示。卷七、八和九所列有关农、工、商的著作。梁启超的《西政丛书》中,收录了傅兰雅的《工程致富论》十二卷,《考工纪要》十七卷;艾约瑟之《富国养民策》十六章,以及傅氏的《保富述要》十七章。

③ Teng and Fairbank, *China's Response to the West*, p. 134. Richard, *Forty-five Years in China*, Chap 6, "Working among Officials and Scholars, 1881—1884", Chap. 12, "The Reform Movement in China, 1895—1898", 述及他提倡变法的个人经验。

④ Richard, *Forty-five Years in China*, p. 261,谓当"张学会"于1898在上海发表时务新著时,包括他所写三十一种作品,多涉及政府、经济、教育、宗教和军事。李提摩太可能帮助康氏见及大同古意之重要。李氏于页254写道:"1895年10月17日,我初与康有为见面……他带来一本他所写之书送给我,翌日他即南下。他告诉我他相信上帝,以及我们在出版品中所称的各国乃兄弟之邦,他希望我们能合作以振兴中国。"李氏著作目录见蔡尔康,《中东战纪》附录,包括"大同学"。李氏谓康氏信"兄弟之邦"之说似是可信,但说康信"上帝"则可疑,至少,不是宗教意义的"上帝"。

⑤ 此文作于1895年之秋,初见于《万国公报》,八七期(1896年4月),重印于蔡尔康,《中东战纪》,卷八。又收于翦伯赞等编,《戊戌变法》,第三册,页232~241。

⑥ "新政策自序",收入翦伯赞等编,《戊戌变法》,第三册,页231~232。

词与康氏在1895年5、6月之间上疏中所言完全一样。① 此疏在内容上与"新政策"的相似程度令人惊讶。李提摩太所提十事：翻译、邮政、开矿、丈量、工业、机械化、银行与纸币、银元、商业和报馆，只有最后一项不见于康疏之中。② 比较李氏其他著作与康氏其他讨论经济之文，也有相同的结论。康氏几乎完全接受了李氏对经济改革的见解。李氏在1894年所写的《时务新论》③等文，一部分涉及"养民"、"财源"、"科学"、"外交"和"筑路"。这些也都是康氏喜谈的论题。在可能写于1890年代之初的"求儒救民说"中，李氏呼吁18省中的读书人研究中外养民之法，要求皇帝批准他们的发现，以付诸实施。他所介绍的美法为康氏收入戊戌变法的计划中，如丈量、开矿、筑路、币制改革、邮政，以及工业化。④ 两人都认为农业现代化⑤和移民为解除穷困和人口过剩的办法。⑥ 两人也都同意改善人民福祉为变法的首要目标。

我们不必要进一步追究康、李两人的共同点，或其他提倡经济改革者与广学会的关系。不过有一点必须一提。如近人研究所示，在1889年组成广学会中心的39人中大都来自英国，其次来自美国。很少德国人、法国人或俄国人参与其事。在39人中，有16人为商人，9人为传教士，8人服务于海关，一个律师，一个医生，一个报人，其余3人在外交界工作。⑦ 很自然的，中国的经济问题是他们注视的焦点，而他们关心中国经济发展应走的道路，充满了英美的观点。康有为以及其他的变法人士

---

① 即在"上清帝第二书"与"上清帝第三书"(1895年5月2日及6月3日)中所说(见翦伯赞等编，《戊戌变法》，第二册，页143，168)。李提摩太所提某些建议见于"富国之法"一文。李氏之文发表于康氏上书之后，但李之观点很可能早传达给康。
② 翦伯赞等编，《戊戌变法》，第四册，页234～236；第二册，页140～147,168。康氏剔除了办报，代以照顾残弱和贫困者。
③ 《时务新论》(有时作《时代新论》，如 So, *Western Influence and Chinese Reform*, p. 56 所引)，十二卷(上海，1894)。此为发表于《天津时报》上的论文集。
④ 收入于宝轩，《皇朝蓄艾文编》(上海，1902)，卷二，页17～19。
⑤ 梁启超将此小册收入《西政丛书》。
⑥ Richard, *Forty-five years in China*, pp. 137,142.
⑦ 王树槐，《外人与戊戌变法》，页33～34。

大大地受到这些人的影响,他们自然反映19世纪后期英美的看法,特别是私人企业、外贸的重商观,以及依赖银行业和币制来筹集资本。不过,他们并不完全借自西方人士意见。日本现代化的惊人成绩使康氏以及其他人相信,东邻岛国也大可借鉴。

第四节 明治日本为经济现代化的模式

戊戌变法正式开幕前几个月,康有为曾建议皇帝,中国大可采用明治日本的现代化模式。① 康氏有关明治维新后政经发展的知识得自他编纂《日本书目志》以及撰作《日本明治变政考》一书。②

略观日本经验即知康氏何以选择日本模式。岛国的成就确是光辉。在19世纪初,该国的经济尚不及西方国家的中古时代,绝大部分的人没有自由,穷困的农民支撑一个由将军、大名和武士所组成的统治阶层。年产量的40%由大名和将军支配。在这样无望的基础上却迅速地兴建了一个富强的国家。③ 维新一年多,年轻的武士改革派开始废除他们起家的封建制度。在1871年,藩封取消,全国分为县。老大名们逐渐离开政界,他们之中有一些人成为新进的资产阶级。不接受新秩序的武士们起来造反,但1877年萨摩叛乱的失败正式结束了封建社会。一种接近中产阶级的人士出现了。商业家与金融家之中,有些是旧时代的武士和大名,对

---

① "上清帝第五书",翦伯赞等编,《戊戌变法》,第二册,页195。此未署日期之文可能上呈于1897年底或1898年初。
② 在康之《日本明治变政考》(始撰于1886年,完成于1896年尾)中,叙述了自1868至1890年间的日本变政。前已提到,他的《日本书目志》(印于1897年之冬),列举有关农工商各方面之书籍(卷七、八、九)。当然,非仅康氏一人重视明治日本。一篇无名氏的论文"政令一新说",载《万国公报》,新编五期(1889年6月),页11~12,述维新后的变政纲要,并作结道:中国也可与西方各国并驾齐驱,只要学习日本的模式即可。艾约瑟,"日本革故鼎新之故",《万国公报》,十二期(1890年元月),页298,综述并解释日本的变政。黄遵宪,《日本国志》,有四十卷之多,成于1890年(可能在上海出版),涉及明治维新的各方面,起自1868年,迄于1880年,末卷为"工艺志",述工业的发展。
③ William W. Lockwood, "Foundations of Japanese Industrialism", in *The Economic Development of Japan: Growth and Structural Change*, 1868—1938, pp. 3~34.

国家的经济发展作了贡献。后来,他们的下一代成为政府官员、军官或商人。在商人中出了商业帝国的领袖——财阀。① 近人有谓,"这些年轻的改革者自1866年起,致力使日本成为与西方强权地位平等的国家,终于在他们有生之年实现"。② 他们成为康有为等改革派的灵感,一点都不奇怪。

中国的改革者以明治日本为蓝图以设计自己的计划。研究日本经济史的学者指出,农业发展在国家成长中起了重要的作用。由于采用新技术耕种——扩大使用商用肥料,选种、分配稻种、改良用水,以及控制虫害等——所有这些知识都来自政府设立的农校、研究与推广服务中心,以及实验站。再由于来自外国的专家和留学欧洲大学的本国学生之努力,农业在19世纪末以及20世纪初有了快速的发展。③ 更由于土地产量的增多,以及积蓄不用之于消费而投资经济发展,日本因此累积资本来发展工业及其他设施。④ 康氏知道这些情况是完全可以理解的,他

---

① Edwin O. Reischauer, *Japan, Past and Present*, pp. 119~156 对此一发展有扼要的叙述。
② Ibid., pp. 134.
③ Bruce F. Johnston, "Agricultural Production and Economic Development in Japan", PP. 499ff. 此文作者估计日本自1881后三十年间,每人食物供应增加20%,每一农人生产量增加106%。Johnston 所见节录于 William H. Nicholls, "The Place of Agriculture in Economic Development", in Kenneth Berrill, *Economic Development with Special Reference to East Asia*, pp. 352~353。James I. Nakamura, "Growth of Japanese Agriculture, 1875—1920", in William W. Lockwood, *The State and Economic Enterprise in Japan: Essays in the Political Economy of Growth*, pp. 249~324 把 Johnston 所估计的农业成长率降低,但指出农业增产为积蓄之主要来源,有利于早期的发展。Shūjirō Sawada, "Innovation in Japanese Agriculture, 1880—1935", in Lockwood, *State and Economic Enterprise*, pp. 325~351指出"产量的稳定成长"是"长期而缓慢的技术革新的过程"所成就的,一边保持地力,一边节省劳力。但"日本农村的传统结构及小农经营",使后来几十年的发展,日渐困难。
④ Gustav Ranis, "The Financing of Japanese Economic Development", pp. 440~454;节略重印于 Supple, *Experience of Economic Growth*, pp. 399~412。参阅 William McCord, *The Springtime of Freedom: The Evolution of Developing Societies*, p. 61. 资本累积是由于 Rains 所谓的"一个严厉的税收制度",以及有利于高收入者积蓄财富的稳定社会政治情况。Kazushi Ohkawa, "Agricultural, Policy: The Role of Agriculture in Early Economic Development, A Study of the Japanese Case", in Berrill, *Economic Development*, pp. 322~335 综合英语系国家学者,包括 Johnston, Lockwood, Rains, 及 H. Rosovsky 等人之见,并加上他自己据数字资料所作的分析。Johannes Hirschmeier, *The Origin of Entrepreneurship in Meiji Japan*, pp. 690~710 讨论有利于日本农业成长的经济和社会制度。

建议政府应主动输入农耕科技很可能源自他所知的日本经验,当然他另外也从"西书"中得悉一二。

日本的农业成功可与工商领域的成功匹比。政府在现代化的初期扮演了重要角色,并继续在国家经济中起作用。有人认为日本工业化的开始主要是一政治事件。即使后来工业化已在各种领域中形成,政府仍然起领导作用。① 经济改革的有力领导大大刺激了成长。明治政府建了日本第一条铁路,造了第一批轮船,设立第一条电报线,资助各种用外国顾问以及新方法的西式工厂,开办了特别银行,采用金本位,输入各级专科教育,教授有关农、商、工技各种广泛的知识。此外,政府在各方面帮助新企业、新工业。② 成为国家政策的主要目标③,当然在措施方面也考虑到建立军权的重要。④ 政府在经济企业中的投资与介入虽非绝对的普遍⑤,即使有限的介入也足以促使日本很快地成为一富强的现代化国家。

虽然明治初年实权操之于维新派之手,年轻的天皇仍是国家统一的主要象征。⑥ 尽管"尊皇攘夷"一词带有保守色彩,他们的运动实际上是

---

① Ichiro Nakayama, *Industrialization of Japan*, Introduction, p. 1.
② 如阅 Lockwood, in Supple, *Experience of Economic Growth*, pp. 381～382; Hirschmeier, *The Origin of Entrepreneurship*, pp. 127, 136～141; Nakayama, *Industrialization of Japan*, p. 35; G. C. Allen and Audrey G. Donnithorne, *Western Enterprise in Far Eastern Economic Development*, pp. 191～192; and McCord, *Springtime of Freedom*, pp. 60ff. 根据 Henry Rosovsky, *Capital Formation in Japan*, 1868—1940, p. 23 所说,即使在开创阶段之后,政府仍然是"1887—1940 年间经济上最大、最主要的投资者"。
③ Allen and Donnithorne, *Western Enterprise*, p. 242。Hirschmeier 谓:"近代日本的航运……自始受到军事上考虑的刺激。"*Origin of Entrepreneurship*, p. 142。
④ Reischauer, *Japan, Past and Present*, p. 130。参阅 William W. Lockwood, "The Political Consequences of Economic Development in Japan," 此文在"日本研究讨论会"上提出,引见 Nakayama, *Industrialization of Japan*, p. 4。Seymour Broadbridge, *Industrial Dualism in Japan*, p. 10 有谓:"明治时代日本的口号是'富国强兵'"。
⑤ Hirschmeier, *Origin of Entrepreneurship*, p. 150. 另阅 Thomas C. Smith, *Political Change and Industrial Development in Japan: Government Enterprise*, 1868—1880。
⑥ Reischauer, *Japan, Past and Present*, p. 113 指出,明治天皇继统时只是 15 岁的孩子,故不可能一开始就有能力和经验来主持一切,尽管后来他确成为日本的伟人之一。他在 1868 年 4 月公布的著名五条誓文,表达国家决心抛开传统,显然是当时政治领导人研讨的结果。

复兴古时皇权以作为现代化的中心力量,天皇的象征价值不能低估。有时天皇的名字就可破除工业化与现代化的阻碍。①

因旧式商人和制造业者缺乏知识与资本来开展现代企业,故政府积极采取经济转化的第一步。② 然后再逐渐地靠私人企业来发展。③ 当政府遭遇到财政危机时,如当因工业大量投资引起通货膨胀,取消封建体制的花费,以及1873年对台湾用兵与1877年对高丽用兵的费用,不得不重大地改变经济政策。1881年新任财政部长松方正义显著地节缩政府开支,以及主动出售政府企业(经常以甚低之价格)。后者尤能阻止资财外流,即使政府仍然直接或间接补助工业家,并授予特权。此为趋向私人资本主义的决定性步骤。④

明治维新的领导者并未将整个国家经济自由化。在明治时代的晚期,国家和财阀共同操作企业。⑤ 再者,明治的私人企业照英语世界的理解,并不是百分之百的"私有"。大企业家——即大资产家族的领袖——通常称为财阀,并不是普通的商人。他们是所谓的"政商"。政府出售工厂、政府契约,以及政府津贴助成重工业和交通事业,集中于少数与政府中党派有联系的家族。有时,财阀与藩阀有密切的关系,特别是在明治

---

① Hirschmeier, *Origin of Entrepreneurship*, pp. 118～119.
② Hirschmeier 指出此事,并谓:"要更能克服落后,就需要更多的国家领导。"Hirschmeier, *Origin of Entrepreneurship*. , p. 8.
③ Ibid., pp. 33～37. 作者看到在1881年政策大变动之前,政府早已征收商人资本,但效果很小。在通产省主持下,贸易活动于1869年在若干主要城市展开,虽然商人的反应仍然不够热烈。
④ Ibid., 148～150,152～156. Sung-jae Koh, *Stages of Industrial Development in Asia*, pp. 29～30 对明治政府在经济发展中所扮演的角色,不似他人之乐观。他说:"政府匆促地制定过于理想的计划,未能作出符合实际的政策……经过多年反省,政府才知道理想的计划无用,遂鼓励新兴的企业家……1881年新任财政部长(藏相)松方指出政府政策的缺失。"(Ibid., P. 33) William W. Lockwood, "Adam Smith of Asia", *Journal of Asian Studies*, 23, no. 3(May 1964):352,有几乎完全相反之论。他说:"最初,明治政府干预得很好……政策自始是建立私营部分,扩充之而非阻遏之。"
⑤ Allen and Donnithorne, *Western Enterprise*, p. 194.

早期。这些人在1890—1910时期对日本近代资本主义的发展,贡献尤大。① 自1890年代后,由于机械技术之吸收、银行与工业资本的累积,以及世界繁荣的深切影响和物价上涨,日本的工商系统在产量与获利方面有显著的成长。两次获胜的战争更刺激了运输、银行和战略工业的发展,这都在政府和财阀双重领导下获致。虽然在1910年代的早期,日本的工业资本主义仍然比先进的西方国家为弱,但无疑已进入形成的阶段。②

有人说英国的工业革命是一思想革命,更确切地说,工业的成长是与一群在历史上反教会的人有关。③ 明治日本的工业革命,也有一思想革命相伴,只是情况不同,方式有异。政府领导人觉得经济发展有赖文化与思想,一如物质,采取了一系列的办法来培养一种对生活的新看法。鼓励旅游西方各国。在1870年制定义务教育。文部省依据福泽谕吉的教学经验编定西式教科书。④ 整个大目标是传播文明开化。西式楼房的

---

① Broadbridge, *Industrial Dualism in Japan*, pp. 11~12,引自土屋乔雄,《日本の政商》(东京,1956)以及Smith, *Political Change and Industrial Development*, pp. 85~100。Broadbridge同意Lockwood所说,政府角色不能过分强调,但也不能忽视。他认为若无政商,成长不会如此快速。五代友厚(1834—1885)提供了有关政商的佳例。他是萨摩儒者之次子,1857年受命到长崎学习荷兰文。后来被任命为其所属藩之海事委员,1865年派往英国,联系训练本藩青年。翌年回国,被维新派任命为官,为伊藤等人的得力助手。自政府退休之后,他从事航运、纺织、开矿,以及其他实业,并协助建立大阪交易所、大阪工商会,以及其他现代会社。Hirschmeier, *Origin of Entrepreneurship*, pp. 38~39,122,171~172,251,279;五代龙作,《五代友厚传》。
② Lockwood, *Economic Development of Japan*, pp. 3~34;一部分重印于Supple, *Experience of Economic Growth*, pp. 372~397。二次大战的大破坏只暂时停止了日本的成长。至1966国民生产毛额已超越英国,仅次于美国、西德和法国。见 *Japan Report* vol. 13, no. 16 (Aug. 31, 1967, issued by the Japan Information Service, New York)(译按:日本国民生产毛额现已超越西德、法国,仅次于美国)。
③ T. S. Ashton, *The Industrial Revolution*, 1760—1830, pp. 1~22. 节略重印于Supple, *Experience of Economic Growth*, pp. 146~158,作者指出思想上的分歧如何导致科技创新和企业发展。
④ 福泽谕吉(1835—1901)之生平与思想,见Carmen Blacker, *The Japanese Enlightenment: A Study of The Writings of Fukuzawa Yukichi*。

建筑、西式理发与服饰的通行,更象征了此一运动。① 文明开化运动很是成功。② "心态上的进步"为日本经济发达的重要因素。③ 此种心态在英国是从本土产生的,而在日本是移植的。由于日本本土的接收以及历史环境,新的心态很容易地扎了根。④ 对新技术和新工业的信仰先在企业家中形成,然后普及到所有的民众。传统武士的轻视物质开始消失。⑤ 企业家们自称为实业家并以此自豪。⑥ 此一经济成长的关键性看法⑦,对日本工业和商业的开拓具有实质上的贡献。

康有为等改革派略知近代经济史,为明治模式所吸引,自在意中。康氏的计划与日本经验相合之处,不止一端:诸如政府起领导作用,皇帝扮演重要角色,私人企业为基本动力,以及教育与经济现代化齐头并进。康氏相信以日本成功的经验为引导,中国可以创建自身的经济前途。不过,康氏未能见及,19世纪中叶的中国与日本在某些地方大致可以比拟,但日本

---

① Hifschmeier, *Origin of Entrepreneurship*, pp. 120~125. 康有为显然受到日本的启示,1898年夏,他在上疏中,建议采用西式发型与服饰以及仿效明治天皇之例,由光绪下诏变法,并以光绪廿四年(1898)为"维新元年"。见"请断发易服开元折",翦伯赞等编,《戊戌变法》,第二册,页263~264。

② G. B. Sansom, *The Western World and Japan*,叙述日本从仇外到向西方学习之过程。由一群知识分子在1873年创立的明六社,帮助传播教育、政府、商业方式,以及其他方面的西洋理念。该社的许多著名会员为政府官员,福泽为该会最积极的分子,扮演了主要的角色。此一组织可能启发康氏及其同志对"会"的重视。另阅 Hirschmeier, *Origin of Entrepreneurship*, p. 120。

③ Hirschmeier, *Origin of Entrepreneurship*, pp. 111~113.

④ Ronald Philip Dore, *Education in Tokugawa Japan* (Berkeley: University of California Press, 1965),认为明治维新后日本的进步心态大多可说是属本土性的。吾人无以否认日本人的创造力,然日本人似乎特别能吸收外国文化,以组成为其传统的一部分。儒学和佛教是明显的例子。日本化的儒学很可能有助于 Dore 所说的本土性进步心态的形成。Yasuzō Horie, "Modern Entrepreneurship in Meiji Japan", in Lockwood, *The State and Economic Enterprise in Japan*, p. 169,将学习西方的心愿归之于儒学:"其理性主义孕育成有利于西方技器输入的习性。"

⑤ Hirschmeier, *Origin of Entrepreneurship*, p. 50 转引 Kiyooka Eiichi, trans., *The Biography of Fukuzawa Yukichi* (Tokyo 1948), p. 11 指出,福泽谕吉拒绝遵循武士夜间蒙脸出门处理金钱事宜的旧习。

⑥ Hirschmeier, *Origin of Entrepreneurship*, p. 173; cf. p. 3.

⑦ Joseph A. Schumpeter, *The Theory of Economic Development*, pp. 128ff.

有若干有利因素,乃中国所未有的。日本成功的主要因素是显而易见的。首先,德川时期的日本已具历史转化的有利因素。事实上,这一国家对迎接西方思潮并非全无准备。由于兰学的存在,西方技巧已在19世纪初广泛传播了,特别是在西藩武士之间。若干大名,如萨摩与长洲已着手现代化计划。① 在美国培理(Perry)于1853年率舰叩关之时,日本已经超过自农业经济到重商经济的初阶段,即使是制造工业,诸如纺织、开矿和造船,已经开展。② 这一切都有利于明治改革派。③ 由于都市的快速成长以及交通的发达,株仲间(一种类似欧洲的专业组织)的形成,地主开始放弃旧业而从事贸易制造,都促成金融经济的产生。这一切使最近一位研究亚洲经济史的学者认为:日本从封建到现代工业社会主要是德川时期工商业进步的结果。外来的压力不是原因,只是偶然地促使明治时代的大变。④

另外一点也许更加重要。明治日本似特别能够将旧社会的因子转化为新秩序中经济发展的有利点。由于强有力的领导以及历史机缘之助,不同阶层的民众有意无意、直接间接地完成共同目标。地主与农民,城镇或乡间的商人,自求与新环境相适应。许多不能适应的武士起事失败,但同时许多低层武士自动进行思想改造,无论在明治维新运动之时,或在影响明治新秩序形成之时。即使大名也参与经济的现代化。⑤ 封建伦理不仅未阻碍改变,甚且给予明治社会以道德上的支援,事实上成为大规模政府

---

① Allen and Donnithorne, *Western Enterprise*, pp. 188~190.
② Sansom, *Western World and Japan*, p. 527.
③ McCord, *Springtime of Freedom*, p. 59.
④ Sung-jae Koh, *Stages of Industrial Development in Asia*, pp. 28~29. E. Sydney Craweour, "The Tokugaua Heritage", in Lockwood, *The State and Economic Enterprise in Japan*, pp. 17~44 有谓:1860年代的日本经济虽不"特别具生产力",但"比绝大多数的传统经济更具适应力",原因之一是具有"高度的积蓄潜能","一个妥善的全国市场系统",人民"大都受过良好的教育并有经济欲望"。
⑤ Horie, "Modern Entrepreneurship in Meiji Japan", pp. 194~195,指出明治工业先驱的社会背景很不相同,但以武士家庭为最要。有野心的少数武士,特别是下级武士,完成了维新;之后,"由于对其精英身份与责任的自觉,他们出现于各个新的活动领域,包括企业在内"。Robert N. Bellah, *Tokugawa Religion: The Values of Pre-industrial Japan*, pp. 117~131,指出农人和商人如何回复传统价值的功效,而在日本的现代化的过程中有所贡献。

和商业行政的基础。正如一位日本经济史学者所说："尊重上级、群体纪律和合作——封建制度的特色，并未妨碍现代化的输入。相反的，对整个现代化过程起了积极的振兴作用。"① 儒教适应日本所需成为一种"生活和思想的方式，广泛传布于社会的每一层"，不但不阻挡进步，反而协助在平民与武士之间，培养出新的领导人。② 其影响所及，更促成"一种关注人民经济生活的思想基础，此亦是德川时代的特色"。③

日本农村的社会特色也受其影响，特别是在经济发展的最初阶段。日本不分产业的传统促使次子们抓住机会离开农村。人口移向城市不断而快速。次子们从事工业，而长兄继承家产，在紧急时可津贴工作者的低薪。此有助于工业资金的累积。④ 更有甚者，富裕的商人和大地主们不在奢侈品上花费，而将积蓄投资于棉织工厂的现代化；有钱的农人也将他们的积蓄用之于纺织。如此就形成了一个富裕的阶层，诚为"日本的工业发展提供了初步的条件"。⑤

政治稳定和有效的中央行政为明治维新的两大成就，对经济发展贡献至巨。但这些政治上的优越，却有一部分来自过去的封建遗绪。有人已经指出，明治承继了强而有力的德川政府⑥，因此在明治之初已有政治、社会，以及制度上的成规可以依据。这替早期的明治政府提供了强

---

① Nakayama, *Industrialization of Japan*, p. 37. Nakayama 也注意到对"封建继承、责任感和团队精神"的坚持。Ibid., p. 47。

② Horie, "Modern Entrepreneurship in Meiji Japan", p. 196 讨论武士和平民的"儒家教育"，指出儒学不仅是一"专门学问"，"而是一深入社会各阶层的生活和思维方式"，已与原来在中国的儒学相当不同。

③ Ibid., pp. 108~117，论及儒学对日本经济的影响。据作者说，此一影响提供了"关怀人民经济生活的有力思想基础"，形成"日本式的"政治经济观点。凡此都强调"一心夺取目标，以及在争取目标时无私地服从团体"（吾人可更谓康有为勇敢地发展一新儒学，也强调"一心一意"，但一人的努力无以取代众人的想法）。Bellah 也指出，即使是在足利时代（1338—1573），禅师在商业上已扮演了重要角色（*Tokugawa Religion*, p. 107）。日本的例子似乎也说明，传统价值并不必然会阻碍经济创新。

④ Tadashi Fukutake, *Asian Rural Society: China, India, Japan*, p. 5.

⑤ Sung-jae Koh, *Stages of Industrial Development in Asia*, pp. 52~53.

⑥ Reischauer, *Japan, Past and Present*, p. 117.

而有力的领导层,减少保守与改革两派人士间的异化与冲突。① 君主复辟的确结束了将军体制,但事实上多半是在统治阶层内重新分配权力,而不曾摧毁原有的政治结构。故此乃一"贵族革命",不会导致民主传统的建立,却能使国家自农业走向工业社会,而无严重的内争。其间在新旧之间、革新与保守之间,没有阶级与党派的斗争。不论社会地位和职业,大家"多少都是改革派,多少都是传统派,多少都是现代派"。② 由于持续与稳定,日本虽经巨大的经济改革,但没有丧失社会的和谐。③ "强迫的工业化"可能给日本经济双重性格,"大企业与上千的小企业共存"。④ 但这种与旧经济的联系现象,对经济的现代化并无障碍。

我们可以说,维新后的日本本身具有双重性——新与旧的合璧,为传统与创新的结合。最近一位学者曾说:"现代部分的成功乃是由于立脚于传统部分之故。"⑤或者如另一位学者所说:"日本将其剑换作枪炮和蒸汽机以图存……而以其菊花作为国家的认同和自尊。"⑥明快地说,此乃意味:日本完成了经济的现代化而不必经由文化上的全盘西化。⑦

---

① Nakayama, *Industrialization of Japan*, pp. 26, 34.
② Thomas Smith, "Japan's Aristocratic Revolution", pp. 381~383.
③ Allen and Donnithorne, *Western Enterprise*, p. 188. Kamishima Jirō 认为传统"家"(*Ie*)的观念成为"建立明治新社会的动力"。阅其"Modernization of Japan and the Problem of 'Ie' Conscionsness", pp. 1~54。
④ Broadbridge, *Industrial Dualism in Japan*, Preface, p. xi.
⑤ Broadbridge, *Industrial Dualism in Japan*, Preface, p. 53.
⑥ Hirschmeier, *Origin of Entrepreneurship*, p. 114.
⑦ 此乃众多日本史学者之共见。如阅 McCord, *Springtime of Freedom*, pp. 62~64; James C. Abbeglan, *The Japanese Factory: Aspects of Its Organization*, p. 2 有云:"日本……所有的工业都仍然是亚洲的"; Broadbridge, *Industrial Dualism in Japan*, pp. 23~24 特别是讨论到日本的"双重工业结构",以及与其社会和文化两元性的关系; Nakayama, *Industrialism of Japan* p. 32 注文中批评 W. W. Rostow 似乎在其所著 *The Stages of Economic Growth: A Non-Communist Manifesto* 中排斥"不同工业体系的可能性"的说法。Simon Kuznets 最近指出,由于经济成长意指许多社会和经济结构的迅速调适和改变。"一个社会经济现代化的最大挑战,是要能作出革命性的改变,而不溃败,不让因改变而来的冲突伤害社会的团结"。"Methodological Problems in the Study of Economic Growth", *Economic Papers*, *Special English Series*, no. 1 (The Institute of Economics, Academia Sinica, Taipei, Taiwan, March 1969), p. 2, 日本成功地接受了挑战。

第五节　中国的情形：发展迟滞之一例

仅仅有正确的方向以及选择正确模式，并不能保证成功的经济现代化。事实证明，康有为的建议只受到清廷一点点的注意。他梦想中国从停滞的农业经济变成工商经济因而甚是渺茫。我们不禁要猜测，在19世纪结束时期那种历史情况，即使清廷实施他的全部计划，是否能像日本一样成功，颇令人怀疑。很明显的，造成近代日本的因素与动力并不存在于中国。

两国最不相同的是：明治维新为一个基本上健全的行政体制而注入了新观点和新力量，戊戌变法时满洲统治的中国则已因内在的衰弱而趋于死亡。① 不管德川政府如何不好，却能给国家大致上以和平、秩序，以及称得上有效率的行政，这一切都成了明治日本宝贵的遗产。清政府的表现远为逊色。源自专制制度的弱点在朝代的全盛时期已见端倪，成为长年积久的行政腐化。② 满汉之间的对立与猜忌，1890年代和1900年代帝后的不和，无能、无知、腐化屡见于中央和地方政府，早已过时的行政程序和规范——这一系列的政治衰微的征兆，虽引发康氏及其同时人要求改革③，却不能给经济改革带来有利的条件。唯有西力东来不恰逢中国衰微之世，如在康熙和雍正的时代，其结果才会不同。

与日本武士略等的中国士大夫阶级，无论在知识上和道德上也有病兆。早在1810年代，一位有名的学者早已提出警告，各阶层人民的智力

---

① Reischauer, *Japan, Past and Present*, pp. 117~118. 作者继谓清之亡无补于事。明治领导者承继了德川日本的政治统一和有效的行政，而中华民国却接收了清朝的"分崩局面和败坏的中央政府"。
② 简略参考 Kung-chuan Hsiao, *Rural China：Imperial Control in the Nineteenth Century*, pp. 503~510。
③ 阅本书第七章"行政改革"，特别是前三节。

都在衰退，即使是小偷也显得笨拙。① 一般人经常认为中国的传统意识，特别是儒家价值，倾向于阻挡革新，藐视功利，成为经济发展的消极力量。② 这可能有点言过其实。明治日本也带有传统力量以及儒家影响，但仍然能够有长远的经济变革，使旧势力为新目标所用。③ 中国经验与日本经验之异，似有别的原因。

　　显然的，维新的力量来自具有活力的传统，而决不能得之于已经丧失活力的传统。封建日本的价值系统之所以能在心理上或道德上支援明治维新，乃因直至德川时代的最后时期，一般人民仍然尊其传统为实际上的行为规范。但中国的儒家传统却未能如此。政治上的钩心斗角、派系倾轧、官员贪污，以及官僚失职④，在在不符儒家教条，可视为精英分子在朝代末期道德沦落的指标。嘴巴上仍然称颂儒教，但实际上经常是空言不实，毫无信念。中坚分子中绝少具有相当于"武士精神"者。⑤ 虽然公开讲论传统价值，但他们少能保存这些价值。他们不能力行，事实上已使传统价值式微。改革派亦因而难能找到积极的人员来推行新法。即使光绪皇帝授权给他们，也无用处，所谓"朽木不可雕也，粪土之墙不可圬也"。⑥ 衰亡的传统无法担当复兴的重任。当然，这并不是说，传统必定会阻碍创新。当我们讨论传统与变革之间的关系时，应有明治维新的例子在胸。

---

① 龚自珍，"乙丙之际著议"，第九，在《龚定庵全集类编》（台北，1960），页 68～69。此文有不同题目（"乙丙之际塾议"，第二），收入同书卷六，页 116～117。
② Albert Feuerwerker, *China's Early Industrialization*, p. 8. 谓中国之未能转变为工业社会由于制度和思想上的阻碍。费孝通，"中国工业化与乡村工业"，载《中国经济研究》，第二册，页 616～632 以传统态度和制度为经济停滞的原因。
③ Hirschmeier, *Origin of Entrepreneurship*, p. 174. 引涩泽荣一（1840—1931 尊王攘夷时代之武士，后为明治和大正时代有名的商人企业家）为传统和现代相结合的佳例。涩泽以维持现状的儒家观点帮助国家经济的现代化，用孔子《论语》来理财。Hirschmeier 之书乃据土屋乔雄的《日本的经营者精神》，页 76。
④ 此时代人所留下的某些日记为甚佳之一手资料，特别有用者为赵烈文的《能静居日记》、李慈铭的《越缦堂日记》，以及翁同龢的《翁文恭公日记》。
⑤ Hirschmeier, *Origin of Entrepreneurship*, p. 44, 描述"武士道精神"不仅决定官方政策，而且成为一种公众的态度，是"尚武的爱国精神和经济上理性化的儒家德义的美好结合"。
⑥《论语》"公冶长"第九章。

领导人的素质自为现代化成功的要素。① 中国改革派领袖的能力颇令人怀疑。② 不过话又说回来,中国虽无武士阶级,但一些变法人士确有某种程度的识见和毅力。康有为和他的同道们可能对中国传统经济以及经济发展的问题,并不全然了解。但就当时历史环境而言,他们的变法议论,并非完全错误。戊戌六君子(至少如谭嗣同)不下于吉田松阴之愿意牺牲奋斗。我们不得不想到中日两国面积的差异(中国本土约 2 279 234 平方英里,日本仅有 142 726 平方英里)以及人口的差异,可能对中国不利。少数人的影响力在亿万人之中自然显得微弱,而明治领导阶层可能比康党还多,在岛国自会起一定的影响力。最近有人指出,在经济发展的初期,需要建立一公众行政的机构,以及有教育的一群,才能进一步启蒙大众。③ 在中国,启蒙的工作——"培养创新的精神"④——必定是较日本困难得多。当然,我们不能忽视中国的识字率远较德川日本为低。不仅是领导人的素质,一般群众素质之低对中国也有消极的影响。国土广大对经济发展也有不利的情况。小巧的国家如日本,一点点的创新便可变革整个经济结构。日本在明治初年的成就,若移之于中国,可能也只有一点一滴而已。相反的,中国在 1912—1949 年间的成就⑤,如移之于明治初年,

---

① Allen and Donnithorne, *Western Enterprise*, p. 190.
② Feuerwerker, *China's Early Industrialization*, pp. 39~40. 认为变法领袖不了解传统经济结构和传统价值影响,因其影响到他们所提计划所需资本之不足,也未认识到农业积蓄之必须以助工业初步的发展,也未理解到清政府之日益衰败,仍赖诸政府来推行他们的改革计划。这些评论虽然有据,但并不十分公允,特别是提到康有为之时。因康氏希望以私营为中国新经济的支柱,并且十分关注行政和政治改革。至于说在现代化开始时赖诸政府之力,我们不禁要问:不这样,该怎么办?
③ John Kenneth Galbraith, *Economic Development* (1964), p. 46. 此书为 *Economic Development in Perspective*(1962)的增修本。
④ Robert J. Alexander, *A Primer of Economic Development*, p. 142, 认为要触发经济改进,必先在经济结构中发展一批能够创新和传播此种精神之人。
⑤ John K. Chang, "Industrial Development of Mainland China, 1912—1949",特别看 pp. 65~81。吾人可以"启新"水泥公司为例,说明此点。Albert Feuerwerker, "Industrial Enterprise in Twentieth-century China: The Chee Hsin Cement Co", p. 341,指出该公司的"主要对象"(为中国铁路、工厂,以及通商口岸之其他建筑提供水泥),不过是"沸腾社会之洋中的一点一滴"。吾人可更谓,较小规模的企业易在社会和政治都较安定的台湾(一个 13 896 平方英里之岛)获致经济上的成功。

也可能有更惊人的成就。

在此可简略地观察一下当时中国的经济大势。中国经济的迟滞发展毋庸讳言,不过自1860年代以来,有限度的工业化已经开始。① 19、20世纪之交,许多不同的工业计划也已着手,有的是由本地人推动,有的由通商口岸的洋人推动。这些未能使整个经济结构起变化,但"成长的信号"已在1890年代出现。② 棉织业的成长尤其显著。1891年开始时只有11个厂(6.5万匹),到1928年增至120个厂(385万匹)。③ 除了农业因持续灾荒和政治不稳而停顿外④,在其他部门都有所发展。⑤ "买办资

---

① Feuerwerker, *China's Early Industrialization*, pp. 1~2.
② R. S. Gundry, *China's Present and Past*, pp. 85~116. 作者为《伦敦时报》之记者,对"工业和资源"作了调查。PP. 116~140。
③ Franklin L. Ho and H. D. Fong, "Extent and Effects of Industrialization in China", p. 8.
④ Walter H. Mallory, *China*, *Land of Famine*, pp. 1~4,189,指出在公元前108年与公元1911年之间,中国发生1828次饥荒,而政治的混乱使经济情况更加恶化,此乃中国农业停滞之原因。
⑤ 兵工业可阅王尔敏,《清季兵工业的兴起》。钢铁工业可阅方显庭、谷源田,"我国钢铁工业之鸟瞰",载《中国经济研究》(长沙,1939),第二册,页633~651。侯厚培,《中国近代经济发展史》,页120~132;孙毓棠,《中国经济史资料》,第一册,页743~892。水泥工业可阅侯厚培,《中国近代经济发展史》,页132~139;另阅 Feuerwerker, "The Chee Hsin Cement Co", pp. 304~341. 化工业可阅侯厚培,《中国近代经济发展史》,页139~147。矿业可阅孙毓棠,《中国经济史资料》,第二册,页567~669(煤),页670~743(金属);李恩涵,《晚清收回矿权运动》。纺织业可阅 Han-sheng Ch'uan, "The Cotton Industry in Kiangsu before the Opium War",《清华学报》,新一卷三期(1958年9月),页25~51; Allen and Donnithorne, *Western Enterprise*, pp. 166~167,174~179;孙毓棠,《中国经济史资料》,页893~956(绒),页905~937(棉丝);侯厚培,《中国近代经济发展史》,页89~108(棉),页103~112(毛)。面粉工业可阅侯厚培,《中国近代经济发展史》,页112~120; Allen and Donnithorne, *Western Enterprise*, p, 174。铁路可阅李国祁,《中国早期的铁路经营》; P. H. Kent, *Railway Enterprise in China*;侯厚培,《中国近代经济发展史》,页291~305;Chang Kia-ngau, *China's Struggle for Railroad Development*,航运可阅吕实强,《中国早期的轮船经营》(台北,1962);孙毓棠,《中国经济史资料》,页375~443。金融业可阅侯厚培,《中国近代经济发展史》,页155~191(钱币),页191~203(银行)。汪敬虞,《中国近代工业史资料》(为上引孙毓棠所编之续篇),收录许多有用之资料。

本"与私人企业,大多数在通商口岸和沿海省份,都有一些进展。① 这一切仍不足以与日本的成就相比。② 但无论如何,中国已开始走向康有为及其同时代人所企望的道路。

不过进展是既缓慢又迟疑的,经常不走阳关大道,而走羊肠小路。一位研究近代中国经济史的学者将工业发展分为三期:1914—1920,1926—1936,1938—1942。其间既无长期的停滞,也无持久而快速的发展。中国在1933年的工业生产(大约11％成长率)与1880年日本的9％可相比拟,但与1900年日本的22％相较,则望尘莫及矣。③ 自1862—1911年,官商以及中外企业不能说无成,但未能改变经济的主要性格。④

这就引出了两个问题:一是如何能逃过经济停滞,二是中国的现代化努力为何不能持久发展并导致经济结构的改变?

在回答第一个问题时,应该指出,一些导致经济发展的条件,如创新的能力、经商的精神、技术的智能,中国并不缺乏,但愚昧尚在。"保守的态度"似乎不一定排除创新,英国的例子最为显著。当铁路系统在1830年代提出时,许多不同阶层的人,包括律师和医师在内,都大声反对。他们认为如让像魔鬼一样的火车头驰过原野,将有严重的后果。但他们的反对并未使创新沉寂,也未阻止英国修建铁路,对经济成长作出贡献。⑤ 中国历史也可支持这种推测,在宋朝时就有一些儒家官僚暗中从商。⑥

---

① Feuerwerker, *China's Early Industrialization*, pp. 16～21. Y. C. Wang, *Chinese Intellectuals and the West*, pp. 471～496,综述商人、银行家以及企业家之活动,并指若辈为"私人企业成功的例子"。孙毓棠,《中国经济史资料》,第二册,页957～1173;汪敬虞,《中国近代工业史资料》,提供更多私营企业成长和限度的资料。

② 此为Reischauer之词。阅其"Time is on Our Side in Asia", pp. 55～60。

③ Chang, "Industrial Development of Mainland China", pp. 73～74,78. Albert Feuerwerker, *The Chinese Economy*, 1912—1949,不认为有此种"突进"。

④ 龚骏,《中国新工业发展史大纲》,页13～14,49～50,65～69。谷源田,"中国新工业之回顾与前瞻",载方显庭,《中国经济研究》,第二册,页581～602,以1914—1922年为中日投资企业的"黄金时期",以1923—1935年为华资式微时期。

⑤ Harold E. Gorst, *China*, pp. 106～107,评论1890年代的中国情况,当时许多士大夫反对引进西方技术。

⑥ 全汉昇,"宋代官吏之私营商业",页199～253。

法律和道义上的责难并未阻止19世纪的官绅从事商业,他们之中较成功者成为"绅商"①,可说是后来官僚资本家的先驱。张謇的成功说明传统理念和现代企业并不一定水火不容。他是当时感到必须改变,并立即放弃旧式的制造方法,而改用机器的人之一。②

中国人无论保守与否都具有企业精神和才能,在南洋的经济成功③,现代资产阶级在内地的兴起,以及上海买办资本家的崛起,都可为证。

中国现代资产阶级的发展恰在欧战之时。在此之前,外国的公司霸占了沿海各省的工商中心。大战改变了此一情势。本地的企业家大多受过西式教育,或在现代工厂和公司中学到经验,继承了洋人留下的事业。由于现代工业技术和管理方法,他们的努力获得丰硕的成果。④ 买办在洋大人面前不能忘记自卑,却从他们那里学到工商知识,有效应用于本人或国家企业之上。⑤

---

① Chung-li Chang, *The Income of the Chinese Gentry*, Chap. 6.
② 《北华捷报》1886年9月18日发表英国驻宁波总领事之报告,有谓工业发展虽少有进展,但一个现代化棉织机器的设置明显地可见"中国老百姓"……Chu, *Reformer in Modern China: Chang Chien*, 1853—1926;张孝若,《南通张季子先生传记》,皆可资参阅。
③ 中国商人在很早以前已经与极远的外国经商。一个突出的例子可阅 Frederick Hirth 和 W. W. Rockhill, *Chau Jukua: His Work on the Chinese and Arab Trade in the Twelfth and Thirteenth Centuries*, Entitled Chu-fan-chi,桑原骘藏,《薄寿庚的事迹》,页84~96,简述中国与阿拉伯、波斯和印度等地的贸易。据谓在9世纪末和10世纪初之时,阿拉伯商人搭中国船只到东方来。至14世纪中叶,航行于中、印之间的船只,大都为中国人所有,最大之船可载千人。明清两朝的海禁中止了此一发展。虽然很多海商为住在中国的阿拉伯人和其他西亚人,而蒲寿庚为一华化的波斯人,但他们的企业精神和技巧不会在中国当地人中失传。在西亚贸易式微之后(约13世纪末叶时),中国人自己发展了"南洋"贸易。阅 Wang Gungwu, "The Nan-hai Trade: A Study of the Early History of Chinese Trade in the South China Sea", *Journal of the Malayan Branch of the Royal Asiatic Society*, vol. 31, no. 2(June 1958).
④ Shih Kuo-heng, "The Early Development of the Modern Chinese Business Class," in Marion J. Levy and Shih Kuo-heng, *The Rise of the Modern Chinese Business Class*, pp. 54~55. 施氏在有成就的工商人士中,提到荣宗敬、穆藕初、范旭东、卢作孚和张嘉璈。另阅 P'eng Chang, "The Professional Merchants in China, 1842—1911", Chap. 4, sec. 2.
⑤ Y. C. Wang, "TuYüeh-sheng(1888—1951): A Tentative Political Biography", *Journal of Asian Studies*, 26, no. 3(May 1967): 434~435.

在19世纪中最有名的买办资本家有唐廷枢、徐润和郑观应。① 唐廷枢(字景星)并未完全摆脱传统色彩,但他在上海一英商那里当了十年买办,使他获得足够的知识和技巧来主持中国初创的航业,特别是招商局(他当总办)和中国沿海商船公司(他当经理)。他对现代方法的充分了解,以及高超的管理才能,使一个外国商人说唐某人的想法完全像一个外国人,而不是中国人。② 徐润(字愚斋)在上海的洋行当学徒时仅14岁。在十年之中,他在公司中取得领导地位。他相信与政府挂钩的重要性,乃在1862年买了光禄寺卿的官衔,翌年又买了员外郎一官衔。同时,他着手自己的商业,不久政府即要他协办招商局,并为开萍煤矿的协办。③ 郑观应即《盛世危言》的作者,其见解前已述及,也在洋行中学到经商。像其他一些买办一样,他经营茶、丝和航运事业。1877年他36岁时,被任命为津沪电报沪局总处,不久其职权又包括其他地方。此外,他又受命建立机器织布局、造纸厂和上海造船厂。④

中国也不缺少具有现代技术知识和能力之人。虽说在近代科技都落后于人,却在从前曾对这方面有过贡献。⑤ 在19世纪末和20世纪初所做的努力也并非全无结果。华蘅芳和徐寿曾成功地为曾国藩建造了

---

① Yen-p'ing Hao, "Cantonese Campradore-Merchants: A Study of Their Functions and Influences, 1842—1884",论及他们的先驱。他们先驱——广东行商,勃兴于1760年代至1840年代——之事,在梁嘉彬《广东十三行考》中,有详细的描述。

② 刘广京,"唐廷枢之买办时代",页143~180;英文摘要,页181~183;氏为广东香山人,生于1832年,早年在莫理逊学校读书。在香港做了若干年与商业无关之事后,加入一英国商行,并于1863年在上海当上买办。他在1873年当上招商局的总办,并酬以福建省候补道的官衔。他死于1892年。引文见《洋务运动》(上海,1961),第八册,页401,译自 H. H. Shore, *The Flight of the Lapwing: A Naval Officer's Jottings in China, Formosa, and Japan* (London, 1881)。

③ 徐润,《徐愚斋自叙年谱》,收入《洋务运动》,第八册,页88~227。

④ 引自郑氏致一官员信中自述的履历,"复考察商务大臣张弼士侍郎",《盛世危言后编》卷八,收入《洋务运动》,第八册,页83~84。

⑤ Joseph Needham, *Science and Civilisation in China*,特别是第四册,有关机械和土木工程纺织工程和化工等部分。他估计中国的成就如下,"中国于人类对自然界的了解和控制有贡献,而且此一贡献是相当伟大的。"Ibid., 1:9。

一台蒸汽机。① 留学美国的詹天佑成为北京—张家口铁路及其他铁路的主要工程师,并在1911年在上海成立中国工程师协会。② 事实上,在1930年代中国的技工已可替代从前指挥他们如何经营铁路的外国人。其中一些本国人员足能操作大规模的土木工程。③ 当时一个外国观察家就觉得,中国工人已经可以学习复杂的机器运作。④

有了企业和技术的人才,虽然不多,情况并非无望,然而何以中国经济成长未能达到现代工商业经济的地步?

第六节 有关的政治因素

经济的成长不会在社会真空状态下产生。在任何一社会中,必须要有若干条件才能发展经济。假如一个国家能够"建立一个能促使新型企业产生的社会结构",实属幸运。⑤ 一个健全的政府应具有这些结构的基本要素。⑥

日本在短期内完成了经济的现代化,乃得力于若干有利的因素,有一些因素早见之于德川时代。除了其他一些重要因素外,最主要的是明治政府起了决定性的历史作用。当然,仅靠新的政治秩序,不足以将农业社会转化成现代国家;但同样可以说,没有此一政治秩序,日本不可能成为一全盘的工商经济。不错,明治领导人不过是在维新后草创工业,

---

① 曾国藩,《曾文正公日记》,同治元年七月四日条(1862年7月30日)。Arthur W. Hummel, *Eminent Chinese of the Ch'ing Period*, 1: 540 有华(1833—1902)、徐(1818—1884)以及徐氏之子徐建宾(1845—1901)之小传。建宾曾于1879—1884年访问欧洲工厂,并在不同之时期掌管天津、济南、南京和汉阳等地兵工厂。
② 詹氏于1878—1881年间在耶鲁读土木工程。建筑北京至张家口一段艰巨的铁路为其最辉煌的成就。阅关绿茵,"詹天佑与中国铁路",页4～5,35。
③ Allen and Donnithorne, *Western Enterprise*, pp. 141～142.
④ Gorst, *China*, pp. 108～109.
⑤ Lockwood, *Economic Development of Japan*, p. 499.
⑥ Galbraith, *Economic Development*, p. 42 提到新兴非洲国家与一部分拉丁美洲国家,指出行政效率对经济发展的重要性。他说:"我们不能想象发展计划可以由一个不良政府制定和执行。当行政方面漠视以及无能时,技术协助和有训练的技师也无能为力。"

而且逼于经济上的需要在 1880 年代之初以政府企业来取代私人企业。① 然而,假如没有政府的领导,日本是否能产生具有特性的经济革命,甚可怀疑。

中国则完全不能表现有效政府与经济转型之间的关系。中国虽有一些促进经济发展的因素,却没有武士阶级。假如士大夫阶级中主张改革者有权位的话,也许可以像明治官员一样,执掌一个有效的行政系统。中国没有"大名"作为国家工商业的先驱,但一些封疆大吏也做了一些同样的工作。中国没有产生"财阀",但也有一些具有企业才能的人运用西法制造与经营,赢得外人的赞赏。不过,由于两国政情的大不同,中国阻碍了工业发展,而日本迅速成为近代强权。② 中国比日本大得多,需要更多的时间将农业经济转化为工商经济。日本需要几十年完成"明治奇迹","欧洲一线文明得以在日本口岸上发生有建设性的影响"。③ 中国需要更多的几十年以渗透广大的腹地,使帝国经济转变。不管如何,没有决定性的政治改良而要使经济成功地转变,诚可怀疑。④

当中国逼于西力而现代化时,国势已迅速地走下坡,最后导致国内权威的破产。⑤ 欧洲工业革命及其扩张时期正值中国衰微之时。这是中国的不幸,当时中国的皇帝远不如他们的前任有才子。⑥ 衰弱的政府及

---

① Lockwood, *Economic Development of Japan*, pp. 506~508. 参阅 Eijiro Honjo, *The Social and Economic History of Japan*, Chap. 12, sec. 1, "Financial Distress of the Meiji Government".

② Kenneth Berrill, "Historical Experience: The Problem of Economic Takeoff", in Berrill, *Economic Development with Special Reference to East Asia*, pp. 243~245 有谓:"印度人、希腊人、中国人以及勒范提人,当移居别地时,都大显企业能力。他们不能在本国得到发展,因情况未备。"又说:"发明引动经济'起飞'之重要性,常易被渲染。与几世纪前中国的技术和发明相比,英国棉织业的机器发明实不足道……"

③ Lord Charles William de la Poer Beresford 之句。见所著 *The Breakup of China*, p, 443。

④ Chu, *Reformern in Modern China: Chang Chien*, p. 179 论及康有为和孙中山,有谓:"他们都认为,没有根本的政治改革,中国基本的社会和经济转变不会有指望。"

⑤ Beresford, *Break-up of China*, p. 448。他建议英国帮助中国促成军事、币制和财政的改革,并建筑铁路、水道以及电报线。Ibid., pp. 449~450。

⑥ Allen and Donnithorne, *Western Enterprise*, p. 13.

其无精打采的官僚,无法带领经济与其他方面的改革。事实上,甚至连维持基本的秩序与安定都办不到。

研究经济发展的学者大都认为政府领导的重要。他们指出,较后发动的工业化不能像先进国一样从容不迫。后进者必须依赖政府的计划与指导——"政府主持的强制"——以导致快速而有秩序的发展。① 只要有良好的工业化计划与其他经济设施,不管政府的主义如何,都可促进成长。② 公家计划自不必涵盖经济的全面,而不予私人一点机会。不过,政府须明确地规定国家的目标,动员与分配主要的资本和劳力,开拓公家部分的经济,引导私人企业。③

政府至少要能提供促进经济成长的政治条件,治法必须维持,制定规章以便商人决策与推广业务,保护私人权益不受侵夺。没有法律与程序,工商业不可能平稳地发展。④ 政府也要在公众事业上投资,从公路、铁路、水运、电报、电话到电力厂、学校与医院都要顾及。没有这些设施,发展便有障碍,在这方面私人资本不足以产生大效果。⑤ 当然,不聪明的以及过度的政府干预也有碍经济。⑥ 但一个没有法度的政府当行不行也

---

① Alan B. Mountjoy, *Industrialization and Underdeveloped Countries*, p. 81. 政府计划与那些并非视"增强国力甚于人民经济福祉"的国家也有关系。Ibid., p. 97。
② Alexander, A *Primer of Economic Development*, p. 68. 作者引帝制德国,以及明治日本为例,说明国家扮演了创新中的主要角色。Ibid., pp. 142~145。参阅 Galbranith, *Economic Development*, pp. 64~68.
③ Gerhard Colm and Theodore Geiger, "Public Planning and Private Decision-making in Economic and Social Development", in Richard J. Ward, *The Challenge of Development: Theory and Practice*, pp. 5~7.
④ Bert F. Hoseliz, "The Entrepreneurial Element in Economic Development in Ward, *Challengs of Development*, p. 126. 参阅 Edward P. Holland, "Principle of Simulation", in Ward, *Challenge of Development*, pp. 19~20,作者另提出若干政府政策可以贡献的目标。
⑤ Ragnar Nurkse, *Problems of Capital Formation in Underdeveloped Countries and Patterns of Trade and Development*, p. 125.
⑥ Crauley Onslow, *Asian Economic Development*, p. 225. 调查亚洲六国:缅甸、锡兰、印度、马来西亚、巴基斯坦和泰国,作出结论。马来西亚和泰国是"诚实的例外"。

足以阻遏经济。适当的政府领导经常是有利的。①

一位研究中国经济史的学者提醒大家,需要有一个经济发展的全国性方向。他不否认地方官吏对现代化作出的贡献,但认为像李鸿章那样地区性的权力不足以取代全国性的权力,不能与明治当政者之总领全国相比。假如戊戌变法有较好的结果,经济情况可能会改善。②另一位学者赞同此一说法,说是"中央政府在经济改革中大都扮演重要的角色"③(康有为会全心赞同此见,他甚重视中央领导,以至主张废省④)。

简言之,有利的政治条件为经济发展所不可或缺的。中央行政要足以保障政治统一和社会稳定,官僚基本上要诚实,能确实赢得工商人士的信赖,而且政治精英分子要有足够的智慧和知识来引导大家——这一切将构成一经济发达的整个环境。不幸的是,这些都非19世纪的中国所具备。式微的政权无能追求有意义的经济政策,或执行任何有成效的实际计划。⑤某些地方或私人兴办实业,但政府不能指导或控制。相反地,政府只有让错误的计划、不善的管理、经济上的浪费、官吏侵夺或不

---

① Berrill, "Historical Experience: The Problem of Economic Takeoff", p. 238. 根据英国(1780)、美国(1840)、德国(1870)、日本(1880)、俄国(1890)和澳洲(1900)的资料作结道:"历史告诉我们,在每一'起飞'例子中,政府都扮演了主要的角色。"他更进一步评论道(页238~239),国家的意图并不重要,重要的是迫切感、"奋斗感"以及"高效率"。"就意图而言,日本政府和百日维新时的中国政府并无太大不同。"作者可能高估了清政府的意图。无论如何,明治领袖和慈禧太后及其周围保守分子之间的差异,固甚易知之。
② Feuerwerker, *China's Earty Industralization*, p. 246,并略观全书。
③ Galbraith, *Economic Development in Perspective*, p. 13. 作者以为经济成长多半始于历来政治统一的国家,因经济发展之初期需要建立公众行政系统,以及要有一小群受过教育者。在目前的许多开发中国家,似乎没有像明治日本那样的统一。不够统一造成经济成长的困难。
④ 特别参阅康之"裁行省议",《康南海先生文钞》,第四册,页28~46。
⑤ Allen and Donnithorne, *Western Enterprise*, pp. 165~166. 中国的丝织业提供了具体的例子。施敏雄,《清代丝织工业的发展》,页132~133指出:"由于没有足够的政治支援,一度兴隆的丝织业为日本人所夺。"

公平的外国竞争,自食其果,而毫无办法。①

清政府连提供企业的最基本条件都没有。大小起义在各地不断发生,从鸦片战后连遭外国的羞辱,无论实力与声誉都大受损害。太平天国之乱严重威胁到朝代的生存。

辛亥革命推翻了腐败的政权,但民国政府并未能提供较好的经济发展的环境(可能更坏)。不断的内战连政治秩序和社会安定都谈不到。多少年中,中央政府虽未漠视国家所遭遇的经济难题,但无力起领导作用,即使有关国家安全的方面也是如此。② 中华民国不如明治日本之幸运,没有承继到一个有能的行政机构。负债累累的政府足以阻吓长期投资,使老百姓只敢用传统的老办法来赚钱,避免将"财富暴露",以至招忌招祸。③ 即使最有胆量的人,要在重要而有利的工业计划上投下资财,也要三思。④ 在这种情况下,"企业精神"难以发生。几乎不可避免的,这方

---

① Gorst, *China*, pp. 264~265,引美国汉口领事有关汉阳钢铁厂的报告:"如果能完成,将是全世界最完备的工厂之一,而在建立此一庞大工厂时,费用似乎已是次要的考虑。"Gorst 评论道:"张之洞的庞大的支出与浪费做法,结果似乎难令人满意。Beresford 伯爵在长江流域巡视时,在 1898 年 11 月访问了此铁工厂发现,由于地方官的行政十分紊乱,几乎毫无效率可言。"Beresford 也说道(*Breakup of Chins*, p. 303):"我在访问兵工厂后发现,一大笔钱花在军需物品上,其中绝大部分是绝对没用的。"Allen and Donnithorne, *Western Enterprise*, p. 68 指出丝织业的难局:(1) 没有一个中央单位有权或有兴趣建立一个管理蚕茧生产的制度;(2) 内部没有安全感;(3) 没有中央监督,也无政府的重点支援。"中国没有一个有能的政府来执行监督,就因此而将大部分丝业,拱手让给日本。"无效的行政和无能的官员也阻碍"官督商办"制的运作。James Morrell, "Two Early Chinese Cotton Mills," pp. 43~98,指出两个基本弱点,其中之一是官督不善。军事工业由各省官员建立与维持,有一些好的结果,特别在协助输入现代技术和管理,并向一些新建置的非军事工业提供人才。但影响至微,阅王尔敏,"清季兵工业略论",页 15~19。

② Allen and Donnithorne, *Western Enterprise*, pp. 197,243;另阅 pp. 149~164,247~248。

③ Shih Kuo-heng, "Early Development of Modern Chinese Business Class", in Levy and Shih, *Rise of Modern Chinese Business Class*, pp. 38~39;"在一个未定的情况下,他们(商人)觉得没有经济安全感。不露财乃成一自保之道。"

④ Feuerwerker, *China's Early Industrialization*, p. 187 指出:由于政治、社会和经济情况不稳定,招商局将其短期而巨额的利润拨归其经理人等,且以存底购买不动产,而不进一步在其本身企业上投资。

面都让给了外国人,特别是通商口岸里的外国人。①

官吏和政府本身(至少在清朝时如此)是工商企业的障碍。中央和地方机关侵渔夺取。② 其中最有害的是让亲友干扰实业的经营和管理。不够格的人员不仅有碍,而且使士气低落,专事逢迎,而不好好做事。③ 雇用无能之人不是好的商业做法。④ 即使官方影响力存在的本身也可以抑制企业的发展。著名的中国企业家张謇曾抱怨说官员干涉,商民袖手,任何有希望的事业可随时失败。⑤ 从事企业的商人可能想勾结官方以自保,而卒成官方的附庸。⑥ 但这种做法对企业精神毫无裨益,而且将官场伎俩用之于企业有更进一步的坏处,容易养成官僚的生活方式,结果是:

> 中国商人未能建立自己的行为模式,而只是效法官僚作风,并在他们的行业中,输入官僚式的做法。于是各种各样的坏习惯,如无效率、官样文章和营私,来自政界,而出现于商界。⑦

当然有许多例外,但中国的"政治式商人"毕竟不同于明治日本的"政

---

① Allen and Donnithorne, *Western Enterprise*, p. 19 有云:"在西方势力保护下的安全感,与其他地方不安全感的对比,产生一连串的后果,使得外国人的政治立场比中国政府来得更强。"
② Ibid., p. 15.
③ Shih, "Early Development of Modern Chinese Business Class," pp. 45~47. 官营企业常受到监察者的伤害,假如他们未被好好地"招待"或给以贿赂,他们将写不合事实的坏报告。Ibid., p. 48。
④ Gorst, *China*, pp. 104~105 引一篇有关长江流域棉织工厂的报告,有云:"……看到工厂各部门中一些穿着整齐、温文儒雅之人,或在那里闲散,或在看书。问了英籍经理,始知这些人是控制工厂官员的朋友,虽然他们完全不知做些什么……他们都领薪水,给予总管、监察等名义。"此一报告继谓在当地人拥有、欧洲人管理的工厂之中,这些"寄生虫"除了浪费开支外,并无别的害处,但当一切都由中国人管理时,经常机器受到漠视,执行者毫无训练,账簿乱七八糟,害处多矣。
⑤ Shih, "Early Development of Modern Chinese Business Class", p. 38 所引。
⑥ 此为帝制中国下的老玩意。晚明人所见可阅朱谦之,《李贽:16世纪中国反封建思想的先驱者》,页21,引李贽以见商人必须与高官友善,以保财免祸。
⑦ Shih, "Early Development of Modern Chinese Business Class," pp. 48~50. 指出三种对私营企业有害的政治势力。

商",未能成为财阀,给国家带来极多的经济发展。再者,我们不能忽视有些商人不曾与官员勾结,对官员无信心,经常也不愿或不能大事投资。①

政治因素有关经济发展更可见之于一事实,即在中国某些地方以及在某一时期中,当政府能提供某种程度的领导和稳定,经济便向前进。有人已经指出,在1930年代早期,中国政府的行政较前几十年稳定,经济情况大为好转,对国家前途有了信心,信心由于稳定显著地生长——无论在政治、财政和经济事务都有改进。这种有希望的情况未能持久。1937年中日战争爆发后,经济成长的希望随着难得的国家安定一起消失。②

南京国民政府不仅仅达成稳定。事实上,它"在经济上也扮演了肯定的角色,并带来制度上的改变,长远地影响了中国的工业化和现代化"。在1930—1936短短几年中,实施了几项主要的经济措施,包括关税自主(1930)、取消厘金(1931)、改革币制(1935),以及决定四年经济发展草案(1931)。计划虽未实施,但证实政府要工业化的决心。在这几年中,中国虽仍远落后于日本,但成长率上升甚速。③

---

① *Chinese Maritime Customs Decennial Report*,1892—1901(chung-king):135(引自孙毓棠,《中国近代工业史资料》,第一册,页982),有一启人深思的例子——一个棉织工厂想以40万两银子起家未成。
② Allen and Donnithorne, *Western Enterprise*, pp. 28~29.
③ Chang, "Industrial Development of Mainland China", pp. 73~81. 据张氏的估计,成长率在1925—1930年是4.7,到1931—1936年为9.3(页73~74)。他把"共产党掌权后,中国的生产量显著的增长",归因于"公共秩序取代了混乱"。并作结道,"任何政府能维持国内和平,便能使中国经济成长"。吾人自不必采用此一过于简单化之说,来强调政治因素的重要。

285

政治因素的重要也可见之于近年来的香港①、东北②和台湾③。当然我们不能高估政治因素。在缺少其他有效因素时,有效政府不一定促进经济成长。但有理由可以设想,如果没有政治稳定和适当的政府领导,即使有其他有利因素,也不会有持久不断的经济发展④。康有为请求中国政治和行政的重整(特别在1890年代和1900年代)时,可能已经知道这一情形。⑤他相信有结果的工业化有赖于健全的财政管理、有效的行政。他更进一步宣称,一个妥善的政治秩序如果不能建立,他所说的一切改革毫无实际意义。⑥此一程序从未出现,他的工业化中国前景,一直是政局衰败和社会混乱中的幻想。

第七节 一个备取的途径

康有为现代化的方案一部分取法于19世纪的欧美,一部分取法于明治日本。在此之前,帝国政府必须重生,像明治政府一样,发动经济发

---

① 英督 David Trench 接受记者访问,载于 *The U. S. News and World Report*, May 29, 1967,在解释香港之所以繁荣时说:"香港的中国人有其特色——勤俭的生活习惯。以他们的能力,若给予一点自由的经济气氛,可以完全克服困难而成功。"当然他也归功于香港政治和经济的稳定。他进一步说,"稳定自然提供投资的有利环境"。
② Allen and Donnithorne, *Western Enterprise*, p. 181:"这些在东三省工业的成长,可能是由于那里的政府能维持秩序,并想要培养工业长成。"作者并未要维护"帝国主义的侵略",见及"东北的经验……显示为什么在中国本部的经济大都进步缓慢,特别是现代化制造企业的落后,这完全是由于没有一个上轨道的政府和够水准的经济管理所致"。
③ Melvin Gurtor, "Recent Developments on Taiwan", pp. 59~95 述及此一情况,指出四年计划成功地实施,"1966年(四年计划之第二年)的成长率为8.1%,超出预定的7%成长率"。而此率乃亚洲第二高者,仅次于日本(页74)。Charles Hsi-chung Kao, "An Analysis of Agricultural Output Increase on Taiwan, 1953—1964," pp. 611~626 有谓:"完善的政府农业政策可以加速农业发展……此外,自1953年后另有三个四年计划。这些计划的最主要目标为确定农业及工业的成长。"再者:"自1953—1964年间,每年农产品增产率为4.6%。此种记录与已开发或开发中国家相比,都令人瞩目。"(页626)
④ 此令人忆及《墨子》之语:"小故有之不必然,无之必不然。"引见 Fung Yu-lan, *A History of Chinese Philosophy*, p. 258。
⑤ 特别是其1903年的《官制议》与1905的《物质救国论》。
⑥ 《物质救国论》,页89。

展,以达成一个依赖私人企业的工商经济。此一计划本身看来合理而诱人,但造成现代日本的环境不存在于晚清。光绪皇帝就不是明治,不论他个人的能力,他所处的情况大不如明治。戊戌之后没几年,他就去世,不久朝代也被推翻。

被称为国父的孙逸仙采取了一个不同的途径,来解决经济现代化问题。孙与康主要的不同点,可以简单地说是:康寄望于私人企业,而孙倾向社会化。孙氏有关经济发展的早期见解,可见之于1894年上李鸿章书之中。① 当时他的立场与改革派雷同。他认为欧美富强之基,并不全在坚船、利炮、强垒和劲旅,而且也在人尽其才和地尽其利。他特别主张设置农局以帮助农人,输入现代化的农业机械,并设立农校发展科学知识和技巧。科技乃是工业的基石。尽量利用自然资源才能工业化。商业生成可使货畅其流。政府必须扮演双重角色:给私人企业以帮助和保护,以及发展航运和铁路交通。②

不久之后,孙中山的看法就已改变。他看到当时的政府不愿也不能改革,乃决心革命,创建民国。整个环境逼迫他辞掉新建民国的临时大总统(时在1912年的4月1日)。当年8月24日他接受袁世凯之邀到北京,与新总统讨论建筑铁路和发展工业的问题。接着的几个月中,他在一些演讲和文章中发表他的意见。在这个时候,他虽已明白道出社会主义的意向,但并未袪除工业化中私人企业的一席之地。因此,10月10日在《中国新闻》(*China Press*)发表的一篇文章中指出,为了实现全国的铁路网,必须要利用外资,即邀请个人或私人公司在与政府无关的企业上投资,乃是"纯商业性"的。③ 不过,在同一篇文章之后,他又说:

---

① 见《国父全集》,第五册,页1~2。
② 上李鸿章书,见《国父全集》,第五册,页1~9。孙氏继谓,有鉴于中国的人口压力,农业发展甚至较其他现代化措施更为重要。因此,他在夏威夷已作了有希望的实验,乃要求李氏支持他周游列国,考察与农业有关之科技(同上,页11~12)。
③ 此文原用英文撰写,此处所用中文本,题目是"中国之铁路计划与民生主义"(《国父全集》,第六册,页8)。

> 盖实业主义为中国所必需,文明进步必赖乎此,非人力所能阻遏……近世资本主义之天然演进,对于劳动者常与以不平之待遇,故吾人当力避之。间尝熟思深虑以求解决此问题之策,其策维何? 民生主义是已。①

"民生主义"仍是他为社会主义所选取的独特招牌。他并不要将所有财产都重新分配,他认为这样做是荒谬的。他不过是要能给劳动充分报酬的经济制度。这样的话,所有的铁路、公共设施、运河和森林必须国有,以及所有来自土地和矿产的收入要归国有,以支付行政所需与社会福利的支出。②

同样的想法也可见之于别处。民国元年稍早,孙氏就承认工业是外国富强的根基,故工业化乃中国的紧要课题。不过他说:"所惜者,社会主义未能明了,以至贫富不均,实业不易发达。"因此中国讲求实业者必要得此教训,学习社会主义。③ 当一个记者批评他主张铁路国有时,他反驳说,反对者乃基于资本垄断的经济理论,而他所采用的乃是民生主义。④ 此后他的想法大致未变。⑤

"民生主义"乃是孙中山和康有为及其他改革派不同之处。然而孙氏计划中所包含的经济现代化项目大致与康氏相似。孙在1913年替国民党所拟政纲的经济部分尤其可见。他要求农业、工业、商业和财政的现代化,更详细地说,他要求政府的计划应包括开垦荒地、国家森林的设

---

① 《国父全集》,第六册,页10～11。
② 同上,页11～12。
③ "兴发实业为救贫之药剂",为1912年4月17日上海工业协会中之演说(《国父全集》,第三册,页29～30)。参阅撰于辞去临时大总统(4月1日)后之另一文:"中国之第二步"(《国父全集》,第六册,页256～258)。
④ "修筑铁路乃中华民国存亡之大问题"(《国父全集》,第二册,页77)。
⑤ 如阅《三民主义》(1919),其中抨击西方资本主义经济,因其不公平与剥削,以及"中国实业当如何发展"(1920),其中他反对独占以及"资本之专制"(《国父全集》,第六册,页272～283,301)。参阅"中国国民党宣言"(1923年元月1日),载《国父全集》,第四册,页92～95,其中吸取社会主义思想于党章之中,特别是说所有的大型工商企业都应归国营。

立、洪水控制、开矿制造、推广外销以及发展交通和通信系统。此外，他认为必须彻底整顿财政制度，建立中央银行，得以全权发行纸币，并采用金本位。①

孙中山不曾明白地排除私人企业，不过他予人的印象是要全心全意的社会主义，或用他的名词"国家产业主义"。② 他说话像是共产主义者，而心目中要的是一种混合的制度，结合某些有节制的民主因素和国家社会主义。这一立场不能为倾心于西方政治经济自由主义者所接受③，也不能为对私人企业更有信心的康有为所接受。

孙氏在《实业计划》一书中说得尤其清楚（写于欧战之后）。④ 他认为中国的实业发展须经两个途径，一是个人企业，二是国家经营。他接着为此两个途径作界说。国家经营包括具独占性而不能让私人插手的行业，其他则为个人企业。但政府并不高高在上，它必须鼓励和保护个人企业。废止一切不利经济的税收，改正不良的币制，排除其他有碍经济成长的一切。政府应提供有效的交通设施以利个人企业的推进。⑤ 但他明确地强调国家经营，在此一长文的结论处，他发出自由企业危险的警报。他深怕经济发展将不免产生大企业家，导致经济上的不均——与民生主义不符的发展。因此，所有由经济发展导致的大企业都应收归国有，仅让小企业由个人经营。他的实业计划之最终目的是利用"外国之

---

① "国民党政见宣言"（1913年，见《国父全集》第四册，页77～80）。参阅"钱币革命"（1912年之通电，见《国父全集》，第六册，页1～5）；"政见之表示"（此为1912年10月在上海报业大会之演说，载《国父全集》，第三册，页93）；以及"建设以修治道路为第一要著"（1916年8月16日，见《国父全集》，第三册，页48）；有更多他对金融与货币改革之意见。

② 例如，他于1923年元月20日有谓："在欧美，因机器之出现而有经济不均现象……因此，在比较各种学说利病之后，乃觉'国家产业主义'最妥善实在。"（见《中华革命史》，载《国父全集》，第六册，页510）

③ Shao Chuan Leng and Norman D. Palmer, *Sun Yat-sen and Communism*, pp. 179～180. 孙氏谈及共产主义可另阅"祭列宁文"（《国父全集》，第六册，页316～317）。

④ 参见《实业计划》，为一冗长之文献，包含"导论"、六个包涵工业化主要部门的计划，以及"结论"，另有附录六篇（见《国父全集》，第二册，页101～278）。原为英文，由其四位信徒译为中文。

⑤ 同上，页106。

资本主义来建设中国之社会主义"。① 结果,在孙中山的心目中,国家经营和个人企业原是双管齐下的经济发展,而终是两个层次的发展,以社会主义为最高的成效。

孙氏的广泛计划,包括全国铁路网、公路、运河、电报、电话、无线电设备、钢铁水泥工厂的设立,各种矿产的开发,总之包罗了先进西方国家重工业的每一部门,自不必细表。轻工业也受到他的重视。他见及制造消费品的"工业本部"之需要,以供家庭之需,生活之舒适②(在此可指出他与康有为在工业化最终目标上,相当一致,即改善人民的经济生活,而不汲汲于国家的"富强")。

孙氏寄重望于外资来实现其志愿。③ 他一度估计,如中国能每年有1 000万元的资金,将需60年完成20万里的铁路。因此,开放门户吸引外资以投向铁路,是聪明的办法。④ 他曾说,由于外国资本以及外国技术,日本在几十年中成为强国。⑤ 欧战后的情况使他深信,国际合作来发展中国工业,完全是可行的。⑥

---

① 参见《实业计划》,为一冗长之文献,包含"导论"、六个包涵工业化主要部门的计划,以及"结论",另有附录六篇(见《国父全集》,第二册,页263～265)。原为英文,由其四位信徒译为中文。
② 《国父全集》,第二册,页242。"工业部门包括(一)食品工业,(二)成衣工业,(三)筑屋业,(四)旅行业(造车、公路、油料供应等),(五)印刷工业等。"孙氏用了141页之篇幅讨论重工业,仅用14页论轻工业,因其觉得重工业乃是主要的和基本的,并相信一旦重工业全面发展,轻工业马上可以跟进(同上,页241)。
③ 《实业计划》,页261～265。他并未放弃国内债的可能性,特别是在省级(页182)。他于10年前(1912)接受袁世凯之请,拟出一全国的铁路计划,即持此种看法。如阅"速修铁路以立富强之基",为1912年9月2日之演说(《国父全集》,第三册,页65)。
④ "政见之表示"(《国父全集》,第三册,页89～91)。他于"实现铁路政策须取开放门户主义"(1912年10月22日在南京之演说),意见与上文基本相同(《国父全集》,第三册,页99～100)。
⑤ "再复李村农论外债书"(1917年,《国父全集》,第五册,页275～276)。孙氏进一步说,"外债不一定仅指现款……中国现缺者不是金银,而是生产器械"。
⑥ "国际共同发展中国实业计划书"(1920年,《国父全集》,第六集,页293～298)。此一计划受到美国驻华公使芮恩施(Paul S. Reinsch)高度赞扬,后来作为《实业计划》之"绪言"(《国父全集》,第二册,页101～105)。

孙氏认为政府的积极行动，为发动工业化之所必需。无论如何，政府必须主动推动基本工业，如矿业和机械制造。① 即使在中国已经现代化之后，政府仍须扮演重要角色，拥有以及管理这些工业，使其国有化。② 显然的，政府为了执行国家企业，必须熟悉技术与管理方法，且要有高度的行政效能。

有点奇怪的是，孙氏至少在一处曾辩称，中国在未能改善经济情况之前，政治问题不可能解决。他在1912年8月写道：

> 民国大局，此时无论何人执政，皆不能大有设施……若只从政治方面下药，必至……每况愈下而已。必先从根本下来，发展物力，使民生充裕，国势不摇，而政治乃能活动。③

但我们难以理解，如无健全的政治秩序，工业化又从何开始？

这并不是说孙氏的计划未尽妥善。如他所说的发展港口、水道、铁路、通信网等，都是现代经济建设的要务。④ 不管列宁的殖民地理论以及从左而来的反对外国公司呼声，仍有接受外资以及外国技术协助未开发地区的余地。⑤ 但不论计划如何妥善，断不能在缺乏政治能力的情况下实施。不稳定的民初政局毕竟使经济无以发展，也未能鼓励外资和国际

---

① "国际共同发展中国实业计划书"(1920年，《国父全集》，第六集，页293～298)。此一计划受到美国驻华公使芮恩施(Paul S. Reinsch)高度赞扬，后来作为《实业计划》之"绪言"(《国父全集》，第二册，页255)。
② 同上，页102；"既废手工采机器"，则必须"统一而国有之"。
③ "论筹筑铁路事致宋教仁函"《国父全集》，第五册，页155)。或者为孙氏接受袁世凯之邀讨论铁路计划的自解之词。
④ 如阅 Richard J. Ward, *The Challenge of Development*, part 5, "The Challenge in Developing Infrastructure"。
⑤ 如阅 McCord, *Springtime of Freedom*, pp. 148～168。参阅 Galbraith, *Economic Development*, pp. 28～29; Alexander, *A Primer of Economic Development*, pp. 105～111, 119～136。Allen and Donnithorne, *Western Enterprise*, pp. 134～142 论及自1860年代以外债筑铁路之不利情况。西非小国象牙海岸说明外资发展经济之可能性。该国脱离法国独立(1960年8月)后八年，在总统 Felix Hou-phonet-Boigny 领导下大力发展。其他非洲国家讲究模糊的社会主义，而他经由公开吸取海外资本与技术，达成了国家的转型。如阅1968年3月8日《时代周刊》中之报道。

合作。当政治情况在1920年代末和1930年代初略微好转之际,经济开始上升。但中日战争接着而来,中国必须为生存而战,暂时将经济建设置诸脑后。战后的大部时间用在重建以及与共产党力争控制已经贫穷的中国。

就此看来,孙中山解决中国经济现代化的方案(不止一点与康有为的相同),并不比康氏的方案成功。之所以如此,大都是因政治环境不佳。康氏想重振衰败的帝国来实施现代化,而孙氏理解到现代化必有赖于一个新的政治秩序。戊戌变法以及后来立宪的失败,使革命难以避免。但中华民国并未能提供有利发展工商业的环境。此足以证明政治因素与经济发展的相关性。

第八节　对集权方式的看法

孙中山和康有为都不赞成用集权方式来从事经济现代化。但这种方式在今日为开发中国家的领袖们所乐用,尤其是马克思主义国家。问题是:集权方式会比孙、康的方式更有效吗?

开发中国家的领袖们无疑是反殖民地主义的,他们经常怀疑殖民主义者,如英、法等国所施用的方法(这些国家正好是民主国家)。这些领袖人物多少都是民族主义者,亟思迎头赶上工业化,但并不要抄袭英美资本主义模式。他们对西方议会政府的失望,又受到马克思主义对资本主义批评的影响,遂倾向接受共产主义所信仰的,以集权方式来完成现代化。①

---

① 苏卡诺之言可作为一例子:"我一再说我们的政治气氛是不健康的,那是一自由政治气氛……我们必须完全放弃此种自由竞争的主义,以求正确地发展和成长。"引自给哈山奴丁大学学生之演说辞(1958年10月31日),收入于 Paul Sigmund, Jr, *Ideologies of Developing Nations*, p. 60。编者引言(页11~28)可参阅。问及迦纳国 Nkrumah 政府的高压手法是否必要时,McCord 得到如下的答复:"我们不得不治理一未受教育、迷信而暴戾之民族,而国又为宗教和经济上的纷争而分裂……我们特别希望能现代化我们的社会,终止贫穷……然假如我们让每一农民都有权决定是否建立佛达水坝或接受增加税收,或同意减少消费品的进口,我们又如何能够达到目的?"(*Springtime of Freedom*, p. 57)

有一些研究经济发展的学者最近试图解释此一集权取向。有一位提供了历史原因。经由"自由企业"推动工业成长的 19 世纪,其条件已不存在于 20 世纪,更不存在于今日的开发中国家。随着历史环境的改变,人们的思想和态度也随之改变。工业革命基本上是一演进过程,而非事前可计划的。这些国家的领导人看到工业经济之必要,而想强力以行。当然也就取集权的计划求成长。再者,他们不知个人乃是其利益的最佳判断者,以及个人的企望与社会福利之一致性,自不必理会"自由的传统",而采取集权方式来解决经济问题。① 另一位作者的结论大致相同。他深信"民主资本主义的经济与政治模式,不可能行之于西方之外,至少是在这一代行不通"。为达成经济现代化的"大跃进","落后国家"也许必须牺牲人身自由,甚至于牺牲人命。②

这种议论未尝无理。落后国家的人民对现代经济生活所知不多,对民主价值也不太在乎。大众的无知和漠然正好使领导人自求独裁。孙中山和康有为未能达成他们的目标,也可以证实用集权方式现代化的论点。

不过另外的一些经济学者有不同的看法。例如他们指出贫穷国家的领袖,在寻求政治稳定和经济进步时,用了各种不同的集权方式,但并未实现梦想。此一问题的解答不必远求。"集权并不比较为松懈的议会政制更能排除保守的历史因素,而促进工业的进展"。③

另外一种看法是:现代化用不着政治恐怖与经济集中,集权统治只会阻碍而不是促进成长。经济成长是可以在民主统治下发生的。当然,

---

① Karl de Schweinitz, jr., *Industrialization and Democracy*:*Economic Necessity and Political Possibility*, pp. 272~279. Maurice F. Neufeld, *Poor Countries and Authoritarian Rule*,有较为详尽之分析。
② Robert L. Heilbroner, *The Great Ascent*:*The Struggle for Economic Development*, pp. 148~149.
③ Neufeld, *Poor Countries and Authoritarian Rule*, p. 144. 此书之第十一章特别讨论到集权统治之问题。

集权主义并非无利,如能强制转移经济盈余以累积资本①,能不顾一切地执行计划。② 事实上,导致18、19世纪西欧工业革命的力量和环境并不存在于今日开发中国家,此自然成为一种说法,认为苏俄而非汉诺佛英国,乃是经济发展的模式。③ 但集权统治仍有某些不利处。实际经济显示,集权主义和独裁政治并未提供解决经济问题的最佳方案。不理会人身自由,经济上的成功也无保障,滥用政治权威可以导致愚笨的经济策略。权力不一定腐败,但一旦在不懂经济事务者的手里,想改善经济,却反而害之。有无限制权力的人不一定是对国家和经济有可靠识见的人。严格的控制和设计不能鼓励企业创新,或对经济发展所必要的发明精神。苏俄的确在工业化上有相当的成功,但我们也可以说:"较多的自由很可能避免斯大林对农业作强制增产的恶果",而"较多的变通可能避免因中央控制所造成的绝大浪费"。④ 我们可以说,毛泽东推动工业化达于极点,但并没有解决中国现代化的问题。⑤

研究亚洲六国情况使当代一位学者相信,迟滞以及不智的政府决策(不管是否集权)证明有碍经济成长。由不变通和不能批评的计划而产生的政策——如把资源投向不具经济价值的计划,不合理的限制私人工

---

① McCord, *Springtime of Freedom*, pp. 68~69.
② Ibid., p. 13.
③ McCord, *Springtime of Freedom*, pp. 52~53.
④ Ibid., pp. 69~70, 242~243.
⑤ 中国共产党统治的第一个十年,由于刚刚完成政治一统以及行政上的效率,获得相当成功。除此之外,经济情况并不一直令人满意。不仅一些政策导致不必要的错失,而且有可能造成"政治权力的高涨导致经济出产的减少"。Alexander Eckstein, "Economic Planning, Organization and Control in Communist China", *Current Scene: Development in Mainland China*, 4, no. 21 (Nov. 25, 1966): 11. 另阅 Werner Klatt, "Communist China's Agricultural Calamities (1949—1961)", pp. 64~75; Li Ming-hua, "The Industrialization Problem on the Chinese Mainland", *Issues and Studies*, 6, no. 5(Feb,1970):34~36 有谓:"毛氏在处理工农关系、轻重工业之间关系,一直摇摆不定,乃由于毛氏主观需要——备战——与人民基本需求之矛盾。毛之政策和办法既不一致,也非无可争议。"无论如何,"用工业化来备战是错误的,因其与经济的客观原则相冲突"。我们可进一步说,毛之立场与自强派领导人有相似处,即经济现代化的目标在求"富强"。

业、商业,设限阻碍外国私有企业,以及忽视农业所需等等,都有害进步。① 完全依赖国有经济将会自取失败。

至少在理论上,我们不能排除用多元方式来解决发展的问题,一种"公私双方合作"的方案,使经济权与政权尽量分散到社会之中。② "民主方法"甚至可与社会主义经济共存。即使资本主义在先进国家中功成而亡,也不会过时。"普选、政党、议会、内阁以及首相,仍可能是处理日常工作最便捷的工具"。③

政治因素与经济建设相关,并不支持集权方式的说法。预测政府控制的有效,一如倾向于自由经济,都可能犯错。政府行动和个人努力应该合起来,而不必相互排斥。两者乃互相配合,而不能任选其一的。④ 明治日本的经验显示一种可能性,即政府经常主持现代化,同时妥善地让私人企业参与行列。⑤ 集权领袖们以为不会有错⑥,他们实难以自制,或允许私人创业。

在此不能评判此两种方式——集权与民主——对经济发展的优劣。专家们意见并不一致。但有一点必须指出:康有为和孙中山使中国工业化的努力失败,并不证明民主方式缺乏其本身的价值。苏俄、中共以及一些亚非国家的经验似乎告诉我们,集权主义方式并不是对付经济落后的万灵药。

---

① Onslow, *Asian Economic Development*, pp. 225~226.
② McCord, The *Springtime of Freedom*, pp. 6,76; cf. pp. 69~70.
③ Schumpeter, *Capitalism, Socialism and Democracy*, pp. 269,300~301,415.
④ Nurkse, *Problems of Capital Formation in Underdeveloped Countries and Patterns of Trade and Development*, pp. 154~156. 已故 Nurkse 教授持有此见:"唯有在理解资本之地区,资本累积才能永远成功。"并谓:"人民的素质最为重要。"个人的习性与运用资本有关,诸如"主动、勤奋、创新和远见等,给予一个国家经济发展以深厚稳定的基础,远比计划委员会的蓝图来得重要。"提到明治日本时,他赞成政府在开始时采取行动,成功后逐渐退出。
⑤ Robert T. Holt and John E. Turner, *The Political Basis of Economic Development*:*An Exploration in Comparative Political Analysis*, pp. 100,105~111,237,246.
⑥ Harry R. Davis, "Toward Justifying Democracy", *The Key Reporter*, 32, no. 2 (Winter 1967—1968):3.

第九章 教育改革

第一节 康氏提出的建议

康有为的变法运动旨在改变"国家的极端保守心态和行动",一如他要重振过时而衰败的政治结构。① 因此,教育改革为戊戌变法中不可分割的一部分。

有鉴于传统的科举制度造成士大夫的无知和偏悖,康氏乃于其建议中首先要求皇帝废止八股。他对此一主张十分坚定:

> 学八股者,不读秦汉以后之书,更不考地球各国之事……今群臣济济,然无以任事变者,皆由八股致大位之故。故台辽之割……肢州、旅大、威湾、广州湾之割……(皆)割于八股。②

---

① Ma Te-chih, *Le Mouvement réformiste et les événements de la cour de pékin en* 1898, P. 9.
② 康有为,《自编年谱》,页 19。康同时代的一些人赞同此见,如严复曾说,废八股为变法之首要(见"救亡决论",收入翦伯赞等编,《戊戌变法》,第三册,页 60~71)。梁启超在致康氏信中,认为改变考试制度为变法最重要之务(见"与康有为书",载叶德辉,《觉迷要录》,卷四,页 21~22)。参阅本书第七章之第一节,讨论到康氏建议经由重整教育来达到行政改革的目的。

在其他人士也要求改革科举之后,皇帝终于采取行动。① 他于戊戌年6月23日下诏废除八股,并要求应试士子熟悉"时务",以及策对经史。② 康氏十分重视此事,他于是年10月到东京时,告诉一日本友人,变法虽然失败,废止八股在中国士大夫心目中已无可动摇,思想上的解放终将实现。③

为了鼓励此一革新,康氏建议熟悉时务者可入翰林,或授予正规政府职务。④ 他教严修上奏,请皇帝设特别考试,期使在政府行政、大众财政、外交、军事、科学、技术等实学上有成就的人,能够登用。⑤ 此奏上于戊戌元月6日。卒有同年元月27日和7月13日两次上谕,诏设经济特科。⑥

康氏和他同时代的许多人一样,认为发展新式教育制度十分紧要。他认为只有考试制度而无学校制度,只是征求人才,而不能培养人才,人才终有枯竭之一日。他向皇帝报告他所见到的外国情形,如德、法、英、日等国。他对德国的教育制度印象尤其深刻。他说佛雷特列克大帝创立了现代化学校,教授从历史到科学各种课程。小学在使儿童成为国民;高中训练青年各种职业;大学则为领袖与教师的养成所,形成彼邦的士大夫。决定普法之战的是教育制度的优越,而不是军事的优

---

① 例如,张之洞和陈宝箴在1898年6月4日的合奏中提到,要解决国家当前的难局,首先要培养人才。在培养人才之前,先要改变考试制度。接着他们详论八股之害(原文见《张文襄公全集》,卷四八,"奏议",页2~9)。徐致靖之上疏,"请废八股书",由康氏起草,请求皇帝废止八股。翦伯赞等编,《戊戌变法》,第二册,页339载此疏之摘要。1898年前若干年,已有人注意考试制度的缺陷,如薛福成,"选举论"(1864),《庸盦盦文内外编》(上海,1901),"外编"卷一,页1~6;李慈铭,《桃花圣解盦日记》,壬集,页14~15。
② 《大清历朝实录》(光绪),卷四至九,页5~6。
③ 康氏致冈田正树(未署月日),函,"致冈田正树书",《万木草堂遗稿》,卷四上,页32。
④ 康氏初在1896年之"典试策",载《南海先生四上疏记》,页47中作此建议。1898年他为宋伯鲁起草奏折,要求岁试中包括"实学"(见宋伯鲁,"奏请经济岁学……折"(1898年7月1日),载朱寿朋,《东华续录》(光绪),卷一四五,页6~7,翦伯赞等编,《戊戌变法》,第二册,页347~348)。
⑤ 严修,"奏请设经济专科折"(翦伯赞等编,《戊戌变法》,第二册,页329~332)。据谓严氏此折由康氏促成。戊戌前若干年,薛福成已有相同的建议,阅其"应诏陈言疏"(1875),《庸盦文编》,卷一,页1~12。盛宣怀在上疏中建议为"新学"在考试制度中另立项目("条陈自强大计折",载翦伯赞等编,《戊戌变法》,第二册,页442)。
⑥ 阅《德宗实录》,卷四一四,页4~5,以及卷四二〇,页12。参阅 Paul Pelliot, "Le réforme des examens litérairesen Chine"。

越。然而,康氏继谓,我们则强迫举国写八股文,以至扼杀人才。中国虽有4亿人口,而无足够有知识之人,使国家独立于世。康氏的结论不言而喻,中国必须效法普鲁士建立一完整的现代学校系统。①

在1898年之前,中国已有若干西式学校②,但在康氏及其同仁看来,这些学校并不充实。课程大都限于语文,有关致富强的学识很少介绍,学生没有机会用实验室,也不能到外国旅行。且在18省中,只有少数此类学校,决不敷全国之用。③ 更多的现代学校应该设立,课程与教学方法也要大大改进。

戊戌变法人士特别强调在京师设立大学,以为发展现代学制的前导。在"请广开学校折"中,康氏请皇帝尽速设立大学。他提到李端棻戊戌夏天的奏折,并指述经过廷臣商议之后,李氏设立京师大学堂的建议原则上可行。④ 两年之后,在孙家鼐领导下,大学堂终于出现,康氏必然觉得快慰。⑤

为了加速在各省发展学校制度,康氏建议将旧书院改为"中学",以

---

① 康有为,"请广开学校以养人才折"(1898年6月下旬),《康南海先生文钞》(以下引作《文钞》),第五册,"奏议",页6~8;翦伯赞等编,《戊戌变法》,第二册,页21~219。
② Knight Biggerstaff, *The Earliest Modern Government Schools in China*,综述自1861—1894年间所采之步骤,并详述同文馆(江南制造局的外语学校)和马尾船政学堂。另参阅 Meribeth E. Cameron, *The Reform Movement in China*, 1898—1912, Chap. 4.
③ 李端棻,"请推广学校折"(1898年6月20日),翦伯赞等编,《戊戌变法》,第二册,页292~293。李氏接着建议在全国设立一个学校网。他的建议在细节上虽与康氏有异,但大方向是一致的。李与梁启超是为姻亲,是支持变法的少数高官之一。康有为《自编年谱》手稿本(见微卷三)有一段有趣的眉批,略谓乙未冬(1895或1896初)为李端棻起一奏稿,要求设大学堂。李氏建议设大学的奏折上于1896之夏。可以想见,李氏戊戌之疏若非出于康梁之手,也受到二人之影响。稍早以前,于1898年4月9日,李盛铎御史请求皇上令各省在半年内普设学堂(《德宗实录》,卷四一六,页13)。
④ 1898年6月11日上谕有谓,京师大学堂为各省的典范,将先行设置(《德宗实录》,卷四一八,页15,翦伯赞等编,《戊戌变法》,第二册,页17)。
⑤ 在1896年奏疏——"议覆开办京师大学堂折"之中,孙家鼐对组织、课程和聘任教师以及招收学生等事,作了具体的建议(沈桐生,《光绪政要》,卷二二,页21~24;翦伯赞等编,《戊戌变法》,第二册,页425~429)。孙氏复于1898年8月9日在疏中报告进展情况—"奏筹办京师大学堂大概情形折"(朱寿朋,《东华续录》,卷一四六,页14~15;翦伯赞等编,《戊戌变法》,第二册,页435~437)。

"淫祠"为小学校舍，6岁以上儿童都必须入学。中学校需有西式课程，康氏引用明治日本的例子来支持其说法。日本由于现代教育之赐，其领导人乃具有外国政治、文学、技术等知识。岛国日本遂能打败中国。① 光绪皇帝在7月10日上谕中，完全接纳了康氏的建议。②

为了提供新式学校适当的教材和参考书，以及为社会大众提供阅读材料，康氏呼吁已在上海、福州、广州③等地的译书事业，要大大扩充。④ 过去的译事不够理想有两个原因：范围太窄和速度太慢。译为中文的书，大多数已过时，涉及一些无关紧要的农业和技术，很少能够促进

---

① 康有为，"请饬各省改书院淫祠为学堂折"（翦伯赞等编，《戊戌变法》，第二册，页219～222）。大约两年之前，陈炽曾建议改书院为学堂，见其《庸书》，卷二，页59。胡聘之与钱骏祥在致皇上的合折中（约1896年晚春或初夏），要求采纳数学、天文、农业等"有用之学"于书院课程之中（"请变通书院章程折"，翦伯赞等编，《戊戌变法》，第二册，页297～300）。参阅本书第204页注③。张之洞于1898年9月3日致总理衙门电称，他已改湖北省所有的书院为学堂，讲授外语、数学、天文、地理、自然科学、技术，以及中国历史和儒家经典《张文襄公全集》，卷八〇，页4～6)。谢国桢，"近代书院学校制度变迁考"（胡适，《张菊生先生七十生日纪念文集》，页281～322)述及改书院为学堂之经过。

② 《德宗实录》，卷四二〇，页9。如所预料的，此一行动引起强烈的反对。曾廉自认为保守派，谴责改书院为学堂，以西学将有害于圣道（"应诏上封事"，写于1898年8月2日之后，翦伯赞等编，《戊戌变法》，第二册，页493～494)。吴敬恒（稚晖）回忆道，公众意见反对改书堂为学堂，据谓一小贩愤慨地说祠庙自古就有，怎能取消？引自陈恭禄，"甲午战后庚子乱前中国变法运动之研究"，《文哲季刊》，三卷一期（1933)，页104，Renville C. Lund, "The Imperial University of Peking"一文论及京师大学堂的创办经过。

③ 康氏心中所思乃上海的评书局（建于1863，后属江南制造局）、广州评书局（建于1864)，以及福州评书局（建于1866，属福州船厂）。奇怪的是，他未提建于1862年，由恭亲王所建议的北京同文馆。康氏也许不同文馆所译书中包括 Fawcett 的 *Political Economy*，Wheaton 的 *International Law*，De Marten 的 *Guide Diplomatigue*，Tytler 的 *Universal History*。这些书康氏一定会重视，或至少觉得有用。丁韪良于1869年主同文馆事，有谓："所译之书包括国际法、政治经济、化学、自然哲学、地形学、历史、法国以及英国法……外交以及领事手册等项目……这些译著乃是'杠杆'，经由杠杆点，必能移动一些东西。"*Cycle of Cathy*, pp. 319～320。另阅 Bigger-staff, *Earliest Modern Covernment Schools*, Chapter 2, 以及"The T'ung Wen Kuan", pp. 307～340。

④ 康氏并非独自或最先强调翻译西方有关政府、法律、教育以及相关课目之人。如阅马建忠，"拟设翻译书院议"（1894年冬)，《适可斋记言》，在梁启超之《西政丛书》，卷四，页6～8。清廷采御史胡孚宸之言，设官书局于1896年之初（《德宗实录》，卷三八二，页7)。此局由孙家鼐主持，执行几种任务：常设图书馆，译印有关司法、国际法、商务、农业、工业等书，设博物院展示科学仪器，为京城官员子弟办学校。见孙氏奏折"官书局章程疏"（翦伯赞等编，《戊戌变法》，第二册，页422～424)。

智慧和人类的了解。这种错误必须纠正。再者,所选译的书都是西方原籍,译事自然艰巨而缓慢。日本在30年之内,几乎译全了有关政府、文学、军事等方面英美典籍中的"好书"。因此,将日译译成中文不失为聪明的办法。日中两文字较为近似,译事既较易而快速。为推行译事,京师以及各省必须设立译馆。①

中国必须像日本一样,选派学生出洋,猎取近代西方的第一手知识。物质之学在欧美最称发达,因此赴欧美较赴日本为佳。这些课目不像政治、历史和哲学,可从书本上或中国学校中学到。在开始时,18省中的每一县都要派送一至三名优秀生到外国留学,数目应与日俱增。到德国留学较到法国为佳,因德国不仅学术最为发达,而且和中国一样是君主政体。同时应鼓励私人留学日本,因费用不高,无需政府津贴。② 在此可略一提,康氏并不是第一个见到留学重要之人,清政府早已实施,只是规模甚小。③

第二节 基本设想

康氏的建议似有三个构想:(一)教育至少是小学要普及和强制;(二)教育不仅提供有用的知识,而且培养新的思想观,新的想法,不受传统约束;(三)追求西方知识的同时,不应放弃中国的文化遗产。

上文已述及,康氏的普及教育思想借自普鲁士。他说到佛雷特列克

---

① 康有为,"请广译日本书大派游学生折"(《戊戌奏稿》,页15~18;《文钞》,第五册,"奏议",页8~9;翦伯赞等编,《戊戌变法》,第二册,页222~225)。康未明言译何种书可达其目的,但从其书院课程可猜想到,大概是有关社会和人文书籍。参阅第288页注⑦。
② 同上(《戊戌奏稿》,页17,《文钞》,页9;翦伯赞等编,《戊戌变法》,页224)。然奇怪的是,康氏未提到美国。他可能认为美国的政治制度不适合中国。
③ 由于曾国藩与李鸿章的合奏(1871年12月23日),第一批的120名学生于1872年抵达美国。此一游学延续至1881年。阅 Teng and Fairbank, *China's Response to the West*, pp.91~94。游欧学生事可阅同书页95~97。参阅舒新城,《近代中国留学史》。李端棻为支援此一想法的高官之一(《德宗实录》,卷三九〇,页1)。

大帝在各乡都设立学校,命令所有满6岁的儿童上学,家长如不从此令,将要受到处罚。① 中国也应使所有平民子弟入学。② 我们不禁要猜想,假如变法略有所成,中国必可在几十年内大大地减少文盲。

康氏以教育改革为转变中国人世界观的凭藉,从习俗的保守观到新的进步观,可从他的"上清帝第四书"中见之:

> 泰西当宋明之时,大为教王所愚,屡为回国所破。英人倍根当明永乐时,创为新义,以为聪明凿而愈出,事物踬而增华,主启新,不主仍旧,主宜今,不主泥古……数十年间,哥伦布寻得美洲万里之地……哥白尼发现地之绕日……至近百年来,新法益盛。③

据此,康氏建议皇帝鼓励创新,授荣誉给对新学理有发明的人、对新机械有发明的人。可以扩大学子视野的课目,如史地等,须在小学时就讲授。④ 康氏显然希望中止中国"教皇"的有气无力的影响,而欢迎一个中国"培根",以开创一开明的新时代。他本身似亦不反对扮演此一角色。

康氏仰慕西方的进步精神,并认识到科技的重要,但是他并不崇拜科学,以为万能,以为是人类的救星⑤(五四新文化运动的主将们即有此种崇拜之心)。⑥ 他并不要放弃中国的道德价值。在他看来,全盘西化和打倒孔家店,与保守主义一样有害。就这一点看,他是温和派,或如梁启

---

① 康有为,"请开学校折"(1898)(《戊戌奏稿》,页12;翦伯赞等编,《戊戌变法》,第二册,页217)。
② 康有为,"上清帝第二书"(1895年5月2日)(翦伯赞等编,《戊戌变法》,第二册,页149)。
③ 康有为,"上清帝第四书"(1898年6月30日)(翦伯赞等编,《戊戌变法》,第二册,页175~176)。康氏对于欧洲史的年代并不谨慎。他所提到的英国人很可能是培根(Francis Bacon, 1561),而不是Roger Bacon(Ca. 1214—1294),两培根各有千秋,但皆非永乐(1403—1424)时人。哥伦布于1492—1493年间发现美洲,Roger已死200年,而培根还要70年才出生。哥白尼的不朽著作约于1530年完成,1543年出版,Roger已死250年,Francis出生前30年。
④ 同上,页180。
⑤ R. G. Owen, *Scientism, Man and Religion*, p. 20.
⑥ 见本书第十一章第四节讨论现代化的思想问题。

超所说的,"既进步又保守"。① 作为一保守者,康氏依附国粹,以其所认为的真经为最高表现。他不止一次地强调此一立场。例如,在1895年,他上疏建议皇帝尊重儒学,鼓励有学问之人推行儒教于域外。② 他在1898年建议以儒教为国教。③ 在民国初年,他仍然推崇儒教,并推广其影响。④ 不过他所提倡的儒教与传统的有异。⑤ 他是一儒教改良派,因此不能够简单地称其为"儒者"。⑥

康氏确实相信,健全的教育乃是中西合璧的。他于1891—1893年在他广东的私学中⑦,讲授西方哲学、社会学、政治学说及中外历史,同时讲授儒学、宋明理学、佛学以及晚周诸子学。⑧ 他极力介绍西学,但同时要求他的学生给予中国的文化传统适当的注意。

康氏认为中国文化仍有其价值,因此值得保存。康氏有其同道,例如丁韪良对此有这样的说法:

> 丁韪良不似其他传教同仁,对基督教义作极狭窄的看法,故不避忌异教中国有吸引力的哲学,以及令人愉悦的中国文学。事实上,传教士中的学者们,自17世纪的耶稣会士以来,大都倾慕博深的中国文化,那个使中国成为远东最有学术国家的文化(当然,由于

---

① 梁启超,《南海康先生传》,《饮冰室合集》,《文集》六,页88。
② 康有为,"上清帝第二书"(1895)(翦伯赞等编,《戊戌变法》,第二册,页150)。
③ 康有为,"请尊孔圣为国教立教部教会以孔子纪年而废淫祠折"(1898)(翦伯赞等编,《戊戌变法》,第二册,页233)。
④ 康有为,"中华救国论"(1912)(《不忍杂志汇编》,初集(上海,1914),卷一,页15~17)。
⑤ 见本书第四章。
⑥ Benjamin Schwartz, "The Intellectual History of China: Preliminary Reflections", in *Chinese Thought and Institutions*, ed. John K. Fairbank (Chicago: University of Chicago Press, 1957), p. 19.
⑦ 康有为,《自编年谱》,页10。
⑧ 康同家,《康有为与戊戌变法》,页26~27。作者又谓,课程尚包括音乐与体育。梁启超,《南海康先生传》,页64~70。探讨康氏的教育理想以及长兴里私学课程的指导原则。

政策的关系,他们常常不敢明言)。①

约 60 年前,一个在中国服务的美国外交官有以下的看法:

> 的确,中国必须学习其他民族的良好方式,并考虑他们成功的道德因素,否则不能成为一有效率的国家。但中国也必须认真对待其自身文化的精华……抛弃过去的逆流,中国仍可以新面貌而不失国性,而成强国。②

有趣的是,即使身为新文化的先知胡适,有时也表现对中国"旧文化"的欣赏。以下一段话尤其值得注意:

> 假如接受伟大的西方文明必须采取断然取代的方式,而不是有机融合的方式,则将是人类的巨大损失。因此,真正的问题是:如何才能吸取现代文明而不废止自己本身的文明?……对此一大问题的解答完全依赖有远见和历史感的中国思想领袖们,以及依赖机智和技巧使他们能成功地焊接中西文化中最好的部分。③

康氏也关心此一问题的解决,并提出取新而不废旧的独特看法。他所认为的中西文化中最好部分并不一定正确。在运用他的方案时也不一定很机智,很有技巧。但他对待问题的方法断不能说不合理。康氏颇惧贬低中国文化将导致"断然取代",而伤害了一个健全传统的一致性。

---

① Esson M. Gale, *Salt for the Dragon: A Personal History of China, 1908—1945*, p. 23, Gale 遇丁韪良于 1908 年,时后者已 84 岁。在古时,中国未尝对欧洲思想毫无影响,如阅 Geoffrey Hudson, *Europe and China: A Survey of Their Relations from the Earliest Times to 1800*; Levis A. Maverick, *China, A Model for Europe*; D. F. Lach, *Contributions of China to German Civilization, 1648—1740*; 以及 A. Reichwein, *China and Europe: Intellectual and Artistic Contact in the Eighteenth Century*。一些中国学者的研究也可一提:柯炳松,"中国文化西传考",载包遵彭等编,《中国近代史论丛》,第一辑(台北,1956),第二册,页 33~62;方豪,《中西交通史》,第四册,页 5;朱谦之,《中国思想对于欧洲文化之影响》。
② Paul S. Reinsch, *Intellectual and Political Currents in the Far East*, p. 186.
③ Hu Shih, *The Development of the Logical Method in Ancient China* (Written in 1917, Published in Shanghai, 1922), Introduction, pp. 6~7. 胡氏晚年又回到此一立场。

此一结果，很可能使中国大变，而仍然不强。研究20世纪新兴国家的学者，得出这样一个结论，在不惜一切保存传统文化与摧毁传统社会的整个结构之外，尚有第三条路可走，即"使旧社会走向现代化而逐渐修正，并保持一些传统的因素"。① 大致而言，此乃德川日本所走之路，也是康有为所希望走的路。

前已述及，胡适以"实验"作为文化革命的支柱，背离了詹姆士和杜威的心意。詹姆士说：

> 新真理永远是"中间物"，是转变中的润滑剂，使旧观念和新事实相结合，尽量不使其脱节，尽量使之衔接……我现在特别要你们注意的是旧真理部分……对旧真理的忠诚是第一义。

在杜威看来，"一个人或一个社会的每一个问题的理性讨论，必须使旧习惯、旧风俗、旧制度和旧信仰与新情况相衔接"。② 我们提到过，胡适曾经相信历史延续的重要，以及中西文化需要"有机地"融合。他因而似也附和詹姆士和杜威定下的原则。但令人沮丧的民国情况可能使他感觉到旧文化已无可救药，因而使他改变"实验者"的立场。他在1918年写道：很明显的，我们的政府充满了贪官污吏，但我们仍然要歌功颂德。③ 至此，不再强调历史之延续，而主张与过去断绝关系。传统社会的支

---

① Max Milikan and Donald Blacker, *The Emerging Nations* (Boston: Little Brown, 1961), quoted in William McCord, *The Springtime of Freedom*, pp. 146~147; and I. R. Sinai, *The Challenge of Modernization*, p. 215. 这些作者皆涉及经济现代化，但他们的结论与教育改革未尝无关。

② William James, *Pragmatism and Four Essays from the Meaning of Truth* (New York: Meridian Books, 1955), p. 51; John Dewey, *Intelligence in the Modern World*: *John Dewey's Philosophy*, ed. Joseph Ratner (New York: Modern Library, 1939), p. 452. 此两段见 Jerome B. Grieder, *Hu Shih and the Chinese Renaissance: Liberalism in the Chinese Revolution, 1917—1937*, p. 118.

③ 胡适，"易卜生主义"，《胡适文存》，第四集，页904；引见 Grieder, *Hu Shih and the Chinese Renaissance*, p. 94.

柱——家庭受到攻击,因其养成"依赖性"。变局使所谓不变之道显得荒谬。① 他承认"道德"并非中国苦难之故,而是未能力行。他不曾说过仁、义、礼,以及其他主要的儒家德行本身,与现代西方国家在道德上和社会上毫不相干。

康有为也批评儒家的道德传统,仅是口说而不能力行。他将腐朽的中国传统与值得保留以及与新形势结合的传统分开,以便在现代化过程中减少脱节,保持高度延续。我们可以想见,就这点说来,康有为比胡适更像一坚持的实验主义者。

第三节 戊戌政变之后

康氏对于革新教育制度的努力,虽未臻预期的效果,即经由输入新血而达到思想解放,但也并未完全徒劳无功。他的一些教育思想并未随戊戌失败而消逝,反而融入拳乱后的改革计划之中,特别是张之洞与刘坤一的计划。他们在"江楚三折"的第一折中有云:

> 窃谓中国不贫于财而贫于人才,不弱于兵而弱于志气。人才之贫,由于见闻不广,学业不实;志气之弱,由于苟安者无履危救亡之远谋,自足者无发愤好学之果力。②

此折又谓泰西学校除了教学生"道"之外,另授有用之学,使习知中外时务。中国欲改善,必须要学习外国榜样,革新教育制度。③

---

① 胡适,"实验主义",《胡适文存》,第二集,页 435～436;引见 Grieder, *Hu Shih and the Chinese Renaissance*, pp. 114～115, Grieder 有云:"在胡适的手里,实验主义变成了反传统的武器"。又云:"中国人对结合旧意见和新事实并不太感兴趣,他们的目的乃是以新事实来打击旧意见。反求过去的经验,然而过去已大遭否定。即使胡适的'超越一切价值'之说也不在衔接过去,而是为新开始的依据。"
② 朱寿朋,《东华续录》(光绪),卷一六九,页 7。
③ 同上,卷一六九,页 8。上疏者继筹划出三三学制,并建议州县设小学校,府设中学校,省城设高等学校。儒家经典、中国历史、西学(法律、科学、技术等),皆需纳入课程(同上,页 8～10)。

"西法"必须采用,在江楚第三折中提出选择性的西化:

> 今环球各国,日新月盛,大者兼擅富强,次者亦不至贫弱。究其政体学术,大率皆累数百年之研究,经数千百人之修改,成效既彰,转相仿效。美洲则采之欧洲,东洋复采之西洋。①

刘坤一与张之洞的其他建议更易采行:诸如选派大批学生留学,大量翻译日本与西方国家的书籍以及设立农工学校。② 其中一些办法与康氏若干年前的建议甚为相似。张刘二氏虽可能知道相似之处,却强调他们的建议和康有为的乱法绝对不同。③

戊戌政变后10年,张之洞和孙家鼐为溥仪设立课程,包括四书、中国史、西洋史、明治维新史以及宪政原则。④ 康有为必然赞同此一课程。民国之后京师大学堂改为北京大学,成为新文化运动的中心、中国共产主义的摇篮。在20世纪中,翻译日本和西方书籍速度大增。过去对自然和应用科学的热忱,转变为社会科学和人文学的兴趣⑤,为康氏在1890年代所期望的。他所倡导的其他教育改革,特别是设立学堂、开办报馆,以及组织学会,却于1901年设施行,对中国知识分子起了启蒙的影响力。⑥

不过康氏的中心目标远未达到。新教育大大贬低中国的传统价值,且未能吸取有建设性的西方思想成果,而不是他所想象的融合中西,作为社会、政治和经济改革的思想基础。⑦ 许多知识分子被卷入文化的旋涡。由于肤浅的西化以及本土价值的式微,中国几乎丧失自我认同。一

---

① 朱寿朋,《东华续录》(光绪),卷一六九,页27~28。
② 同上,页28~41。
③ 同上,页40。
④ 许桐莘,《张文襄公年谱》,卷十,页10以及编者识语。
⑤ Tsuen-hsuin Tsien,"Western Impact on China Through Translation", pp. 318~319. 作者指出1902—1904年之间,533种译书中,人文科者占60.8%,而科学方面仅占31.5%。
⑥ 有关学会可阅本书第六章。
⑦ 沈云龙,《现代政治人物述评》,页1~10,以及汤志钧,《戊戌变法简史》,页50。

个英国人在1909年作了如下的观察,似非故意的夸张:

> 中国基本上已改变了。以前是世界上最保守之国,而今似有许多的激烈改变。当我问一传教士的看法,他说已离开中国三个月,所见可能已经过时,不足信赖。①

接着他预测儒教将亡:

> 西方思想甚是强劲,其控制自然界之力使其声誉极盛……儒教必在西方物质主义之前衰亡。中国将失去其宗教、旧思想,而不能换取新的,在无限的痛苦与耻辱中徘徊,其罪恶可能带给全人类。②

此有如末日的预言。所说显然带有传教士的偏见。他希望中国能拒斥西方的科技,而拥抱基督教。当时很少中国知识分子会同意他(康氏即不会同意)。不过,后来的发展竟证明他的悲观预言相当的正确。

我们怀疑在当时的情况,康氏希望经由教育改革以臻中西文化价值的综合,会有实施的可能性。最重要的是中国文化本身的问题。长久以来,古代圣人的道理大都是空言,而不能力行。希望高官厚爵的士人当然读过儒家经典,并据以作文。官员必尊崇圣人,以免不好的后果。但一般而言,儒学并不是一活生生的学说,能够指导知识界的言行。在一个仅仅一部分儒化的中国③,国魂面临消亡。

至少在康氏生长的晚清时代,确是这般情况。慈禧太后像历史上许多君主一样,知道"帝国儒教"可作思想工具之用,不会迟疑不用。

李剑农说过,慈禧虽不曾太注意儒家德行,她总是运用儒家德目中的皇权来对付他人。④ 李氏还可以进一步说,虽然她所应付诸人少能真正力行儒术,虽然他们知道儒家德目不过是他的思想工具,但少有人敢

---

① Gascoyne Cecil *Changing China*, p. 4.
② Ibdi., pp. 40~43.
③ Kung-chuan Hsiao, "Legalism and Autocracy in Traditional China", pp. 108~191.
④ Li Chien-nung, *The Political History of China, 1840—1928*, p. 99.

公开怀疑其力量。一切似是在作伪,表面上依附传统规矩,以及口头上讲究五常,并不足以证明此乃真心服膺。传统虽未尽亡,但士大夫之中少有真正力行儒教德行者。少数的例外不能改变大局,到民国时代,这些少数也都消失了。名诗人徐志摩提醒人们,仁义礼智信犹如尸体,飘浮在污浊的人文之河上。① 张君劢描述近百年来为精神真空时代,因中国思想在此一时期中没有信仰,无论学者和群众都不能据之以生存和战斗。②

张氏责怪康有为、胡适和陈独秀造成真空。他坦白说,儒学和理学经19世纪中叶迭遭攻击之余,已成僵尸,康氏乃是制造"真空"的第一人。③

我们不敢说张氏对康氏的评论是公允的,即使对胡、陈似也过分。"真空"的形成乃是由于长久的历史因素,早在康氏出现之前。他要改良儒学正是要挽救伪儒学之弊。④ 他力求把新生命注入式微的旧传统,而不是摧毁旧传统。要责怪他破坏儒学价值,无异责怪一个医生未能救活垂死的病人。有一小群的中国知识分子的确要埋葬儒学。他们(也许除了胡适以外)是不妥协的西化者,他们提倡"文化全录"(cultural decalcomania),把近代西方文化全盘移植到中国社会中来。我们可以批评他们对待现代化问题过于简单,以及过于崇拜外国。⑤ 我们甚至可以责备他们加速文化的衰微(康有为受到同样的责备)。但是他们并没有消灭中国道德传统的能力。有生命的价值经由复杂的历史因素积久而成,不可能一下子出现,也不可能被一小群知识分子的激烈言论所销毁。再者,其活力一

---

① 徐志摩,"毒药",《志摩的诗》,页140。
② Carsun Chang, *The Development of Neo-Confucian Thought*, 2: 410.
③ Ibid., pp. 410, 415。张君劢以康氏无意,而胡、陈二氏有意。张氏在书中较前处曾说:"一小群中国知识分子有意摧毁儒家传统为害尤大。两方面尤其显著。一是陈独秀导致共产党的出现,另是作为杜威学生的胡适发明了打倒孔家店的口号且获得一定的成功。"(Ibid., p. 6)
④ 参阅本书第三章第一、二节,以及第四章第三节。
⑤ Henri Baudet, *Paradise on Earth: Some Thoughts on European Images of Non-European Man*, p. 50.

旦消沉,少数人也不能立即使其复苏。

中国的新知识分子为新教育的制造者或成品,自觉或不自觉地卷入了文化衰微的过程。此一过程的速度与日俱增,他们对旧传统的态度也日渐仇视,他们的"仇视"更加快了传统的凋零。①

这些知识分子已经有好几代了。第一代是19世纪和20世纪的过渡人士,他们仍然根植于旧学,但由于关心本国的未来,使他们感到必须采取新思想。康有为、梁启超、严复等是这一代的著名代表。接着有20世纪初留学的一代,他们之中许多人可说是近代中国最先"失落"的知识分子。这些人是康氏以及其他人所促成的新教育之产品,虽然仍熟悉旧学,但对传统道德和价值一般已不深信。胡适和陈独秀即在其中,虽然二人的思想并不一致。他们之后,年轻的知识分子对传统文化知之甚鲜,对西方文明也不一定晓得很多——他们是五四的一代——"这些年轻人出身现代学校和大学。一大批具有现代头脑的人给予他们同情并鼓励他们去反对家庭"。②

铸造此一代人的态度似有两个因素。清廷之倒台不仅损及"帝国儒教"的威信,同时造成动荡和不安,自易使民国时代的知识分子将政治、社会以及道德上的毛病都归罪于儒家。他们既把儒家视作中国文化的整体,自然会要求整个旧价值的激烈转变。

另一直接影响到年轻一代态度的因素是新教育的本身,比想象的要西化得多。民国政府成立不久,学校即不要求研读儒家经典,学生们全

---

① 参阅 Benjamin Schwartz,"The Intelligentsia in Communist China: A Tentative Comparison",in *The Russian Intelligentsia*,ed. Richard Pipes,p. 172.
② Bertrand Russell,*The Problem of China*,pp. 76~77. Martin Malia,"What is the Intelligentsia?"in the *Russian Intelligentsia*,p. 12. 指出了俄国的两代知识分子。1840年代的"父辈"们大都是乡绅,而1860年代的"儿辈",则不拥有土地。"父辈"为俄国介绍了人文的大理想,和理性、自由、民主等,而"儿辈"则欲将理想予以实施。但是代沟发生了。"儿辈"们没有"父辈"们那样有安全感,以至不满现实。中国与俄国的情况迥异,但前一代和后一代知识分子态度上的变化却甚为相似。Tsi C. Wing,*The Youth Movement in China* 综述自1911—1925年间青年运动领导人物的思想转变。

力致知于非中国的课目。到了 1920 年代之初,不仅大学的教科书是外文书,教师们说明原理的例证也大都来自西方。① 年轻的一代失去了获得本土文化足够知识的机会。② 未经深思地接受了民主与科学,不足以消除中国社会混乱之害。③ 从西方引来的自由主义虽笼罩学界于一时,但由于自由主义者不能制造他们所需求的机会,很快便过了时。④ 提倡移植西方头脑到中国社会之躯中的胡适,被指责为"造成中国之病的毒素之一"。⑤

许多年轻一代之人由于失去共同思想和行动的标准,变成了"心理上和社会上失落的人"。⑥ 混乱的政局加深了他们的痛苦。他们在思想上感到迷惘,在情绪上感到挫折。茅盾曾写道:"不知什么是对的,整个世界变得太快,变得太复杂,太矛盾,实在令人感到迷失。"⑦

道德上的麻木造成思想上的迷惘。茅盾描绘出无目标而伪善的知识分子:"每人都只顾目前……每人追求个人的好处……没有道理,没有目的,没有原则。然每人所说的似乎都很好。"⑧此与旧时代人人说孔子一样的好,又有何不同!

---

① Y. C. Wang, *Chinese Intellectuals and the West*, p. 372, 引自 *The Reorganization of Education in China* (Paris: International Institute of Intellectual Cooperation, 1932), p. 165。此一巴黎出版品为 1931 年国联专家代表团访华的结果。以下一段也颇值得注意:"一个访问者检视一些中国大学有关历史、政治或经济的课程,若他感到这些课程似乎是给留华的西方学生学习之用,或是给在西方留学的中国学生之用,我们不能怪他。"(同上)据笔者所知,在内陆省份,西化没有这样显著。
② 参阅 Wang, *Chinese Intellectuals and the West*, pp. 378～421 述及现代教育使中国知识分子在"政治上十分软弱"。
③ 蒋梦麟,"谈中国新文艺运动",《中国文艺复兴运动》(台北,1960),转载于《传记文学》,十一卷三期(1967 年 9 月),页 105。
④ Grieder, *Hu Shih*, p. 343.
⑤ Ibid., p. 359.
⑥ John Israel, *Student Nationalism in China, 1927—1937*, p. 1. 此书作者似乎过于强调中国知识分子对历史的影响力:"在一个文盲众多而政治环境十分传统式的国家之中,受过教育的学者群无疑是'人民之声'……学生示威不止一次地影响到实力军人和政客的决策。"(页 9)但我们也可以说不止一次,他们并未被有实力者理睬,用 Grieder 之语,他们未能够"制造所需的机会",以使他们所想的付诸实施。
⑦ 茅盾(沈雁冰),《茅盾文集》,卷一,"动摇",页 163。茅盾借方太太之口说出。
⑧ 茅盾,"追求",页 5～6。

茅盾的判断也许过于以偏概全。无人可以否认,在 20 世纪的中国知识分子中有许多人真诚地忧虑国家的前途,决不亚于 19 世纪 90 年代的前辈。由于时代不同了,他们救国的办法也大不相同。"选择牺牲传统文化以换得现代化的国家主义者,取代了希望现代化而无须抛弃国粹的文化主义者"。① 在这种情况下,康有为想把"孔教"从低潮中激扬起来的努力,注定不会有效。但是要完全打倒过时的传统之人也没有成功。自由主义者要打倒一切旧的,倡导西方价值,但一大部分年轻一代的知识分子还没有做好准备工作,还不了解他们所说的。造成本土传统式微的传统心态和行为,不能够为"民主""科学""自由主义"提供生长的沃壤。若有和平和从容的时间,这些西方价值未尝不能生根并逐渐生长。可是不仅没有和平,也无时间。1920 年代之末,内战暂时停顿,但外患却日见显著。到 1930 年代后期,整个国家的生存都成了问题。在危急之时,不论中国和西方的价值,似乎都无关宏旨。迷惘和失望的年轻人乱抓主义,就像溺水之人乱抓可见的浮木一样。马克思主义由于具有肯定的教条,提供一种可资慰藉的信仰,同时也提供了一种新秩序的保证,对年轻人尤其有吸引力。比较而言,"维新主义"牵涉到过去,他们并不熟悉;"自由主义"要求他们对每一事深思,而无一事可资保证;他们自然都倾向马克思主义了。此为"毛泽东主义"铺了路,终要消除所有的"封建"(传统)文化、所有的"资本主义"(西方)文化②。

---

① 此词借自 Stuart R. Schram, *The Political Thought of Mao Tsetung* (New York: Frederick A. Praeger, 1963), p. 6。作者在此用于不同之上下文。
② Richard L. Walker, *China Under Communism: The First Five Years*, p. 193 指出,商务印书馆与中华书局自世纪之初所出版之书,有 86% 遭毁弃。自 1951 年元月至 12 月,仅在上海一地,有 237 吨的书销毁或售作废纸。湖南省政府在湘潭焚毁 1.7 万箱珍藏之书。在汕头,搜 30 万册书焚之,时在 1955 年的 5 月。均见于 Guillan 之 *600 Million Chinese*, p. 27 以及第十七章。难以接受"红色中国乃是较帝制中国更加时髦,更加暴虐,更加有效"的说法(Amaury de Riencourt, *The Soul of China*, p. 264)。H. A. Van Oort 所说,"就物质层次来看毛泽东主义和中国文化、毛泽东思想与传统中国文化的精华是否相冲突"("Chinese Culture-Values, Past and Present", p. 34),则较近真相。

近有人说，像中国那样的社会很难现代化，因为传统太强。"中国注定要比传统之根较浅的国家难以获得外国模式的好处"①。此一普遍认定的看法不是完全无理。不过，例外也是很显著的。例如 19 世纪的日本就是一很传统的社会，但现代化却有光辉的成绩。从德川转化到明治大致是由于当时传统价值和建设性创新的结合之果。武士道以及当地的儒学为"文明开化"提供了基础。②

也许我们需要分辨活的和死的传统。一个活的传统在长时间中，每一代的人都能身体力行其价值。因此，一个社会维持其旧传统的能力乃是其本身活力的指标，显示社会中之人大都能关心到眼前以外的事。在这种社会中，当环境迫使改变以图存时，保守派（传统为他们道德存在的根本）会扮演创新的角色。相反的，在一古老社会中，大部分人已不能掌握传统。反对改变的并不是真正出于希望维持式微的传统，而是不愿改变习俗，或者惧怕伤害到既得利益。传统成了文化上的"余痛"，自不能形成向上的动力。"保守主义"并不包括个人的信念，而常常被用作藉口。像这样一个社会，不会有任何建设性的成果，无论是要发展一新社会秩序，还是要保存既有的社会结构。

此一情形似乎出现于帝制中国的末年和共和中国的早年。所有改革的努力都会受挫。胡适是一不可救药的乐观主义者，深信民主的生活方式和新文化，但在 1926 年之夏给徐志摩一信中，却对他自己在现代化上所作的努力，有十分悲观的看法。

> 究竟我回国九年来，干了一些什么！成绩在何处？眼见国家政治一天糟似一天……我们固然可以自我卸责，说这都是前人种的恶因，于我们无关，话虽如此，我们种的新因却在何处？满地都是"新

---

① Michael Gasster, *Chinese Intellectuals and the Revolution of 1911*, pp. 246～247.
② 阅本书第八章第四节。

文艺"的定期刊,满地是浅薄无聊的文艺与政谈,这就是种新因了吗?①

胡氏在同年稍后又说,每一个制度在西方实行得好好的,一到中国就觉得乖异难行。

> 议会制度只足以养猪仔,总统制只足以拥戴冯国璋、曹锟,学校只可以造饭桶,政党只可以卖身。你看,那一件好东西到了咱们手里不变了样子了?②

胡适及其自由主义者同道未能显示有效的结果,迫使没有耐心的知识分子们另寻其他的方向。其中的一些人投向"无用的过激主义"。③ 当"孔丘、朱熹的奴隶"事实上已被消灭之时,"马克思、克洛泡特金的奴隶"应时而生,并不值得惊异。④ 康有为的改良主义和胡适的自由主义都未能达到他们预期的目标。不过,人们会觉得康氏诊断中国之病的药方要比胡适的正确。康氏认识到文化衰微的症状,并思加以缓和。而胡适未能见到"孔家店"已无多少顾客,要打倒它,无疑是打一死老虎。

第四节　作为改良派的康有为

康有为是戊戌变法的设计人,当然要负失败的责任。半世纪来,不同的作者对他作了各种各样的抨击。反对变法者的论调明显有偏激,毋

---

① 胡适,"欧游道中寄书"(之四,与徐志摩;巴黎,1926年8月27日),《胡适文存》,第三集,卷一,页77~78。
② 同上,页85。
③ Gasster, *Chinese Intellectuals*, p. 243. Joseph A. Schumpeter 在不同场合用这些字。他在谈到1905年俄国的情况时说,"正因为社会结构的基本稳定,知识分子知道不可能用正当手段成功,乃走向不择手段的过激主义,走向罪恶的暴乱。他们所谓的过激主义毫无达到目的的可能性,是谓无能的过激主义。"(*Capitalism, Socialism, and Democracy*, p. 328)
④ 胡适,"我的歧路"(1922),《胡适文存》,第二集,卷三,页102。

需加以分析。① 不过,简略地检视其他评论者的看法,或可帮助我们对改良者康有为作一公平的评价。

康氏的计划未加深思而贸然倡行,一直被认为是变法运动失败的主因。最近一位作者指出,康氏未能理解到理想和社会力之间的关系,为其最大缺陷。② 另外一个作者说,康氏的建议不可能实施,因他完全低估了这一工作的困难性。③ 更有甚者,康党没有实际的政府经验,迷于不切实际的理想,要求太多,贸然躁进,因而遭遇到强大的抵制和反感。④

一些康氏同时代的人则认为他的策略损害了他的使命。英国驻华公使麦唐努(Sir Claude M. MacDonald)在戊戌政变后评论道,这个名正言顺的变法为康氏及其同道不聪明的行动所毁。⑤ 同情康氏及其变法的李提摩太一再劝导改良派不要"操之过急"⑥,并在9月政变后感到他们未经深思熟虑而遽废已行制度,觉得遗憾。⑦ 赫德(Robert Hart)在与莫斯(H. B. Morse)的通讯里,表达了如下的感想:

> 光绪皇帝所走的路是对的,但他的顾问康有为等人没有经验,他们简直是因好心而扼杀了进步。他们可说是因狼吞虎咽而死,不知消化,想要在三个月内吃三年的食粮。⑧

---

① 苏舆,《异教丛编》,收集了当时的一些反变法文章。主张革命者自然也不会说康党的好话。例如章炳麟谴责康氏有不轨野心,以及"戊戌新党"不讲品德,不过他甚赞谭嗣同和杨深秀为勇者("驳康有为论革命书",《太炎文录》,卷二,页29～30;"箴新党论",《太炎文别录》,卷一,页24)。
② Andrew T. Roy, "Modern Confucian Social Theory: Social Change and Its Concept of Change", p. 126.
③ 陈恭禄,"甲午战后庚子乱前中国变法运动之研究",《文哲季刊》,页486。
④ 陈恭禄,《中国近代史》,卷下,页486。
⑤ London Times, Nov. 23, 1898 引述 Sir Claude McDonald 之语。
⑥ W. E. Soothill, Timothy Richard of China, p. 242.
⑦《万国公报》,十二卷,一三五期,页2,报道了李提摩太在广学会12周年会上的讲话。
⑧ H. B. Morse, The International Relations of the Chinese Empire, 3:155. 此信写于1898年10月24日。F. L. Hawks Pott, A Short History of Shanghai, p. 145 也引用这封"致友人"的信。

巴锐士福(Charles Beresford)于1898年9月下旬访问康有为后说，康氏虽是一爱国者，他之失败因为搞错了方向以及操之过急。① 古德雷区(Joseph K. Goodrich)于1911年曾写道：

> 康有为不是一个政治家，实是光绪皇帝以及全中国的不幸。假如康氏的谨慎能像他的热情那样，他也许能在十三年前展开维新，早就带来了"未来的中国"……但是他的热情误了他自己以及他的皇上。②

几年之后，莫斯又报道"外国舆论大致赞同康有为的计划，但谴斥他的冒进"。③ 值得注意的，是与康氏同时代，并持有相同观点的中国人。④ 严复的批评，是最严厉的。严氏在早年像康一样热心变法。但于1922年，他责怪康梁的鲁莽灭裂实在导致清廷的倾覆。假如他们有点耐心，等到慈禧太后死去，使光绪皇帝拥有一致的权威，再逐渐变革，则结果将完全不同。⑤ 即使是积极参与戊戌一事的康广仁，也认为他的兄长变法野心太大，热情太多，并劝他早日离开情势险恶的北京。⑥ 约略同时，梁启超也劝说康氏暂停变法，先从事教育工作。⑦

批评康氏操之过急未尝无理。他的确是要求广泛而快速的变革。他不切实际地妄想在几个月内"纲纪一变"，在几十年中达到永久的转

---

① Charles Beresford, *The Break-up of China*, pp. 194～195.
② Joseph K. Goodrich, *The Coming China*, pp. 92～93.
③ Morse, *International Relations*, p. 154. 本书第六章论及百日维新。
④ 如阅刘坤一，"复冯华坨"(1898年11月3日)，《刘忠诚公遗集》，"书牍"十三；翦伯赞等编，《戊戌变法》，第三册，页634；费行简，《慈禧传信录》(翦伯赞等编，《戊戌变法》，第一册，页476)；匿名，"康有为论"，《新闻报》(上海，1898年10月12日)，以及《国风报》(1898年11月5日)(翦伯赞等编，《戊戌变法》，第三册，页368～371)。
⑤ 严复，"与熊纯如书"，《学衡》，第八期(1922年8月)；节录于翦伯赞等编，《戊戌变法》，第二册，页600。
⑥ 康广仁，"致(何)易一书"，引自丁文江编，《梁任公先生年谱长编初稿》，页58。参阅康有为，《自编年谱》，页22。
⑦ 梁启超，"与康有为书"(翦伯赞等编，《戊戌变法》，第一册，页544)。

变。① 他告诉皇帝"能变则全,不变则亡,全变则强,小变仍亡"。② 小变顾小失大,徒劳无功。③ 据此,康氏一派提倡许多大规模和有长远影响的措施。他们相信这些措施是必须的,并不是不合理的。④ 他们并不是独具此见。与变法运动无关的文景(Wen Ching)在戊戌之后有谓:"在不彻底的改革无效以后,一群新兴的改革者采用大胆和全面的举国维新,目标不在增加一些新的衙门,而是要植下大树之根。"⑤ 威廉士(E. T. Williams)给予康氏的努力一部分的赞许。他写道:"戊戌当年每一改革都是可行的,为国家的现代化作了高瞻远瞩的计划,但在实行之际,速度太快,技巧太缺。"⑥

康氏心急因为他怕西方列强和日本即将瓜分中国。他的恐惧并非完全无据。拉托雷(Kenneth Scott Latourette)在评论马关条约时有谓,"列强马上开始要求租界,建立势力范围,此一情形大似 1880 年代与 1890 年代的非洲,为欧洲各贪心的政府所分割"。"中国独立与领土完整的前景,实甚暗淡"。⑦ 葡塞尔(Victor Purcell)则提醒大家注意西方列强与日本在中国的领土争夺。他写道:"中国很可能被分割,德、俄、法、日,甚至'新兴'的意大利,像兀鹰一样在中国之尸上大啃。"⑧

康氏据公羊三世之说,在哲学上原是一渐进主义者。在 1898 年前不久,他申言制度的改革需采温和的方式,不应该强行或遽行。⑨ 事实

---

① 康有为,"上清帝第一书"(1888 年秋)(翦伯赞等编,《戊戌变法》,第二册,页 129)。
② 康有为,"上清帝第六书"(1898 年元月 29 日)(翦伯赞等编,《戊戌变法》,第二册,页 197)。
③ 康有为,"敬谢天恩并统筹全局折"(1898 年元月 19 日)(翦伯赞等编,《戊戌变法》,第二册,页 215)。
④ 此论见于未署名之"论中国变政并无过激",《知新报》,第七四、七五、七六期(1899 年 12 月 13、23 日),收入翦伯赞等编,《戊戌变法》,第三册,页 290～304。《知新报》在澳门发行,起自 1898 年初,停刊于 1900 年末,为维新运动机关报。
⑤ Wen Ching, *The Chinese Crisis from Within*, pp. 29～30.
⑥ E. T. Williams, *China Yesterday and Today*, p. 415.
⑦ Kenneth Scott Latourette, *A History of Modern China*, p. 88.
⑧ Victor Purcell, *The Rise of Modern China*, pp. 15～16. 应还记得美国国务卿海约翰为免中国瓜分,于 1900 年 7 月 3 日发表"门户开放"政策,宣布美国愿保持中国领土与行政的完整。
⑨ 康有为,《春秋董氏学》,卷六下,页 32。

上,他经过二十年才觉悟到非彻底改革不足以救中国。① 以前有限的改革的不足与无效,已被证实。② 除了最后"孤注一掷",他看不出还有别的办法,于是乃想愈快愈好。

一位英国观察家的意见是,使中国政治制度改观是一"不可能的改革",但有鉴于"当前的道德情况",改革法制、币制等是"可以行得通的改革"。③ 以后的事实发展显示,不论是全面的改革,还是一点一滴的改革,是快的,还是慢的,对国家物质建设都没有带来好处。到 1890 年代之末,帝制已败坏到不可救药的地步,不久就被革命运动所推翻。④ 任何的改革都已不可能,批评康氏太具野心、太急躁者,实在都未中肯。

康氏知道变法并不容易。他知道皇帝无全权,所以告诉他尽力而为。⑤ 一个日本作者嘲笑康有为希望借上谕来扫除"三千年的积垢"。⑥ 这一批评意指他把希望寄托在一个无权无能的皇帝身上⑦,"一个没有经验的弱者"⑧,"一个有病而带忧郁的年轻人"⑨,笨到想向慈禧太后的大权挑战⑩,太后的大权乃是 30 年的积威。无人能依赖这样的一个皇帝,

---

① 他自 1879 年起研读西书;于 1882 年他尽弃旧见,并决心致力于中国的转变(《自编年谱》,页 5,6)。
② Immanuel C. Y. Hsu, *The Rise of Modern China*, p.423;"自马江败后,有限改革之不足已甚明显。甲午战败证实自强运动失败。"Wen Ching 于 70 年前即指出,自强运动没有成就。李鸿章与伊藤博文于 1895 年的对话十分露骨,伊藤说:"十年前在天津时,与大学士谈及变法。为何至今未改一事?"李答称:"当我听你所说,十分欣佩,尤佩你能大变日本习俗,以至有成。而我国之事囿于传统,我实不能完成所愿见的改革。"(Teng and Fairbank, *China's Response to the West*, p.126)李氏未能完成改革,应责怪的是愚笨无能,而非传统。
③ F. S. A. Bourne, "Possible and Impossible Reforms", p.4.
④ 萧公权,《翁同龢与戊戌维新》,页 143。
⑤ 康有为,《自编年谱》,页 19。
⑥ 宫崎寅藏,《三十三年の梦》,页 144。此评并不公平,因康尚求其他途径维新。阅本书第六章第三节。
⑦ P. Leroy-Beaulieu, *Awakening of the East*, p.278.
⑧ Morse, *International Relations*, 3:153.
⑨ S. L. Tikhvinsky, *Dvizhenie za reformy v Kitae v kontse XIX veka Kan Iu-wei*, p.231,引用俄国部长给外交部的报告(1894 年 11 月 12 日)。对年轻皇帝的另一看法,请阅萧公权,《翁同龢与戊戌维新》,页 56~57。
⑩ Tikhvinsky, *Dvizhenie za reformy*, p.282. 引 *London Times*, Nov. 23,1898。

来执行广泛的变法计划。①

康氏对光绪皇帝的看法并不相同,他一再说皇帝为"圣主"。② 一位在西方受教育的满洲女子德龄有很多机会就近观察皇帝,发觉他是"一极为聪明而记性极好之人"。③ 皇帝于1903年对德龄说的话,可以看出他对政治情况有正确的认识:

> 我有很多发展这个国家的想法,但由于我不能自主,以至无法实现。我不以为太后有足够的力量来改变中国的现状……想要改革恐怕还需要很长的时间。④

光绪皇帝虽不如康氏所说的"圣明",似也不愚笨。

且不论皇帝的素质,康有为除了靠皇帝来从事全国的改革外,实在别无选择。光绪乃是一合法的最高统治者,又全心赞助康氏的思想。太后有实权,她所许可的有限改革虽然失败,仍然不喜康氏的变革。在此可以指出,康氏并未全赖上谕,他还觅求其他办法来助成变法。办法之一就是倡导"学会"。最重要的例子是1895年在北京创立的"强学会"。⑤ 他希望这些学会能够激发学者行动,为变法造成新的支援。但是强学会以及其他学会的行动,不能替代政府的决策行动。

有些史家像康氏一样相信:假如光绪皇帝确实掌握国家的命运,戊戌的结果会大不相同。当然,这会带来好的结果,但是否定康氏所预期的,实难决言。在现代化的道路上,仍有许多难以清除的障碍。在此仅

---

① 钱穆,《国史大纲》(六版,台北,1958),页649。
② 如阅康致刘坤一函(1900年秋)(康同璧,《南海康先生年谱续编》,页11~12)。
③ Der Ling, *Two Years in the Forbidden City*, p.374. 须知翁同龢对他皇帝学生的聪慧,印象深刻(阅《翁文恭公日记》,卷一五,页32;卷一五,页76;卷一六,页2;卷一八,页52;卷一九,页98;卷二三,页101)。
④ Der Ling, *Two Years in the Forbidden City*, pp.190~191.
⑤ Kwan-wai So (Su Chun-wei), "Western Influence and the Chinese Reform Movement of 1898", pp.251~252. 苏氏尚提到导致变法失败的其他因素。康氏对强学会的说法见《自编年谱》,页13~14。

举一端:当变法在政治、经济和教育制度上有了重要的变革时,其中要有相当多有才识,且有担当的人来执行这些变革。光绪皇帝(或康有为)从哪里去找这些人?康氏曾建议皇帝不顾仕进的正途,进用低级官员来推行改革。① 但是问题仍然存在:在一士气极为低落的政府中,又如何保证能征调足够有用之人?11世纪的中国大变法家王安石,获得宋神宗充分的信任,仍觉难以获致足以信赖的官员。② 在1901年之春,张之洞与刘坤一上奏,提出拳乱后的改革计划。荣禄在看过奏折后说,建议虽好,但无人能行之。③ 我们难以知道荣禄在说这些话时的想法。仅从字面上看来,确是指出推行新政的严重障碍。

阻碍新政更严重的是没有希望的政治结构本身。我曾在别处写过这样的一段:

> 皇朝体系——充斥着个人恩怨与党派冲突、苦于行政的无能与腐败,加上接踵而至的内忧外患,——正一步步地走向崩溃的末路。它无法提供有利的条件来完成任何对自身有积极利益的事;变法这剂特效药无补于垂死的王朝……一个高贵的理想注定要变成为一个失落的目标。④

在戊戌变法时扮演次要角色的张元济,在五十年后回忆道:"当时我们这些人要藉变法来挽回我们的国运,到后来才知道是一个梦想。"⑤康有为在晚年作其"天游"之时,必定有同样的想法。"天游"者,乃是一种

---

① 康有为,《自编年谱》,页19。
② James T. C. Liu, *Reform in Sung China*: *Wang An-shih*(1021—1086)*and His New Policies*. Chap. 4 讨论到官僚政治不符儒家标准的问题。
③ 许桐荪,《张文襄公年谱》,卷七,页20,编者注。
④ 萧公权,《翁同龢与戊戌维新》,页141。历史学家们对变法失败提供各种不同的因素。如阅 Hsu, The *Rise of Modern China*, pp. 530~536。黄大受,《中国近代史》,第二册,591~598;以及 Tikhvinsky, *Dvizhenie za reformy*, p. 343。
⑤ 张元济,"戊戌政变之回忆",张氏谈话录载《新建设》,一卷三期(1949年10月6日),收入翦伯赞等编,《戊戌变法》,第四册,页329。

白日梦式的漫想,他漫想以往的岁月,岂不真是"南柯一梦"? 不过,不尝试而失败,总不能与经尝试而失败相比。这种想法也许会给他一点安慰。

第四编
大同理想

第十章 到大同之路

第一节 思想的层次和阶段

康有为的社会思想有两个层次。一个是关注实际事务,在晚清时冀图挽救帝国危亡,在民国时抨击风雨飘摇的政局。另一个是神驰于理论与想象的领域,超脱现实。康氏常来往于两层次之间,有时同时立足于两层次。他可说是扮演了双重角色:实际的改革家与向往乌托邦的思想家。

有人说康氏自谓其学30岁时已成,不求再变。① 此说与事实不合,康氏一生中不止一次转变②,但就其社会思想而言,则非无据。综观其著作,凡涉及人和社会的基本信念,见之于1880年代的,历久不变。③ 惟当亲身经历证实不可行时,仍适应时势,突出可行者,搁置不可行者。是

---

① 梁启超,《清代学术概论》,页149。
② 钱穆,《中国近三百年学术史》,页634～662,689～709;萧公权,《中国政治思想史》,第五册,页704～710(台湾联经版,页731～736);Kung-chuan Hsiao, "K'ang Yu-wei and Confucianism", pp. 136～162;本书第三章第四节。
③ 这个固执部分可能是由于他不寻常的自负(见本书第二章第一节)。

以，他来往于不同的思想层次。他的思想也因而有不同的阶段。但一阶段与另阶段之间并不是真正的思想发展，而是不同思想层次的转换。

有几个阶段显而易见。在1878—1884年之间，经过研读儒家经典、佛典、中国制度、西书之后，得以独立思考，奠定了他的社会思想初基①。他在两部未刊稿——《实理公法》和《康子内外篇》②——中，提出了他的思想纲要。于此处女作中，他特别关怀道德价值与社会关系。在此时他并不注意实际事务，而注意他所信仰的"真理"和"原则"。他尚未能建立乌托邦之说，但他的乌托邦理论的最早基石于此奠立。

到1888年，他开始要求政府注意变法，遂暂时中止空洞理论的追求。③ 自此之后直到戊戌之秋，他日益卷入变法运动，至"百日维新"达到高潮。在这段时间内，他当然还有其他的活动，如为一小群年轻学生讲课，以及重新评价儒学。④ 但在追求普遍真理上，至少是暂时停顿下来。

变法失败之后，他流亡外国乃得机以重续1888年中断的思想路线。至1902年，他完成了乌托邦理论著作——即《大同书》。⑤ 有鉴于书中某些思想的深远影响，他暂不印行，直到1913年才在《不忍》杂志上刊载前三部。⑥ 他在1919年重刊此三部，并另写一短序和三首诗，可见他一直认为他的大同理想是有价值的。⑦

---

① 康有为，《自编年谱》，页4～6。
② 康氏在年谱中称前书为《人类公理》，见《自编年谱》，页7～8。康氏在《自编年谱》中提到的《万身公法》《人类公理》及《实理公法》，可能都是《大同书》(1902)的草稿。参见Kung-chuan Hsiao, "K'ang Yu-wei and Confucianism", pp. 106～115及本书第三章第二节。
③ 1888年底，他给清帝上了一通很长的奏折，一般称为"上清帝第一书"，收入翦伯赞等编，《戊戌变法》，第二册，页123～131。
④ 即《新学伪经考》，1892年着手撰写，1896年完成，及1901—1902年间对各种儒家经典所作的一些评注。见《自编年谱》，页10，11，14；及康同璧编，《南海康先生年谱续编》（以下简称《年谱续编》），页12～33。
⑤ 《年谱续编》，页22。
⑥ 全书一直没有出版，直到1935年，即康死后八年才梓行。
⑦ 第二首诗的结尾两句如下："大同犹有道，吾欲度生民。"他在序言中说："吾年二十七……著《大同书》，以为待之百年，不意三十五载而国际联盟成，身亲见大同之行也。"此两诗及序言见1935年版，但在北京1956年版及台北1958年版中均被删除。

同时，他有另一个方向。1903年的《官制议》显示他对实际事务感兴趣的第二阶段。① 他撰述了一系列论述中国当前问题(1903—1922)的文章，其中可述者有《物质救国论》(1905)，"中国颠危在全法欧美而尽弃国粹说"(1913)，"中国还魂论"(1913)。② 康氏此时从乌托邦的高峰走下来，回到与19世纪末冯桂芬、王先谦、张之洞等人一样的立场③，即中国的未来有赖于西式的工业化，以及固有精神文明的保存。

戊戌以后的政局对康有为打击甚大，他的救国努力一再遭到挫折，终感心灰意冷。他乃逐渐漠视迷惘的世界，而转向超脱的领域，甚至超越"大同"。至此，他不再是一社会思想家或乌托邦思想家，而扮演了"无邦"(outopia)④的先知角色。无邦乃是一"无何国"，其中完全没有道德价值和人际关系的牵挂。假如康氏晚年的《诸天讲》(撰于1926)⑤可说是乌托邦之书，则照曼亩福(Lewis Mumford)的说法，那是"逃避的乌托邦"(utopia of escape)，而不是"重建的乌托邦"(utopia of reconstruction)。⑥

---

① 《年谱续编》，页34。康氏此书于1901年著成，1905年由上海广智书局出版。此书的部分，曾在梁启超主编的《新民丛报》上刊载(1902—1903)。
② 《物质救国论》系1905年康氏在洛杉矶时所撰。曾收入《欧洲十一国游记》作为附录，1919年成书印行(上海：长兴书局)。"中国颠危在全法欧洲而尽弃国粹说"，载《不忍》，第六、七期(1913年7月、8月)。"中国还魂论"，载《不忍》，第八期(1913年11月)，页1～8。
③ 冯桂芬，《校邠庐抗议》(1860)；王先谦，"复毕永年书"，收入苏舆，《翼教丛编》(1898)，卷六；张之洞，《劝学篇》(湖北官书局版，1898)。此书部分由Samuel I. Woodbrdige译成英文，题为 *China's Only Hope* (Edinburgh and London：Oliphant, Anderson and Ferrier, 1901)。
④ Lewis Mumford, *The Story of Utopias* 序言："outopia来自希腊字eutopia意即好地方，或autopia意即没有这地方"
⑤ 1930年自印本。罗荣邦博士惠赠一份这本迷人的书及《自编年谱》和《年谱续编》，谨此致谢。此书部分内容的讨论，参见Kung-chuan Hsiao, "K'ang Yu-wei's Excursion into Science", in Jung-pang Lo(ed.), *K'ang Yu-wei A Biography and a Symposium*, pp.32～45。
⑥ Lewis Mumford, *The Story of Utopias*, p.15 指出，"逃避的乌托邦"是"让外在的世界保留原样"；而"重建的乌托邦"则是"设法改变外在的世界，以便按自己的条件与它交通"。《大同书》便是这种意义下的"重建的乌托邦"。

第二节　世界化与西化

晚清知识分子对西方文明的冲击大致有三种反应。保守派不认为中国传统有何问题，且完全厌恶效法夷学。① 另一极端派是认为中国传统一无是处，要无条件地西化。② 在这两派之间有两群人，一大群人多少感到"中国之学"有些问题，乃建议一部分的西化③；而一小群人认为中西之别仅是表面的，因此变革过时的政治、经济、教育制度不是西化，而是世界化——不过是把中国文化提升到世界共同的水平。④ 这种说法有说服性，因实在与宋儒所说天理相通、四海同心⑤一样。今日的政治家也说，"文明人的理想是相同的"。⑥ 不论主张世界化之人的动机及基本信念是什么，他们在中国思想史上有相当的重要性。因他们有意或无意在作思想上的综合。他们对西方文明的了解有限，自不免粗疏浮浅。但在社会思想领域内，他们毕竟要比纯传统派和西化派体面得多。

康有为社会思想的一面，以及其一生中某些时刻，可归入上述最后一小群人之中。事实上他可说是这群人中的翘楚。当然在另一方面，康氏必须被称作"半西化派"。不过作为"综合"者的康有为，才使他青史

---

① 倭仁最能代表这种观点。见 Document 19, "Wo-jen's Objection to Western Learning, 1867", in Ssu-yü Teng and John K. Fairbank, *China's Response to the West*, pp. 76～77。
② 何启与胡礼垣接近这种态度。见所编《新政真诠》，尤其是"前总序"及"曾论书后"。
③ Ssu-yü Teng and John K. Fairbank, *China's Response to the West*，摘录了不少主张部分西化论者的著作。
④ 如汤震即接近这种态度。照汤氏的看法，"西人的政教制度大体基于《周礼》，而科技则源于先秦诸子"(《危言》，卷一，页 11)。
⑤ 陆九渊(象山,1140—1225)。引自 Fung Yu-lan, *A History of Chinese Philosophy*, 2:573, 574。
⑥ 联合国秘书长 U. Thant 语(载 *NEA Journal*, National Education Association, Washington. D. C. July 1962)："似乎有一种假定，说东方有一个文明，西方亦有一个截然不同的文明，因此，在不同地域间的人民，不可避免地会有紧张或冲突的关系。我认为这种观念是错误的。一个文明的缅甸人和一个文明的美国人，并没有什么根本的差异，但两者与其较不文明的同胞间则有很大的差别。任何地方的文明人都具有共同的理想，这些理想是他们联合在一起的力量。"

留名。

西方对康氏的冲击颇值注意。此一冲击不仅决定他社会思想的形态,而且导致他用西学来重估他所熟知的本土文化。康氏的思想历程实在开启了一个历史趋势;此一趋势的结果为导致 20 世纪前半叶一连串思想变迁的第一步。

康有为 20 岁时开始与西方文明有所接触。在 1879 年前,他的思想领域未超过儒学、佛学及道家之书。但自这一年以后,他开始阅读"西书"。① 一本西书中说到纽约、华盛顿、伦敦和巴黎的政治、社会及物质情况,必然引起他的好奇心。不久他访问了香港,给他印象十分深刻,证实了他在西书中所读到的。至此他乃热心搜读西书。② 1882 年在上海时,他买了大批的西书,旧观念尽改。改变后的一个结果是放弃应试,以便全心致力于"新识深思"。③ 他之弃古文经而从今文经也可能由于热心西学之故。迟至 1880 年他仍信奉古文经,并为文攻评今文经一名著的谬误。但不久自认错误而罢。《新学伪经考》于 1891 年出版④,显示此一转变。同时他演绎自己的社会思想。在 1885—1887 年撰述了上文提到的两部未刊稿,他不再是"最后的儒者"⑤,即使他后来仍然维护他所了解的儒教。

从 1880 年代初到 1900 年代,他对西方文明的态度似有多次转变。

---

① 包括林乐知(John Young Allen)等所编,《西国近事汇编》,主要是翻译外国报纸的新闻纪略。李圭,《环游地球新录》,1878 年出版,有直隶总督李鸿章序。这本四卷的书有三个主要部分:(一)"美洲纪略",讲述 1876 年 5 月 10 日至 11 月 10 日,在费城举行的百年纪念万国博览会。(二)"游览随笔",报道他游历所经的费城、华府、哈特福(Hartford)、康乃狄格(Connecticut)、纽约、伦敦和巴黎;哈特福中国留学生及旧金山中国移民的状况;苏伊士运河的历史;与一位外国人讨论商人在外国居留的问题;西方国家的生活等。(三)"东行日记",记述他取道日本赴美的旅程,借一张世界地图来说明他的行程。此书收入汪锡祺辑,《小方壶齐舆地丛钞》(上海:1877—1897),第十二帙,页 78~90,91~125,略有更动。
② 《自编年谱》,页 5。
③ 同上,页 6。次年(1883),他买了一些《万国公报》,并认真地研习数学、自然科学、西方各国历史及外国游记。
④ 同上,页 5,10。
⑤ Lin Mousheng, *Men and Ideas*, p. 215.

最初,由于惊羡西方科技和制度的成就,康氏倾向西化少有保留。他不曾提倡过抛弃中国传统,但事实上力求改变它。此改变一部分经过撰述《实理公法》与《康子内外篇》,提出不从习尚的思想。

钱穆曾说,康氏重诂儒学实际上是"用夷变夏"。① 此说有其见地。不过必须强调,康氏含蓄地附和西方思想并非要西化,而是认为中西有共通之处。儒家本身也可赞成此说。天下的观念即有普及的意思。其他如圣王不分内外,以及天下大同等观念,都为此说提供了实例。② 此种古典看法实是理学家所说天理相通的捷径。康氏熟悉儒家经典和宋儒之学,自易获致真理不分内外的结论。作为社会思想家,也就只讲究制度和价值是否符合共同标准,而不必论本国或外国了。从此一立场出发,他自然拒斥某些不可接受的中国制度和价值,而把西方思想纳入其普及的思想架构。

康氏深入儒家传统,经西潮初度冲击之后,即有此新的思想立场,值得注意。他的某些思想开了1920年代和1930年代的先声,特别是社会主义思想和有关民主与科学的思想。不过仍有异同。后来的过激思想家对中国传统所知甚少,所以不惜打倒"孔家店"③,一心西化。而康氏要用普及的方式来综合,而此方法亦根植于儒家传统。

康氏并非独自发现普及的方式。当时熟悉中国传统而同时接触到西方的思想家,也都想彼此影响以达到中西相通之域。④ 较康氏年轻一代的蒋梦麟,在美当学生时,正值日俄战争之后,对他自身的思想经历有这样的描述:

---

① 钱穆,《中国近三百年学术史》,页660。
② Chiang Monlin, *Tides from the West: A Chinese Autobiography* P.75.
③ See Tse-tsung Chow, "The Anti-Confucian Movement in Early Republican China", in Arthur F. Wright, *The Confucian Persuasion*, pp. 288~312; Andrew T. Roy, "Modern Confucian Social Theory", Chap. 4; and Kung-chuan Hsiao, "K'ang Yu-wei and Confucianism", p. 206. 参阅本书第四章。
④ Chiang, *Tides from the West*, pp. 43~44. 几年以前,王韬即已指出人类思想与文化基本的共同点。见"原仁"及"原道",收入《园文录外编》,卷一,页4~5及页2。

我开始了解东西方的整体性,同时也更深切地体会到宋儒陆象山所说的:"东海有圣人出焉,此心同,此理同。西海有圣人出焉,此心同,此理同。"……孟子和陆象山告诉我们,做学问要抓住要点而舍弃细节,要完全凭我们的理智辨别是非。于是我开始发展以理解为基础的判断能力,不再依赖传统的信仰。①

　　康氏研读"西书"后显然也有相似的经历,不过他所获致的"理智"促使他在社会思想上比他同时代的年轻人,作更勇猛的试验。不管如何,康、蒋二人都是"世界主义者",而非"西化者"。②

　　就康氏而论,此一"世界化"阶段使他不仅批判中国传统,同时也批判西方文明。此一转变可见之于1898年以后流亡国外期间的著作中。直接观察西方社会使他得到较亲切的体会,即使他的了解并不一定正确。就近观察消除他对西方政治和社会的膜拜心理,但也增长他对西方物质文明的钦羡。在20世纪第一个10年中所完成的两部著作,可见此一转变。在1902年的《大同书》中,他蓄意谴责中西两方面的基本制度——诸如国家、家庭和私有财产,但指出科技的进一步发展为人类获得极乐境界的基础。③ 在1905年写的长篇《物质救国论》中,强调西方之强全在物质文明,而中国之弱全在缺少现代科技,故中国求生存、求强大的唯一途径,乃是采用西方技巧,以及保存自己的精神文化。④ 据此,他

---

① Chiang, *Tides from the West*, pp. 43~44. 几年以前,王韬即已指出人类思想与文化基本的共同点。见"原仁"及"原道",收入《园文录外编》,卷一,页4~5及页2。
② 他们的立场因而与德川以后的日本"第一代知识分子"有别,后者被认为是"盲目地跳进"西方"进步与侵略性的文明"而且"盲目地学习"。Makato Oda, "Third-Generation Intellectuals", PP. 101~106. Oda 是东京大学的学生。
③ 康氏对现存社会隐含而毫无保留的批评,在《大同书》前九部中随处可见,而他对科技"天真的信心",则清楚的暗示在第十部。"天真的信心"(naive confidence)是 Derk Bodde 的用语。见 Fung, *History of Chinese Philosophy*, 2:690,译者注。
④ 此文为康氏在加州洛杉矶时所撰,收入《欧洲十一国游记》(上海:1906)作为附录,撰于1904年的序文,清楚地说明康氏深为西方工业发展的成就所感动。此文后来单独重印,第六版由上海长兴书局在1919年印行。

在民国初年,大力倡导以儒教为国教①,呼吁国人不要"全盘西化",以维国性——中国传统的政治、社会以及道德价值。

康氏在游历东西两个世界之余,给国人指出极不相同的路,不是未来大同之路,而是目前可以强盛祖国之路。但他不再像戊戌时代倡行制度和思想的改革,而仅仅倡导积极工业化。如此,他的立场表面上近似张之洞的《劝学篇》,而《劝学篇》原是为了驳康而作。②

第三节 在两个世界中摸索

1885—1887 年间所写的《康子内外篇》和《实理公法》③,代表他对西方文明反应的具体结果。他自谓西方科学与西方社会思想都对他有决定性的影响。他从《万国公报》④以及其他资料中,获得一些数学、天文、地理、物理、化学以及西方历史的知识。⑤ 他特感趣味的几何学,向他提示了研究人和社会的新方法。⑥ 显微镜和望远镜向他展示了崭新的思想

---

① Hsiao, "K'ang Yu-wei and Confucianism", pp. 175～196,讨论康有为的"孔教"运动,参阅本书第四章。
② 关于这一点,本章稍后将再详论。前文已提到,张氏之书部分已由 Samuel I. Woodbridge 译成英文,但不尽令人满意。
③《自编年谱》,页 7～8,康氏给人的印象是,他在 1885 年开始撰写《人类公理》(大概与《实理公法》是同一书)而于次年着手撰写《康子内外篇》,直到 1887 年才同时完成这两部著作。但是,根据内证显示,《康子内外篇》可能是较早完成的,因为它代表了康氏较早期的思想。而在《实理公法》中,也有明显的线索,在"夫妇门"中,他称 1891 年为"本年",而这一年是他 1889 年底由北京返乡后,开始在广州"长兴里"讲学之始,他并在书中引用了所谓 1981 年的"巴黎版籍"。
④ 康氏此时可能至少参考了卷十四(1881—1882)及十五(1882—1883)。这份期刊出到十五卷即停刊。
⑤《自编年谱》,页 6。
⑥ 同上,页 7。康氏在《康子内外篇》"肇域篇"中,提到伟烈亚力(Alexander Wylie)和李善兰在 1852—1855 所译欧几里得(Euclid)的《几何原本》(*Elements*),这可能是他数学知识的主要来源。伟氏与李氏所译《谈天》(John F. W. Herschel, *Outlines of Astronomy*, 1851 ed.),在 1855 年后出版,可能丰富了康氏对西方天文学的知识。

观点。① 这些西方知识导致他的若干重要转变,使他摆脱传统观点的束缚,引导他趋向综合,成为他此后社会思想的根本。另外还提供研究哲学的科学方法,使他近乎以物质来解释人生。这一切或多或少在他的第一部大书《康子内外篇》中表达了。②

全书十五篇并未提出一有系统的哲学,但毕竟指出了康氏此时的思想大概。他像其他的社会思想家一样,一开头就提出有关人性的一些前提。他认为人的智慧是由于宇宙和生物的演进。道德感和自觉心是大脑、小脑和"脑气筋"所起的作用。③ 这就是康氏所说的,人之行为乃取决于精神生理的运作。

根据康氏所说,人类能有感官上和情绪上的经验,因为人由阴阳二气所生。凡人皆喜爱其感觉上所谐和者,而厌恶不谐和者。故喜恶早存于心灵之中,构成演发其他一切的基本心理状态。康氏说:

> 欲者,爱之征也;喜者,爱之至也;乐者,又其极至也。哀者爱之极至而不得,即所谓仁也,皆阳气之发也。怒者,恶之征也;惧者恶之极至而不得,即所谓义也,皆阴气之发也。④

不论是中国人还是欧洲人,人性略同,爱恶之心亦人人相同。即无感性之物如磁石亦能迎拒。人与物之异只是等级的不同,物之爱恶少于人而已。⑤

康氏重视欲望,因其存在于一切感性之物中。他说:"凡为血气之伦必有欲,有欲则莫不纵之,若无欲则惟死耳。"⑥此令康氏有乐利的看法,

---

① 《自编年谱》,页6～7。在《康子内外篇》"觉识篇"中,康氏提到显微镜及望远镜;在"肇域篇"中,则显示了一些天文知识。
② 这个包含15篇的集称为《康子内外篇》。康氏称"内篇言天地人物之理,外篇言政教艺乐之事"(《自编年谱》,页7)。
③ 《康子内外篇》"理气篇"。
④ 《康子内外篇》"爱恶篇"。
⑤ 同上。比较"湿热篇",他将善和恶分别与源自阴阳之气的"湿热之气"及"干冷之气"相联结。
⑥ 同上,"不忍篇"。

即圣人虽有节制也不能不享乐,如穿华贵的衣服和住高雅的房子。① 因此,社会和政治制度乃普遍存在于世,不论中外或欧亚,都是限制人们欲望的自然结果。②

不过制度普遍存在,并不保证某一个国家的制度可臻完美,或免于衰败。事实上,康氏指出当时的中国正受衰败制度之害。康氏说:

> 中国之俗,尊君卑臣,重男轻女,崇良抑贱,所谓义也。……习俗既定以为义理,至于今日,臣下跪服畏威而不敢言,妇人卑抑不学而无所识。臣妇之道,抑之极矣,此恐非义理之至也,亦风气使然耳。物理抑之甚者必伸,吾谓百年之后必变三者,君不尊,臣不卑,男女轻重同,良贱齐一。③

康氏以此见等同"佛氏平等之学"。他也可能从西方社会和政治书籍中获致启示。但若据此而说康氏扬弃整个中国价值,是不正确的。实际上他在写作《康子内外篇》时,对他的基本观点尚无把握,以至彷徨于两极之间。一方面他采取世界化的"趋向",影响到他大部分的社会思想;另一方面他隐约的或无意间仍然依恋中国传统的某些部分。他与整个人类认同,宣称以天为家。④ 同时他认为调和中国价值和制度是应该的,因绝对正确和合理的事物是难以确知的。以下一段话说得特别露骨:

> 先王制为君臣父子兄弟夫妇朋友,吾生于其中,则循其故常,君者吾君之,臣者吾臣之,父者吾父之,子者吾子之,兄弟夫妇朋友犹是也,衣服宫室正朔文字义理犹之人也,所谓行也。⑤

---

① 《康子内外篇》,"人我篇"。
② 同上,"性学篇"。
③ 同上,"人我篇",第三段。"良"与"贱"指的是平民与"贱"民。见 Chü T'ung-tsu, *Law and Society in Traditional China*, pp. 128~135。
④ 《康子内外篇》"觉识篇",第一段。
⑤ 同上,"理学篇"。

有时康氏甚至赞扬传统的专制政府。他赞同中国帝王的至上权力，以及由此权力而来的绝对控制。康氏解释帝王之所以能有此控制。

> 非以其地大也，非以其民众也，非以其物产之丰也，以其君权独尊也。其权之尊，又非势劫之，利诱之，积于二帝三王之仁，汉唐宋明之义，先圣群贤百千万人，百千万年讲求崇奖激励而成之。①

很自然的，康氏对普通百姓的智慧，没有多大信心：

> 民不可使知，故圣人之为治，常有苦心不能语天下之隐焉。其施于治也，意在彼而迹在此，不能无畸轻畸重之迹焉。其始为也，可以犯积世之清议，拂一时之人心，蒙谤忍垢而不忍白焉。……其操纵启闭，当时不能知，后世亦或不能知。②

在此康氏似依从孔子之教，首句所引《论语》③的话，可以为证。但此一孔子之教，由荀子而非孟子发扬光大。而荀子乃康氏认为是"污染"圣人之教的第一人。作为一独立思考者，康氏完全拒斥荀子所承受传递的学说，并决心要超越它。④

奇怪的是，至少在一处，康氏的立场极似法家。他维护管仲和商鞅的做法，并强调权势的功用。康氏事实上在辩称为了目的可以不择手段。⑤ 只要人主对其子民关顾，他可以用任何适当的方式来达到他的目的。例如用赏罚来驱使百姓走君主想走的路，是可以的，也是必须的。康氏重视思想控制，并认为是合法而有效的政治工具：

---

① 《康子内外篇》"阖辟篇"，第二段。康氏接着指出，以这样的威权，求中国之治强，将易如反掌。这个观点部分解释了康有为依赖光绪皇帝的威权，以推动1898年的全面改革，康氏也因此遭到宫崎寅藏的批评。见其《三十三年落花梦》(《三十三年の梦》的匿名中译本)，页40。
② 同上，第四段。
③ 《论语》"秦伯"第九章，子曰："民可使由之，不可使知之。"比较《韩非子》"显学"："民智之不可用，犹婴儿之心也"："夫民智之不足用亦明矣。"参阅 W. K. Liao, The Complete Works of Han Fei Tzu, 2:309, 310。
④ 见 Hsiao, "K'ang Yu-wei and Confucianism," p. 118。
⑤ 《康子内外篇》"阖辟篇"，第三段。

> 天下移人最巨者何哉？莫大于言议觉识矣。父子之亲，天性也；而佛氏能夺之而立师徒。身命之私，至切也；而圣人能夺之而徇君父。夫以其自有之身，及其生身之亲，说一法立一义而能夺之，则天下无有不能夺者矣。①

不过康氏不认为文字和思想本身具有如此大的力量。思想控制的有效性取决于"开塞"（意即赏劝、罚禁）技巧的运用。② 康氏引用历史事例，包括清初君主所采用的方法，来说明此一技巧的成功运用，以证实其说。③ 康氏也相信，为了应付当时国家的特殊情况，必须采用特别严厉的高压手段，全面执行，而先从亲近君主的高官大吏开始。④

《康子内外篇》中，康氏对人的看法相当悲观。他相信有聪明智慧的人各自有抱负；而对世间荣誉和财富不太感兴趣的人，不会热衷于统治者的要求。因此，统治者必须要采恩威并施的方法，以奖赏激烈雄心，以惩罚吓阻涣散。此乃统治者要达到其目的必采的手段。⑤ 在此也可一提的是，康氏实际上主张"强力就是道理"的原则：

> 人事之义，强弱而已矣。有以力为强弱，有以智为强弱。……势者，人事之祖，而礼最其曾玄也。⑥

很明显的，康氏对独裁统治的饰美与同书别处所论的正义、平等，很

---

① 《康子内外篇》，第一段。在"知言篇"中，康氏指出，为文详赡是因为忠爱之心，欲使读者能了解；而为文高简则是由于有"裁制之心"。康氏显已了解口号和口令的心理功效。
② 有趣的是，"开塞"一词及其思想，均来自古代法家商鞅。见《商君书》"开塞篇"。参阅 J. J. L. Duyvendak, trans., *The Book of Lord Shang*, pp. 225~233。
③ 《康子内外篇》"阖辟篇"，第六段。康氏指出康熙十七年(1678)开博学鸿词之科，"明之者宿，既尽网之，则天下之民归心矣"的方法之一。在下一段（第七段）中，他声称日本明治天皇（他认为是"日本太子"Mutsuhito)运用同样的"开塞"之术来推动改革。有关博学鸿词，参阅张其昀等编，《清史》（台北，1961），第一册，页75。
④ 同上，第九段。
⑤ 《康子内外篇》"阖辟篇"，第十段。这也使人联想到法家。见《韩非子》"二柄"。参见 W. K. Liao, *The Complete Works of Han Fei Tzu*, 1: 46~47。
⑥ 同上，"势祖篇"。

不调和。康氏很可能无意间自我矛盾。但此种不一致可以有别的解说：康氏因无严格的逻辑训练，不觉得在两个不同层次的思想中思考有何不妥。在一个层次中，他关注如何弄好眼前的情况；而在另一个层次中，他瞻望一个与现在完全不同却远比现在好的将来。因此，早在1880年代，他已隐约地预示社会进步的阶段，后来即据此演成"三世"说。①

这本康氏早期的著作颇带悲观色彩，他在论述"未济"②卦结束《易经》一书时，有谓：

> 天不能使人皆为圣贤，即使人皆圣贤，不能使无疾病贫夭。人之愿望无穷，则人之望治无已，然则徒唤奈何而已。况天之生，善人少而恶人多，风雨寒暑之不时，山川物质之不齐……争欲相炽，心血相构，奈之何哉？躁者不知察此，急于一时以赴事功。事功有天焉，即天眷助之，其成也，于人之益无几矣。③

不过此种悲观尚不至使康氏绝望。康氏多少顺从儒家教义，以为一个有德行之人，应不计成败为同胞尽心尽力，他道出了这样的信念：

> 天地生于世极之中，至渺小也。人生于天地之中，又渺小之至也。以为身则七尺，以为时则数十年，而又疾病因之，境域限之，少嬉老衰蚀之蠹之，中间有为之日亦几矣。……极其功业之大；不过数千里，极其名声之远，不过三千年，置于无极之中何如乎？……诚如是，则吾何所学也？曰尽予心之不忍，率吾性之不舍为之，非有所慕于外也……前乎我者数千年之治教，吾辨考而求之，存其是非得失焉；后乎我数千年之治教，吾揣测而量之，听其是非得失焉。夫非有所为己，心好之而已，亦气质近之尔。若使余气质不近是，则或绝

---

① 康氏对此一理论的论述之一，见《大同书》，乙部，第四章，页136。
② 有关此卦的意义，参见 Richard Wilhelm, *The I Ching*, 1：265～269；and 2：367～371。康氏对此卦有不同的解释。
③《康子内外篇》"未济篇"。

人事,入深山,吾何恋乎哉?①

这一段话极可注意,因为它暗示了康有为未来扮演的一连串角色——诸如实际改革家、乌托邦思想家以及天游者。

康氏在撰写《康子内外篇》时犹疑不决之处,已不见于他的第二部早年著作——《实理公法》之中。② 此书显示康氏已断然致力于"世界化"的观点。③ 他扬弃了基本的传统社会与政治价值,而接受了受西方启示的思想,诸如博爱、自由、平等和民主。这些思想将是构成共同社会理想的素材,也是他在《大同书》中所细述的。

康氏于凡例和界说之后,接着讨论基本人际关系和社会制度。④ 他的世界化倾向几乎随处可见,在此他对人和人性作了较为宽怀的看法。他获致如下的"实理":"天地生人,本来平等";"人各合天地原质以为人";"人各具一魂,故有知识,所谓智也";"人之始生,便具爱恶二质";"人之始生,有信而无诈,诈由习染而有"。⑤ 再由这些实理,康氏推演出若干普及的原则:"人有自主之权";"以平等之意,用人立之法";"以兴爱去恶立法";"重赏信罚诈之法"。⑥ 然后康氏立下了他认为应该统御各种人际关系的"公法"。其中最不同凡响的是他对婚姻的看法。他的"实理"一开头说:

> 今医药家已考明,凡终身一夫一妇,与一夫屡易数妇,一妇屡易

---

① 《康子内外篇》"不忍篇"。
② Hsiao,"K'ang Yu-wei and Confucianism",pp. 112~113 曾略论此书与《康子内外篇》及《大同书》的关系。康有为在《自编年谱》页 7 说他"手定"《人类公理》。以《实理公法》为名的较长的手稿,可能即是此一著作的最后定本。
③ 康氏企图将《实理公法》当作一系列总题为《万身公法书籍》的第一本。他说,《实理公法》为万身公法之"根源"。此一系列的第二本是《公法会通》,仅残存若干片段。其他各书包括:《祸福实理全书》《地球正史》《地球学案》《万国公法》及《各国律例》。
④ 此书共分十六章,其中六章论人伦关系,四章论礼仪、刑罚、教育与政府,也有一章论社会与道德判断,最后一章是康氏对整理"地球书籍"的建议。
⑤ 《实理公法》"朋友门","实理"第一条。
⑥ 同上,"总论人类门","公法"第一~四条。

数夫,实无所分别。①

紧接上述的"公法"之后,康氏有如下的说法:

> 凡男女如系两相爱悦者,则听其自便,惟不许有立约之事。倘有分毫不相爱悦,即毋庸相聚。②

换言之,康氏主张自由恋爱。此一观点大致保留到《大同书》中。③他自然会非难传统的一夫一妻制,因此一制度牵涉到一个永久性的束缚,除非"有故",不容离婚,康氏乃称"其不合实理,无益于人道"。再者,一夫一妻制常因夫妇不能获致结合之道,而成为假婚姻。康氏引用了1891年巴黎的统计资料,说明那年法国共有 5 752 件离婚案,而且在同年新生的 866 377 名儿童中,有 73 936 名是非婚姻所生。他认为这些数字显示,在一夫一妻制下有很多是怨偶。进而言之,这 73 936 名私生子女证实法国至少有 147 872 名男女实行自由交配,暗中符和了支配性关系的"公法"。④

对康氏来说,一夫一妻制已够坏了,但更糟的是父母之命的婚姻,以及两性间的不平等和纳妾制度等等。而比这一切更坏的是独身不婚。⑤

康氏对亲子之间关系的看法亦大异于中国传统。他尽量减少父母的重要性,以便子女从儒家经典所决定的孝道义务中解放出来。依他之见,子女不欠父母什么,因此不必顺服他们。此种观点可见于下引"实理"。首先,

> 原质是天地所有,非父母之所生,父母但能取天地之原质以造成子女而已。……子女之魂与父母之魂,其性大约不相同者为多,

---

① 《实理公法》"夫妇门","实理"第一条。
② 同上,"夫妇门","公法"。
③ 《大同书》,戊部,第九章。然参阅《实理公法》"夫妇门","比例"第一条,则康氏指出:凡男女相悦者则立约,以三月为期,期满之后,任期更与他人立约。
④ 《实理公法》"夫妇门","比例"第三条及注。
⑤ 《实理公法》"夫妇门","比例"第五条。

久处则其魂亦各不相合,其相爱之性亦易变。①

其次,每人的灵魂既能死后转世,"故父母死后,其魂亦能为其子之子孙"。第三,物质既在世人之间经由呼吸、饮食和排泄的生理过程,以及"气化"的化学过程,不断交流,"父母与子女,其质体亦互相轮回"。②因此,父母与子女在体质上是相同的,前者并不优于后者。

假如父母并非神圣,则社会要求子女顺服父母是错误的。可用于此的第一条"公法"乃是:

> 公法于父母不得责子女以孝,子女不得责父母以慈,人有自主之权焉。③

于是据康氏之见,社会将有教养儿童的职责。公共托儿所必须建立,为补偿父母生育之劳,并将给予适当的报酬,以清除子女欠父母之债。

约略基于同一理由,康氏摧毁了支配长幼关系的传统伦理。以否认年幼者应无条件地遵从长者,否则将违反两者基本平等的"公法"。康氏说:

> 长幼特生于天地间者,一先一后而已。……若年之长幼,则犹器物之新旧耳。轮回之实理,则长复为幼,幼又成长。④

从此引出的"公法"显然是:"长幼平等"。⑤

我们不禁要问,康氏为什么在此时会有这样反传统的观点?他几乎要完全否定传统的家庭观念!我们没有确切的答案。可以猜想到的是,

---

① 《实理公法》"父母子女门","实理"第一条。
② 同上,第二条及第三条。
③ 同上,"公法"。
④ 同上,"长幼门","实理"第一及第二条。
⑤ 同上,"公法"。

他对西方社会制度和风俗之兴趣①,他之厌恶中国家庭制度的阴暗面②,以及他充沛的想象力③,都可能助成此一不寻常见解的产生。

康氏以同样态度来对待君臣关系。他一反传统(亦一反他在《康子内外篇》中的观点),他不仅否认君主拥有绝对的权威,也否认专制独裁之必需。依他之见,政府官员乃是人民选出的仲裁者或行政人员,"以为己之保卫者也"。唯一真实的政府必由议院主持公众事务,一切的政府人员由人民选举。如此,虽共和还不是理想的,君主立宪也不值得介绍;绝对王权当然是最不足取的。④ 凡此都显示康氏所喜好的乃是民主——一种极其"民主"的政治结构,其中所有在政府服务者,包括低层人员在内,都可称为"统治者"。

康氏进步观念与平等观念一并注入他对思想生活的见解之中。他宣称真理来自本性,借人类的智慧而发现。继续不断地发现,人类对宇宙的知识亦与日俱增。康氏因而写出如下乐观的看法:

> 后人知识必胜于前人,因后人不劳而获前人之所有,后人但能于前人之所发明者,尽知之,又能于天地之理,更发明一二分,则其知识已实实胜前人一二分矣。⑤

康氏认为此乃有关思想自由。发现真理既非个人或一小群人的特权,"人有自主之权"。因此,像传统中国那样剥夺学生的思想独立、要求他们无条件听从教师,是错误的。⑥ 即使是圣人,是万世师表,也不应有绝对权威。总之,真理本身足为不同意见的正确准则。康氏论此事说:

---

① 1892年,康氏长女同薇编《各国风俗制度考》,以验"人群进化之理"——当然,是由康氏指导的(《自编年谱》,页11)。
② 参见本书第二章结语。
③ 康氏如何有此自由恋爱的观念,已无从考知。
④ 《实理公法》"君臣门"及"治事门"。
⑤ 《实理公法》"师弟门","实理"第四条。
⑥ 同上,"师弟门","公法"第二条。

> 圣不秉权，权归于众，古今言论以理为衡，不以圣贤为主，但视其言论如何，不得计其为何人之言论。①

康氏当然不是一怀疑论者。如上所述，他相信客观真理的存在，而真理是由人发现，由公众确定。他建议若干无可争议的"圣经"，每五年由公众投票选定，以供尚未能独立思考的年轻人诵读。②

此话意指思想成熟后才能享受自由思想。依康氏之见，教育和宗教的目标就正在帮助人们获致此种"成熟"。他未区分两个同样的"教"字，然界定其不同目标如下：

> 教之实理有二：一则即其人之智与才力而增长之，且使其能增长爱性及保守信性也。一则以五洲众人所发明之精理及有益之制度与其人，使其人享受利益……然后智与才力不至误用也。③

康氏反对权威集中，并可能受到西方经验的启示，而立下划清政治和宗教权威的"公法"，使两者互不侵犯。他强烈谴责僧侣干涉政治权威，一如谴责政治领袖侵夺"教士应得之权"。④

《实理公法》中所述大都来自他阅读西书后所获致的欧洲思想，他是从1879年开始搜阅西书的。西方对他的影响似未产生仇外感，而为戊戌变法时康氏政敌所具有的。不过，康氏不认为他自由采用的进口思想是外来的，而是属于普及有效的真理。是以我们不能说他故意要"走私

---

① 《实理公法》，"师弟门"，"公法"第一条。
② 同上，"整齐地球书籍目录公论"，第二条。
③ 同上，"教事门"，"实理"第一条。
④ 《实理公法》"教事门"，"公法"及"比例"第一条。康氏并没有严格意义下的宗教概念，这可以从他对"上帝称名"的讨论看出，他提到"上帝"的很多称呼，包括：气化、元质、大主宰、造物主、地乌斯（Deus）及耶和华。并加以评论，认为只有前三者合宜而适当，其余则不合"实理"（《实理公法》"礼仪门"，"上帝称名"节）。

有关康氏宗教观点的讨论，参见本书第四章第二节。此处必须注意的是，康氏并不相信灵魂在人死后仍继续存在，并坚持活人与死者之间无法交通，因此，丧祭礼仪只有从活人的观点来看才有意义（《实理公法》"治事门"，"葬""祭"两节）。

西方思想到中国传统中来"。① 因康氏在此并不关心保存或维新中国传统,而是要建立超越地域或国界的社会思想。他并不是要把西方价值注入中国传统,而是要抛弃一些中国价值于普及价值之外。他真正相信有效的原则是放诸四海而皆准的。在他看来,"世界化"并不是一种方法上的设计,而是一种思想上的信念——此一信念成为著名的《大同书》(1902)的中心论旨,以及他的社会思想的指针。

"世界化"已是康氏 1885—1887 年间所撰《实理公法》一书的主题。书中提出人类和谐地生活在一起,说共同语言,在同一政府治理之下。为了打破由不同政治和宗教制度而产生的特殊性,康氏非议任何以圣人或贤君生辰为纪年的历法,而主张采用全世界人共用的历法。②

简言之,此乃康氏在《实理公法》和《康子内外篇》二书中的一些主要思想。我们很容易看出,他在撰写此二书时思想已有重要的转变——从明晰的传统观点考察社会制度和道德价值到几乎摧毁传统的理论探讨。在 1879 年当他初接西学与 1887 年当他完成《实理公法》之间,他似已获致一个颇为自豪的新立场,而此一立场维持了好多年。

此一立场并非轻易获致,而是经过一番深思苦虑。由于厌恶继续涉足于传统学问的死水之中,康氏在 1878 年中经历了巨大的精神危机,几乎震脱了他辛勤学得的每一事。③ 接着,在研究佛学与道家之书后,他于 1879 年转攻西书,因此展开他思想生命的新阶段。④ 从 1879 到 1887

---

① Joseph R. Levenson, *Liang Ch'i-ch'ao and the Mind of Modern China* (Cambridge, Mass: Harvard University Press, 1953), p. 48.
② 《实理公法》"礼仪门","纪元纪年用历"节。此一世界化的提议与他后来对这些事的看法形成一有趣的对比。在 1900 年代及其后,他建议以孔子诞生那年为"元年",并且在这段期间的某些著作上,实际采用此种纪年方法,如《礼运注》,可能完成于 1901—1912 年,记为"孔子二千四百三十五年,即光绪十年";《论语注》,完成于 1903 年,记为"孔子生二千四百五十三年,即光绪二十八年";《不忍》杂志第一期(1913 年 2 月),记为"孔子二千四百六十四年首月"。
③ 《自编年谱》,页 4~5。
④ 同上,页 5。

年,他经历了强烈的思想酝酿,导致他摆脱经典的一部分束缚,而大大地倾慕西方思想。他把自己投入许多新奇事物的长期研求。① 他有时不免因阅读不同的书籍,引起概念上的冲突而生迷惘。幸而他积极而有活力的想象,使他在两个世界交织的混乱中寻出一些头绪。但在最初由于不敢确定,他在两种不同的立场间摇摆,一是根植于东方,另一个是偏向西方。此一双重趋向只能导致思想迷惑。因此很可能康氏在此时的许多"思考"②集中在寻找走出困境之途。不久他理解到中西之间并无不能逾越的鸿沟,因而亦无"双重趋向"。他藉此"世界化"的思想路线写作《实理公法》,他找到了社会理论,同时为他的大同理想奠立了基础。他找到了可以取代西化的另一途径。

康氏毕竟是够格的思想家,他不轻易地使自己摆脱思想上的困境。思想上和社会上的改革既不可缓,西方文明的价值既已被实际成绩所证明,一个爱国而开明的中国人大可径取西化。要寻求不论何种形式的中西综合,就需要更高的识见。但是这种见解为那些喜欢走捷径的人所不感兴趣。即使是他的得意门生梁启超也怀疑经由世界化综合的价值。他责怪康以及支持康氏此一论点的人,为了爱孔子而不顾真理。梁在1902年写道:"今之言保教者,取近世新学新理而缘附之……然则非以此新学新理厘然有当于吾心而从之也,不过以其暗合于我孔子而从之耳。是所爱者,仍在孔子,非在真理也。"③康氏既大大修订儒教价值和体制,梁氏的责怪难以成立。此乃梁氏未能体会到康氏的用心,也因此不能或不愿承认综合的可能性。因此,就此而论,梁启超可说是一西化派。他在1915年借一譬喻来说明他的立场:

> 吾雅不愿采撷隔墙桃李之繁葩,缀结于吾家杉松之老干,而沾

---

① 《自编年谱》,页5~7。
② 同上,页6。
③ 梁启超,《清代学术概论》,页144~145。这段是梁氏引自1902年的《新民丛报》。

沾自鸣得意;吾诚为桃李也,惟当思所以移植之,而何必使与松杉淆其名实者。①

让我们重看《实理公法》,它虽预告了康氏《大同书》,然两者仍有不同之处。前书一贯采个人主义观点,谴责一切违反个人欲望的制度,认为与"实理"或"公法"不符。而后书却重视可称为社会主义或共产主义的思想和理想。不过,此一主要的不同并不减低早期作品的价值——使他成为一独立的社会思想家的最早证据。

第四节 到乌托邦之路

梁启超比喻康有为《大同书》的影响为"其火山大喷火也,其大地震也"。② 康氏知道此书会有深远的影响,故坚不出版此书,以免其内容未到时机就披露,将"陷天下于洪水猛兽"③。康氏的确认为他的此一思想有危险性,因其与几千年来维持中国社会的传统价值几无不相反。当然,"大同"一词从儒家经典而来。④ 但康氏给予此词崭新的意义,与儒家

---

① 梁启超,《清代学术概论》,页146。此段是梁氏引自1915年的《国风报》。显然,梁氏在1920年仍持此种看法,因为他在1920年底完成的《清代学术概论》中仍引述上列文字。在1902年以前,特别是1873与1898年之间,梁氏大致追随康氏的综合之论。阅 Levenson, Liang, Ch'i-ch'ao, pp. 34~41。但我不能同意李文孙氏的基本观点及其许多结论,诸如他以"文化成长模式类推"和"文化价值类推"(阅 p.41)来解释导致梁氏变法观念的思想历程,实与梁氏的心态"不符",且有违"文明之精神",参 Arthur W. Hummel's review of Levenson's book, Far Eastern Quarterly, 14, no. 1(November 1954):111。如 Hummel 所正确指出的,梁氏致力于将中国文化中的变动部分从永久部分分辨出来,及解释来自西方的新知识。"那是梁氏深思的经验,而非辩证习题"(ibid., p.110)。此对康而言亦然,唯康经历那个经验早于梁,且引梁而入。参阅梁氏自述初遇康氏之经过,"三十自述"(撰于1902年),载《饮冰室合集》,《文集》十一,页16~17;部分录于丁文江,《梁任公先生年谱长编初稿》,卷三,页15。
② 同上,页129。
③ 同上,页136。据梁氏说:"其弟子最初得读此书者,惟陈千秋、梁启超。"
④ 即《礼记》"礼运篇"。

原意已面目全非①,足令人怀疑《大同书》的作者是否可称作圣人之徒。②

不论康氏与儒学是何种关系,他在写作《大同书》③之时,显然沉醉于乌托邦境界之中。乌托邦思想虽由不满现实而产生④,然要其成熟尚需有开阔境界的思想家超脱现实作哲学的思考。不满现实可能促使改革;唯有对遥远未来作超越的观察始能有乌托邦的建立。就康氏而言,从变法到乌托邦的转变不过是1898年后几年内的事。游历欧美使他有仔细观察西方文明的机会。1900年推翻慈禧太后的起义失败后,康氏改革的希望亦随之破灭。他在槟榔屿与大吉岭有三年清静的时间从容深思人生和社会。⑤ 他因而具备了走向乌托邦之路的心理条件。他不顾眼前败坏的制度和社会,而展望在完美制度和理想之下的想象中的社会,终于描写出他的大同见解。⑥ 他足可称为中国第一个乌托邦作者,他的大胆设想足令他与其他国家的伟大乌托邦思想家并驾齐驱。⑦

一如书名所指出的⑧,康氏在此并不关注维护中国价值或移植西方

---

① 梁启超,《清代学术概论》,页133。梁氏谓康氏把"礼运"所含的观念,"发展"为"民主"与"社会主义"。
② Richard C. Howard, "K'ang Yu-wei(1858—1927):His Intellectual Background and Early Thought", p. 295有云:"康氏重订儒学,不仅加以转化,抑且超越之,在《大同书》中,儒学不再是真正文明世界中的唯一教理,控制人们的思想和精神生活,而仅是走向更高一层'大同'世界的基石。"另参阅 Hsiao, "K'ang Yu-wei and Confucianism", pp. 97~103,及本书第三章第一节。
③ Karl Mannheim, *Ideology and Utopid: An Introduction to the Sociology of Knowledge*, p. 192: "乌托邦心态乃由于与现存社会不相宜而起"。
④ 康有为,《自编年谱》,页6指出在1884年初夏,因法军占安南且将进兵闽台而戒严,乃自广州返乡。此为康氏亲历外国侵略的第一次。
⑤ 康同璧,《年谱续编》,页10~33。
⑥ Joyce O. Hertzler, *History of Utopian Thought*, pp. 259~260。
⑦ 除上引书外,另阅 Marie Louise Berneri, *Journal Through Utopia*; Mumford, *The Story of Utopias*; 以及 Raymond Ruyer, *L'utopie et les Utopies*. 关于康氏在乌托邦思想界之地位容后述。
⑧ "大同"一词的英译不易,各家所译不同。Thompson(*Ta T'ung Shu*. pp. 29~30)列举下列译法:"The Great Unity"(Fung Yu-lan),"Grand Union"(Elbert D. Thomas),"Cosmopolitan Society"(Teng and Fairbank),"The Great Commonwealth"(Lin Mousheng),"The Great Communion"(Richard Wilhelm and John H. Reece),"Grand Harmony"(Tseng Yu-hao)。我所译者又与各家不同——"The Great Community","Community"一词有若干优点:它包含了许多意义,使它与康氏所用的"同"字较近似。*Webster's New International Dictionary of the English Language*, 2nd ed. (Springfield: G. C. Merriam, 1951)列举了七种定义,其中只有第四种与"同"字涵义不合。

思想,而是要为全人类界定一种生活方式,使人人心理上感到满足,在道德上感到正确。在此,他的社会思想中的"世界化"阶段表露无遗。

(一) 理论观点

康氏在建立乌托邦之初,为道德作了世界化的解释。他对"仁"或"不忍"性质和渊源的理论颇带唯物的色彩。他是这样说的:

> 夫浩浩元气,造起天地。天者一物之魂质也,人者亦一物之魂质也;虽形有大小,而其分浩气于太元……孔子曰:"地载神气,神气风霆,风霆流形,庶物露生。"①神者有知之电也,光电能无所不传,神气能无所不感……无物无电,无物无神,夫神者知气也。……有觉知则有吸摄,磁石犹然,何况于人! 不忍者,吸摄之力也。故仁智同藏而智为先,仁智同用而仁为贵矣。②

这些观点全属想象,十分虚幻,经不起实验科学和基础哲学的验证,却为康氏的伦理和社会思考提供了一形而上的基础。

康氏认为所有生物都有天生之仁,故同类相爱乃是生命的根本法则,而此一爱必须普及,否则无爱之可言。对人类来说,尤其如此:

> 生于大地,则大地万国之人类皆吾同胞之异体也,既与有知,则与有亲。

他继谓此一爱根植而强化于一基本群体生活之中,无国界和人种之别:

> 凡印度、希腊、波斯、罗马以及近世英、法、德、美先哲之精英,吾已嚼之饮之,藉之枕之,魂梦通之;于万国之元老、硕儒、名士、美人,亦多执手接茵,联袂分羹,而致其亲爱矣。凡大地万国之宫室、服

---

① 引自《礼记》"孔子闲居"。
② 《大同书》,上海版(1935),页 4;北京版(1956),页 3;台北版(1958),页 3。

食、舟车、什器、政教、艺乐之神奇伟丽者,日受而用之,以刺触其心目,感荡其魂气。其进化耶,则相与共进;退化则相与共退。其乐耶,相与共其乐,其苦耶,相与共其苦。①

康氏解释道,世界各地之人有共同的生活,因其生理和心理性格基本相同。此种相同也构成他们在态度上和行为上的相似。

康氏在《康子内外篇》中说得很清楚,道德感与自觉乃脑和神经系统的作用,情绪与感觉经验(如爱与恨)乃是对外界刺激的神经反应,可正可反。而在《大同书》中,他发挥此义为心理上以及伦理上的享乐主义:

> 夫生物之有知者,脑筋含灵。其与物非物之触遇也,即有宜有不宜,有适有不适。其于脑筋适且宜者,则神魂为之乐;其与脑筋不适不宜者,则神魂为之苦。况于人乎? 脑筋尤灵,神魂尤清,明其物非物之感入于身者,尤繁夥精微。急捷,而适不适尤著明焉。适宜者受之,不适宜者拒之。故夫人道只有宜不宜,不宜者苦也,宜之又宜者乐也。故夫人道者依人以为道。依人之道,苦乐而已。为人谋者,去苦以求乐而已,无他道矣。②

康氏认定乐即是善,而人所欲者乃可欲者。此一认定遂成为评判一切社会制度和道德教训的准绳。

> 立法创教,令人有乐而无苦,善之善者也。能令人乐多苦少,善而未尽善者也。令人苦多乐少,不善者也。③

根据此一标准,则墨子之教并不完善。教人"尚同"与"兼爱"固"善",但

---

① 《大同书》,上海版,页 4~5;北京版,页 3~4;台北版,页 3~4。此种想法显与王阳明在《大学问》中所表现的观点相同(部分译文载 Fung, *A History of Chinese Philosophy*, 2, 599~601)。具体的含义是博爱与天下一家的概念,可能来自康氏自我放逐时,与游历所经各国人民接触的亲身体验。
② 同上,页 7;北京版及台北版,页 5。
③ 同上,页 9;北京版及台北版,页 5。

要人们尚俭节用则"不善"。① "印度教"弃身炼魂,基督教乐在天国而"土木其身",都不适宜人类。因此,康氏所谓的乐主要是使人舒畅的感官享受。②

人间制度的好坏也应据此标准判断。康氏遂建立一社会制度渊源与发展的理论,与当时行之已久的儒家观点,大异其趣。他写道:

> 盖原出世法之立创于强者,无有不自便而陵弱者也。国法也,因军法而移焉,以其遵将令而威士卒之法,行之于国,则有尊君卑臣而奴民者矣。家法也,因新制而生焉,以其尊族长而统卑幼之法,行之于家,则有尊男卑女而隶子弟者焉。虽有圣人,立法不能不因其时势风俗之旧而定之。大势既成,压制既久,遂为道义焉。于是始为相扶植保护之善法者,终为至抑压至不平之苦趣,于是乎则求乐免苦之本意相反矣。印度如是,中国亦不能免焉。欧美略近升平,而妇女为人私属,其去公理远矣,其于求乐之道亦未至焉。③

乌托邦倡导者为其当世的批判者④,如上文所示,康氏也确实具有批判性。他不仅批评传统中国制度,也批评他所知的西方制度。孔子的"教训"既长久影响了传统中国的政制,康氏的批判无异批判到这些"教训"的本身。的确,康氏在控诉中国制度之后,确曾接着赞美孔子:

> 神明圣王孔子早虑之忧之,故立三统三世之法,据乱以后,易以升平、太平,小康之后,进以大同。⑤

但是不言而喻,康氏所赞美的孔子并非中国传统中的孔子。康氏在

---

① 康氏显指《墨子》"尚同""兼爱""节用""节葬""非乐"各篇。
② 同上,页9~10,441~451;北京版及台北版,页7,293~300。
③ 同上,页10~11;北京版及台北版,页7~8。康氏对不平起源之说,令人想起葛洪《抱朴子》,卷四八,鲍敬言所说的话。
④ Hertzler, *History of Utopian Thought*, p. 260.
⑤ 《大同书》,上海版,页11;北京版及台北版,页8。有关"三统"与"三世"的意义,请阅 Hsiao, "K'ang Yu-wei and Confucianism", pp. 136~162,及本书第四章。

《大同书》以及其他著作中,显然将孔子世界化了,孔子不再是中国的至圣先师,而是全人类大同理想中的先知。因此,康氏神化孔子,似也同时降低了孔子的中国性格。作为《大同书》的作者,康氏当然并不特别关怀如何荣耀孔圣,而是要如何使人间制度完美,以指出通往全人类快乐之路。《大同书》的结论也能看出康氏不以某派儒者自居,他于结论中预见儒教与其他由个别文明所产生诸教,都将销蚀。

有几个主要思想为康氏评论现存制度及建筑乌托邦理想提供概念上的根据。前已指出,乐而无苦乃是人类生存于世的至高与唯一的目标。① 此一享乐前提与"仁"之原则相结合,康氏无疑从儒家传统中得来,并可能从基督教中得到印证。康氏也认为既然所有的人都一律平等,无人应被剥夺快乐和自由的机会。因此,"享乐主义""人道主义"以及"平等主义",似构成了康氏社会思想的主要支柱,从此衍发的思想大致是"民主"、"社会主义"和"科学"——民主从平等而来,社会主义自人道主义而来,科学从享乐主义而来。这所有的思想可说是他思想的组成部分。此外,进步思想也很显著,成为一极重要的运作原则,据此人类的社会生活可视为步步向前的动态过程,在自主的努力下,使不完善的臻于至善。

(二) 抨击传统制度

从《大同书》中有关社会和政治制度(特别是帝制中国的制度)的议论,可知康氏确是他所属时代的一个严厉批判者。他"总诸苦之根源,皆因九界"。②

---

① 在《大同书》,上海版,页 11~77;北京版及台北版,页 8~51 中,康氏将"苦"归纳为六大类,并加以详尽说明,可谓中国文献中叙述人类之苦最完备者。
② 康氏提及九"界":(一)国界,(二)级界,(三)种界,(四)形界,(五)家界,(六)产界,(七)"乱"界,即"有不平、不通、不同、不公之法也",(八)"类"界,即"人与鸟兽虫鱼之别",(九)苦界,即"以苦生苦,传种于无穷无尽。康氏之区分并无逻辑,非所有之苦皆有"界",最后一项甚至并非"界"。

首先是"国界"。① 康氏确认由于自然的发展,以及主要是为了自保,人类自太古以来,都以各种群居的方式居住——如家庭、家族、部落和国家。这些制度虽有用而不可避免,并非尽善。它们所带来的不幸之一是造成群体间的冲突,其中最致命的,是随着目前所知人类最大组织群体——国家的建立而带来的征服战争。战争来自政治组织的本质,因国家和帝国乃用武力兼并小国而来。因此,国家一日存在,战争不会停止,不仅是地球上如此,在宇宙星河之间想亦如是。② 文明并不能阻止战争,只令战争更凶猛,更具破坏性。

> 古之争杀以刃,一人仅杀一人;今之争杀以火以毒,故师丹数十万人可一夕而全焚。呜呼噫嘻,痛哉,惨哉!国界之立也。③

康氏接着抨击社会阶层。社会等级损害人们平等之权,正如政治组织干涉人们生活之权一样。康氏坚称平等乃"公法"所主张的自然权利。

> 夫人类之生,皆本于天,同为兄弟,实为平等,岂可妄分流品,而有所轻重,有所摒斥哉?④

不平虽不似战争般毁灭人类生命,但其后果仍具毁灭性。康氏宣称:"人类之苦不平等者,莫若无端立级哉!"⑤

不幸的是,不平等的制度在世界上各时代各地区中蔓延,以各种不同的形式出现于古代的埃及、巴比伦、希腊、中古欧洲、封建日本以及印度。印度的世袭阶级最为恶劣,中国与美国在进向社会平等先于其他各国。康氏对美国很赞扬:

---

① 康氏以整章之篇幅(乙部第一章)论"有国之害"。
② 《大同书》,上海版,页 82;北京版及台北版,页 54。康氏在同一段中说,"火星人类"国土之相争,死人数千百万,这种奇怪的描述显然是因为康氏误解罗马神话所致。
③ 同上,页 102;北京版及台北版,页 68。
④ 同上,页 170;北京版及台北版,页 110。同样的情怀亦可见之于早年的著作《实理公法》。《大同书》丙部论去"级界",为全书最短的部分之一,有仓促落笔(及草率编排)的痕迹。此部以及丁至癸部,康氏逝世时(1927 年)犹未刊印。
⑤ 同上,页 167;北京版及台北版,页 108。

> 美之人民至平等,既不立君主而为统领,自华盛顿立宪法,视世爵为叛逆,虽有大僧,而不得入衙署,干公事。林肯之放黑奴也,动兵流血,力战而争之,故美国之人,举国皆平民,至为平等,虽待黑人未平,亦升平世之先声矣,故至为治强富乐。①

而最高的赞美却意外地留给中国,更具体地说是留给孔子——康氏所制造的孔子。据康氏说,社会和政治的不平等,在孔子前和孔子之世勃兴,造成一种与封建日本和中古欧洲一样的情况,而较印度情形为佳,但孔子藉其学说一扫所有的不平等。

> 自孔子创平等之义,明一统以去封建,讥世卿以去世官,授田制以去奴隶,作《春秋》立宪法以限君权,不自尊其徒属而去大僧,于是中国之俗,阶级尽扫……无阶级之害。此真孔子非常之大功也,盖先欧洲二千年行之,中国之强盛过于印度,皆由于此。②

可惜中国未全依孔子学说。奴隶仍在,还有"蛋户""乐户"等下等民众。这种弊害不在汉人之错,而是由于元朝蒙古人奴役被征服之民,满洲人又继蒙古人的传统,建立契役,遂使中国回到孔子之前的传统,违反了孔子学说中的"公法"。③

依康氏所见,种族歧视为人类痛苦的第三个渊源,但有些不一致的地方。他在宣扬"公法"时谴责社会不平等,即认为人人皆是兄弟,完全平等,但他不认为世界上各种族的智力和体力是平等的。他明确地认为白人和黄人比黑人和棕色人优秀:

> 于全世界中,银色之人种横绝地球,而金色之人种尤居多数,是

---

① 《大同书》,上海版,页169;北京版及台北版,页109。
② 同上,页169~170;北京版及台北版,页109~110。
③ 同上,页172~173;北京版及台北版,页111~112。

黄白二物,拥有全世界。白种之强,固居优胜,而黄种之多而且智。①

康氏同样明确地认为黑棕二色民族无论智力和体力都较低劣。"棕色者,目光黯然,面色味然,神疲气荼,性懒心愚",仅略胜黑人一筹,黑人乃最劣之种。② 康氏对黑人作了十分侮辱性的描述:

> 其黑人之形状也,铁面银牙,斜颔若猪,直视若牛,满胸长毛,手足深黑,蠢若羊豕,望之生畏。③

康氏继谓,他可以理解为何林肯不惜流血以解放黑奴后,美国人仍不以平等待之:

> 美国人言平等,而不肯举黑人入仕,不许黑人入客店,不许黑人坐头等车……实色不同也。④

康氏不谴责种族歧视,而想解释它,但他的解释无异证实它:

> 夫大同太平之世,人类平等,人类大同,此固公理也。然物之不齐,物之情也。凡言平等者,必其物之才性、智识、形状、体格有可以平等者,乃可以平等行之。非然者,虽强以国律,迫以君势,率以公理,亦有不能行者焉。⑤

当然,康氏并不赞同种族的不平等,但下文将会提到,他的消除种界之法不仅仅是立法而已。

康氏对另两个苦难的来源——"形界"及"家界"的批评,则要求得更为严厉。他对这些问题的看法,在他表达出来的那个时候,显然是最新

---

① 《大同书》,上海版,页178;北京版及台北版,页114。上海版与北京版及台北版,文字略有不同。
② 同上,页186;北京版及台北版,页115。
③ 同上,页180;北京版及台北版,页118;另参阅上海版,页187;北京版及台北版,页115。康氏以类似的字眼来形容其"至蠢极愚"。
④ 同上,页187;北京版及台北版,页115~116。
⑤ 同上,页179~180;北京版及台北版,页118。

奇且具有挑拨性的。他用极强烈的字眼来谴责对妇女的屈抑。以下是一段激昂慷慨的文字,他说:

> 天下不公不平之事,不过偏抑一二人,偏重一二人,则为之讼者助者纷纭矣。……若夫经历万数千年,鸠合全地万国无量数不可思议之人,同为人之形体,同为人之聪明,且人人皆有至亲至爱之人,而忍心害理,抑之、制之、愚之、闭之、囚之、击之,使不得自立,不得任公事,不得为仕官,不得为国民,不得预议会,甚且不得事学问,不得发言论,不得达名字,不得通交接……不得出室门,甚且斫束其腰,蒙盖其面,刖削其足,雕刻其身,遍屈无辜,遍刑无罪,斯尤无道之至甚者矣!而举大地古今数千年号称仁人义士,熟视坐睹,以为当然,无为之讼直者,无为之援救者,此天下最奇骇,不公不平之事,不可解之理矣!①

康氏对女子不能自由择偶特为注意。他严厉抨击"父母之命"的婚姻及终生守寡,二者都是早已奠定的儒家道德规范。此种罪恶由于缺少"婚姻自由",此一名词在晚清时最早出现,而为民国以及共产中国所习用。② 不能自由择偶经常导致婚姻的不合,而女子因其在家庭与社会中低下的地位,尤为不满婚姻的牺牲者。有时女子尚未出生已被婚配;一年轻女子被允嫁配一年轻男子仅仅因为男家有名有钱,而经常男子无论在身体和性格上都有严重的缺陷,并不值得婚嫁,或者在气质上也难与妻子匹配。康氏举这些自己有亲身经验的例子,来强调历来所谓"嫁鸡随鸡,嫁狗随狗"的恶果。③

---

① 《大同书》,上海版,页193;北京版及台北版,页126。康氏显然不知19世纪后半叶在西方发生的妇女选举权运动,也不知穆勒(J. S. Mill)在 Subjection of Women (1869)一书中所提出的看法。
② 阅 C. K. Yang. The Chinese Family in the Communist Revolution (Cambridge: Harvard University Press, 1959), Chap. 2, "Freedom of Marriage", 略论传统式婚姻到1950年中共实施新婚姻法之间婚姻的变迁。
③ 《大同书》,上海版,页206~210;北京版及台北版,页136~139。

这一切都不合理性和正义。康氏宣称：

> 人人有天授之体，即人人有天授自由之权。……禁人者，谓之夺人权，背天理矣。①

男女有性别之异，但并不准许压制较弱的一性。事实上康氏指出两性之异并不一定强者属于男性。就心智来说，就有许多愚笨的男人及聪明的女人。当然女人中没有学术上杰出者如扬雄、张衡、哥白尼和牛顿。但无可否认的，若女人有同等机会，未尝不能有如此贡献。② 康氏认为女子对文明的贡献虽有所不同，却与男子的贡献一样重要。③ 因此，不予女子平等，犯了双重不公平：既犯了人类平等的原则，又忽略了女子在文明史上所起的重要作用。

康氏追溯男女不平的渊源至男人以体力决胜的时代。后来由于社会制度和价值的发展，压制女子变本加厉成为积习，女子也就失去独立人格之权，表面上是男人的"匹配"，事实上是奴仆。结果丈夫犹如君王，"三纲"的巨权也随之建立。④

康氏要宋代理学家负压制中国女子之责。那种规范，尤其要求女子守贞，虽给男人带来喜悦，却是造成女子难言的苦痛。康氏说：

> 宋儒好为高义，求加于圣人之上，致使亿万京陔寡妇，穷巷惨凄，寒饿交迫，幽怨弥天，而以为美俗！⑤

值得注意的是，康氏对女子境遇之见解开了 1920 年代许多作者的先声，他们特别大声谴责传统道德价值以及女子贞操。⑥ 说康氏首先发

---

① 《大同书》，上海版，页 206；北京版及台北版，页 136。康氏在此乃重述他所了解的西方"天赋人权"的观念。
② 同上，页 229～230；北京版及台北版，页 150～152。
③ 同上，页 224～226；北京版及台北版，页 147～148。
④ 同上，页 231～236；北京版及台北版，页 152～156。
⑤ 同上，页 241；北京版及台北版，页 159。
⑥ 特别是胡适，"贞操问题"，《新青年》，五卷一期（1918 年 7 月），页 5～14；唐俟（鲁迅），"我之节烈观"，《新青年》，五卷二期（1918 年 8 月），页 92～101。

动了一种潮流,继续于民国时代,积成于共产中国,并非没有道理。①

不过,康氏最惊人之见在于全书最长的第六部,论及家庭此一社会制度的罪恶。他首先探讨家庭的渊源和基础。他深信在生民之初,并无家庭,因那时男女杂交,犹如狐狗,儿童只知母,而不知父,没有后日父权家庭的痕迹。到后来由于一些男子对他们的伴侣特别喜爱,乃用强力占有,而渐有婚姻制度。夫妻关系建立之后,才有父子关系,以至于家庭和家族制度的出现。②

家庭和家族在据乱世尚有用处。高度发达的家庭制度和明确的家庭伦理颇有功于过去的中国。康氏承认,家庭制度存在一日,孝道乃是子女对父母爱心的最好回报。康氏斥责欧美人"忘父母之恩"。基督教之所以不及儒教,即由于前者崇拜神而"轻父母"。康氏宣称:"吾从孔子也。"③

然不幸的是,中国的孝道讲得多,行得少。私心和经济情况使大多数人无法回报他们的父母。在心理上也爱护小孩要比博父母欢心为易。小孩的可爱很少人能拒绝,而很多人不能容忍父母与自己的"意见迥多不同"。因此,此一儒教大德目仍然是"空言"。④ 父母与子女关系中的严重缺憾亦因而损害到家庭制度。缺憾在中国虽显较西方为少,但无家无之。

子女既难以对父母显爱心,家庭中其他成员血缘较疏,则更难相爱。传统强制大家住在一起,亲戚们乃经常因忌妒、厌恶、意志薄弱或利害冲突,造成人际争斗,很可能导致吵架、打架、谋杀或自杀。在康氏眼中,中

---

① 阅 Yang, *Chinese Family in Communist Revolution*, pp. 45~54 简述在传统时代、国民政府时代以及共产统治时期寡妇再嫁问题。
② 《大同书》,上海版,页 255~258;北京版及台北版,页 168~170。康氏所引仅是中国史前史之例证,似对西方学者对此题目的见解毫无所知,例如莫根(Lewis Henry Morgan)之说。
③ 同上,页 271;北京版及台北版,页 179。参阅康氏于《实理公法》中"父母子女门"的"公法"所说:"父母不得责子女以孝。"另参阅本章前一节"在两个世界中摸索"。
④ 同上,页 271~276;北京版及台北版,页 179~182。

国家庭生活是一悲凄的情景。

> 盖国有太平之时,而家无太平之日。……名为兄弟娣姒而过于敌国,名为妇姑叔嫂,而怨于路人。……其富贵愈甚者,其不友孝愈甚;其礼法愈严者,其困苦愈深。①

大多数的家庭并不因纷争而破裂,至少暂时维持表面的和谐,但是没有一个家庭可永久遮掩真相。康氏说他30年在乡居住期间,婆媳争吵,妯娌诟啐不绝于耳,他并亲见兄弟间的打斗,对这些人而言,"先圣格言,徒虚语耳"。② 他作结道:家庭使大家永远住在一起,只会带来无尽的痛苦。

家庭此一社会组织尚有更可拒斥之处:其继续存在为社会公共利益的阻碍,也是人类进步的阻碍,因其为自私的温床,罪恶之源,以及养成依赖性与永久的不平等。因此,家庭在太平世中实无置足的余地。③ 故康氏斥之甚坚。

这种说法显然有其重要性。他在痛斥家庭之余,事实上已毁灭了传统中国社会结构的基石,以及儒教道德系统的中坚。他虽明确表示要"从孔子",也不能易此事实。当然,康氏知道此一立场的极端反传统性,所以他坚拒印行书中类似此种令人震惊的建议。

前已述及,康氏在1880年代已具有对父母子女之间以及夫妇之间关系不同凡俗的看法。④ 但他并未持此见不变,在1890年代完成的一本讨论今文经的书中,他对传统中国价值坚信不疑,特别是孝道和友爱,认为孔子之教与"天理"相合。他强调"三纲可求于天"。⑤ 值得注意的是,康氏在他一生中绝大部分时间尊行传统家庭的价值,他对祖父和父母尽

---

① 《大同书》,上海版,页278~279;北京版及台北版,页183~184。
② 同上,页279;北京版及台北版,页184~185。
③ 同上,页286~288;北京版及台北版,页186~191。
④ 阅本章前一节"在两个世界中摸索"。
⑤ 康有为,《春秋董氏学》,卷六下,页1;卷六上,页24;卷一,页7~8。

孝,对他的兄弟和子女尽爱护之责。① 这一切与他在《大同书》中所写的极不一样。

什么是导致康有为对家庭的态度转变,以至于向中国素来尊重的道德传统作最严厉的批判?我在别处已经提到,一些不同的因素的结合导致此一转变。② 此外,他在海外长久旅行所见欧美社会,益信所有的社会制度,包括他敬慕的国家在内,都有严重缺憾,因此,必须要有一与中国和西方都不同的社会秩序,人类才有快乐。于是,康氏成为第一个不妥协的反对传统价值观念者。③

康氏认为私有财产是另一阻碍人类快乐的错误制度。私有财产与家庭一样都能制造纷争。值得一提的是,康氏抨击家庭主要基于他对中国情况的观察,而反对私有财产大都来自他所知的西方工业社会情况。康氏显然关切近代工业技术社会所产生的道德问题,尚无解决之道。他说:

> 人生之所赖,农出之,工作之,商运之。……至于近世……凡农、工、商皆有学校。农耕皆用机器化料,若工事之精,制造之奇,气球登天,铁轨缩地,无线之电渡海,比之中古有若新世界矣。商运之大,轮舶纷驰,物品交通,遍于五洲。……文明日进,诚过畴昔,然新业虽环玮,不过世界之外观,于民生独人之困苦,公德之缺乏,未能略有补救也。④

康氏道出主题之后,继续展示私人企业在农、工、商中的缺点。他的讨论虽未尽合逻辑,但他很清楚地表达他的思想。他追究在农业上的不均和困难,都因"许人买卖田产"。除了"新开辟"的美国之外,其他国家

---

① 参阅本书第一章。
② 参阅本书第一章结论部分。
③ 在民国成立之前,康氏攻击传统社会价值之凶猛,唯谭嗣同可比拟。谭氏自认为康氏门徒,为戊戌死难"六君子"之一。谭氏于《仁学》中响应康之非难"三纲",阅页1~4,7~10。
④《大同书》,上海版,页353;北京版及台北版,页234。

都无足够的耕地。这种情况在中国已很严重,其他"亚洲各旧国"更加严重。一些解决的方案曾经提出。在中国,孔子曾"创井田之法"以求达成"均无贫"的原则。① 但这种"方格"式的土地分配,仅能行之于初开发的国家。王莽一意妄行平均,结果搞得奇糟。② 在西方,"英人傅氏"曾建议一种大"井田"制以调民生,但此为另一立意虽好而不切实际的设想。③ 这一切改革的方法都无效,因其未能触及罪恶之源。

> 盖许人民买卖私产,既各有私产,则贫富不齐,终无由均。④

康氏提到傅立叶(Fourier),足证他在日本小住时已接触到社会主义思想。⑤ 当然,在当时的情况下,康氏对社会主义的认识必然是模糊的、片断的。说他已理解或已接受马克思主义的主要思想,自然是没有根据的。⑥ 但是他对社会主义或共产主义思想的掌握虽然不足,仍可说是最早认识到此种思想并形诸文字之一人,比中国搞革命者倡导早期的社会思想还要早若干年。⑦

康氏于诊断资本工业制度病症时,尤倾向于社会主义思想,他曾写道:

---

① 《论语》"季氏",第一章。
② 王莽于公元9~22年篡位,其间曾作全面的经济与社会改革。阅班固,《汉书》,卷九九。王莽于公元9年禁止土地买卖,完全废止土地私有制。Thompson 把这段话译成:"王莽没有遵从这个理想,而不顾一切地放弃它。"实误解了康氏的原意。
③ 《大同书》,上海版,页353;北京版及台北版,页234~235。康氏称之为"傅氏"的傅立叶(1772—1837),乃法国人而非英国人。有关傅立叶乌托邦社会主义的简论,可阅 W. A. Dunning, *Political Theories from Rousseau to Spencer*, pp. 352~354。
④ 同上,页354;北京版及台北版,页235。
⑤ 即1898年10月26日至1899年3月22日(《自编年谱》,页29;《年谱续编》,页4)。
⑥ 康氏在《大同书》中偶用"共产""均产"等词,如上海版,页105,354,356;北京版及台北版,页70,235,236。他用这些词显指"共产主义"。康氏与共产主义之关系后文将提到。
⑦ 阅 Robert A. Scalapino and Harold Schiffrin, "Early Socialist Currents in the Chinese Revolutionary Movement;Sun Yat-sen and Liang Ch'i-ch'ao", pp. 321~342。文中指出:"梁氏在1899年《清议报》上发表了可能是中文有关社会主义的第一篇文章。"康氏也对社会主义感兴趣,可能由梁氏介绍。

> 若夫工业之争，近世尤剧。盖以机器既创，尽夺小工。……而能作大厂之机器者，必具大资本家而后能为之。故今者一大制造厂、一大铁道轮船厂、一大商厂乃至一大农家，皆大资本家主之，一厂一场，小工千万仰之而食，而资本家复得操纵轻重小工之口食而控制之或抑勒之，于是富者愈富，贫者愈贫矣。①

犹有进者，康氏预测几十年之后，由于资本主义工业的继续发展，贫富益为不均，整个人类将遭遇到无可估计的灾祸。即在眼前，祸端已见：

> 近年工人联党之争，挟制业主，腾耀于欧美，今不过萌蘖耳。又工党之结联，后此必愈甚，恐或酿铁血之祸。……从此百年，全地注目者必在于此。故近者人权之说益昌，均产之说益盛，乃为后此第一大论题也。②

此几若预言，虽时效有误。他在撰写上文时尚不知马克思主义的第一波即将冲击到中国的知识界，且将于五十年内主宰整个国家。

康氏在讨论商业时，改变了他的看法。他关怀的并非经济的不平等，而是自由竞争的阻碍。商人为了发财，不可避免会有不合伦理的做法：如以贱货售高价以欺大众，或悍然破坏同业竞争者等等。这一切都显示道德的败坏。康氏将竞争精神归罪于达尔文主义，他谴责道：

> 近自天演之说鸣，竞争之义视为至理，故国与国陈兵相视，以吞灭为固然。……以才智由竞争而后进，器艺由竞争而后精，以为优胜劣败乃天则之自然，而生计商业之中尤以竞争为大义，此一端之洗耳，岂徒坏人心术，又复倾人身家。③

康氏继谓，竞争对社会影响之坏，工商都一样。无论哪一种竞争都导致

---

① 《大同书》，上海版，页355；北京版及台北版，页235。
② 同上，页356；北京版及台北版，页236。
③ 同上，页357；北京版及台北版，页236～237。康氏在《孟子微》中重复他反对达尔文主义的论调。载《新民丛报》，十三期(1902)，页53。

不均。①

康氏更提出反对自由或私有企业的理由,大都是经济性的。私有农夫不能预计产品的市场,不知种多少,种哪些农作物,他经常会遭遇到产量不够或过剩的问题。而私营制造业者也有许多问题,诸如消费者需求的波动、劳力供应、费用以及成品的质量等。他无力解决这些问题,以至浪费物力人才。私营商业也有同样困难,不但害到自己的利益,也损害消费者的利益。② 康氏虽然欣赏社会主义,似对资本主义制度有相当的了解。

以上结束了康氏对某些社会制度的批评。他于 20 世纪之初提出如此看法,我们不得不承认他思想的革命性。梁启超比之"火山""地震",并非虚言。值得指出的是,康氏所批评的,都是中国和西方具代表性的。假如他拒斥专制国家以及男人中心的家庭(在儒家道德中所谓的"三纲")是针对传统中国,那么他谴责种族歧视和资产不均乃是针对近代西方。康氏思想的普及性格于此可见。但在此他不求普及真理,仅指出制度缺陷的普及事故。这些在中国以及西方文明中的不良因素必须排除。换言之,他要求灭华灭洋以彻底改造人类的制度。唯有如此才能建造大同社会——世界化的最终结果。

(三) 大同的体系

康有为的乌托邦构想可约略述之如下。那是一个在民主政府领导下的世界国,一个没有亲属、民族或阶级分别的社会,一个没有资本主义弊病而以机器发达来谋最大利益的经济。简言之,经由人类的团结和平等,将出现完全的快乐。到极乐之路,需经过人与社会四方面的转变——政治、社会、经济以及民族。

---

① 《大同书》,上海版,页 357;北京版及台北版,页 237。
② 同上,页 358～362;北京版及台北版,页 237～240。

康氏转变世界上政治制度的计划系取消所有单独的国家、专制制度,建立一个民主的世界政治组织。这些并不是他的乌托邦思想中最惊世骇俗者。这不过令人想起古代中国人所说的"天下为公"①,或"天下如一家"。② 这也令人想到康德所说的"向往永久和平"(Project for a Perpetual Peace)③,当然康有为和康德在理论观点上是极不相同的。康氏先认定国界的存在不可避免会有国际的武装冲突,故唯有消除国界后,人类才能享受长久的和平。康氏认为一个主权国家的意志是难以遏制的:

> 国者人民团体之最高级也;自天帝外,其上无有法律制之也,各图私益,非公法所可抑,非虚义所能动也。④

然则国界必破。但此非由突发的革命可成,乃需渐变而成。康氏对此感到乐观,他以天理人心肯定大势趋向世界的统一与和平⑤。两个政治发展可为证明。

其一,许多国家结合为更大的政治实体,在亚洲和西方的历史上都有这种结合的例证。例如中华帝国初建于公元前3世纪,由许多小国逐步结合而成。

又如阿育王(Aśoka)在同时统一印度,相同的情形发生在古罗马、近代德国和意大利。虽说甚受战争之苦,但结果足满人意。康氏说:

> 盖分并之势乃淘汰之自然,其强大之并吞,弱小之灭亡,亦适以为大同之先驱耳。而德、美以联邦立国,尤为合国之妙术。……他

---

① 引自"礼运"。
② 王守仁,《大学问》,《王文成公全书》(四部丛刊本),卷二六,页736;另见《阳明全集》(四部备要本),卷二六,页1。
③ Immanuel Kant, *Project for a Perpetual Peace*.
④ 《大同书》,上海版,页103;北京版及台北版,页69。
⑤ 同上,页104;北京版及台北版,页69。在这一段中,康氏提到各种乌托邦时,包括了"达尔文之乌托邦",Thompson对此颇感迷惑。康有为显然指的是达尔文天择之说最后必将演为"一元世界"。详阅下文。

日美收美洲,德收诸欧,其在此乎,此尤渐致大同之轨道也。①

其二,政权逐渐移到平民,也是走向世界统一与和平的趋势。美国革命首创民主运动,传播到其他国家,见诸后来诸国的革命。政治民主带来社会的运动,倡均产之说,促进大同。康氏解释道,民主既可除政治之私,共产可却经济之私。② 袪除人类之私乃能实现全球和睦。

康氏虽承认过去的政治统一由于军事征服,但他仍希望能用和平方式达此目的。人类进向大同可有三个初步阶段:

> 今欲至大同,先自弭兵倡之,次以联盟国纬之,继以公议会导之,次第以赴,盖有必至大同之一日焉。③

康氏乐观地估计在二三百年之间可以完成"三世"的进展。他在一小注中提到,有鉴于"飞船"(飞机)的发明④,他觉得大同之世也许在一世纪中就可实现。⑤

康氏认为设置世界性的"公议政府"乃是走向大同的第一个具体步骤。此一机构的代表由各国每年公平地选出。虽不设总统来统驭各国主权,但应由多数的代表选出一发言人,一切事务都由多数决定。康氏指出,此种安排与瑞士相似,但与美国的制度绝异。此一全球性的立法机构有权处理一切所能处理之事,其他事则由个别国家处理。⑥

世界议会将执行国际交往的统一事务,包括制定国际法,调停国际纠纷,统一税率以及度量衡,以及发展万国语以替代现有各种语言。它

---

① 《大同书》,上海版,页104~105;北京版及台北版,页70。
② 同上,页105;北京版及台北版,页70。
③ 同上。康氏指1899年的海牙和平会议(由俄皇尼古拉二世召开,有26国与会,其中4国在亚洲)为走向大同之先机。但康氏没有注意到,由于德国一再反对裁军,而使会议之目的未能完全达到(《大同书》,上海版,页112;北京版及台北版,页75)。
④ 立此存照:黎连骚(Otto Lilienthal)于1891年创造第一架滑翔机,兰格雷(Samuel P. Langley)于1892年试验其标准舟,莱特兄弟(Wilbur and Orville Wright)于1903年发明第一部动力机器。因此,康氏在书中提到"飞船",可为其书不能像他宣称的,成于1884年之内证。
⑤ 《大同书》,上海版,页113;北京版及台北版,页75~76。
⑥ 同上,页113~114;北京版及台北版,页76。

有权控制不属单独国家的人民、土地和海洋。它将切实执行（必要时可用武力）其规章，要求各国报告军备状况，并限制武装的数量。为达此目的，它可征调个别国家的军队，或自设武力。① 然则康氏所设计的世界议会，其权力远超过今日的联合国。用万国语的想法尤具兴味，它暗示康氏有意废止民族文化和民族情感，并显示他的乌托邦思想中的极端国际性。②

当情况许可设立共同的"公政府"时，大约是世界议会设立数十年之后，第二阶段（即康氏所说的中间阶段）便可到来。到那时，康氏相信各国的权力逐渐式微，一国欺侮另一国的私心逐渐减轻，而"民主组织"日增，并更为坚实。世界遂可出现与美国联邦制相似的政府。

康氏条列出世界政府的主要性能为可促使世界走向统一。第一个性能就是逐年裁军，直至各国都无常备军。另一种任务是消除国家，连国家此一名词也要废止。③ 然后全球将分为"省"或"区"，各有其地方自治政府。为了方便整合。世界政府将另用历法④，另用度量衡，另用同一

---

① 《大同书》，上海版，页114～118；北京版及台北版，页76～79。
② 康氏并未坚持此一看法，至少对语言是如此。据《大同书》的编者说，当此书前两部于1919年出版时，康有为在文尾有注语曰，"中国文乃有韵味者，不易去也"《大同书》，上海版，页116；北京版及台北版，页77）。康氏早年即有志改良文字。他在1887年（《自编年谱》，页8）说："以为养兵学语言，皆于人智人力大损"，又说："欲立地球万音院之说，以考语言文字。"他似曾习外语。已故赖福了（Erwin Reifler）教授曾示我二本有关埃及文字之书，上有康氏手批。一本是：《埃及文初阶》（*First Steps in Egyptian*：*A Book for Beginners*，London：Kegan Paul，Trench，Trübner and Co.，1875）；另一本是：《埃及文初阶选读》（*An Egyptian Reading Book for Beginners*，London：1896）。在卷首，康氏写道："古埃及文，孔子二千四百六十年己亥二月，购于开罗，更生。""更生"是康氏于戊戌政变后所用之笔名。此处所写时间或有误。己亥为1899年，3月间康氏正自日赴欧美。他于5月21日从渥太华航向欧洲，于5月31日到达伦敦。他的第二次欧游才曾自君士坦丁堡到埃及，时在1908年（戊申，孔子纪年二四六〇）3月。参阅康同璧，《年谱续编》，页4，60。康氏记时有误，但他对外语的兴趣由此可知。
③ 汤普森英译本《大同书》误以为康氏要废除国文。Thompson, *Ta T'ung Shu*, p. 99。
④ 《自编年谱》，页7指出，当康氏29岁时，他也发明一新历法，即大同纪年法，以1900为元年，凡以帝王教王为号者一概废除，然则他应亦有废止孔子纪年之意。

语言，以求一致。① 康氏似认为此一世界政府乃是建立乌托邦的主要工具。②

值得注意的是，康氏将现有世界走向完美世界的三个发展阶段比作公羊三世之说："据乱世""升平世"和"太平世"。③ 此为全书中唯一显示他与儒学的思想关系，也许他是无意的。

当全世界合并为一国时，所有的人都成为"世界公民"，以"公议为权"④，选世界议会的代表和治理地方政府。康氏所说的政府结构实甚简单，其议会为两院制，上院议员由各地区的居民选出，下院议员则由全民选出，无需议长，一切由多数票决定。上院除立法权外，尚可听取民众控诉并处罚有罪官员。世界政府的行政部门有若干行政官与一行政长官，由两院选出。全球的每一区都享有自治，有权在其范围内立法和行政。⑤

康氏未见政党之用，他辩称竞争即使可以导致进步，毕竟败坏人性，并不值得。政党的存在必会卷入政治，政治即是竞争。康氏对助选极不以为然：

> 今立宪之政体，其行政之诸长皆出于全国政党竞争。……喧走道途，号召党徒，密谋相攻，或至动兵行刺，若选举之先，兆人万众彷徨奔走，大罗酒食以媚庶人，所取既未必公，即公亦出大争，坏人心术。⑥

以康氏之见，此种行为不会见诸大同之世。大同之世虽有选举，但将是

---

① 康氏在1887年曾作同样建议(《自编年谱》，页8)。
② 康氏于《大同书》中，发挥此一论点，见上海版，页118～136；北京版及台北版，页79～90。
③ 《大同书》，上海版，页136～165；北京版及台北版，页90～107。公羊学对康氏之影响，请参看本书第三章第四节结论。
④ 汤普逊于英译本中对此词翻译可疑，见Thompson, *Ta T'ung Shu*, p.196。
⑤ 《大同书》，辛部，第四章。上海版，页388～391；北京版及台北版，页258～260。大同政府由20部组成，包括福利、农业、工业、财政、交通、道德宗教、娱乐等。但无外交与国防，因绝对和平之世，又无国别，自无外交与国防之需要。
⑥ 同上，页391～392；北京版及台北版，页260。

公平与严肃地举行,不会有竞争助选,相比之下,当前的选举显得野蛮和荒谬。康氏自亦不满意他当时的议会制度,认为大同之世的议员举止无讹,与"今政党议员,互攻激刺,大笑喧哗"绝不相同。此种"野蛮之至"的行为在太平之世必为清议不齿,必纠议弹之。①

除了世界中央政府之外,另有地区性的政府以及地区自治政府。康氏建议将地球区分为 100 度,每一度设一与中央政府相似的政府,主要的分别只是:地方政府无权处理通信和交通事务。每一度更分为较小的单位,每一单位也享有自治。

康氏地方政府的构想颇有新意。他预测世人终将居住公共楼宇以从事农、工、交通、发展等行业,或居住在公家院舍如学校、医院、老年或少年院,遂无私人住宅,亦不作离散的乡居。人口集中之地非农即工,分别集中于大农场或大工厂。地方自治政府的区分应以性质而不以土地分。每一农场或工厂为一自治政府的单位,农场或工厂的总管即为地方政府的首长,所有的工人参与决策。每一农场或工厂要有自设的教育和福利事业,如学校、公共育婴院、医院、老人院、穷人收容院以及公共设施和经济事务的官署。每一地方自治单位自成一自足社区,全以民主方式运作。②

因此,依康氏之见,大同之世有三级政府:世界政府、"各度"政府以及农工自治政府。三者皆为人们所需。在此种政府之下,平等原则彻底实现,权威原则灭至最低。一切人都成为大同社会的成员,按照分工原则,人人同享平等福祉。康氏写道:

> 故大同之世,无有民③也。举世界之人,公营全世界之事,如以一家之父子兄弟。无有官④也。其职虽有上下,但于职事中行之,若

---

① 《大同书》,辛部,第四章。上海版,页 392~393;北京版及台北版,页 261。
② 《大同书》,辛部,第八章。上海版,页 401~405;北京版及台北版,页 266~269。
③ 原文是"民"字(译按:原书英译作 subjects)。
④ 原文是"官"字(译按:原书英译作 rulers)。

在职事之外。则全世界人皆平等，无爵位之殊，无舆服之异，无仪从之别。①

政治组织仅是康氏大同构想的一部分。在大同之世完成之前，必先有基本的社会转变。康氏在抨击现有制度时（前已述及），明确指出无阶级的共产世界社会将逐渐演变而成，决不是突然和暴力革命的结果，他描述出转变的主要趋向。

首先是取消社会阶级。康氏深信无论在中国或在西方国家，这一方面的趋向已有相当的进展，不过中国虽有孔子，仍较落后，仍然允许奴隶制度存在。废止奴隶完全恰当与必要，其理由不言而喻。他声称："人为天所生，民为国所有，非一家一民所能私有。"②不过政府立即下令废奴将召奴主之怨恨，不如逐渐废止。③ 一则，经年为奴者偿付奴主一些钱财以获自由之身。二则，新买之奴须给予雇佣身份，以无偿劳动若干年作为补偿。三则，制定完全禁止奴隶买卖的日期。④

更加根本的是改变长期制造血亲和婚姻关系人间不平等的家庭制度。康氏特别关切中止性别间的不平等。他指出两个阶段的进展。在第一个阶段，使女性逐渐平等和自立。⑤ 女子与男子一样接受教育，同样运用政治权力，自由社交和婚配，不再有缠足、整脸、穿耳、束腰等痛苦和腐败的习俗。已婚女子无须服从丈夫，或用夫姓。所有的女子宜穿与男子同式衣服，以示独立与平等。⑥

到第二个阶段，男女都将获得更多的自由，届时婚姻制度即将消失，

---

① 《大同书》，上海版，页393；北京版及台北版，页261。
② 同上，页173～174；北京版及台北版，页112。汤普逊译文有问题，见 Thompson, *Ta T'ung Shu*, p.137。
③ 同上，页173；北京版及台北版，页112。汤普逊未译此段。康氏在此提及其祖父任职广东连州时，曾购一奴而释之，赞其仁。
④ 同上，页174；北京版及台北版，页112～113。汤普逊未译此段。
⑤ 此为戊部第八章的标题，为《大同书》上海版所无，但见于北京版及台北版，页162。
⑥ 《大同书》，上海版，页246～248；北京版及台北版，页162～164。

以自由择配以替代婚嫁。相配男女将立"交好之约"。此种结盟不称夫妇,而双方都处完全平等之地,因康氏认为结合双方之约有如两国的条约,并不影响任何一方的主权。康氏强调:若稍有高下即"违天赋人权平等独立之义"①,又将趋于尊男抑女之风。

为了防止重新回到旧式婚姻,康氏建议所有交好之约须设一时限,因而终身许配的合同可以宣称无效。② 康氏指出暂时婚约的进一步好处可使不相爱者不必勉强继续住在一起,因人性各异,即使是极为相爱之人,仍然不可能有相同的感觉、欲望和志向,若强使他们终身结合在一起,必然有害。而且,人是多变的,结合过久必会厌倦对方,自然想与更有才智、更加俊美、更具财富的新异性交往。如硬要继续婚约,双方都将不乐。在亚洲,男子可纳妾而女子必须守贞,终身婚约实给妻子们带来更多的不平与痛苦。

最根本的婚姻制度不容于大同之世。在人类社会发展史中,婚姻有其地位。在据乱世中,父权家庭乃是社会结构的中坚,若无永久性的婚约,父子之间的关系便无法维持。但在大同之世,父权必须消除以臻普遍的自由和平等。父权家庭既失,以父为主的婚姻亦无存在的理由。康氏的建议实甚简明:

(一)婚姻限期,久者不许过一年,短者必满一月,欢好者许其续约。(二)立媒氏之官,凡男女合婚者,随所在地至媒氏官领收印凭,订约写券,于限期之内誓相欢好。③

此种建议与载于《周礼》中儒教婚姻观完全相背,康氏并不以为意。《礼记》有云:

---

① 《大同书》,上海版,页248;北京版及台北版,页164。原文有"天赋人权平等独立之义"语。康氏可能有西方 natural rights 之概念。
② 康氏在1880年代写的《实理公法》"夫妇门"的"比例"所说与此略同。在这部早期的著作中,他限婚约为三个月,到期可与别人相配。当然也有续约的自由。
③ 《大同书》,上海版,页252;北京版及台北版,页167。对未入学以及未能在经济与其他方面独立的女子,康氏不与婚姻的自由(上海版,页253;北京版及台北版,页167)。

> 婚礼者,将合二姓之好,上以事宗庙,而下以继后世也,故君子重之。①
> 壹与之齐,终身不改,故夫死不嫁。②

然康氏不顾这些原则,道出他所认为可以作大同社会婚姻的真正基础:

> 男女之事,但以徇人情之欢好,非以正父子之宗传。③

因此,自宋以来所崇尚的女子贞节在康氏的思想中毫无重要性可言。在他看来,符合快乐的原则较好,让人们遵守自己的良心。离婚既无需要,通奸之罪也不存在。康氏立场激烈到极端,要知道他写此在世纪之初,早在陈独秀、胡适等提倡妇女解放和排除贞操之前,而康氏似更有过之。④

不过,康氏并非无视其主张的危险性,因此他在终结婚姻一章时有这样的警告:

> 从上所论,专为将来进化计,若今女学未成,人格未具,而妄引妇女独立之例以纵其背夫淫欲之情,是大乱之道也。夏葛冬裘,各有时宜,未至其时,不得谬援比例,作者不愿败乱风俗,不欲自任其咎也。⑤

婚姻废止之后,阻碍大同实施的传统父权家庭也就消失。因基本人伦如夫妇、父子、兄弟,当男女暂时交媾之时,便无以辨认。康氏建议由公家机构来替代家庭的角色,这些机构将解决人们自生至死的需求,要胜过近代任何福利国家所能做到的。在此无需详述康氏的计划⑥,但可指出其中的一些特点。

康氏首先说出他的理论基础,他说:

---

① 《礼记正义》(台北:启明书局重印本,1959)"婚礼",页452。
② 同上,"郊特牲",页225,有谓妇女必须从一而终。有关传统婚姻的法律规定,请阅 T'ung-tsu Ch'ü(瞿同祖), *Law and Society in Traditional China*, Chap. 2。
③ 《大同书》,上海版,页250;北京版及台北版,页165。
④ 参阅本章下文,"从历史观点看大同"节。
⑤ 《大同书》,上海版,页253;北京版及台北版,页167。
⑥ 康用绝大篇幅(大约全书的1/7)讨论此一计划(《大同书》,上海版,页290~352;北京版及台北版,页192~233)。

>人非人能为，人皆天所生也，故人人皆直隶于天。① 而公立政府者，人人所共设也，公立政府当公养人而公教之、公恤之。②

据此，有三种公家机构作三类服务：公养、公教、公恤。公养的机构包括照顾妊妇、婴儿以及小孩，公教机构从婴儿学堂到大学，公恤机构包括照顾老人、穷人、病残以及公众火葬场。因此，每人生命中的任何一个阶段从生到死，都由政府经由这些机构来安排，其结果将是：

>父母之与子女，无鞠养顾复之劬，无教养靡费之事。且子女之与父母隔绝不多见……不相认，是不待出家③而自然无家。④

在此不能详述康氏所提出这些机构运作的法则和原理。有些法则很有趣，但最重要的是指引教育机构者。他对教育的想法显然受近代西方工业国家的影响。他强调知识专业的重要性，特别是大学：

>大同之时，无一业不设专门，无一人不有专学，世愈文明，分业愈众，研求愈细，究办愈精……其门目之多，与时递增。⑤

此种加强专业正与传统中国的学问理想相反——"天下事"无所不知。同样重要的是，康氏以实验之学为重要，而反对空泛的书本知识。因此，研究农业要到田里工作，研究医术要到医院见习，研究法律要到法院实习。康氏认为教育不是"虚文高论"。⑥ 此也远不似传统理："坐而论道"。

---

① 此为《实理公法》"父母子女门""实理"第一条的进一步发挥。
② 《大同书》，上海版，页290；北京版及台北版，页192。
③ "出家"乃佛家语。康氏加以反对，因将导致人类的绝种。
④ 《大同书》，上海版，页328；北京版及台北版，页217。
⑤ 同上。
⑥ 同上，页330；北京版及台北版，页218。在另一处（上海版，页418；北京版及台北版，页278），康氏勾勒出这些学校的功课："德教智教体教之外，以实用之教为最重。……古史则略备博学者之温故而已，为用甚少。……若名理之奥，灵魂之虚，则听学者自为之。……非公学之所急，则不待公学之教之也。"康氏又说，外国语文也应排除。如此，日力既省，则"学人之进化，过今不止千万倍矣"。汤普逊的翻译，完全没抓住要点。有趣的是，节省时间却成了民国时期主张"文字革命"者的主要论据之一。

也许康氏不自觉地提倡近代西方的科技教育,而非自由人文教育。在此须一提的是,此一想法在三年后的《物质救国论》中以更强烈的字眼表达出来。

大同预期经济和社会的转变。康氏经济理想在实质上,不论生产和分配,都是共产式的。经济生活的各面都是国有或共有,农、工、商都为"公"有。在乌托邦之中,一切私有财产、土地与其他,都将消失。① 政府将设立适当机构来管理世界经济事务。

农业需有中央部门以及若干地方机构来计划、规范、管理各方面,诸如耕种、森林、渔业以及矿业。政府将全部控制,不容一点私人的选择和异同,一切从事农业之人,出身公众教育训练部门,组织起来,几如军管:

> 其耕耘、收获、牧养、渔取,皆有部勒程度,其每日作工皆有时限。……然作工之时,坐作进退几如军令矣。②

每一农场将是一自治的生产单位。农场的主管也是地方政府的首脑,领导与农场相关机构(诸如公养、公教、公恤)的主事者。地方事务将由农场成员公议。公家宿舍、食堂以及其他设施使私人住宅没有用处。③ 康氏此一计划与共产中国的农村公社相像得毋庸评述。

"公工"与"公商"也照同样模式。每一工厂为自主生产单位,工厂主管亦为"地方"政府首脑,而所有工人都参与地方事务的决策。④ 工人获得技术突破和荣誉将得奖金,新发明与逐步机械化将减少工作时间,每一工人终将一日仅作一或两小时之工。工人既全无家累与匮乏之虞(家庭与私有财产皆已废止),自由享用充足的共用文化和休闲设备,皆"极乐天中之仙人也"。供应和需求既由世界政府精确地控制,自无因劳力

---

① 《大同书》,上海版,页362;北京版及台北版,页240。
② 同上,页368;北京版及台北版,页244。
③ 同上,页401;北京版及台北版,页267。
④ 同上。

过剩而生产过量或失业等事。①

商业有如农工，将属公有、公办。中央商务部将指导分布世界各地的工厂制造一定数量的物品，以应一年中全人类所需，并将分配这些物品到批发商店。政府规定所有价格，商品将由快速便捷的自动化方式送到顾客手中。商店中的所有员工都属公务员。既无"谋利"之心，中间剥削自也取消，也无税收，商品价格自然十分低廉。②

康氏不认为有官府贪污的可能性。他辩称家庭既已消除，社会制度和人们心理既已完全改观，不仅弄假作弊的客观条件不存在，而且偷窃的欲念也不会发生。康氏因而作结道，取消家庭实为转变整个经济社会所必须。③

综上所述可知，康氏实在要彻底地规范人际关系和经济生活。但尚要另外一种转化，人类才能获得乌托邦的境界，那便是消除"种族"。康氏在涉及种族时，曾谓白人和黄人较棕人和黑人优秀。他指出达到种族平等的两个途径：一是让"天演"④完成其任务，终将淘汰"劣"种，或合各种为一种。"优胜劣败之理"将于千百年后消灭非洲的黑人⑤，但较理想较人道的乃是经由种族统一以达到种族平等。

康氏的建议揭露他对生物知识的无知，他认为种族之异可经由四个方法消除，那是"迁地之法""杂婚之法""改食之法"和"沙汰之法"。第一步以大同公政府之力，迁移居住在赤道及其附近的黑人至较冷地区，如加拿大、波罗的海、黑海以及南美三四十度之间。第二步是鼓励杂婚，"凡有男子能与棕、黑人女子交，女子能与棕、黑人男子交者，予以仁人徽章"。康氏不赞同张伯伦（Houston Stewart Chamberlain）等种族主义者

---

① 《大同书》，上海版，页 371~375；北京版及台北版，页 249~251。
② 同上，页 375~379；北京版及台北版，页 249~251。
③ 同上，页 380；北京版及台北版，页 252。
④ 康氏此词可能取之于严复所译《天演论》(1896。Thomas Henry Huxiey, *Evolution and Ethics*,1893)。
⑤ 《大同书》，上海版，页 178~179；北京版及台北版，页 117~118。

所谓杂交将导致整个种族转劣,而深信不同种族的后代将遗传较淡的肤色。同时,改变劣种人的食物可加快同化,甚至几代之后可除其身中腥臭之气。最后,棕、黑人中有"性情太恶、形貌太恶或有疾者",宜绝其传种,以免人种退化。①

康氏期待这四种方法会生奇效。他深信杂婚可令肤色变白,因此,

> 速则七百年,迟则千年,黑人亦可尽为白人矣。……故经大同后,行化千年,全地人种,颜色同一,状貌同一,长短同一,灵明同一,是谓人种大同。②

换言之,康氏要求种族平等并非视各种族平等,而是要转变"劣"种,以与"优"种无别。这倒像一位美国作者所建议的:中止歧视的最好办法是"将每一个黑人变成头等公民",使他们不再像一个黑人。③ 康氏同样要帮助黑人不再是黑人,以使每个黑人成为人类的头等成员。

(四)太平乐境与无尚喜悦

社会既已完成其变化,人们的态度与行为亦将有显著的改变。人们的天性既无所掩蔽,乌托邦社会之前所有罪恶也尽抛弃。大同之世诚无犯罪可言,因无瑕的社会才有完人,而完人才能建立无瑕的社会。

依康氏之见,人之所以犯罪,乃因有挫折:社会制度压制了他们天赋的欲望,特别是国家、家庭和私有财产等制度,具有阻碍与压迫的效果。去除这些限制,就等于除去导致通奸、强奸、盗窃、伤害、反叛及战争的不利情况。公众教育将带来自由、平等、博爱等原则,有利每一个人,可更加保证正当的行为。

---

① 《大同书》,上海版,页184~189;北京版及台北版,页121~122。两种版本行文略有异。
② 同上,页188;北京版及台北版,页116。
③ John Fischer, "What the Negro Needs Most: A First-Class Citizen's Council", *Harper's*, July 1962.

因此,当大同之世,法律与法庭都无需要,仅仅有用的规范属于行政与生产的管理部门。① 在康氏看来,即使是固定的道德规范也不恰当,因善恶的标准难以建立。

> 夫公理本无善恶是非,皆听圣者之所立。……故知善恶难定,是非随时,惟是非善恶皆由人生,公理亦由时定。②

但是道德的相对性应不阻止人们具有公认而有效的规则来指导行动。康氏在此引用其《大同书》前几部所说的话:"我仪图之,凡有害于人者,则为非;无害于人者,则为是。"

康氏提出四项规则以保大同之世的绵延,即偷懒、崇拜个人、竞争及堕胎都应禁绝。

生育痛苦,抚养麻烦,康氏以为在大同之世,妇女必然要求堕胎,故若不禁之,人终将消逝于世。③ 懒怠必须禁止,因为在极乐世界,人们必将纵情享乐,他们会拒绝工作,卒将返回据乱世而后止。④ 禁止崇拜个人的理由也很显然,因平等乃大同世的基本原则,也是人类快乐不可或缺的条件。若给予个人过多的重要性,则通往不平与乱世之路就敞开了。⑤ 竞争不能允许,因将导致冲突与紊乱。康氏在此所说对人性颇为悲观,显然与他认为人心在大同之世可大大改观的说法不相一致。⑥ 他说人类一开始就有私心,因有私心,乃有人与人间、家庭与家庭间、国家与国家间、种族与种族间的竞争和斗争,"以强凌弱,以众暴寡"。康氏就此对达

---

① 《大同书》,上海版,页419~426;北京版及台北版,页279~283。康允许老百姓到公共议会去告官员,并特明世界议会要有法官(上海版,页158~159;北京版及台北版,页103)。古老的儒家理想显然使康氏感到法律与法庭都有可废止的一日。阅《史记》(中华书局本),卷四,"周本纪",页13。有谓在成康之世,刑措不用凡40年。
② 同上,页424;北京版及台北版,页282。
③ 同上,页306~312;北京版及台北版,页203~206。
④ 同上,页426~427;北京版及台北版,页284。
⑤ 同上,页427~428;北京版及台北版,页284~285。
⑥ 阅《康子内外篇》"阖辟篇",第十段。

尔文主义大施攻击：

> 其妄谬而一知半解如达尔文者，则创天演之说，以为天之使然，导人以竞争为大义，于是竞争为古今世界公共之至恶物者，遂揭日月而行，贤者皆奉之而不耻，于是全地莽莽，皆为铁血。①

这一切都违反和谐与互助的原则——"礼运"的精妙原则，康氏引其名句道：

> 货恶其弃于地也，不必藏于己；力恶其不出于身也，不必为己。②

然而竞争不能完全没有，否则便无进步，停滞必导致社会衰败，因此世界政府必须鼓励人们努力求精良、求知识、求道德。不断的进步才能使人类生存于完善的境界，远超过旧时代的情况。③

康氏所描述的大同世界似是一真实的天堂，每人都能充分获得所需、所欲，而无痛苦或不安，生命乃是一连串的乐事。衣、食、住、行不仅提供高度的舒适，而且给予十分美感。音乐处处闻，桌、椅、床以及其他家具都属高贵品质。政府时时注意医药卫生，事事都机械化或自动化，十分精到。故人们决不会像旧时代那样希望旅行，不愿定居一处，因"行

---

① 《大同书》，上海版，页429；北京版及台北版，页285。汤普逊译文（p. 258）并不理想。"铁血，"一如汤普逊所说，乃暗指俾斯麦的"铁血"政策。约在康氏撰成《大同书》的同时，他的学生及戊戌变法的同志梁启超，并不同意他的看法。梁氏在"天演学初祖达尔文之学说及其略传"（《饮冰室合集》，《文集》五，页3～18）中，认为"物竞天择适者生存之理"乃是普遍适用的，并指出"竞争进化"将完全支配20世纪。在另一篇文章"新民说"（1902）的第四节，梁启超将白人之优于他种人及盎格鲁撒克逊民族（英美两国）之最优归因于"适者生存"原则运作的结果，并建议中国取法盎格鲁撒克逊民族（"新民说"，《全集》三，页7～11）。但是大约20年后，梁启超回到康有为的立场。第一次世界大战使梁氏察觉西方文明有些问题，他认为部分应归咎于达尔文主义。他说："此次欧洲大战几乎毁灭了人类文明，虽然原因很多，但须指出达尔文进化论有相当大的影响。""老子哲学"，《饮冰室文集》，卷六三，页14。引见 Levenson, *Liang Ch'i-ch'ao and the Mind of Modern China* (Cambridge, Mass.: Harvard University Press, 1953) p. 203。
② 《大同书》，上海版，页430；北京版及台北版，页286。康氏认为人甚至不应与其他生物相竞，因人不过是生物之一种，并无与其他物种争斗的权利。故人不应杀害鸟兽，应停止食肉。科学发明将可提供比肉食更鲜美之物。康氏说，"婆罗门佛者"以坚持素食而为至仁。
③ 同上，页407～418；北京版及台北版，页271～278。

室"与"飞船"可带他们到任何想去的地方。①

这一切都期望于经科技发展而产生的高度工业化。康氏的社会理想因而也是对近代西方工业社会的理想化和批判。② 香港、上海等现代化都市常引起他的兴趣和钦仰。③ 但同时他也理解到面对西方工业化的社会和道德问题。他的大同之世，显然意指人类与经济关系的社会化，可以认为是要来解决这些问题的。在此，他不自觉地与近代西方乌托邦主义者并驾齐驱，他们的背景不同，详略有异，但都指向共同的乌托邦潮流。④

是以，康氏的乌托邦理想扎根于两大原则：工业化与社会化。他还深深依据第三个原则，即政治结构的民主化。有太多的古典乌托邦基于权威主义的概念，而趋向专制，造成过于集中、过于僵化的政治系统，而难于改变。⑤ 康氏一如其同时的西方人，不能完全免除权威的偏见，特别是在经济结构观点。例如，在社会化的农场中，农耕者将要集体化，有如在军管之下。⑥ 不过，康氏不顾自相矛盾，一再强调个人自由与平等的价值。事实上，他所预见的大同之世，政治系统是基于公众意愿的共和政体。他并不主张训政过渡时期，以使人充分运用政治权利。个人将不是社会工具。相反的，快乐永远是一切社会制度的最终最切目标。经济集体制毕竟只是保证充分生产，以使生活愉快，不为其他。当他对人类的

---

① 《大同书》，上海版，页442～451；北京版及台北版，页294～300。康氏已预见20世纪美国是一个"以车代步"和住在船宅的国家。
② 阅林克光，"论大同书"（撰于1956年11月），《中国近代思想家研究论文选》，页19，有谓大同乃建筑于高度物质文明之上。
③ 《自编年谱》，页5,6；参阅康同璧，《年谱续编》；及康有为，《欧洲十一国游记》。康氏于1905年3月访问洛杉矶后，益信"（西方）各国物质文明"的重要。此一信念促使他写《物质救国论》。
④ 阅 Glenn Negley and Max J. Patrick, *The Quest for Utopia*。
⑤ Mumford, *Story of Utopias*, p. 4.
⑥ 在其早期著作《康子内外篇》"阖辟篇"第二段及第四段中，康氏对君主政治的效率仍予肯定，而怀疑一般人民的能力。但在1898年之后，当他开始寻求更多人的支持时，他的看法已逐渐改变。在环境逼迫之下，他成为首创大众政治运动者之一（参阅康同璧，《年谱续编》）。

责任完成之后,他可脱离社会,不受社会控制,而追求个人的超越存在,像道家的成仙或佛家的菩萨,连大同之世也不一顾。① 在此没有社会权威主义意味。

再者,大同之世本身并不是要封闭社会,阻碍人类的成长,②而是孕育于进步思想之中。康氏坚持社会制度和生活条件不断改良的必要与可能。康氏说,能够增进人之快乐,减少人之痛苦,就是进步。③ 为达此目的,他认为不仅要使社会结构完善,而且要使科技无限制地发展。进而言之,人尚不能自限于完美的社会中,大同之世的大门永远是敞开的——有能力的个人可进而羽化成仙、成佛,终于遨游天国,享受彻底超脱的自由。④ 假如权威主义果然是大多数西方乌托邦的性格,那么康有为的大同构想倒是一个高贵的例外。⑤

(五) 从历史观点看大同

我在此章开头曾提到康氏的大同理想不是随便说说的,而是认真设计的社会转化的可行计划,用适当方式逐步付诸实施。但其他人,包括他的学生在内,则别有所解。梁启超自认不解乃师何以演成精妙的理想而又"不愿其实现,且竭全力以抗之遏之"。⑥ 名史学家钱穆则谓中国既无实施大同的客观条件,康氏的描述实为"无端发此奇想"。⑦ 中国大陆的学者认为大同不比乌托邦社会主义更有价值。毛泽东在 1949 年说康

---

① 《大同书》,上海版,页 451~453;北京版及台北版,页 300~301。
② Mumford, *Story of Utopias*, p. 4.
③ 《大同书》,上海版,页 442;北京版及台北版,页 293。汤普森译本(页 271)未译此段。
④ 同上,页 453;北京版及台北版,页 301。在这一点康与大多数西方乌托邦主义者有异,后者"对于他们所设想的理想国之外,再无进展"(Hertzler, *History of Utopian Thought*, p. 307)。
⑤ 值得注意者,康氏在其书中未提到无政府主义。无政府主义对当时的中国知识分子影响颇大。
⑥ 梁启超,《清代学术概论》,页 136。
⑦ 钱穆,《中国近三百年学术史》,页 664。

氏写了《大同书》,但他不曾也不能寻得通往大同之路。① 大陆的学者大都附和此议。其中有人认为康氏的理想是毫无社会现实基础的零碎想法,另有人指为一种幻想式的农村社会主义,还有人斥之为纯粹的空想,甚至有人指控康氏想藉此欺骗群众以阻挡人民革命的高潮。②

这些人都未注意到康氏的主观意图,他是尽力理解自己思想的历史意义的。他十分自信地认为大同乃是指引人类社会前进的可行理想。在1919年,他显然认为实行理想中的政治部分时机已到,乃出版了《大同书》的前一两部分。他在书前以三首诗为介,并有序言。在其中一首诗中,他说:

　　大同犹有道,吾欲度生民。③

事实上,康氏至少在两处暗示,大同之世的政治方面已在他有生之年成其雏形。1899年第一次海牙和会,在他看来乃是世界一统大事的开端。④ 当他在1919年闻说国联成立,高兴地说他将及身而见大同之实现。⑤ 不过,他仍觉得大同的其他方面,实施之日仍很遥远。

然则,《大同书》可说是实际行动的指导。⑥ 它除了详解社会制度的正式结构和运用原则之外,还提出逐步方案,肯定地迈向大同。转变的

---

① Mao Tse-tung, *Lun Jen-min, min-chu chuan-cheng* (Hong Kong, 1949), p. 6; "On the People's Democratic Dictatorship"(June 30,1949), in *Selected Works*, 4:414. 毛之文字使人想起恩格斯所谓理想社会主义的有效性。阅 *Socialism: Utopian and Scientific*, trans. by Edward Aveling, pp.74~75。S. L. Tikhvinsky, *Dvizenie za reformy v Kitae v kontse XIX veka i Kan Iu-wei*, Chap. 14 述及《大同书》,并附和毛氏之说(p.341),齐氏书有中译本,1962年北京出版。
② 李锐,"毛泽东同志的初期革命活动",《中国青年》(1953),十三期,页9。林克光,《论大同书》,页26。嵇文甫,"游离了的学说",《新史学通讯》(1953年6月),页6。毛健予,"问题解答",《新史学通讯》(1953年5月),页19。
③《大同书》,上海版,页5~6。
④ 同上,页135;北京版及台北版,页90。
⑤ 同上,上海版,页8~10。
⑥ Mannheim, *Ideology and Utopia*, p.40.

过程有如"一件件的乌托邦工程"。① 《大同书》的作者决无意立即重组社会,或在白日梦中想到华胥之境。②

指责康氏的社会理想与现实脱节亦值得商榷。他对现有制度的严厉批评涉及 19 世纪中西双方所面临的一些问题的核心。他解决问题所作的建议与历史趋向一致。他的一些激烈主张显然超越时代,因而得不到回应。但其他一些观点终结于 1902 年,为后来许多知识分子所乐道,而且成为社会现实。在 1910 年代与 1920 年代,自由与平等在知识界成为家喻户晓的名词;民主和科学得到热情和大声的支援。中国家庭制度虽未消失,但在民国已大大地革了命。③ 一个女权联盟于 1922 年在北京成立。④ 一年之后,一群大学生在南方提倡"家庭民主"以及婚姻自主。⑤ 男女平等以及择偶的自由终于得到政府的法律保障。⑥

这些发展并不是受了康氏的影响。在那一时代的知识分子只知道康之顽抗民国,想恢复旧朝,建立孔教,以及在动乱的 1910 与 1920 年代中的一些反对西化的论点;他们不曾看到他的《大同书》,该书到 1930 年

---

① Karl Popper, *The Open Society and Its Enemies* (Princeton: Princeton University Press, 1950), vol. l, Chap. 9.

② "华胥"乃道家的理想国,唯神游可得之,见于《列子》。阅 A. C. Graham, *The Book of Lieh-tzu*, p. 34,及 Lionel Giles, *The Book of Lieh-tzu*, p. 35。

③ 例如 Olga Lang, *Chinese Family and Society* (Nev/ Haven: Yale University Press, 1946); Marion J. Levy, *The Family Revolution in Modern China*; Yang, *Chinese Family in the Cultural Revolution*, especially pp. 16～17; and Chow Tse-tsung, *The May Fourth Movement: Intellectual Revolution in Modern China*, Chap. 10。

④ Zung Wei Tsung, "The Woman Movement in China", *The Y. W. C. A. Magazine* (Shanghai, June 1923). pp. 2～3,quoted in Tsi C. Wang, *The Youth Movement in China*, p. 236. 比较 Chow Chung-cheng, *The Lotus Pool*, trans. from the Original Germans by Joyce Emerson (New York: Appleton-Century-Crofts, 1961). 为一背叛传统中国女子的自述。

⑤ 阅岭南大学学生暑期会议决议,1923 年 7 月 2～8 日,载 *The Chinese Recorder*, Aug. 1923, p. 435. 引见 Wang, *Youth Movement in China*, pp. 237～238。另阅 Chow, *the May Fourth Movement*, pp. 257～259, "The Emancipation of Women"; Kao Chung Ju, *Le mouvement intellectuel en Chine et son role dans lu révolution, chinoise*, pp. 49～52, "L'emancipation féminine dans le domaine intellectual(1860—1919)"。

⑥ 阅 *The Civil Code*, Part Ⅳ, "Family Relations", promulgated May 5, 1931,特别是论婚姻的第二章。

代中期才发行。因此,这些人鄙视他,认为他反动地抗拒"新文化"的潮流,自不足怪。他们走的是他多年前所指出的路,但他一直是未被认识的先知。事实是,康氏及其不知情的跟随者反映了共同的历史变局:毫无选择地把中国从传统主义中解放出来,在几十年中将其推向陌生的现代化之途。不过,康氏首先见及此一潮流,指出确切的社会转化的趋向。此一历史重要性不因他未被同时代人认可而减色。

因此,康氏的"大同"乃是一"有效的乌托邦",而不是脱离社会发展与近代中国思想路向的白日梦。① 他一生之中目击中国思想与制度的根基受到一再的抨击,深知剧烈转变之需要以及可行性。他对中国传统的知识以及对西方的认识,使他能看到中国的问题以及如何改变。在戊戌变法期中,他仅企图做小规模的重建工作,这是他的最起码的想法。在《大同书》中,他则定下绝大的改革计划,其影响的深远,非同时代的任何人可相比拟。他的乌托邦构想极具想象力与挑战性,他足列世界上伟大乌托邦思想家之林。② 有人可以指出若干不当之处,如有关家庭与财产部分,但无人可以忽视他整个社会思想的历史意义。③

大同与新文化

新文化运动领导者在 1910 年代与 1920 年代所提到的一些见解,值得在此作一简述。陈独秀和胡适当然是其中最主要的领袖。陈氏自认早年受到康氏在戊戌前言论的启导,使他的视界超脱传统中国,但反对康氏不赞同民国,以及想要建立"孔教"。④ 陈氏未见《大同书》,至少未见

---

① Mannheim, *Ideology and Utopia*, p. 207 ; and "Utopia", an article in the *The Encyclopedia of the Social Sciences*, ed. Edwin R. A. Seligman and Alvin Johnson (New York: MacMillan Co. , 1930—1935), 15:200~203.
② 详见后文。有关"utopist"一词,阅 Negley and Patrick, *The Quest for Utopia*, Introduction。
③ 中国大陆上有些学者承认此点。例如毛健予,"在维新变法运动过程中康有为为什么著新学伪经考孔子改制考和大同书",《史学通讯》(1953 年 5 月),页 16;林克光,"论大同书",页 1~2。嵇文甫,"游离了的学说",《史学通讯》(1953 年 6 月),页 3,6。
④ 陈独秀,"驳康有为致总统总理书",《新青年》,二卷二期(1916 年 10 月),页 127~130;"孔子之道与现代生活",《新青年》,二卷四期(1916 年 12 月),页 295~301。

及全书,所以不知康氏在1901—1902年所提出的社会转化思想不仅预言陈氏所言,且有过之而无不及。

陈氏在1915年发表的一文中,呼吁中国青年拥抱六项适合现代的原则,第一项是要"自主的而非奴隶的",他解释道:

> 世称近世欧洲历史为"解放历史",破坏君权,求政治之解放也;否认教权,求宗教之解放也;均产说兴,求经济之解放也;女子参政运动,求男权之解放也。解放云者,脱离乎奴隶之羁绊,以完其自主自由之人格之谓也。①

陈氏所列其他"原则"也甚具兴味,与康氏所说者近似。陈氏说必须要"进步的而非保守的",因保守者迟早会懊恼,而进步者必得无限报偿;"进取的而非退隐的",即最好作哥伦布,不要作托尔斯泰或泰戈尔;"世界的而非锁国的",即不同的国家必将逐渐走向精神上的一致;"科学的而非想象的",因科学乃促成现代欧洲的优越,最后是"实利的而非虚文的",因唯有实学才具有真正的价值。②

陈氏依据这些"原则"来大力攻击传统,歌颂"德先生"和"赛先生"。③但陈氏并不宣传要扬弃过去的一切业绩。他在《新青年》中的"宣言"中,汇集了其他编辑与撰稿人的意见,很明显地指正:

> 一面抛弃此等旧观念,一面综合前代圣哲、当代贤哲和我们自己所想的,创造政治上、道德上、经济上的新观念,树立新时代的精神,适应新社会的环境。

此一新社会将是进步的、自由的、平等的、和平的、合作的以及喜乐的。人们在此新社会中将超越莽冲与占有的本能,而对世界上所有的种族都

---

① 陈独秀,"敬告青年",《新青年》,一卷一期(1915年9月),页1~6。另参阅《新青年》,二卷四期,页3。
② 《大同书》,上海版,页333;北京版及台北版,页218。
③ 陈独秀,"本志罪案之答辩书",《新青年》,六卷一期(1919年元月),页10。

表现友爱与互助。在此一新社会中,民主也将实现;政权由所有的人,包括女人,来分享。① 显然的,这一切的想法都不出康氏"大同"的范畴。

胡适在美完成学业回国后不久,即发表对社会和思想改造的意见,胡氏虽认为康氏的见解已太陈旧,但所说与康说却甚类似。② 胡氏在刊登"宣言"的那期《新青年》中,想对新思潮的内容有所指陈。他说一切价值的转变须经过对具体问题的研究。儒教以及整个中国传统必须彻底检验,一切过时的都要扬弃。新潮流的真正目标乃是"文化重建"——一方面输入西方知识,另一方面重估传统。③

胡适所要介绍给中国的最主要西方知识乃是实验主义。另一项他要介绍的是"易卜生主义"。④ 他在1918年写的一篇文章中,特别提醒读者易卜生剧作中的隐示:社会有碍个人的独立精神、个人的自由和社会的进步。胡氏还注意到易卜生的世界主义观,他引用一封1888年易氏写的信说,聪明的人多少会不满意"国家性的旧观念",此种旧观念必然会被"全人类的新观念"所取代。⑤

胡氏重估中国传统价值的方法最可见之于"吴虞文录序"(撰于1921年)。他赞同吴氏与陈独秀的愤怒谴责儒学。胡氏在赞扬他们努力扫除思想上的障碍之余,认为吴虞事实上已运用"实验标准"来评估儒学了。他问道:

---

① 陈独秀,"本志宣言",《新青年》,七卷一期(1919年12月),页1~4。此"宣言"有十二条。除了此处已提到的以外,还有:谴责"军人政府与金权的原则";承认"劳动神圣",认为劳动不止是谋生的手段,也是"一件神圣的事";经由群众运动以达成社会重建;承认社会进步与物质需要是一切努力的中心目标,拒绝所有不合一个新社会需要的文学与道德;肯定自然科学是进步的必要因素;斥责"绝对怀疑论"显然是受了社会思想的影响。同期刊载陈氏另一文:"实行民治的基础",页13~21。文中引杜威之见,认为人民自己必须团结以发展自治,有二途可循:乡村自治组织与贸易自治组织。在此可提供康氏地方自治思想之一个有趣的比较,康氏以农场与工厂为基本组织。
② 胡适,"归国杂感"(撰于1918年元月),《胡适文存》,初集,卷四,页10~11。
③ 胡适,"新思潮的意义",《新青年》,七卷一期(1919年12月),页5~12。
④ 胡适,"实验主义",《新青年》,六卷四期(1919年4月),页342~358。
⑤ 胡适,"易卜生主义"(初稿撰于1918年5月,1921年4月定稿),《胡适文存》,初集,卷四,页24,29~31。

儒学产生了怎样的制度？这些制度增进还是伤害到人类的快乐？它们所形成的是怎样一种民族性格？它们促进还是阻碍进步？①

对胡氏及其友人而言，这些问题的解答是不言而喻的。儒学所产生的制度是阻碍进步，以及给历代的中国人带来无数灾害。我们无须指出胡氏及其同党所责难的"儒学"即是康氏所责难的"伪经"，而且责难的理由也相同：有违人类幸福与社会进步原理。《新青年》的作者们只是比康有为更向前走了一小步。康氏还要尊重真正的儒学，而胡氏等认为孔教乃二千年来吃人礼教的招牌，"不能不拿下来，捶碎，烧去"。②

康氏与《新青年》那一群人对人际关系的相同看法，实在十分相似。康氏和陈、胡等都谴责传统价值和制度。陈独秀认为中西之间在态度上最根本的不同乃是西方人重个人，而东方人重家庭。③陈氏在1916年一文中指出，中国与欧洲文明接触之后，产生一连串的政治和社会危机。每一危机都触发知识分子的觉醒，特别是徐光启（1562—1633）在明代中叶接受西方的科学和宗教，康有为在甲午战争后的变法运动，以及在辛亥革命之前共和与君宪的论争。最后的觉醒将是共和宪法实施之时。政治觉醒固然重要，更重要的是"道德觉醒"，即无条件地抛弃传统价值；诸如三纲之类。若无个人的自由、平等与独立，断无政治民主之可言。④

相信传统家庭制度与专制政府不可分⑤，陈独秀及其同志乃极力攻之。就此而言，胡适之见最值得注意，他在"我的儿子"一文中，故意暗示

---

① 胡适，"吴虞文录序"，"吴虞文录"；亦见《胡适文存》，初集，卷四，页258。
② 胡适，"吴虞文录序"，页259。不过，胡氏提出下列原因以赞许孔子：他是个"知其不可而为之"的人（《论语》"宪问"，第三十九章），也"不知老之将至"（《论语》"述而"，第十九章）。胡继谓，若知此真孔子，则可不理《论语》其他部分。见"白话诗"，《新青年》，二卷六期（1917年2月），页6。
③ 陈独秀，"东西民族根本思想之差异"，《新青年》，一卷四期（1915年12月），页1～4。
④ 陈独秀，"吾人最后之觉悟"，《新青年》，一卷六期（1916年2月），页1～4。
⑤ 吴虞之见具有代表性。阅其"家族制度为专制主义之根据论"，《新青年》，二卷六期（1917年2月），页1～4；"对于祀孔问题之我见"，《吴虞文续录》，页13～28。

孝道此一观念之过时。他说"树本无心结子,我也无恩于你"。他希望他的儿子做有尊严的人,但不要他做孝顺的儿子。① 这一段话令人想到康有为在19世纪末叶所述公法之一:

> 公法于父母不得责子女以孝,子女不得责父母以慈,人有自主之权焉。②

胡适及其同志提倡妇女解放。他要中国妇女效法美国女人的独立精神,超越贤妻良母型,认真追求自己的事业,甚至不结婚。③ 他强烈反对强制中国妇女履行的单方面贞节④,而应自由求偶,不必符合父母的意愿⑤,在道德上说,自由恋爱并无错处,即使导致不稳定的择配现象。唯一可提出的正当问题是:两人的分手是否合理。不过,胡适并未追随康有为到底,他没有要求废止婚姻与家庭制度。⑥

这些话要留待另一位《新青年》作者来说。沈兼士在1919年发表的一文——"儿童公育:彻底的妇人问题解决法处分新世界一切问题之锁钥"——中说,解决妇人问题的最大障碍是家庭制度——人类传下来的有害制度,与可恶的私有财产制度是不可分的。因为有家庭,社会进步的每一因素都受到抑制。流毒所至遍及各地,亚洲尤较欧洲为厉。欧战之后,民主将是社会重建的唯一原则。但除非掌握此一时机摧毁家庭制度,妇人仍然在束缚之中,将兴的民主便无着落。因此,沈氏提出四点计划:第一,妇人将与男子接受完全一样的教育;第二,妇

---

① 胡适,"我的儿子",引见汪长禄致胡适函,《胡适文存》,初集,卷四,页96~97。
② 康有为,《实理公法》"父母子女门"。参见本章"在两个世界中摸索"一节。
③ 胡适,"美国的妇人"(北京女子师范学校演说辞,1918年9月),《胡适文存》,初集,卷四,页39~61。
④ 胡适,"贞操问题",《胡适文存》,初集,卷四,页63~77。参阅唐俟(鲁迅),"我之节烈观",《新青年》,五卷二期(1918年8月),页92~101。鲁迅在结论中宣称要让全人类享有真正的快乐。
⑤ 胡适,"终身大事",一出以喜剧收场的嘲讽剧,剧中一女子与其爱人私奔,留给她父母一句话,说:"这是我的终身大事,必须由我自己做主。"《新青年》,六卷三期(1919年3月),页311~319。
⑥ 胡适,"胡适答蓝志先书",《新青年》,六卷四期(1919年4月),页422。

人将在财力上自立,服务社会;第三,现有的家庭制度必须废止;第四,儿童全部"公育",设儿童诊所、婴儿院、幼稚院、小学、儿童医院等,来替代家庭制度。妇人从家庭完全解放之后,才能获得完全的自由和真正的平等。沈氏总结道:

> 据此则家庭制度、专制政府以及经济上的阶级都可永远废止。然后才能彻底解决劳力问题,达到经济上的平等。①

吾人不得不怀疑沈氏曾见康氏的《大同书》,并复述他在1902年所写的文字。② 当然,沈氏并无抄袭之嫌,因沈氏不可能看到康氏自己拒绝出版之书。

康氏及其反对者之间尚有相同之见,但不必再提。我征引陈独秀以及《新青年》其他撰稿者的言论,以说明康有为的彻底社会转化思想是具有历史意义的。康氏及其他人既然关切大致相同的问题(经由社会与思想改造促成中国的现代化),反映大致相同的历史趋势(从传统到近代中国),又从大致相同的渊源获得灵感(近代西方文明),他们必然会获致大概相似的立场,即使他们之间的思想背景、学术方法、个人品质有所差异。此一差异说明了康氏"大同"与《新青年》所标榜的"新社会"之间的许多不同。但两者相似之处足以说明,康氏之见虽不为当时的知识分子所重视,但其见解的实质并未完全落空。

大同与社会主义

有人说,乌托邦思想为近代社会主义的先驱。③ 康有为在西方社会主义出现之后著书立说,他又自1879年后努力追求"西学",社会主义影

---

① 沈兼士,"儿童公育:彻底的妇人问题解决法处分新世界一切问题之锁钥",《新青年》,六卷六期(1919年11月),页563~567。
② 即《大同书》,丁至庚部,康氏谈及男女平等、家庭,以及私有财产等。
③ Hertzler, *History of Utopian Thought*, p. 298, quoted from Karl J. Kautsky, *Die Vorlaufer der neuren Sozialismus*, p. 466.

响到他的乌托邦思想，自无可怪。①

近年以来，中国大陆上的学者虽不完全赞同《大同书》，却给予相当的注意。史学家范文澜指出，康氏著此书的目的是要为中国的资产阶级指路。② 康氏意图将阶级斗争的现实隐藏于大同之中，以助此一阶级的延续。③ 著名的哲学家冯友兰也指责康氏否认阶级斗争的重要。康氏所说似乎是左派的理论都是该书反动内容的烟幕。总之，"大同"不过是一理想的资产阶级社会。④ 大陆学者汤志钧总结地斥责康氏此书在内容上的反动。⑤

这些学者也许必须服从既定的思想路线，所以对康氏书中极其明显的社会主义趋向，只好视而不见。但有一些大陆学者，由于明显的理由，虽然认为康氏的社会主义不是"科学的"，多少接受他的社会主义思想。有一位说康是"改良的社会主义"派，然则所显示的是"阶级合作"，而非"阶级斗争"。此一作者又说，康氏不仅攻击中国的封建制度，同时暴露欧美资本主义制度的谬误。⑥ 另一作者将康氏的"三世说"与马克思的三阶段说相比，即康氏以"据乱世""升平世""大同世"来说明"封建主义""资本主义""共产主义"的发展。⑦ 又一位作者见及康氏乌托邦中的经济

---

① Thompson, *Ta T'ung Shu*, p.52, 谓康氏对共产主义的看法很含混："他认为共产主义是一种经济民主的形式。……他确实了解，那是因为'不平的'劳动及穷人团体对资本家富有团体斗争所引起的一个运动（附带一提的是，他预见了这种斗争在未来的重要性）。"某些中国大陆的学者部分赞同此说，如胡滨，《戊戌变法》，页 22～39。
② 范文澜，《中国近代史》，页 322。
③ 同上。
④ 冯友兰，"康有为的思想"，《中国近代思想史论文集》，页 123～124。
⑤ 汤志钧，"关于康有为的大同书"，《文史哲》1957 年第一期，页 43。其他作者对康也有类似批评，如陈周业，"试论康有为空想理论（大同书）的阶级基础"，《中学历史教学》，1957 年十一期，页 4，认为康之乌托邦思想乃是中国未成熟资产阶级思想的产品。朱谦之，"大同书十卷"，《读书月报》，1957 年第一期，页 22～23，谓康之"理想国"代表了想从封建渐进到资产阶级制度的企图。李泽厚，"论中国十九世纪改良派变法维新思想的发展"，《新建设》，1956 年第五期，页 58～59；"论康有为'大同'理想"，《康有为谭嗣同思想研究》，页 102，以康之理想为一资产阶级自由派改良主义者的乌托邦。
⑥ 林克光，"论大同书"，页 7～19, 30～31。
⑦ 黎树，"论社会主义在中国的传播"，《历史研究》，1954 年第三期，页 2。

思想有转变。在《大同书》的初稿中,他抨击封建制度,向往资本主义;但在其定稿中则向往共产主义社会。① 果如此,康氏显然不一致。② 一般而言,这些作者对康的评估较近真相。他们至少承认康氏对早期中国社会主义思潮的贡献,且认为他是近代中国社会运动的先驱。

众所周知,为20世纪之初社会主义思想的影响可见之于留日的中国知识分子间,特别是追随孙中山的一群革命党人。1905年发刊《民报》之后③,社会主义成为主要的政纲,只要翻阅早期《民报》即可知之。在创刊号(1905年10月)中,孙文署名的发刊辞已正式提出有名的"三民主义",即民族主义、民权主义和社会主义(民生主义)。④ 前两个主义早已在欧美实现,最后一个主义则有待20世纪人士的努力。中国须立即促成民族与民权主义,并同时于伤害西方各国的"经济问题"在中国发生前,执行社会主义。孙氏说:

> 近时志士舌敝唇枯,惟企强中国以比欧美。然而欧美强矣,其民实困,观大同盟罢工与无政府党、社会党之日炽,社会革命其将不远。……吾国治民生主义者,发达最先,睹其祸害于未萌,诚可举政治革命、社会革命毕其功于一役。⑤

此一说法,孙氏追随者如胡汉民、冯自由、朱执信等一再附和。胡汉

---

① 张玉田,"关于大同书的写作过程及其内容发展变化的探讨",《文史哲》,1957年第九期,页55～60。不过,张氏同意范文澜的其他论点。
② 张岂之等,"关于康有为大同思想实质的商榷",载侯外庐,《戊戌变法六十周年纪念集》,页78。对康氏思想有不同的看法或许并不表示这些作者在思想上有分歧,而是想从马列观点来审查,以决定康氏思想在历史过程上的意义之不同的努力,就像其他作者想决定孔子的历史意义一样。阅 Joseph R. Levenson, "The Place of Confucius in Communist China", *The China Quarterley*, no. 12 (Oct-Dec. 1962), pp. 1～18.
③《民报》,自1905—1910年,共发刊26期。1957年,北京影印再版,计4册。
④《民报》,第一期(1905年10月),页1～3。在革命党作者的用语中,"社会主义"就是"民生主义"的同义词。见朱执信在"从社会主义论铁道国有及中国铁道之官办私办"一文标题所作之注解,载《民报》,第四期(1906年5月),页45。
⑤ 同上,页2。

民撰"六大主义"以申此义。① 胡氏以国有土地（第三个主义）为"国家社会主义的一部分"并据以反对私有财产制（与康氏所见相同）。胡氏说土地乃经济生产的主要因素，地主制度造成贫富不均，压榨劳力。中国应记取西方的教训，如不能于政治革命完成后取消土地的私有制，则"经济阶级"将取代"政治阶级"，重蹈西方的覆辙。② 冯自由则主张国家社会主义，即借自亨利·乔治的平均地权。③ 朱执信则追"社会革命"之根于造成自由竞争与绝对产权的不完善的社会与经济制度。他并未建议立即采用纯粹的共产主义，但含糊地说不能全然拒斥"科学的社会主义"，更不能反对"国家社会主义"。④

其实康有为的社会思想要比孙中山及其门徒更为激烈。康氏反对资本主义的言论虽非其所创却要比《民报》所说早三年，且较有系统。只是他的社会主义一直未被注意；而孙氏的社会主义（正式的称谓是民生主义），虽未见诸实施，但大闻于世。

社会主义思潮尚有另一渠道。在1910年代末与1920年代初，《新青年》成为社会主义的喉舌。⑤ 早在1915年，陈独秀即认为社会主义以及人权学说与进化学说为近代文明的标志，他当时心目中的社会主义不

---

① "六大主义"见《民报》第一期，是载在该期末尾的一项声明。
② 胡汉民，"民报之六大主义"，《民报》，三期（1906年4月），页1~22。
③ 冯自由，"录中国日报'民生主义与中国政治革命之前途'"，《民报》，四期（1906年5月），页97~122。
④ 悬解（朱执信），"论社会革命当与政治革命并行"，《民报》，第五期（1906年6月），页43~66。朱氏用蛰伸笔名又写了"德意志社会革命家列传"，《民报》，第二期（1906年3月），页1~17（马克思）；第三期（1906年4月），页1~19（拉萨尔）。他对马克思认为所有资本皆为掠夺而来的论点有所批评，并将拉氏置于马氏之下。《民报》，第五期（1906年6月），页79~105，有文曰："万国社会党大会事略"，署名强齐，此文译自日文加注。有关革命党的社会主义思想，可阅 Scalapino and Schiffrin, "Early Socialist Currents in the Chinese Revolutionary Movement", pp. 321~342。
⑤ 中国社会主义思想流派之简述可阅 Li Chien-nung, *The Political History of China*: 1840—1928, pp. 439~440; Chow, *The May Fourth Movement*, passim (see Index under "Socialism", "Chiang K'ang-hu", "Chang Tung-sun", etc.)。

是马克思，而是巴布夫（Babeuf）、圣西门和傅立叶。①《新青年》作者们对其他社会主义流派的兴趣，与日俱增，而终结于马克思主义。②

陈独秀在1920年说，工业化为中国的现代化所必需，只能在社会主义的原则上施行。资本主义发展了欧美以及日本的工业与教育，但同时使欧洲人、美国人以及日本人贪婪、残酷、欺诈、奸恶与麻木。中国必须抓住机会在资本主义勃兴前工业化。③ 李大钊于1920年也根据马克思主义抨击中国的家庭制度。他指出每一个社会与思想运动都在摧毁传统的儒家道德系统，及其相关的愚忠、愚孝、盲目服从与歧视女子。中国方兴未艾的"劳工运动"尤能摧毁儒教将劳动者置于统治阶层的剥削之下④的阶级教条。当中国共产党于1921年7月成立之时，马克思主义已经成为《新青年》先进知识分子的福音，说是马克思的共产主义必能在中国实行。⑤ 据此，陈氏于1922年7月一文中，发挥马克思主义的主要论点，诸如剩余价值、历史唯物论、阶级斗争、"工人专政"等等。⑥

即使是胡适，他的思想见解不可能是马克思的，也对苏俄的"大规模政治实验"表示"敬佩"。他说此乃一史无前例的"庞大'乌托邦'计划"，惟有1世纪的王莽以及千余年后的王安石变法，略可相比，但胡氏对苏

---

① 陈独秀，"法兰西人与近世文明"，《新青年》，一卷一期，页1～4。
②《新青年》中有关马克思主义文章有：起明译，"俄国革命之哲学的基础"，四卷四期（1919年4月）；四卷五期（1919年5月）；顾兆熊，"马克思学说"，六卷五期；凌霜，"马克思学说批评"，六卷五期；刘秉麟，"马克思传略"，六卷五期；李大钊，"我的马克思主义观"，六卷五期、六期（1919年5月、11月）；李大钊，"由经济上解释中国思想变动的原因"，七卷二期（1920年元月）；"唯物史观在现代史学上的价值"，八卷四期（1920年12月）；李季，"社会主义与中国"，八卷六期（1921年4月）；李达，"马克思派社会主义"，九卷二期（1921年6月）（文中曾引用到 Lenin, *State and Revolution* 一书）；陈独秀，"马克思学说"，九卷六期（1922年7月）。值得注意者，第七卷第六期（1920年5月1日）为纪念劳动节特刊。
③ 陈独秀，"关于社会主义的讨论"，《新青年》，八卷四期（1920年12月），页8。陈氏于致张东荪一函中说，他深信外国资本主义为中国穷乏之唯一原因，因此必须要打倒外国资本主义（页18）。
④ 李大钊，"由经济上解释中国近代思想变动的原因"，《新青年》，七卷二期，页47～53。
⑤ 存统，"马克思的共产主义"，《新青年》，九卷四期（1921年8月），页10。
⑥ 陈独秀，"马克思学说"，《新青年》，九卷六期（1922年7月），页1～9。

维埃实施社会主义的方法不表赞同,他解释道:

> 近代的历史指出两个不同的方法:一是苏俄今日的方法,由无产阶级专政,不容有产阶级的存在。一是避免"阶级斗争"的方法,采用三百年来"社会化"(Socializing)的倾向,逐渐扩充享受自由享受幸福的社会。这方法,我想叫它做"新自由主义"(New Liberalism)或"自由的社会主义"(Liberal Socialism)。①

由此可见,在20世纪的前20年,各种社会主义,从乌托邦社会主义到马克思主义,从社会化的资本主义到全然的共产主义,都可见之于中国知识分子的著作之中。康有为的"大同书"可能是最有系统、最有想象力的著作;它比胡适的"自由社会主义"更激进,可称为"民主共产主义",在精神上与乌托邦社会主义较接近,与马克思主义较远。从康有为到陈独秀,有如从18世纪的乌托邦社会主义发展到19世纪的科学社会主义。

以上的陈述已足可警惕我们,不要给康有为过高的评价。最近某些作者似乎便是这样,有一位认为康氏的"大同"与"西方共产主义"全无区别。② 另一位学者说,毛泽东的人民公社实借自康有为的思想。③ 当然大同与共产除显明的结构上相同外,尚有惊人的类似之处。两者都是根植于人类发展是单线直行的假设,而提出来的普遍性的理想。但相似不应完全掩遮两者相异之处。汤普逊(Laurence G. Thompson)已明确指

---

① 胡适,"欧游道中寄书",《胡适文存》,三集,卷一,页75~76,84。这些信撰于1926年。
② Kyoson Tsuchida, *Contemporary Thought of Japan and China*, p. 196. 认定康氏之大同是"与西方共产主义和无政府主义同样的社会理想"。此显然不确,因康之理想与此二者皆有异。"大同"与无政府理想尽管有相同之处,却有重要的差异:后者要取消政府,前者欲见一完整的世界政府。不过相同之处亦颇值得注意。无政府主义者与康氏都认为博爱是第一义。无政府主义者亦有以大同为归宿者,谴责竞争与斗争,反对传统价值与制度,提倡"杂交"(取消婚姻与家庭),以倡个人自由、平等与快东。中国无政府主义思想可参阅 Robert A. Scalapino and George T. Yu, *The Chinese Anarchist Movement*, and Michael Gasster, *Chinese Intellectuals and the Revolution of 1911*, Chap. 5。
③ Huang Yen Yu, "Mao's People's Communes", *New York Times*, Jan. 11, 1959.

出，康氏对人性的设想、获致理想的方法以及乌托邦的指导原则，与马克思主义者大不相同。① 事实上，康氏的人道观与共产党人对人与社会的看法，是背道而驰的。因此，康、毛两人是互不相容的。

像康有为、胡适、陈独秀以及其他近代中国人物在思想情感上极不相同，而同时倾向社会主义的道路，不仅仅是历史的偶然。最近有位学者指出，今日开发中国家领导人，因积极要工业化，倾向用不同的社会主义方式，来加速经济成长。他又说："开发中国家的社会主义由既得利益阶层指导，基于公正，而非利益，基于国家计划，而非盲目的市场经济。"② 19世纪末、20世纪初的中国，故不同于今日的开发中国家，但我们不能不觉得，康氏及其同时代人也都知道工业革命在先进国家所造成的问题，他们也会注意到公正多于利益，也会看到"理想的计划"胜于"盲目的市场经济"。

我们可以简略地追溯一下，中国自1860年以来近代化的企图：最初有自强运动以求西方的富强，接着是戊戌变法及其一系列的经济措施，最后是革命党设计的工业化计划。毛泽东在1949年说，这些运动的领导者向西方求真理。③ 这些领导者的确都向西方求真理，但他们所见的"真理"并不相同。康有为像他同时代人一样，倾向工业革命后欧洲的资本主义方式。④ 但在20世纪之初，康氏在《大同书》中明确地提出社会主

---

① Laurence G. Thompson, "Ta T'ung Shu and the Communist Manifesto", in Lo, K'ang, p. 351 有云："对于建立共产理想的方法，康氏与马克思看法完全不同。马氏提倡无产阶级革命夺取政权，将导致生产工具的集中以至整个国家在一大结合之中，而康氏相信以公共制度来替代家庭制度，理想政体将由自然演变而来。"康氏也许会不赞同梁启超在1920年代早期所说，中国须先发展一资本主义阶级，作为工业化的动力，以后再实施社会化原则。梁氏认为可经由"社会立法"来矫正和监视，并同时发展国家企业与合作运动，以减少资本主义之恶。阅"复张东荪书论社会主义运动"，《饮冰室合集》，《文集》三六（第十三册），页1~12。另阅梁之"无产阶级与无业阶级"（撰于1925），及"无业游民与有业贫民"，《合集》，《文集》四二，页1~3；《文集》四三，页19~20。
② Paul E. Sigmund, *The Ideologies of the Developing Nations*, editor's introduction, pp. 11~12.
③ Mao Tse-tung, *Selected Works*, 4(Peking, 1961)：412.
④ 简述可看赵丰田，《晚清五十年经济思想史》（燕京学报专号第十八号）。

389

义,且有不同的回应。当时的历史环境需要激烈的思想重建。社会主义既在,康氏不会不去吸它一口。他自然会像同时代的人一样寄望于社会主义的方法。他对资本主义失望之后,提出通往乌托邦的新路向。这是一条可行之路。我们可以确切地说,康氏是近代中国社会思想简史的撰写人之一。

《大同书》与乌托邦传统

齐赫文斯基(S. L. Tikhvinsky)在其讨论戊戌变法的书中,有一整章讨论《大同书》。他认为佛学、道家、太平军的共产思想以及儒教,都对康有为的乌托邦思想有影响。不过,康氏的"纯粹空想"使他的乌托邦理想终归失败,即使它附和中国农民要推翻封建国家的希望,以及获致经济上的平等。①

齐赫文斯基的意识形态包袱太重,使他的论点难以正确。不过他确实指出康氏得益于各种不同的传统思想因素,一些是可以实施的乌托邦,另外一些则是逃避现实的。② 道家的理想近于后者,而儒家的理想近于前者。③

道家对康氏的影响较小。《老子》第八章"小国寡民"④,《庄子》的"至德之世"及"建德之国"⑤,《列子》中的"终北"与"华胥"⑥,都属子虚;不食人间烟火,唯有在梦里或想象中得之,倒合乎乌托邦一词的原始意义,无何之乡。这可以算是"逃避式的乌托邦"。此种道家传统延续到后代。

---

① Tikhvinsky, *Divizenie za reformy*, pp. 331~332.
② 阅 Negley and Patrick, *The Quest for Utopia*, p. 5 and Mumford, *The Story of Utopias*, P. 15.
③ 中国社会科学院哲学部中国哲学史组编成《中国大同思想资料》(北京,1959),选刊自"礼运"到孙中山之著作,但所选并非尽当。
④ 译本甚多,较好的有:J. J. L. Duyvendak, *Tao Te Ching*, p. 162; Lionel Giles, *Tao Te Ching* (London, reprint of 4th ed., 1948), p. 93; Arthur Waley, *The Way and Its Power* (1934. New York: Grore Press, 1958), p. 241; and Paul K. T. Sih, *Tao Teh King* (New York, 1961), p. 1130
⑤《庄子》"山木"。
⑥《列子》"黄帝""汤问"。

最可一提的是陶潜(365～427)①和康与之(12世纪)。②

康有为熟悉道家传统,应无可疑。③ 他提到过《庄子》的"建德之国"以及《列子》的"终北"。④ 即使后来康氏不取道家,但道家思想多少对他的乌托邦构想有些影响。因此,在建德之国中,人们劳动而不必贮藏,人们给予而不求回报。同样,在"终北"之乡,人们不知惠己。这种想法与影响康氏至深的"礼运篇"中利他思想一致,毫无自私之念。

康氏阅读至广,然不知是否看过康与之著作。不管如何,他会同意《昨梦录》中所述的乌托邦想法:

> 凡衣服、饮食、牛畜、丝纩、麻枲之属,皆不私藏,与众均之,故可同处……计口授地,以耕以蚕,不可取衣食于他人耳。

儒家对康氏的影响超过道家。他得自"礼运"尤多,可见之于下引《礼运注》中的一段话:

> 夫有国、有家、有己,则各有其界而自私之,其害公理而阻进化甚矣。……不独不得立国界,以至强弱相争,并不得有家界,以至亲爱不广,且不得有身界,以至货力自为。故……只有天下为公。……公者,人人如一之谓,无贵贱之分,无贫富之等,无人种之殊,无男女之异。……人人皆教养于公产而不恃私产。……此大同之道,太平之世行之。⑤

---

① 陶潜,"桃花源记",《靖节先生集》,卷六,页1～2。
② "巨穴"据谓在洛阳附近,见《昨梦录》,载自陶宗仪编,《说郛》(上海,1927),卷二一,页28～29。
③ 康氏曾研佛道,20岁时就有评《老子》之作(康有为,《自编年谱》,页4,5)。
④ 《礼运注》,页3。
⑤ 《礼运注》,页2～4。康记此书成于"孔子二千四百三十五年即光绪十年甲申冬至日"即在1884—1885年著此书。钱穆,《中国近三百年学术史》,页698～699认为,康氏可能至1901—1902年犹未完成此书,即在完成撰写《大同书》之时才完成,但因某些原因而把成书日期回写。汤普逊在《大同书》译本导论中拒斥钱说(见页27,34～35),因"大同"观念确来自"礼运篇"云云。汤普逊显然有误解。可注意者,康在《自编年谱》中(页6～8),首演大同之理,并列当时(1884—1887)所写之书,但未提到《礼运注》,参阅本书第二章。

"礼运"虽重要,但非康氏乌托邦的唯一渊源。公羊三世之说帮助他建立大同于未来,而非过去。另外,西方思想诸如进步、民主、社会主义也影响了他的思维。是则大同并非全由改造儒家传统而来,它是由许多不同来源的母题所拼凑而成的。在实现其世界化步骤方面(参本章论及世界化与西方化一节),康显然将西方思想译成汉词,又以外国词汇演绎传统的儒、道思想。① 因此,大同的思想与情怀,与近代西方及儒家中国都有亲近的关系。结果是,他在中国思想史上创立了一最具想象力的乌托邦。

齐赫文斯基还有一个看法。他说太平天国的"天朝田亩制度"②对康氏有相当的影响。他说,此一文件所载共产与均产思想在康氏故乡南海流布甚广,乡人十分同情太平军,在康氏的《大同书》中仍可见此种思想余波荡漾。③

此说与事实不符。康氏的个人经验与哲学观点不容许他尊重太平天国。他的若干亲戚积极参与反对太平军的战争,特别是他的叔祖康国器,在江西、浙江、福建、广东各省崭露头角,获得高位,有为以其为家族之光。④ 效忠当时的政府几是康家的传统,并形成康有为的政治态度,他一直忠于朝廷。他在著作中从未提到太平天国的思想,因为政府所禁,他很可能根本未见乱寇的文件。

太平天国思想与康氏的乌托邦思想虽有相似之处,但不足为康氏受其影响的证据。相同之处可能来自相同的泉源——"礼运"。在太平天国早期的第一项文件中,有人演绎统一之世,皇上帝为全人类之父,无人应视别人为寇仇。康氏据以推衍出"大同"观念的儒家经典原文,此一文

---

① 阅梁启超,《清代学术概论》,页133。
② 此一文献"天朝田亩制度",收入萧一山,《太平天国丛书》;程演生,《太平天国史料》;中国史学会,《太平天国》(《中国近代史资料丛刊》,第二号,上海,1952)。
③ Tikhvinsky, *Dvizhenie za reformy*, p. 332.
④ 康有为,"康氏家庙之碑"(罗荣邦藏手稿)。

件也予全文照录。① 事实是,大同足以吸引背景极不相同之人,容许大大不同的解释余地。因此,太平天国思想、中国的无政府主义及孙逸仙所领导的革命运动②,以及康有为的乌托邦思想之中,都可以引申,我们不能说谁影响了谁。

齐赫文斯基假设康氏知道西方的乌托邦思想,故将康氏的思想与汤姆士·摩尔(Thomas More)和傅立叶(Charles Fourier)相比拟。③ 他指出康氏与欧洲的同类思想家之间,整体而言异多于同,但仍有不同程度的相似之处。然齐赫文斯基或由于其马克思主义的偏见,或由于对康有为认识不足,以至所说不仅浮浅,而且错误。

例如,他说康氏与卡班(Etienne Cabet)④甚不相同,而与欧文(Robert Owen)⑤和傅立叶⑥近似。只要略微检视便知真相正好相反,即康与卡班相似之处较多,而与另两人相似之处较少。欧文主张的家庭聚落,大致500～3000人住在一处,或者傅立叶的500家一大楼的"聚落"(phalanx),享有具约制的私有产权,与康氏大同之世取消家庭与财产的志趣,大相径庭。而卡班的"伊卡里亚"(Icaria),有一些项目倒与康氏的大同相似。例如,相爱与利他是本性;不均违反自然法则;在乌托邦中人

---

① "原道醒世训",引见程演生,《太平天国史料》,第二册,页5;《太平天国诗文钞》(上海,1934),第一册,页13;中国史学会,《太平天国》,第一册,页91～92。萧一山,《太平天国丛书》,第一册,页5～7,所录题作"原道醒世钞",为后来之修订本,未含主要引文。
② 大同一概念为中国知识分子所熟知,也常被引用,例如无政府主义者与孙逸仙(见其1923年写的"自传",谓民族主义为走向"大同"的第一步;1924年8月3日演讲"民生主义",谓"民生主义"与"社会主义"、"共产主义"以及"大同原则"相同;在一未署年月的致犬养毅函中说,苏维埃主义即孔子所说的大同,然后又引"礼运"名句。孙之自传与讲稿俱见《孙中山全书》,第二册。书信则见于《中国大同思想资料》,页94～95。
③ Tikhvinsky, *Dvizhenie za reformy*, pp. 335～338。其他被提及者尚有Campanella, Morelly, Cabet与Owen。
④ Etienne Cabet(1788—1856). *A Voyage to Icaria* (Paris, 1840);1845年重印本之节译见Negley and Patrick, *Quest for Utopia*, pp. 543～574。
⑤ Robert Owen(1771—1858), *Book of the New Moral World* (London, 1842)以及其他许多著作。另阅G. D. H. Cole, *Life of Owen*, 2nd ed. (London: The Macmillan Co., 1930)。
⑥ 傅立叶思想之分析可阅Harry Ross, *Utopias Old and New*, pp. 125～128, and Mumford, *Story of Utopias*, pp. 117～123。

人完全平等;人人需要劳动,所有的职业都一样重要;私有制完全取消,政府控制生产与分配;国家必须彻底民主;生活的每一方面都要有组织,为公众服务;教育普及到每一人,全为公设;一度有用的《圣经》将要过时,而由一真正的宗教来取代——"共同愉快生活的宗教";这一切显然与康氏的"大同"近似。"伊卡里亚"的最终目的几与"大同"完全一样。卡班说:

> 也请记住,我们所有的法律都为了使人快乐,最初取其必须,然后增益有用者,最后则采其可行而无须任何限制。①

此非谓两人尽同,例如卡班允许国与家在"伊卡里亚"中存在。这样看来,康氏较卡氏尤为激烈。②

说实在的,比较康氏与西方乌托邦思想家之间的相似,除了证明不懂外文的康氏能够建立一媲美西方的乌托邦外,实无多大意义。他从中国传统与西方同时取得灵感,应无可疑,但他能结合平常的思想因素而演成一独特的整体,值得推崇。他自谓综合印度、希腊、罗马以及当今英国、法国、德国与美国的最佳、最完美的智慧。但他不仅仅是一仿效者,他自由借鉴之余,获得一独创的乌托邦智慧。

比较尚有另一好处,康氏在《大同书》中的幻想亦可见之于其他乌托邦思想家的著作中,纵然幻想的程度有异。

康氏在强调彻底社会转化之必须时,无意之际赞同了许多西方乌托邦思想家的看法,特别是那些人相信人类理想的实现有赖于社会环境的适宜,而这种环境有赖于所有经济活动的社会化。③ 汤姆士·摩尔在其

---

① Negley and Patrick, *Quest for Utopia*, p. 558.
② 此主要根据 Negley 与 Patrick 二者之译本。另阅 Sylvester A. Pietrowski, *Etienne Cabet and the Voyage en Ecarie*; Hertzler, *History of Utopian Thought*, pp. 204~208; M. Kaufmann, *Utopias*, pp. 123~142; Ross, *Utopias Old and New*, pp. 128~139。
③ Negley and Patrick, *Quest for Utopia*, p. 7.

《乌托邦》一书中说,"一切为公,人人尽取所需"①;堪培尼拉(Tommaso Campanella)完全拒斥家庭制度与个人财产②;雷诺(James Reynolds)在其书中所说"再听不到你的或我的"③;皮拉米(Edward Bellamy)深信资本主义将倾,设想出一个人人选其所适宜的劳动、均分经济产品的社会④;以及前面已经提到的卡班。康氏可与这些人并驾齐驱。

康氏赞同许多西方乌托邦思想家,以均等为完美社会的主要原则。他同意自柏拉图以来的所有西方乌托邦主义者⑤,主张男女平等,指女子有权自由择配。皮拉米释之尤明,他甚至建议将来由女子向男子求婚。⑥重要的相异之处当然存在,较康氏年轻的威尔士(H. G. Wells)可为佳例。威尔士深信男女之间的经济不均完全消失之后,在乌托邦中的每一择配都是爱的择配,但他仍然强加贞节于女子。⑦ 这在康有为来说,是不能接受的。

康氏最"惊人"的提议——废止婚姻与家庭,也可见之于西人,如堪培尼拉、傅立叶和雷诺。在堪氏的"太阳之邦"(City of the Sun)中,交配并非个人的自由选择,而由政府规定:"硕美女子仅能与高大活跃的男子

---

① 阅 Thomas More, *Utopia* (Leyden, 1516); Ralph Robinson 英译 London, 1551; Gilbert Burnet 英译 London,1684;标准本在 St. Thomas More, *The Complete Works* (New Haven: Yale University Press,1961);节录见 Negley and Patrick, *Quest for Utopia*, pp. 258~283。不过据 George H. Sabine, *A History of Political Theory*, 3rd ed. (New York: Holt, 1961), pp. 436~437 说,摩尔真正是向往过去,因而对其所生存世界的贪得无厌表示厌恶。
② Tommaso Campanella, *Civitas solis seu ides reipublicae philosophicae* (Written, 1602; Published, 1623);英译本作 *The City of the Sun*, in *Ideal Empires and Republics* (New York, 1901) and Negley and Patrick, *Quest for Utopia*, pp. 311~342。
③ 择要自 *Equality or a History of Lithconia*, attributed to James Reynolds(初版于 1802; Philadelphia, 1947),载 Negley and Patrick, *Quest for Utopia*, p. 506。
④ Edward Bellamy, *Looking Backward*: 2000—1887 (written in 1888; published in Chicago, New York, and Boston,1888—1929),节要可见 Ross, *Utopias Old and New*, pp. 143~146。
⑤ Hertzler, *History of Utopian Thought*, p. 287 评及欧洲乌托邦主义者共有之观点。
⑥ Ross,*Utopias Old and New*, p. 152。
⑦ H. G. Wells,*A Modern Utopia*, Chap. 6. 大意见 Ross, *Utopias Old and New*, pp. 129~180。

相配,胖女配瘦女,瘦女配胖男,以均衡之。"① 傅立叶在其乌托邦中排除个人住宅,让女子完全自由择配。② 在雷诺的乌托邦中,婚姻逐渐消失,儿童变成国有,无人需知某一儿童的生父,他说:只要在"婚姻注册"上注销对方的名字,"婚姻制度"自然消失。③

康氏于阐述大同的政治面时,至少是倾向民主的,而许多西方乌托邦主义者经常倾向集权。在此只提两个人:摩尔一如康氏提出选举,但他的乌托邦乃系一开明专制。④ 威尔士的"武士",乃一群极想统治别人之人,实系一种精英分子的观念。⑤ 卡班的"伊卡里亚"为少数与康氏民主大同构想相似的乌托邦。据卡氏说,"伊卡里亚之人在完全平等的基础上组成其社会",人民有主权,由选出的议会和行政机构来治理。"伊卡里亚"的政治结构因而是"几乎纯粹民主式的"⑥,康氏的大同似亦如此。

康氏的"一元世界"也可见之若干西方乌托邦著作之中⑦,最佳之例可见之于圣西门的"乌托邦社会主义",他提倡"人道的宗教"(the religion of humanity),他说此一宗教的目的是:

> 在于维持地球上所有人类的联合,人人取得上帝所赋予的地

---

① Campanella, *Civitas solis seu ides reipublicae philosophicae*, trans. by William J. Gilstrap, in Negley and Patrick, *Quest for Utopia*, p. 324.
② Mumford, *Story of Utopias*, pp. 121~122.
③ 引见 Negley and Patrick, *Quest for Utopias*, pp. 508~512. 英国无政府主义者 William Godwin 在其 *Enquiry Concerning Political Justice and Its Influence on Morals and Happiness* 一书中提倡性爱自由与废止政府。吴敬恒为无政府主义者时谓,爱既然是普天下一致的,不应由任何人抱持。婚姻制度毫无存在的理由,男女应该"杂交",此为走向人类进步的第一步(见"评鞠普君'男女杂交说'",《吴稚晖先生文粹》,第三册,页274~280)。此二者均较康氏为激进。
④ Ross, *Utopias Old and New*, pp. 57~58.
⑤ Wells, *A Modern Utopia*, p. 181,第九章整章讨论此事。
⑥ Negley and Patrick, *Quest for Utopia*, pp. 547~550.
⑦ Ibid., pp. 13~14. 作者指出,在工业革命前的乌托邦作品,大致倾向于一种闭关自守范围很小的自足社会。不过到了19世纪,当民族主义仍然高涨时,乌托邦主义者已觉悟到,即使是国家也不足以成为一自足的社会组织的单位。

位,以劳计酬。①

威尔士的"近代乌托邦"与康氏的"大同"一样,意含全球性的组织与人类的合一,所取的途径乃是经由普及教育、异族通婚、统一语言,然后:

> 中国人与他的妻子说同一语言——不论她属那(哪)一种族,而他将与欧洲人穿同一服饰,读同样的书,膜拜同一传统。②

康氏的享乐主义思想也可见之于西人著作。前已提及卡班所说,立法之目的在使人民快乐。半世纪之前,雷诺强调人类宜日增其享乐。雷诺说人总是追求快乐,唯有人类制度的偏差才抑制快乐。在摩尔的乌托邦中,人们享受身心两方面的快乐③,包括眼、耳、鼻的享受,特别是音乐,时而可闻。摩尔认为乌托邦主义者相信"我们一切的行动,以及所有的道德,都归结于享乐"。④ 康氏重视的旅行之乐,也为威尔士所乐道。他写道:"在现代乌托邦中,旅行应为日常生活的一部分。"⑤

这已足证康氏的主要思想俱在中国与西方乌托邦思想范畴之内。他有意无意借自前人,但他所借者融合得十分彻底,合之以极多的想象,遂成其独创的思想,他创造了"一个新理想"⑥,因此他可自称为中国最伟大的乌托邦思想家,与西方杰出的乌托邦主义者匹敌。⑦

---

① Saint-Simon,引见 Ross,*Utopias Old and New*,p. 124。
② Wells,*A Modern Utopia*,p. 342。
③ 节要见 Negley and Patrick,*Quest for Utopia*,pp. 603~604。
④ More,*Utopia* 英译见 *Ideal Empires and Republics*,pp. 188~194;参阅 Negley and Patrick,*Quest for Utopia*,p. 170。
⑤ *A Modern Utopia*,p. 43。
⑥ 梁启超之句(见《清代学术概论》,页 136)。
⑦ Francis L. K. Hsü(许烺光),"Cultural Differences Between East and West and Their Significance for the World Today",p. 224 比较中西乌托邦之异,一尚贫,一尚富,引陶潜"桃花源记"为中国唯一的乌托邦构想。许氏说此文乃最早例子,显然不确。此外尚有许多,如"礼运"中的大同,《老子》中的小国寡民及前文所举二三例。奇怪的是,许氏完全不提《大同书》,不知他对此书的评价如何。

附录:《大同书》与《佐治刍言》

齐赫文斯基(Tikhvinsky)说江南制造局所刊译书中,傅兰雅(John Fryer)的《佐治刍言》(1885年出版)对康氏有绝大的影响,齐氏认为康氏在写《大同书》时,取用了此书的大部分。①

齐氏的猜测有一部分是正确的,康氏自谓对傅氏之书印象深刻,如《自编年谱》中有云(光绪十二年,1886):

> 时张之洞督粤,春间令张延秋编修告之曰:"中国西书太少,傅南雅所译西书皆兵医不切之学,其政书甚要,西学甚多新理,皆中国所无,宜开局译之,为最要事。"②

《佐治刍言》极可能是康氏认为具有"新理"的西书之一。③ 此书与其他各书很可能影响到康氏社会思想的形成,从1880年代到1900年代初,在他的变法著作中,由不同的方式表达,如《康子内外篇》《实理公法》,以及1905年的《物质救国论》。但此并不是说他在写《大同书》时,采用了傅兰雅之书的主要论点。若检视《佐治刍言》,即可知与《大同书》在观点上有基本相异之处,前书要建立一理想的资本主义社会,而后者是代表一乌托邦社会主义的识见。在某些方面,康氏取傅氏之书作为批判的对象,而非设计的模式。

两书自亦有相同之处,此相同之点乃予齐赫文斯基谓康氏得自傅氏之说的论据。④《佐治刍言》"总论"一开头就申述上帝的企望,

> 使地球上所有之人都丰衣足食,共同享受和平与快乐,一生无

---

① Tikhvinsky, *Dvizhenie za reformy*, p. 397, note 65.
② 康有为,《自编年谱》,页7。译按:傅南雅,一般作傅兰雅。
③ 此处所用乃收入梁启超《西政丛书》第四册中之重印本。《佐治刍言》由傅兰雅(John Fryer)"口译", Yin Tsu-hsi 笔录。本书之原著者及书名均未提及。
④ Tikhvinsky, *Dvizhenie za reformy*, p. 397.

忧无虑,自幼至老。①

同书较后又谓:

> 任何一个社会或国家都难免有病痛或无一技在身之人,不能自食其力,必须依靠他人的慈善,因此所有强壮之人和有技术之人都应由不同方式帮助他们。②

这些说法与"礼运"和《大同书》都很近似。

照顾不幸者的义务并不否定劳动的义务。此为两书又一相同之处。上天要"人人努力追寻适合的职业",社会要处罚偷懒犯罪之人。③ 此点立即令人想到《大同书》中"禁止懒怠"的规章。④

康氏认为极其重要的独立与平等的观念也见诸《佐治刍言》之中:

> 天予人以生命,必令其有保全生命的能力。不论种族国籍,人人自主,不能让别人宰制分毫。若非犯法,政府及其官吏不能剥夺任何人的独立之权。⑤

一国之人以及全人类的每一成员都要平等,不论社会地位为何。不平等既然存在,凡文明之人都要尽力达到人类的平等。

> 地球上之人各有异同,不文明人之中,不平等尤甚,以至强凌弱,造成更大的不幸。文明之国应给所有的人带来平等,以扫除一切的压迫与侵夺。⑥

奴隶制度直接危害自立与平等的原则,仍然存在于不文明的社会中,必须扫除干净。

---

① 《佐治刍言》"总论",第一节,页1。
② 同上,第二章,第十二节,页2。
③ 同上,"总论",第二节,页1;第二章,第十四节,页3。
④ 《大同书》,上海版,页426~427;北京版及台北版,页284。
⑤ 《佐治刍言》,第二章,第九节,页2。
⑥ 同上,第四章,第二二节,页4;第九章,第六四节,页11。

> 文明既兴之后，国家由公正平等的法律来治理。更加宗教的熏陶，人人彼此相爱，旧有的贩卖奴隶遂完全废止。①

这一切都能使康有为深信"礼运"所载天下为公乃是真正的儒教，也是"公法"。

康氏可能从《佐治刍言》中得知西方政府的形式，该书第十章中有云：

> 天下政府约有三类，君主、贵族（贤主禅位）与共和。有的国家选择其一，有的混合其中二、三，像英国乃三者的混合。

共和的政府形式是这样的：

> 共和政府（民主之国）最基本的是定期选举，选人代议，选贤任政。此制在美国行之已久，人民称便。②

康氏在《大同书》中及宣扬变法的著作中，明显地提到议院，此也可见之于傅兰雅的书中，认为"公议院之法"乃过去留下最重要的制度，是所有现存政治制度中的翘楚。③ 书中并述及英国议院的演变，并简略解释其组成与权力。④ 值得注意的是，康氏也用"公议院"一词来指议院。⑤

《佐治刍言》的第七、八两章叙述国际关系以及战争与和平。所述的一些材料也对康氏有用，如从部落进化到国家的过程、几百年来欧洲各国的发展及其利弊等等。⑥ 公法（康氏一再用及）的发展与运用可助国际的和平。国际贸易也可增进各国的友好关系。战争非必与文明俱来。

---

① 《佐治刍言》，第十一章，第八六节，页15。
② 同上，第十章，第七三、七四节。
③ 同上，第十一章，第九八节，页17。
④ 同上，第十一章，第一○五节，页17~18。参阅，第二章，第十五节，页3。
⑤ 《大同书》，上海版，页136~165；北京版及台北版，页91~107。康氏有时用公议会，有时用公议院。
⑥ 《佐治刍言》，第七章，第四七至五三节，页7~9。

国家愈文明,愈有能力维持友好。文明不断发展终能为全球带来太平。①再进一步,就是康氏的大同社会了。

康氏可能从傅氏之书中得到启示或肯定社会进步的渐进发展,而非突变性的暴力革命。以下一段见之于《佐治刍言》尤可注意:

> 英国制度的精良并非一蹴而几,而由小心谨守而成,发展好的,废除坏的,卒能有秩序地进向完美。此时的英国政治制度与三百年前大异,其进步乃由三百年间逐步改进而来。如按此而行,任何国家的政治制度都可由循序渐进而臻于完善。如因一国之制不善而思以革命方式除之,则随之而来的动乱不会有令人满意和完美的结果。②

此种看法与康氏的社会改进观,并无二致。

这些相同处不应掩遮基本观点上的不同:康氏关切一社会主义的乌托邦,而傅氏则赞同一理想化的资本阶级社会(更确切地说乃是一理想的维多利亚英国社会)。若然,则康氏不能不拒斥若干傅氏之见。

"自由企业"为《佐治刍言》中社会结构的基石。③ 国家的适当任务在于维持和平,执行法律,以及运用外交。其他事则由人民自理。因为:

> 人民可以自理之事若让国家来处理,国家必将会做出有害人民之事。④

更确切地说:

> 有许多事与政府无关,硬要政府来管不仅伤害人民,而且于国家无益。首先,国家既不能养所有人民,自不能控制人民的经济事

---

① 《佐治刍言》,第八章,第六三节,页11。另参阅第六〇节,页10有谓:总之战争非文明进步之指标;第六一节,页10有谓:文明日进,战争可逐步消灭。
② 同上,第一〇五节,页17~18。
③ 主要是第十四至二四诸章。
④ 同上,第十二章,第一〇七节,页18。

业;其次,工人的工资、工作时间、每日工作量等等,不能由政府来规定;再次,每年物品的数量(如食品、衣服和其他日用品)、市场方法、货品价格,也不能由政府来决定。①

凡此皆与康氏在《大同书》中所定经济理论相反。

总而言之,《佐治刍言》拒斥社会主义思想:

> 曾有一著名法国工程师说,聚财成富与夺人之财而用之原无二致。另有一法人建议全国财富由全国人民均分,此乃唯一公平之法。如果此种见解得逞,则愚笨不讲理之人都不要做工而希望分享他人所得。英国人都不会相信这种见解。②

但是《大同书》的作者显然倾向"法国人"的说法,而非"英国人"的说法。

另一重要的不同是康氏以家庭为一无用的社会制度,而傅氏认为不可或缺。傅氏说,

> 国之本是家,上天予生命于人必使男女结成夫妇,组成家庭。及有儿女乃成父母,必随天赋本性而养育下一代,至于成人,离家成家而后止。一切社会和政治规范皆由家而来。③

此与康氏所说在大同之世婚姻与家庭都将消失,实南辕北辙。

再者,傅氏接受阶级之别亦与康氏有异。傅氏谓法律面前,人人平等,但个人能力与成就不能平等,自古以来贤愚善恶之别一直存在。政府应予杰出者以官位勋阶,甚至可让后代继承之。④ 同理,财产当然亦可

---

① 《佐治刍言》,第十二章,第一一八节,页 19。
② 同上,第十八章,第一九六节,页 30。反对社会主义论点续见于第一九七至二〇八诸节,页 31~32。第二三、二四两章分别讨论工资与资本,清楚表明了作者的立场。傅兰雅在此段所说,可能有此种心情,即普鲁东所谓"财产是抢来的",见 Pierre Joseph Proudhon, *What is Property?* (1840,英译本由美国无政府主义者 Benjamin R. Tucker 于 1876 年译成)。Dunning, *Political Theory from Rousseau To Spencer*, pp. 365~371,对普鲁东的观点有简短论述。
③ 同上,第一章,第四节,页 1。参阅第六节,页 2 有谓:夫妻关系事实上乃所有文明之源。
④ 同上,第四章,第二二至二五节,页 4~5。

承继。

  一人一生所聚之财不应于其死后夺之,故必传给后人,世代罔替,此乃不易的原则。①

而在《大同书》中全无私有财产的余地。

有鉴于《大同书》与《佐治刍言》两书基本观点的重大区别,我们不能不对齐赫文斯基之说有所保留。

---

① 《佐治刍言》,第二六节,页 5。

第十一章　到工业社会的迂回路

第一节　言论随时变而易轻重

《大同书》是在一特殊情况下写成的。康有为于 1902 年 1 月到 1903 年 4 月之间,住在印度北方的大吉岭,受到英国殖民地当局的保护,过着平静安定的生活。他想乘庚子拳乱推翻慈禧太后政权的企图完全失败。他暂时脱离现实世界,把注意力移向遥远的过去和遥远的将来。在此一情况下,他再拾重释儒学之业,并且完成了乌托邦理想的建构。

不过环境很快又改变了。他的劲敌荣禄于 1903 年的 4 月死了,他认为可以安全地离开避风港,从事较为积极的活动。他短暂地游历东南亚各地,并重访香港探望母亲之后,于 1904 年 3 月 22 日动身赴欧美,主要是要推展君主立宪,以及看看西方各国的情况。此行结果大大地改变了他的社会思想。他不再注重社会的完美与人们的快乐,而重视如何把中国从 20 世纪列强的压力下解救出来。因此,在完成《大同书》三年之后,他写了《物质救国论》[①],

---

[①]《物质救国论》。此书附徐高阮序言,见《世界评论》,第十年,十八、十九期(1963 年 2 月 16 日、3 月 10 日),页 6~15。

平实地要求中国赶快工业化。

显然地,康氏的西方之旅加深了他对近代工业文明的敬慕①(他第一次对西方的敬慕在1879年),也加深了列强灭亡中国的恐惧(此一恐惧刺激了他的戊戌变法运动)。他的结论是,中国除非获得像西方一样程度的工业化,则不能挽救危亡。

同时,他注意到另一值得忧虑之事。19世纪之末,革命情绪在旅日的中国知识分子间勃兴,到1905年的7月,同盟会在东京成立。② 同年,革命运动的机关报《民报》出版,与康党梁启超等展开思想上的斗争。康氏参与此一斗争,维护君主立宪之见,反对革命共和,见诸他所撰之文,谈论如何避免灭亡,抨击共和政体,均写于清覆灭的前一年。③ 他于1905年所撰有关物质建设诸文,也有阻扼革命浪潮之意,把注意力推向较具建设性而少具危害性的现代化方向。

康氏在此文的序言中把此一立场说得很清楚。于指出曾国藩、李鸿章以及其他"自强运动"领导人,因未认识到欧人富强的根本而不幸失败后,他接着说:

> 至乙未东败之后,知之渐进,以为欧、美之强在民智,而开民智在盛学校也,于是十年来举国争事于开学矣。至戊戌之后,读东书者日盛,忽得欧、美之政俗学说,多中国之所无者,震而惊之……以为欧、美致强之本在其哲学精深,在其革命自由,乃不审中国病本之何如,乃尽弃数千年之教学而从之。于是辛丑以来,自由、革命之潮弥漫卷拍,几及于负床之孙,三尺之童,以为口头禅矣。④

---

① 《物质救国论》,页54~57,描述现代工业都市的富美,包括加州的洛杉矶和英属哥伦比亚的温哥华。
② 参阅 Shelley H. Cheng, "The T'ung-meng-hui: Its Organization, Leadership, and Finances, 1905—1912", esp. Chaps. 1~3.
③ 康同璧,《康南海先生年谱续编》,页73~74(以下简称《年谱续编》)。另阅 Jung-pang Lo, *K'ang Yu-wei: A Biography and A Symposium*, p.218。
④ 见《物质救国论》序言。

此一重点之转易,涉及康氏社会思想的大修正,然非其一般思想的剧烈改变。在此并无放弃其乌托邦理想的迹象——他仍寄望思想、制度、物质的强烈变化,可以导致完美的社会。他继续向海外华侨(包括住在美国的侨胞)讲说大同之理。① 显然地,他于完成大同学说之后,觉得有必要指明实现大同的方法,考虑到现实的环境。如已述及,若无极为高度的科技进展,美好的大同之世是不可能到来的。② 康氏于《大同书》中,着重非物质方面的乌托邦理想:在思想、社会和政治大转变之后,黄金时代便会到来。但目前中国在走向太平世之前,面临严重的民族生存问题,康氏遂积极重视工业化问题。

发展物质文明可以达成两个目标:一则使中国成为近代国家中有地位的成员,以保存之;二则为最后乌托邦世界的实现奠立物质基础。对康氏说来,优秀的中国人不应也不会在发展中被淘汰。若无中国,世界社会就不完全。他呼吁保全中国实源自爱国之心,带有民族主义色彩。但他并不是一单纯的民族主义者③,因他对世界主义有太坚强、太深刻的信念。④ 保持国家乃是迈向太平世的必须步骤。换言之,工业化乃是使中国走向世界大同的迂回路。

必须指出,在1905年时,康氏固然萦心于工业化,但他对中国政治问题的关切,并未终止。他仍然梦想政治改造使中国强大,不止在一种场合,他提出梦想的大纲。例如,当他于1904年在意大利时,他赞美加

---

① 康同璧,《年谱续编》,页51,提及康经常对宪政会洛杉矶分部会员"演述大同之义",时在1905年3月。
② Fung Yu-lan, *A History of Chinese Philosophy*, 2:690. 译者 Derk Boode 注曰:《大同书》显示"一种不切实际的自信,认为科技进步乃是人类幸福之钥",因而"不像是中国的"。
③ *Webster's Third International Dictionary* (Springfield, Ill.: G. C. Merriam Co., 1963) 对民族主义者的定义:(一)真正提倡民族主义者(一个真正民族主义者视国家高于一切);民族主义:对一个国家的忠诚与奉献;特别是一种国家意识的态度、感觉与信仰,以本国高于他国,强调对本国文化与利益的忠诚和提倡,以抵抗周遭地区或其他国家或超国家的集团。
④《大同书》最能显示此点。不过,康氏有时近乎"帝国主义者",例如《物质救国论》,页33~34,他要建一强大海军,并建议中国应有一殖民政策,唯扩展才能自保。

富尔(Cavour)统一意大利的成就,认为是真正伟大的欧洲领袖,并在精神上与他相契。① 稍后,在访问柏林时,他凭吊"铁血"宰相的功业,不仅发展工业使德国强大,而且以王权拯救了国家②,此正康氏本人在戊戌年所希望成就,而直至1917年仍然不能忘怀的。

多少年来,康氏一直深信光绪皇帝乃是中国近代化的关键。戊戌变法的最主要目标,乃是经由光绪的同意与合作,使中国的专制政体改成君主立宪。变政的失败并没有使康氏灰心,他仍然向此目标奋斗,并采用新策略应付变局。失去自由的光绪皇帝一日存在,康便想尽各种方法使他恢复帝位。在康氏的领导下,保皇会于1899年的7月20日在加拿大的温哥华成立,开始了延续多年的政治运动。③ 他代表立宪政府演说,在若干场合,如在洛杉矶分会,并讲"大同之义"。约略同时,他撰写了《物质救国论》。④ 他仍然未忘变法的重要。例如,1903年10月当他在香港时,完成了《官制议》,指出中国若不先有行政现代化,整个国家不可能达成现代化。⑤ 凡此都显示,康氏所呼吁的工业化,代表他对重点的调整,程序的修正,但并不意味在整个社会思想上有剧烈的改变。

康氏在美国时,撰写了《物质救国论》,可能并非偶然。1905年,老罗斯福总统正开始他的第二任。在强大有力的领导下,美国的加工业和世界霸权正如日中天。康氏虽不谙任何西方语言,并不能阻止他亲眼看到彼邦工业中心的迅速发展,证实了他长久的信念:工业化乃是富强之本。

---

① 康同璧,《年谱续编》,页35～36。
② 同上,页45～46。
③ 康同璧,《年谱续编》,页4。据伍宪子,《中国民主宪政党党史》,此一组织的英文名为"Chinese Reform Association"("维新党"),分部设在波特兰、旧金山、纽约、新奥尔良以及若干中南美国家设立。在1906—1911年之间,名称是"中国宪政党",以响应清廷宣布立宪。康同璧,《年谱续编》,页33说保皇会之名于1902年改为宪政会。
④ 即1905年3月,见康同璧,《年谱续编》,页51。早在1902年12月,当他在印度时,他决定送康同璧到欧美演说"国事"(见康同璧,《年谱续编》,页33)。
⑤ 同上,页34。《官制议》于1903在上海出版,作者序文作于1903,1904年三版,1905、1906、1907年重印。另见于梁启超所编的《新民丛报》,三五期及以下各期。

他自己说,此乃他访美的心情:

> 吾既遍游亚洲十一国,欧洲十一国,而至于美。自戊戌至今,出游于外者八年,寐寝卧灌于欧、美政俗之中,较量于欧、亚之得失,推求于中、西之异同,本原于新世之所由,反覆于大变之所至,其本原浩大,因缘繁夥,诚不可以一说尽之。但以一国之强弱论焉,以中国之地位,为救急之方药,则中国之病弱非有他也,在不知讲物质之学而已。中国数千年之文明实冠大地,然偏重于道德、哲学,而于物质最缺。……哀我国人之空谈天而迷大泽也,乃为《物质救国论》以发明之。①

此非一时的心情。迟至1919年,康氏重印此书时,他重申工业化的重要,并警告,"新奇的"政治原理在时机未成熟前,不便应用:

> 今经欧洲大战之效,物质之发明益盛。五十六生的之巨炮可轰二百余里,飞天之船可十六时而渡大西洋。德之强而欲吞全欧,以物质。英、法之能力抗四年,以物质。美之富甲全球,以物质。凡百进化,皆以物质。……然当吾昔欲发布此书时,吾门人梁启超以为自由、革命、立宪足以为国,深不然之。……近者吾国上下纷纷知言实业矣,而不得其道之由……或进以社会至平之议,岂不持之有理哉?无若未至其时而误行之,徒足以召乱也。②

须知在1919年,《新青年》已发行四年,许多热情有余、知识不足者正在大力倡导各种不同类型的社会主义。我们自不难发现这段引文结论的意义。

此一心情显示,康氏所修正的,不仅是对"西学",也是对中学的态

---

① 《物质救国论》序文。参阅康同璧,《年谱续编》,页51:"目睹各国物质文明一日千里,而中华守旧不改,难与世界争锋,作《物质救国论》。"
② 《物质救国论》后序,见1919年重印本。"社会至平之义"显指社会主义,或见于早期《新青年》中的社会思想。

度。他谴责"空谈天",此乃指国学的模式——从经典上承袭的书本知识。他教人不要轻易接受"社会至平之议",此乃反对接受自西方输入的"新理"。在强调物质建设之余,他完全改变了对西方文明的见解。在1886年,他认为有关科技的"西书"是"不切"之学,而重视有关西政之书。① 此乃他在戊戌变法时的基本思想②。但在1905(以及1919)年,他辩称科技乃是中国应该以及能够向西方学习的唯一东西。

因此,《物质救国论》代表了康氏对中国近代化问题的新看法。在此,他不再强调(也未放弃)人类的基本价值没有国界,而着重指出中国在物质文明上与西方相匹的必要性。换言之,在1905年时,他觉得有必要将其社会思想降低一层次③;不再鼓吹文化大同,而提倡所谓有选择性的西化。如此,他与张之洞等部分西化论派(不喜欢西方价值)及"新文化"派(不喜欢中国价值)都分道扬镳。

第二节 工业化的论点:理论趋向

康氏的主要论点很简单。一言以蔽之,西方国家既由科技的惊人发展而致强,中国必须要获得同样的发展以求生存和成长。

康氏当然知道西方工业化不仅仅是技术的创新——新机械的普及和工厂生产的推广。他在《物质救国论》中有意味深长的一段,指出科学乃是近代物质文明的基础:

> 故今日者无论为强兵,为富国,无在不藉物质之学。……故以

---

① 康有为,《自编年谱》,页7。
② 梁启超,《西政丛书》序言之最简明。
③ 见本书第十章,第一节"思想的层次与阶段",第二节"世界化与西化"。参阅 Joseph R. Levenson,"'History'and 'Value': The History, of Intellectual Choice in Modern China", in *Studies in Chinese Thought*, ed. Arthur F. Wright, pp. 161～166; *Liang Ch'i-ch'ao, The Mind of Modern China* (Cambridge, Mass.: Harvard University Press, 1953), pp. 6～8。Meribeth E. Cameron, *The Reform Movement in China*, 1898—1912, p. 42,认为康有为与张之洞的"差异主要在气质",似未触及要点。

> 其通贯言之,则数学及博物学也;以其实物言之,则机器工程学及土木工学也。……有此者为新世界,则日升强;无此者为旧世界,则日渐灭。①

康氏说,19世纪的中国改革者未能达到目的,正因他们不了解科学乃物质文明的根本。他指出:

> 自光绪二十年以前中外大臣之奏牍、及一切档案之在总署者,吾皆遍览之,皆知讲军、兵、炮、舰而已,惜乎未及物质之学,一切工艺、化、电、汽机之事也。②

尽管康氏对科学的概念必然模糊,他认识到"科学"为工业化根本,无乃全书中最重要的论点。此一认识为此一时期思想的转折点。使康氏超越19世纪末自强运动的领导者,而使他成为20世纪主张"科学主义"者的先驱。③

康氏在强调科技之余,减低了"道德"与"哲学"的重要性。在撰写此书前一年,他正在荷兰访问,看到彼得大帝学习近代工技之地,曾写了一首长诗,其中有如下几句:

> 欧人所由强,物质擅作器。
> 百年新发明,奇伟不可比。
> 遂令全地球,皆为欧人制。

他继谓19世纪的中国领导人,因为错误地自傲于本国的传统道德,雅不愿"降志"向欧洲学习。④ 在《物质救国论》中,他的同一心情有更坦白地

---

① 见《物质救国论》,页41~42。博物学当时含有两重意思。狭义言之,大致包括生物科学;但广义意之,包括自然界的一般研究。见《辞源》(台北,1949年十八版),"博物学"条;《辞海》(台北,1958年三版),页483只有狭义。康氏显然采广义。
② 《物质救国论》,页19~20。
③ 陈独秀之见解将于本章稍后论之。
④ 康同璧,《年谱续编》,页48~49。

表示：

> 夫百年来欧人之强力占据大地者，非其哲学之为之也，又非其民权、自由致之也，以物质之力为之也。……魏默深谓"师其长技以制之"……然则魏默深之论至今犹为至论也。①

是以，康氏以"彼得学船工"为全书的第一节。他认为俄罗斯原"不文明"，政法均无足言。但彼得仅采西方物质文明，卒使其国现代化。中国有数千年的文明，应可较俄国尤为富强，只要领导人能够学学彼得的榜样就行。②

其他先进国家，如英、德、美等的经验，也足资借鉴。英国是欧洲最强大的国家，但在非物质文明上并不超越德、法二国。康德、黑格尔、孟德斯鸠、卢梭和孔多塞（Condorcet）等，都是伟大的德、法思想家，自由平等之说推翻了法国的旧制。但是英国却打败法国，夺取印度、加拿大和澳洲，皆由于无敌的海军和商业，归功于英国的大力发展科学。③ 德、美两国也有同样的成功故事。德国从前致力于哲学，一直积弱不振，但自打败法国之后，集中精力于物质的发展，在20年间，几更强于强大的英国。美国不曾产生一个伟大的哲学家，但在科技上有令人刮目相看的成就，其国力至强。而西方诸国凡漠视科学者，仍然弱小，看看意大利与西班牙，仍为宗教支配，沉迷于神学与哲学的幻想。④ 的确，康氏认为即使是最伟大的先知，如果不知物质之学，也不能面对国家的危难。

> 耶稣能为欧人之教主，而无救于犹太之灭亡；佛能为东亚之教主，而无救于印度之灭亡。⑤

---

① 《物质救国论》，页21～22。康提到魏源《海国图志》序文（1842）："是书何以作？曰：……为师夷长技以制夷而作。"
② 《物质救国论》，页1～2,49。
③ 同上，页23～24。
④ 同上，页44。
⑤ 同上，页10。

同样的,孔子是中国的"教主",并不能给中国以富强,反而让几千年的农业社会延续下去,不能与近代西方工业社会的富裕相比。不仅孔子学说没有实质价值,而且问题是中国未能发展科技以补充儒术。

康氏坦白承认,他本人的学说亦非"物质的",也对中国无用:

> 吾于四万万人中亦为粗有知识,于中国之书既无不读,即欧、美之学理、事迹、风俗亦无不探捡而略通之。……然使物质不兴,则即今四万万人者皆如我,然已无补于亡矣!盖我虽略具热诚,粗通学理,而于物质、实业不能成一艺,则于救国之实事,即为无用之尤。①

同一道理,任何不关心"实学"之人都于其国为无用。即使四万万人中之每一人都有"卢骚、福禄特尔、孟的斯鸠,或康德、斯宾塞、倍根、笛卡儿,进而人人为柏拉多、亚里士多图、耶稣与佛"的智慧,亦"皆供人宰割之具,奴虏之用而已"。②

使中国现代化的努力已经做了一些,但方向都走错了——把希望错寄在"空名之学校"上③(以康之见,任何与实际生活无关者,都是空谈)。这些空谈即使是"数千年之圣经贤传",还是没有价值。④

空谈有不同种类,有的无用亦无害,有的则既无用又有害。西式学堂的课程与旧时代的八股一样无用,但却是有害的无用,因其既不教授科技知识,却教导学生放弃中国传统,阻遏了道德修养。中国必须工业化,但现代化并不是要人不道德。儒家经典就不能提供物质生活而言,

---

① 《物质救国论》,页49。
② 同上,页10。
③ 同上,页11。
④ 同上,页46。无意间,康氏实已回应王先谦(坚决反对康氏变法之人)在1898年说:"日本的维新起于工业,中国维新则起于空谈"(见"致毕永年书",载苏舆,《翼教丛编》,卷六,页7)。我们也会联想到张之洞在同年所撰《劝学篇》中论农、工、商之重要性的结语。张氏说,一个只知研读经书以应试,而对这些实学毫无所知的学者,是一个完全没用的人,而非"有用之士"(《劝学篇》,外篇第九,"农工商学",页33)。Samuel I. Woodbridge 在 *China's Only Hope* (Edinburgh: Oliphant, Anderson, & Ferrier, 1901)中未译此篇。

是无用;但就良好生活的指导而言,应在现代中国有其地位。因此,传统价值不应作为引进的新空谈的交换品,新空谈与科技无关,亦不适于现阶段的国内发展。

显然,此一思路衬出下引一段文字:

> 昔讲八股虽不切于时用,尚诵圣经贤传,得以修身寡过,其于风俗尚为有益。今乃扫弃中国之大教,经传之格言,而后生新学稍拾一二自由、立宪之名,权利、竞争之说……叩以军国实用之学,则无有……然则举国志士奔走呼号所以改书院为学院,日谋所以筹经费延教师者何为焉?①

值得注意的是,1900年代的后生新学们所津津乐道的"陈腔旧调",康氏深不以为然,但与康氏在1880年代热心倡导的"新义"并无二致。②时代与环境都已改变,康氏的教育观也改变了。二十多年前,他关心如何克服一大群士大夫的"保守主义",而现在他担心新一代知识分子所带来的"极端主义"。但是必须重申的是,他并没有改变妥善而有步骤地使中国现代化的基本信念。此指在君主立宪成熟之前,不应抛弃国家信念。

前述康氏工业化的论点有其可取之处。可惜的是,这些论点未能谨慎而清晰地提出,有时且自己陷入不一致的境地。在此可举一特别显著的例子,他于明确强调工业化的重要性时,辩称"良风美俗"乃物质文明的副产品。他说此话似有美国的情况在胸,他说个人的性格和社会风尚在旧日的美国十分腐败,但工业化带来道德上的改良。有钱人如洛克菲勒、史坦福和卡耐基固然无私地捐献财富帮助同胞,即使是普通工人的

---

① 《物质救国论》,页46~47。
② 康有为,《自编年谱》,页7。康氏引其友人语,并显然表示同意。

举止也像是得体的君子。① 不幸的是,中国未能工业化。因此,尽管有伟大的圣哲及其优越的学说,中国的风尚犹不及最糟糕的西方国家。没有物质基础,像美国在道德上那样的成就,不可能见诸中国,"即使尧、舜复生,伊、周执政",亦无可望。②

康氏显然没有觉察到此话与他在同书中稍早所说的相冲突:

> 以欧、美人与中国比较……如以物质论文明,则诚胜中国矣。若以道德论之,则中国人数千年以来,受圣经之训,承宋学之俗,以仁让为贵,以孝弟为尚,以忠敬为美,以气节、名义相砥,而不以奢靡、淫佚、争竞为尚,则谓中国胜于欧、美人可也。③

我们不禁怀疑,何以尧舜都不能相助的中国,会达到如此高尚、美好的境界。

此乃明显的不一致,我们只能猜想,康氏在考虑物质与非物质文明之间关系时,有不同的假设。从一方面说,他设想科学乃是道德进化与物质进步的关键。假如根据此一设想思考,其逻辑结果是:中国采用西方工业化之后,必然产生一种与现代西方相同的价值系统,换言之,即没有必要保存本国传统,现代化也就是全盘西化。从另一方面说,康氏设想科学与道德乃文明中独立而分割的两面,任何国家都可能一方面有进展,而另一方面落后。因此,中国有可能在道德发展上优于欧洲国家,而在工业化上落后;相反地,欧洲人也可能在科学上领先,而在道德生活上落后。康氏有时强调前一种一元的假设,而有时又强调第二种两元的假设,显然并未自觉不一致。

---

① 《物质救国论》,页50。参阅大约写于1912年后之函,康在信中重申此说,仅有细微变动。他说五十年前之欧美,不仅愚昧,而且不道德。但由于物质文明的迅速进展,他们"非徒富强日臻,而人心风俗亦渐以改良……诚异事也。"他继谓曾写两本书:(一)《物质救国论》,(二)《理财救国论》(1912),讨论救中国最迫切的两件工作,但中国优良的道德传统必须保持(见"复刘观察士骥书",《万木草堂遗稿》,卷四,页47~48)。
② 《物质救国论》,页54。
③ 同上,页8。

康氏的不一致令人困扰,但未尝没有历史意义。他于设想科学乃人类的基础时,实已先言陈独秀及其崇拜"赛先生"同志之所言。虽然,因他反对共和,他的《物质救国论》,对"德先生"而言,毫无用处(请参阅本书第十章论"大同与新文化"一节)。再者,他假设一个国家可以发展美好的价值系统,而仍然停留在极落后的物质文明上,乃发梁启超和梁漱溟等人所倡反对全盘西化的一些论点的先声(参阅本章第四节"现代化问题:对中西文明的评价")。康氏事实上已初步地涉及后来热烈讨论的有关"科学与人生观",以及"中西文明"诸问题。他的两种假设发了后日两个阵营知识分子言论的先声,他的《物质救国论》乃是1910年代末与1920年代论争的预告。

第三节　工业化的计划

康氏在《物质救国论》中的工业化计划可简单述之如下。在某些方面,此一计划近似戊戌的变革计划。[①] 为了奠定工业发展的坚强基础,他以培养人才为第一步。必须派遣留学生到外国学习科技,有名的外国专家要请到中国学校讲学,他特别指名德国与苏格兰人专精机械工程,美国(特别是康乃尔、芝加哥大学与柏克莱加大)为派遣学生的最佳地方。[②] 同时,科技院校与工业学校要在中国建立,教导应用机械的课程要在小学设立。当然,现代化的工厂必须随时建立。[③]

他相信私人企业为执行其计划的适当途径。因而他既反对"官办",也反对社会化。他反对前者基于实际的考虑:

> 同、光数十年来所开之新器局,所皆官办也。夫一切待于官办,

[①] 见康氏于1898年上清廷疏有关学校部分,见翦伯赞等编,《戊戌变法》,第二册,页217～219,222～225,250～251。
[②] 《物质救国论》,页66～81。
[③] 同上,页81～88。

> 无论财力不足,不能开也。即使财力能多开,其能有竞争至美之心,以与欧洲列强敌乎?

康氏特别指出德国的克虏伯厂与英国的阿姆士庄厂为私人企业成功的光辉例子,值得效法。①

他反对社会化则有所保留。他于后序中说:

> 近者吾国上下纷纷知言实业矣,而不得其道之由……或进以社会至平之义,岂不持之有理哉?无若未至其时而误行之,徒足以召乱也。②

不过,康氏在原则上并不反对社会主义,也不认为私有企业为永久性的经济制度。私营企业不过是促使中国工业发展的过渡性安排。③ 物质建设将使中国自农业的社会转向现代工业的社会,而非脱离到大同社

---

① 《物质救国论》,页 20。
② 《物质救国论》,后序。据赵炳麟(《赵柏严集》,《柏严感旧诗话》,卷三,页 8)的记载,当康有为在 1920 年代初期听山西督军阎锡山尊重孔子传统并计划山西的工业发展,他派了两个学生到山西告诉阎氏,工业化需自华侨资本始,赵说:"当是时,山西方欲以井田土地归公遗意行之于矿务,一切矿产皆收归公有,仍由个人经营,以免资本家之垄断,故南海闻而赞之。"阎氏作为可见《治晋政务全书》,第十、十一册(矿务)。阎氏对儒教之观点参见"孔子是个什么家?"(台北,1950),阎氏亦取大同之说,与康之《大同书》略似。见阎撰,《世界大同》。

我们亦可见到提倡实业的张謇,基于传统文化的现代化,成功地使南通由江苏省较落后的县份转变为"模范县"(参阅 Samuel C. Chu, *Reformer in Modern China*, *Chang Chien*, 1853—1926)。康氏未提及张謇,但他必定会同意张之想法与作法(张氏早年工业化努力,可阅全汉升,"甲午战争以前中国工业化运动",页 59~80; Albert Feuerwerker, *China's Early Industrialization: Sheng Hsüan-Huai (1844—1916) and Mandarin Enterprise*)。

③ 康氏坚持私人企业,有别于今日前工业化国家的领袖,他们一般倾向"社会主义"的方式。阅 Paul E. Sigmund, *The Ideologies of the Developing Nations*, especially pp. 11~22。不过,在强调工业化重要性时,康氏基本上与他们一致。如印度的尼赫鲁认为"家庭工业"必须走向基于"大机器与工业化"的经济,"儿童教育须与技艺手工活动密切配合","陈言套语"既无用,须弃之(录自 *The Discovery of India*,引见 Sigmund 之书,页 93~95)。徐高阮在重印《物质救国论》的导言中说,康氏工业化计划与孙中山在《建国方略》中所说很相似,同有迈向科技发展的热忱(见《世界评论》,十八期,页 6)。徐氏显然指的是《实业计划》。两者在目标上确有若干相似之处,即经由工业化以达现代化。但两项计划也有许多地方相去甚远,例如,康有为坚持私人企业,而孙中山则认为"社会革命"必须与"工业革命"同时进行,换言之,某些现代工业必须国有化(见《孙中山全书》,第二册,页 5)。

会之路。实际是走向大同的迂回路。换言之,康氏并未放弃若干年前在《大同书》中所演绎的社会主义理想,而是警告,如过早应用,是违反社会进步与有规则发展之原则的。

康氏认识到资本化乃工业化的主要问题,但他并未忽视政治稳定的重要,而政治稳定必先有政治制度的现代化。中国古老的专制统治必须代之以君主立宪(他认为其基础植于地方自治),然后工业发展才能出现。他在《物质救国论》结尾说:

> 夫成物质学者在理财,理财之本又在官制,官制之本在人民自治。……不能行公民自治,开省、府、县、乡之议院,而欲理财,犹欲入而闭之门也。①

此说未尝无理,然而康氏受惊于革命风潮,所说似乎是在反对宪政与自治,下引一段可以为证:

> 盖凡百政制皆可吾欲之则为之,惟物质之工业则非欲之而即得,旋至而立效者也。由斯而谈,然则假令政府立行发愤,举国维新,议院立宪,即成民权公议,而此六、七年之中外衅迭生,强邻交迫,将何以御之?②

此不仅掩遮了他的真正立场,即政治改革与经济发展同样必要,同时也影响到他提倡宪政的努力。他的挫折经验断不能给他如此乐观的看法:"凡百政制皆可吾欲之则为之!"

第四节 现代化问题:对中西文明的评价

世纪交替之际的中国现代化问题,至少部分总结于对中西文明的评价。每一主张现代化者或显,或隐,或有系统,或作随谈,都有其

---

① 《物质救国论》,页89。
② 同上,页48。

说辞。一般言之,老一代传统较深,西学较浅,自较倾向中国文明;而新一代与中国之过去无论在思想上或情感上联系较薄,颇愿毫不保留地接受西方文化。这两代人的历史环境迥异,见解不同,所言几不相类,彼此之间难以了解,老一代对新一代轻易接受现代西方感到担心;而新一代不满老一代盲目崇拜中国传统。他们实在代表同一思想发展过程中的两个不同阶段。老一代开了路,而新一代将其推向极端。

康有为为第一阶段最主要的代言人,虽然他的一些思想已发新一代的先声。他在1890年代至1910年代所写的大量著作中,曾指明中西二文明的优点与缺点。他认为每一文明中都有共同的价值,值得采取与保存,然而也有阻碍人类幸福的因素,必须舍去。所以他不在中西之间划一难以克服之线,而经常扎根于两者,终久必可相遇于共同的文化落脚点。他喜欢把思想与制度联系到历史情况上——即他所相信的人类发展阶段说——而其评价则根据是否适合于不断在变迁的实况。一个社会到了某一发展阶段,必须采用适合此一阶段的思想与制度,不管地理或民族的背景如何;在另一方面,则须排弃已过时的,同时也不要去试适合将来的阶段,否则将带来灾祸。

因此,一个国家必须不时作文化上的调节。在各国之间关系日益密切的时代,又必须照顾到邻国的适当调节。中国既在物质文明上落后于西方,则必须在科技进步上接近欧美的水平。① 再者,西方既无以在道德发达上超过中国,中国宜保持其优越之传统——儒教②,因其不仅对中国,同时对所有文明之人有益。

是以,所谓现代化乃指向进步的持续文化调节。文明之路乃是通向所有人类的幸福,并不是某一国家或某一民族的特权。每一国家可给其

---

① 此乃康氏《物质救国论》的中心题旨。
② 康氏的儒学观可阅梁启超,《清代学术概论》,页126~128。参阅 Kung-chuan Hsiao, "K'ang Yu-wei and Confucianism", pp. 136~166。及本书第十章第二节"世界化与西化"。

他国家提供利益,但没有一个国家应该取消本身的成就,以便效法其他国家。儒教非全属中国,为中国之利,正如物质非全属西方,仅有利于欧人、美人。西方不会愚蠢到放弃科技以交换中国的道德传统,中国也不会丢掉本身的价值系统以迎合工业化。

此乃康氏对中西文明的一般立场。此一立场前已略微涉及,包括三个相关的主张:(一)凡在某一发展阶段获致的有效因素,适宜任何国家趋向或达到此一阶段;(二)中国在物质成就上落后西方,然而在道德成就与西方相等或超越;(三)中国须在物质文化上与西方并肩,同时保持其道德传统中最有价值者。我们可以怀疑康氏对中西文明估价的正确性,他的现代化计划之可行性,或他的理论是否健全。但无人可以否认,他的一般性立场之具兴味,值得思考。

在1890年代到1910年代之间,康氏不曾放弃过他的立场。唯一例外,可能是在建造大同构想一段时间。不过,当历史环境改变,他的思想趋向也有所改观,他毫不犹豫地变换他的重点立场。一般而言,他在早年强调第一个主张,而在晚年强调其他两个主张。

康氏有鉴于顽固传统派的愚昧,一再强调西方之所以富强,主要基于与中国圣贤所立的同一原则。例如,他在1897年说:

> 政治之学最美者,莫如吾六经也。尝考泰西所以强者,皆暗合吾经义者也。泰西自强之本,在教民、养民、保民、通民气、同民乐,此《春秋》重人,孟子所谓与民同欲、乐民乐、忧民忧、保民而王也。……中国所以弱者,皆与经义相反者也。①

如前所述,这段话无异说中国的现行政治制度,完全不合儒家的要求。②

大约也在1890年代,康氏在致友人书中,曾经笼统地陈述了社会价

---

① 康有为,《日本书目志》,"国家政治学书提要"。
② Otto Franke, "Der Ursprung der Reformbewegung in China", p. 22.

值世界化的信念。他说中国的真理,全世界都会跟随。中外人民之间,包括被误称的"西夷"在内,怎么会有任何不同?① 迟至1903年,他又重申此见而未变。他认为孔子之道"大行于欧美,而反失于故国"。②

不过,康氏曾明白指出,德行之根本相同并不是说,不同的国家没有独特的文化形态。事实上,不同的地理与历史因素经常产生不同的风俗,使得不同的国家在文明进步上有不同程度的成就。③ 因此,中国人有其特有的气质,不同于西人,在道德方面有进展,而在工业上远远落后。康氏认为若国人忽视科技,因而失去现代化的机会,将是愚不可及的;但若抛弃中国气质愿为"化外西人",也一样的笨拙。④

在此我们可以看得很清楚,康氏虽向往全世界人类的大同文明之到来,但他并不要消灭一个国家的文化认同,以达到此一目的。相反的,为了乌托邦之到来,文明国家如中国须在致力世界化之时,不要失掉文化的个性。种性自裁不是进步。有鉴于此,康之反对全盘抄袭西方,并不构成一种保守主义,因他并不反对文化转变。

事实上,康氏认可文化转变的价值和必要,此乃各种族文化交流的结果。没有一个文明可能在僵化孤立中发展和生存。1902年游印度时,他写下了他的观察所得:

> 夫物相杂谓之文,物愈杂则文愈盛,故文明者乃智识至繁,文物

---

① 康有为,"与Ting-fu"(微卷),此函未收入"遗稿",参阅另一撰于1891年函:"与洪右臣给谏论中西异同书",见康有为,《万木草堂遗稿》,卷四上,页9~10。在1891年函中,康以势、俗之异来解释中西之不同。几百年来,中国一直是大一统的帝国,而欧洲自罗马帝国崩溃后成为列国。结果,专制在中国盛行,法律与政制受制于保守主义。另一方面,欧洲列国相争促成变革与进步,具积极性的公民有意阻遏独裁。由于时势大异,习俗亦异。在中国,"三纲"成为社会生活的准则;在西方,平等为大。康氏不以为西方已臻社会之完美,但他指出所认为的中国传统政治社会制度中的严重缺陷。
② 康有为,《论语注》,卷八,页6;卷十五,页3。同一心情可见之于同时所写的其他著作中。
③ "与洪右臣给谏论中西异同书"。
④ "与Ting-fu"。

至盛之谓。……盖娶妇必择异姓而生乃繁①,合群必通异域而文乃备。②

此似是康氏文化综合论的理论支柱,可经由中西两文明中最进步的因子结合而成,亦即梁启超所说的"构成一种'不中不西,即中即西'之新学派"。③

此种对文化问题所取的广阔视野,得之于康氏对中西文明所采的欣赏态度。一位西方学者说:

> 康氏不仅读过其他国家之历史,知道中国乃"全球八十之一"。他并以此作为一个中国人的经验。他并未被所读到的西书眩惑或倾倒。相反地,他的心智受到启发,并表现在他的文章里,自然地神游于中西史事之间,既不以中国历史蔑视外国历史,也不盲目崇拜西方。④

这不是说康氏的趋向是独特的,绝不是。康氏对人类价值的世界观及其认为文化适应的必要,在不同程度上,为当时一些受到传统影响而希望中国现代化者的共识。在这些人中,汤震尤接近康氏之见。⑤ 公羊

---

① 此典指古代中国外婚的原则。见《左传》僖公二三年(启明书局版,卷十五,页113)。此一原则类似的叙述另见《国语》(1876尊经书院版),卷十,页6。瞿同祖曾对此种原则有讨论。见T'ung-tsu Ch'ü, *Law and Society in Traditional China*, pp. 91～92。
② 康有为,"印度游记序",载康同璧,《年谱续编》,页18。
③ 梁启超,《清代学术概论》,页161。另参阅本书第三章导论。
④ E. R. Hughes, *The Invasion of China by the Western World*, p. 114. 参阅 p. 115:"从康有为的例子,我们见到的不是中西冲突,而是中国人的心灵,在面对全新的政治经验时,能够维持其主动并从中吸取灵感的方式。"
　　李文逊氏可能对"中国人的心灵"所见不深,但仍暗示并未主张简单的西化,而主张世界化。李氏谓:"变法派既未藐视西方精神,也未忽视中国精神,而以两者为贵,并欲相信两者实在相同。"(见 Levenson, "'History, and 'Value': Tensions of Intellectual Choice in Modern China", in *Studies in Chinese Thought*, ed. Arthur F. Wright, p. 162)
⑤ 汤震"中学",《危言》卷一,页10～12。

学派的廖平曾说,文化间既无明确的界线,中西互相学习最为有益。① 谭嗣同与梁启超可想而知,是附和乃师之说的。② 即使蔡元培与蒋梦麟与康氏无思想上的渊源,也达到"真理无国界"③,及"对某些问题的中西见解非常相似,甚至完全相同"④的结论。罗素显然未能洞悉这些人(包括康氏在内)的观点,所以他说中国的知识分子"没有理解到人类道德到处都是一样的"。⑤

然则,康氏的立场并非怪异或含糊,只是不幸地未被他同时代人所理解。总之,那些认为中西不可能在共同或平等的条件下交流的人,自不会欣赏康说,而认为中国只能顽固地抓住旧传统,或接受外来的一切。康氏抱怨道,"今新学者,则尽弃中国之旧,旧学则如三家村学究,太不知时"。⑥ 他的抱怨并非毫无根据。一方面,他遭到保守派攻击,认定他要完全摧毁中国的制度和风俗,暗中把中国人转化为西人⑦——此乃康氏坚决反对者。另一方面,西学派认定他由变法沦为反动,反对现代

---

① 廖平,"改文从质说",载于宝轩,《皇朝蓄艾文编》,卷六,页14~17。廖氏谓两种文化,即"文"与"质",两者互相更替,不断循环,故在某一时期,其中之一代表某一国家的文化。因此,在当时中国文化是"文"(道德的),而西方文化是"质"(物质的)。显然,廖氏不认为中西文化有基本上的不同,只是代表同一文化周期的两个阶段。
② 谭嗣同,《仁学》,卷上,载《谭浏阳全集》,第四册,页1。梁启超,"西政丛书叙",《饮冰室合集》,《文集》二,页62~63。
③ Levenson 所引,见 Wright, Studies in Chinese Thought, p. 174。另阅 Robert K. Sakai, "Ts'ai Yüan-p'ei as a Synthesizer of Western and Chinese Thought",此文所述可资参考,但略有不足。蔡之生卒年为 1867—1940。
④ Chiang Monlin, Tides from the West, p. 61。蒋氏于1908到美国读书。
⑤ Bertrand Russell, The Problem of China p. 81。罗素显然了解陈独秀及其他《新青年》作者等激烈西化派的观点。不过,康氏马上可以接受罗素所说的西方道德:"假如我们与中国人之间有道德上的不同,我们在坏的一面,因我们较为精力过胜,因而容易犯罪。"(P. 80)康氏对下面一段话也绝不会反对:"我们所能教中国人的,不是道德或政府伦理,只是科学与技能。"(P. 177)
⑥ 康有为,"致章一山书"。函中有谓"《大同书》至今亦未布",可知此未署年之信函应写于1919年之前。
⑦ 例如文悌,"严参康有为折"(翦伯赞等编,《戊戌变法》,第二册,484~485)。

化①——亦乃康氏从未试图之事。未悉康氏真实立场的历史学者,认定他是西方的膜拜者,而伪装孔门之徒。②

康氏被视作反动,一部分咎由自取。仅举一事,他经常不经意地自招误解。民国初年在政治上、社会上、思想上所呈现的混乱情况使他震惊,以至不同意当时一些人认为剧烈的改变是"将会更好"。③他把这些剧烈改变视为自己理论的证言——未成熟的文化转变总是破坏性的并为中国带来灾难。因此,他极力反对共和与"新文化"运动,经常禁不住说得过分,甚至与自己从前所说的抵触。为了争辩,他竟愿违离一贯的维新的、世界化的立场,而取顽固保守立场。他不谈全球文化观,而强调文化的民族主义,不谈中西精神,而见及"中西之争"。他认为中国道德优于西方;西方除了"科学与技艺外",不能教导中国什么。

康氏一反早期的信念,认为西人虽有进步的工业文明,并不如其中国崇拜者所想象的那样"文明"。在1916年,他谴责国人眩惑于西方工业重镇的神奇:

> 其过巴黎者,惊其霸业,慕其繁华;其过纽约、芝加高、三藩息士高者,慴其二三十层之楼。观飞,惊骇其制造之惊奇且伟大也。于是误以为政治之美也。……若美之弊俗,则不知也。④

即使在1904年,在撰写《物质救国论》前一年,他已不满意欧洲的非

---

① 此乃胡适、陈独秀等人之判断。胡适在1934年说,康氏在戊戌变法时作为思想领袖确是光辉,但此后的彻底反动使全国觉得和平改革无望(The Chinese Renaissance, pp. 34~46)。阅陈独秀,"驳康有为致总统总理书",《新青年》,二卷二期(1916年10月1日),页127~130。
② 例如钱穆,《中国近三百年学术史》,第十四章。另阅 Charles Beresford. The Break-up of China, pp. 191~192;谓康有功于"介绍西方思想"到中国,并欲使中国了解"适应西方思想的必要性",换言之,即单纯西化。此说对康氏未尽妥帖。本书作者于撰写《中国政治思想史》时,也误以为康氏由变法派变成反动派。错误的原因,在于他当时未能见到康氏的未刊手稿,对《大同书》的注意不够,以及轻易接受上注所提及诸人之见。
③ Hu Shih, The Chinese Renaissance, pp. 100~110,指出"中国人民社会生活有三大转变",歌颂此乃"中国文明接触到西方生活与制度后的最大收获"。
④ 康有为,"中国善后议"。此未刊稿见微卷,今收入《万木草堂遗稿》,卷一。参阅"与邓给谏铁香书",微卷一,此必撰于戊戌(1898)之前,康氏仍用其旧名祖诒。

物质文明。意大利增加了他的失望：

> 未游欧洲者，想其地若皆琼楼玉宇，视其人若神仙才贤，岂知其垢秽不治诈盗遍野若此哉！故谓百闻不如一见也。吾昔尝游欧美至英伦，已觉所见远不若平日读书时之梦想神游，为之失望。今来意、普，登岸而更爽然！

他接着说，连意大利的建筑都不如中国。① 这种说法不仅是自1897年访问香港后对西方文明所持态度的修正②，而且也违背他在《物质救国论》中的一些观点。

在此有一个问题，康所认为中西价值基本相同到底是怎么回事？他既修正他对西方文明的评价，是否也意指对此一信念的修正？

仔细阅读康氏文字可知，他的世界立场并未改变，只是对存在于不同时间内的道德情况评估有异。他似含蓄地划分理想的价值系统与实际存在的道德，划分真正的儒教与历代所盛行的儒教，划分西土圣人之教与实际欧美人的表现。人类既远未臻完美，他们的表现自然不符理想，在不同时间有不同程度的不相符合。例如，中国在东汉时表现甚佳；在近代西方人的表现，颇与孔子之教（以及西方圣人之教）相符。因此，西方的国际公法使康氏想到中国在春秋时代的情况。③ 但是整个来说，中国及其西邻的表现，都令人失望，两方面都未能超过"据乱世"。④

就品行而言，中西大致相当。但如拿中国最好的与西方最坏的比，吾人自不得不作取舍。结论是：中国可学自西方的乃是科技，或用康氏之词——"形而下之物质学"，而与"形而上之道德"无关。⑤

---

① 康有为，"意大利游记"，页3,49～53,100～104,142～148。
② 康有为，《自编年谱》，页5。
③ "意大利游记"，页68～69。
④ 同上，页65。
⑤ 康有为，"参政院提议'立国之精神议'书后"，此未署日期之文刊于《不忍》第九期（1917），页8。

康氏为了维护道德传统，暂时搁置经今古文之异，及其对今文的偏好。此一转变的明证是他对"东汉"的赞美①，东汉是足以代表中国道德价值优越的时期，但东汉儒士多属古文派，而今文显然式微。此一观点的改变自非意指康氏对儒学立场的根本改变。吾人须知，他虽以今文为完美，却未以古文全无价值。相反地，他曾明言，古文适合"升平世"之人。更确实地说，他认为"帝国儒教"（理雅各语）中的道德因素，虽离理想甚远，毕竟是可求之次，为引导人们从"据乱世"过渡到升平世之所必须。今文的价值系统（他认为实质上与西方的民主与社会主义相一致）只能在最后一阶段实现，在当前还不是时候。传统在尚未枯息失效之前，不应抛弃。

此乃康氏矛盾立场之所在：为了现代化，中国必须努力工业化，并同时保存固有道德传统；换言之，中国不宜以"国粹"交换西方生活方式，此乃工业化的条件。②

康氏并不如批评者所说，要维持现状或复古，要回到共和以前的社会与思想的状况。他并不曾提倡"文化还原"（cultural atavism）之说。他虽曾因时而改变重点，却未尝移动变法维新立场，及经由适当途径现代化以重整中华的终生目标。他反对共和，并不是要延续专制，而因其相信中国还不配实施共和③，何况共和不仅行政软弱无能④，并因盲目西

---

① 同上，页 9。康氏说，在东汉时，"人知君臣父子之纲，家知违邪归正之路。……晚清之害，乃在不能遵行孔道，而非孔道之失也"。
② 康氏在 1910 年代及 1920 年代的一些著作重申此见，其中最值得注意者是"中国颠危误在全法欧美而尽弃国粹说"（以下简称"中国颠危"），《不忍》，第六、七期（1913 年 7、8 月），"政论"，页 1～42；另见《不忍杂志汇编》，第二编，卷一，页 1～13。
③ 康有为，"中国颠危"，《不忍》，第七期，页 39（《不忍杂志汇编》，页 12）说："昔吾著三书，曰《官制考》，曰《物质救国论》，曰《理财救国论》，以为能举三者，中国既富强矣，然后开国会焉。故一切政治平等之说，未敢发也。吾少著《大同书》，于世界将来之事，盖无不思及焉。而于一切革命共和社会之说，未敢妄出也，岂不知他日之有然？而夏葛冬裘，非其时不宜用也。"
④ 康氏无论在理论上或实际上都反对共和。在理论上，中国尚非施行共和之时；在实际上，共和失败了。为了让共和正常运作，康氏在 1913 年提出"拟中华民国宪法草案"，曾发表于《不忍》第三及第六期（1913 年 4、7 月），页 1～90。

化带来社会上以及思想上的紊乱。不管对错,他只是不愿承认君主立宪之前可以施行共和,也不愿承认为了现代化,中国必须不再是中国的。

康氏强调保存中国"国粹"之余,不免接近我所说的"文化民族主义"(cultural nationalism)。有人说,早期的民族主义倾向在过去传统中找根据,喜谈"国魂"。① 康氏也许不是一般的或标准的民族主义者。不管他取哪一种民族主义,都带有世界因素,在其思想中,甚是明显。无论如何,他确热心谈过"国魂",至少在 20 世纪之初谈过。下面一段文字清楚地表达了他的意思:

> 凡为国者,必有以自立也。其自立之道,自其政治、教化、风俗,深入其人民之心,化成其神思,融洽其肌肤,铸冶其群俗,久而固结,习而相忘,谓之国魂。国无大小久暂,苟舍乎此,国不能立。……此立国之公理,未能有外之者也。②

一国的文化当然不宜停滞,必须因时而变,恰当地与环境适应。但没有完全谴责旧文化的理由。康氏认为抛弃"国粹",无异沦为文化奴隶,可谓最愚蠢之事。不幸的是,自民国成立以来,中国人正走这一条蠢路。他强烈地说:

> 今中国近岁以来,举国狂狂,抢攘发狂,举中国之政治、教化、风俗,不问是非得失,皆革而去之,凡欧美之政治、风化、祀俗,不问其是非得失,皆服而从之。③

---

① Hans Kohn, *Nationalism: Its Meaning and History* (Princeton: Van Nostrand, Anvil Books, 1955), p. 30. 参阅 Ernest Renan, "a nation is a soul", "Qu'est-ce qu'une Nation?"(普法战争后,于 1882 年 3 月 11 日在 Sorbonne 巴黎大学的演讲稿) p. 308。
② 康有为,"中国颠危",《不忍》,第六期(1913 年 7 月),页 1;另见《康南海先生文钞》(以下引作《文钞》),第三册,页 32;《康南海文集》(以下简称《文集》),卷二,页 1。
③ 康有为,"中国颠危",《不忍》,第六期,页 1～2。参阅"中国还魂论",《不忍》,第八期(1913 年 11 月),页 5。康氏也在"议院政府勿干预民俗说"一文中,强烈抗议干预民俗,见《不忍》,第二期(1913 年 3 月),页 1～14。康氏允许的"民俗"包括纳妾、赌博、用旧历、祭佛道,他后悔在 1898 年上奏清政府取消辫发及改服(参阅"中国还魂论",页 1～8)。

如此发狂作文化自裁,"多行欧美一新法,则增中国一大害"。

自欧战之后,康氏似更加反对效法西方的社会与道德价值。有时他公开抨击西方文明,但他并不像梁启超那样对"科学"作轻蔑的攻击。康氏认为此战乃西方文明功利主义与达尔文主义的自然结果。此时乃是中西人士共同认可"孔教"价值之时。① 据此,则康氏实际上是提倡文化民族主义的儒教先知。他宣称"孔子之教"乃是中国之"国魂"。② 为免于中国文化的死亡,必须重新振兴儒教,此乃他一直努力而未能达到的目的——以儒教为"国教"。③ 至此,他觉得即使是科举(他在1890年代曾抨击之),至少有一好处,即强迫士子读经,使他们有机会获得好处,而民国学生就无此机会。④

康氏决心拯救中国国魂不计代价,甚至放弃一些令人赞赏的见解,并与宿敌袁世凯联合。他虽反对袁氏"帝制运动"⑤,却希望袁氏支援"孔教运动"。因此,孔教会被认为是帝制反动者的同盟,自非无故。他之参

---

① "致李忠镐等书",《遗稿》,卷五,页46。
② "中国学会报题辞",《文钞》,第五册,页28。
③ "中国还魂论",页3~4。另阅《共和平议》(作于1917复辟前不久),陈独秀有驳文,"驳康有为共和平议",《新青年》,四卷三期(1918年3月15日),页190~211。康氏在此时的其他作品中,继续他的"孔教"运动,如"孔教会序",《文钞》,第五册,页13~17;"以孔教为国教配天议",《不忍》,第三、六、七、八各期(1913年4、7、8、11月);"覆教育部书",《不忍》,第四期(1913年5月);及上黎元洪总统、教育部长范源濂以及议员等书函,见《遗稿》,卷四上,页82、83~84、85~90(康氏欲建立孔教事,参阅本书第四章)。康氏及其同志的努力,仅有的结果是:(一)建立孔教会(1912),发行《孔教杂志》(月刊),1913年2月出版,另在其他各省如直隶、山东、河南、湖南,设有分会。(二)在"中华民国宪法草案"(即1913年的所谓"天坛宪法")中第十九条有谓:"国民教育,以孔子之道为修身大本。"在"中华民国宪法"(有时亦称"曹锟宪法")第十二条有谓:"中华民国人民有尊崇孔子及信仰宗教之自由,非依法律不受限制。"这些条文可见之于潘树藩,《中华民国宪法史》,页346~361。(三)袁世凯在1913年11月26日下了一通总统令,全国人民尊崇孔子学说,并在1915年,袁氏成为"洪宪皇帝"后,他正式尊孔(阅Paul S. Reinsch, *An American Diplomat in China*, pp. 23, 26~27)。
④ "中国还魂论",页3~4。
⑤ 康氏积极支持梁启超军事反袁,直接导致袁氏迅速倾覆。康并于最后时刻劝阻袁氏称帝,见"致袁世凯书",作于1916年年初,载《遗稿》,卷四上,页77~79。

与1917年的复辟,更加损害了孔教的形象,以及他个人的立场。① 如此,由于他本人绝望而不智的举动,他的"救魂"事业一开始就不受人欢迎,而致无可挽救的失败。

不过,说句公平话,康氏不是真正的反动派,也无意当反动者。如前节所述,他认为中国必须采用西方物质文明以现代化,并没有放弃乌托邦的理想,而是迂回一下。他深信革命所造成的文化断层只会阻遏有秩序的进步。他既搁置在《大同书》中所列社会文化转化的最高日程表,乃提出社会文化重建的最低日程表——经由工业化而现代化(即1905年《物质救国论》的主题)。他希望由满洲皇室或孔子后裔来实行君主立宪,以代不稳定的共和;盲目的西化可代之以有选择的文化适应。他寄望于此时,十分不现实,终证实为落空的希望。时潮对他不利,他有太多的敌人。不过力抗激烈潮流,他确具因信念而来的可佩勇气。事实上,作为孔子的信徒,他不过做了孔子已做过的,"知其不可而为之"。② 在某一意义上,康氏是一反动派,他反对破坏中国传统,反对全盘西化(此在1920年代已成为中国"新青年"的信念)。康氏在1892年说过,与时相左乃是"远于人"。③ 康氏反对激烈时潮,确已远于人,对其维新主张既无补,对挽救文化解体也无助。真正的悲剧并不在于康氏未能说服国人他的现代化计划之益——工业化而不失为中国,而在于他的敌对派想建立西化为现代化的方法也失败了。最后,中国不受"德先生"和"赛先生"的节制,而是受马克思、列宁与毛泽东的节制。

"科学"与"玄学"之争

上述康氏对中西文明的评价,开启了后日知识分子间的思想论争,

---

① Hu, The Chinese Renaissance, pp. 89~90,提及袁氏称帝与清复辟,评道:"这些阴谋大大地损害了孔教运动,如激烈派所预料的,反动与帝制运动确实有关。"(阅 Chow Tse-tsung, The May Fourth Movement, pp. 291~293. 简要地讨论到1912—1916的孔教会)。
②《论语》"宪问"第三十九章。
③《长兴学记》,引见 Kung-chuan Hsiao, "The philosophical Thought of K'ang Yu-wei", P. 150:"故其逆弥甚者,其学愈至,其远于人愈甚。"

到 1923 年的"科学"与"玄学"(或"人生观"及中西文明之争而达高潮,初发之于欧战之后,余波荡漾直至 1930 年代。① 为了从近代中国思想史来看康氏,把他与这些论争者放在一起来讨论,并非无端。除了少许例外,康氏与这些"新知识分子"的基本立场,实际上相距并不远。

我们可从"科学"与"玄学"之争谈起。康氏在 1905 年的《物质救国论》及其他同时期的著作中,承认文明中有两个相等重要而不能分开的因素:可见及的物质科学(西人见长),与不可触及的道德(中国见长)。须注意者,康氏虽信中国"道德"之优越——但并不以为正确伦理比科学知识重要,然也不接受相反的论调,认为科技高于一切,而道德无用。② 他对待文化问题的综合方法,获致二元的立场,使他有别于卫护中国以抗拒"西方物质主义"的伦理中心的卫道者;也与视"中国道德"为无用的科学主义论者不同。实际上,他预见了两方面的内涵。

我已提到,康氏认为"物质之学"取自物理、数学原理,为西方科技的基础,以及西方实力的秘方。③ 他在 1880 年代开始欣赏西方科学的价值,25 岁时已读了许多有关数理之书。④ 不久他又努力研究天文,深切

---

① Carsun Chang, "Reflections on the Philosophical Controversy in 1923", pp. 19~22. 回顾了论争的背景与后果,大致是:(一)清华学生会邀请张君劢讲"人生观"(张氏译 Eucken 之 Lebensans chauung 一词),他强调人事中的自由意志;(二)他的讲稿发表后,胡适告诉他,丁文江与胡氏本人将要展开辩论;(三)大约有 30 多位学者参与"科学与玄学论战",大部分人站在胡适一边,一小部分人"中立";(四)即使看起来好像张氏在辩论后"失败"了,他重述并驳斥胡氏对科学知识万能的论证。Chow, The May Fourth Movement, pp. 327~332, "The Controversy over Eastern and Western Civilizations", and pp. 333~337, "The Polemic on Science and Metaphysics", and Kao Chung-Ju, Le mouvement intellectuel en Chine et son rôle dans La révolution chinoise, pp. 123~155 综述这些论战。T. W. de Bary, Wing-tsit Chan, and Burton Watson, Sources of Chinese Tradition, pp. 834~843 and 846~857。节译了部分重要的文章。论战文字后收入《科学与玄学》一书,大同书馆出版,二册(上海,1923);另见《人生观之论战》三册(上海,1923,三版,1928)。据胡适说,"收集部分论战文字,即超过 25 万字"(Chinese Renaissance, p. 91)。
② Russell, The Problem of China, pp. 78~79.
③ 康有为,"中国颠危",页 40~41。
④ 康有为,《自编年谱》,页 6。

地影响到他的思想与人生观。① 当他在1885年重病时,他信任西医②,可说是第一个中国知识分子作此尝试。他对天文的兴趣持续了若干年。他在死前一年仍利用望远镜,夜观天象。③

因此,康氏对近代科学并非十分肤浅。他显然从中获得许多启示,在一些早期著作中,倾向对道德和人性作唯物性的解释。④ 在后来的著作中,也有时提到,人的道德与思想进展受制于科技的进步。因此,他在1905年写道,现代西方国家由于物质进步,而令"道德、人群皆一新"。⑤他说:"盖从机器备文明。"⑥

康氏指出,现代技术和工业根植于科学与科学方法。着重科学的英国学派开启了现代的纪元。他说:

> 拨千年黑暗而致万星光明者,倍根创实验学派为之先驱。而自洛克、霍布士、弥儿以至于斯宾塞,凡英国之学派皆偏重物质,故能致此大效也。⑦

康氏对西方科学史的知识不免有限,但他足以见及若干对科学以及科学方法有贡献的思想家,特别是霍布士以物质解释人心,影响了英国人的思想。

康氏在陈独秀之前,已认识到"赛先生"的重要。事实上,康尚不仅止此,在认真研究科学之后,他将其所得(当然是不够深入)融入他的社

---

① 康有为,《自编年谱》,页6~7。
② 同上,页7。
③ 阅 Kung-chuan Hsiao, "K'ang Yu-wei's Excursion into Science", in Lo, *K'ang*, pp. 375~407。
④ 参阅本书第五章。
⑤ 《物质救国论》,页24。
⑥ 出自他1905年11月底访游落基山时所作的一首长诗。见康同璧,《年谱续编》,页53~54。大约七年前,康氏在请清帝鼓励技术发明的奏折上说,工业化不仅给西方带来经济繁荣,而且改变了心理的面貌,进步与开明取代了保守与无知(翦伯赞等编,《戊戌变法》,第二册,页225~227)。
⑦ 《物质救国论》,页24。徐高阮在《世界评论》,页15,注⑩指出,康氏心里想的可能是 James Mill 而非 Milton,但我认为很可能是 J. S. Mill。

会与哲学思想。他对人心、道德以及宇宙观机械式（如非物质的）的解释，至少一部分是基于他对西方天文的知识，基于他对哥白尼、伽利略以及牛顿之了解。① 的确，他的整个哲学观受到他所知科学的影响，而对他一些同时人来说，似很陌生，他们指责他丧尽儒教精神。②

康氏之崇仰培根与霍布士，与陈独秀之膜拜"赛先生"，相距不远。但康氏不相信科学可解决一切有关人生的问题。他在1905年的《物质救国论》，以及其他1900年代与1910年代著作中，明显地强调儒教，不下于科学。值得注意的是，在他最后一部大著《诸天讲》之中，他批评拉布拉斯（Laplace）未能肯定上帝之存在，而坚持宗教之不可或缺。③ 康氏说，科学不能教人知道超物质世界。就此而论，康氏接近张君劢与梁启超在科学玄学论争中的立场。《诸天讲》既写于1920年代中，康氏可能知悉此一论争，但未知何以在全书未曾提及。也许他对拉布拉斯以及其他人不肯承认玄学的批评，可以答复"赛先生"的崇拜者。假如的确如此，康氏事实上已参加了此一论争。

张君劢与丁文江的"科学与玄学论战"，起于张氏有关"人生观"的演说（1923年2月14日），以及丁氏于两个月后发表"玄学与科学"一文。不过，论战的主题在若干年前已经提出，并已有支持科学与支持玄学之分，只是尚未直接介入争论。例如康氏在《物质救国论》中发表倾向科学的论调，而辜鸿铭力抗"欧洲物质文明中的破坏力量"，以保存中国的"真文化"。④ 不过康、辜两文没有多少人读到，直到1923年的论战，"科学"与"玄学"的问题才首次引起广泛注意。

陈独秀及其同志们可能为论战铺了路。陈氏在"敬告青年"（1915年

---

① 康有为，《诸天讲》，卷一，页5；卷二，页2。
② 梁漱溟，《东西文化及其哲学》，页135。
③ 《诸天讲》，卷十一，页3～4。本书第五章曾摘述其观点。
④ Ku Hung-ming, China Verteidgung, *gegen europäische Ideen*, p. 230。同样的看法见于他所著 *Story of a Chinese Oxford Movement*, p. 99。辜氏也强烈批评西方议院制度，见辜氏著"西洋议会考略"，《张文襄公幕府纪闻》，卷下，页2～3。

9月15日)一文中,要中国青年追求科学,不要冥想,他认为宗教、艺术与文学都是冥想时代的产品,盛行于旧时黑暗时代。① 另在1919年写的两文中,他谴责旧文化,歌颂"赛先生"与"德先生"。② 他认为若无自然科学与实验哲学作工具,社会进步绝无可能。③

丁文江是留学英国的地质学家,在1923年成为科学主义的代言人。崇拜他的傅斯年虽把他形容为具有强有力的机器,以应用科学知识作为论战的燃料④,但丁氏对待玄学问题的方法根本不能说是绝对客观或科学的。他说玄学是一迷纲,扰乱欧洲近两千年,而今又引诱并愚弄中国人民,张君劢为其媒介。⑤ 事实上,玄学早已祸及中国,特别是理学中的陆王学派,对中国失去自主,以及思想上的僵化,必有其责任。他又说,欧战不是由科学造成,而是由不科学的政客造成;西方人善用科学而发展工业,但西方社会与政府却全无科学精神。⑥ 换言之,即使西方也需要更多的科学。

更崇拜"赛先生"的吴稚晖,被称为近代中国"思想界的彗星",以及"近代中国思想界的代表⑦(更加当不起)。吴氏在1918年所撰的"机器

---

① "敬告青年",《新青年》,一卷一期(1915年9月15日)。
② "本志罪案之答辩书",《新青年》,四卷一期(1919年元月15日),页10～11。
③ "本志宣言",《新青年》,七卷一期(1919年12月),页4。
④ 傅斯年,"我所认识的丁文江先生",引自胡适,"丁文江传记",载《"中央"研究院院刊》,第三期(台北,1945),页1。
⑤ 丁文江,"玄学与科学",《科学与人生观》,上册,页1～19。最初发表于《努力》,第四八、四九期(1923年4月15,22日)。
⑥ 胡氏于"丁文江传记",页48、54,综述丁氏的论点。Chow, *May Fourth Movement*, pp. 333～335, and Hughes, *Invasion, of China by the Western World*, pp. 196～228,摘述丁文江、陈独秀等人的部分论证。
⑦ 蒋梦麟,"近世我国学术界的一颗彗星",《中央日报》,1963年3月25、26日。另阅 Alfred Forke, *Geschichte der neuren chinesischen Philosophie*, p. 646. D. Wynn-ye Kwok, "Wu Chih-hui and Scientism", pp. 160～185 对吴氏的观点有很好的讨论。Michael Gasster, *Chinese Intellectuals and Revolution of 1911: The Birth of Chinese Radicalism*, pp. 177～182 论及"吴稚晖与无政府主义"。Gasster 未出版的博士论文"Currents of Thought in the T'ung-meng-hui"(University of Washington, 1962)亦可参阅。吴氏自己有关无政府之论述,可参阅他的"谈无政府主义闲天",《吴稚晖先生文粹》,第二册,页282～287。吴氏的"科学"观,见 Gasster, pp. 179, 180～181, 189。

促进大同说"一文,与康氏在《大同书》中所说,甚是相似。吴氏谓所有人力都将由机器替代,每人每日工作不必超过二小时,空下来的时间作为休息、娱乐、自修以及科技发明。世界将充满美与善:

> 到那时候,人人高尚、纯洁、优美。屋舍皆精致幽雅,道路尽是宽广九出,繁植花木。……全世界无一荒秽颓败之区,几如一大园林。……因行远、升高、入地,皆有现成机器。……这并不是乌托邦的理想。凡有今时机器较精良之国,差不多有几分已经实现。①

在吴氏思想中,"物质文明"乃是"精神文明"的根本。两者以同一步调前进:物质文明愈进步,精神文明也愈发达。因此,他在民国五年说:"物质文明,与人类幸福,相驱而并进,于是幸福中不能不含有巨大成分之物质文明。"②若干年后(1924)他重申对科技的信心:

> 造机器的原料,最重要的是铁。中国不及外国,是不及在打铁鬼身上。外国的打铁鬼里,着实有些有学问的。中国的聪明人却一个都不屑打铁。

他不禁要问,中国能"专门考究精神文明吗"?③ 康有为所说也不过如此!

为了要给这个观点一个哲学基础,吴稚晖在1923年,撰写了7万字的"一个新信仰的宇宙观与人生观"④,投入了科学与玄学论战。他既认为精神不能离物质而存在,乃勾画出他的物质的以及机械的宇宙观。他说宇宙间的一切,可由科学来解释。近代物质文明所根植的科学,乃是

---

① "机器促进大同说",《吴稚晖先生文粹》,第二册,页236。此文发表于《新青年》,五卷二期(1918年4月15日),页158~160。此文与康之《大同书》,上海版(1935),页241~244;北京版(1956)及台北版(1958),页271~273,相映成趣。两者主要的理论之异在于吴氏的无政府社会理想源自老庄哲学,而康氏拒斥道家。阅蒋梦麟,"近世我国学术界的一颗彗星",《中央日报》,1963年3月25、26日。
② "青年与工具"(1916年6月11日),《吴稚晖先生文粹》,第二册,页239。
③ "科学周报编辑话"(1924年8月18日),《吴稚晖先生文粹》,第二册,页210~211。
④ "一个新信仰的宇宙观及人生观",见《科学与人生观》,下册,页24~137;收入《吴稚晖先生文粹》,第二册,页1~112;另有黄埔小丛书单印本(南京:中央政治学校政治系出版,1927)。

解决所有人类问题之关键。因为

> 物质文明愈进步,物质愈多,人类也益趋统一,复杂的问题也愈易解决。

吴氏反对梁启超所说西方物质文明已"破产"的悲观看法,他预计由于科学知识的发达,西方文明仍然会不断地向前发展,直至无穷。①

吴氏并没有排除"道德"于文明之外;相反地,他认为道德乃是"文明的结晶"。正因科技为社会所必需,道德乃是个人自律所必需。② 不过,道德仍有科学的根源。吴氏有点像康氏,提出对心理的机械式解释。他说,现实的存在,因其有能量与实质。据此,则"宇宙乃一大生命",其力量产生"意志","意志"在某一情况中产生人类。人类即由此获致"机械式之生命"。人之意志既然是表现能量,其反应是先定的。

> 当内在意志与外界接触时,产生感觉;当感觉或被接受、或遭拒斥时,产生情感。欲知情感是否正确,而产生思想。……凡此作用都由神经系统产生。③

吴氏于是作结道,灵魂之说完全没有必要,对解释人心毫无助益。④

吴氏的"新宇宙观与新人生观",与康氏之见十分相似。早在1880年代,康氏即相信人有智慧,乃因"人有大脑小脑,脑气筋之有灵也"。感觉、情绪以及智能本身,据康之见都生自物质,对外界刺激有不同的反应,人所喜好的乃因与自己的感觉一致,不一致的就不喜欢。⑤ 康氏也不认为物质是死的,而是有动力的,如他对"神气"的观念所示。⑥

---

① "一个新信仰的宇宙观及人生观",见《吴稚晖先生文粹》,第二册,页78~79,81~82,93。
② 同上,页88~93。
③ 同上,页16~20。
④ 同上,页21。
⑤ 《康子内外篇》,"理气篇"及"爱恶篇"。同一见解亦见于《大同书》,上海版,页7~8;北京版及台北版,页5~6。
⑥ 《大同书》,上海版,页4;北京版及台北版,页3。

康氏与吴氏之间最大的不同,似是吴未曾如康一样,建立一根据机械哲学观的乐利主义。

另一值得注意的相同点是,康氏在 1905 年的《物质救国论》中谴责"空言",对"哲学"评价不高。吴氏同样对物质科学以外的价值,很少重视。他在 1924 年说,"玄学家、美学家是精神不健全而懒惰的",因为他们"反对征服自然"。① 两年后,他又说"文学家是疯子,专门胡说八道"。他对那些介乎文学家与科学家之间、谈论的"大概都是超乎人们的常识"的哲学家较仁慈。这三种人都是需要的。但是因为"要救中国,非科学不可",知识分子自应"于文学哲学之外,再学一点科学"。② 因此,胡适虽努力倡导"科学方法",却被吴氏嗤为"洋八股的创造人",显然是因为胡氏把太多的时间放在"文学革命"与"新文化"上,而忽视自然科学的研究。吴氏说,中国不能有太多像胡适这样的人。③

康、吴之间还有一重要的不同点。康氏虽接受一机械式的人生观,但仍认为宗教与哲学都与之相关④;他虽仰慕西方科技,但仍视中国传统有巨大价值。而吴氏则藐视玄学、宗教与中国传统。他对中国传统的评价是:

> 这国故的臭东西,他本同小老婆吸鸦片相依为命。小老婆吸鸦片又同升官发财相依为命。国学大盛,政治无不腐败。因为孔、孟、老、墨,便是春秋战国乱世的产物,非再把他丢在毛厕里三十年。现今鼓吹成一个干燥无味的物质文明。人家用机关枪打来,我也用机关枪对打,把中国站住了,再整理什么国故,毫不嫌迟。⑤

---

① "科学周报编辑话"(1924 年 5 月 18 日),《吴稚晖先生文粹》,第二册,页 150。另见《吴稚晖文集》,页 343。
② "科学与人生",《吴稚晖先生文粹》,第二册,页 114~115,118;《吴稚晖文集》,页 131~137。
③ "箴洋八股化之理学",《吴稚晖先生文粹》,第三册,页 322。
④ 见本书第五章论宗教与上帝存在的部分。
⑤ "箴洋八股化之理学",《吴稚晖先生文粹》,第三册,页 319。在另一撰于 1942 年 5 月 4 日之文,吴氏认为至少对学生而言,所有线装书都应扔入毛厕,才能专心致志于科学(《吴稚晖先生文粹》,第二册,页 145)。

吴氏强调工业化来自与康氏撰写《物质救国论》相同的信念。康氏虽不如此鄙视"国粹",但二人都赞成当务之急的事应该先办。不同之处并不大,因吴氏仍然允许在中国经由工业化而现代化后,再研究传统文明。没有证据显示吴氏曾读过康有为的《物质救国论》,不过,吴氏在1924年曾赞赏康氏:

> 二十年前,张之洞、王先谦、李文田之徒,重张顾、王、戴、段的妖焰……暗把曾国藩的制造局主义夭折了,产出了遮丑的西化"国粹"。……幸亏有康祖诒要长过素王,才生出一点革命精神。①

两人之间另一不同也应注意。大概而言,康氏较注重科学的结果,而吴氏以及其他拥护"赛先生"的人较强调"科学精神"与"科学方法"。吴氏在1924年写道:

> 人们的思想,总容易疏忽,容易笼统。受着科学的训练,对于环境一切,都有秩序的去观察整理;对于宇宙也更有明确的了解;因此就能建设出适当的人生观来。②

这段话由蒋梦麟等响应,他们认为"自然科学的方法"有功于所有近代欧洲史上的伟大运动,同时启蒙了表现在五四运动上的中国"知识解放"。③

胡适可能是提倡科学方法最有力者。他接受一切现代科学的产品,并根据这些归结为十点"信条"(有一些传教士幽默地称之为"胡适的十诫")。④ 但更有名的是他的做学问的实证方法:"有一分证据说一分话";

---

① 《吴稚晖先生文粹》,第二册,页319。关于王先谦与李文田,阅 Arthur W. Hummel *Eminent Chinese of the Ch'ing Period*, pp. 140,349,401,483,494～495;关于顾、王、戴、段,参阅梁启超,《清代学术概论》,页6～80。
② "科学周报发刊语",《吴稚晖先生文粹》,第二册,页127;《吴稚晖文集》,页313～314。
③ "改变人生的态度",《新青年》,一卷五期(1918),引见梁漱溟,《东西文化及其哲学》,页58～59。
④ Hu Shih,"What I Believe", *Living Philosophies*, pp. 260～262.

"大胆假设,小心求证"。康有为的思维模式远非如此。前已言之,康氏对"科学"的概念是模糊的,"科学方法"也不是他的思想重点。他多年来沉浸于公羊经学,微言大义远较客观真理显著,因而对历史事实不太重视。胡适推重的"汉学",认为是人文研究科学方法运用的突出实例,在康氏看来,则是"含混而琐碎"。① 不过,此一重要不同也不应掩遮一项事实:康、胡都对科学研究的适当项目,基本上相互赞同。康氏在《物质救国论》中,承认研究"物质之学"的切要。在二十年后撰写的《诸天讲》之中,他认为传统的中国天文学,并未基于精良仪器所观察到的事实,错误不堪。② 胡适对此有同样意见,他认为有了科学方法的知识还不够,还必须要应用到物质的研究上,以获致实利。顾炎武以及其他汉学家用科学方法,但他们只用在文字资料上,因而他们的成绩很可怜。而他们同时代的欧洲人,如伽利略、喀卜勒、哈维、波义耳、牛顿等,应用同样方法研究实际的物体,"创造了新科学与新世界"。③ 胡氏的结论是,选择研究题目的不同,导致了中西文明之异。④ 康氏对此一结论不会有异议。

与康氏立场甚是接近的,尚有一意想不到之人。在中国文学领域中提倡西化的先知鲁迅,在 1907 年曾写了未受注意的一篇文章⑤(当时他仅是 26 岁的年轻人),在文中,他讨论到文明问题,结论是:中国最应该走的路是"取今复古"。此一看法与他于 1918 年所写"狂人日记"所说及

---

① 参阅本书第三章,及 *Monumenta Serica*, n. s., 18(1959):138~141。
② 《诸天讲》,卷一,页 1~7。
③ Hu, *Chinese Renaissance*, pp. 70~71. 同一心情可见之于较早一文:"治学的方法与材料",《胡适文存》,三集,卷二,页 187~205。
④ "科学与人生观序",《胡适文存》,二集,卷二,页 2. 胡适赞赏吴稚晖对生活的物质看法。胡氏并不接受物质主义,值得注意的,他自认受到严复与梁启超的影响("What I Believe", pp. 247~248)。
⑤ "文化偏至论",《鲁迅全集》,第一册(《坟》),页 38~54。

在1922年与友人谈话所言①,大不相同。

鲁迅在1907年的论证与康氏在1905的想法,极为接近。鲁迅说,中国的自大乃举世所知,并被嘲笑为顽固,是一个不肯改革而情愿灭亡的国家,但现在听到"一点新学",中国人突然决定要变了。

> 言非同西方之理,弗道;事非合西方之术,弗行。掊击旧物,椎恐不力,曰:将以革前缪而图富强也。②

鲁迅接着解释中国之所以自大及停滞的原因。中国人由于创造了辉煌的文明,而四邻落后,自然养成自大的心态。一个骄傲的种族必然坚持尊重其传统,终成西方侵略的受害者。不幸的是,许多有心人"近不知中国之情,远复不察欧美之实",就一头栽向西化、随和"物质也"(科学)、"众数也"(民主),而不知这些已非西方文明中的有利因素,更非中国现时所需。西方文明并非直线发展,而是迂回前进。事实上,"文明无不根旧迹而演来,亦以矫往事而生偏至"。"物质"与"众数"代表19世纪西方文明,即是对前一时期政教独裁的反应。19世纪末,反对物质与众数的反应亦已开始,齐克果、易卜生、尼采、施提纳(Stirner)等人的作品中,强调各种不同形态的"个人主义"。③

有一点像康有为,鲁迅也以为不能用固定而极端的标准来衡量文明,而要衡量文明在特定时间内所起的特定作用。但他并不和同康氏对进步的乐观看法。他相信的是,文化发展的每一阶段,都包含产生反作用的因素。在当时文明的迂回前进中,众数政治逼迫寡头政治,但众数之治迅即露出毛病,群众鲜能分辨是非。"惟超人出,世乃太平"。此乃

---

① "狂人日记",《新青年》,四卷五期(1918年5月15日)。与金心异谈话见之于1922年所写的"呐喊自序",《鲁迅全集》,卷一,页274~275。鲁迅看法转变的迹象可见于论文学一文,写于1907年,文中赞美果戈理(Gogol),并谓一个新兴国家,即使文化不发达,但比一个过去具有光辉文化而与现时脱节的古老国家有希望("摩罗诗力说",《鲁迅全集》,卷一,页57)。
② "文化偏至论",页38。
③ 同上,页41,44,47,52。

"个人主义"。① 同样的,物质主义也引起直接的反动。当19世纪之末,"灵明日以朽蚀,旨趣流于平庸","神思宗徒"乃重视"主观"或"意力",以去物质主义所带来的恶潮。20世纪将愈见"精神生活之光耀"。② 因此,在他看来,中国的明途乃是:

> 当稽求既往,相度方来,掊物质而张灵明,任个人而排众数,人既发扬踔厉矣,则邦国亦以兴起,奚事抱枝拾叶,徒金铁国会立宪之云乎?③

鲁迅并不反对变易,但他反对抛弃本国传统的变易,他说得十分露骨:

> 今敢问号称志士者曰,将以富有为文明欤,则犹太遗黎,性长居积,欧人之善贾者,莫与比伦,然其民之遭遇何如矣?将以路矿为文明欤,则五十年来非、澳二洲,莫不兴铁路矿事,顾此二洲土著之文化何如矣?将以众治为文明欤,则西班牙、波陀牙二国,立宪且久,顾其国之情状又何如矣?④

"物质"与"众治"对这些国家好处不多,因缺少了一项重要因素——精神价值,此乃一文明性格之所在,一文明中人性格之所寄。此可为中国的殷鉴,应知必须现代化以适存于激争之世,但明哲之士要能在变化之际:

> 外之既不后于世界之思潮,内之乃弗失固有之血脉;取今复古,别立新宗。人生意义,致之深邃,则国人之自觉至,个性张,沙聚之邦由是转为人国。……乃始雄厉无前,屹然独见于天下。⑤

我认为这非常接近康氏保存"国魂"以及保证个人独立之说。此不约之同可以略知两人思想经验有相似处。两人在早年都曾沉浸于国学

---

① 同上,页48~49。
② 同上,页49~52。
③ "文化偏至论",页41。鲁迅把"industry"译为"金铁",可能是用以象征"物质主义"。
④ 同上,页53~54。
⑤ 同上,页53。

之中,又都受到研究科学的广泛影响。① 当然我们不应太过强调此一相似之处。不到几年,鲁迅就抛弃传统,而康氏却日益呼吁保存国粹。各人皆持己见。鲁迅由古入今,而康氏一直认为在乌托邦到来之前,中国走向工业社会,必须维护适当的现有制度和价值。我们很难说到底是1907年的鲁迅,还是1915年的鲁迅,所作的评论才是正确的。但我们可以猜想,假如他活得较长,假如1920年代以后的中国不那么糟,他很可能会再由今入古。

间接肯定康氏之见者,却并不令人感到意外。据康氏说,梁启超不赞成发表于1905年的《物质救国论》,因其减轻了民主思想与制度的重要性。但到1920年代却接近乃师的立场。欧战使梁氏觉得现代西方文明有毛病。他的1918年底的欧洲之行(同行者有张君劢等),得与一些哲学家如欧肯(Eucken)与柏格森(Bergson)等相接。欧、柏各以其本人的观点反对物质思想。他们肯定了梁氏对西方的失望。梁氏在接着的一年中,把他的想法写入著名的《欧游心影录》之中。② 梁氏说,西方科学的显著成效,导致一个"纯粹是物质的、机械式的人生观"(用胡适语),而牺牲了"理想的传统"。人们歌颂"科学万能",追寻"赛先生"(陈独秀语)的迷梦。但是他们发现科学并没有带来快乐,而带来灾难。欧洲人也从"科学万能的大梦"中觉醒,宣布它破产。③

梁氏在反对《新青年》派的极端科学主义之余,并不否认科学在现代世界的重要性。他说他决不承认科学已经破产,虽然他也不承认科学万能。④ 与他的老师康有为一样,梁氏此时所关心的是如何善用现代科学文明、如何保存中国的优良精神文明,并使两者导致文化综合。他像康

---

① 蔡元培,"鲁迅先生全集序",《鲁迅全集》,卷一,页1。据蔡氏说,"鲁迅原致力于清儒学术,但也深入科学"。鲁迅在日所研读的科学是医学。康有为则对数学与天文特别感兴趣,但无专门训练。
② 梁启超,《欧游心影录》,节录见《饮冰室合集》,《全集》23。
③ 同上,页10～12。
④ 同上,页12,作者注。

氏一样见及中国文明中的价值,此一觉察由柏格森的老师波崔乌(Boutreu)所加强。梁氏也部分同意鲁迅①,认为西方文明"太偏"。有时理想主义流行,另一时物质主义盛行;此时宗教主义者又强调未来生命的重要,理想主义的哲学家潜心于玄学妙谛。接着又有"科学主义者"出现,要求人们抛弃他们"崇高的理想"。有鉴于西方文明中的不规则发展,梁氏认为中国搞思想的人如果沉迷于西方的影响,以为中国的一切都无价值,将是大错。把中国最好的道德传统和西方近代科学"调和并扩大"而获致之文化,将不仅有利于中国,而且有利于全人类。②

当然,上述各人之见,不无碍难之处。但我们不应忽视主张科学主义者的弱点。崇拜"赛先生"者把复杂的问题过于简单化,他们仅仅以物质的重要性(特别是吴稚晖),以"科学"为西方文化的精华(特别是丁文江),毫不犹豫地认为中国人必须去除国性才能获致科学。他们的激烈反传统观点,对不满现实之人,以及以"旧传统"为替罪羔羊之人,很有吸引力。这许多人所知道的"非科学"本国文明,实甚浮浅,使他们不能认识到已过时价值系统与制度中的任何好处。再者,除了极少数之外,他们对西方科学(与文明)的知识也是半生不熟的,也难能使他们透视到

---

① 梁氏对欧洲文明的描述,使人想到鲁迅的文化偏至论。
② 《欧游心影录》,下篇,一三节,页35～36。下面一系列文字重点虽然有异,都表达同一见解:"科学精神与东西文化"(作于1922),《饮冰室合集》,《文集》三九,页1～9;"什么是文化",《饮冰室合集》,《文集》三九,页97～104;"研究文化时的几个重要问题"(作于1923),《饮冰室合集》,《文集》四〇,页177;"东南大学告别辞"(1922年8月20日),《饮冰室合集》,《文集》四〇,页7～15;以及他为科学玄学论战而作之文字:"关于玄学科学论战之'战时国际公法'——暂时局外中立人梁启超宣言"(1923年5月5日),《饮冰室合集》,《文集》四〇,页27～28;"人生观与科学:对于张丁论战的批评"(作于1923年),《饮冰室合集》,《文集》四〇,页21～27。我在此未讨论到张君劢之观点,有两个理由:其一,其观点已众所周知,毋庸在此说明;其二,其观点与梁氏之见解甚为近似。下引一段张氏"人生观"的论述(引见胡适的"丁文江的传记",《"中央研究院"院刊》第三辑,页42),足以显示其思想的大要:"自孔孟以至宋元明的理学家,侧重内心生活之修养,其结果为精神文明。三百年来之欧洲,侧重以人力支配自然界,故其结果为物质文明。……一国偏重工商,是否为正当之人生观?是否为正当之文明?……在欧洲人观之,已大成疑问矣。"他说欧洲文明是纯物质的,张氏自易为胡氏攻击的目标。

"科学文明"中不完善之处。他们的激奋之词很受年轻人欢迎,年轻人的中外知识比他们更薄弱,而情绪更高昂,要摆脱一切讨厌的传统约制。①"新文化""科学的人生观",加上"科学"与"民主"两个口号,给他们提供了反叛旧道德的可喜理由,因此要求放逐儒学与"玄学"。西方工业文明对他们心智的冲击,以及民国初年混乱的痛苦经验,似乎把他们染上了对中国过去的"文化健忘症"。

主张科学主义者缺乏科学知识,不太了解工业化的含义,自无补于事。例如,批评陈独秀对"科学"一词的认识不足,并无不公平之处。② 他的同道们,在作品中痛骂"玄学"与"传统"的多,而对科学研究上与方法上的贡献少。③ 一位作者在1926年评论说,新文化运动"尚未帮助许多人获致科学思维的习惯","今日的绝大多数著作不过是自言自语"。④"赛先生"的崇拜者加速了"文化流失",而未能成功地流布外来的科学精神,可说是为无论在精神上与内容上都不科学的"科学的社会主义"开了路。陈独秀本人从"科学的人生哲学"伪信者⑤转到半马克思主义信徒,就是一个现成的例子。

这并不是谴责科学主义者及其热情的信徒。历史学家会同意,此乃对当时思想情况最明显的自然反应。不过,最明显的常是最一厢情愿的。当时较有知识、较有修养的作者,对问题的看法较为平和。他们指出真相:自然科学对人生许多主要目的有贡献,但并不包揽一切。此即何以"玄学鬼"仍然扰乱欧洲,并且如丁文江所说的,还要经过媒介来迷

---

① 新一作的俄国知识分子似也有像"科学主义"这种倾向。阅 Martin Malia, "What is the Intelligentsia?"in Richard Pipes, *The Russian Intelligentsia*, p. 12。
② 胡适之话,见 Vincent Y. C. Shih,"A Talk With Hu Shih"(1959年之春)。
③《新青年》自一卷三期到九卷三期共登载了21篇与科学有关的文字,六篇论一般科学(科学的性质与方法),15篇论生物学与地质学——在所有《新青年》刊载的文字中,有关科学者实居极少一部分,涵盖科学的部门也极有限。
④ Timothy Tingfang Lew, "The New Culture Movement and Christian Education in China", pp. 60~61.
⑤ 胡适用辞。《胡适文存》,二集,卷一,页139。

惑中国人。广泛言之,持此一立场之人有如张君劢、梁启超,以及1907年的鲁迅。此亦基本上是康氏的立场。康氏在1880年代受到西方科学影响之后,形成他自己的人生哲学,此一哲学是他的社会思想的主要基础。他清楚地表明"救国"(以及乌托邦)需要科学,在美丽的新世界出现之前,要有科学与工业为物质基础,"玄学"也有其地位,而中国的最佳文化遗产也包括在其中。张謇在南通的地方现代化计划,成功地融合西方"科学"与中国传统,说明文化重建是可行的。值得注意的是,张氏在他的教育理论中,对科技有健全的看法,而同时他也重视"中文"。他说一个学校如不重视中文,尽管有充分的科学课程,也不能算是一份均衡的学程表。①

这种见解虽一时为狭窄的科学主义所掩遮,并不能抹杀其真价值。"格里先法则"(Gresham's law)未尝不可能在20世纪的中国思想界发生:劣质的思想钱币驱逐良质的。不过,没有多久,另一种也由西方输入但完全不同的货币,开始在中国泛滥,有意驱逐原有的两种。

东方与西方

"科学"与"玄学"之争实在是中西文明论战的一部分。这并不是闲散的学术争辩。参与论战的人,不论有意或无意,都企图对中国所遭遇的两大问题提出解答:(一)中国如何面对部分由列强带来的社会、经济与政治危机,以保存国家独立?(二)如何处理在西方文明冲击下的残余本土传统?对第一个问题的答案似乎大部分是改革建议;而对第二个问题的答案,多见之于文化论争。

在科学、玄学之争中,最长最烈的交战并不在坚持无条件保存中国传统的极端保守派与主张全盘西化的极端激进派之间,而是在激进派与主张中西折中的第三派之间。许多谴责指向康有为的反动社会思想。

---

① 《张季子九录》,序,页3;第一章,页4,14~16,17;第二章,页16~27。另阅彭泽益,"张謇的思想及其事业",《东方杂志》,四〇卷,十四期(1944年7月),页54~60。

前已提及，这种谴责大都由于对康氏见解了解不够，因而无据。康氏并不反对创新。他是绝对主张改革中国现存价值与体制，向现代西方国家学习经验，而不丧失文化认同。他对文明问题未多写作，但他的著作足够称他为上述的第三派人，而且他不止一次预见一些较成熟而脱离全盘西化的激进派之立场。

为了更清楚地显示康有为的立场，我拟分别简述典型"保守的"与"激进的"见解，然后分析那些见解与康氏相近却仍责难康氏的观点。

极端保守派并未积极参与论争，由于他们中的大部分人当时已死亡，而仍然存在的可能不屑参与。① 辜鸿铭曾在欧洲受教育，又熟悉西方文明，使他成为最有资格维护中国传统之人。② 他对现代西方文明完全看不顺眼，而觉得中国的文化传统并无差池。假如要指一"最后的儒者"，辜在当时是最够资格者之一。③

辜氏反对"欧化"或西化，反对强加中国以"民主"与"科学"，是绝对而毫不动摇的。④ 他所要维护的"真文明"是理雅各（James Legge）所称的"帝国儒教"。在帝制中每一传统价值，依他之见，都是不能冒犯的。⑤

---

① Mu Fu-sheng, The *Wilting of the Hundred Flowers*, p. 76 有云："中国人视优越的西方武力为恨，但更讨厌追求西方文化的本国人。"此一评论若专指"保守派"较为正确。
② 阅 Andrew Tod Roy, "Modern Confucian Social Theory", pp. 75ff. 辜氏的生平与思想，略见 Hummel, *Eminent Chinese of the Ch'ing Period*, p. 28; 胡适, "记辜鸿铭"，《大公报》，副刊一六四期（1935 年 8 月）；林语堂等在《人间世》中也有一些论辜文字，如第十二期（1934 年 9 月）、第十八期（1934 年 12 月）、第廿八期（1935 年 5 月）、第卅四期（1935 年 8 月）。辜氏的主要著作序列是：*The Discourses and Sayings of Confucius*（《论语》译本）(1898); *Papers from a Viceroy's Yamen: A Chinese Plea for the Cause of Good Government and True Civilization in China* (1901); *The Conduct of Life. or, The Universal Order of confucius*[《中庸》译本] (1906);《张文襄公幕府纪闻》（约 1901 年）; *The Story of a Chinese Oxford Movement* (1910); *Chinas Verteidigung gegen europädische Ideen* (1911); *The Spirit of Chinese People* (1915); *Le catéchisme de Confucius: Contribution à l'étude de la sociologie chinoise* (1927). 他的一些短文收入《读易堂文集》。
③ Lin Monsheng, *Men and Ideas: An Informal History of Chinese Political Thought*, pp. 215ff. 称康氏为"最后的儒者"。而辜氏正好死在康氏后一年——1928。
④ George Young, "Europeanization" *Encyclopedia of the Social Science*, 5: 623.
⑤ 辜氏在 *Papers from a Viceroy's Yamen* 中为清廷及慈禧太后辩护。

他指责张之洞的改革运动,而赞扬他支持清流党(他称之为"中国的牛津运动")。① 他说"中国的牛津运动"也是针对自由主义的,反对近代欧洲进步思想。② 当然,辜氏会谴责康有为的不合旧制的思想:

> 阿诺德(Matthew Arnold)说:"愤怒谴责过去,抽象的改革运用到全面,细琐不堪而黑白分明的新理论,以及一个未来的理性社会:这些都是雅格宾主义(Jacobinism)的办法。"这也正是自称为中国之友的李提摩太等外国人所钦慕的康有为所采的办法。③

此一对康氏完全错误的评价,极清楚地显示了辜氏极端的中国中心立场。

辜氏以为估量文明的正确办法是看看由此文明所产生之人。一个优越的文明并不见之于科技及其所产生的充裕物质,而见之于由优越生活方式所培养出的优秀种族。因而,他在1915年,当《新青年》初发刊时,写道:

> 为了衡量文明……我们所要问的,不是什么大都市、大制造厂以及所建设的大道……我们所必须问的是怎么样的人文,能产生怎么样的男男女女。④

中国文明之所以优于欧洲正由于儒教,它不是宗教却能取代宗教之地位,它给中国产生了优秀的人民,为西方人所难以理解。⑤ 中国人在物质以及抽象的科学上,诸如数学、逻辑以及玄学,没有多少进步,但此不足

---

① Yen-P'ing Hao,"A Study of the Ch'ing-liu Tang: The 'Disinterested Scholar-Official Group' (1875—1884)", Harvard University, *Papers on China*, 16(Cambridge, 1962):40~65. 辜氏称"清流党"为"die Partie der nationalen Reinigung",见 *Chinas Verteidigung gegen europäische Ideen*, p. 32. 又称为:"the Party of National Purifications",见 *The Story of a Chinese Oxford Movement*, p. 5. 辜氏的译词与原词"清流"较为接近。
② *The Story of a Chinese Oxford Movement*, Introduction, p. 3. 此书以反西方为主。
③ Ibid., pp. 25~26; cf. *Chinas Verteidigung*, pp. 56~57.
④ *The Spirit of the Chinese People*, Preface, p. 1.
⑤ Ibid, p. 20.

以为耻。他们在不重视知识与科学之余,能够有顺心的生活,尊崇孔子之教,热爱全人类。①

康氏视为真正儒教价值的自由与平等,在辜氏看来,毫无价值。辜氏说:"服从就是比独立好。"②"三从""四德"所概括的女性理想,以及使中国人成为好公民的中国"忠贞大宪章",欧洲人至今仍然不解。③ 不过,不幸的是,辛亥革命(由于"自由与宪法的大宪章")把一切都改变了。"现代无辫而时髦的中国人,归国的留学生",丧失了赋予他们"道德自由"的忠贞美德,而"向欧美人学习如何乱作非为"。④ 人们要知道,不是自由与宪法,而是"正直与机智",才能有"良民健国"。辜氏赞同地征引歌德的话:"*Es gibt zwei friendliche Gewalten auf der Welt：Das Recht und die Schick-lichkeit.*"接着又评论道:

> 正直与机智(*das Recht und die Schicklichkeit*)是好公民的要素,正是孔夫子给中国人的;这种机智,尤其是中国文明的要素。⑤

辜氏对中国文明的前途毫不悲观,像一般顽固的保守派一样,他深信因它是道德的,所以有放诸四海皆准的价值。他在1920年写道:

> 现在很多人相信中国的旧事物已经过时了,他们欢呼新学时代的来临,以及进步文明的输入。但我就是不相信旧事物过了时。理由是,我觉得旧事物——中国的文明和中国的社会秩序——是一道德文明,一真正的社会秩序,因此就事物的性质而言,不可能过时。

中国文明是"道德的",因为它是"儒家的"。他说儒教使责任感在人类行

---

① *The Spirit of the Chinese People*,Preface, pp. 10~11,17.
② Ibid., p. 167.
③ Ibid.,pp. 78~79.
④ Ibid., pp. 7~8,168.
⑤ Ibid., p. 16. 辜氏赞美中国的一切,包括语文上的大差别。他认为语言是没受教育人用的,文字是受过教育者所用。"因此,这个国家里没有受过半吊子教育之人"。在欧美,由于拉丁文废而不用,因而出现一些受过半吊子教育的人,他们"高谈文明、自由、中立、武力、泛斯拉夫主义,而不知所云"。

为上具现,为文明与人类社会所必需。①

辜氏以为中国文明不可能过时,对"时髦的中国人"以及"留学生"来说,必定是荒谬的。不过,还是有人对辜氏所说以为然,不仅有中国作者,还有外国学者。例如,有一位著名的现代科学家仰慕"中国情调",他不但不要强加西方思想于中国人,而且坚持"中国人在思想上、政治上、美学上以及社会上的自主权"。② 我们应记得,这种欣赏态度早见之于欧洲的启蒙时代。③ 特别是莱布尼兹认为中国在抽象科学以及战争艺术上不如欧洲,但在"实用科学"上超胜之。④ 后来,欧战结束后不久,有一些欧洲思想家重申旧情:"圣人乃在东方。"⑤事实上,就是这些肯定科学不能解决一切人生问题的说法的思想家,间接地引发科学与玄学的论战。

我在此颇引辜氏之说,并非必然相关,而是它明确地代表一种与康有为很不同的立场。康氏虽尊崇孔子,重视国粹,但并不忽视西方在文化上的贡献。绝对反对"极端激进派"(1910年代及1920年代反孔及全盘西化派)者,是像辜氏的人,而非康有为。

谴责中国文明,像歌颂它一样,部分是对辛亥革命后挫折经验的反应。维护传统者以民国为罪;对新秩序寄望之人,把一切罪过都加诸旧传统上。简言之,此即是"新文化"运动领导人及支持者极力要求全盘西

---

① *The Conduct of Life*, Introduction, p. 9. 参阅伊藤博文在武昌与辜氏的谈话:"伊藤侯谓余曰:'闻君素精西学,尚不知孔子之教能行于千年前,不能行于今日之二十世纪乎?'余答曰:'孔子教人之法,譬如数学家之加减乘除,前数千年,其法为三三如九,如今20世纪,其法亦是三三如九。"(见《张文襄公幕府见闻》,序文,页12)。
② George H. and Annina Perian Danton, Preface to Their Translation of Wilhelm's *Confucius and Confucianism*, p. iii.
③ 有关中国典籍对欧洲思想与政府的影响,可参阅方豪,《中西交通史》,第五册,页183~204;五来欣造,《儒教对于德国政治思想的影响》;Lewis A. Maverick, *China, A Model for Europe* 与 Adolf Reichwein, *China and Europe*, trans. J. C. Powell。
④ 方豪,《中西交通史》,第五册,页199。辜氏所引到的歌德,对中国书的译本有所知(同上,页203)。H. G. Creel, *Confucius, the Man and the Myth*, pp. 254~278 讨论到儒家思想对西方思想家,诸如伏尔泰、莱布尼兹、奎内等人的影响。
⑤ Chow, *May Fourth Movement*, p. 328.

化的理由。①

这些人的见解为众所周知,不必在此赘述。② 一般而言,他们将中国文明等之于"儒教",再将儒教与专制政府或袁世凯相连。③ "牵连之罪"(guilt by association)如此建立,一切中国的或非西方的事物,便都是不好的。他们不曾想到,中国文明除了儒教外,尚有别的因子,而儒教也不能为专制政府或袁世凯所包揽。④ 鲁迅(自1918年后)、陈独秀(特别是1915—1920年)以及陈序经(1932—1936年),分别是全盘西化的最佳代表。胡适一开始是西化的热心支持者,但后来显然修正了早年的冲动。因此,他提供了自西化到文化综合思想转变的线索。以下就是要讨论这一转变。

鲁迅在1907年提出"取今复古"的建议,但十年之后改变了主意,加入了《新青年》的一群,极力谴责旧传统。他在1918曾写道,中国历史书上充斥的"仁义道德",事实上只是"吃人"的美言。他接着又说:"没有吃过人的孩子,或者还有,救救孩子!"⑤

因此,依鲁迅之见,保存国粹无异自杀!⑥ 要保存中国人文化的特点,乃是自我剥夺参与现代世界的机会。他的论点是:

> 想在现今的世界上,协同生长,挣一地位,即须有相当的进步的知识、道德、品格、思想,才能够站得住脚。……国粹太多……便太

---

① 参阅 Mu, *Wilting of the Hundred Flowers*, pp. 91~92。在此可以指出,此种要求在19世纪之末已由何启、胡礼垣在《新政真诠》,"前总序",页7~8及12中提出,有谓中国经典已不适合现代世界,康氏所说儒教最精彩之处与西方政府原理相合,是错误的。

② Chow, *May Fourth Movement*, pp. 300~313. 综述他们的见解,并摘录他们的著作。

③ 如陈独秀在其文"袁世凯复活"中所说,见《新青年》,三卷四期(1916年12月1日),页1~4(1962年重印本,页311~313)。

④ Chow, *May Fourth Movement*, pp. 311. 正确指出"不同的强调与歪曲可使孔子面目全非"。

⑤ "狂人日记",《新青年》,四卷五期(1918年5月15日);重印于《鲁迅全集》,第一册,页281,291。

⑥ 唐俟(鲁迅),"随感录",第三十五,《新青年》,五卷三期(1918年10月);1962年重印本,页513~514。

特别。太特别便难与种种人协同生长,挣得地位。①

消除中国的特质很简单,只要毫无保留地采行西方人的办法,因西方的办法总是胜过中国的办法,即使是"偶像"也是一样。当然,偶像决不如"自立"。假如一定要崇拜偶像,崇拜西洋的要比本国的好。鲁迅说:

> 与其崇拜孔丘、关羽,还不如崇拜达尔文、易卜生。与其祭祀于瘟将军五道神,还不如祭祀阿波罗。②

他参与吴稚晖的反线装书运动,一点也不奇怪。鲁迅要年轻的中国人读洋书,而不要把时间浪费在中国书上。他说中文会把读者与现实隔离,因而使他们毫无作为与用处。

> 中国的书虽有劝人入世的话,也多的僵尸的乐观;外国书即使是颓唐和厌世的,但却是活人的颓唐与厌世。③

他自己在1926年后悔,由于读了太多的中国书,使他不能摆脱"使人气闷的重负"——古人之鬼一直骚扰他。④

陈独秀赞同鲁迅之崇拜西方文明,且有过之而无不及。像当时的反儒人士一样,他把中国文明中最坏的成分归咎于"孔教"。为了使他的攻击更有力,他视"孔教"为帝制所支撑的传统道德价值,否认"三纲""五常"来自"纬书",由宋儒发扬,因而并非真正的孔子之道(康有为早有此说)的说法。因此,他认为原始儒教与宋明理学都是同一样东西:都是在教导单方面的责任,不平等的道德与社会阶层。⑤

陈氏总结认为"孔教"与"现代生活"(传自西方的民主生活)完全不

---

① 唐俟(鲁迅),"随感录",第三十五,《新青年》,五卷三期(1918年10月);1962年重印本,页514。
② 同上,第四十六,《新青年》,六卷二期(1919年2月15日),页213。
③ "青年必读书"(1925年2月10日),《鲁迅全集》,第三册(《华盖集》),页18。
④ "写在坟后面"(1926年11月11日),《鲁迅全集》,第一册,页263~264。鲁迅又说韩非与庄周的毒素仍然在他的思想中,但孔孟已不能再干扰到他。
⑤ 陈独秀,"宪法与孔教",《新青年》,二卷三期(1916年11月1日);重印本,页201~202。

相称。① 因此,取舍之间是十分清楚的,不是儒教就是民主与现代生活:

> 吾人倘以为中国之法、孔子之道,足以组织吾之国家,支配吾之社会,使适于今日竞争世界之生存,则不徒共和宪法为可废,凡十余年来之变法维新、流血革命,设国会、改法律,及一切新政治、新教育,无一非多事,且无一非谬误,应悉废罢,仍守旧法,以免滥费吾人之财力。万一不安本分,妄欲建设西洋式之新国家,组织西洋式新社会,以求适今世之生存,则根本问题不可不首先输入西洋式社会国家之基础,所谓平等人权之新信仰。对于与此新社会、新国家、新信仰不可相容之孔教,不可不有彻底之觉悟,勇猛之决心,否则不塞、不流、不止、不行。②

此即全盘西化论。陈氏暗示民主与科学即现代西方文明,在他著名的1919年一文总结道:

> 要拥护那德先生,便不得不反对孔教、礼法、贞节、旧伦理、旧政治;要拥护那赛先生,便不得不反对旧艺术、旧宗教;要拥护德先生又要拥护赛先生,便不得不反对国粹和旧文学。③

陈氏崇拜赛先生,但奇怪的是,他又坚持迷信的宗教在现代生活中仍有其重要性。当赛先生解除旧宗教之后,基督教应被接受为西化节目之一。他深信信仰爱心乃是基督教的精髓。他要求国人培养那种高贵的风格,敬爱耶稣,因而使我们不至坠入冷酷黑秽的深渊。④

---

① 陈氏更进一步说,孔教反映"封建时代"的生活,因而不适合现代人。"孔子之道与现代生活",《新青年》,二卷四期(1916年12月1日),页295~301。
② "宪法与孔教",《新青年》,二卷三期(1916年11月1日),页203。
③ "本志罪案之答辩书",《新青年》,六卷一期(1919年元月15日),页15。
④ "基督教与中国人",《新青年》,七卷三期(1920年2月),页16~17。在这一方面,赞同陈氏的中国年轻知识分子并不多。事实上,此文发表不久,另一群知识分子发动反基督教运动,并于1922年之春演成反宗教运动,李石曾为主要人物。阅 Tsi C. Wang, *The Youth Movement in China*, pp. 181~188 and 201~203。据作者曰,有一些基督教人士在广州出版的浸信会期刊 *The True Light Review* 上有所反应(Ibid., pp. 201~212)。

陈氏显然不知其间的矛盾，所以礼赞"精神力量"，以为是中西文明的共同泉源。下面一段话不像是出自高喊"打倒孔家店"之人所说的：

> 支配中国人心底最高文化，是唐、虞三代以来伦理的道义。支配西洋人心底最高文化，是希腊以来美的情感和基督教信与爱的情感。这两种文化的源泉相同的地方，都是超物质的精神冲动。

不过，陈氏继谓，既然道德（中国文明之精华）与思想有关，且是理性的，在中国文明中缺少一种纯美的、纯宗教的情感，而这种情感存在于西方文明。① 这些话出自一深信"科学"（与"社会主义"）②之人，实在可惊异。陈氏的评论中西文明，以及爱好"美感与宗教"甚于"理性的"（即道德的）情感，也许反映他的主观偏爱，而非成熟思考的结果。

上述鲁迅与陈独秀之见，指向一个结论，即整个中国文明应代之以全盘西化（胡适谓"全盘"或"全心全意"西化）。此一结论，陈序经在1932年刊行的《中国文化的出路》一书中，明显承受。③

陈序经最主要的论点是，中西文明之异是由于发达的程度有别，而非性质有异。中国文明并非完全"精神的"，而西方文明也非完全"物质的"。中国对物质文明曾有贡献：如丝衣、美食、长城、运河。这些贡献经由《马可波罗游记》的介绍，使欧洲人羡慕。西方也并不是没有文明，除了汽船与飞机外，还有文学、哲学和宗教，著名的有卢梭、黑格尔、爱迪生和福特等。④ 事实上，精神与物质实为文明不可分割的两面，因此没有一

---

① 陈独秀，"基督教与中国人"，页17～18。
② 在1915年，陈独秀以社会主义、人权学说以及生物进化论为"近代西方文明的显著标志"（见《新青年》，一卷一期(1915)，页1～4）。
③《中国文化的出路》，作者序，作于1932年元月28日。陈氏后于1936年说，十年前他与Lu Kuan-wei及陈受颐"已觉全盘西化的必要"。他们于1928年到广州岭南大学执教，不断宣扬此说，发表了十几次演讲。此外，在1930—1934年间，陈氏在广州其他各校讲演此理，引起另一强烈文化论争，许地山、谢扶雅、张君劢等曾参与。见《一年来国人对于西化态度的变化》（广州，1936），页1。
④ 陈序经，《中国文化的出路》，页52～53，106～107。

个国家会在一面发达,另一面大为落后。说中国精神文明优于西方是错误的。事实上,中国不仅在物质上落后于西方,"精神文明"也一样落后。陈序经解释道:

> 原来文化本身上,因为没有精神物质之分,所谓某种文化的物质方面,不外是精神方面的表现,又必赖物质以为工具。欧洲的物质文化发达到这样,完全有赖于欧洲的精神文化。[1]

陈氏为了加强西化论点,显然不知自陷不一致之境。陈氏说中国文明并不是不可分的个体,而是包含两个分别而很不相同的部分,"北方"与"南方"文明。北方文明是中国的土产,源自北方,向南传布,实即"儒家文明"。南方文明来自中国与西方文明接触的结果。包含经济、思想以及宗教生活的新趋向。此一"南方文明"为中国的"新文明",有别于"北方的"或"旧文明"。[2] 因此他的意思是,西化既在中国南方根植,实在不必反对。陈氏说:

> 从西洋输入来的西洋文化,一到我们的手里,这便是我们自己的,因为是我们自己的,而且是我们目前所急需的,为什么我们不努力去提倡、去发展呢?[3]

陈氏特别指出"个人主义"为现代西方文明的"决定力量"。他引洛克、穆勒、梭罗(Henry David Thoreau)等西方思想家,来说明"个人主义"。依他所见,个人主义乃是承认个体的重要以及个人的责任,因而也是反对传统主义以及僵滞文化的利器。陈氏说"全盘西化"之钥即在于此。[4]

---

[1] 陈序经,《中国文化的出路》,页53。
[2] 同上,页124~145。值得注意的是,陈序经以康有为代表"南方文明"的"知识面"(同上,页144)。
[3] 同上,页140。
[4] 陈序经,《中国文化的出路》,页109~123。

陈氏发现胡适乃是他提倡全盘西化最有力的同道,不过我将在此提及,胡氏在1940年代已修改其看法,脱离陈氏而趋向认可中国文明的价值。胡氏在1935年曾写道:

> 现在的人说"折中",说中国本位,①都是空谈。此时没有别的路可走,只有努力全盘接受这个新世界的新文明。……我是完全赞成陈序经先生的全盘西化论的。②

胡氏在1935年前,曾经一度接近陈氏之见。胡氏认为精神并非中国文明的特点。在一篇写于1926年6月广泛传阅的文章中③,他曾强调他的观点说:

> 今日最没有根据而又最有毒害的妖言是讥贬西洋文明为唯物的(Materialistic),而尊崇东方文明为精神的(Spiritual)。

他接着说这是一种很老的说法,至今又有复燃之势。从前东方人受到西方人的欺侮,用这种说法来顾全面子,自我安慰。最近欧洲之祸使一些西方人反对现代科学文化。因而常听到西方学者歌颂东方的精神文明。这种谈论不过是一种暂时性的心理表现,而在东方人间变成一种无稽的夸大狂式的虚荣。④

胡氏随即建构他自己的"基本概念"。他解释"文明"乃是"一民族面对环境所作努力的整个成果",因而,像陈序经后来所说的一样,他说,文明的发达牵涉两个相关的因素:物质的(自然环境中的力量)与精神的

---

① 胡适指的是"中国本位文化建设宣言",由萨孟武、何炳松以及其他八教授连署,刊于《文化建设》,一卷四期(1935年元月),页3~5。
② "编辑后记",《独立评论》,一四二期,引见陈序经,《一年来国人对于西化态度的变化》,页20~21。
③ "我们对于西洋近代文明的态度",初发表于日本期刊《改造》,重刊于《现代评论》,八三号(1926年7月10日)及《东方杂志》,廿三卷十七期(1926年9月10日)。收入《胡适文存》,三集,卷一,页1~37。英文本载 *Contemprary Review* (July 1926)及 *Peking Leader Reprints*, no. 24 (1929)。
④ 胡适,"我们对于西洋文明的态度",《胡适文存》,三集,卷一,页1。

（人的聪明、情感与灵感）。因此无所谓纯精神的或纯物质的文明。① 西方文明不同于中国的或东方的文明，不在于物质或非物质，而在于两者发达的程度。他把"精神"作为广泛的功利与实证解释，认为现代西方文明断不是物质的：

> 这样充分运用人的聪明智慧求真理以解放人的心理，来制服天行以供人用，来改造物质的环境，来改革社会政治的制度，来谋人类最大多数人的最大幸福。这样的文明……是真正理想主义的文明，决不是物质的文明。②

他认为即使是科学——"现代西方文明最明显的标志"——也是"精神的"。

> 科学的根本精神在于求真理。人生世间受环境的逼迫，受习惯的支配，受迷信与成见的拘束，只有真理可以使你自由，使你强有力，使你聪明理智……使你堂堂地做一个人。③

追求真理，乃人类最大的内心精神所需，在西方得到充分的发展，而在东方受到压制。结果，科学盛行于西方，而东方的圣人延续思想上的偷惰，以生有涯、学无涯作借口，认为以有涯追求无涯是终究要失败的。因此，东方文明不仅缺乏科学，而且缺乏精神。牛顿、巴士特或爱迪生所经验的愉悦，全非偷惰的东方圣人们所能想象。④

胡氏毫不掩饰地以情感为生活中无价值的一面，而将理智视为实际的精神生活。因此，在他看来，宗教信仰与道德情感都在精神之外。他说现代西方文明确切地已脱离旧宗教与旧道德，因科学日进，所有根植

---

① 胡适，"我们对于西洋文明的态度"，《胡适文存》，三集，卷一，页4。
② 同上，页20～21。
③ 同上，页8。
④ 胡适："我们对于西洋文明的态度"，《胡适文存》，三集，卷一，页9～10。所引"吾生也有涯"句，出自《庄子》。

于信仰与情感的宗教与道德,都将被根植于理性的新宗教以及被根植于社会化的新道德所取代。①

换言之,科学与社会主义乃是现代西方精神文明的主要因子。在他看来,这种趋势是正确的。教导最大多数人最大幸福的乐利主义,随工业革命而来,而有功于社会化的趋向。造成苏俄工农阶级独裁的社会主义,仍然在发展,成就不凡。他在1926年作结道,这种文明将能完成人类的精神需要,这种文明乃是精神文明,一种真正理想主义的文明,根本不是物质文明。②

胡适认为科学比社会还要"根本"。用他的话来说,科学乃是欧洲自16世纪以来最重要的发展:

> 工业革命接着起来,生产的方式根本改变了,生产的能力更发达了。二三百年间,物质上的享受逐渐增加,人类的同情心也逐渐扩大。……所以乐利主义(Utilitarianism)的哲学家便提出"最大多数的最大幸福"的标准来做人类社会的目的。③

再者,除了尽可能达成人道的(或社会主义的)理想外,科技的进展给予人前所未有的富裕生活,给予人类追求更高生活目标的机会——在科学发达前所不能有的。胡适说,可以深信精神文明必然建筑于物质基础之上。因此,现代西方文明认可物质基础的重要,以及提供此一基础,在任何一方面都胜过中国文明,在精神满足上是如此,在科学进展上,也是如此。④

胡氏对中国道德传统所视甚微,因其虽揭为天下行善的理想,但如

---

① 胡适,"我们对于西洋文明的态度",《胡适文存》,三集,卷一,页11～18。
② 同上,页21。
③ 同上,页16。
④ 胡适,"我们对于西洋文明的态度",《胡适文存》,三集,卷一,页6～8。胡氏在"东西文明"一文页34～38重申此义。胡氏在社会主义之外,另加"民主宗教"(the religion of democracy)为近代西方文明的精神面貌之最(同上,页37～38)。他也许会赞同阿虚顿(T. S. Ashton)所说,"工业革命也是一种思想革命"(*The Industrial Revolution*, 1760—1830, p. 22)。

何使理想变为实践,并未提出方法。结果中国的思想家们将注意力指向内心,完全投入个人的道德修养之中。他们愈如此,愈难与外在世界接触,愈难面对实际问题。这种道德不免失败得可怜。胡氏举例说,中国800年的理学一直对不仁道的缠脚,视若无睹。明心见性到底对人们的苦难的解决,有何贡献?① 他在另一场合,对同一问题再作追究:

> 让所有为东方精神文明辩护的人想一想:一个文明允许极不人道的奴役如黄包车苦力,有什么精神可言?我们难道相信在那群可怜的、在奴役束缚中的苦力,既不知最低工资也不知工作时限,有什么精神生活可言?②

我们可以理解为什么胡氏与吴虞等一同参与打倒"孔教"的运动。③

胡氏并未说,造成这样没有精神文明的中国人,生来就是不仁道的。他的责怪在于未能发展科技,未能采用现代生产方式。他说东西文化之异,在于所用工具之异。在东方,文明以人力为基础,而在西方以机器的力量为基础。④ 结论便很显然:今日中国必先达到物质文明,然后才能谈精神文明。⑤

胡氏附和"机器生产"、"社会主义"与"民主",使人想起康有为在1902年《大同书》中的基本主张,以及1905年的《物质救国论》,实不必细表。康氏必然会同意胡氏的附和,在某一意义上,也会同意胡氏说中国文明没有"精神"。康氏在1902年之书中,岂不是也同样严厉地,甚至更详尽地谴责"伪儒学"乃是人类痛苦的泉源?他在1905年的《物质救国论》中岂不也辩称(虽然比较不十分确切)若无物质文明,没有先知能够对人的福利、精神以及其他有贡献?当然,康、胡二人间有不同的见解。

---

① 胡适:"我们对于西洋文明的态度",《胡适文存》,三集,卷一,页15。
② 胡适,"东西文明",页28~29。
③ "吴虞文录序",《胡适文存》,初集,卷四,页255~259。
④ "东西文明",页27。
⑤ 林语堂,"机器与精神",《胡适文存》,三集,卷一,页36。

最明显的是，胡氏在中国文明中见不到真有价值的东西，而康氏则认为除了那些没有用的以外，仍有一些有效成分应予保存。

不过，必须指出，胡氏对中国文明的谴责态度并不是一贯的。当他深入观察之后，他的评断便较温和。早在 1919 年，他已对本国传统有了一些兴趣，以至于吴稚晖强烈反对他把重整国故包括在"新思想运动"之中。① 后来在 1927 年，胡氏断然否认全盘反对国故，他仍然研究国故的某些方面。② 胡氏在 1942 年的声明中，十分明显地承认传统价值。他说古代中国的思想传统包含可资为民主中国哲学基础的因素，诸如道家中的放任理想、墨子天下太平的理想，以及儒家思想中的无阶级理想与均富的理想。中国文明毕竟还是有精神的，它代表一种值得保存的"生活方式"。③ 再后来在 1959 年，他暗示未曾介入打孔之事，否认参与打倒孔家店，并说他之支持吴虞，由于他想给所有的哲学家作没有偏见评价的公平机会。他不过是要减弱孔子的过分影响，并不是要消灭他。他也否认赞同陈独秀的"私见"——儒教主义与现代主义不相称。相反的，他认为含有"人权"与品操的儒家"仁"的观念，乃"中国传统"的核心，并非不适合现代之用。④ 最后在 1960 年，他再宣布此一乐观的看法，确实地肯定了中国文明的永存。不管过去几百年的转变，其基本性质和精华未变。现代西化的挑战，使中国在新世界适存成为急务，但这一急务不能用单纯的西化来解决。实际上，中西文化的冲突会促使中国文化的重生——吸收西方的东西而不丧失文化的认同。用胡氏自己的话说：

> 此一重生的产品看起来像是西方的。但往深里看，可知基本上还是中国的，风吹雨打只使它更加清楚——人文的以及理性的中国

---

① Chow, *May Fourth Movement*, pp. 319～320.
② "整理国故与'打鬼'"，《胡适文存》，三集，卷二，页 209～212。胡氏的《中国哲学史大纲》上卷，以及许多有关中国思想史的著作，代表重估工作的部分结果。
③ Hu Shih, *China, Too, Is Fighting to Defend a Way of Life*, pp. 3～5.
④ Vincent Y. C. Shih, "A Talk with Hu Shih", pp. 158～159, 160, 161.

接触到新世界科学与民主的文明而重生。①

康氏会欣然同意此一心态。胡氏对中国文明态度的大转变,可能部分由于对此一文明的重新估价。自 1910 年代后,40 多年的研究和反省终于使他相信中国文明之中毕竟有磐石在,可资为适当的文化重建的基础。

值得注意的是,胡氏早年的西方哲学训练与后日对中国思想的研究似引导他成为一世界主义者。西方哲学使他不可能自陷于天朝观,而中国研究没使他成为一天真的西化者。中国必须与世界上其他国家齐进。但人类进步既不能以双重标准来衡量,而西方的成就既已铺了路,中国本身的进步必须基于自己的力量,甚至以自己的风格。②

胡氏对中国文明态度的转变,从某一个程度说,重复了康有为在世纪交替之际所发表的见解。康氏在 1882 年自己承认他初次接触到西学时,要"尽弃旧见",就像若干年后胡适要抛弃中国传统,作为对西方文明的反应。也像胡适在 1960 年高唱人文与理性中国因接触新世界科学与民主文明而重生,康氏在 1905 年坚持儒教中国的永久价值(即康氏之谓人文与理性中国),以及求助于西方的科学与民主,使之成为现代中国在道德生活与社会制度中的有效力量。成熟的思考使康氏(以及胡氏)相信中国的现代化不能由简单的西化来达成(简单地抓住国故更不能达成),而必须由理性思考的综合与世界化来达成,以使中国文明的程度与西方已得水平相齐,而同时不失本身的文化认同,不弃仍与新世界相干的国粹。在康氏的思想中,此种计划可由中国政治革新或思想生活革新来达成(他在 1898 年曾作此建议)或先经由工业化而立下必需的物质基础(如他在 1905 年建议的)。胡氏似未见康氏论述这些问题的主要著作,也未曾仔细地考虑过这些论点。假如他曾考虑过,他很可能会对康

---

① "The Chinese Tradition and the Future", pp. 21~22.
② Jerome B. Grieder, "Hu Shih: An Appreciation", p. 96.

氏有较高的评价。

我们当然不应小视这两个人见解的不同处。康氏有意强调中国文明的重要，以及落实保存它的必要；而胡氏觉得保存不成问题，在他看来，把新的吸收到旧的之中乃一自然的程序，用不着特别费力气去做。① 他的乐观并不曾为后来的发展所支持，在1930年代他宣称中国已经完成文化转变，并达到一种与新世界精神相配的新文化。② 稍后，他以同样的乐观说，文化综合乃是适者生存的自然发展，用不着什么有意的指导。他更辩称，本土文化的保守性质无以消除。中国采用科技世界文化及其背后的精神文明，将必然地在其文化中产生巨大的变化；但是在未来，此一变化的结晶将是一以中国为根本的文化。③ 换言之，康氏倾向有目的、有计划的文化综合，而胡氏情愿接受在文化冲突中依赖达尔文的天择程序。第二次大战后的发展显示，这两种趋向都得不到实际的成就。不过，在方法上的不同虽然重要，却不应掩遮一项事实，即在康、胡二人较成熟的思想中，都达到基本上相同的见解："全盘西化"不是中国现代化问题的答案。

在当时还有一些重要的思想家，尽管背景与趋向甚为不同，也倾向经由世界化而达到综合，而不倾向全盘西化。例如，有名的教育家蔡元培主张调和世界上所有不同的因素乃是生存的最后目标。④ 梁启超用西方文明来丰富中国文明，截长补短，以综合与转变两者而创立一新文化。⑤ 梁

---

① Shih, "A Talk with Hu Shih", p. 161.
② Hu, *Chinese Renaissance*, pp. 1～26 考出文化反应的两种形态：一种由"中央控制"的改进（如明治日本），另一种是"分头渗透"或"分头同化"（如中国）。他见后者之不利，但他相信经由"演化而渐进"的变革——虽然慢得难过，且零碎——但可能使中国达到不下于欧美的新文明。胡氏未预料到1949年以后的发展。
③ "评'中国本位文化建设宣言'"，《胡适文存》，四集，卷四，页535～540。
④ 引自1919年的一篇演说，引见 Robert K. Sakai, "Ts'ai Yüan-p'ei as a Synthesizer of Western and Chinese Thought", pp. 179～185。
⑤ 梁启超，《欧游心影录》，《饮冰室合集》，《全集》二二，页35。

漱溟在表达意见上有点"含混和武断",①但他的论点很明白地指向同一方向。他的意见是,中国文明非但不落后于西方(如陈序经所指控的),而且更为进步,其未发展科技以满足人们之需(如现代西方文明),乃是超越第一发展阶段,而跃进到第二阶段,专注于自我的适应。没有必需的物质基础,一个未成熟的文明在面对现代西方文明时,便孤立无助。补救的办法不是抛弃那未成熟的文明,而是重寻文明的道路,拾取西方的科学——民主文明。梁氏又说,最后的任务,不仅仅是保证中国过去成就的长存(即康氏所说的国粹),而且真正地把它引到世界的范围中来。②

此一观点在若干年后见之于萨孟武等十教授的宣言:

> 中国本位的文化建设,是一种创造。其创造目的是使在文化领域中因失去特征而没落的中国和中国人,不仅能与别国和别国人并驾齐驱于文化领域,并且对于世界的文化有最珍贵的贡献。③

蒋梦麟也在1940年希望经由现代科学与中国宝藏相混合,以产生一新文明。④

冯友兰的见解尤具趣味。他在1940年出版的第一本书中,提出文

---

① 胡适,"读梁漱溟先生的《东西文化及其哲学》",《胡适文存》,二集,卷一,页57～85。阅 Chow, *May Fourth Movement*, pp. 331～332 对胡氏评论有所评价。
② 梁漱溟的观点见其《东西文化及其哲学》,为1921年8月在山东济南省教育会所作的一系列演讲。阅页9,24,30～42,53～55,64～68,199～200。梁氏观点的摘要,参见 Chow, *May Fourth Movement*, pp. 329～330 以及 Harry J. Lamley, "Liang Shu-ming: The Thought and Action of a Reformer", pp. 88～140。
③ 萨孟武等,"中国本位文化建设宣言",《文化建设》,一卷四期(1935年元月),页3～5。
④ Chiang, *Tides from the West*, p. 272. 蒋氏的一般见解为近人所附和。如 Francis L. K. Hsü, "Cultural Differences between East and West and their Significance for the World Today",《清华学报》,新二卷一期(1960年5月),页231～234,以及孙麟生,"为什么要发扬中国文化",《新闻天地》,三卷十期(1963年12月1日),页2。孙氏之文为驳 Richard M. Pfeffer 于1963年8月5日在台北一项讨论会的谈话而写,钱穆、一些大学教授及美国留学生曾参加该讨论会。Pfeffer 认为采行西方的民主与科学而同时施行儒教几乎是不可能的。见《新闻天地》,二卷九期(1963年11月1日),页7～8。

化普及论,与康氏的说法极为相似,不过多了些哲学用词,也表现得更有系统。冯氏说一个文化不为发源地或创造的民族所界定,而是由其质量与特性而定。因此"西洋文化"是如此,非因其是"西洋的",即导源于西方世界以及由西方人民所主持者,而是因其包含若干特性(诸如科学、工业与民主),使其成为一种称得上"现代"的文化。某一国某一时的文化是一具有不同性质的复杂体,有些能决定文化的形态,叫作"主要性质";而非决定性者叫作"偶然性质"。偶然性质的特殊结合给一个文化提供个性或特性。因无主要性质,偶然性质仍然具有通性。由于决定形态的性质可为同一形态的所有文化来承受,故尚未具有这些性质的国家都有可能去获取一部或全部性质。但是一国的文化既是一个体,不可能为另一个国家全部接受,不论是主要还是偶然性质。①

因此,谈"全盘西化"或"西化",都无甚意义。中国所能且应该做的,是猎取"现代文化"的"主要性质",并同时维持与现代不相干的偶然性质。这样的话,文化转化将是"全盘底",因为"照此一方向来改变我们的文化,即是将我们的文化自一类转入另一类"。② 换言之,此乃现代化,而非西化,也非汉化。

最有趣的是,冯氏认为康氏对待文化问题的态度与其相似:

> 在民初人的心目中,康有为是一个国粹论者,是一个"老顽固"。在清末人的心目中,康有为是一个维新论者,是一个叛徒。……从他的思想上说,他是从类的观点以观文化。他知各类文化都是公共底;任何国家或民族均可有之,而此各种文化又是中国先圣所已说明者。所以中国虽自一种文化变为另一种文化,而仍不失其为中国,仍是行中国先圣之道。③

---

① 冯友兰,《新事论》(又名《中国到自由之路》),页8~18。
② 同上,页15~16。
③ 同上,页18。

冯氏接着说,他对康有为之说一半赞同,一半不以为然。

可同意之点,冯氏当即明言。他说,近代人知道两种形态的文明,即手工业文明与工业文明。前者为家庭事业,而后者乃"社会"事业。①

> 经过产业革命底生产方法,主要是用机器生产,用机器生产必需大量生产。……既需大量生产,则须大量用工人……集中工作。这样即打破了以家为本位底生产制度。②

冯氏继谓,中国为了现代化,必须完成西方自工业革命以来所有的改变。但这并不是说中国应放弃本土文明中的次要因素,或者(用康氏的话来说)不再师法古代圣人。

工业化终究将走向社会化,然后再进入世界性的共产主义。③ 社会化生产到来及私有财产取消之后,家庭的重要性就会急剧下降,到最后变成完全没有需要。冯氏解释道,在共产主义社会中,个人所需都由社会供给,全部在社会中生活。④ 男女都有婚姻自由,妇人由妻母之职责中解放出来。儿童由非赢利社会机构教养。人妻不再是家庭中的一员,而是社会中的一员。妻子如其夫一样有自己的专长,与夫同居只是完成性

---

① 冯友兰,《新事论》(又名《中国到自由之路》),页56~57。冯氏大致追随康氏在1905年《物质救国论》的思路,冯氏比较农业("乡下人")社会与工业("城里人")社会:后者享有经济繁荣且发展出高度知识与技能,而前者仍然贫穷愚昧——常为工业社会"盘剥"的牺牲者。"东方底乡下,……如果不想受西方底城里盘剥……唯一的办法,即是亦有这种底产业革命……即以机器生产,替代人工生产。……英国先有这种产业革命,最先取得现在世界上城里人的资格。其次德国,其次日本"(同上,页38~48)。不过,冯氏不像康对自由企业有信心,而倾向社会主义(同上,页49~55)。参阅冯氏著《人生哲学》,乃据其博士论文(哥伦比亚大学,1921年)而成(上海,1926),论文中透露他早年倾向社会主义之意。另阅 Robert H. G. Lee, "Fung Yu-lan: A Biographical Profile", pp. 142~143。
② 冯友兰,《新事论》,页58~59。另阅页65~66,179~182,186,冯曾赞同马克思之观点,略谓"生产方法"决定社会组织与人类道德的形式。冯氏也接受马克思经济阶级的理论,但认为"阶级斗争"仅是口号,只是借以发动民众,以从事革命行动(同上,页130,151~154)。
③ 同上,页72。
④ 同上,页64~65。

生活。① 婚姻实际上并不像以家为主的社会那样具永久性。②

不过,冯氏明言,这种情况唯有在社会变化的物质基础充分建立之后。他像康有为一样地警惕不要浪费时间空谈,在时间未到之前,不要作心急的社会变动。

> 中国现在最大的需要,还不是在政治上行什么主义,而是在经济上赶紧使生产社会化,这是一个基本。③

冯氏批评新文化运动的领导者。他说他们所要的,并不是新文化,而是西式文化。例如"新文学"实际上是欧化文学,比他们所称的"旧文学"还僵化。④ 反孔乃是由于天真与无知。想要摧毁"旧道德"的人想象那是"几个愚昧无知底人,如孔子、朱子等","凭着他们的偏见"而立下要别人服从的道德规范。这些反孔人士没有理解到,一个国家在某一时期的道德价值乃取决于流行的生产模式。在一个以家庭作为生产单元的社会,就像在传统中国,孝道乃是一切道德的核心与根本。只要情况不变,其他形式的道德便不可能在此一社会中出现以应时需。只有当社会转变到新形态,家庭及其相适的道德价值才会变成进步的障碍。⑤ 此乃康氏特定阶段社会进化论的翻版,冯氏仅注入了一些马克思观点的解释,不必细表。

冯氏像康氏一样地主张在国家迈向现代化时,应重视"国粹"的维护。照抄外国文化特点(不管多先进)不仅没有必要,更是不足取的,冯氏因而确切地说:

> 英国是生产社会化底文化,德国也是生产社会化底文化……英国德国在此方面是相同底。但我们并不能说德国已为英国所同化

---

① 冯友兰,《新事论》,页98～111。
② 同上,页162。
③ 同上,页184。
④ 同上,页148～151。
⑤ 同上,页89～91。

了。因为从文化方面看,德国与英国还有其异在。这些异……在区别英国之为英国,德国之为德国,却是很重要底。

冯氏更说,这些文化特点包括文艺在内,并不代表先进的程度,而是风格之异。① 从此引出的结论显然是:

> 一民族所有底事物,与别民族所有底同类事物,如有程度上底不同,则其程度低者应改进为程度高者,不如是不足以保一民族的生存。但这些事物,如只有花样上底不同,则各民族可以各守其旧,不如是不足以保一民族的特色。②

康有为不能说得比这些话更清楚、更强烈了。康氏可能也会同意冯氏对"体用"说的解释:

> 如所谓"中学为体,西学为用"者,是说:组织社会的道德是中国人所本有底,现在所须添加者是西洋的知识技术工业,则此话是可说底。……自清末至今,中国所缺底,是某种文化底知识、技术、工业。所有底是组织社会的道德。③

从上文可得到一个印象:冯氏对文明的看法除了一些细节外,与康氏在《大同书》以及《物质救国论》表达的意见,十分相像。文化形态说疑与世界化原则貌异神同;在冯氏的社会变化观念中,甚至有康氏三世说的迹象;以家庭为单元的手工业文明(如据乱世)、工业化或社会化的文明(如升平世)、世界性的共产主义(如大同世)。如冯氏所明显表示的,他同意康氏见解的一半,足见他曾研读过《大同书》(全文发表于1935年),以及《物质救国论》(1919年六版),可能还读了康氏其他的著作。相似恐非巧合,很可能康氏对这位在美受教育的哲学家有直接的影响。

---

① 冯友兰,《新事论》,页135~136。
② 同上,页138。
③ 同上,页228~229。

我用了相当长的篇幅来陈述陈序经、胡适与冯友兰的见解,是为了说明康氏思想立场与当时一些著名作者的关系。结果是,他的社会思想、他的文明观以及对中国现代化问题的解答,并非乖异无理,也非如经常所说的,他的见解只有一小撮反动派和守旧派附和。相反的,这些见解虽遭到许多"新青年"的猛烈攻击,但有意或无意地被许多思想进步的人士所接受。

辜鸿铭所代表的极端保守派愈来愈没有人支持,当然偶然还会碰到一些传统儒教价值的护法。被称为"自由派改革家"①的严复,在1890年代呼吁西化,并预计中国文化无以自救②,但在1910年代改变了观点,寄其希望于"儒家经典"以及古贤王的风范。③ 另一方面,主张全盘西化人士并未(如陈序经在1936所说的)激增④,当然,相信经由文化综合来现代化的人常强调接受西方文明多于保存国粹。事实上,在1930年代与1940年代也不太听到像在1910年代以及1920年代初的"打倒孔家店"的呼声。

五四时代的一些西化狂热者与情绪式保护国粹者,似乎都是在西化文化冲击下,以及旧政治、社会、道德与思想秩序解体下,所作的天真反应。他们都关心国家的前途,但对当时环境的反应表现在两个不同方向。顽固的保守派谴责民国政府,要求道德的以及思想的复兴(也许还要政治的复兴);而新文化派惑于他们所知的现代西方文明,把一切罪过都加诸"儒教"。他们对西学的"狂热"⑤,与狂热的卫道之士一样,都是文化错乱的病候。

---

① 周策纵之语,见 *May Fourth Movement*, p. 64 注。
② 阅严复,"原强",见《严几道文钞》及《严几道先生遗著》。参阅《法意》,卷二四,第廿六章按语。严氏政治思想的梗概可阅萧公权,《中国政治思想史》,页 806~808。
③ "书札"卅九、四九,引见萧公权,《中国政治思想史》,页 808。
④ 陈序经,《一年来国人对于西化态度的变化》,页 1~3。
⑤ John Fryer, *Admission of Chinese Students to American Colleges*, Introduction, P. Xi.

想从西化得救并非新见。容闳早已表示中国可从西式教育重生。①许多在20世纪初出国的留学生也很容易受制于外国理论与革命思想。②此乃实际环境下很自然而不可避免的发展。不过,并未改变一项事实,即无条件的西化乃是对复杂问题作简单而浮浅的解决。西化派抓住西方文明而未能作足够的审查。有的崇拜个人主义,而无暇看一看个人主义制度的先决条件;有的散布自由主义学说,但不去提供自由主义所必需的基本条件。他们的勇猛做法引起了青年人的热情③,但不仅未能给问题提供有效的解答,反而把问题弄得混淆或复杂化了。他们的极端反传统措施有效地进一步消灭了国粹的影响力,其结果并不是很愉悦的。诚如一位作者所说:"思想之锚虽已起碇,但仍无引导航向的南针"。④

　　另一方面,保守派的论点也不实际。刘师培、辜鸿铭⑤、严复(晚年)等对新文化的猛烈攻击,更加情绪化,而少冷静的思考。这些人对西方的态度并不一定相同。他们反西方的态度也可能来自对西方的失望,特别是严复对西方文明,无论在物质上或精神上,都有亲切的知识。他自西化退却似乎矫枉过正,以至于几乎成了顽固的传统派。

　　在1920年代初期,两位留美的中国学生对西方文明的反应,可略微说明一种比反西化与反儒教主义较平衡的反应之可能性:

> 　　对国内事务的不满乃是我到美国来的最大动力。但我所见到的美国,并不是我所预想的理想国家,在许多地方比我们还落后。⑥
>
> 　　我深以为我们的文明应吸收西方文明而重建,然后会有一新文明的产生。……我对我们文明态度的改变可能由于与美国朋友接

---

① Yung Wing, *My Life in China and America*,引见 Tsi C. Wang, *The Youth Movement in China*, p. 50。
② C. S. walker, "Army of Chinese Students Abroad", p. 8472.
③ Y. C. Wang, "Intellectuals and Society in China, 1860—1949", pp. 403~404,425.
④ Mu, *Wilting of the Hundred Flowers*, p. 97.
⑤ Chow, *May Fourth Movement*, pp. 61~69 总结此数人之见。
⑥ 访问记,引自 Tsi C. Wang, *The Youth Movement in China*, p. 74。

触之后。他们总以为他们的文明是最好的,不必向任何人学习。我不喜欢这种偏见而自觉,我不要像他们那样具有狭隘的地域观,而理智地面对事实。①

我认为此乃胡适(晚年时期)、冯友兰以及康有为本人各以其特别方式发展文化重建学说的开始,此种学说不基于褊狭的文明观,而是基于愿意"理智地面对事实"。

我们也许可以这样说:康氏有关中西文化的见解乃是在半世纪中于不同的场合针对历史环境所作的各种迥异的反应。他一开始是一传统学者,所持的见解与19世纪末和20世纪初的保守派并无显著的不同。自于1879年与西方文明接触之后,促使他广泛地探究西学,并放弃旧见。有一时期他对西学的狂热不亚于一些五四"新青年"。他埋首于译自西方有关自然与人文学科之书。在当时他极有可能成为一全盘西化的主张者,他抨击整个思想与道德传统;宣扬此一传统的儒家经典,他亦以为伪,以为浮泛。他可说是比陈独秀早一个世代的"新青年"。不过,他对儒学的重诂也开启了他的思想生命的另一新阶段:不断努力经由世界化而创造文化综合。他终于达到一种立场,至少一部分影响到后来宣扬以中国本位为基础的现代化主张者,以及采取更新、更激进西方思想之人。因此,在1880年代与1920年代之间,康氏反映了从1910年代到1940年代各种不同有关文化重建见解的全部。不论他所持见解的价值与实效如何,他无疑是从帝制中国转至共产中国时期中最具代表性的思想家。综述他的思想等于是回顾整个时期思想的主流。

代表过渡思想自不免丧失说最后一句话的机会。在他死后许多年所出现的"新中国",与他的理想以及反对他的人的理想,都很少相似。如果他知道,有一些"新青年"多少同意他的看法,甚或在他死前,西化已显得过时,他将不会感到舒服。自称西化者反对他的世界化思想,却被

---

① 引自私人信札,Ibid.,p.76。

自称马克思主义者——既不要传统也不要西化者——所反对。陈独秀在1910年代热心宣扬的西方价值,特别是个人主义与议会民主①,被谴责为"资产阶级心态",有碍社会主义建设。② 即使在1920年代,西方在青年心目中已渐式微。大学教授赞扬美国,也被学生指责,说是就像老学究歌颂尧舜禹汤等圣人一样无聊。③

胡适在反对萨孟武等人的中国本位文化宣言之余,很乐观地说,文化本身是保守的,再剧烈的变化决不能完全去除本土文化的保守性。④ 中共夺取政权后三年,他再一次乐观地说,"铁幕文化"不能维持很久。⑤ 此一预测很可能是正确的。同时,中共全面消除旧时代的道德与思想传统。⑥ 胡适本人的思想也遭清算。问题是中国文化中的保守性到底有多少力量可以对抗此种有意的摧残?

最近有人说,胡适参与的思想革命所产生的结果,比胡氏所预想的要粗厉。⑦ 在他的早年,特别在五四时期,胡氏全心想消除他以为的僵尸文化来重建中国,即使是苏俄的"实验",他都有兴趣。但若干年后,他对本土文化的态度缓和多了。在他死前不久,据说他不再认为新旧融合是不可能的。我以此为他自认中国传统毕竟未全死亡,而全盘西化并不是现代化最理性的办法。我怀疑他被思想革命的"粗厉"所困,而他自己是此一革命最主要的领导者。

---

① 如陈氏所撰"东西民族根本思想之差异",《新青年》,一卷四期(1915年12月)。
② Paul Hollander, "Mores and Morality in Communist China. Privacy: A Bastion Stormed", *Problems of Communism*, 12, no. 6(Washington D. C., Nov-Dec. 1963): 3.
③ 天津南开大学一学生曾作一文曰"轮回教育",引见 Y. C. Wang, "Intellectuals and Society in China, 1860—1949", p. 414. 轮回乃佛教用语,阅 W. E. Soothill and L. Hodous(eds.), *A Dictionary of Chinese Buddhist Terms*, p. 445. 据作者所知,此学生为周恩来,即因此文而遭开除。
④ "评'中国本位文化建设宣言'",《胡适文存》,四集,卷四,页535～540。
⑤ "三百年来世界文化的趋势与中国应处的方向",《胡适言论集》,甲集,页64～71。
⑥ Tooshar Pandit, "Totalitarianism vs. Traditionalism", pp. 10～11. 作者似忽略新文化运动以后流行的价值与思想。
⑦ Grieder, "Hu Shih: An Appreciation", p. 92.

也许要认可康有为一点,即他有勇气提出前所未有的世界观与中国观,他也有智慧见及施行新观点的危险,并很谨慎地防止过激行动。此乃他反对全盘西化最紧迫的理由。他深信突然而全盘的反其道而行,不管如何急需,是错误而危险的,没有一个稳定的社会能建筑在旧废墟上的。① 他因而警告不要化解中国的国粹。假如康氏未能发现一条真正通往大同之路②,他至少见及文化毁灭的陷阱,等待着那些想一跃而达天堂福地的粗心人。

此并非说康氏是不会犯技术上的错误的。历史环境如此,他的见解不可能被广泛接受而付诸实施。但他自己的行动使他的见解更难获得公平的听证。像他的反对者一样,他错误地把"儒教"(仅指道德而言)等同整个中国文明,忽视非儒家的学说。不幸的是儒教与帝制相结合,以至被康氏的反对派指为与现代民主社会不相称。康氏有其聪明知道此一结合是最不幸的,他事实上想给儒教以新解释,俾从帝制传统中分出以与现代西方价值相接。但他于极力挽救国粹之时,却又将儒教与袁世凯的帝政相结合,太阿倒持,授攻击他的人以利器。因此,尽管他对文明的一般立场是合理的,他的论点对批评者而言,甚多难以信服,以至抵抗文化崩解毫无成效可言。

---

① Sir Rutherford Alcock 之语,引自 *Parliamentary Papers*, *China*, no. 5, "Correspondence Respecting the Revision of the Treaty of Tien-tsin", pp. 137~138,见 Mu, *Wilting of the Hundred Flowers*, p. 118.

② Mao Tse-tung, "On the People's Democratic Dictatorship" (June 30, 1949), *Selected Works of Mao Tse-tung*, 4: 414 有谓:康有为写了《大同书》,但不曾也未能找到实现大同之道。

跋：现代中国与新世界

有人说："中国的知识阶层不过是要维护中国在现代世界中的地位，为适应此一地位，拟对整个思想、政治、经济以及社会结构作全面的调整。"① 大略言之，这也是康有为所想做到的事。不过，他不仅做了这些。他有鉴于现行制度（包括现代西方的制度在内）在某些方面并不完善，于是想建立一种未来的新秩序，令人人都生活在充分的和谐与快乐之中。因此，他除了界定中国在现代世界中的地位外，更界定一种理想的新世界。

康有为心目中的现代中国为一独立自主的国家，经由现代化而获致充分的财富与武力，以保障在国际中应有的地位，同时具有特殊文化风格的立国基础。因此，他的此一立场与主张全盘西化的知识分子，大不相同，他们认为毫不保留地西化乃是现代化的唯一途径，中国不必要保留其原有的文化。修斯（E. R. Hughes）对康氏立场的评估大致是正确的：

> 我们知道康氏不仅读过其他国家的历史，同时了解"中国不过

---

① Michael Gasster, *Chinese Intellectuals and the Revolution of 1911*, p. 248.

是全世界的八十分之一"。而且他把此事作为一个中国人的经验。他对所读到的事既不五体投地,也不觉得眼花缭乱。相反地,他的心智受到启发,可见之于他所写的文章中,遨游于中外历史之间。他并不压抑外国历史以扬中国,也不一味崇扬西方。

修斯接着指出,康氏对西方文明的两个方面——即民主与工业——特别重视。他热烈要求采行,但不要抛弃中国的文化遗产。①

康氏不是一味只关心其本国利益的民族主义者。儒家学说以及外国历史的影响,使他成为一国际主义者,以至于大同主义者。他的"大同"乃是全人类(包括中国人在内)的终极目标。现代文明的要素——民主与工业——继续发展,为导致完美社会的动力。现代世界与未来的新世界之间有其持续性。

这当然会导致剧烈的变化。古代与近代的社会与政治制度最终都无需要。所有国家的国界消失之后,个体国家便不再存在。在统一的民主的世界政府之下,所有的男女都是平等自由的公民。一切财富由所有的人来创造与享用。儿童由公共机关抚养与教育;孤老残疾者也由公家照顾。自古已有的家庭与私有制都会消失。人既不受错误制度的束缚,自也不需要宗教的慰藉,孔教、基督教和伊斯兰教也都会消失。人道与理性既普遍接受,也无政治、社会、道德上的问题需要解决。生活将永是幸福的。

有人说康氏的理想国基本上是以"汉族为中心的大一统思想"。② 他在建构此一思想时,不过是把传统的儒家天下观作哲学的加工。换言之,康氏具有大汉文化帝国主义之嫌。但我们仔细检视他的思想,觉得并非如此。他很明显地认为不仅国家,就是民族文化也都会消逝。既然所有的人种都混合为一,自不会再有特殊的中国人的存在。既然大家都

---

① E. R. Hughes, *The Invasion of China by the Western World*, pp.114~115.
② Mary C. Wright, *The Last Stand of Chinese Conservatism*, p.223.

说同一语言,所谓母语与父母之邦都将消逝。中国的国粹儒教在近代中国要保存,但在新世界中亦无立足之地。事实上,康氏不是主张国家主义或帝国主义,而是纯粹的世界主义。①

这并不是说康氏的乌托邦思想是完美的。例如,我们可以批评他所认为的科学、民主和社会主义本身,可以使人类带来负面的后果——诸如空气和水的污染——影响到人类的生存。② 进而言之,"科技精神的胜利"会松弛人们所具的宗教与道德价值。③ 西方的民主社会已遭遇到物质上、社会上以及道德上的各种问题,总之并没有走上和平与和谐的大一统之途。社会主义国家也遭遇到本身的问题,远非"工人的天堂"。他们说是愿意与民主社会共存,但实际行动并非如此。这个世界仍然分裂得厉害,没有合一的希望。

我们也可以批评康有为未注意到社会问题的复杂性,不能作单纯的解决,问题的答案常常又变成其他问题的根源。他的乐观使他不能理解到世上无完美的制度,因为制作的人类原非完美。④ 既无法去除人类的缺点,终有缺点的制度,终有痛苦。⑤ 人们永远不断地会去设法消除缺失。

不过,我们不能否认,作为改革者和理想主义者的康有为有其意义,他忠实地设法免除人们的痛苦。留华多年的美国教育家兼外交家司徒雷登在1905年初曾说:

> 在一个以理性、正义与国际友好为基础的新世界秩序之下,中国会作绝大的贡献……保全中国的国家自由与民族文化与整个太

---

① 参阅 Klaus Mehnert,"The Social and Political Role of the Intelligentsia in the New Countries",pp. 125~126。
② 参阅 Athelstan Spilhaus,"The Next Industrial Revolution",p. 1273。
③ 参阅 Will Herberg,"What Keeps Modern Man from Religion?" pp. 5~11。
④ 摩尔曾说:"当人类完美时,所有的事情才有可能完美。"(Thomas More, *Utopia*. trans. Paul Turner,p. 64)
⑤ Günter Grass, *Local Anaesthetic*, pp. 86,284.

平洋地区的和平,以及全人类的福祉,是不可分的。①

司徒雷登说此话时,并无戊戌变法在胸,但他却无意间支援了康有为创造现代中国的努力。著名的德国汉学家傅朗克(Otto Franke)在20世纪初也说:

> 虽然儒家所教导的世界和谐与和平将是遥远的美梦;……但是我们不应丧失更高更好目标的信念。因为没有信念,我们的努力便无目标,这个世界的历史也无意义。②

傅朗克说此话时,不可能见到《大同书》手稿。不过,假如他见到此一一元哲学,也许会赞美此一作者,独自努力为人类建一目标,为历史赋以意义。

---

① John Leighton Stuart, *Fifty Years in China*, p. 289.
② Otto Franke, "Was lehrt uns die Ostasiatische Geschichte der letzten fünfzig Jahre?" pp. 70~71;英译见 Lonan Wang Grady, "Germany's Role in the Boxer Movement", p. 135. 引文略改动。

引用书目

一、康有为编著之部

"丁巳美森馆幽居诗卷",《康南海先生墨迹》,第四册。
"上帝篇",《诸天讲》。
"上清帝第一书"、"上清帝第二书"(公车上书)、"上清帝第三书"、"上清帝第四书"、"上清帝第五书"、"上清帝第六书"("应诏统筹全局折"),均见翦伯赞等编,《戊戌变法》,第二册。
"久亡还乡祭先庙告祖文"、"久亡还乡告先墓文",《哀烈录》,卷二。
《大同书》,钱安定编(上海:1935;1936年再版,1956年北京重印,1958年台北重印,稿本见微卷)。
"大借债驳议",《文集》。
《大学注》(上海? 1913)。
《不忍》(月刊,创刊于1913年初,最后一期(第十期)印于1917年底,均于上海发行)。
《不忍杂志汇编》,二辑(上海:1914)。
《不幸而言中不听则国亡》(上海:1918)。
"中国以何方救亡论",《不忍》,二期(1913年3月)。
"中国布新除旧论",《遗稿》,卷一。
"中国善后三策",载康同璧,《南海先生自编年谱补遗》。
"中国善后议",《遗稿》,卷一。
"中国学会报题词",《文钞》;《文集》。
"中国还魂论",《不忍》;《不忍杂志汇编》。
"中国颠危误在全法欧美而尽弃国粹说",《不忍》,第六、七期;《不忍杂志汇编》,

二辑。
《中庸注》(上海:1901)。
"中华民国元老院选举法案"(微卷三)。
"中华民国国会代议员选举法案"(微卷三)。
"中华帝国宪政会歌",《南海先生诗集》(梁启超手写)。
《中华救国论》,载《不忍》,一期(1913年2月),页1~58;《不忍杂志汇编》,卷七,页16~18;《文钞》,第一册,页1~22;《文集》,卷一,页1~219。
《公车上书记》(北京:1895)。
"壬子致各埠书",《遗稿》,卷四。
《孔子改制考》(上海:1897;1922年北京重印;1958年北京、上海重印)。
"孔教会序",《文钞》。
"巴西",《文集》,卷六。
"巴西游记",《文钞》。
"巴黎登气球歌",《康南海先生诗集》(崔斯哲写本)。
《日本明治变政考(记)》(稿本,见微卷)。
《日本书目志》(上海:1897?)。
"以孔教为国教配天议",《不忍》,三、四、七、八期;《文钞》。
"布加利亚游记",《不忍》,五期。
"戊戌舟中绝笔及戊午跋后",翦伯赞等编,《戊戌变法》,第一册。
《戊戌奏稿》,见《南海先生戊戌奏稿》。
"民功篇"(微卷一)。
"仲姊罗宜人墓志",《哀烈录》。
"先妣劳太夫人行状",《哀烈录》。
《共和平议》(上海:1918)。原载《不忍》,九、十期(1917)。
"共和建设讨论会发刊词"(微卷一)。
"共和政体论"(微卷二)。
"印度游记序",载康同璧,《年谱续编》。
"各国今日之目的"(微卷二)。
"有欲",《春秋董氏学》。
"朱九江先生遗文序",《不忍》。
《自编年谱》(罗荣邦藏稿本,微卷一、三;北京油印本,1958;另见翦伯赞等编,《戊戌变法》,第四册;沈云龙辑,《近代中国史料丛刊》,第二辑,台北,1966)。
"君与国不相干……论",《不忍》,七期(1913年2月)。
"告国人书",《遗稿》,卷四。
"希腊游记",《文钞》,第十一册;《文集》,卷六。
《孟子微》(上海:1916):初刊于《新民丛报》,一三期(1902);含"孟子微序""孟子总论";另见《文钞》。

《官制议》(又称《官制考》)(上海:1904;1905、1906、1907重印)。部分刊载于《新民丛报》(1902—1903)。此书含"中国今日官制大弊宜改论""中国汉后官制篇""中国古官制篇""分增行政部""析疆增吏篇""选近地人为官""各国官制篇""官制议序""官制原理""供奉省置论""公民自治篇""宋官制最善篇""存旧官论"。

《法国革命记》(撰于1898年,似未刊)。

《波兰分灭记》(撰于1898年,未刊)。

《物质救国论》(上海:1919);又见《世界评论》,第十年,十八、十九期(1963年2月16日、3月10日),有徐高阮导言。

《金主币救国议》(上海:1910)。

《长兴学记》(上海:思求阙斋,1892)。

"保国会章程",翦伯赞等编,《戊戌变法》,第四册。

《南海先生七上书记》(上海:1898)。

《南海先生四上书记》(上海:1895)。

《南海先生戊戌奏稿》(麦仲华编,横滨:1911)。

《南海先生诗集》(梁启超书,上海:1908)。

《哀烈录》(康有需辑,广州:未注出版年代)。

"奏为国势危急……合请……归政皇上立定宪法……折",《遗稿》,第三册。

"奏请开国会折"(微卷三)。

《春秋董氏学》(上海:1898)。

《春秋笔削大义微言考》(未注出版地,1913)。

"春秋笔削大义微言考发凡",《文钞》;《文集》。

"查中国事当辨党派说",《遗稿》,第一册。

《突厥削弱记》(1898,未刊)。

"突厥游记",《文钞》,第十一册;《文集》,卷六。

"拳匪之乱为复圣主而存中国说"(微卷二)。

"致朱师晦书",《遗稿》,卷四。

"致李忠镐等书",《遗稿》,卷四。

"致冈田正树书",《遗稿》,卷四。

"致袁世凯书"(二函:1898,1916),《遗稿》,卷四。

"致袁总统书"(1912),《遗稿》,卷四。

"致章一山书"(微卷一)。

"致莲珊书"(微卷一)。

"致蔡松坡书",《遗稿》,卷四。

"致黎元洪书",《遗稿》,卷四。

《桂学答问》(北京大学,1929)。

"海外亚美欧非澳五洲二百埠中华宪政会侨民公上请愿书",《不忍》,四期(1913年5月);《文钞》,第五册。

"流星歌",《诸天讲》。

"留芬集序",《文钞》;《文集》。

"参政院提议立国精神议书后",《不忍》,九、十期。

"问吾四万万国民得民权平等自由乎",《不忍》,六期(1913年7月)。

《康子内外篇》(稿本,微卷二)。此书包括"爱恶篇""肇域篇""知言篇""觉识篇""阖辟篇""性学篇""人我篇""理气篇""理学篇""不忍篇""湿热篇""势祖篇""王霸篇""未济篇"。

《康工部五上书稿》(未注出版时地);《知新报》,四五期。

"康氏建元以后世系表"(罗荣邦藏稿本)。

"康氏家庙之碑"(罗荣邦藏稿本)。

《康有为诗文选》(北京:1958)。

《康南海文集》(上海:1915?)。

《康南海先生文钞》,十二册(上海:1914;1916年三版)。

《康南海先生戊戌遗笔》(上海:1918)。

《康南海先生书牍》(上海:1921)。

《康南海先生诗集》,康同薇、康同璧编,崔斯哲书,四册(长沙:1941)。

《康南海先生墨迹》,侠安居士编,四册(上海:1934)。

《康南海先生讲演录》(西安:1912?)。

《康南海梁任公二先生文集合刻》(上海:1915)。

《康南海梁任公文集汇编》(上海:1917)。

《康梁文钞》(上海:1914)。

《康梁诗钞》(上海:1914)。

"强学会序",《文集》,卷八;翦伯赞等编,《戊戌变法》,第四册。

"条陈商务折",翦伯赞等编,《戊戌变法》,第二册。

《理财救国论》(上海:约1914);原载《不忍》(1913年)。

"祭朱鼎甫侍御文",《文钞》。

"连州遗集序",《文钞》;《文集》。

"复大隈侯爵书",《不忍》,九、十期(1917年12月或1918年元月)。

"复教育部书",《不忍》,四期。

"复刘观察士骥书",《遗稿》,卷四。

"为亡媵谢晗致沈乙老书",《遗稿》,第四册。

"答朱蓉生书",《遗稿》,卷四上。

"答朴君大提学论孔学"(微卷)。

"裁行省议",《文钞》。

"裁省议"(微卷三)。

"跋戊戌致李提摩太书",《康南海先生墨迹》,第三册。

"跋戊戌与门人书",《康南海先生墨迹》,第三册。

"进呈日本明治变政考序",《戊戌奏稿》;翦伯赞等编,《戊戌变法》,第三册。

"进呈法国革命记序",《戊戌奏稿》;翦伯赞等编,《戊戌变法》,第三册。

"进呈波兰分灭记序",《戊戌奏稿》;翦伯赞等编,《戊戌变法》,第三册。

"进呈突厥削弱记序",《戊戌奏稿》;翦伯赞等编,《戊戌变法》,第三册。

"进呈俄罗斯大彼得变政记序",《戊戌奏稿》;《南海先生四上书记》;《不忍》,二期;翦伯赞等编,《戊戌变法》,第三册。

"开岁忽六十",见康同璧,《南海康先生自编年谱补遗》。

"雅典游记",《不忍》,六期。

"勤王乱匪辨",《遗稿》,卷一。

"塞耳维亚游记",《文钞》,第十一册;《文集》,卷六。

"意大利游记",《欧洲十一国游记》,卷一。

"敬谢天恩并请统筹全局折",翦伯赞等编,《戊戌变法》,第二册。

"新世界争国为公有……说",《不忍》,七期。

《新学伪经考》(上海:1891;北京:1917;北平:1931;上海:1936;北京:1956)。

"新党贼党辨",《遗稿》,卷一。

"殿试策",《南海先生四上书记》。

"与沈子培刑部书"(微卷一)。

"与徐太傅书",《不忍》,九、十期(1917年)。

"与教育部总长范寿生劝改禁读经书令"(微卷二)。

"与无名者书"(微卷一)。

"与甥女谭达印书",《遗稿》,第四册。

"与黄仲弢编修书"(微卷三)。

"与党人论鄂败",(微卷三)。

《万木草堂遗稿》,康同璧编,四册(北京油印本,1960;台北:成文,1978)。

"补德国游记",《不忍》,七、八期;《文钞》,第十一册;《文集》,卷六。

《实理公法》(稿本,微卷)。含"长幼门""整齐地球书籍目录公论""教事门""治事门""君臣门""礼仪门""夫妇门""朋友门""比例""上帝称名""师弟门"。

"满的加罗游记",《欧洲十一国游记》;《不忍》,九、十期。

"汉族宜忧外分勿内争论"(微卷三)。

"诵芬集序",《文钞》,第五册;《文集》,卷八。

"废省论",《不忍》,一、二、四期;《不忍杂志汇编》,二辑。

"欧东阿连五国游记",《不忍》,五期;《文集》。含"布加利亚游记"。

"欧洲十一国游记"(上海:1905;1906、1907重印)。

"请君民合治满汉不分折",翦伯赞等编,《戊戌变法》,第二册。
"请定立宪法开国会折",翦伯赞等编,《戊戌变法》,第二册。
"请定法律折",《戊戌奏稿》。
"请计全局筹巨款以行新政筑铁路起海军折",翦伯赞等编,《戊戌变法》,第三册。
"请庄士敦代奏游说经过",《康南海先生墨迹》,第四册。
"请设新京折",翦伯赞等编,《戊戌变法》,第二册。
"请尊孔圣为国教立教部教会以孔子纪年……折",《戊戌奏稿》;《文钞》;翦伯赞等编,《戊戌变法》,第二册。
"请开制度局议行新政折",翦伯赞等编,《戊戌变法》,第二册。
"请开国民大会公议立宪书",《遗稿》,卷四。
"请开清江浦铁路折"(微卷三)。
"请开农学地质局折",翦伯赞等编,《戊戌变法》,第二册。
"请开学校折",《戊戌奏稿》;翦伯赞等编,《戊戌变法》,第二册。
"请饬各省改书院淫祠为学堂折",翦伯赞等编,《戊戌变法》,第二册。
"请废八股试帖楷法试士改用策论折",翦伯赞等编,《戊戌变法》,第二册。
"请废漕运改以漕款筑铁路折",翦伯赞等编,《戊戌变法》,第二册。
"请广开学校以养人才折",《文钞》,第五册;翦伯赞等编,《戊戌变法》,第二册。
"请广译日本书大派游学折",《戊戌奏稿》;翦伯赞等编,《戊戌变法》,第二册。
"请励工艺奖创新折",翦伯赞等编,《戊戌变法》,第二册。
"请断发易服改元折",翦伯赞等编,《戊戌变法》,第二册。
"请劝农折",《戊戌奏稿》。
"论中国必分割"(微卷一)。
"论共和立宪",《遗稿》。
"论自治",《遗稿》,卷一。
"论省府县乡议院以亟开为百事之本",《文钞》,第四册。
《论语注》(北京:1917)。含"论语注序",《文钞》;《文集》。
"论罗马立国得失",《欧洲十一国游记》。
《诸天讲》(上海:1930)。
《宪法草案》(上海:长兴书局,未注出版年代)。
"宪政党章程"(微卷三)。
"辨言",《春秋董氏学》。
《拟中华民国宪法草案》(上海:广治书局,1916年二版);初刊于《不忍》(1913)。
"拟答朱蓉生先生"(微卷)。
《礼运注》(上海,1912)。含"礼运注序",《文钞》。
"议院政府勿干预民俗说",《不忍》,二期。
"续撰不忍杂志序",《不忍》。

二、中日文著作之部

丁文江,"玄学与科学",《科学与人生观》(上海:1923),上册。
——编,《梁任公先生年谱长编初稿》,三册(台北:世界书局,1958)。
于宝轩编,《皇朝蓄艾文编》(上海:1903)。
土屋乔雄,《日本の经营者精神》(东京:1959)。
《大清历朝实录》(光绪朝)。
《万国公报》(上海:1868—1904)。
小野川秀美,"康有为の变法论",《近代中国研究》,二辑(东京:1958)。
——,《清末政治思想研究》(京都:1960)。
马建忠,《适可斋记言》,收入梁启超,《西政丛书》。含"借债以开铁道说""富民说""拟设翻译书院议""上李伯相言出洋功课书""铁道论"。
中国史学会编,《洋务运动》,八册(上海:1961;1962年重印)。
中国科学院哲学研究所中国哲学史组编,《中国大同思想资料》(北京:1959)。
《中国邮报》,收入翦伯赞等编,《戊戌变法》,第三册。
中国历史教研室编,《中国近代思想家研究论文选》(北京:1957)。
中华书局编,《清史列传》(台北:1962)。
五代龙作,《五代友厚传》(东京:1923)。
五来欣造,《儒教对于德国政治思想的影响》,刘百闵、刘燕容译(上海:1938)。
孔广森,《春秋公羊通义》,收入阮元编,《皇清经解》。
文悌,"严参康有为折",收入翦伯赞等编,《戊戌变法》,第二册。
方豪,《中西交通史》,五册(台北:1954)。
方孝孺,《逊志斋集》(四部丛刊本)。含"民政篇""宗仪第九·体仁"。
方显廷编,《中国经济研究》,二册(长沙:1939)。含"中国工业化与乡村工业";方显廷、谷源田,"我国钢铁工业之鸟瞰";谷源田,"中国新工业之回顾与前瞻"。
毛健予,"问题解答",《新史学通讯》,1953年五月号。
——,"在维新变法运动过程中康有为为什么著新学伪经考孔子改制考和大同书",《新史学通讯》,1953年五月号。
王照,《方家园杂咏记事》(未注出版地,1928);另见《水东集初稿》(王氏家刻,1931)。
王先谦编,《皇清经解续编》(江阴:南菁书院,1988)。
王守仁,《王文成公全书》,四册(上海国学基本丛书本,1936;台北,正中书局,未注出版年代;上海:商务印书馆,四库丛刊本,未注出版年代;另见《阳明全集》,四部备要本,上海:中华书局,未注出版年代)。含《传习录》《大学问》"答顾东桥书"。
王其榘编,"学会等组织",收入翦伯赞等编,《戊戌变法》,第四册。王韬,《韬园文录外编》(香港:1883),卷一,含"原仁""原道"。王尔敏,《清季兵工业的兴起》(台北:1963)。

——,"清季兵工业略论",《大陆杂志》,卅五卷九期(1967年11月15日)
王树槐,《外人与戊戌变法》(台北:"中央"研究院近代史研究所专刊第十二号,1965)。
韦廉臣,"治国要务",《万国公报》,一卷四期(1889年5月)。
包遵彭、李定一、吴相湘编,《中国近代史论丛》,第一辑,十册(台北:1956)。
艾约瑟,"日本革故鼎新之故",《万国公报》,新一卷十二期(1890年元月)。
——,《富国养民策》,收入梁启超,《新政丛书》。
——,"铁路宜扩充论",《万国公报》,新一卷五～一一期(1889年6月～12月)。
古吴困学居士,"广学会大有造于中国说",收入翦伯赞等编,《戊戌变法》,第三册。
叶德辉,"长兴学记驳议",收入苏舆,《翼教丛编》。
——,"答友人书""輶轩今语评""与许恪士观察书""与刘先端黄郁文两生书""与南学会皮鹿门孝廉书""与石醉六书""与段伯猷茂才书",俱见苏舆,《翼教丛编》。
——,《觉迷要录》(长沙?1905)。
司马迁,《史记》(上海:中华书局,未注出版年代)。
《四库全书总目提要》,见永瑢。
《左传正义》,收入阮元编,《十三经注疏》(台北:重印本,1959)。
市古宙三,"保教と变法",载仁井田升编,《近代中国の社会と经济》(东京:1951)。
《民报》(北京:科学出版社翻印,1957)。
永瑢等,《四库全书总目提要》(上海:万有文库本,1931)。
冯友兰,《人生哲学》(上海:1926)。
——,"康有为底思想",载北京大学哲学系中国哲学史教研室编,《中国近代思想史论文集》(上海:1958)。
——,《新事论》(又名《中国到自由之路》)(重庆:1940;上海:1946)。
冯自由,《中华民国开国前革命史》,三册(重庆:1944)。
——,"录(香港)中国日报民生主义与中国政治革命之前途",《民报》,第四期(1906年5月)。
冯桂芬,《校邠庐抗议》(广仁堂刻,未注出版年代,序1861;丰城余氏,1897)。含"采西学"。
"甲子清室密谋复辟文证",载《故宫丛刊》(北平:1929)。
皮锡瑞,《经学通论》(上海:1923),阅"春秋通论"章。
矢野仁一,"戊戌の变法及び政变",《史林》,三卷一、二、三期(京都:1923)。
《仪礼注疏》(台北:重印本,1959)。
《礼记正义》,见阮元编,《十三经注疏》(台北:翻印本,1959)。含:"祭义"四七、"郊特牲"二五、"昏义"六一、"孔子闲居"五一、"礼运"二一、"檀弓上"六、"檀弓下"九。
任卓宣,"国父的革命思想",《革命思想》,一卷一期(1955年7月25日)。
伍宪子(伍庄),《中国民主宪政党党史》(旧金山:世界日报,约1963)。

全汉升,"甲午战争以前中国工业化运动",《"中央"研究院历史语言研究所集刊》,第廿五本(台北:1954)。

——,"宋代官吏之私营商业",《中央研究院历史语言研究所集刊》,第七本第二分(1936)。

——,"清末汉阳铁厂",《社会科学论丛》,第一辑(台北:1950年4月)。

——,"鸦片战前江苏的棉纺织业",《清华学报》,新一卷三期(1958年9月)。

《列子》(上海:宏文书局,1893)。含"黄帝""汤问"。

向达等编,《太平天国》,八册(上海:1952)。

存统,"马克思底共产主义",《新青年》,九卷四期(1921年8月)。

安维峻,"请毁新学伪经考片",收入苏舆,《翼教丛编》。

庄俞,"张季直先生教育谈",《教育杂志》,第九期(1917年元月)。

庄存舆,《春秋正解》,收入阮元编,《皇清经解》。

许桐莘,《张文襄公年谱》(上海:1939;重庆:1944;上海:1946)。

刘昫,《旧唐书》(上海:中华书局,未注出版年代)。

刘坤一,《刘忠诚公遗集》(未注出版地,1909),收入沈云龙辑,《近代中国史料丛刊》,第二五一~二五七册(台北:1967)。含:"复冯莘坨""复欧阳润生""书牍"十三及十二。

刘秉麟,"马克思传略",《新青年》,六卷五期(1919年5月)。

刘逢禄,《公羊春秋何氏释例》,收入阮元,《皇清经解》。阅"张三世例"。

刘广京,"唐廷枢之买办时代",《清华学报》,新二卷二期(1961年6月)。

朱采,《清芬阁集》(未注出版地,1908)。

——,"海防议",见《洋务运动》,第一册。

朱熹,《朱文公文集》(四部丛刊本,上海:未注出版年代),含"答陈同甫书"《朱子语类》,贺瑞麟编(1876)。

朱一新,"答康有为第一书""答康有为第二书""答康有为第三书""与康有为第一书""与康有为第二书""与康有为第三书""与康有为第四书",均见苏舆,《翼教丛编》。

朱执信,见蛰伸、悬解。

朱杰勤,《龚定庵研究》(上海:1940)。

朱经农,"结束训政的时间问题",《独立评论》,第七号(1932年7月)。

朱寿朋,《东华续录》(光绪朝)(上海:1909)。

朱谦之,《中国思想对于欧洲文化之影响》(上海:1940)。

——,"大同书十卷",《读书月报》,第一期(1957)。

《老子》(上海:宏文书局,1893)。

"论中国变政并无过激",收入翦伯赞等编,《戊戌变法》,第三册。

汤志钧,《戊戌变法人物传稿》,二册(上海:1961)。

——,《戊戌变法史论》(上海:1955)。

——,《戊戌变法史论丛》(武汉:1957)。含"戊戌变法时的学会和报刊""康有为的新政建议和光绪帝的新政上谕"。
——,《戊戌变法简史》(北京:1960)。
——,"关于康有为的大同书",《文史哲》,第一期(1957)。
汤震,"中学",《危言》(上海:1890)。
关绿茵,"詹天佑与中国铁路",《畅流》,三五卷八期(1967年6月1日)。
阮元辑,《皇清经解》,三六〇卷(广州:学海堂,1829)。
孙文(孙逸仙),"民报发刊词",《民报》,第一期(1905年10月)。
——,《建国方略》,《国父全集》(台北:正中文库本,1954),第二册。
——,《国父全集》,六册,中央党史史料编纂委员会编辑(修订版,1957;二版,台北:1961)。《孙中山全书》(上海:1937年,二版)所收略同。《国父全集》含:"制定建国大纲宣言""政见之表示""祭列宁文""建设以修治道路为第一要义""钱币革命""中华革命史""中国之第二步""中国之铁路计划与民生主义""中国国民党宣言""中国必先革命而后能达共和主义""中国实业当如何发展""兴发实业为救贫之药剂""修筑铁路乃中华民国存亡之大问题""革命成功个人不能有自由""国际共同开发中国实业计划""国民政府建国大纲""国民党政见宣言""论筑铁路事致宋教仁函""驳保皇报""三民主义与中国民族之前途""实现铁路政策须取开放门户主义""实业计划""速修铁路以立富强之基""孙文学说""地方自治开始实行法""地方自治为建国之础石""再复李村农论外债书""自传"。
孙家鼐,"奏……请严禁悖书疏",收入翦伯赞等编,《戊戌变法》,第二册。
——,"奏筹办大学堂大概情形折",收入翦伯赞等编,《戊戌变法》,第二册。
——,"议复开办京师大学堂折",收入翦伯赞等编,《戊戌变法》,第二册。
孙毓棠编,《中国近代工艺史资料》,第一辑,二册(上海:1957)。
——编,《中国经济史资料》,第一辑,二册(北京:1957)。
孙麟生,"为什么要发扬中国文化",《新天地》,三卷十期(1963年12月1日)。
花之安,"自西徂东",《万国公报》,十四期(1890年3月)。
——,"慎理国财",《万国公报》,十四期(1890年3月)。
劳乃宣,《桐乡劳先生遗稿》(桐乡:1927)。含:"君主民主平议""续共和正解""韧叟自订年谱""共和正解"。
苏舆,《春秋繁露义证》(未注出版时地)。
——编,《翼教丛编》(武昌:1898)。
苏继祖,《清廷戊戌朝变记》(中坝:1931),收入翦伯赞等编,《戊戌变法》,第一册。
严修,"奏请设经济专科折",收入翦伯赞等编,《戊戌变法》,第二册。
严复,"原强",《严几道文钞》(上海:1898);《严几道先生遗著》(新加坡:1959)。
——,"救亡决论",收入翦伯赞等编,《戊戌变法》,第三册。
——,"与熊纯如书",收入翦伯赞等编,《戊戌变法》,第二册。

——译,《赫胥黎天演论》(序1896;上海:商务,1930)。

严中平编,《中国近代经济史统计资料选辑》(北京:1955)。

——编,《中国棉纺织史稿》(北京:1955)。

——编,《中国棉业之发展》(重庆:1943)。

何休,《春秋公羊解诂》,见阮元校刻《十三经注疏》(南昌:1916;台北:1959重印)。

何启,胡礼垣,《新政真诠》(上海:1901)。含"前总序""劝学篇书后""曾论书后"。

——,《新政论议》(香港:1895)。

何炳松,"中国文化西传考",载包遵彭,《中国近代史论丛》,第二册;录自《中国新论》,第三期(1935)。

何炳棣,"张荫桓事迹",见包遵彭,《中国近代史论丛》;录自《清华学报》,十三卷一期(1941)。

合源田,见方显廷。

吴虞,《吴虞文录》(上海:1921;1925年四版)。

——,《吴虞文录续》(成都:1933)。含"对于祀孔问题之我见"。

——,"家族制度为专制主义之根据论",《新青年》,二卷六期(1917年2月)。

吴泽,《康有为与梁启超》(上海:1948)。

吴相湘,《民国政治人物》(台北:1964)。含"康梁与复辟运动"。

吴稚晖(敬恒),《一个新信仰的宇宙观及人生观》(南京:黄埔小丛书,1927)。

——,《吴稚晖文集》(上海:1936)。

——,《吴稚晖先生文粹》,乐勤编,四册(上海:1929)。含"箴洋八股化之理学",第三册;"机器促进大同说",第二册;"青年与工具",第二册;"科学周报发刊语",第二册;"科学周报编辑话",第二册;"科学与人生观",第二册;评鞠普君"男女杂交说"、"谈无政府主义闲天",第二册。

《宋元明清四朝学案》,四册。第一、二册:黄宗羲、全祖望,《宋元学案》;第三册:黄宗羲,《明儒学案》;第四册:江藩,《汉学师承记》、《宋学渊源记》;唐鉴,《清学案小识》。

宋云彬,《康有为》(上海:1951)。

局外旁观人(赫德),"论通商大局",《万国公报》,新一卷十期(1889年11月)。

李圭,《环游地球新录》,载王锡祺辑,《小方壶斋舆地丛钞》,十二(上海:1897)。

李季,"社会主义与中国",《新青年》,八卷六期(1921年4月)。

李达,"马克思派社会主义",《新青年》,九卷二期(1921年7月)。

李锐,"毛泽东同志的初期革命活动",《中国青年》,1953年十三期。

李大钊,"由经济上解释中国近代思想变动的原因",《新青年》,七卷二期(1920年元月1日)。

——,"我的马克思主义观",《新青年》,六卷五、六期(1919年11月)。

——,"唯物史观在现代史学上的价值",《新青年》,八卷四期(1920年12月1日)。

李公佐,"南柯记",载兆熙辑,《唐人说荟》(未注出版地,1864);又见马骏良辑,《龙威秘书》(大酉山房,1794)。

李守孔,"光绪戊戌前后革命保皇两党之关系",《大陆杂志》,二五卷一、二期(1962年7月15、31日)。

李恩涵,《晚清收回矿权运动》,(台北:1963)。

——,"清末金陵机器局的建设与扩展",《大陆杂志》,三三卷一二期(1966年12月31日)。

李国祁,《中国早期的铁路经营》(台北:"中央"研究院近代史研究所专刊,1961)。

李提摩太,"求儒救民说",载于宝轩编,《皇朝蓄艾文编》。

——,"时事新论"(上海:1898)。

——,"新政策",《万国公报》,八七期(1898);另见蔡尔康编,《中东战记》;翦伯赞等编,《戊戌变法》,第三册。

李慈铭,《越缦堂日记》,五一册(北京:1922)。含《荀学斋日记》、《桃花圣解庵日记》。

李端棻,"请推广学校折",收入翦伯赞等编,《戊戌变法》,第二册。

李泽厚,《康有为谭嗣同思想研究》(上海:1958)。

——,"论中国十九世纪改良派变法维新思想的发展",《新建设》,1956年第五期。

——,"论康有为的哲学思想",《哲学研究》,一卷一期(1957年2月)。

杨复礼,《康梁年谱稿本》,三卷(成于1928,稿本)。

汪敬虞编,《中国近代工业史资料》,第二辑(1895—1914),二册(北京,1957)。

汪精卫,"民族的国民",《民报》,第二期(1905年11月)。

沈兼士,"儿童公育:彻底的妇人问题解决法处分新世界一切问题之锁钥",《新青年》,六卷六期(1919年11月)。

沈桐生,《光绪政要》(上海:1909)。

沈云龙,《康有为评传》(台北:1969)。

——,《现代政治人物述评》(增订本)(台北:1967)。

沈精芬辑,《国朝文汇》(上海:1909)。

张謇,《张季子九录》,廿九册(上海:1931)。含:"农会议""商会议""实业录"。

——,《啬翁自订年谱》,(上海?1925)。

张之洞,《张文襄公全集》,一二〇册(北平:1928)。含"札司道讲求新学"、"札同局设局讲求洋务"、"致总署电"。

——,《劝学篇》(武昌:1898)。

张元济,"戊戌政变之回忆",收入翦伯赞等编,《戊戌变法》,第四册;录自《新建设》,一卷三期。

张玉田,"关于大同书的写作过程及其内容发展变化的探讨",《文史哲》,第九期(1957)。

张西堂,"廖平古学考序",见廖平,《古学考》。

张伯桢,《南海康先生传》(北平:1932)。

张君劢(张嘉森),"人生观",收入《科学与人生观》,上册。

——,"人生观论战之回忆",《东方杂志》,卅一卷十三期(1934年7月)。

张孝若,《南通张季直先生传记》(上海:1930)。

张廷玉等,《明史》(上海:中华书局,未注出版年代)。

张其昀,《孔子学说与现代文化》(台北:1958)。

张朋园,《立宪派与辛亥革命》(台北:1969)。

——,《梁启超与清季革命》(台北:1964)。

张若谷,《马相伯先生年谱》(上海:1939)。

张岂之等,"关于康有为大同思想实质的商榷",见侯外庐,《戊戌变法六十周年纪念集》。

陈立,《公羊义疏》,收入阮元编,《皇清经解》。

陈虬,《治平通议》,见《蛰庐丛书》(瓯雅堂,1893)。另含:《经世博议》(卷一)、《救时要义》(卷一)。

陈寿,《魏志》(上海:中华书局,未注出版年代)。含"管辂传""管辂别传"(卷二九)。

陈熊,"戊戌政变前后湖南维新运动的社会基础和思想的演变",《历史教学》,1959年七月号。

陈炽,《庸书》,收入梁启超,《西政丛书》(上海:1895)。《庸书》含:"考工"(卷五)、"格致"(卷七)、"厘金"(卷二)、"农政"(卷二)、"水利"(卷一)、"电学"(卷七)、"蚕桑"(卷二)、"自立"(卷八)、"养民"(卷八)。

——《续富国策》,收入梁启超,《西政丛书》。《续富国策》含:"讲求农学说"(卷一)、"劝工强国说"(卷三)、"化学重学说"(第四文)、"艺成于学说"(卷三)、"光学电学说"(第五文)、"工艺养民说"(卷三)、"算学天学说"(第三~五文)。

陈鉴,"戊戌政变时反变法人物之政治思想",《燕京学报》,第二五期(1939年6月)。

陈天华,见思黄。

陈冷汰,"丁巳复辟记",《畅流》,三〇卷一〇期(1965年元月1日)。

陈序经,《中国文化的出路》(上海:1934)。

陈周业,"试论康有为空想理论(大同书)的阶级基础",《中学历史教学》,1957年第十一期。

陈昌华等,"我所知道的辜鸿铭先生",《人间世》,十二期(1934年9月)。

陈恭禄,《中国近代史》(上海:1935;1936年第六次印刷)。

——,"甲午战后庚子乱前中国变法运动之研究",《文哲季刊》(武汉大学),三卷一期(1933年)。

陈独秀,"孔子之道与现代生活",《新青年》,二卷四期(1916年12月)。

陈独秀,"本志宣言",《新青年》,七卷一期(1919年12月)。

——,"本志罪案之答辩书",《新青年》,六卷一期(1919年7月)。

——,"吾人最后之觉悟",《新青年》,一卷六期(1916年2月)。
——,"东西民族根本思想之差异",《新青年》,一卷四期(1915年12月)。
——,"法兰西人与近世文明",《新青年》,一卷一期(1915年9月)。
——,"袁世凯复活",《新青年》,二卷四期(1916年12月)。
——,"马克思学说",《新青年》,九卷六期(1922年7月)。
——,"基督教与中国人",《新青年》,八卷三期(1920年2月1日)。
——,"敬告青年",《新青年》,一卷一期(1915年9月)。
——,"实行民治的基础",《新青年》,七卷一期(1919年12月)。
——,"驳康有为共和平议",《新青年》,四卷三期(1918年3月)。
——,"驳康有为致总统总理书",《新青年》,二卷二期(1916年10月)。
——,"宪法与孔教",《新青年》,二卷三期(1916年11月)。
——,"关于社会主义的讨论",《新青年》,八卷四期(1920年12月)。
陈夔龙,《梦蕉亭杂记》,收入翦伯赞等编,《戊戌变法》,第一册。
陈宝箴等,"奏请厘正学术造就人才折",收入叶德辉,《觉迷要录》。
陈宝琛等纂,《德宗皇帝实录》,见《大清历朝实录》,第一○七一~一一八○册(东京:翻印本,1937~1938)。
陆乃翔、陆敦骙,《康南海先生传》,上编(上海:1929)。
麦仲华编,《皇朝经世文新编》(上海:1898)。
——编,《戊戌奏稿》(未注出版地,1911)。
麦孟华,"论中国宜尊君权抑民权",收入翦伯赞等编,《戊戌变法》,第三册。
孟祁,"记辜鸿铭翁",《人间世》,十二期(1934年9月)。
板野长八,"康有为の大同思想",《近代中国研究》(东京:1948)。
"罗文仲讳昌先生行状"(罗荣邦藏手稿)。
林克光,"论大同书",载中国人民大学历史教研室编,《中国近代思想家研究论文选》(北京:1957)。
林语堂,"辜鸿铭",《人间世》,十二期(1934年9月)。
——,"机器与精神",载《胡适文存》,三集,卷一。
欧榘甲,"论中国变法必自发明经学始",《知新报》,三八期。
欧阳修,《新唐书》(上海:中华书局,未注出版年代)。
《国语》(成都:尊经书院,1876)。
范文澜,《中国近代思想史》,上编,第一分册(香港:1949)。
茅盾(沈雁冰),《追求》,《蚀》第三部(上海:1930)。
——,"动摇",《茅盾文集》(北京:1958)。
《知新报》(澳门:1897—1900)。
郑潭洲,"十九世纪末期湖南的维新运动",《历史研究》,1955年元月号。
郑观应,《盛世危言》(1892;上海:华英书局,1905)。1905年版含:"技艺"(第二六文,卷三)、"铸银"(第四十文)、"农工"(第二八文,卷四)、"商战"(第二五文)、"商务"(第二四文)、"铁路"(第三三文)、"电报"(第三四文)、"银行"(第三七~三八文)、"邮政"(第三五—三六文)。

——,《盛世危言后编》(未注出版地,1920)。含"复考察商务大臣张弼士侍郎"(卷八),收入《洋务运动》,第八册。

金梁,《光宣小记》(未注出版地,1933)。

——,《近世人物志》(未注出版地,1934)。

"政令一新说",《万国公报》,新一卷五期。

侯堮,"廖季平先生评传",《大公报》"文学副刊",1932年4月1日。

侯外庐,《近代中国思想学说史》(上海:1947)。

——编,《戊戌变法六十周年纪念集》(北京:1958)。

侯厚培,《中国近代经济发展史》(上海:1929)。

思黄(陈天华),"论中国宜改创共和政体",《民报》,第一期(1905年11月)。

施敏雄,《清代丝织工业的发展》(台北:1968)。

柯劭忞,《清史稿列传》(北京:1927)。

《洋务运动》,见中国史学会。

《皇清经解》,见阮元。

《皇清经解续编》,见王先谦。

《科学与人生观》(胡适编?)(上海:1923)。

赵靖,"康有为的经济思想",《经济研究》,六七期(1962年5月)。

赵炳麟,《柏严文存》(泉州:1924)。

——,《赵柏严集》(未注出版时地),含《柏严感旧诗话》。

赵烈文,《能静居日记》,六册(台北:1964)。

赵尔巽,《清史稿》(沈阳,1927,卷一〇七,页5;香港翻印本,1960,下册,页1377)。

赵丰田,"康长素先生年谱稿",《史学年报》,二卷一期(1934)。

——,《晚清五十年经济思想史》(燕京大学中国研究丛刊第十八号,北平:1939)。

胡适,《胡适文存》,初集、二集、三集、四集(台北:1953)。以下所引《文存》各文均出自初集:"贞操问题",《文存》,卷一;"整理国故与打鬼——给徐浩先生的信",《文存》,卷三;"记辜鸿铭",《大公报》"文学副刊"一六四期(1935年8月);"治学的方法与材料",《文存》,卷三;"终身大事",《新青年》,六卷三期(1919年3月);"新思潮的意义",《新青年》,七卷一期(1919年12月);"胡适答蓝志先书",《新青年》,六卷四期(1919年4月);"易卜生主义",《新青年》,六卷六期(1919年6月);《文存》,卷一;"科学与人生观序",《文存》,卷二;"归国杂感",《文存》,卷一;"美国的妇人",《文存》,卷一;"我们对于西洋近代文明的态度",《东方杂志》,二三卷十七期(1926年9月10日);《文存》,卷三;"白话诗",《新青年》,二卷六期(1917年2月);"编辑后记",《独立评论》,一四二号(935);"评中国本位文化建设宣言",《文存》,

卷四;"三百年来世界文化的趋势与中国应取的方向",《言论集》;"实验主义",《新青年》,六卷四期(1919年4月);《文存》,卷二;"读梁漱溟先生的东西文化及其哲学",《文存》,卷二;"吴虞文录序",《文存》,卷一。

——,《胡适言论集》,甲集(台北:1953)。

胡滨,《戊戌变法》(上海:1956)。

胡君复辑,《当代八家文钞》(上海:1925)。

胡思敬(退隐居士),《戊戌履霜录》(南昌:1913);收入翦伯赞等编,《戊戌变法》,第一册。

胡聘之、钱骏祥,"请变通书院章程折",收入翦伯赞等编,《戊戌变法》,第二册。

胡汉民,"民报之六大主义",《民报》,第三期(1906年4月)。

胡应汉,《伍宪子先生传记》(九龙:1953)。

《荀子》(宏文书局,1893)。含"非相"、"富国"、"显学"、"天论"、"王制"。

宫琦寅藏(宫琦滔天),《三十三年の梦》(东京:1902;东京:1943年重印)。

费行简,《慈禧传信录》,选录见翦伯赞等编,《戊戌变法》,第二册。

顾兆熊,"马克思学说",《新青年》,六卷五期(1919年5月)。

顾颉刚,"自序",《古史辨》,第一册(北京:1927)。

凌霜,"马克思学说批评",《新青年》,六卷五期(1919年5月)。

唐俟(鲁迅),"我之节烈观",《新青年》,五卷二期(1918年8月)。

——,"随感录",《新青年》,五卷五期(1918年10月)。

夏敬观,"康有为传",《国史馆馆刊》,一卷二期(1948年3月)。

钱穆,《中国近三百年学术史》(上海:1937)。

——,"孔子与春秋",《东方文化》,第一期(1954)。

钱玄同,"重印新学伪经考序",载康有为,《新学伪经考》。

钱实甫,《清季中国重要职官表》(上海:1959)。

徐润,《徐愚斋自叙年谱》(香山:1927);收入《洋务运动》,第八册。

徐志摩,"毒药",《志摩的诗》(1928;上海:1933年六版)。

徐树铮,《视昔轩遗稿》,收入徐道邻编,《徐树铮先生文集年谱合刊》(台北:1962)。含"上段执政书"。

徐苏佛,"致任公先生书",见丁文江编,《梁任公先生年谱长编初稿》。

爱新觉罗·溥仪,《我的前半生》(香港:1964)。

桑原骘藏,《蒲寿庚の事迹》(东京:1935)。

班固,《汉书》(上海:中华书局,未注出版年代)。

素痴(张荫麟),"康有为戊戌政变之新史料",《大公报》"史地周刊",1936年7月24日。

翁同龢,《翁文恭公日记》,四十册(上海:1925)。

袁昶,"议复寄谕事件条陈",收入翦伯赞等编,《戊戌变法》,第二册。

袁振英,"辜鸿铭先生的思想",《人间世》,第三四期(1935年8月)。
起明译,"俄国革命之哲学基础"(原文为Angelo S. Ropport所撰,载 *The Edinburgh Review*,1917年七月号),译文见《新青年》,六卷四、五期(1919年4、5月)。
陶模,"覆陈自强大计疏",收入翦伯赞等编,《戊戌变法》,第二册。
陶潜,"桃花源记",《靖节先生集》(江苏书局,1883)。
高劳,"帝制运动始末记",《东方杂志》,十三卷八、九、十期(1916年8至10月)。
郭湛波,《近五十年中国思想史》(北平:1935;1936年重印)。
郭嵩焘,《养知书屋文集》,见《养知书屋遗集》(未注出版地,1892)。含:"致李傅相书""复姚彦嘉""与友人论仿行西法书"。均收入《洋务运动》,第一册。
商鞅,《商君书》(上海:宏文书局,未注出版年代)。
康同家,《康有为与戊戌变法》(香港:1959)。
康同璧编,《南海康先生自编年谱补遗》(油印本,北京:1958)。
——编,《南海康先生年谱续编》(油印本,北京:1960)。
——编,《补康南海先生自编年谱》(罗荣邦藏稿本,北京:约1954)。
"康有为论",收入翦伯赞等编,《戊戌变法》,第三册。
康与之,"昨梦录",载陶宗仪编,《说郛》(上海:1927)。
康广仁,"致何易一书",见丁文江编,《梁任公先生年谱长编初稿》。
康赞修,"闻长孙有为生",载《康南海文集》。
阎锡山,"孔子是什么家?",《治晋政务全书》,十二册(台北:1960)。
——,《世界大同》(台北:1960)。
梁启超,《戊戌政变记》(上海、横滨:1899;香港、纽约:1958年十六版;台北,1959)。
另见《饮冰室合集》《全集》一。
——编,《西政丛书》(上海:1897)。含"西政丛书序",亦见《合集》《全集》二。
——编,《西学书目表》(慎始基斋丛书,未注出版地,1897)。
——编,《南海康先生传》(上海:1908);收入《合集》《文集》六;亦见翦伯赞等编,《戊戌变法》,第四册。
——编,《清代学术概论》(上海:1921;1930年第八次印行)。
——编,"与康有为书",见翦伯赞等编,《戊戌变法》,第一册。
——编,《饮冰室合集》,林志钧辑,四十册(上海:1936)。含:"复张东荪书论社会主义运动",《文集》卅六;"新中国建设问题",《文集》廿七;"新民说",《全集》四;"人生观与科学:对于张丁论战的批评",《文集》四十;"开明专制论",《文集》十七;"科学精神与东西文化",《文集》卅九;"关于玄学科学论战之'战时国际公法'——暂时局外中立人梁启超宣言",《文集》四十;"论学会",《文集》一;《欧游心影录》,《全集》廿三;"保教非所以尊孔论",《文集》九;"辟复辟论",《全集》卅三;"变法通议",《文集》一;"什么是文化",《文集》卅九;"代段祺瑞讨张勋复辟通电",《文集》卅五。
梁嘉彬,《广东十三行考》(上海:1937)。

梁漱溟,"究源决疑论",《东方杂志》,十三卷(1916年5、6、7月)。
——,《东西文化及其哲学》(上海:1922;1930年第八次印行)。
萧一山编,《太平天国丛书》,第一辑,十册(上海:1936)。
萧公权,《中国政治思想史》,二册(上海:1945—1946;二版,六册,台北:1954;台北:联经版,精装一册,1982)。
——,"低调谈选举:地方民意机构的初步检讨",《宪政与民主》(上海:1948;台北:联经版,1983)。
——,"吴康,春秋政治学说"(书评),《清华学报》,八卷一期(1932年12月)。
——,《翁同龢与戊戌维新》(台北:联经出版公司,1983)。
黄濬,《花随人圣庵摭忆》(北京:未注出版年代,约1943;台北:联经出版公司,1979)。
黄大受,《中国近代史》,三册(台北:1955)。
黄子通,"薛福成的思想",《中国近代史论文集》(上海:1958)。
黄宗羲,《宋元学案》(《四朝学案》本)。
——,《明夷待访录》(《海山仙馆丛书》本)。含"原臣"、"原君"。
——,《明儒学案》(《四朝学案》本,上海:1936)。
黄遵宪,《日本国志》(浙江书局,1898)。含"工艺志"(卷四十)。
龚自珍,《定盦全集》。《文集》三卷;《续集》四卷;《文集补》一卷。(四部丛刊本,上海,未注出版年代)。含:"京师乐籍说"(《续集》)、"撰四等十仪"(《续集》)、"乙丙之际著议"(《文集》)、"乙丙之际塾议"(《文集》)、"古史钩沉论"(《续集》)、"五经大义终始问答"(《续集》)。
龚骏,《中国新工业发展史大纲》(上海:1933)。
梅影,"戊戌政变珍闻",《人文月刊》,七卷八期(1936年12月15日)。
菊池贵晴,"广学会と变法运动——广学会の设立について,"《东洋史学论集》(东京:1953)。
悬解(朱执信),"从社会主义论铁道国有及中国铁道之官办私办",《民报》,第四期(1906年5月)。
——,"论社会革命当与政治革命并行",《民报》,第五期(1906年6月)。
望月信亨,《佛教大辞典》(东京:1936)。
《清史稿》,见柯劭忞。
清史编纂委员会,《清史》,八册(台北:1961)。
《清议报》(横滨:1899—1901)。
《清议报全编》(横滨:未注出版年代,1900年代初期)。
萨孟武等,"中国本位文化建设宣言",《文化建设》,一卷四期(1935年元月)。
盛宣怀,"条陈自强大计疏",收入翦伯赞等编,《戊戌变法》,第二册。
章炳麟,《太炎文录初编》、《太炎文别录》,收入《章氏丛书》,第十六~十九册(上海:1924)。《文录》含:"信史上""驳建立孔教议"。

脱脱等,《宋史》(上海:中华书局,未注出版年代)。

傅兰雅,《考工记要》《工程致富论》《保富述要》《佐治刍言》,均收入梁启超,《西政丛书》。

嵇文甫,"游离了的学说",《新史学通讯》,1953年六月号。

彭泽益,"张謇的思想及其事业",《东方杂志》,四〇期(1944年7月)。

鲁迅,(参见唐俟)"狂人日记",《新青年》,四卷五期(1918年5月)。

——,《鲁迅全集》(上海:1938;1946年二版)。含:"青年必读书"(第三册,《华盖集》);"写在《坟》后面"(第一册,《坟》);"摩诃波罗多罗摩衍那诗力说"(第一册);"呐喊自序"(第一册);"文化偏至论"(第一册)。

曾廉,"应诏上封事",收入翦伯赞等编,《戊戌变法》,第二册。

曾国藩,《曾文正公日记》,收入《曾文正公全集》(上海:1928;据1876年传忠书局版重印)。含《求阙斋日记》,王定安编。

曾颉刚(曾纪泽),"西学略述序",《万国公报》,一卷五期(1898年6月)。

程演生编,《太平天国史料》(北平:1926)。

舒新城,《近代中国留学史》(上海:1927)。

辜鸿铭,"西洋议会考略",《张文襄幕府纪闻》(未注出版地,1910?)。

——,《读易堂文集》,辜能以、辜文锦编(台北:1956)。

蛰伸(朱执信),"德意志社会革命家列传",《民报》,第二、三期(1906年3、4月)。

谢国桢,"近代书院学校制度变迁考",载胡适等编,《张菊生先生七十生日纪念论文集》(上海:1937)。

《韩非子》(上海:鸿文书院,1893)。含"显学"。

储玉坤,《中国宪法大纲》(增订本,上海:1948)。

蒋廷黻,"国民党与国民党员",《独立评论》,一七六期(1935年11月)。

蒋梦麟,"改变人生的态度",《新教育》,一卷五期(1918年)。

——,"近世我国学术界里的一颗彗星",《中央日报》,1963年3月25、26日。

——,"谈中国新文艺运动",《中国文艺复兴运动》(台北:1960)。

董仲舒,《春秋繁露》(抱经堂本,1893;上海:宏文书局重印,1893)。含"楚庄王""三代改制质文""深察名号""为人者天"。

蒙文通,"井研廖季平师与近代今文学",《大公报》"文学副刊",第二四一期(1932年8月15日)。

嗣鎏(笔名),"辜鸿铭在德国",《人间世》,第十二期(1934年9月)。

《解放与改造》(北京:1919。1920年改名为《哲学》)。

《新世纪》(上海:重印本,1947)。

《新民丛报》(横滨:1902—1905)。

《新民丛报汇编》(横滨:1902—1905)。

《新青年》(上海、北平:1915—1921;广州:1921)。

廖平,《六译馆丛书》(成都:1925)。含"致某人书""知圣篇""辟刘篇""世界哲理进化退化"。

——,《古学考》,张西堂点校并序(北平:1935)。

——,"改文从质说",收入于宝轩,《皇朝蓄艾文编》,第六册。

《管子》(上海:鸿文书局,1893)。

赫德,"局外旁观论",载文庆等编,《筹办夷务始末》(同治朝,共四十卷)(北平:1929—1930)。

谭嗣同,"界说",《仁学》(上海:1917)。收入《谭浏阳全集》(四版,上海:1925)。

勥斋,"万国社会党大会史略",《民报》,第五期(1906年6月)。

缪荃孙编,《续碑传集》(江楚编译书局,1910)。

蔡元培,"鲁迅先生全集序",《鲁迅全集》(初版本)。

蔡尚思,《中国传统思想总批判》(上海:1941;1950年第二次印刷)。

蔡尔康编,《中东战纪》,三编(上海:1897)。

《德宗实录》,见陈宝琛。

潘树沈,《中华民国宪法史》(上海:1934)。

翦伯赞等编,《戊戌变法》,四册,《中国近代资料丛刊》第八种(上海:1953)。

震瀛(笔名),"记辜鸿铭先生""补记辜鸿铭先生",《人间世》,第一八、二八期(1934年12月,1935年5月)。

黎澍,"论社会主义在中国的传播",《历史研究》,1954年第三期。

薛福成,《庸庵全集》(上海:1901)。内含:《庸庵文编》《续编》《内外编》《海外文编》《筹洋刍编》《出使英法意比四国日记》。

——,《庸庵全集》又含:"振百工说""强邻环视谨陈愚计疏""创开中国铁路议""西洋诸国导民生财说""西洋诸国为民理财说""选举论""矿政""商政""上曾侯相书""代李伯相议请试办铁路疏""应诏陈言疏""用机器殖财养民说"。

戴震,《孟子字义疏证》(台北:世界文库本,1959)。

魏收,《魏书》(上海:中华书局,未注出版年代)。

魏源,《春秋繁露注》、《公羊古微》,俱见《皇清经解续编》。

鹫尾义直,《犬养木堂传》,三册(东京:1938—1939)。

三、西文著作之部

Abbeglan, James C., *The Japanese Factory: Aspects of Its Social Organization* (Glencoe, Ⅲ.:Free Press of Glencoe, 1958).

Aisin-Gioro Pu Yi, *From Emperor to Citizen* (English version of *Wo-ti ch'ien-pan sheng*) (Peking: Foreign Languages Press, 1964).

Alexander, Robert J., *A Primer of Economic Development* (New York: Macmillan Co., 1962).

Allen, George Cyril, *Japan's Economic Expansion* (London and New York: Oxford University Press, 1965).

——, *A Short Economic History of Modern Japan*, 1867—1937 (Rev. ed. London and New York: Allen and Unwin, 1962).

——, and Donnithorne, Audrey G., *Western Enterprise in Far Eastern Economic Development: China and Japan* (London: Allen and Unwin; New York: Macmillan Co., 1954).

The Analects of Confucius. Translated by Arthur Waley (London: Allen and Unwin; New York: Macmillan Co., 1938).

Apter, David E., *The Politics of Modernization* (Chicago: University of Chicago Press, 1965).

Aquinas, Saint Thomas, *The Basic Writings.* Edited by A. C. Pegis (New York: Random House, 1945).

Aristotle, *Metaphysics.* Translated by John Warrington (New York: J. M. Dent, Everyman's Library, 1913).

——, *On the Heavens.* Translated by K. C. Guthrie (Cambridge, Mass.: Loeb Classical Library, 1939).

Ashton, T. S., *The Industrial Revolution, 1760—1830* (New York: Oxford University Press, 1948).

de Bary, William; Wing-tsit Chan; and Burton Watson (eds. and trans.), *Sources of Chinese Tradition* (New York: Columbia University Press, 1960).

Bashford, James W., *China, an Interpretation* (New York and Cincinnati, 1916. 3rd. ed. New York: Abingdon Press, 1919).

Baudet, Henri, *Paradise on Earth: Some Thoughts on European Images of Non-European Man.* Translated by Elizabeth Wentholt (New Haven and London: Yale University Press, 1965).

Becker, Carl Lotus, *The Heavenly City of the Eighteenth-Century Philosophers* (New Haven: Yale University Press, 1932).

Bellah, Robert N., *Tokugawa Religion: The Values of Pre-Industrial Japan* (Glencoe, Ⅲ.: Free Press, 1957).

Bennett, Arthur, *John Fryer: The Introduction of Western Science and Technology into Nineteenth-Century China.* Harvard East Asian Monograph, No. 24. (Cambridge, Mass.: Harvard University Press, 1967).

Beresford. Lord Charles William de la Poer, *The Break-up of China, with an Account of its Present Commerce, Currency, Wasterways, Armies, Railways, Politics, and Future Prospects* (New York and London: Harper and Bros.,

1900).

Bergson, Henri, *Creative Evolution*. Translated by Arthur Mitchell (New York: Henry Holt & Co., The Modern Library, 1911; Random House, 1944).

——, *The Two Sources of Morality and Religion*. Translated by Ashley Audra and Cloudesley Brereton, assisted by W. Horsfall Carter (New York: Dou-bleday, 1935).

Bernard, Henri, "Notes on the Introduction of the Natural Sciences into the Chinese Empire," *Yenching Journal of Social Studies*, vol. 3, no. 2(Aug. 1941).

Berneri, Marie Louise, *Journey Through Utopia* (London: Routledge and Paul, 1950).

Berrill, Kenneth (ed.) *Economic Development with Special Reference to East Asia*. Proceedings of a Conference held by the International Economic Association (New York: St. Martin's Press, 1964).

Bhagwati, Jagdish, *The Economics of Underdeveloped Countries* (London: World University Library ; New York: McGraw-Hill Book Co. ,1966).

Biggerstaff, Knight, *The Earliest Modern Government Schools in China* (Ithaca, New York: Cornell University Press, 1961).

——, "The T'ung Wen Kuan", *Chinese Social and Political Science Review* (Peking), vol. 18 (1934).

Bingham, Woodbridge; Hilary Conroy ; and Frank W. Iklé, *A History of Asia*. 2 vols (Boston: Allyn and Bacon, 1965).

Blacker, Carmen, *The Japanese Enlightenment: A Study of the Writings of Fukuzawa Yukichi* (Cambridge, Mass. : Harvard University Press, 1964).

Blakney, R. B. (trans.), *The Way of Life* (New York: New American Library; London: Muller, 1955).

Bland, John O. P., and Edmund Backhouse, *China under the Empress Dowager: Being the History of the Life and Times of Tz'u Hsi* (Philadelphia, 1910. 2nd ed. Peking: N. Vetch, 1939).

Boorman, Howard L., and Richard C. Howard (eds.),*Biographical Dictionary of Republican China*, vols. 1, 2. (New York: Columbia University Press, 1968).

Borton, Hugh, *Japan's Modern Century* (New York: Ronald Press, 1955).

Bourne, F. D. A., "Possible and Impossible Reforms",*Journal of the North China Branch of the Royal Asiatic Society*,N. S. ,vol. 33(1900—1901).

Brière, O., S. J. ,*Fifty Years of Chinese Philosophy, 1899—1950*. Translated by Laurence G. Thompson (London: Allen and Unwin, 1956).

Broadbridge, Seymour, *Industrial Dualism in Japan. A Problem of Economic*

Growth and Structural Change (Chicago: Aldine Publishing Co. ,1966).

Brunnert, H. S. ; and V. V. Hagelstrom, *Present Day Political Organization of China* (Peking, 1911. Reprinted, Hong Kong, n. d.)

Bryce, James, *Modern Democracies*. 2 vols. (New York: Macmillan Co. ,1921).

Cameron, Meribeth Elliot, *The Reform Movement in China, 1898—1912* (Stanford: Stanford University Press, 1931).

Cecil, Gascoyne (Assisted by Lady Florence Cecil), *Changing China* (London: J. Nisbet, 1912).

Chan, Wing-tsit (Trans.), *The Way of Lao-tzu* (Indianapolis: Bobbs-Merrill Co. , 1963).

Chang, Carsun, *The Development of Neo-Confucian Thought*. 2 vols. (New York: Bookman Associates, 1957,1962).

——, "Reflections on the Philosophical Controversy in 1923", *The Chung Chi Journal* (Hong Kong),vol. 3, no. 1 (Nov. 1963).

Chang, Chung-li, *The Chinese Gentry: Studies on their Role in Nineteenth-Century China* (Seattle: University of Washington Press, 1955).

——, *The Income of the Chinese Gentry. A Sequel to The Chinese Gentry: Studies on their Role in Nineteenth-Century China* (Seattle: University of Washington Press, 1962).

Chang, John K. , "Industrial Development of China, 1912—1949", *Journal of Economic History*, vol. 27,no. 1 (March 1967).

Chang, Kia-ngau, *China's Struggle for Railroad Development* (New York: John Day Co. ,1943).

Chang, P'eng, "The Professional Merchants in China, 1842—1911" (Ph. D. dissertation, University of Washington, Seattle, 1958).

Ch'en,Ch'i-t'ien (Gideon Chen), *Modern Industrial Technique in China* (Peiping: Yenching University, 1934—1935).

——, *Tso Tsung-t'ang, Pioneer Promoter of the Modern Deckyard and the Woolen Mill in China* (Peiping: Paragon Press, 1938).

Chen, Chi-yun, "Liang Ch'i-ch'ao's 'Missionary Education': A Case Study of Missionary Influence on the Reformers", Harvard University East Asian Research Center. *Papers on China* ,vol. 16 (1962).

Cheng Lin, *The Chinese Railways: An Historical Survey* (Shanghai: China United Press, 1935).

Cheng, Shelley H. , "The T'ung-men-hui: Its Organization, Leadership, and Finance, 1905—1912",(Ph. D. dissertation, University of Washington, 1962).

Cheng, T'ien-hsi, *China Molded by Confucius. The Chinese Way in Western Light* (London: Stevens and Sons, 1947).

Chiang, Monlin, *Tides from the West: A Chinese Autobiography* (New Haven: Yale University Press, 1947).

Ch'ien, Tuan-sheng, *The Government and Politics of China* (Cambridge, Mass.: Harvard University Press, 1950).

Chinard, Gilbert (ed.), *The Correspondence of Jefferson and Du Pont de Nemours*. With an Introduction on Jefferson and the Physiocrats (Baltimore: John Hopkins Press, 1931).

The Chinese Classics. Translated by James Legge. 5 vols., 2nd ed. (Hong Kong: Hong Kong University Press, 1960).

Chow, Tse-tsung, *The May Fourth Movement: Intellectual Revolution in Modern China* (Cambridge, Mass.: Harvard University Press, 1960).

Chu, Samuel C., *Reformer in Modern China: Chang Chien, 1853—1926* (New York and London: Columbia University Press, 1965).

Ch'u, Ta-kao (trans.), *Tao-te Ching* (London: The Buddhist Society, 1937; reprinted, 1948).

Ch'ü, T'ung-tsu, *Law and Society in Traditional China* (Paris and The Hague: Mouton, 1961).

——, *Local Government in China under the Ch'ing* (Cambridge, Mass.: Harvard University Press, 1962).

Ch'ü Yüan, *Li Sao and other Poems of Ch'ü Yüan*. Translated by Yang Hsien-yi and Gladys Yang (Peking: Foreign Languages Press, 1955).

Cohen, Paul A., *China and Christianity. The Missionary Movement and the Growth of Chinese Antiforeignism, 1860—1870* (Cambridge, Mass.: Harvard University Press, 1963).

The Contemporary Review, vol. 76, July—December, 1899 (London: A. Strahan).

Creel, H. G., *Confucius and the Chinese Way* (New York: Harper, 1960. Published in 1949 by John Day as *Confucius: The Man and the Myth*).

Dai, Shen-yu, "Mao Tse-tung and Confucianism" (Ph. D. dissertation, University of Pennsylvania, 1953. Ann Arbor, Michigan, University Microfilms, 1953).

Davidson, Martha, *A List of Published Translations from Chinese into English, French, and German*. Part I. Literature. Tentative edtion (Washington, D. C.: American Council of Learned Societies, 1952).

Davies, Godfrey, *The Early Stuarts, 1603—1660* (Oxford: Clarendon Press, 1937).

Der Ling, *Two Years in the Forbidden City* (New York: Dodd, 1929).

Descartes, René, *The Philsophical Works of Descartes*. Translated by E. S. Haldane and G. R. T. Ross (Cambridge: Cambridge University Press, 1931).

Doig, Peter, *A Concise History of Astronomy* (New York: Philosophical Library, 1951).

Dubs, Homer H., "The Failure of the Chinese to Produce Philosophical Systems", *T'oung Pao*, ser. 2, vol. 26 (Leiden: E. J. Brill, 1929).

——(trans.), *The Works of Hsüntze* (London: Arthur Probsthain, 1928).

Dunning, W. A., *A History of the Political Theories from Rousseau to Spencer* (New York: Macmillan Co., 1922).

Duyvendak, J. J. L. (trans.), *The Book of Lord Shang* (London: Arthur Probsthain, 1928; Chicago: University of Chicago Press, 1963).

——(trans.), *Tao Te Ching: The Book of the Way and Its Virtue* (London: John Murray, 1954).

Elwes, R. H. M. (trans.), *The Ethics of Spinoza* (London: M. W. Dunne, 1919).

Engels, Friedrich, *Socialism: Utopian and Scientific*. Translated by Edward Aveling (Chicago: C. H. Kerr, 1905).

England, F. E., *Kant's Conception of God. A Critical Exposition of Its Metaphysical Development* (London: Allen and Unwin, 1929).

Fairbank, John K., *The United States and China* (1948. Rev. ed. Cambridge, Mass.: Harvard University Press, 1958).

Fang, Hsien-t'ing, *China's Industrialization: A Statistical Survey* (Shanghai: China Institute of Pacific Relations, 1931).

Ferm, Vergilius (ed.), *An Encyclopedia of Religion* (New York: Philosophical Library, 1945).

Feuerwerker, Albert, *China's Early Industrialization. Sheng Hsüan-huai (1844—1916) and Mandarin Enterprise* (Cambridge, Mass.: Harvard University Press, 1958).

——, *The Chinese Economy, 1912—1949*. Michigan Papers in Chinese Studies, no. 1 (Ann Arbor: University of Michigan Center for Chinese Studies, 1968).

——, "Industrial Enterprise in Twentieth-Century China: The Chee Hsin Cement Co." In *Approaches to Modern Chinese History*, edited by Albert Feuerwerker; Rhoads Murphey; and Mary C. Wright (Berkeley and Los Angeles: University of California Press, 1967).

Forke, Alfred, *Geschichte der neuren chinesischen Philosophie* (Hamburg: De

Gruyter and Co. , 1938).

Franke, Otto, "Der Ursprung der Reformbewegung in China", *Ostasiatische Neubildungen* (Hamburg, 1911), pp. 20~35.

——, "Was lehrt uns die ostasiatische Geschichte der letzen fünfzig Jahre?" *Ostasiatische Neubildungen* (Hamburg, 1911), pp. 70~71.

Franke, Wolfgang, *Chinas kulturelle Revolution: Die Bewegung vom 4 Mai*, 1919 (Munich: R. Oldenbourg, 1957).

——, "Der Kampf der chinesischen Revolution gegen den Konfu-zianismus," Gesellschaft für Natur-und völkerkünde Ostasiens. *Nachrichten*, 74 (Hamburg, 1953).

——, "Die staatspolitischen Reformsversuche K'ang Yuweis und Seiner schule", *Mitteilungen des Seminars für Orientalische Sprachen an der Universität Berlin*, *Ostasiatische Studien* 38 (Berlin, 1935).

Fryer, John, *Admission of Chinese Students to American Colleges* (Washington, D. C. : United States Government Printing Office, 1909).

Fukutake, Tadashi, *Asian Rural Society: China, India, Japan* (Seattle: University of Washington Press, 1967).

Fung Yu-lan, *A History of Chinese Philosophy*. Translated by Derk Bodde. 2 vols. (Princeton: Princeton University Press, 1953).

Furth, Charlotte, *Ting Wen-chiang: Science and China's New Culture*. Harvard East Asian Series, no. 42 (Cambridge, Mass. : Harvard University Press, 1970).

Galbraith, John Kenneth, "Capitalism, Socialism, and the Future of the Industrial State", *The Atlantic*, vol. 219, no. 6 (June 1967).

——, *Economic Development* (Cambridge, Mass. : Harvard University Press, 1964).

——, *Economic Development in Perspective* (Cambridge, Mass. : Harvard University Press, 1962).

Gale, Esson MacDowell, *Salt for the Dragon: A Personal History of China, 1908—1945* (Ann Arbor and East Lansing: Michigan State College Press, 1953).

Gasster, Michael, *Chinese Intellectuals and the Revelution of 1911: The Birth of Chinese Radicalism* (Seattle: University of Washington Press, 1969).

Giles, Lionel (trans.), *The Book of Lieh-tzu* (London: John Murray, 1912; reprinted, 1959).

Godwin, William, *Enquiry Concerning Political Justice and Its Influence on Morals and Happiness*. 2 vois. , 3rd ed. (London: G. G. and J. Robinson, 1798).

Golden, Harry, *Only in America* (New York: Permabooks, 1959).

Goodrich, Joseph King, *The Coming China* (Chicago: A. C. McClurg and Co., 1911).

Gorst, Harold, *China* (New York: E. P. Dutton and Co., 1899).

Grady, Lonan Wang, "Germany's Role in the Boxer Movement" (Master's Thesis, University of Washington, Seattle, 1964).

Grafer, T. W., "Apologetics", *In Encyclopedia of Religion and Ethics*, Edited by James Hastings, vol. 1. 2nd Impression (Edinburgh: T. T. Clark, 1930).

Graham, A. C. (trans.), *The Book of Lieh-tzu* (London: John Murray, 1960).

Grass, Günter. *Local Anaesthetic*. Translated by Ralph Manheim (New York: Harcourt, Brace & World, 1969).

Grieder, Jerome B., "Hu Shih: An Appreciation," *The China Quarterly*, no. 12 (1962).

———, *Hu Shih and the Chinese Renaissance: Liberalism in the Chinese Revolution, 1917—1937* (Cambridge, Mass.: Harvard University Press, 1970).

de Groot, J. J. M., *Religion in China ; Universism, a Key to the Study of Taoism and Confucianism* (New York and London: G. P. Putnam's Sons, 1912).

Guillain, Robert, *600 Million Chinese*. Translated by Mervyn Savill (New York: Criterion Press, 1957).

Gundry, R. S., *China Present and Past* (London: Chapman and Hall, 1895).

Gurtov, Melvin, "Recent Developments on Taiwan," *The China Quarterly*, no. 31 (1967).

Hao, Yen-p'ing, "The Abortive Cooperation Between Reformers and Revolutionaries (1895—1900)", Harvard University East Asian Research Center. *Papers on China*, vol. 15 (1961).

———, "Cantonese Compradore-Merchants: A Study of Their Functions and Influences, 1842—1884" (Ph. D. dissertation, Harvard University, 1966).

Hastie, William (ed. and trans.), *Kant's Cosmogony* (Glasgow: J. Maclehose and sons, 1900).

Hastings, James (ed.), *Encyclopaedia of Religion and Ethics*. 2nd Impression (Edinburgh: T. & T. Clark, 1930).

Hawkes, David (trans.), *Ch'u Tz'u: The Songs of the South* (Oxford: Clarendon Press, 1959. Boston: Little, Brown and Co., 1962).

Heilbroner, Robert L., *The Great Assent: The Struggle for Economic Development in Our Time* (New York: Harper & Row, 1963).

Herberg, Will, "What Keeps Modern Man from Religion" *The Intercollegiate Review: A Journal of Scholarship and Opinion*, vol. 6, nos. 1~2 (Winter,

1969—1970).

Hertzler, Joyce O. , *A History of Utopian Thought* (New York: Macmillan Co. , 1926).

Hidemi, Onogawa,"K'ang Yu-wei's Idea of Reform",*Studies on Modern China*, no. 2 (Tokyo, 1958),pp. 112~113.

Hinton, Harold C. ,"The Grain Tribute System of the Ch'ing Dynasty", *Far Eastern Quarterly*, 11, no. 3 (May 1952): 339~354.

Hirschmeier, Johannes, S. V. D. , *The Origins of Enterpreneurship in Meiji Japan* (Cambridge, Mass. : Harvard University Press, 1964).

Hirth, Friedrich; and W. W. Rockhill, Chau Ju-kua: *His Work on the Chinese and Arab Trade in the Twelfth and Thirteenth Centuries, Entitled Chu-fan-chi*. Translated from the Chinese and Annotated; reprinted from the St. Petersburg, 1912,edition with Chinese text (Amsterdam: Oriental Press, 1966).

Ho, Franklin L. ; and H. D. Fong,"Extent and Effects of Industrialization in China", Presented at the 3rd Biennial Conference of the Institute of Pacific Relations, Kyoto, October 1929. vol. 9,*Publications and Data Papers* (Tientsin, 1929).

Ho, Ping-ti, "The Salt Merchants of Yang-chou: A Study of Commercial Capitalism in Eighteenth-Century China", *Harvard Journal of Asiatic Studies*,vol. 17,nos. 1 and 2 (June 1954).

——,"Weng T'ung-ho and the 'One Hundred Days of Reform'", *Far Eastern Quartely*, vol. 11,no. 2 (Feb. 1951).

Holt, Robert T. ; and John E. Turner, *The Political Basis of Economic Development. An Exploration in Comparative Political Analysis* (Princeton: Princeton University Press, 1966).

Honjo, Eijiro, *Economic Theory and History of Japan in the Tokugawa Period* (*Translation of Nihon keizai shiso shi*) (Tokyo: Maruzen, 1943).

——, *The Social and Economic History of Japan* (Kyoto, 1935 ; New York: Russell and Russell, 1965).

Houn, Franklin W. , *Central Government of China, 1912—1928: An Institutional Study*. 2 vols. (Madison: University of Wisconsin Press, 1957).

Howard, Richard C. , "K'ang Yu-wei (1858—1927): His Intellectual Background and Early Thought", In *Confucian Personalities*, Edited by Arthur F. Wright and Denis Twitchett (Stanford: Stanford University Press, 1962).

Hsiao, Kung-chuan, "The Case for Constitutional Monarchy: K'ang Yu-wei's Plan for the Democratization of China",*Monumenta Serica* 24 (1965) :1~83.

———, "Economic Modernization: K'ang Yu-wei's Ideas in Historical Perspective", *Monumenta Serica* 27 (1968): 1~90.

———, "In and Out of Utopia: K'ang Yu-wei's Social Thought (1) Path Finding in Two Worlds (2) Road to Utopia (3) Detour to Industrial Society", *The Chung Chi Journal*, vol. 7, no. 1 (Nov. 1967); vol. 7, no. 2 (May 1968); vol. 8, no. 1 (Nov. 1968).

———, "K'ang Yu-wei and Confucianism", *Monumenta Serica* 18 (1959) :96~212.

———, "*K'ang Yu-wei's Excursion into Science*: Lectures on the Heavens", In K'ang Yu-wei: A Biography and a Symposium, Edited by Jung-pang Lo (Tucson: University of Arizona Press, 1967).

———, "Legalism and Autocracy in Traditional China", *Tsing Hua Journal of Chinese Studies*, n. s., 4, no. 2 (Feb. 1964): 108~122.

———, " The Philosophical Thought of K'ang Yu-wei: An Attempt at a New Synthesis", *Monumenta Serica* 21 (1962) : 129~193.

———, *Rural China: Imperial Control in the Nineteenth Century* (1960. Seattle: University of Washington Press, 1967).

———, "Weng T'ung-ho and the Reform Movement of 1898", *Tsing Hua Journal of Chinese Studies*, n. s., 1, no. 2 (April 1957):111~245.

Hsieh, Pao Chao, *The Government of China*, *1644—1911* (Baltimore:John Hopkins Press, 1925).

Hsü, Francis L. K., "Cultural Differences Between East and West and Their Significance for the World Today", *Tsing Hua Journal of Chinese Studies*, n. s., vol. 2, n. 1 (May 1960).

Hsü, Immanuel C. Y., trans. Liang Ch'i-ch'ao, *Intellectual Trends in the Ch'ing Period* (Cambridge, Mass. : Harvard University Press, 1959).

———, *The Rise of Modern China* (New York: Oxford University Press, 1970).

Hu Shih, *China, Too, Is Fighting to Defend a Way of Life* (San Francisco: Grabhorn Press, 1942).

———, *The Chinese Renaissance*. Haskell Lectures, 1933. (Chicago: University of Chicago Press, 1934).

———, "The Chinese Tradition and the Future", Address delivered July 10, 1960, at the Sino-American Conference on Intellectual Cooperation, University of Washington, July 10 ~ 15, 1960. Sino-American Conference on Intellectual Cooperation, *Reports and Proceedings* (Seattle: University of Washington Press, 1960).

———, "The Civilizations of the East and the West", In *Whither Mankind: A*

Panorama of Modern Civilization, edited by Charles Austin Beard (New York, London, and Toronto: Longmans, 1928).

——, *The Development of the Logical Method in Ancient China* (Shanghai: Oriental Book Co. ,1922).

——, "Our Attitude Toward Western Civilization", *Cowiemporary Reviezv*, no. 83 (July 10,1926) ; *Peking Leader Reprints*, no. 24 (Peking: Peking Leader Press, 1926).

——, "What I Believe", *Living Philosophies, by Twenty-two Representative Modern Thinkers, Forum,* Jan. and Feb. , 1930. (New York: Simon and Schuster, 1931).

Huang, Joe Chou, "The Political Theories of K'ang Liang School and Their Application to the Reform Movement in China, 1895—1911"(Ph. D. dissertation, Southern Illinois University, 1963).

Huang, Philip C. ," A Confucian Liberal: Liang Ch'i-ch'ao in Action and Thought" (Ph. D. dissertation, University of Washington, 1966).

Hudson, Geoffrey F. , *Europe and China : A Survey of Their Relations from the Earliest Times to* 1800 (London: E. Arnold &. Co. ,1931).

Hughes, E. R. , *The Invasion of China by the Western World* (New York: Macmillan Co. ,1938).

Hummel, Arthur W. , *Eminent Chinese of the Ch'ing Period, 1644—1912* (Washington, D. C. : United States Government Printing Office, 1943).

Hummel, William F. , "K'ang Yu-wei, Historical Critic and Social Philosopher, 1858—1927", *The Pacific Historical Review*, vol. 4 (1935).

The I-Ching. Translated by James Legge (New York: Dover Publications, 1953).

Ideal Empires and Republics. With an Introduction by Charles M. Andrews (New York: Aladdin Book Co. ,ca. 1901).

Ikei, Masaru, "Japan's Response to the Chinese Revolution of 1911", *The Journal of Asian Studies*, vol. 225,no. 2 (Feb. 1966).

Israel, John, *Student Nationalism in China, 1927—1937* (Stanford: Stanford University Press, 1966).

Jansen, Marius B. , *Changing Japanese Attitudes Toward Modernization* (Princeton: Princeton University Press, 1965).

——, *The Japanese and Sun Yat-sen* (Cambridge, Mass. : Harvard University Press, 1954).

Japan Information Service, *Japan Report*, vol. 13, no. 16 (New York, Aug. 31, 1967).

Johnston, Bruce F. ,"Agricultural Production and Economic Development in Japan", *Journal of Political Economy*, vol. 59, no. 6 (Dec. 1951).

Johnston, Reginald F. , *Confucianism and Modern China*. The Lewis Fry Memorial Lectures, 1933—1934 (New York: D. Appleton-Century Co. ,1935).

——, *Twilight in the Forbidden City* (New York: D. Appleton-Century Co. , 1935).

Jones, W. T. ,*A History of Western Philosophy* (New York: Harcourt, 1952).

Kamishima, Jirō, "Modernization of Japan and the Problem of 'Ie' Consciousness", *Acta Asiatica*, Bulletin of the Institute of Eastern Culture (Tokyo), vol. 13 (1967).

K'ang Yu-wei, *Ta T'ung Shu*: The One-World Philosophy of K'ang Yu-wei. Translated by Laurence G. Thompson (London: Allen and Unwin, 1958).

Kant, Immanuel, *Critique of Practical Reason and Other Works on the Theory of Ethics*. Translated by Thomas Kingsmill Abbott (4th ed. , London, 1889. 6th ed. , London, New York, and Bombay: Longmans, Green and Co. , 1927).

——,*Critique of Pure Reason*. Translated by Norman Kemp-Smith (London: The Macmillan Co. ,1929).

——,*Project for a Perpetual Peace* (London, 1976).

Kao, Chung Ju [Bernard], *Le mouvement intellectuel en Chine et son role dans la révolution chinoise (entre* 1898 *et* 1937). (Aix-en-Provence: Saint-Thomas, 1957).

Kao, Hsi-chung (Charles),"An Analysis of Agricultural Output Increase on Taiwan, 1953—1964", *Journal of Asian Studies*, vol. 26,no. 4 (Aug. 1967).

Kaufmann, M. ,*Utopias* (London: C. K. Paul, 1879).

Kent, Percy Horace Braund, *Railway Enterprise in China* (London: E. Arnold, 1908).

Klatt, Werner ("W. K. "),"Communist China's Agriculture Calamities",*The China Quarterly*, no 6 (April-June 1961).

Koh, Sung Jae, *Stages of Industrial Development in Asia. A Comparative History of the Cotton Industry in Japan, India, China, and Korea* (Philadelphia: University of Pennsylvania Press, 1966).

Kohn, Harold E. ,*Thoughts Afield* (Grand Rapids, Michigan, 1959).

Kou Hong Ming (Ku Hung-ming) ; and Francis Borrey, *Le catéchisme de Confucius. Contribution à l'éude de la sociolo- gie chinoise* (Paris: M. Riviere, 1927).

Ku, Chieh-kang, "The Autobiography of a Chinese Historian: Being the Preface to a Symposium on Ancient Chinese History",Translated by Arthur W. Hummel. ,*Ku-*

shihpien, vol. 1 (Leiden: E. J. Brill, 1931).

Ku, Hung-ming, *Chinas Verteidigung gegen europaische Ideen* (Jena: E. Diederiches, 1911).

——, *The Conduct of Life. Or, The Universal Order of Confucius* Translation of the *Doctrine of the Mean* (London, 1906. Reprinted, London: John Murray, 1920).

——, *The Discourses and Saying of Confucius* (Shanghai, 1898).

——, *Papers from a Viceroy's Yamen: A Chinese Plea for the Cause of Good Government and True Civilization in China* (Shanghai: Shanghai Mercury, 1901).

——, *The Spirit of the Chinese People* (Peking: Peking Daily News, 1915).

——, *The Story of a Chinese Oxford Movement* (Shanghai: Shanghai Mercury, 1910. 2nd ed., 1912).

Kung-sun Yang, *The Book of Lord Shang*. Translated by J. J. L. Duyvendak (London: Arthur Probsthain, 1928. Chicago: University of Chicago Press, 1963).

Kwok, D. W. Y., *Scientism in Chinese Thought, 1900—1950* (New Haven and London: Yale University Press, 1965).

——, "Wu Chih-hui and Seientism", *Tsing Hua Journal of Chinese Studies*, n. s., vol. 3, no. 1 (May 1962).

Lach, D. F., *Contributions of China to German Civilization, 1648—1740* (Chicago: University of Chicago Press, 1944).

Lamley, Harry J., "Liang Shu-ming: The Thought and Action of a Reformer" (Master's thesis, University of Washington, 1960).

Lang, Olga, *Chinese Family and Society* (New Haven: Yale University Press, 1946).

Latourette, Kenneth Scott, *The Development of China* (1st ed., 1917; 4th ed., Boston and New York: Houghton Mifflin Co., 1929).

——, *A History of Modern China* (Melbourne, London and Baltimore: Penguin Books, 1954).

Lee, Robert H. G., "Fung Yu-lan: A Biographical Profile," *The China Quarterly*, no. 14 (April-June 1963).

Leibniz, Gortfried Wilhelm von, *The Monadology and Other Philosophical Writings*. Translated with an Introduction and notes by Robert Latta (London, New York, etc., 1898. 2nd impression, London: Clarendon Press, 1925).

Leng, Shao Chuan; and Norman D. Palmer, *Sun Yat-sen and Communism* (New

York: Frederick A. Praeger, 1960).

Leroy-Beaulieu, Pierre, *The Awakening of the East* (New York: McClure, Phillips Co. , 1900).

Levy, Marion J. ,Jr. ,*The Family Revolution in Modern China* (Cambridge, Mass. : Harvard University Press, 1949).

Levy, Marion J. ; and Shih Kuo-heng, *The Rise of the Modern Chinese Business Class*; *Two Introductory Essays* (New York: Institute of Pacific Relations, 1949).

Lew, Timothy Tingfang, "The New Culture Movement and Christian Education in China", *China Today Through Chinese Eyes*. 2nd ser. (London: Student Christian Movement, 1926).

Lewis, Charlton M. , "The Reform Movement in Hunan (1896—1898)", Harvard University East Asian Research Center, *Papers on China* , vol. 15 (1961).

Li, Chien-nung, *The Politcal History of China* , *1840—1928*. Translated by Ssu-yü Teng and Jeremy Ingalls (Princeton: Van Nostrand, 1956).

Liao, W. K. (trans.), *The Complete Works of Hah Fei Tzu*. 2 vols. (London: Arthur Probsthain, 1939).

Liang . Ch'i-ch, ao, *Intellectual Trands in the Ch'ing Period*. Translated by Immanuel C. Y. Hsü(Cambridge, Mass. : Harvard UniversityPress, 1959).

Lin, Mousheng, *Men and Ideas: An Informal History of Chinese Political Thought* (New York: John Day Co. ,1942).

Liu, D. K. , *The Growth and Industrialization of Shanghai* (Shanghai: Institute of Pacific Relations, 1936).

Liu, James T. C. , *Reform in Sung China: Wang An-shih (1021—1086) and His New Policies* (Cambridge, Mass. : Harvard University Press, 1959).

Liu, Ta-chün; and S. T. King, *China's Cotton Industry*. *A Statistical Study of Ownership, Capital, Output, and Labor Conditions* (Shanghai: Institute of Pacific Relations, 1929).

——, *China's Industrial Development* (Honolulu: Institute of Pacific Relations, 1927).

——, *The Silk Industry of China* (Shanghai: Kelly and Walsh, 1940).

Liu, Wu-chi, *A Short History of Confucian Philosophy* (Baltimore: Penguin Books, 1955).

Living Philosophies. By *Twenty-two Representative Modern Thinkers*, Forum, 1930 (New York: Simon and Schuster, 1937).

Lo, Jung-pang (ed.), *K'ang Yu-wei: A Biography and a Symposium* (Tucson:

University of Arizona Press, 1967).

Lockwood, William W., *The Economic Development of Japan: Growth and Structural Changes*, 1868—1938 (Princeton: Princeton University Press, 1954).

——(ed.), *The State and Economic Enterprise in Japan. Essays in the Political Economy of Growth* (Princeton: Princeton University Press, 1965).

Loh, Pichon P. Y. , " The Popular Upsurge in China: Nationalism and Westernization,1919—1927 "(Ph. D. dissertation, University of Chicago, 1955).

Lund, Renville C. ,"Imperial University of Peking"(Ph. D. dissertation, University of Washington, 1956).

Lung, Cheng-fu, "The Evolution of Chinese Social Thought" (Ph. D. dissertation, University of Southern California, 1935).

Ma, Te-chih, *Le mouvement réformiste et les évnéments de la cour de pékin en* 1898 (Ph. D. dissertation, l'Université de Lyon, 1934).

MacNair, Harley Farnsworth, *China* (Berkeley and Los Angeles: University of California Press, 1946).

Mallory, Walter H. ,*China, Land of Famine* (New York: American Geographical Society, 1926).

Mannheim, Karl, *Ideology and Utopia: An Introduction to the Sociology of Knowledge* (New York: Harcourt, Brace & Co. , 1946; Harvest Books ed. , n. d.).

——,"Utopia", *In Encyclopedia of the Social Sciences*, Edited by Edwin R. A. Seligman and Alvin Johnson (New York: Macmillan Co. ,1950).

Mao Tse-tung, *On New Democracy* (Peking: Foreign Languages Press, 1954), *Selected Works*, vol. 3 (New York: International Publishers, 1955).

——,*On the People's Democratic Dictatorship* (Peking, 1959), *Selected Works*, vol. 3 (Peking: Foreign Languages Press, 1961).

Martin, William Alexander Parsons, *A Cycle of Cathay; or China, South and North, with Personal Reminiscences* (Edinburgh, 1896. 3rd ed. New York and Chicago: F. H. Revell, 1900).

Maverick,Lewis A. ,*China, a Model for Europe* (San Antonio: Paul Anderson Co. , 1946).

McCord, William, *The Springtime of Freedom: The Evolution of Developing Societies* (New York: Oxford University Press, 1965).

Mehnert, Klaus, "The Social and Political Role of the Intelligentsia in the New Countries", *In New Nations in a Divided World*, edited by Kurt London (New York and London: Frederick A. Praeger, 1963).

Michael, Franz; and George Taylor, *The Far East in the Modern World* (New York: Holt, 1956).

More, Thomas, *Utopia*. Translated by Paul Turner (Baltimore: Penguin Books, 1965).

Morison, Samuel E., *The Oxford History of the American People* (New York: Oxford University Press, 1965).

Morrell, James, "Two Early Chinese Cotton Mills", Harvard University East Asian Research Center, Papers on China, vol. 21 (1968).

Morrison, Esther, "The Modernization of the Confucian Bureaucracy" (Ph. D. dissertation, Radcliffe College, 1959).

Morse, Hosea Ballou, *The International Relations of the Chinese Empire*. 3 vols. (London and New York: Longmans, Green and Co., 1910—1918).

——, *The Trade and Administration of China* (3rd ed., rev. London: Longmans, Green, and Co., 1921).

Mountjoy, Alan B., *Industrialization and Underdeveloped Countries* (London: 1966. 2nd ed. Chicago: Aldine Publishing Co., 1967).

Mu, Fu-sheng (pseud.), *The Wilting of the Hundred Flowers. The Chinese Intelligentsia under Mao* (New York: Heinemann, 1962).

Mumford, Lewis, *The Story of Utopias* (New York: Boni & Liveright, 1922. Compass Book ed., 1962).

Makayama, Ichiro, *Industrialization of Japan* (Honolulu: East-West Center Press, 1963).

Needham, Joseph, *Science and Civilisation in China*. 5 vols. (Cambridge: Cambridge University Press, 1954—1965).

Negley, Glenn; and Patrick J. Max, *The Quest for Utopia. An Anthology of Imaginary Societies* (New York: Henry Schuman, Inc., 1952. Garden City: Anchor Books ed., 1962).

Neufeld, Maurice F., *Poor Countries and Authoritarian Rule* (Ithaca, N. Y.: Cornell University Press, 1965).

North China Herald (*Pei Hua Chieh Pao*), Sept. 18,1886, and Sept. 19,1898.

Nurkse, Ragnar, *Problems of Capital Formation in Underdeveloped Countries and Patterns of Trade and Development* (New York: Oxford University Press, 1967).

Oda, Makato, "Third-Generation Intellectuals", Translated from Japanese by Ki Chang Lee, *Atlas*, vol. 3,no. 2 (Feb. 1962).

Onslow, Cranley, *Asian Economic Development* (London: G. Allen and Unwin;

New York: Frederick A. Praeger, 1965).

van Oort, H. A. ,"Chinese Culture-Values, Past and Present", *Chinese Culture: A Quarterly Review* (Taipei), vol. 11, no. 1 (March 1970).

Owen, R. G. , *Scientism, Man, and Religion* (Philadelphia: Westminster Press, 1952).

Palmer, Norman D. , "Makers of Modern China. I. The Reformers: K'ang Yu-wei", *Current History*, vol. 15 (Aug. 1948).

Pandit, Toshar, "Totalitarianism versus Traditionalism", *Problems of Communism*, vol. 12, no. 6 (Nov—Dec. 1963).

Peake, Cyrus H. , "Some Aspects of the Introduction of Modern Science into China", *Isis*, no. 2g (1934).

Pelliot, Paul, " La réforme des examens littéraires en Chine ", Comité de L'Asie-Francaise, *Bulletin mensuel* (Paris, April 1903).

Pepper, Suzanne, " Rural Government in Communist China: The Party-State Relationship at the Local Level" (Master's thesis, University of Washington, 1963).

Pietrowski, Sylvester A. , *Étienne Cabet and the Voyage en Écarie* (Washington, D. C. , 1935).

Pipes, Richard (ed.), *The Russian Intelligentsia* (New York: Columbia University Press, 1961).

Pokora, T. , "Review of S. L. Tikhvinsky, *Dvizhenie za re formy v Kitae v kontse XIX veka i Kan Iu-wei*", *Archlv Orientální* (Prague), vol. 29, no. 1 (1961).

Pott, F. L. Hawks, *A Short History of Shanghai: Being an Account of the Growth and Development of the International Settlement* (Shanghai: Kelly and Walsh, 1928).

Purcell, Victor, *The Rise of Modern China* (London. Routledge & Kegan Paul, 1962).

pusey, James R. , " K'ang Yu-wei and *Pao-chiao*: Confucian Reform and Reformation", Harvard University East Asian Research Center, *Papers on China*, vol. 20(Dec. 1966).

Ranis, Gustav, "The Financing of Japanese Economic Development", *Economic History Review*, 2nd ser. roi. 11, no. 3 (April 1959).

Reichwein, Adolf, *China and Europe, Intellectual and Artistic Contacts in the Eighteenth Century*. Translated by J. C. Powell (London: Kegan Paul, Trench, Trubner & Co. , 1925)

Reinsch, Paul S. , *An American Diplomat in China* (Garden City, N. Y. : Doubleday,

Page and Co. , 1922).

——," Cultural Factors in the Chinese Crisis", *Annals*. The American Academy of Political and Social Science, vol. 16 (1900).

——, *Intellectual and Political Currents in the Far East* (Boston and New York: Houghton Mifflin Co. ,ca. 1911).

Reischauer, Edwin O. , *Japan, Past and Present* (3rd rev. ed. New York: A. A. Knopf, 1967).

——,"Time Is on Our Side in Asia", *The Reader's Digest*, vol. 90, no. 538 (Feb. 1967).

Renan, Ernest, " Qu'est-ce qu'une nation?" *Discourses et Conférences* (Paris: Colmann-Levy, 1887).

Renouvin, Pierre, *La question d'esxtrnme-orient, 1840—1940* (Paris: Hachette, 1946).

ReQua, Eloise G. ; and Jane Statham, *The Developing Nations: A Guide to Information Concerning Their Economic, Political, Technical and Social Problems* (Detroit: Gale Research Co. ,1965).

Richard, Timothy, *Forty-five Years in China* (London: T. Fisher Unwin. 1916).

Rickett, W. Allyn (trans.),"The *Kuan-tzu*: Au Annotated Translation of Eight Representative Chapters" (Ph. D. dissertation, University of Pennsylvania, 1960).

de Riencourt, Amaury, *The Soul of China* (1958. Rev. ed. , New York: Harper & Row, 1965).

Rosovsky, Henry, *Capital Formation in Japan, 1868—1940* (Glencoe, Ⅲ. : Free Press, 1961).

Ross, Harry, *Utopias Old and New* (London: Nicholson and Watson, 1938).

Rostow, Walt W. , *The Process of Economic Growth* (2nd ed. Oxford: Clarendon Press, 1960).

——, *The Stages of Economic Growth: A Non-communist Manifesto* (Cambridge, Mass. : Harvard University Press, 1960).

Roy, Andrew T. ,"Modern Confucian Social Theory: Social Change and Its Concept of Change"(Ph. D. dissertation, Princeton University, 1948).

Russell, Bertrand, *The Impact of Science on Society*. Matchette Foundation Lectures, no. 3 (New York: Columbia University Press, 1951).

——, *The Problem of China* (New York: The Century Co. ,1922).

Russell, Frances Theresa, *Touring Utopia: The Realm of Constructive Humanism* (New York: L. MacVeigh, Dial Press, 1932).

Ruyer, Raymond, *L'utopie et les utopies* (Paris: Presses universitaires de France, 1950).

Sakai, Robert K., "Ts'ai Yüan-p'ei as a Synthesizer of Western and Chinese Thought", Harvard University East Asian Research Center, *Papers on China*, vol. 3 (1949).

Sansom, Sir George Baily, *A History of Japan*. 3 vols. (Stanford: Stanford University Press, 1958—1963).

——, *The Western World and Japan* (New York: Alfred A. Knopf, 1951).

Scalapino, Robert A.; and George T. Yu, *The Chinese Anarchist Movement* (Berkeley: Center for Chinese Studies, University of California, 1961).

Scalapino, Robert A.; and Harold Schiffrin, "Early Socialist Currents in the Chinese Revolutionary Movement: Sun Yat-sen versus Liang Ch'i-ch'ao", *The Journal of Asian Studies* 18, no. 3 (May 1959): 321—342.

Schumpeter, Joseph A., *Capitalism, Socialism, and Democracy* (1942. 3rd ed. New York: Harper, 1950).

——, *The Theory of Economic Development* (English Version of the 1911 German ed.) (Cambridge, Mass.: Harvard University Press, 1955).

Schwartz, Benjamin, "Ch'en Tu-hsiu and the Acceptance of the Modern West", *Journal of the History of Ideas* 12 (1951): 61~74.

——, *In Search of Wealth and Power: Yen Fu and the West* (Cambridge, Mass.: Belknap Press, 1964).

——, "The Intelligentsia in Communist China: A Tentative Comparison", In *The Russian Intelligentsia*, edited by Richard Pipes (New York: Columbia University Press, 1961).

De Schweinitz, Karl, Jr., *Industrialization and Democracy: Economic Necessity and Political Possibilities* (New York: Free Press of Glencoe, 1964).

Shapley, Harlow, *Of Stars and Men: Human Response to an Expanding Universe* (Boston: Beacon Press, 1958).

Sheldon, Charles David, *The Rise of the Merchant Class in Tokugawa Japan, 1600—1868: An Introductory Survey* (Locust Valley, N. Y.: J. J. Augustin, 1958).

Shih, Vincent Y. C., "A Talk with Hu Shih", *The China Quarterly*, no. 10 (April-June 1962): pp. 149~165.

Sigmund, Paul, Jr., *The Ideologies of Developing Nations* (New York: Frederick A. Praeger, 1963).

Sinai, I. R., *The Challenge of Modernization. The West's Impact on the Non-*

Western World (London: Chatto & Windus, 1964).

Smith, Thomas C. ," Japan's Aristocratic Revolution",*Yale Review*, Spring 1961.

——, *Political Change and Industrial Development in Japan: Government Enterprise, 1868—1880* (1955. Stanford: Stanford University Press, 1966).

So, Kwan-wai, "Western Influence and the Chinese Reform Movement of 1898"(Ph. D. dissertation, University of Wisconsin,1950).

Soothill, William Edward, *Timothy Richard of China: Seer, Stateman, Missionary,and the Most Distinguished Adviser the Chinese Ever Had* (London: Seeley, Service & Co. , 1924).

Soothill, William Edward; and Lewis Hodous (eds.), *A Dictionary of Chinese Buddhist Terms* (London: Kegan Paul, Trench, Trubner &. Co. ,1937).

Spence, Jonathan, *To Change China: Western Advisers in China, 1920—1960* (Boston: Little, Brown, and Co. ,1969).

Spilhaus, Athelstan,"The Next Industrial Revolution", *Science*, vol. 167 (March 27,1970).

Spinoza,Baruch, *Improvement of the Understanding , Ethics, and Correspondence*. Translated by R. H. M. Elwes (New York and London: M. Walter Dunne Co. , 1901).

Stuart, John Leighton, *Fifty Years in China* (New York: Random House, 1954).

Sun Yat-sen, *San Min Chu I. The Three Principles of the People*. Translated by Frank W. Price; edited by L. T. Chen (Shanghai: Commercial Press, 1927).

Supple, Barry E. (ed.), *The Economic Development of Japan: Growth and Structural Change, 1868 —1938* (Princeton: Princeton University Press, 1954).

——, (ed.), *The Experience of Economic Growth. Case Studies in Economic History* (New York: Random House, 1963).

Teng, Ssu-yü; and John K. Fairbank, *China's Response to the West. A Documentary Survey,1839—1923* (Cambridge, Mass. : Harvard University Press, 1954).

Thompson, Laurence G. (trans.), *Ta T'ung Shu: The OneWorld Philosophy of K'ang Yu-wei* (London: G. Allen and Unwin, 1958).

Tikhvinsky, S. L. , *Dvizhenie za reformy v Kitae v kontse XIX veka Kan lu-wei* (Moscow: Izdatelstvo vastochnoi literatury, 1959).

Tobar, Jérôme, S. J. *Koang-siu et Ts'e-hi , Empéreur de Chine et Impératice-Douairiere: Décrets impériaux 1898. Série d 'Orient*, no. 4 (Shanghai: Imprimerie de la Presse Orientale,1900).

Tse, Tsan-Tai, *The Chinese Republic: Secret History of the Revolution* (Hong Kong: South China Morning Post, 1924).

Tseng, Yu-hao, *Modern Chinese Legal and Political Philosophy* (Shanghai: Commercial Press, 1930).

Tsien, Tsuen-hsuin, "Western Impact on China Through Translation," *Far Eastern Quarterly*, vol. 13, no. 3 (May 1954).

Tsuchida, Kyoson, *Contemporary Thought of Japan and China* (New York: A. A. Knopf, 1927).

U. S. News and World Report, May 29, 1967.

Walker, C. S, "Army of Chinese Students Abroad", *World's Work*, vol. 13 (Jan. 1907).

Walker, Richard L. , *China Under Communism : The First Five Years* (New Haven: Yale University Press, 1955).

Wang, Gungwu, "The Nanhai Trade: A Study of the Early History of Chinese Trade in the South China Sea", *Journal of the Malayan Branch of the Royal Asiatic Society*, vol. 31, no. 2 (June 1958).

Wang, Teh-chao, "The Role of the Chinese Intellectuals in the Revolution of 1911", *Chinese Culture* (Taipei), vol. 7, no. 3 (Sept. 1966).

Wang, Tsi D. , *The Youth Movement in China* (New York: New Republic, 1927).

Wang, Y. C. , *Chinese Intellectuals and the West, 1872—1949* (Chapel Hill: University of North Carolina Press, 1966).

——," Intellectuals and Society in China, 1860—1949", *Comparative Studies in Society and History*, vol. 3, no. 4 (July 1961).

Ward, Richard J. (ed.), *The Challenge of Development : Theory and Practice. A Sourcebook* (Chicago: Aldine Publishing Co. , 1967).

Watson, Burton (trans.), *Hsün Tzu: Basic Writings* (New York: Columbia University Press, 1963).

Webb, Clement C. J. , *Kant's Philosophy of Religion* (Oxford: Clarendon Press, 1926).

Weber, Max, *The Theory of Social and Economic Organization.* Translated by A. M. Henderson and Talcott Parsons (New York: Oxford University Press, 1947).

Wells, H. G. *A Modern Utopia* (London: Chapman and Hall, 1905).

Wen Ching (Lim Boon Keng), *The Chinese Crisis from Within* (London: Grant Richards, 1901).

Wilhelm, Richard, Confucius and Confucianism. Translated by George H. and Annina Periam Danton (New York: Harcourt, Brace &. Co. , 1931).

——, trans. , *The I Ching or Book of Changes.* English translation by Cary F. Baynes (1950. 2nd ed. , New York, 1952. London: Routledge &. Kegan Paul,

1965).

Williams, E. T., *China Yesterday and Today* (1923. Rev. ed. , New York: Thomas Y. Crowell Co. ,1927).

Wright, Arthur, *Buddhism in Chinese History* (Stanford: Stanford University Press, 1959).

——(ed.), *The Confucian Persuasion* (Stanford: Stanford University Press, 1960).

——(ed.), *Studies in Chinese Thought* (Chicago: University of Chicago Press, 1953).

Wright, Mary C. , *The Last Stand of Chinese Conservatism: The T'ung-chih Restoration*, 1862—1874 (Stanford: Stanford University Press, 1957).

Young, George, "Europeanization", In *Encyclopedia of the Social Science*, edited by Edwin R. A. Seligman, vol. 5(New York: Macmillan Co. ,1931).

Yung, Wing, *My Life in China and America* (New York: H. Holt and Co. , 1909).

附录：萧公权先生学术次第

汪荣祖

北京大学周一良教授惠告，"燕京研究院成立，拟出版燕京学报，决定每期介绍曾在燕大执教学者一人。成都燕大曾有陈（寅恪）、萧（公权）、吴（宓）、李（方桂）四大名旦之说，故本期拟介绍公权先生学术"，只约我为之。公权先生的后半生在美国西雅图市的华盛顿大学执教十九年，我在华大作研究生时，曾幸得列其门墙。他退休后，我也离校，但十余年间，音讯不断，自问对于老师的生平与学术，还是比较理解的。我虽曾发表过一些介绍公权先生的短文，但尚未有系统地介绍他的学术。今承一良先生的好意，能不跃跃欲试、尽力而为吗？

一

公权先生的专业是政治思想，学术训练是哲学。他于1926年，自当时唯心哲学重镇的康乃尔大学（Cornell University）哲学系获得博士学位。他的主任导师是专精伦理学与政治学、曾经留学德国的唯心论派哲学家狄理（Frank Thilly）教授。公权先生于康大三年博士生研究期间，与狄理接触最多，影响最大。体会到这位当时已年逾六十的美国教授循循善诱，注重思考启发，而不取填鸭式的灌输知识，具有自己的哲学观点,但绝不强人从己,而是鼓励学生自寻门径、自辟境界,纵然主张与己迥异,只要言之成理,可任其并行。狄理的教授方法给公权先生留下很深刻的印象,日后他自己教授学生时,亦采用此法。我记得初次选择论文题目时,向他请教,他于谈论时处处引发我自己的兴趣与趋向,绝不代我选题,于讨论问题时也随时照顾到别人意见,从不强加于人。他的"教授法"显然深得业师的真传。

狄理教授之外,公权先生受益较多的还有专精美学和希腊哲学的韩莽(William Hammond)教授,以及讲解形上学与英国哲学的阿尔比(Ernest Albee)教授。他也受到康大政治系一位年轻教师恺德林(George E. G. Crtlin)的启迪与鼓励,恺氏为出身牛津大学的英国学者,原是到康大研究院进修,因其博学敏思,而请其讲课。公权先生选了恺氏的近代政治思想研讨课程,两人非常投缘,时相讨论辩难,建立了深厚的师友之情。公权先生于赴康大继续深造之前,曾在密苏里大学哲学系获得硕士学位,指导教授萨拜因(George H. Sabine)亦值得一提。萨拜因教授当时尚无赫赫之名,但已饱学深思,而且非常欣赏这位远自太平洋彼岸来留学的中国学生。后来萨拜因教授出版了一本风行一时的《政治学说史》(A History of Political Theory),自1937年在英国初版后,1949年再版,1951年三版,此后十年之内五次印刷。我于1978年到台湾师范大学历史研究所教过一年书,当时台北坊间仍然销售萨拜因这本书的翻印本,并为一般大专院校所采用。公权先生的博士论文原也是在萨拜因的启迪下,打下基础的。

公权先生曾不止一次半开玩笑地向我说,他学的是政治哲学,平生所做的却都是历史工作;他没有一天正规地学过历史,史学全是自修的。不过,无心栽柳柳成荫。并非偶然,他研究的历史主要还是政治思想史。对政治思想有深厚功力的人,来研究政治思想史,必然事半而功倍。何况公权先生于哲学的训练之外,还有细致的诗人情怀,所作《小桐荫馆诗词》,词意瑰玮,斐然成章,诗境造诣高超。诗与哲汇聚于文史之学,遂使公权先生虽非史学科班出身,而其史学著作,莫不是上乘的佳构。

二

《政治多元论》(*Political Pluralism: A Study in Contemporary Political Theory*)为公权先生出版的第一本书,原是于1926年在康乃尔大学完成的博士论文,第二年即由伦敦一家著名出版社出版,原稿即已是定稿。一般博士论文须经多年修改才能付梓,可见公权先生的博士论文绝非一般。胡适之与吴国桢的英文博士论文都是研究先秦思想,按当时西方对中国学术所知尚少,理应在西方付梓,竟各各携归上海交商务印书馆出版,而公权先生论述近代西方政治学理的论文,却能由西方第一流出版社出版,相比之下,高于时贤,显而易见。公权先生曾亲口语我,他独学冥行,不入派阀,而能于抗战胜利后当选为"中央研究院"第一届院士,与《政治多元论》一书,大有关系。

的确,此书出版之后,佳评如潮。《伦敦时报文学副刊》(*London Times, Literary Supplement*)于1927年12月1日评论道,"此书虽由一位中国学者所写,而其论证与语气全是欧式的",并认为"萧教授的英文和他的西方思想一样道地"。《哲学学报》(*Journal of Philosophy*)于1928年7月发表书评,认为《政治多元论》一书"极具启发性,值得所有对政治学说有浓厚兴趣者的注意"。同年8月8日,畅销的《国家》(*Nation*)杂志,大力肯定此书的贡献,认为对政治多元论"作了最具批判力与完整性的研究"。《美国政治科学评论》(*American Political Science Review*)于1928年亦刊登推崇的文字,谓此书出版之前,坊间尚无一本书,对近代政治思想显明而重要的发展,作如此全面的验证,认为"此书展现严密的思维、有力的论证,以及令人折服的公正"。公权先生书中的主要批评对象之一乃当时颇具名望的政治思想大家拉斯基(Hanold Laski),也在《新共和》(*New Republic*)上发表评论,深佩"此书才力与魅力均巨",认为是五年以来论述政治思想的最佳著作。类此推崇,并非一般溢美之词,因此很快被列入国际心理学哲学及科学方法丛书之一。牛津大学"当代巨著"(Modern Greats)一课程,并采为必读书之一。此书出版之时,公权先生尚未逾而立之年,而其学已卓然自立,跻身世界著述之林,扬名国际,无疑是侪辈的翘楚。

萧著《政治多元论》开卷指出,多元论者攻击一元体制国家主权,欲使国家从主宰的地位降为公仆。按主权观虽早见于希罗古典时代,然以国家主权为中心的政治一元论,为16世纪法国律令学者布丁(Jean Bodin)首创,霍布斯(Thomas Hobbes)扬其波,遂即风行,成为西方政治思潮的主流。黑格尔(George W. F. Hegel)、奥斯丁(John Austin)诸人,都属政治一元论者。法国大革命虽推翻专制王政,但是并未改变国家理论,政治权威仅从一元的帝政转化为一元的民主,因为国家主权依然是一统的、绝对的,国家在法律上仍是至高的。政治多元论者即欲反其道而行之,认为权威不止一个,国家不能独霸权力;政治意愿不可能被统一,故否定中央集权。法国政治多元论者杜奎(Léou Duguit)强调国家只提供服务,不能发号施令;国家不拥有主权,只与其他社会组织合作运作;否认国家主权为法律权威之至上,所以杜奎主张多元立法以及政治权力下放。但是公权先生评论道,如照杜奎所说,人人都可立法,势必入于无政府之境;若把立法权下放,亦不等于法律多元化,杜氏所言不过是不同地区的立法设计,并未涉及法律权威的本身。公权先生认为,不论权力如何下放,法律如何多元,为了维持整个社会的团结,多元之种种势必重归于一个绝对系统。公权先生更进而批评杜氏未能明白区分最终法律权威之国家与实际掌握政治权力之政府,并指出近代法治不可能建立于否定法律主权之上。然则杜奎的多元设计,并未能取代一元论,以获致其预期的效果。

宪法为一国之根本大法,即最高之法,亦即存在单一的法律系统实与政治多元论的主张相左。公权先生指出权力可以三分,宪法不可能一分为三,多元论者强调均衡与分权,但最后仍然需要最高裁决,而最高裁决必然是一元的。

政治多元论又认为国家主权观与国际法精神不相称,并谓基于国家主权之传统国际法,并非真正的国际法。多元论者如克拉伯(H. Krabke)因而主张一种"环宇性的法律社区"(Universal Legal Community),犹如意大利诗人但丁(Dante)所谓的"世界政府"(Monarchia)。公权先生则认为此说虽具吸引力,然而却是颇含危险性的乌托邦式国际主义,更进而批评克拉伯欲使国家舍弃主权成为国际法之一部分。既然丧弃自主之权,实已非多元中之一体,但丁式的"世界政府"更与政治多元论的目的相距甚远。在公权先生看来,政治多元论者虽未主张取消国家,然而他们想要建立的世界议会或世界社区,无论在法律上或政治上,都无法成为真正的多元体制,反而将世界变成一个庞大的单元体。至于多元论者相信国际性的社会或经济组织较政治性的国家更能保障世界和平,公权先生亦不表乐观,认为和平的保障还须依赖和平的意愿。

政治多元论亦抨击代议制度,认为少数人绝对不能代表多数人,主张以"运作代表"(functional representation)取代之。所谓运作,乃指社会中各种不同的运作,代表不同个人的意愿与利益。所以一个多元国家的选举,不应以行政区域来划分,而应以社会利益来划分。但公权先生认为多元论者并未将由行政区域选出的地区代表与根据社会利益选出的运作代表之间的关系,交代得清楚。因为政治多元论者主张代表权尽量下放,所以事实上并非代表权的问题,而是代表性的问题。于是多元论者要求重组国会,将其一分为二,成为"政治议会"与"社会议会",分别代表消费者与生产者之间的不同利益。公权先生的评论则是:如此一分为二,并非一般的两院制,而是相互独立而各代表两种不同的阶层与特殊利益,形成两个对等的敌体,一旦无法协调,势必导致国会因相持不下而停顿,何异于西洋中古时期的政教之争?因而多元论的民主在理论上即难以成立。公权先生进而指出,此种多元理论即使被接受,其实质仍然是一元的。一元论大师黑格尔的"公众社区"（Civic Community）说即包含消费与生产两端。黑氏也认识到人类利益与社会组织的多元性，以及运作与阶级代表之必需。但黑格尔以为"公众社区"仍属国家之一部分，国家乃系一"伦理整体"（ethical unity），结合所有社会组织于一自由的整体之内。公权先生据此论证，运作代表之辩的本身，并不能作为多元理论的根据，反而可作为一元论的支柱。

关于政党政治，政治多元论者指出如英美之大党，几乎完全操纵了代议机制，不能充分表达全体政见，因此政党路线亦应按运作分，重组政党为多党，分别代表各种特殊利益。公权先生的疑难则是，利益与职业性的代表甚多，将形成工党、农党等无数的政党，而"社会民主"中之利益集团间的冲突，势必要求最后之政治裁决。运作既无法平衡，职业政党所关切的问题又颇有限，是以萧氏肯定运作政党并无取代传统政党政治的可行性。

政治多元论最关切如何解决政治与经济间的运作关系，欲令政治与经济多元化。政治一元论自亚里士多德以来，以经济为国家致富的手段，经济既为政治服务又臣服于政治。英国哲学家洛克（John Locke）始视财产为目的，而非手段，政府之成立为了保护财产，经济于是高于政治。公权先生则认为，如果政治成为经济之手段，为了更加有效保护财产，势必更有赖于政府，洛克的国家理论也势必导向以财富大小而分的寡头政治，造成政治与经济上的不平等，反而更加不民主。国家既为了财富，则无产者即不相干，势必引发社会主义的抗议，要求经济上的重新组合，马克思主义就是要把社会程序约化为绝对的经济组合。社会主义虽强调经济，但并不意味国家之死亡，反而将造成更强大的国家，以便兼顾政治与经济双方的利益。总之，政治性的国家将永远是超过任何社会组织的最高权力。

政治多元论者也攻击法国哲学家卢梭（Rousseau）所谓的"公意"（general will），并"主权"而同斥之，以为公意难知，尊重公意何异尊重国家之意愿？实属另一种政治绝对主义。然而公权先生指陈，特殊的私愿必须与公意协调，而犯人与疯子的私愿更无法兼顾，认为多元论者柯尔(G. D. H. Cole)所谓政治只能顾及每一个人的实际意愿是荒谬的。所谓接受公意即背弃民主，也非实在。杜奎所谓"社会团结"(social solidarity)实近乎卢梭之"公意"。拉斯基所谓的社会意愿，也近似一元论的观点。公权先生更进而批评拉斯基于论证上的矛盾，谓拉氏既以国家代表全体，需要超越诸多特殊利益，然则又如何能使部分利益反对整体利益；既谓国家为整体利益，为整体服务，必须控制部分组织，然则部分组织又何能反对国家而使不失维持控制之权威？拉氏既然承认国家乃其他组织共同认同的唯一政治组织，则无所谓众多的权威组织，却又说国家仅系组织之一种，并不能代表整体利益。两歧与矛盾显然可见。不过，公权先生虽认为多元论之批判一元论翻不出一元论的掌心，但仍然肯定多元论坚持多样性格，揭出社会利益冲突，社会组织的复杂，以及正当群体意愿的表达。不过，类此优点固不足以推翻公意之说，仅可补其不逮。

政治多元论不仅尚异，而且求变，如否认法律之一成不变，然而一元论固亦重视政治程序中之变动。多元论以社会为"移动的实体"，持续发展，然而发展过程中必有稳固、冲突、统一、分离诸情状。社会发展之总趋势，仍然是经由冲突与分离而导向组合。总之，公权先生指出，求变宜也，但变不仅仅是分化与冲突，主要还是融合与统一。

政治多元论的哲学背景是"实验主义"(Pragmatism)，实验主义反对一元论之不容纳个体与自由。事实上，一元唯心主义非如实验主义所认为的"封闭宇宙"(block universe)。实验主义哲学家詹姆士(William James)以其"多元宇宙"攻排"封闭宇宙"，着眼于伦理，而非逻辑与形而上学。以公权先生之见，"多元宇宙"在逻辑上不一定不好，但在伦理上和现实上，并不比一元世界好。如果攻击一元世界反自由，则多元的实验主义势必否定任何的整体，包括个人自由在内的整体。实验主义的吸引处,无疑是特殊的自由与进步性格,但问题是以实验为标准的真理与价值,不一定能获致进步。詹姆士在理论上还有自相矛盾的困难,他不得不承认某些绝对的价值;他热衷于"多元宇宙",但他的理性实促使他选择一元秩序,其思想中理性与实验两端遂不甚调和。萧氏认为政治多元论与实验哲学精神相契,但并无逻辑上必然的连接,如拉斯基受詹姆士启发而不顺从。萧氏深信实验主义扭曲现实(包括政治现实),故无法产生正确的政治理论。

政治一元论以国家为最高伦理的理想,如黑格尔以国家为完成自由的伦理整体。国家为了执行规范,有权控制与协调,并经由政府动用强制力,甚至武力,以至于模糊了伦理色彩。如马基雅维利(Machiavelli)之《君王论》常被视为非伦理或不道德,事实上马氏亦强调政治伦理,诉求秩序与和平,道德色彩仍然显著。他只是认为为了好的目的,可用坏的手段来达到,以恶制恶为最佳利器。霍布斯将政治与伦理分开,不过是把伦理臣服于国家主权之下。政治多元论者如杜奎根本否定政治思想中的伦理因素,整个政治关系不是一个理想结构,只是社会进化的产物。社会不臣属于国家,国家不过是为法律所创的工具,不能视为主权。公权先生则认为杜奎的社会决定论过于简单空洞,"社会团结"虽系社会组合的要素,但并不能穷尽社会组合的全部意义,也不能被视为社会生活的最终标准。

其他多元论者如拉斯基以国家为有权之人的组织,不足以代表全体意愿。柯尔认为政治性质的国家仅系政府运作,不能概括整体社会关系,更不具有绝对的主权和道德,国家反而应臣服于"大众社区"(a general community)之下。拉斯基与柯尔并不否认社会控制所需之整个有机体,只是要把国家变成整体社区合作力的代表,如克拉伯也承认追求社区利益,并不要牺牲社会伦理。然则,以公权先生之见,一元论的黑格尔大致也会同意这些多元论的说法,例如黑氏亦承认政治国家为社区之一部分,然有权控制社区中之一切。黑氏也会同意多元论所说,人与社会有共同利益,不论何种政治和伦理,仍有共通性的政治真理。多元论者不知与伦理一元论有相通之处,斥之甚厉,实因误解伦理为政治绝端的论点。是以柯尔虽反对亚里士多德,却认同阿氏的"理想国家"。联邦不是为个人而设,因它本身是一种目的,个人的自由可藉联邦而获致。公权先生批评多元论者之误解与偏见使他们不能与一元伦理派调和。大多数的多元论者为个人主义者,却不重视个人为社会的一部分,并不是说一切行动都须受制于公共约束,但个人不可能独活,个人自由也不能完全排除强制力。如果一定要把个人与社会分开、把自由与限制分开,则将陷入无法排解之困境。

拉斯基说得不错:作为政府的国家只能执行相对的权力,然国家之行动常被视作无可非议的正义;国家主权不过是法律上的最高,却将法律与道德相混,以至于歌颂主权为绝对伦理的最高境界。但是拉斯基之困难在于既已肯定伦理社会理想的存在以及政治国家之需要,然而又无法保证国家工具不会滥用权力以及损害伦理。此为运用与限制国家权力的难题。公权先生承认此为一时无法解决的问题,但提出两点意见。其一,按照拉斯基的权益体制,国家行动取决于全体国民之同意,全民一致绝无可能,仍由多数表决,然而多数仍须由国家执行,依然是拉氏所不能接受的国家行动。脱困的办法,不是搞什么权益,而是要根本取消国家!拉氏限制国家权力的努力岂非白费了?其二,公权先生驳斥拉斯基宣判主权死亡以及消灭一元国家之意图,认为国家之错误实因执行人之错误,不能归罪于国家,然则最紧要的不是限制国家,而是限制个人,限制个人的无知、没有原则的野心,以及漠视与不关心。努力建设一个有公信力的好政府,总比限制政府与国家要好得多。

萧公权先生批判政治多元论,指出其困难与不一致,但并不反对多元论追求的一些目标,例如重视个人自由,注重政治思想之中的群体观,指出社会组织的具体方法,强调全面而实际的社会过程,注意到除政府与法律之外更广阔的人群关系,以及向绝对国家主义和不能代表全体主权的挑战等等，均足称道。但是多元论言虽美而难信，且终不免自我否定！其意欲以多元国家取代一元国家，欲将国家主权自政治思想中淡出，然而穷尽一切社会力量形成之邦联，终究还是会变成一个完全的整体，又何异于一元之国家？岂非白费心力？

公权先生学成返国之后，又曾以中文发表《拉斯基政治思想之背景》一文，以及拉氏《国家之原理与实践》(The State in Theory and Practice)、柯尔《现代政治指南》等书的书评，对当时西方政治多元论学说，继续作了鞭辟入微的评介。此时为1930年代，拉斯基的声誉已隆，但其学说尚未尘埃落定。今之学者如施尔斯屈（Bernard Zylstra），研究拉斯基政治思想的发展，发现1925年出版的《政治典范》(Grammar of Politics)，实为拉氏政治思想自多元论倾向"集体论"(Collectism)的转折点。施氏认为拉氏之转变，由于其心目中平等观发展的结果，认识到个人意愿之实现有赖于整个政治秩序之完成，洞悉到多元论的缺点，肯定了"多样中的一致"(unity in diversity)。施氏书中颇称引公权先生的评论，却未明言拉氏的转变是否受到萧氏的影响。然而有鉴于拉、萧两氏为同时代的学者，拉氏又曾推许萧氏的批评，而萧氏早已洞察拉氏多元论的抵触与矛盾处（即施氏所说的两难），实已发出拉氏思想转变的信号。公权先生的批评有助于拉斯基之反省，实甚显然。

萧公权先生于三十左右年纪，对近代西方政治思想之造诣已如此之高，与当代名宿论学毫不多让，令拉斯基辈敬畏（拉氏长萧氏五岁），足令所有的中国学者同感骄傲。吾今已过知天命之年，重读大师青年时所著《政治多元论》，仍惊叹其外文之精当流畅、论证之严谨细密、与夫识见之晶莹透彻，更自知登堂入室之难，师门之弥高。

公权先生批判政治多元论，要以国家主权之不可废，国家一统之尚无可取代。然而就文化领域言之，既无"主权"，亦不必一统，故公权先生于中国文化，不以圣教与异端之说为然，认为"儒家以外还有许多持之有故、言之成理的学术"，若"舍百川而不受，必定无以成就沧海的洪深"，主张诸子配孔,建议"管、老、墨三子设位文庙,配享孔子",因深信"民族文化是一个广包兼容的伟大系统,其中是没有门户界限的"。再以中西文化而论,公权先生虽身与五四运动,却力斥极端反传统主义,认为打孔薄古过于偏激,但亦不以尊孔为然;儒学自有其永久之价值,然以孔教可致中国于富强,则"属夸大之妄想"。亦反对全盘西化,讥为浅薄,何异学步邯郸殊,新装窥半面?而认为中西文化各具精神,既有心同理同者,也有相异之端,宜能切磋督实,而并行不悖。公权先生信奉文化多元论,固极显然。

三

萧公权先生自康乃尔大学归国后,至七七抗战军兴,先后执教于南开、东北、燕京、清华各校,计约十年半。所开课程除专长的西洋政治思想外,另讲授中国政治思想,开拓新的教学与研究领域。当时颇有学者认为政治思想乃西洋之概念,施之于中国或不免捕风捉影、大言欺人。而另一种极端,则由于对政治思想概念不清,将之与其他思想混一而论。公权先生遂从资料的搜集与选择入手,以清晰的概念、敏锐的眼力,以及高度的耐心,将散在群籍有关政治思想的素材抄录出来,在清华大学授课时已陆续印成讲义,题名《中国政治思想史参考资料》,至七七事变起已印成从先秦到明末,总共1 400多页,奠定日后著书立说的基础。

抗战期间,公权先生于成都华西坝燕大兼课时,在内迁的光华大学附近农家,租赁几间房屋而居,于两年宁静的乡居生活中,运用政治学观点、历史学方法,于1940年的夏天完成了七十余万字的《中国政治思想史》。全书由教育部审定为部定大学用书,交重庆商务印书馆于1945年初版。书出近半世纪以来,中外学子读之、引之,莫不奉为经典巨著。以此书中某些章节为基础撰成专著者,亦大有人在。美国著名汉学家牟复礼(Frederick Mote)教授,亦列萧氏门墙,独力迻译此书,上卷已由普林斯顿大学于1979年出版，共778页。彼邦学者踊跃争购，益知此书历久不衰，经得起时间的考验。

《中国政治思想史》最基本的贡献在于展现明确的中国政治思想，及其在二三千年时间长河里的演变，有力而具体地回应了轻视中国政治思想及其价值的议论，证明中国自有其政治思想与不可磨灭的价值。公权先生兼通中西，当然明察到中西政治思想性质有异；由于整个思想趋向的不同，中国尚实践，西欧工思辨，因而有致知与致用之别，于是二千余年中国政治思想亦多属于政术范围，而较缺乏西洋发达的政治原理与政治哲学，但是仍不能以性质殊异遽言价值的高低。

公权先生写史，为政治思想开拓更广阔的境界，上自文献可征的晚周，下迄辛亥革命，极有系统地述论二千余年中国政治思想的演变，而述论的详略则视创获性与影响力之大小而定，所涉及古来学者六十余人，皆就原作取精用宏，就政治学观点分类征引，并加以综合与分析，不仅使原作者之政论畅所欲言，而使其意义更加明晰。全书各章夹叙夹议，何者为古人所说，何者为近人意见，何者为作史者之评论，都交代得十分清楚，而贯穿其间者则为作者凝聚于民族与文化之精神。

公权先生深得史学微意，故特别重视政治思想的时代背景与史之发展，呈现整个中国政治思想的演进过程。按政治思想的历史背景可分为"封建天下之思想"，包括春秋战国在内；"专制天下之思想"，包括秦汉至明清之二千年；以及"近代国家之思想"，包括清末海通以后至辛亥革命。按政治思想演变之大势，则可分为"创造时期"，自孔子至始皇一统；"因袭时期"，自秦汉至宋元；"转变时期"，自明初至清末；"成熟时期"，自三民主义之成立以迄于今。公权先生视三民主义为中国政治思想之成熟，显有时代因素，因其撰稿成书之日，仍属国民党训政时期，以孙文学说与三民主义为不可侵犯之"圣教"。诣之，心有不甘；评之，恐遭时忌，是以虽原有孙中山一章，终于不予收录，既奉阙疑之旨，复得讳而不隐之效，亦可略见，公权先生心思的细密。

萧著《中国政治思想史》既注意到从各时期去观察整体历史的发展，也重视某一时期政治思想受环境影响而稍变的情况。例如孔孟主张略同而途径有异，即因时代环境不同之故。公权先生说："二子之异，殆亦时代使然。盖晚周养士尊贤，肇于魏之西河而盛于齐之稷下，二者孔子皆不及见，而孔子德位兼全之理想君子既无由实现，孟子乃承战国之风，发为以德抗位之说，亦极自然之事也。"又如论墨学之衰灭亦极精辟："墨家衰亡之最大原因，似在乎环境之改变，而墨徒不能修改师说以适应之。嬴氏统一封建易为郡县，诸侯尽灭，皇帝独尊，销天下兵器以为钟𬭚金人。如是则尚同非攻之说无所用矣……墨家政治思想本针对晚周之历史背景而产生，其不能昌明于一统之专制天下，诚势所必至。"可以例见作者从历史背景去了解政治思想而出的卓见。

此一巨著对臆说的批驳以及新见的提出也甚可观。自晚清以来，国人每喜作比附之谈，如以孟子具近代民主思想，以墨家具民选制度，以秦政为法治等等，莫不一一据事理驳之，以明学术真理。公权先生治学以平实谨严自期，若无确切事实与坚硕理由，不立新说；但每立一新说，常常是难易之定论。例如比较孔墨，洞见两者相似之处。公权先生指出，"述古学以自辟宗风，立治道以拯时弊，游行诸国，终无所售，乃广授门徒，冀其能行道而传学。凡此皆孔墨之所同也。其相异者一仕一不仕，一由少贱而自跻于士大夫，一则终身以贱人自处……吾人以为就大体言之，墨子乃一平民化之孔子，墨学乃平民化之孔学。"修正了孔墨不同道的旧说，别立令人心悦诚服的新说。又如对两宋功利思想的发挥，亦能超迈前人。公权先生说，"宋代政治思想之重心，不在理学，而在与理学相反抗之功利思想"，然功利思想与理学同为"儒家思想之巨变"，亦时势所致然。两宋功利思想以王安石为中坚，安石显然是儒家中的有为者，而不能把他视为法家。燕京出身专治宋史的刘子健教授对萧氏所论两宋功利主义一章，最表钦佩。

四

抗战胜利之后,中原局势依然动荡,但萧公权先生仍十分怀念战前的清华,很想重返新南院六号旧居,然而主事者竟置之未理,终于北归成梦。再因国共内战的恶化,先避难台北,寻转往北美,到西雅图的华盛顿大学执教。当时美国东西两岸学术性的中国研究正在逐渐勃兴,华大的远东研究中心即为重镇之一,并将研究工作的重心放在19世纪中国。公权先生应同事们的要求,担任难度较大的中国乡村之研究,以"垦荒"的精神去搜寻材料,于三年期间,翻阅近千种中西文书刊,实际引用亦在半数以上,笔录摘要与札记卡片,亦以千数。当轮廓在胸时,进而探索乡村的形态和情况,考证清政府管制乡村的制度和措施,以及检讨政府管制对乡村的影响与乡民对管制的反应。写作方法不预设假定,而先"放眼看书",辅之以"小心抉择",假设自现。故假设实由证据逼出,非主观臆造。假设既立,仍须继续"看书",继续"抉择"。如果发现与证据有背,则放弃旧的假设,另提新的假设。公权先生自谓:"证据是前因,假设是后果,并非事先修改旧假设或提出新假设,然后才去继续求证。"

经过搜集资料、解读资料、抉择求证以及立说的过程后,逐章写作,然后分章与同人讨论、交换意见,作为修订时的参考。卒于1955年的秋天,全书脱稿,正文约24万字,附录1.6万字,注脚2 180余条,约8.7万字,成为一部共计35万字的巨著。然因校订、印刷费时,于稿成五年后的1960年才由华盛顿大学出版社出版。

《中国乡村》巨著包含三大部分,第一部分勾画乡村地区的各种区分,诸如村落、市集、城镇以及保甲与里甲之行政分配。第二部分叙述乡村控制,涉及保甲监控、里甲税收、社仓等灾荒控制以及乡约等意识形态的控制。最后部分讨论乡村与宗族控制的有效性,以及农民对控制的反应。附录包括有关里甲、社仓等制度的珍贵资料。从整体内容来看,全书的重心放在政治控制,故副题即为"十九世纪的帝国控制"(*Imperial Control in the Nineteenth Century*)。是以乡村研究固然是新辟的园地,然而政治控制牵涉到政治学与政治原理,仍是公权先生素所在行。这本书的成果也不仅属于社会经济史,而且属于政治史与思想史。

公权先生根据大量的原始资料,肯定了晚清帝政对中国乡村控制的实况,并不如一般人所认为村落间组织系自治性的社区,由社区民众自理。事实上,太多的乡村穷困得根本无法自组任何结社。同时也忽略了农民生活的乡村与帝政控制的乡村之分,前者是自发的,而后者则是政府主使的。此一疏忽导致误将政府行动视作乡村自发。公权先生的研究显示,绝大部分的乡村以及复杂的地方组织,皆由政府设立。而这些政府部署,从长远看,对帝国与乡民两蒙其害。此一发现更加澄清了帝政的性格,以及晚清的历史变化。

中国的帝王们无疑以控制亿万人居住的乡村为要务,一般的官吏与军队虽不可缺,却不足以应付乡村控制之需。清朝的州县级官员不过1 500人,远不能监控帝国中无数的乡村;军队可以用来平乱,但无力担任日常巡警的任务。是以列朝帝王自然要把控制推广到县以下,以及用武力以外的方式,于是次级行政控制应运而生,且日趋完善,至清朝由极盛再趋衰败。

公权先生的研究告诉我们,清政府对乡村的控制相当严密。最直接的还是保甲制度,统治者知道,若有持续的饥荒,农民会铤而走险,甚至可以造成推翻朝廷的暴乱。保甲可起防患于未然的作用。保甲的好处可使乡民相互监视而不必动用大量的政府力量。住在乡村的甲长负责登记乡民的行踪,以及向衙门报告各类犯罪实况。所有居民都有向甲长打报告的义务,不遵守者与罪犯同罪。乡民被迫自我监视,既为了保护自己,更为了整个帝国的安全。当然不仅仅保甲,清皇朝一如历代帝王深知乡村税役对整体财政的重要性,于是又有了帮助税吏征收的里甲制度,以及帮助农民缴税与消灾的社仓。里甲和社仓实可被视为对乡村作经济监控的工具。此外,还有各种意识形态控制,例如以程朱理学所强调的纲常,来普及忠君爱国的想法。对乡民思想控制最重要的办法是乡约制度,始于顺治八年。另一种思想控制是取自儒家的敬老观念,年长者较稳重,不太会造反,而敬老的人亦不易成为叛徒。帝国政府自然用各种办法来鼓励敬老。另外还有科举学校也可资思想控制之用,政府可经乡间学校产生意识形态上的影响力,自顺治八年起,清廷规定每一乡村都需设有"社学",政府于是在政治、经济与思想三方面对群众作了控制。

公权先生指出,整个控制中最值得注意的是利用当地人来做监控,或即因此有人误会中华帝国下的乡村享有自治。所谓"天高皇帝远"的印象亦不正确。整个监控系统由上而下,经由地方政府,下达乡村中每一个人。如此庞大的帝国控制,显然支撑了200余年的清统治。但自上而下的集权统治实亦松动了帝国的基业。任何集权政体但求安定而忽略了群众生活的改进与参与,以至于变得十分被动,听天由命,似于统治者无害,但当帝国控制最后失控时,被动的乡民不仅没有能力为政府效劳,而且无从抗拒贪官污吏土豪劣绅的欺凌,以至于不信任和恐惧官府。至此帝国控制便有了反弹。更糟糕的是,当农民无从改善悲惨境遇,无力面对灾难,乡村日益穷困时,终于揭竿而起,发生动乱。不过公权先生发现,所谓农民起义实非由农民主动,每由不得意的士人或"劣绅"所领导,农民在农民运动中主要是提供人力。领导不佳的起义多半失败,而大起义的激越并不能永久改变农民心态。即使比较成功的起义,如太平天国时期,一旦稍趋平静,农民又回复到被动以及小心翼翼的本质。长矛统治下的农民,同样被动无助。足见像太平天国这样规模的大动乱,都无法消除帝国控制的后遗症。所以公权先生的结论是:传统中国乡村不存在任何性质的自治政府。

《中国乡村》这部巨著于1960年问世以后，佳评如潮，有人谓此书代表史学界罕见的成熟，亦有人认为乃韦伯（Max Weber）出版论述中国社会宗教之书后的最重要作品，更有人建议应列为政治、社会组织、人类学，以及亚洲研究等课程之必读书。著名的美国人类学家施坚雅（G. William Skinner）申言人类学家有此一册在手，始可信而有征地分析中国，并进而作各种"跨越文化的尝试"（cross-cultural tests）。施氏名作《中国乡村的市场与社会结构》（*Marketing and Social Structure in Rural China*）显然自萧著中吸取大量的灵感与养分。美国学术团体协会（American Council of Learned Societies）即于同年以第三届人文学术奖（奖金1万美元）赠萧公权先生，誉为"融合中西两个伟大学术传统的精华"，肯定早年所著《政治多元论》，表现了"创造性的灼见"，以及《中国政治思想史》显示了"自辟蹊径的史识"（great originality conceptualization），称道公权先生不仅是学者，也是诗人、作家和哲学家，不愧为获此殊荣的第一位东方学者。

五

萧公权先生的最后一部长篇学术巨著为《康有为变法与大同思想研究》，原由英文撰成，1975年华盛顿大学出版社印行，后由笔者译成中文，1988年台北联经出版事业公司出版。公权先生深入研究康有为，文长40余万言，缘起于大批康氏未刊稿的出现。资料既备，以公权先生精湛的哲学素养来治思想史，自如探囊取物，而且源源不绝，成此大书。

公权先生以"平心"阅读康氏未刊稿之后，对这位中国近代史上的思想巨子，有新的理解和论断。当英文原著出版后，有些读者认为作者于康虽有批评，然大体而言过于同情康有为，甚至有左袒之嫌。此种观点多少受到民国以来革命史观的影响。事实上，公权先生本人早年撰写

《中国政治思想史》有关康有为一章时,亦有所不免。如谓康氏反对革命,"貌似成理,而实多强辞夺理",并谴责康氏"背宗邦而忠于殊类,谬误显然"。又谓:"康氏以立宪为保皇之手段,故其所号召者为假民权,托孔子以为变法之口实,故其所号召者乃假维新"。这些观点经深入检证后,都有所修正。斯乃史家忠于文献、实事求是的态度,故所谓过于同情云云,不过是以"公心述"而已。

"现代中国与新世界"为贯通全书的两大要义,前者意指国家富强的追寻,而后者则在大同理想的寻求。是以在公权先生笔下,康有为既是热情爱国的改革家,也是沉思于遥远的乌托邦建造者。粗心的读者或以为此乃矛盾现象,甚或指责作者未能妥为调和康氏思想上的不一致性。其实并不是不一致,而是同一世界观里的两个不同层次;既不在同一层次,便无矛盾可言。公权先生已在书中明说:

> 这种不相同的见解并非不一致,而仅仅显示康氏如何在一生中的不同阶段,扮演两种不同的任务:在儒家原则上形成一改制哲学,以及建立一超乎儒家的广泛哲学体系。关于后者,他经常超越今文经的范畴,超越现存制度与价值观。关于前者,他遵从既被接受的社会与道德价值,以及注视制度改革的理论基础。《改制考》与《大同书》并不相互抵消,而是代表同一思想中的两个层次。

这一段话足以化解认为康氏思想矛盾者的疑团。

公权先生撰写此书,每能作广泛的比较研究,即把康氏思想放在整个中国思想史的视野来观察,因而常见微知著。例如他首发康有为深受陆九渊与王守仁的影响;又例如他首先指出,康著《物质救国论》实已发陈独秀、吴稚晖等人的先声;又如他在述论康氏经济改革的主张时,涉及现代化的成败问题,并旁及明治日本的现代化经验;又如他推演康氏大同学说时,与世界上其他的乌托邦理论比而观之,因而肯定康氏是一世界级的乌托邦建造者。类此,展示了一种精辟的"宏观"。

精辟的"宏观"之外,还有细致的"微观"。在纵横的议论中,未曾忽略必要的考证,诸如《大同书》成书的年代,康有为与廖平的纠葛,以及康氏是否真正的儒者,对宗教的看法,都能推见至隐,不偏不倚,作持平的解说。

公权先生论述的重点在康有为的思想,然于康氏的性格与情怀,落墨无多,而神貌自显。当我们终卷之后,康氏那种欲与孔子比高的狂态,那种乐利自信的心胸,跃浮脑际,久久难忘。同时也使人们感叹,康氏对国家前途的忧虑,多"不幸而言中",也令人赞叹康氏对现代化以及工业化的见解并未过时,反而更加真切。例如康氏一再强调译书与派遣留学生的重要,以及政治改良与经济成功的密切关系。他也见及工业化会导致世界化,因而在大同到来之前,工业化须不失为中国,也就是"中国式的工业化"。类此识见,可谓与时俱新。长久以来,国人视康有为"反动",因其反革命,但革命未及一世纪,终发觉必须回头走改革的路。改革之路,也就是康有为曾经指出的道路。萧氏此书提供了康氏道路的全图。

六

萧公权先生在美国著名大学执教十九年,退休后又在西雅图市居住了十三年,对美国学界,尤其是中国研究方面,有极为深入的了解。中国研究旧称"汉学"(Sinology),二战以前的旧汉学家大都不是学界中人,有很多是传教士家庭出身,研究中国随兴之所至,无论历史、文学、语文、哲学、艺术等等,没有学科的限制。二战以后,汉学逐步在西方校园扎根与发展。中国被作为世界上诸多区域之一来研究。中国成为区域研究,往往"闭关自守",关起门来耕耘,而西方主流派人文学与社会科学研究也少与中国研究沟通,因即以公权先生之见,西方人文学与社会科学号称有普及性,实际上也不过是美国学和欧洲学的区域研究。同时由于中国研究的学院化,自然而然导致学科化,新的汉学家必须要有学科训练,诸如史学、文学、哲学、经济学或社会学等,分属各种不同的科系,亦因而造成学科间的隔阂。公权先生弟子牟复礼教授即曾力主"汉学的完整性"(the integrity of Sinology),任何文化必须研究其整体,非从各方面整合研究不能理解整个文化,各种学科代表各种不同的观点,而各与整体研究有关,然没有任何一科可以提供全面。相比之下,旧时代的汉学家因为没有科系的包袱,反而更能顾及整体与全面。公权先生以为,今之学者固不能不要专业,却不应不尝试科际间的整合,从别的学科中获致方法与概念上的启发,以充实自己的学问,才能完成中国研究的完整性。至今中国研究的科际整合以及与西方人文学和社会科学间的交流与整合,仍然是迫切的问题。

据我所知,萧公权先生晚年回顾,对汉学或中国研究的前景,并不很乐观。他认为西方学者由于语文与文化背景的限制,很难真正了解中国,更何况许多标榜以社会科学方法研究中国的人,虽重视方法却更不重视语文的训练,以至于曲解误解,触目皆是。反观中国,当时大陆上"文革"余波仍然荡漾,予人以文化大毁灭的印象,而港台学者的成果,无论质量,均乏善可陈。他也洞悉到,年轻一代的中国文史学者,虽然黄肤黑发,口语流利,但对传统学问实甚隔膜,与清儒所谓"读书必先识字"的标准,相去甚远。就"识字"而论,华洋学者之间也许只有五十步笑百步的差别。

公权先生的不乐观也许象征一个时代的结束,在西方汉学的讲坛上不断会有专家学者,但不可能再出现像萧公权那样兼通中西的通儒,就像在中华大地上,也不会再有像陈寅恪与钱锺书那样博学的通儒。通儒已是濒临灭绝的"生物",只能有"随风而逝"的无奈。

约十年前,当我写完《史家陈寅恪传》增订本后,试填了一首蝶恋花,自觉也很能表达吾师晚年的心情,谨录于下为结。

隔海江山烟雾外

历尽沧桑

憔悴朱颜改

风雨无情君莫怪

那堪春去情难再

销尽风流心力瘁

昔日繁华

梦里相思债

玦月窥窗花影碎

秋虫似泣啼无奈

1994年4月25日

稿于弗州柏堡

萧公权学术年表

1897年11月29日　生于江西省南安县(今名大庾县)。

1902年　6岁　在四川崇庆州从老秀才罗先生读《史鉴节要》《地球韵言》《声律启蒙》《千家诗》等书。

1903年　7岁　改从王闿运弟子樊先生学。

1905年　9岁　在重庆从汤先生学两年。

1907年　11岁　从廖先生读《论语》、《孟子》、《国语》等书。

1909年　13岁　在重庆从王鲠(骨臣)先生学英文。

1910年　14岁　在重庆从太田喜智女士学日文;从何世忠(笃贞)先生习中国经史文学,至1914年底止。

1915年　19岁　夏天考进上海中国基督教青年会中学,入三年级。从程万里先生学英文与历史,从何挺然先生学数学,从马瑞琪先生学自然科学,从叶楚伧先生学国文。

1918年　22岁　6月自青年会中学毕业。考进清华学校高等科三年级。8月自上海到北京入清华学校肄业。

1919年　23岁　五四运动爆发,与同学办《晨钟》日报,包括时评、社论、新闻、小品

		文、广告等栏。
1920年	24岁	夏自清华学校毕业,赴上海办理出国手续。8月23日离沪赴美求学。
		9月入密苏里大学新闻学院肄业。寻转入哲学系选习"哲学概论""社会学""哲学史""心理学""人类学""政治学""教育学""植物学""法文""德文""艺术"等课程。导师为郝真教授(Jay William Hudson)与萨拜因教授(George H. Sabine)。
1922年	26岁	夏自密苏里大学本科毕业,因成绩优异,被选入全国性荣誉学会(Phi Beta kappa)。秋入同校哲学系研究院攻读硕士,副修心理学。
1923年	27岁	完成硕士论文《多元国家理论》(The Pluralistic Theory of the State),于6月获硕士学位。入西北大学夏季暑期班,学习音乐理论。
		9月入康乃尔大学哲学系研究生院肄业,主要受业于狄理教授(Frank Thily)。
1925年	29岁	初夏开始写作博士论文。
1926年	30岁	5月初,博士论文《政治多元论》(Political Pluralism)脱稿。
		6月中旬参加康乃尔大学毕业典礼,获博士学位。7月中旬首途返国,8月中旬抵沪,在南方大学与国民大学担任政治学与社会学课程。11月5日与薛织英女士结婚。
1927年	31岁	2月上旬赴天津,受聘南开大学。授"政治学概论""比较政府""法理学"。博士论文《政治多元论》经恺德林教授(George E. G. Catlin)介绍,由伦敦著名出版社出版,并列为"国际心理学哲学及科学方法丛书"之一。
1928年	32岁	在南开大学授"西洋政治思想""中国政治思想""社会演化论"三课程。
1929年	33岁	秋,移讲沈阳东北大学,授"政治学""西洋政治思想"两课程。
1930年	34岁	秋,就任燕京大学政治系教授,授"政治学概论""西洋政治思想""中国政治思想"等课程。
1932年	36岁	应浦薛凤(逖生)之约,移讲清华大学政治系,授"当代西洋政治思想",与张奚若、钱端升、王化成、陈之迈等同事。
1933年	37岁	在清华授"中国政治思想史",并编录《中国政治思想史参考资料》1 400余页。
1934年	38岁	代蒋廷黻编辑《中国社会及政治学评论》(The Chinese Social and Political Science Review)。
		此为一学术性英文季刊,并结识陈寅恪、费正清等学者。

1935年	39岁	在清华与吴宓（雨僧）过从甚密，且有歌诗唱和，与陈岱孙、俞平伯、闻一多、潘光旦等比邻而居。
1936年	40岁	在清华讲学。
1937年	41岁	春，清华准备迁湘。7月7日卢沟桥事变爆发。10月9日离北平南下。
1938年	42岁	2月到成都，任教于四川大学，授"中国政治思想史"与"西洋政治思想"两课程。秋，至成都燕京大学兼课。
1939年	43岁	疏散下乡，在铗门坎农家居住，并着手写作《中国政治思想史》书稿，同时在光华大学兼课。
1940年	44岁	夏，《中国政治思想史》全书脱稿，教育部审定为"部定大学用书"，交重庆商务印书馆出版。任国立编译馆编纂。
1941年	45岁	执教成都光华大学，迁入新建新职员住宅。
1942年	46岁	在成都光华大学任教。
1945年	48岁	冬，与钱穆、冯友兰、钱端升、陶孟和同任中央训练团高级班第三期教官。讲"各国政治思想"。
1945年	49岁	抗战胜利，续在光华大学及四川大学任教。《中国政治思想史》上下册初版问世。
1946年	50岁	留成都讲学。美国华盛顿大学来函邀请讲学。
1947年	51岁	国立政治大学校长顾毓琇约往南京任教，8月抵南京，在政大授"中国政治思想"和"西洋政治思想"两课程。
1948年	52岁	续在政大任教，同时为《观察》以及各报刊撰写时评。
1949年	53岁	应台湾大学校长庄长恭之约，赴台讲学。9月下旬离台赴美，出任西雅图华盛顿大学访问教授。后转为专任教授凡十九年，讲授"中国政治思想""中国社会制度"以及"中国政治思想及制度资料阅读"等课程。
1953年	57岁	开始草写《中国乡村》英文书稿。
1955年	59岁	《中国乡村》全书脱稿，送华盛顿大学出版部付印。开始研究康有为。
1957年	61岁	《中国乡村》书稿校订完毕。
1959年	63岁	康有为研究论文开始在学报上刊载。
1960年	64岁	《中国乡村》英文巨著问世，获美国学术团体协会"人文学术卓著成就奖金"。
1961年	65岁	1月20日偕妻女赴纽约参加授奖宴会。
1968年	72岁	循例退休。5月31日上完"中国政治思想"最后一课，结束四十二年连续不断的教学生涯。开始写作回忆录，在台《传记文学》上连载。

1972年	76岁	回忆录《问学谏往录》在台北出版。《萧公权荣休论文集》(*Festschrift Hsiao Kung-ch'uan*)出版,由十八友生执笔,论述中国文史之学。诗集《迹园诗稿》在台北线装出版。
1973年	77岁	词集《画梦词》在香港线装出版。
1975年	79岁	《康有为思想研究》英文巨著由华盛顿大学出版部出版。
1979年	83岁	及门弟子牟复礼英译《中国政治思想史》上卷问世,由普林斯顿大学出版部出版。汪荣祖接受台北联经出版事业公司之托,编辑《萧公权全集》,预定九册。
1981年	85岁	11月4日逝世于美国西雅图寓所。

译后记

《近代中国与新世界：康有为变法与大同思想研究》是萧公权先生最后一部长篇学术巨著，原由英文撰写，先以论文形式发表于学术期刊，后再汇集成书，补写家世与生平两篇以及教育改革一章，分为四编。今由汪荣祖译成中文，列入《萧公权全集》第七册。

萧先生深入研究康有为，文长四十余万言，缘起于大批康氏未刊稿的出现。资料既备，萧先生以其精湛的哲学素养来治思想史，自如探囊取物，而且源源不绝。这批康氏未刊稿微卷即由萧先生赠予"中央研究院"近代史研究所而流传台湾的。

萧先生以"平心"阅读康有为的未刊稿之后，对这位中国近代史上的思想巨子，有新的理解与论断。当英文原著出版后，有些读者认为作者于康虽有批评，然大体而言过于同情康氏，甚至有左袒之嫌。此种观点多少受到1911年以后革命史观的影响。事实上，萧先生本人早年撰写《中国政治思想史》有关康有为一章时，亦有所不免。如谓康氏反对革命，"貌似成理，而实多强辞夺理"，并谴责康氏"背宗邦而忠于殊类，谬误显然"。又谓："康氏以立宪为保皇之手段，故其所号召者为假民权。托孔子以为变法之口实，故其所号召者乃假维新。"这些观点经深入检证后,都有所修正,斯乃史家忠于文献、实事求是的态度。故所谓过于同情云云,不过是以"公心述"而已。

"现代中国"与"新世界"乃是贯通全书的两大要义,前者意指国家富强的追寻,而后者则在大同理想的寻求。是以康有为既是热情爱国的改革家,又是沉思于遥远的乌托邦建造者。粗心的读者或以为这是一种矛盾现象,甚或指责作者未能妥为调和康氏思想上的不一致性。其实并不是不一致,而是分属两个不同的层次;既不在同一层次,便无矛盾可言。萧先生已在书中明说:

> 这种不相同的见解并非不一致,而仅仅显示康氏如何在他一生中的不同阶段,扮演两种不同的任务:在儒家原则上形成一改制哲学,以及建立一超乎儒家的广泛哲学体系。关于后者,他经常超越今文经的范畴,超越既存制度与价值观。关于前者,他遵从既被接受的社会与道德价值,以及注视制度改革的理论基础。《改制考》与《大同书》并不相互抵消,而代表思想的两个层次。

这一段话足以化解认为康氏思想矛盾者的疑团。

萧先生在这部书里,时而作广泛的比较研究,也就是说把康有为思想放在整个中国思想史的视野来观察,因而每能见微知著。例如他首发康氏深受陆九渊与王守仁的影响;又如他首先指出康氏《物质救国论》实已发陈独秀、吴稚晖等人的先声;又如他在述论康氏经济改革的主张时,涉及现代化的成败问题,并旁及明治日本的现代化经验;又如他推演康氏大同学说时,与世界上其他的乌托邦理论比而观之,因而肯定康氏是一世界级的乌托邦建造者。类此,展示了一种精辟的"宏观"。

精辟的"宏观"之外,还有细致的"微观"。在纵横的议论中,未曾忽略必要的考证。诸如《大同书》成书的年代(见页37)、康氏与廖平的纠葛(页51~52),以及康氏是否真正的儒者(页35)、对宗教的看法(页89),都能推见至隐,不偏不倚,作持平的解说,读者可以覆按。

译后记

萧先生虽着力于康有为思想的研究,然于康氏的性格情怀,落墨无多,而神貌自显。当我们终卷之后,康氏那种欲与孔子比高的狂态,那种乐利自信的心胸,跃浮脑际,久久难忘。同时我们也不禁感叹,康氏对国家前途的忧虑,多"不幸而言中",也不禁赞叹康氏对现代化以及工业化的见解,岂止没有过时,反而更加真切。例如他一再强调译书与派遣留学生的重要,以及政治改良与经济成功的密切关系。他也见及工业化会导致世界化,因而在大同到来之前,工业化须不失为中国,也就是中国式的工业化。类此识见,真可说是与时益新。长久以来,国人视康有为"反动",因其反革命。但革命未及一世纪,终发觉必须回头走改革的路。改革之路,也就是康有为曾经指出的道路。这部书给我们提供了康氏道路的全图。

此书卷帙浩大,翻译费时,译者以一人之力,抽课余之暇,锲而不舍,勉强完成,殊无握管吟哦、斟酌字句的时间,无论在信、达、雅上,皆难臻理想的境地,愿海内外读者,不吝指正。

萧先生生前曾戏谓我曰,他的全集必是 Posthumous Works,不幸而言中,今屈指大师云亡已近六年矣!

汪荣祖

谨撰于弗州柏堡之白舍

1987 年 9 月 23 日

"海外中国研究丛书"书目

1. 中国的现代化　[美]吉尔伯特·罗兹曼 主编　国家社会科学基金"比较现代化"课题组 译　沈宗美 校
2. 寻求富强:严复与西方　[美]本杰明·史华兹 著　叶凤美 译
3. 中国现代思想中的唯科学主义(1900—1950)　[美]郭颖颐 著　雷颐 译
4. 台湾:走向工业化社会　[美]吴元黎 著
5. 中国思想传统的现代诠释　余英时 著
6. 胡适与中国的文艺复兴:中国革命中的自由主义,1917—1937　[美]格里德 著　鲁奇 译
7. 德国思想家论中国　[德]夏瑞春 编　陈爱政 等译
8. 摆脱困境:新儒学与中国政治文化的演进　[美]墨子刻 著　颜世安 高华 黄东兰 译
9. 儒家思想新论:创造性转换的自我　[美]杜维明 著　曹幼华 单丁 译　周文彰 等校
10. 洪业:清朝开国史　[美]魏斐德 著　陈苏镇 薄小莹 包伟民 陈晓燕 牛朴 谭天星 译　阎步克 等校
11. 走向21世纪:中国经济的现状、问题和前景　[美]D.H.帕金斯 著　陈志标 编译
12. 中国:传统与变革　[美]费正清 赖肖尔 主编　陈仲丹 潘兴明 庞朝阳 译　吴世民 张子清 洪邮生 校
13. 中华帝国的法律　[美]D.布朗 C.莫里斯 著　朱勇 译　梁治平 校
14. 梁启超与中国思想的过渡(1890—1907)　[美]张灏 著　崔志海 葛夫平 译
15. 儒教与道教　[德]马克斯·韦伯 著　洪天富 译
16. 中国政治　[美]詹姆斯·R.汤森 布兰特利·沃马克 著　顾速 董方 译
17. 文化、权力与国家:1900—1942年的华北农村　[美]杜赞奇 著　王福明 译
18. 义和团运动的起源　[美]周锡瑞 著　张俊义 王栋 译
19. 在传统与现代性之间:王韬与晚清革命　[美]柯文 著　雷颐 罗检秋 译
20. 最后的儒家:梁漱溟与中国现代化的两难　[美]艾恺 著　王宗昱 冀建中 译
21. 蒙元入侵前夜的中国日常生活　[法]谢和耐 著　刘东 译
22. 东亚之锋　[美]小R.霍夫亨兹 K.E.柯德尔 著　黎鸣 译
23. 中国社会史　[法]谢和耐 著　黄建华 黄迅余 译
24. 从理学到朴学:中华帝国晚期思想与社会变化面面观　[美]艾尔曼 著　赵刚 译
25. 孔子哲学思微　[美]郝大维 安乐哲 著　蒋弋为 李志林 译
26. 北美中国古典文学研究名家十年文选　乐黛云 陈珏 编选
27. 东亚文明:五个阶段的对话　[美]狄百瑞 著　何兆武 何冰 译
28. 五四运动:现代中国的思想革命　[美]周策纵 著　周子平 等译
29. 近代中国与新世界:康有为变法与大同思想研究　[美]萧公权 著　汪荣祖 译
30. 功利主义儒家:陈亮对朱熹的挑战　[美]田浩 著　姜长苏 译
31. 莱布尼兹和儒学　[美]孟德卫 著　张学智 译
32. 佛教征服中国:佛教在中国中古早期的传播与适应　[荷兰]许理和 著　李四龙 裴勇 等译
33. 新政革命与日本:中国,1898—1912　[美]任达 著　李仲贤 译
34. 经学、政治和宗族:中华帝国晚期常州今文学派研究　[美]艾尔曼 著　赵刚 译
35. 中国制度史研究　[美]杨联陞 著　彭刚 程钢 译

36. 汉代农业:早期中国农业经济的形成　[美]许倬云 著　程农 张鸣 译　邓正来 校
37. 转变的中国:历史变迁与欧洲经验的局限　[美]王国斌 著　李伯重 连玲玲 译
38. 欧洲中国古典文学研究名家十年文选　乐黛云 陈珏 龚刚 编选
39. 中国农民经济:河北和山东的农民发展,1890—1949　[美]马若孟 著　史建云 译
40. 汉哲学思维的文化探源　[美]郝大维 安乐哲 著　施忠连 译
41. 近代中国之种族观念　[英]冯客 著　杨立华 译
42. 血路:革命中国中的沈定一(玄庐)传奇　[美]萧邦奇 著　周武彪 译
43. 历史三调:作为事件、经历和神话的义和团　[美]柯文 著　杜继东 译
44. 斯文:唐宋思想的转型　[美]包弼德 著　刘宁 译
45. 宋代江南经济史研究　[日]斯波义信 著　方健 何忠礼 译
46. 一个中国村庄:山东台头　杨懋春 著　张雄 沈炜 秦美珠 译
47. 现实主义的限制:革命时代的中国小说　[美]安敏成 著　姜涛 译
48. 上海罢工:中国工人政治研究　[美]裴宜理 著　刘平 译
49. 中国转向内在:两宋之际的文化转向　[美]刘子健 著　赵冬梅 译
50. 孔子:即凡而圣　[美]赫伯特·芬格莱特 著　彭国翔 张华 译
51. 18世纪中国的官僚制度与荒政　[法]魏丕信 著　徐建青 译
52. 他山的石头记:宇文所安自选集　[美]宇文所安 著　田晓菲 编译
53. 危险的愉悦:20世纪上海的娼妓问题与现代性　[美]贺萧 著　韩敏中 盛宁 译
54. 中国食物　[美]尤金·N.安德森 著　马孆 刘东 译　刘东 审校
55. 大分流:欧洲、中国及现代世界经济的发展　[美]彭慕兰 著　史建云 译
56. 古代中国的思想世界　[美]本杰明·史华兹 著　程钢 译　刘东 校
57. 内闱:宋代的婚姻和妇女生活　[美]伊沛霞 著　胡志宏 译
58. 中国北方村落的社会性别与权力　[加]朱爱岚 著　胡玉坤 译
59. 先贤的民主:杜威、孔子与中国民主之希望　[美]郝大维 安乐哲 著　何刚强 译
60. 向往心灵转化的庄子:内篇分析　[美]爱莲心 著　周炽成 译
61. 中国人的幸福观　[德]鲍吾刚 著　严蓓雯 韩雪临 吴德祖 译
62. 闺塾师:明末清初江南的才女文化　[美]高彦颐 著　李志生 译
63. 缀珍录:十八世纪及其前后的中国妇女　[美]曼素恩 著　定宜庄 颜宜葳 译
64. 革命与历史:中国马克思主义历史学的起源,1919—1937　[美]德里克 著　翁贺凯 译
65. 竞争的话语:明清小说中的正统性、本真性及所生成之意义　[美]艾梅兰 著　罗琳 译
66. 中国妇女与农村发展:云南禄村六十年的变迁　[加]宝森 著　胡玉坤 译
67. 中国近代思维的挫折　[日]岛田虔次 著　甘万萍 译
68. 中国的亚洲内陆边疆　[美]拉铁摩尔 著　唐晓峰 译
69. 为权力祈祷:佛教与晚明中国士绅社会的形成　[加]卜正民 著　张华 译
70. 天潢贵胄:宋代宗室史　[美]贾志扬 著　赵冬梅 译
71. 儒家之道:中国哲学之探讨　[美]倪德卫 著　[美]万白安 编 周炽成 译
72. 都市里的农家女:性别、流动与社会变迁　[澳]杰华 著　吴小英 译
73. 另类的现代性:改革开放时代中国性别化的渴望　[美]罗丽莎 著　黄新 译
74. 近代中国的知识分子与文明　[日]佐藤慎一 著　刘岳兵 译
75. 繁盛之阴:中国医学史中的性(960—1665)　[美]费侠莉 著　甄橙 主译　吴朝霞 主校
76. 中国大众宗教　[美]韦思谛 编 陈仲丹 译
77. 中国诗画语言研究　[法]程抱一 著　涂卫群 译
78. 中国的思维世界　[日]沟口雄三 小岛毅 著　孙歌 等译

79. 德国与中华民国　[美]柯伟林 著　陈谦平 陈红民 武菁 申晓云 译　钱乘旦 校
80. 中国近代经济史研究:清末海关财政与通商口岸市场圈　[日]滨下武志 著　高淑娟 孙彬 译
81. 回应革命与改革:皖北李村的社会变迁与延续　韩敏 著　陆益龙 徐新玉 译
82. 中国现代文学与电影中的城市:空间、时间与性别构形　[美]张英进 著　秦立彦 译
83. 现代的诱惑:书写半殖民地中国的现代主义(1917—1937)　[美]史书美 著　何恬 译
84. 开放的帝国:1600年前的中国历史　[美]芮乐伟·韩森 著　梁侃 邹劲风 译
85. 改良与革命:辛亥革命在两湖　[美]周锡瑞 著　杨慎之 译
86. 章学诚的生平及其思想　[美]倪德卫 著　杨立华 译
87. 卫生的现代性:中国通商口岸卫生与疾病的含义　[美]罗芙芸 著　向磊 译
88. 道与庶道:宋代以来的道教、民间信仰和神灵模式　[美]韩明士 著　皮庆生 译
89. 间谍王:戴笠与中国特工　[美]魏斐德 著　梁禾 译
90. 中国的女性与性相:1949年以来的性别话语　[英]艾华 著　施施 译
91. 近代中国的犯罪、惩罚与监狱　[荷]冯客 著　徐有威 等译　潘兴明 校
92. 帝国的隐喻:中国民间宗教　[英]王斯福 著　赵旭东 译
93. 王弼《老子注》研究　[德]瓦格纳 著　杨立华 译
94. 寻求正义:1905—1906年的抵制美货运动　[美]王冠华 著　刘甜甜 译
95. 传统中国日常生活中的协商:中古契约研究　[美]韩森 著　鲁西奇 译
96. 从民族国家拯救历史:民族主义话语与中国现代史研究　[美]杜赞奇 著　王宪明 高继美 李海燕 李点 译
97. 欧几里得在中国:汉译《几何原本》的源流与影响　[荷]安国风 著　纪志刚 郑诚 郑方磊 译
98. 十八世纪中国社会　[美]韩书瑞 罗友枝 著　陈仲丹 译
99. 中国与达尔文　[美]浦嘉珉 著　钟永强 译
100. 私人领域的变形:唐宋诗词中的园林与玩好　[美]杨晓山 著　文韬 译
101. 理解农民中国:社会科学哲学的案例研究　[美]李丹 著　张天虹 张洪云 张胜波 译
102. 山东叛乱:1774年的王伦起义　[美]韩书瑞 著　刘平 唐雁超 译
103. 毁灭的种子:战争与革命中的国民党中国(1937—1949)　[美]易劳逸 著　王建朗 王贤知 贾维 译
104. 缠足:"金莲崇拜"盛极而衰的演变　[美]高彦颐 著　苗延威 译
105. 饕餮之欲:当代中国的食与色　[美]冯珠娣 著　郭乙瑶 马磊 江素侠 译
106. 翻译的传说:中国新女性的形成(1898—1918)　胡缨 著　龙瑜宬 彭珊珊 译
107. 中国的经济革命:二十世纪的乡村工业　[日]顾琳 著　王玉茹 张玮 李进霞 译
108. 礼物、关系学与国家:中国人际关系与主体性建构　杨美惠 著　赵旭东 孙珉 译　张跃宏 译校
109. 朱熹的思维世界　[美]田浩 著
110. 皇帝和祖宗:华南的国家与宗族　[英]科大卫 著　卜永坚 译
111. 明清时代东亚海域的文化交流　[日]松浦章 著　郑洁西 等译
112. 中国美学问题　[美]苏源熙 著　卞东波 译　张强强 朱霞欢 校
113. 清代内河水运史研究　[日]松浦章 著　董科 译
114. 大萧条时期的中国:市场、国家与世界经济　[日]城山智子 著　孟凡礼 尚国敏 译　唐磊 校
115. 美国的中国形象(1931—1949)　[美]T.克里斯托弗·杰斯普森 著　姜智芹 译
116. 技术与性别:晚期帝制中国的权力经纬　[英]白馥兰 著　江湄 邓京力 译

117. 中国善书研究　[日]酒井忠夫 著　刘岳兵 何英莺 孙雪梅 译
118. 千年末世之乱:1813年八卦教起义　[美]韩书瑞 著　陈仲丹 译
119. 西学东渐与中国事情　[日]增田涉 著　由其民 周启乾 译
120. 六朝精神史研究　[日]吉川忠夫 著　王启发 译
121. 矢志不渝:明清时期的贞女现象　[美]卢苇菁 著　秦立彦 译
122. 明代乡村纠纷与秩序:以徽州文书为中心　[日]中岛乐章 著　郭万平 高飞 译
123. 中华帝国晚期的欲望与小说叙述　[美]黄卫总 著　张蕴爽 译
124. 虎、米、丝、泥:帝制晚期华南的环境与经济　[美]马立博 著　王玉茹 关永强 译
125. 一江黑水:中国未来的环境挑战　[美]易明 著　姜智芹 译
126. 《诗经》原意研究　[日]家井真 著　陆越 译
127. 施剑翘复仇案:民国时期公众同情的兴起与影响　[美]林郁沁 著　陈湘静 译
128. 华北的暴力和恐慌:义和团运动前夕基督教传播和社会冲突　[德]狄德满 著　崔华杰 译
129. 铁泪图:19世纪中国对于饥馑的文化反应　[美]艾志端 著　曹曦 译
130. 饶家驹安全区:战时上海的难民　[美]阮玛霞 著　白华山 译
131. 危险的边疆:游牧帝国与中国　[美]巴菲尔德 著　袁剑 译
132. 工程国家:民国时期(1927—1937)的淮河治理及国家建设　[美]戴维·艾伦·佩兹 著　姜智芹 译
133. 历史宝筏:过去、西方与中国妇女问题　[美]季家珍 著　杨可 译
134. 姐妹们与陌生人:上海棉纱厂女工,1919—1949　[美]韩起澜 著　韩慈 译
135. 银线:19世纪的世界与中国　林满红 著　詹庆华 林满红 译
136. 寻求中国民主　[澳]冯兆基 著　刘悦斌 徐硙 译
137. 墨梅　[美]毕嘉珍 著　陆敏珍 译
138. 清代上海沙船航运业史研究　[日]松浦章 著　杨蕾 王亦铮 董科 译
139. 男性特质论:中国的社会与性别　[澳]雷金庆 著　[澳]刘婷 译
140. 重读中国女性生命故事　游鉴明 胡缨 季家珍 主编
141. 跨太平洋位移:20世纪美国文学中的民族志、翻译和文本间旅行　黄运特 著　陈倩 译
142. 认知诸形式:反思人类精神的统一性与多样性　[英]G.E.R.劳埃德 著　池志培 译
143. 中国乡村的基督教:1860—1900江西省的冲突与适应　[美]史维东 著　吴薇 译
144. 假想的"满大人":同情、现代性与中国疼痛　[美]韩瑞 著　袁剑 译
145. 中国的捐纳制度与社会　伍跃 著
146. 文书行政的汉帝国　[日]富谷至 著　刘恒武 孔李波 译
147. 城市里的陌生人:中国流动人口的空间、权力与社会网络的重构　[美]张骊 著　袁长庚 译
148. 性别、政治与民主:近代中国的妇女参政　[澳]李木兰 著　方小平 译
149. 近代日本的中国认识　[日]野村浩一 著　张学锋 译
150. 狮龙共舞:一个英国人笔下的威海卫与中国传统文化　[英]庄士敦 著　刘本森 译　威海市博物馆 郭大松 校
151. 人物、角色与心灵:《牡丹亭》与《桃花扇》中的身份认同　[美]吕立亭 著　白华山 译
152. 中国社会中的宗教与仪式　[美]武雅士 著　彭泽安 邵铁峰 译　郭潇威 校
153. 自贡商人:近代早期中国的企业家　[美]曾小萍 著　董建中 译
154. 大象的退却:一部中国环境史　[英]伊懋可 著　梅雪芹 毛利霞 王玉山 译
155. 明代江南土地制度研究　[日]森正夫 著　伍跃 张学锋 等译　范金民 夏维中 审校
156. 儒学与女性　[美]罗莎莉 著　丁佳伟 曹秀娟 译

157. 行善的艺术:晚明中国的慈善事业(新译本)　[美]韩德玲 著　曹晔 译
158. 近代中国的渔业战争和环境变化　[美]穆盛博 著　胡文亮 译
159. 权力关系:宋代中国的家族、地位与国家　[美]柏文莉 著　刘云军 译
160. 权力源自地位:北京大学、知识分子与中国政治文化,1898—1929　[美]魏定熙 著　张蒙 译
161. 工开万物:17世纪中国的知识与技术　[德]薛凤 著　吴秀杰 白岚玲 译
162. 忠贞不贰:辽代的越境之举　[英]史怀梅 著　曹流 译
163. 内藤湖南:政治与汉学(1866—1934)　[美]傅佛果 著　陶德民 何英莺 译
164. 他者中的华人:中国近现代移民史　[美]孔飞力 著　李明欢 译　黄鸣奋 校
165. 古代中国的动物与灵异　[英]胡司德 著　蓝旭 译
166. 两访中国茶乡　[英]罗伯特·福琼 著　敖雪岗 译
167. 缔造选本:《花间集》的文化语境与诗学实践　[美]田安 著　马强才 译
168. 扬州评话探讨　[丹麦]易德波 著　米锋 易德波 译　李今芸 校译
169.《左传》的书写与解读　李惠仪 著　文韬 许明德 译
170. 以竹为生:一个四川手工造纸村的20世纪社会史　[德]艾约博 著　韩巍 译　吴秀杰 校
171. 东方之旅:1579—1724耶稣会传教团在中国　[美]柏理安 著　毛瑞方 译
172. "地域社会"视野下的明清史研究:以江南和福建为中心　[日]森正夫 著　于志嘉 马一虹 黄东兰 阿风 等译
173. 技术、性别、历史:重新审视帝制中国的大转型　[英]白馥兰 著　吴秀杰 白岚玲 译
174. 中国小说戏曲史　[日]狩野直喜 张真 译
175. 历史上的黑暗一页:英国外交文件与英美海军档案中的南京大屠杀　[美]陆束屏 编著/翻译
176. 罗马与中国:比较视野下的古代世界帝国　[奥]沃尔特·施德尔 主编　李平 译
177. 矛与盾的共存:明清时期江西社会研究　[韩]吴金成 著　崔荣根 译　薛戈 校译
178. 唯一的希望:在中国独生子女政策下成年　[美]冯文 著　常姝 译
179. 国之枭雄:曹操传　[澳]张磊夫 著　方笑天 译
180. 汉帝国的日常生活　[英]鲁惟一 著　刘洁 余霄 译
181. 大分流之外:中国和欧洲经济变迁的政治　[美]王国斌 罗森塔尔 著　周琳 译　王国斌 张萌 审校
182. 中正之笔:颜真卿书法与宋代文人政治　[美]倪雅梅 著　杨简茹 译　祝帅 校译
183. 江南三角洲市镇研究　[日]森正夫 编　丁韵 胡婧 等译　范金民 审校
184. 忍辱负重的使命:美国外交官记载的南京大屠杀及劫后的社会状况　[美]陆束屏 编著/翻译
185. 修仙:古代中国的修行与社会记忆　[美]康儒博 著　顾漩 译
186. 烧钱:中国人生活世界中的物质精神　[美]柏桦 著　袁剑 刘玺鸿 译
187. 话语的长城:文化中国历险记　[美]苏源熙 著　盛珂 译
188. 诸葛武侯　[日]内藤湖南 著　张真 译
189. 盟友背信:一战中的中国　[英]吴芳思 克里斯托弗·阿南德尔 著　张宇扬 译
190. 亚里士多德在中国:语言、范畴和翻译　[英]罗伯特·沃迪 著　韩小强 译
191. 马背上的朝廷:巡幸与清朝统治的建构,1680—1785　[美]张勉治 著　董建中 译
192. 申不害:公元前四世纪中国的政治哲学家　[美]顾立雅 著　马腾 译
193. 晋武帝司马炎　[日]福原启郎 著　陆帅 译
194. 唐人如何吟诗:带你走进汉语音韵学　[日]大岛正二 著　柳悦 译

195. 古代中国的宇宙论　[日]浅野裕一 著　吴昊阳 译
196. 中国思想的道家之论:一种哲学解释　[美]陈汉生 著　周景松 谢尔逊 等译　张丰乾 校译
197. 诗歌之力:袁枚女弟子屈秉筠(1767—1810)　[加]孟留喜 著　吴夏平 译
198. 中国逻辑的发现　[德]顾有信 著　陈志伟 译
199. 高丽时代宋商往来研究　[韩]李镇汉 著　李廷青 戴琳剑 译　楼正豪 校
200. 中国近世财政史研究　[日]岩井茂树 著　付勇 译　范金民 审校
201. 魏晋政治社会史研究　[日]福原启郎 著　陆帅 刘萃峰 张紫毫 译
202. 宋帝国的危机与维系:信息、领土与人际网络　[比利时]魏希德 著　刘云军 译
203. 中国精英与政治变迁:20世纪初的浙江　[美]萧邦奇 著　徐立望 杨涛羽 译　李齐 校
204. 北京的人力车夫:1920年代的市民与政治　[美]史谦德 著　周书垚 袁剑 译　周育民 校